일본 교육법학

고 전(髙鑴)

박영story

이 저서는 2015년 정부(교육부)의 재원으로 한국연구재단의 지원을 받아
수행된 연구임 (NRF−2015S1A6A4A01009177)

이 책을
나와 같은 방향을 보고 있는 이에게 바친다.

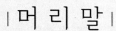

|머 리 말|

저자가 일본 동경의 서점에서 가네꼬 마사시의 『教育法』을 접한 것이 박사과정 시절이던 1994년 2월이니, 교육법 대가의 논설을 내 손으로 집필한 책에 담는데 무려 25년의 세월이 흐른 듯 싶다.

지난 2002년에 처음 간행되었던 나의 졸저(拙著) 『日本教育改革黑·白書』(학지사, 절판)가 2000년대를 준비하는 일본의 교육개혁플랜에 대한 나의 방문기(訪問記)였다고 한다면, 후속작인 『일본교육개혁론』(2014, 박영story)은 10여년간 일본교육을 접하고 나름의 판단을 기록한 해설서(解說書)였다. 이번의 『일본 교육법학』은 25년여간 접해온 일본 교육법과 교육법 연구에 대한 나의 견해서(見解書)쯤 될 것이다. 학문적으론 미몽상태이나 출간을 서두를 수밖에 없는 사정도 없지 않았다.

나는 일본교육법 탐구를 위하여 박사과정 중에 1996년 일본 게이오대학에서 수학하면서 와세다대학과 법정대학에서 나가이켄이치 선생의 교육법론을 접한 적이 있다. 그가 자신있게 제목을 붙여 펴낸 『教育法學』 저서는 이번 나의 책 제목을 『일본 교육법학』으로 정하는데 주저함이 없게 해주었다.

박사학위를 마친 후 2001년에 일본을 다시 찾아 동경대학 교육학연구과 연구조교수(일본학술진흥회 Post Dr.)로 2년간 있으면서는 일본교육법학회 학자들과 뜻깊은 교류의 시간도 가졌다. 이 책의 집필을 위해 2015년 안식년을 이용하여 2개월 동안 동경대학을 다시 찾았는데, 도서관 서고의 먼지 낀 헌법학 서적을 뒤지면서 헌법학자들이 교육권 논의에 쏟은 열정을 다시 실감하기도 했다.

이 책은 일본의 교육법을 알고 싶어하는 동학제현들에게 길잡이 서적으로서 구실을 할 수 있도록 구상한 것이다. 이 책은 제1부에서 일본 교육법학계의 논의를 소개한 교육법 총론에 대한 논의를 바탕으로 제2부에서 주요 법률을 검토했고, 제3부에서는 핵심적인 입법정책을 다루는 것으로 구성했다. 관련된 법률을 그저 전달하기 보다는 교육법학자들의 다양한 논의와 교육법 현실도 담아보려고 노력했다.

기본적인 이해를 돕기 위해 『Q&A』와 주요 법률 원문도 번역했다. 법재 현황은 최근의 『文部科學白書』나 중앙교육심의회의 『笒申書』(답신서)를 인용했다.

이 책이 책꽂이에 선채로 잠들어 있기보다 연구자에게는 전문서로, 일반 독자에게는 핸드북으로서 손가는 대로 펼쳐지기를 바라본다. 미흡한 부분은 다음 기회를 기대하고자 한다.

책의 구성

이 책은 일본 교육법 총론과 각론, 그리고 입법정책론 3개 부(部)로 구성되어 있고, 전체 장은 15개장으로 엮여있다. 총론에서는 일본 교육법의 체계와 원리, 역사, 교육법학의 전개, 헌법의 교육조항, 그리고 한국 교육법에의 영향을 다루었다.

각론에서는 구체적인 법률로서, 교육기본법, 교육행정·재정법규, 학교교육법규, 교원법규, 고등교육법규, 사학법규 및 사회교육법규를 소개하였다. 제3부 입법정책론에서는 교육복지와 안전 입법정책, 교원의 질 관리 입법정책, 지방교육행정 입법정책을 다룬 후, 일본 교육법과 교육법학의 과제로 이 책을 마무리지었다.

제1장은 교육행정법규설·교육특수법설·교육인권법설을 중심으로 교육법 개념을 논하고, 일본 교육법의 종류, 헌법 및 교육기본법으로부터 도출되는 교육법의 원리, 그리고 교육법 관련 선행연구 동향과 대표적인 교육법 서적에 대하여 소개했다.

제2장은 근대교육 도입기로부터 현대에 이르는 일본 교육법의 역사를 다루었다. 교육법제사의 시대구분론, 교육근대화기의 교육법, 종전(終戰) 이후 교육기본법 아래에서의 교육법제사, 그리고 신교육기본법 개정 이후의 교육법제사를 살펴보았다.

제3장은 교육법학의 전개과정을 살펴본다. 교육법학의 학문적 의의, 일본교

육법학회를 중심으로 한 교육법학의 태동, 교육법학 이론의 전개, 학술적 성과, 그리고 일본 교육법학의 특징과 한국 교육법 연구에 주는 시사점을 다루었다.

제4장에서는 헌법의 2개 교육조항을 다루었다. '교육을 받을 권리'로의 제정 경위, 교육조항의 학설사, '교육 법률주의'의 원칙과 쟁점, '교육을 받을 권리'의 성격·내용·쟁점, '의무교육과 무상원칙', '교사의 교육의 자유' 등을 다루었다.

제5장에서는 일본의 교육법 및 교육법 연구가 한국에 미친 영향을 살펴보았다. 교육법의 역사 및 체계 측면, 일본국 헌법 제26조의 영향, 일본 교육법학의 영향, 그리고 한국 헌법의 교육조항 및 한국 교육기본법 개정에 주는 시사점 등을 살펴보았다.

제6장에서는 제2부 일본 교육법 각론의 첫 장으로 교육헌법으로서 교육제도와 정책의 기본 원칙을 정한 교육기본법을 다루었다. 교육기본법 개관 및 개정 논쟁사, 개정과정, 주요 내용, 개정에 대한 평가 및 영향, 한국에의 시사로 이루어져 있다.

제7장에서는 기본교육법규의 일부를 구성하는 교육행정 및 재정관련 법규를 다루었다. 교육행정에 관한 기본 원칙, 중앙교육행정에 관한 법규, 지방교육행정에 관한 법규, 그리고 지방교육재정에 관한 법규 등으로 구성하였다.

제8장에서는 교육 3법 체제의 중핵인 학교교육법을 다루었다. 주요 내용은 학교교육에 관한 기본 원칙, 학교교육법, 새로운 학습지도요령, 유아교육법규, 그리고 특별지원 교육법규로 구성하였다. 특별지원 교육법규란 한국의 특수교육법에 해당한다.

제9장에서는 교육공무원특례법 및 교육직원면허법을 중심으로 교원법규를 논하였다. 주요 내용으로는 교원 행정 관련 입법체계, 교원 복무 관련 법제 현황, 교원 자격 및 보직 법제, 그리고 교원 양성 및 연수 법제 현황을 다루었다.

제10장에서는 학교교육법규에 포함되어 있는 입법체제를 갖고 있는 고등교육법규에 대하여 다루었다. 주요 내용은 고등교육에 관한 기본 원칙, 주요 법률 규정, 국립대학 법인화와 전개, 정부의 대학개혁의 방향과 논의를 다루었다.

제11장에서는 사립학교에 관한 법규와 사회교육법규에 대하여 논했다. 학교교육법상 사립학교 관련 규정, 주요 내용과 특징, 기본 원칙과 주요 관련 법규,

그리고 사회교육법규의 입법 과제 등에 대하여 다루었다.

제12장에서는 제3부 입법정책론 시작부분으로 교육복지와 안전 입법정책을 다루었다. 교육복지 및 학생안전 관련 입법체계, 관련 법령 현황, 학교 구성원의 교육복지·학생안전에 관한 권한과 책임, 그리고 입법정책적 시사점 등을 다루었다.

제13장에서는 교원의 질 관리에 관한 입법정책을 다루었다. 주요 내용은 교원 개혁정책 흐름과 정원 관리 시스템, 주요 교원 질 관리 정책의 특징, 교원 질 관리 입법정책에 대한 평가, 그리고 교원정책 동향을 통해본 한국에의 시사점 등을 다루었다.

제14장에서는 지방교육행정 입법정책에 관한 쟁점을 다루었다. 주요 내용은 일본의 지방교육행정 개관, 문부대신·수장·교육위원회간의 역할분담 현황, 2014년 지방교육행정 개혁에 관한 논의, 그리고 일본의 교육위원회 개혁의 시사점 등이다.

제15장에서는 일본의 교육법과 교육법학의 과제에 대하여 살펴보았다. 일본 교육법의 성과는 1947년 교육기본법의 제정을 중심으로 살펴보았다. 교육법의 한계는 2006년에 단행된 교육기본법 개정에 따른 문제점을 다루었다. 교육법학의 연구과제는 일본 교육법학의 정체성(identity; 正體性) 측면에서 논하고 시사점을 논했다.

부록에서는 일본 교육법 연구자들에게 기초자료를 제공하고자, 헌법의 교육조항, 2006년 신 교육기본법을 원문과 대조하여 소개했고, 가장 기본적인 교육법인 학교교육법과 지방교육행정법 대부분을 번역하여 소개하였다.

제주 책테우리의 변명

제주도 방언으로 말을 돌보는 목동을 말테우리라 한다. 나는 제주에서 혼자 책이나 쓰며 사는 사람이니 책테우리쯤 되지 않나 싶어 그리 붙여본 것이다.

오는 사람 막지 않고 가는 사람 붙들지 않고 사는 스님이 아니고서야 어찌 보고 싶은 사람을 보고 싶을 때 못보고, 피하고 싶은 사람을 만나야 하는 한양출도(漢陽出島)가 기대될 것이 없는 맥빠진 근년이었다.

사람에게 실망받고 실망주어온 삶의 과정이었지만, "하느님은 나를 글쓰는 도구로 삼으셨다" 생각하며 지난 겨울을 버텼다. 봄바람에 흔들리며 핀 벚꽃은 혼자인 내게 냉정타 못해 잔인하게 느껴졌지만, 떨어질 때는 말없이 떨어져 동병상련인듯 함께 눈물지었다.

지금 내 나이는 공자께서 하늘의 뜻을 깨우쳤다는 지천명(知天命)도 지나 순해진 덕에 사사로운 감정에 얽매이지 않는다는 이순(耳順)에 더 가까워지고 있다. 하지만, 여전히 이런 저런 인연과 서운함에 미혹으로 점철된 나날을 보내고 있으니 내가 남에게 글 쓸만한 도량도 못되는 중에 이러한 정신적 자식을 또 낳고 보니 부끄러운 마음이 앞선다. 알만큼 알았으니 알아주시라 하는 책이라기보다, 이렇게 모르는 바보입니다를 고백하는 글이라고 하는 것이 더 맞을 것 같다.

저자가 교육법 연구를 시작한지도 30여년이 되어가지만, 아직도 천착(穿鑿)과 연구가 부족하다. 동학 여러분들의 자문을 받으며 더 낳은 저서가 되었으면 한다.

지난 『일본교육개혁론』 서문에서는 훌륭한 스승을 만나 배워 즐겁고, 좋은 동학 만나 기쁨을 누리며, 영특한 제자를 길러내는 보람을 누린다는 학자삼락(學者三樂; 師友弟)을 말했다. 옛 스승과 옛 동학에 대한 푸념도 섞여 있었는데, 어느새 내 자신이 그 위치에 서고 보니 스승됨과 동학 노릇을 잘못한 것 같아 후회스럽기만 하다.

이런 와중에도 나를 위로해준 기쁨이 있다면, 그것은 내 연구실을 드나들며 동문수학하는 석박사과정 제자들이다. 그들이 나를 바라보고 있었기에 주저앉지 않고 힘내어 이 작은 결실을 보게 됨에 감사할 따름이다.

이 책의 교정에는 바쁜 강의와 학교 일정 중에도 도움을 준 홍현미 박사와 백규호 박사, 그리고 석사과정의 김태환, 이명선 선생에게도 고마움을 전한다.

『일본 교육법학』 집필에는 짧지 않았던 동경대학 체류 경험이 도움이 되었다. 오래전부터 알고 지내온 카츠노(勝野正章) 교수가 연구실 자리를 제공해주고 자료복사 등 물심양면으로 많은 도움을 주었다. 미국 교육개혁에 정통한 오오모모(大桃敏行) 교수가 건네준 『生涯學習』은 일본의 사회교육법규 흐름을 파악하는데 도움을 주었다. 일본 교육위원회 논객으로 자리잡은 무라카미(村上祐介) 교수가 건네준 『敎育改革委員會 改革5つのポイント』는 대중을 위해 무거운 주제를 가볍게 풀어주어야 할 학자들의 역할을 새삼 느끼게 해주었다. 동경에 들를 때마

다 환대해 주시는 중앙교육심의회 부의장인 오가와(小川正人) 교수님(전 동경대)에게서도 최근의 개혁동향을 들어 도움을 받았다. 또한 아시아 비교교육법포럼을 10여 년째 함께 이끌고 있는 시노하라(篠原淸昭) 교수(전 기후대학)와의 교류도 나의 교육법 시각을 넓히는데 적지 않은 도움을 주었다.

이 책의 표지 그림은 지난번 『일본교육개혁론』 서문에서도 밝혔듯이 이미 예정된 것이었다. 이것은 가츠시카 호쿠사이(葛飾北齋: 1760~1849 한국의 김홍도에 비견될 만한 풍속화가)의 판화로 후지 36경 중 '청명한 아침의 시원한 바람(凱風快晴)'인데 '붉은 후지산'이라고도 하는 판화이다. 일본의 교육법학 50년 논의 성과를 선명하게 보여주고 싶은 마음을 담아 표지로 채택했다. 이 그림은 지난번 『일본교육개혁론』의 표지 그림(가나가와 격랑; 神奈川沖浪裏)과 함께 일본을 상징하는 2대 판화 걸작으로 평가받는다.

끝으로 이 책 역시 채산성을 가늠하기 어려운 분야의 서적임에도 『일본교육개혁론』에 이어서 흔쾌히 출판을 맡아주신 박영사의 안상준 대표님과 늦은 원고를 잘 기다려준 이선경 차장님, 그리고 두 책을 만드는데 저자보다 더 큰 정성을 쏟아준 김효선 대리님을 비롯한 편집실 식구들에게도 감사의 뜻을 전한다.

소년시절을 일본에서 신문을 돌리며 고학을 했던 아버님이 생전에 기다리시던 이 책은 이번에도 영전에 유작이 되었다. 대신 구순의 어머니가 이 작은 결실의 기쁨을 함께해주시니 얼마나 감사한 일인지 모르겠다.

이 책이 나의 가족들에게 「책테우리」로 늙어가는 가장으로서의 삶을 이해해주는데 도움이 되는 자전적 소품이 되었으면 싶다.

또한, 일본 교육법학에 관심을 갖고 이 책을 열어보실 독자에게 감사하는 마음을 전하며, 수 년 내에는 『한국교육법학』에서 다시 만나길 기대해 본다.

2019년 4월
本鄕回歸 耽羅島 연구실에서
저자 고 전 드림

|차 례|

제1부   일본 교육법 총론

제1장   일본 교육법의 체계와 원리

제2장   일본 교육법의 역사

第3장 일본 교육법학의 전개

제4장　일본국헌법의 교육조항

제5장 대한민국 교육법에의 영향

제2부   일본 교육법 각론

제6장 교육기본법

제7장 교육행정·재정 법규론

제8장 학교교육법규론

제9장 교원법규론

제10장 고등교육법규론

제11장 사학법규 및 사회교육법규론

제3부   교육입법정책론

제12장   교육복지와 안전 입법정책

제13장 교원의 질 관리 입법정책

제14장 지방교육행정 입법정책

제15장 교육법과 교육법학의 과제

Part

1

일본 교육법 총론

일본 교육법의 체계와 원리

　제1장은 교육법의 총론의 시작으로서 일본 교육법의 체계와 원리를 보여주는 부분이다.

　제1절에서는 교육법의 의미를 교육법의 개념과 존재 차원으로 나누어 살펴본다. 대표적인 개념으로 나가이 켄이치(永井憲一)가 분류한 교육행정법규설·교육특수법설·교육인권법설을 중심으로 일본의 학설을 정리한다. 교육법의 존재차원에 대하여는 일본 교육법학계의 대부 가네꼬 마사시(兼子 仁)의 학설을 소개한다.

　제2절에서는 교육법의 존재형식(法源) 및 체제를 알아본다. 먼저 교육법의 분류는 앞선 나가이의 교육법 분류에 근거한다. 이어 성문 법원(法源)으로서 헌법·교육기본법·교육행정입법·조례·규칙을 설명하고, 불문 법원(法源)으로는 교육관습법·교육판례법·교육조리를 분설한다. 일본의 교육법의 체제는 기본교육법규, 학교교육법규, 사회교육법규로 이루어져 있다. 일본에서 자주 등장하는 교육 3법의 용어에 대하여도 개관한다.

　제3절에서는 교육법을 제정하고 해석하며, 적용하는 기본 원칙으로서 기본원리에 대하여 주요 학자들의 견해를 정리하여 소개한다. 일본 역시 헌법 및 교육기본법에서 교육법의 기본원리를 도출하고 있다.

　제4절에서는 일본의 교육법을 연구하려는 사람들을 위하여 국내의 일본 교육법 관련 선행연구 동향을 소개하고, 일본 서적 가운데 교육법 연구자들에게 필독서로 권할 만한 최근의 것들을 분류하여 소개한다. 교육법학의 연구사에 대하여는 장을 달리하여 소개한다.

1   교육법의 의미

가. 학설: 교육행정법규설·교육특수법설·교육인권법설

교육법의 개념

교육법의 개념을 정의하는 방식은 형식적 정의와 실질적 정의로 설명할 수 있다. 교육법은 그 형식면에서 볼 때 '교육 및 교육제도에 관한 법의 총체'이다. 즉, 교육에 관한 현행 법률과 행정규칙을 총칭한다.

교육법학자들은 형식적 의미의 교육법 보다는 실질적 의미의 교육법 연구에 관심을 둔다. 가네꼬 마사시(兼子 仁; 1978:7)는 교육법을 "교육제도에 특유한 법 논리의 체계"라 정의하였다. 이는 교육법을 법해석 방법론과 관련시켜 정의하는 방식인데 교육법을 행정법에서 분리하여 생각한 것이 특징이다. 특히 '교육'상 특유한 것이 아니라 '교육제도'상 특유한 것으로 본 것에 주목할 필요가 있다. '교육' 그 자체는 법의 규제 대상이 되어서는 안된다는 가네꼬의 자유주의 교육 법학의 입장이 반영된 정의로 해석(姉崎洋一他編, 2015:2)된다.

教育法學辭典
교육법학사전

일본 교육법학에 있어서 주요 용어에 대한 개념은 일본교육법학회(日本敎育法學會)의 『敎育法學辭典』(學陽書房: 202−7)에서 찾아보는 것이 의미가 있다. 이 사전은 1993년에 학회창립 20주년 기념사업의 일환으로 학회의 연구력이 총동원(168명의 집필진이 3년여 간 작업)되어 완성된 기획서이다. 교육법 정의 부분은 나가이 켄이치(永井憲一)가 집필했다.

교육기본권

그에 따르면, 교육법은 "교육기본권·교육인권(敎育基本權·敎育人權)을 보장하기 위한 법의 총체와 그 체계"이다. 이때 '교육기본권'이란 '교육에 관한 기본적 인권'(educational human rights)이며, 인간이 인간으로서 살아가는 기초로서 필요한 교육에 관한 생래적 권리의 실현을 특정 국가 등의 사회가 법적으로 '인권'으로 확인하여 보장한 것이라고 본다.

동시에 국내법과 동일한 효력을 갖는 국제인권 조약 중 교육기본권(교육인권)을 보장하는 것(UN의 아동의권리보호조약 등−저자주) 또한 교육법에 포함시킨다. 학설을 교육행정법규설, 교육특수법설, 교육인권법설로 분설한 것 역시 나가이였다.

(1) 교육행정법규설(教育行政法規說): "교육법은 교육행정에 관한 법규다"

교육행정법규설

전형적으로 '교육법규는 교육행정에 관한 법규다'라는 이해 방식이다. 즉, 교육이라는 운영은 현재 국가나 지방공공단체[1]의 사업으로서 행해지는 것이 많고, 이는 또한 행정 즉 국가나 지방자치단체의 작용으로서 행해진다고 보는 사가라 이이치(相良惟一)[2]의 관점이다. 그 특징은 교육과 교육행정이 분리불가(分離不可) 하다고 보는 것과 교육을 국가나 지방공공단체 사업 혹은 작용으로 여긴다는 점이다. 이른바 '국가교육권(國家敎育權)'에 근거하여 교육법제(敎育法制)를 이해 방식이다. 이런 이해 방식은 문부관료 혹은 그 출신자인 교육연구자에 의하여 주로 나타나곤 했다(日本敎育法學會, 1993:204).

전전(戰前) 군국주의 일본의 공립학교 법제는 시설관리면에서 민법을 적용한 것을 제외하고는 학교교육 자체는 천황제 국가에 있어서 교육권력의 행사로서 교육행정의 일환으로 해석되었다. 그 교육행정제도에 적용되는 법은 전체적으로 공법·행정법으로서의 '교육행정법'이었다. 이에 학교교육과 교육행정과의 법적 구별이 없이 교육이라는 독자적 사항의 성질에 대응한 법 논리는 거의 성립할 필요가 없었다고 지적한다(兼子 仁, 1978:11).

교육행정법

(2) 교육특수법설(敎育特殊法說): "교육제도상의 특유한 법논리 체계다"

교육특수법설

가네꼬 자신의 대표적 교육법 관점으로서 교육법을 '교육제도에 (적용되는) 특유한 법논리의 체계'(兼子 仁, 1978:7)[3]로 본다. 즉, 현행 법제에서는 교육과 교육행정이 법적으로 분리되어 있지만, 교육법의 일부분으로서의 교육행정법은 일

---

1 한국의 지방자치단체(地方自治團體)와 동일 개념이다. 일본에서는 약칭으로 자치체(自治体)라고 한다.

2 문부성 관료출신 학자로서 사가라 이이치(相良惟一; 당시 문부성 조사보급국 지방연락과장, 1955년에 京都大교수)는 그의 저서 敎育行政法(東京: 誠文堂新光社, 1949, 4, 12, 13頁)에서 교육행정법의 기본원칙으로 법률주의, 민주화주의, 일반행정에서의 분리독립주의, 교육의 자주성 존중주의, 지방분권주의를 예시한 바 있다.

3 가네꼬 마사시(兼子 仁)는 그의 저서 『敎育法』(1963(舊版):4; 1978(新版):7)에서, 교육법을 '교육제도에 있어서 특수한 법논리의 체계'라고 정의했는데 Hans Heckel이 『Schuirechtskunde』(1976:7, 8s)에서 학교법은 '학교 및 학교제도에 관련된 법규의 총체'로 언급하며 순수 민법은 제외하고 행정법·공무원법은 학교에 특유한 착색(着色; einne besondere, schulbezogene Färbung)을 수반하는 한 학교법에 속한다고 진술한 것을 원용한 것이라고 밝히고 있다.

반행정법에 대해서 교육법적인 특색을 갖고 있고, 더욱이 엄밀한 법 논리로서의 교육법(현행법의 법해석학적 의미의 것)은 교육제도만에 독특한 법논리가 현행법으로서 존속하는 한 존재하며, 현대에 있어서 사회생활의 각 분야에 있어 독특한 법으로서 살아있는 '특수법'의 하나라고 본다(日本教育法學會, 1993:204).

이 설의 특징은 교육과 교육행정을 분리하여 교육행정을 포함한 교육제도의 특수성을 강조하는 것으로 교육조리(教育條理) 해석의 논거를 제공하기도 한다. 이와 같은 이해는 주로 예로부터 행정법학의 방법론에 관한 비판론적 입장에서 제기된 것이었다. 이른바 '국민교육권(國民教育權)'론의 법리를 논증할 경우에 유력한 논거로서 활용되었으며, 전후 많은 교육학연구자에게서나 교육재판에서 지지를 받기도 했다(日本教育法學會, 1993:204).

교육법에서의 '교육'의 의미는 전전(戰前)에는 국가작용인 학교교육을 의미하였으나 전후(戰後)에는 학교교육 외에 사회교육과 가정교육을 포함하며, 사회 전체에 걸친 문화적 작용이자 국민의 교육을 받을 권리를 실현하는 공교육으로 이해되었다. 다만 대학의 경우 고등의 '교육' 기관이라는 측면에서 교육법인 동시에 학술을 '연구'한다 점에서는 '학술법'이라는 양 측면을 가지고 있어서 단일 특수법 체계로 이해하기 곤란하다는 점이 지적되기도 한다(兼子 仁, 1978:15, 16).[4] 또한, 교육활동 그 자체나 교육정책은 교육법의 발생 기반(發生基盤) 이기는 하지만 교육법 개념의 적용 영역을 구성하는 것은 교육에 관한 제도인 '교육제도'라고 본다. 교육제도란 교육이 행해지는데 필요한 조건으로서 사회적으로 정비되어 있어야 할 구조라는 것이다(兼子 仁(1978:16, 17).[5]

교육특수법설을 뒷받침하는 것은 전후 교육개혁 입법으로서 구 교육기본법이 교육과 교육행정을 본질적으로 구별하여 교육행정은 교육으로부터의 요구에 대응하는 '조건정비' 작용이어야 한다는 것을 규정(구 교육기본법 제10조)하게 된

교육조리(教育條理)

---

4 이것을 가네꼬는 이후 '大學法'으로의 통일화 라는 과제로 제시하기도 했다.

5 초판 『教育法』(1963)에서 그는 교육법을 '교육 및 교육제도에서 고유한 법'이라 정의하여 단지 "교육 자체 보다는 오히려 이 교육제도야 말로 교육법의 주된 규율대상이라고 말할 수 있다"라고 진술했다. 그러나 신판에서는 "현행교육법에 있어서 교육활동 내용에 대해서 법적 구속은 헌법을 포함해서 원 칙적으로 인정되지 않기 때문에 '교육' 그 자체를 직접적으로 교육법의 적용대상이라고 말하는 것은 적절치 않다"고 진술했다. 교육학자들은 교육제도를 "교육상 어떤 목적을 실현하기 위한 조직으로 사 회적으로 공인된 것"으로 정의한다는 것을 소개하기도 했다.

것에서도 찾을 수 있다.

(3) 교육인권법설(敎育人權法說): "교육법은 교육인권 보장을 위한 법체계다"

교육인권법설

'교육법이라는 것은 교육기본권·교육인권을 보장하기 위한 법의 총체와 그 체계이다'고 보는 입장이다. 이는 교육에 관한 국제인권법을 포함하고, 교육기본권을 보장하기 위한 전후 일본의 헌법·교육기본법제의 총체와 그 체계를 지칭한다. 이른바 헌법학적 이해방식이라 할 수 있으며 국민교육권론을 교육인권론을 근거로 하여 논증할 경우에 설명되기도 한다. 그 특징은 교육에 관한 현대적 인권의 실현에 중점을 두고, 그 보장을 현대법으로서 교육법에 기대한다는 점이다(日本敎育法學會, 1993:204). 나가이는 그 대표적 학자이다.

한편, 교육학자인 마끼 마사나(牧 柾名)와 히라하라 하루요시(平原春好)등은 교육법을 "인간의 학습과정의 조건을 사회적으로 통제하여 인간의 발달을 보장하는 법체계"[6]라고 정의하였다. 이는 사회과학의 인식 대상을 명확하게 하기 위한 정의로서, 거기에는 교육법현상(敎育法現象)의 긴장·모순(緊張矛盾)을 교육과학적으로 탐구하려는 문제의식이 보여진다(姉崎洋一他編, 2015:2).

이른바 '교육과학적 교육법'(저자주)이라 칭할 수 있는 이러한 교육법 이해방식은 교육활동의 목적에 보다 초점을 맞춘 설명방식으로서 위의 기존의 교육법 이해방식 중 교육인권법설과 궤를 같이하는 것으로 판단된다.

나. 교육법의 존재 차원[7]

일본 교육법학의 대부(代父) 가네꼬 마사시(兼子 仁)는 교육법학의 고전(古典)

---

6 牧 柾名·平原春好(마끼 마사나·히라하라 하루요시:1994)가 공저한 『敎育法』(東京:學陽書房, 20). 마끼(1929)는 동경대학 교육행정학교수를 역임했고, 히라하라(1933) 역시 동경대학(교육학) 출신으로 고베대학 교수 및 일본교육법학회장을 역임한 일본의 1세대 교육행정학자로서 주요 관심 영역은 교육법 및 교육권론 이었다.

7 다음 내용은 兼子仁(1978)의 『敎育法[新版]』 1-6頁(敎育法의 存在次元)의 내용을 중심으로 정리함

으로 평가받는 그의 저서 『教育法』(1978, 新版; 1963, 初版)에서 교육법 존재 차원을 다양하게 기술한 바 있다.

그는 교육특수법설(教育特殊法設)의 주창자로서, 앞서 설명한 바와 같이 교육법을 '교육제도에 (적용되는) 특유한 법논리의 체계'로 설명했다. 교육이 인류의 풍부한 문화 활동에 관련된다는 점에서 교육법 역시 넓은 범위에서 걸쳐 존재하는 것으로 인식했다. 그는 동시에 각 차원에서 사용하는 교육법과 교육권의 개념도 다를 수 있음을 인정하였다.

그의 교육법 존재 차원에 관한 논설들은 교육법과 교육법학이 존재하는 이유를 말해주고 있다는 점에서 좀 더 자세히 다룰 필요가 있다.

(1) 법논리로서의 교육법과 교육법 운동에서의 교육법

교육운동

사회의 교육문제 해결에 관여하는 사람들의 집단행동을 '교육운동'이라 할 때, 그 가운데 교육법 내지 교육법적 개념을 취급하는 경우가 적지 않다. 즉, 교육입법 요구나 반대 운동, 교육행정 조치 혹은 철회 운동, 학교 교육활동이나 조치 철회를 통해 당사자의 권리를 실현하려는 운동 등등, 사람들은 교육운동을 통해 교육법적 권리나 의무를 실감하거나 자각하게 된다. 동시에 이때의 개념들은 명확하거나 일의적(一義的)인 교육권이나 교육법의 의미가 아니며 상황에 따라서 다의적으로 쓰여진다. 국민의 교육권론이 주창될 경우에도 거기에는 부모와 교사의 교육권이나 자녀의 학습권이 광범위하고 다양한 개념으로 쓰여 왔다.

이에 비하여 교육재판과 판결에 있어서 교육법은 '현행법의 체계적 법논리(현행법으로서 있어야 할 법규범의 내용)로서 여러 주체의 권능과 의무, 각 행위의 요건과 효과에 있어서 논리 구성을 명확하게 하지 않으면 안된다(이른바 교육권의 주체, 교육권의 효과 등).

국민교육권

국민교육권이라고 할 때, 국민의 의미가 일의적으로 명확히 규정되지 않으면 구체적 사건에서 권리 주체가 누구인지 판단하기 어렵다는 것이다. 때때로 현행법 논리로 교육의 내적사항과 외적 사항을 구분하여 이러한 난제 해석에 적용하기도 하지만 교육운동 견지에서 볼 때 문제를 지나치게 단순화 시킬 수도 있다는 지적이다. 교육운동이 요구하는 구체적인 법제도상 실현되었으면 하는 바람은 단순한 법논리적 형식에 의해 해결되거나 설명되기 어려운 경우가 많다고 가네꼬는 설명한다.

시대변화에 따라 점차 자녀의 학습권을 충분히 보장할 '교사의 교육권' 행사의 방식에 관한 교육법 논리도 나타났다. 그러나 그 성질상 '교육행정권'을 구속할 만한 법과 같은 일상적 '재판규범'으로서 작용하기는 어려웠다(1970년 당시까지 — 저자주).

그러나 권리·의무라는 법논리는 관계자들에게 의식되는 것과 아울러, 교육자치체(教育自治體)로서 학교 내의 교육관계자의 행위규범으로서 관습법적으로 작용될 수 있도록 하는 것이 마땅하다는 견해이다. 그것이 재판과정에서 축적됨으로서 종국적으로는 '재판규범화(裁判規範化)'에 이르는 것으로 보았다. 관계자들의 법의식이 교육법 형성과 변화의 근원이 된다는 점을 지적한 것이라고 본다.

가네꼬의 이러한 교육법 해석은 실정법인 교육법의 문리해석에 함몰되기 보다는 실제 학교와 교육현장에 있어서 권리·의무 당사자(특히, 자녀와 학부모 및 교사)들이 갖는 권리의식(權利意識)에 기반하여 실질적으로 작용하고 있는 행위규범인 관습법적 측면을 무시하여서는 안된다는 것으로 이해되며, 교육판례의 교육법 법원성(法源性)을 강조한 입장이다.

(2) 법규범으로서의 교육법과 법현상으로서 교육법

가네꼬는 법규범으로서 교육법은 있음직한 교육규범의 내용을 의미하며, 그것이 반드시 현실과는 일치하지 않는다고 본다(법령에서 '~하여야 한다'라는 식의 강조규정 자체가 현재 그러하지 않거나 그렇지 않을 가능성이 많다는 것을 보여준다 — 저자주). 있음직한 교육법적인 현행 법규범의 적용에 의해 교육현실을 시정해 가는 것이 '교육법 해석학(敎育法 解釋學)'의 임무라는 것이다.

반면, 일정 법규범에 대응하는 것으로서 '사실'을 직시하고 현실에 실현되고 기능하고 있는 법(生ける; 살아있는 법)의 관점에서 법적 현실로서의 '법현상(法現象; 法實態)'을 실증적·법칙적으로 구명해가는 '교육법 사회학(敎育法 社會學)'의 임무

교육법 해석학

교육법 사회학

라고 보았다.

결국, 교육제도에 있어서 특유한 법규범으로서 교육법(법 논리적으로 고유한 내용)의 현실태(現實態) 뿐만 아니라, 형법·행정법·노동법등 여타 일반 법규범이 교육계에 있어서 일정의 현실적 기능을 하고 있는 경우까지 포함한 넓은 '교육법 현상(教育法現象; 교육에 관련되어 있는 법적 현실 전부)'가 언급될 수 있다는 것이다.

현대 공교육제도를 둘러싼 현실(현대의 교육현상)에는 일반적으로 분명히 법 현상이 내포되어 있지만 국가의 사정에 따라 교육현상 또는 교육행정현상 가운 데 법현상의 비중이 지대한 경우가 있는데, 일본의 전전·전후(戰前戰後) 교육계가 이에 해당된다는 것이다. 따라서 교육법의 법사회학적 관점의 이해가 중요하다는 입장이다.[8]

교육법의 법사회학, 즉, 법현상으로서 교육법 연구는 교육학과 법학이 대등 하게 참여하여 함께 교육법학적 성과를 일궈나가는 분야라 칭했다. 이미 실현되어 있는 법의 상황(현행 법규범) 뿐만 아니라, 실현되지 않은 법의 상황에 관해서 그 원인과 미래에 변동 조건, 즉 법규범의 현실 시정(現實是正) 기능의 조건이나 과정 을 연구하는 것이 매우 중요하며 이것이 교육법의 사회학의 사명이라고 보았다.

여기에는 역동적이고 동태적인 법적 분석이 포함되며, 교육운동에 의한 현 행법상의 교육권·학습권의 실현의 조건이나 과정 역시 의미있는 교육법현상의 하나라고 지적하였다.

(3) 교육법 기능의 전개 측면에서의 분류[9]

교육법은 전체적으로 교육이 잘 행해지기 위한 조건정비적 기능을 예정하는 법이지만, 그것이 교육제도의 어떤 부분에 관련되는가에 따라 세 가지 기능적 종 류로 분류된다. 가네꼬에 따르면 조건정비적(條件整備的) 교육법, 자주성 옹호적

---

8 같은 맥락에서 1세대 교육행정학자인 무나가따 세이야(宗像誠也; 동경대교수)는 일본에 있어서 과학 적인 교육행정학은, 전전의 교육행정법 해석학이나, 미국에 있어서 기술적 능률주의 교육행정의 경영 학적 연구가 아니라 교육행정의 현실적 동태를 구명하는 '교육에 관한 법사회학'이 되지 않으면 안된 다고 지적했다. 宗像誠也(1954:202, 203)의 『教育行政學序說』(東京:有斐閣).

9 兼子 仁(1978(新版):18-20)의 "教育法에 있어서 機能的 3種別"을 요약하여 소개하고자 한다.

(自主性擁護的) 교육법, 창조적(創造的) 교육법이 그것이다.

첫째, 조건정비적 교육법은 교육이 잘 행해지기 위한 외적 제 조건을 정비하기 위한 법을 말한다. 교육시설·설비, 교육비의 공적 부담, 교직원 인사·근무 조건, 학교제도 등과 관련된 것들이다. 이들은 성문 교육법규 및 교육판례법들로 구성되고 일본에서는 1950년대 이후 형성되어 오고 있다.

조건정비적 교육법

둘째, 교육내용면에 관련된 교육법은 신중하게 책정되지 않으면 안된다는 점에서 '교육의 자주성'을 교육법의 원리로 삼아 '자주성 옹호적 교육법'이 되었다. 우선, 교육행정 등이 교육을 지배하려는 것에 대해서 이를 위헌·위법이라 지적하며 교육의 자주성 수호를 강조한다(가네꼬는 교육행정 지배를 인정하는 법은 교육행정법에 지나지 않는다고 지적한다).

자주성 옹호적 교육법

교육기본법에 교육에 대한 부당한 지배 금지 원칙에도 불구하고 교육규제적 교육행정이 지속되어 1960년대 이래로 교육재판(학력테스트, 교과서재판 등)이 속출하면서 교육판례법의 과제로서 교육의 자주성을 교육의 '조리'인 법원리로서 확인하려는 법을 말한다. 교육방위적, 권력 대결적인 기능을 갖기 쉽다 하여 대결적(對決的) 교육법이라 칭하기도 한다.

대결적(對決的) 교육법

일본에서는 1970년대에 들어서 내적 교육법에 새로운 국면이 전개되었는데, '교육의 내용을 잘해가는 교육법'이여야 한다고 보았다. 즉, 자녀의 인간적 성장 발달의 권리(학습권)를 보장해가는 부모와 교사의 교육권이라는 관점을 중시한다. 교육의 내적 문제를 인권·권리의 관점에서 보기 시작한 것이다.

끝으로 창조적 교육법이라 명명한 것은 교육의 자주성에 입각하여 교육의 전문성을 높여가기 위한 법이기 때문이다. 그리고 학교·지역등 교육사회에서 자율적으로 만들어져 가는 것이 바람직하다고 보았다. 교육관습법(敎育慣習法; 교육관계자에 있어서의 행위규범)은 그 일종이라 할 수 있고, 이는 판례법으로 재판규범화 될 수 있다.

창조적 교육법

부모나 학생이 학교 교사의 교육권 행사에 맞서 재판을 제기하여 그 위헌성 및 위법성이 재판결과에 의해 확인되는 경우에는 '교육시정적(敎育是正的) 교육법'으로서 기능하기도 한다. 이 법은 교육의 내용적 측면과 관계된 법이지만 법인 이상 어디까지나 좋은 교육을 만드는 제도적 조건을 견고하게 하는 기능을 하게 된다.

교육시정적 (敎育是正的) 교육법

2 교육법의 존재형식(法源) 및 체계

가. 교육법의 분류[10]

교육행정법규설

(1) 교육행정법규설에서 본 교육법 분류

교육행정을 국가, 즉 중앙정부가 행하는 행정과 지방정부(지방공공단체)가 행하는 지방교육행정으로 구분하듯, 국가의 교육법규와 지방공공단체의 교육법규로 분류할 수 있다.

또한, 법의 형식적 체계와 실질적 체계로 구분하기도 하는데, 형식적 체계는 법원(法源)에 의한 분류 체계로서 성문법과 불문법으로 나뉜다. 성문법으로는 헌법, 법률, 정령(政令), 성령(省令), 조약, 조례, 규칙, 그리고 교육위원회규칙 등이 있다. 불문법은 문장의 형식을 취하지 않는 것으로 관습법, 판례법, 조리를 말한다.

한편, 실질적 체계에 의한 교육법 분류란 그 실질·내용에 따라 분류하는 것으로 '교육의 기본에 관한 법규(헌법의 교육조항, 교육기본법 등), 교육행정에 관한 법규(지방교육행정의 조직 및 운영에 관한 법률[11]), 교육재정에 관한 법규, 학교교육에 관한 법규, 사회교육에 관한 법규, 체육에 관한 법규, 교직원의 신분·자격에 관한 법규 등을 말한다.

교육특수법설

(2) 교육특수법설에서 본 교육법 분류

교육법의 해석시 교육조리(教育條理) 해석에 따른다는 입장으로 성문 교육법인 '교육법규'와 불문법인 '교육·학교관습법'과 '교육조리법', '교육판례법'으로 분류한다.

교육법규는 다시 내용적으로 다음 4가지로 분류하기도 한다. ⓐ 교육기본법규(헌법의 교육조항, 교육기본법), ⓑ 교육행·재정에 관한 법규(문부성설치법, 학교교육

---

10 日本教育法學會(1993:205-207)의 『教育法學辭典』(東京: 學陽書房)에 소개된 나가이 켄이치의 견해를 소개한다.

11 통상 지방교육행정법(地方教育行政法) 또는 지교행법(地教行法)으로 약칭되기도 한다.

법, 지방교육행정법, 사립학교법, 의무교육비 국고부담법, 산업교육진흥법 등), ⓒ 교육제도에 관한 법규(학교제도 - 학교교육법, 사회교육법, 공립학교설치조례 등, 사회교육제도 - 사회교육법, 도서관법, 박물관법, 문화재보호법 등), 그리고 ⓓ 교육직원에 관한 법규(교직원면허법, 교육공무원특례법 등)가 그것이다.

(3) 교육인권법설에서 본 교육법 분류

교육인권법설

교육법을 교육기본권 보장을 위한 법의 총체와 그 체계라고 정의할 때, 협의로는 일본국헌법 및 교육기본법을 비롯한 관련된 법의 총 체계를 말한다. 나가이 켄이치는 교육법을 다음 네 가지 체계로 구분하여 제시한다.

① 교육의 기본에 관한 법체계
일본국헌법, 교육기본법, 아동헌장, 아동의 권리조약 등의 국제교육법 등이 있다.

② 생애교육에 관한 법체계
• 학교교육법체계: 학교교육법, 국립학교설치법, 사립학교법, 학교도서관법, 학교보건법, 학교급식법, 이과교육진흥법, 일본체육·학교건강센터법, 의무교육 제학교에 있어서 교육의 정치적 중립성에 관한 임시조치법(中確法), 대학설치기준, 고등학교설치기준, 교과용도서검정규칙, 학칙·교칙 등이 있다.
• 사회교육법체계: 사회교육법, 도서관법, 박물관법, 청년학급진흥법, 스포츠진흥법, 청소년보호육성조례 등이 있다.

③ 교육을 받을 권리 주체로서 경제적 측면을 보장하기 위한 법체계
아동복지법, 생활보호법, 소년법, 근로청소년복지법, 심신장애자대책기본법, 취학 곤란한 아동 및 생도에 관한 장학장려에 있어서 국가의 원조에 관한 법률, 맹학교·농학교 및 양호학교에 취학장려에 관한 법률, 의무교육 제학교의 교과용도서의 무상조치에 관한 법률, 일본육영회법 등이 있다.

④ 교육의 유지에 관한 법체계

- 교직원 법체계: 교육직원면허법, 교육공무원특례법, 국가공무원법, 지방공무원법, 노동기준법, 노동조합법, 중확법(中確法), 학교교육의 수준 유지 향상을 위한 의무교육 제학교의 교육직원의 인재확보에 관한 특별조치법(人確法), 국립 및 공립대학에 있어서 외국인 교원의 임용등에 관한 특별조치법, 공립의무교육제학교의 학급편제 및 교육직원정원의 표준에 관한 법률, 국립 및 공립의 의무교육 제학교등의 교육직원의 급여에 관한 특별조치법, 교육직원에 대한 시간외근무를 명하는 경우에 관한 규정, 도도부현 교육직원 정수에 관한 조례, 도도부현 교육직원 급여에 관한 조례 등이 있다.
- 학술·문화등 교육환경 법체계: 일본학술회의법, 학술심의회령, 유네스코 활동에 관한 법률, 문화재보호법, 공해대책기준법, 대학오염방지법 등이 있다.

⑤ 교육행·재정에 관한 법체계

문부과학성설치법, 문부과학성조직령, 사립학교진흥조성법, 일본사학진흥재단법, 지방교육행정법, 중앙교육심의회령, 교육과정심의회령, 대학심의회령, 교과용도서검정조사심의회령, 대학입시센타조직운영규칙, 국립학교특별회계법, 의무교육비국고부담법, 공립양호학교정비조치법 등이 있다.

그는 향후 교육법 체계의 과제로서 교육인권 실현에 대응하기 위하여 ⓐ 교육의 기본에 관한 법체계와 국제교육법의 정비 ⓑ 교육인권을 구체적으로 실현하는 교육법체계의 필요성을 제안했다. 후자의 예로서 인격권으로서 학습권(시민적 권리 혹은 자유권으로서 교육인권, 생존권으로서 교육요구권, 공민권·문화권으로서 주권자 교육권) 등을 강조하기도 했다.

나. 성문 법원(法源): 헌법·교육기본법·교육행정입법·조례·규칙

일본에서 법의 의미는 한국의 경우와 거의 유사하고 법규명령(정령, 성령)에서 약간의 용어상의 차이만 있을 뿐이다. 일본에서 법(法)은 사회생활상의 규범을 총칭하는 말로서 생활용어로 '오끼데'(おきて: 掟)로 일컬어지기도 한다. '법규'(法規)는 보다 공적인 용어로서 법률, 정령, 규칙 등을 총칭하는 용어로 사용된다.

법령(法令)은 법률과 명령의 축약어로서 국회가 정하는 법률(法律)과 법규명령(法規命令) 등이 있다. 법규명령으로는 행정부인 내각(內閣)이 정하는 정령(政令; 한국의 대통령령에 해당)과 대신(大臣)이 정하는 성령(省令; 한국의 부령에 해당)이 대표적이다. 성령 중 법률에 위임에 의하거나 집행을 위하여 제정된 것으로 'ㅇㅇ법시행규칙'이란 명칭을 사용한다. 성령 내에서 발하는 행정규칙으로 고시(告示), 훈령(訓令), 통달(通達) 등도 교육관련 법규에서 흔히 등장한다.

이어서 법령에 근거하여 지방공공단체 의회가 정하는 것이 조례(條例)이고 단체장이나 교육위원회가 정하는 규칙(規則) 등이 주요한 법원을 이룬다.

성문법원(成文法源)으로는 헌법, 조약, 교육법률, 교육행정입법(정령, 성령, 고시, 통달), 교육조례·교육위원회규칙 등이 있다.

교육행정 입법 중 정령으로는 학교교육법시행령, 성령으로는 학교교육법시행규칙이 있다. 문부과학성의 고시로는 학습지도요령, 학교급식실시기준, 학교환경위생기준[12] 등이 있다. 통달(通達)은 행정기관이 소관의 제기관·직원에 대하여 발하는 문서(행정규칙)으로 국민에 대한 구속력은 없지만 그 대부분은 법령의 유권해석(有權解釋)을 보여주고 있기 때문에 실무상 중시되고 있다(姉崎洋一他編, 2015:5).

기타 교육조례로의 대표적인 예로 학교설치조례, 학교직원급여·근무조례를 들 수 있고, 아동의 권리조약을 구체화한 '아동조약'을 제정하기도 한다. 교육위원회가 정하는 규칙으로 '학교관리규칙'을 대표적으로 들 수 있다.

---

12 법적 구속력에 대하여 법규성 긍정설, 대강적 기준설, 학교제도적 기준설, 외적 교육조건설 등이 있으나, 전습관사건 최고재판결정(1990)은 전체적으로 법규성을 승인했다. 즉, 전체로서 법규성과 개별 내용의 법적 구속력이 다르므로 학습지도요령의 기술내용 중에는 법적 구속력이 있는 부분과 구속력이 없는 부분이 포함되어있다는 것이다.

표 1-1 교육법의 성문법원

헌법	직접규정	§26국민의 교육을 받을 권리, 의무교육의 무상
	간접규정	전문, §13(개인의 존중), §14(법앞의 평등), §19(사상양심의 자유), §20(信敎의 자유), §21(표현의 자유), §23(학문의 자유),
조약	국내법효력	아동권리조약(1989, 일본비준1994), 국제인권규약
교육기본법	교육헌법	제정 교육기본법(1947-11개 조항), 개정 교육기본법(2006-18개 조항)

학교교육법		• 학교교육법
		• 공립의무교육 제학교의 학급편제 및 교직원정수의 표준에 관한법률
		  공립고등학교의 적정배치 및 교직원정수의 표준등에 관한법률
		• 의무교육제학교의 교과용도서의 무상에 관한 법률
		  의무교육제학교의 교과용도서의 무상조치에 관한 법률,
		  교과서 발행에 관한 임시조치법
		• 학교보건안전법, 학교급식법, 식육기본법, 스포츠기본법
		• 취학곤란아동 및 생도관련 취학장려에 있어서 국가의 원조에 관한 법률
		  공립고등학교 관련 수업료의 미징수 및 고등학교등 취학지원금 지급에 관한 법률
		  독립행정법인 일본학생지원기구법
		• 학교도서관법, 고등학교정시제교육 및 통신교육진흥법, 벽지교육진흥법, 이과교육진흥법, 산업교육진흥법
		• 시정촌립학교 직원급여부담법, 의무교육비국고부담법, 의무교육 제학교 등의 시설비국고부담등에 관한 법률, 공립학교시설 재해복구비 국고부담법
		• 교육공무원특례법, 교직원면허법, 학교교육의 수준 유지향상을 위한 의무교육 제학교의 교직원의 인재확보에 관한 특별조치법(人確法), 공립의 의무교육 제학등의 교육직원의 급여등에 관한 특별조치법(給特法)
		• 사립학교법, 사립학교진흥조성법, 국립대학법인법

사회교육법		• 사회교육법, 도서관법, 박물관법
생애학습법		• 생애학습 진흥을 위한 시책의 추진체제 등의 정비에 관한 법률
교육행정법		• 문부과학성설치법 • 지방교육행정의 조직 및 운영에 관한 법률

일본의 법률체계는 한국과 유사하나 명칭이 다르다? Q & A
정령 ≒ 대통령령   성령 ≒ 부령!

☞ 헌법(1946.11.3.공포, 1947.5.3.시행~현재, 제26조 교육조항-헌법기념일 5.3).

☞ 교육기본법(1947.3.31. 공포·시행 1차개정: 2006.12.22.공포·시행)

☞ 정령(政令)은 내각이, 성령(省令) 및 부령(府令)은 각 성(부)의 대신(大臣)이 정함
   (교육직원면허법시행령은 정령이고, 교육직원면허법시행규칙은 문부성이 정한 성령)

☞ 지방자치체의 자주법(자치규)중 조례는 지방의회가, 규칙은 수장(首長)이 정함

다. 불문 법원(法源): 교육관습법·교육판례법·교육조리

불문 법원

교육관습법

　　교육관습법의 효력은 '법적용통칙법(法適用通則法)'에 근거하여 법적 효력이 인정되기도 한다. 즉, 공공의 질서 또는 선량한 풍속에 반하지 않는 관습은, 법령의 규정에 인정되어진 것 또는 법령에 규정되어 있지 않은 사항에 관한 것에 한하여 법률과 동일한 효력을 갖는다(이 법 제3조[13]).

　　일반 행정법에서는 일반적으로 법률에 의한 행정인 까닭에 관습법이 성립할 여지가 적다. 반면, 교육법학에 있어서는 교육사회의 자율적 규범 형성을 중시하여 '교육관습법'은 법률과 함께 교육법의 원천적 법원이 되고, 적극적으로 검토하는 경향이 강하다(兼子 仁, 1978:37-40). 다만, 이에 대해서는 종래의 교육관행(敎育慣行)이 온존하여 교육의 발전을 잠식할 수도 있다는 비판도 있다(日本敎育法學會編, 講座敎育法1, 2001:111-112).

교육판례법

　　다음으로 교육판례법을 들 수 있다. 성문법주의를 채택한 일본에 있어서는 재판을 사실상 구속하는 것으로 해석하는 것이 통설이다. 교육법학에서는 교육법 논리를 일정 정도 채택하고 있는 판결을 '교육판례(敎育判例)'라고 칭한다(兼子 仁, 1978:43-45).

교육조리(敎育條理)

　　끝으로 교육조리(敎育條理)는 교육법학에서 교육의 성질에 비추어본 원리·법칙을 말하며 교육법의 법원으로서 중요하게 다룬다. 다만, 이를 적용할 때 유의할 점은, 적용 순위는 성문법-관습법-조리 순으로 하여야 하며, 조리는 '사회통념, 정의와 같은 의미이므로 견해가 대립될 경우에 이를 조리로 채택하는 것은 적절치 않다는 것이다. 즉, 법원(法源)으로서 조리와 법률의 해석에 있어서 '조리해석(條理解釋)'을 혼돈해서는 안된다는 것이다. 다시 말해, 조리해석은 논리해석, 목적론적 해석과 같은 취지의 것이어서 교육법의 해석에서 보다 타당한 해석방법으로 여겨진다(姉崎洋一他編, 2015:6-7).

---

13 第三条　公の秩序又は善良の風俗に反しない慣習は、法令の規定により認められたもの又は法令に
　規定されていない事項に関するものに限り、法律と同一の効力を有する

라. 일본에서의 교육3법 체제(教育三法體制)

앞서 살펴본 바와 같이 일본의 교육법은 법원에 따라서는 성문법원과 불문 법원으로 되어 있다는 점에서 2원화되어 있다. 교육법은 공법에도 사법에도 속하 지 않는 사회법의 일환으로서 교수학습활동이라는 특수한 생활관계를 다루면서 지극히 개인적인 성장과 발달을 도모하는 사법적 측면(개인의 인격완성)을 갖는다. 동시에 모든 국민의 교육을 받을 권리의 보장이라는 공법적 측면(국민 공교육제도 의 시행)을 지닌 '제3의 법'이라 불리 울만하다.

교육법 내의 교육법규들의 구성 양상을 체계화하여 볼 때, 앞선 성문법원의 분류와 같은 모습을 띠게 된다. 이를 좀 더 포괄적으로 몇 가지로 조합하면, 학 교교육법규와 사회교육법규, 그리고 기본교육법규로 묶을 수 있는데, 이를 '교육 3법 체제'(教育三法體制)[14]로 지칭할 수 있다.

교육3법 체제

기본교육법규란 학교교육과 사회교육을 지원하고 관리하는데 기초가 되는 기본적인 법규로 교육기본법을 필두로 지방교육행정법 및 교육재정 관련 법규를 지칭한다. 종전 후 미군정하에서 일본국헌법(1946.11.3.)이 제정되었고, 교육기본 법과 학교교육법은 같은 해 같은 날(1947.3.1) 공포되었다. 2년 뒤인 1949년에는 국민의 권리로서 사회교육법(국가와 지방공공단체는 장려할 의무)이 새롭게 제정되어 교육3법체제의 핵심 법인 교육기본법, 학교교육법, 사회교육법이 완성되었다.[15]

---

14 국회 입법시 관심을 끄는 복수의 법률안을 놓고 교육2법, 혹은 교육3법이란 표현이 사용되기도 하 나 교육법의 체제와는 별개의 의미이다. 예를들어 1954년 '教育二法' 개정·제정은 전후 헌법·교육 기본법제의 원리의 일부가 수정된 두 개의 법을 말하는 것으로 교육공무원특례법의 일부 개정(21조 의 3추가)과 의무교육제학교에 있어서 교육의 정치적 중립의 확보에 관한 임시조치법을 말한다. 교 직원의 시민권 및 교육의 자주성을 제한한 규제법으로 평가받는다. 지난 2006년의 교육기본법 개정 에 따르는 후속 조치로서 2007년에 개정된 학교교육법, 지방교육행정법, 교육직원면허법 및 교육공 무원특례법을 두고서도 '教育三法' 개정으로 칭하기도 한다.

15 대한민국 제헌국회 당시와 마찬가지로 정부는 교육법 제정안을 교육기본법(안), 학교교육법(안), 사 회교육법(안)으로 제출하였으나, 일본과 동일한 법체계를 갖는 것에 대한 문제점을 지적하는 의원들 의 지적에 따라 다시 통합된 '교육법'(1949.12.31)으로 제정된 바 있다. 이 법이 1997년 12월 김영삼 정부에 의하여 교육기본법, 초중등교육법, 고등교육법으로 분할 제안되어 국회에서 논의되던 과정에 서 언론에서는 이를 교육3법안으로 통칭하고 보고서에도 등장하였으나 교육법의 3법 체제와는 다른 의미이다.

3 교육법의 원리

교육법의 원리는 다른 법과 마찬가지로 모법(母法)인 헌법에 규정되어 있는 교육에 관한 규정을 원리의 가이드라인으로 삼기 마련이며, 이는 곧 '교육에 관한 헌법정신'으로 표현할 수 있다. 교육법이 국민의 교육권 보장에 관한 사항을 담고 있다는 점에서 일본국헌법 제26조의 '교육을 받을 권리' 조항 및 '무상의무교육' 조항은 일본 교육법이 따라야 할 중핵적인 헌법정신이다. 유사한 교육 규정을 두고 있는 한국에서는 '교육기본권에의 기속성(羈束性) 원리'로 표현하기도 한다.

교육법의 원리

그런데 일본은 헌법과 교육기본법을 제정하여 현행 교육법들의 기본원리로서 기능토록 하고 있다. 즉, 교육기본법은 헌법의 교육조항(가네꼬는 제26조 외에 제23조인 학문의 자유 조항 추가)을 구체화하면서도 헌법의 다른 제 규정의 정신을 교육법적으로 표현하고 있다. 이는 과거 천황의 칙령(勅令)인 교육칙어(教育勅語)를 대신하는 교육선언적 의미와 교육법 중에 기본법 즉, 교육헌법(教育憲法)적인 의미를 내포한 것으로도 해석된다. 교육기본법은 그 규정 내용이 헌법정신에 입각한 교육법의 기본 원리를 구체화한 것이라는 의미에서 '기본원리법'적 성격을 갖는다 (兼子 仁, 1978:27).[16]

교육기본권에의 기속성

교육칙어(教育勅語)

결국, 교육법의 기본원리는 헌법의 교육에 관한 규정(헌법정신)과 이를 구체화한 교육기본법의 규정들로부터 추출되어야 함은 당연한 논리적 귀결이라고 할 수 있다.

가네꼬(1978:193)는 교육법 원리의 법규범적 의미에 대하여 다음과 같이 강조하고 있다.

교육법 원리

"현행 교육법제에 있어서 교육법적 기본원리가 매우 중요한 이유는 첫째, 현행교육법제가 일본국헌법과 교육기본법에 의해 일체적으로 예정되어있는 교육법적 기본원리를

---

16 교육기본법이 다른 교육법률에 법형식상으로 우월한 기본법적 성격을 갖는지, 즉, '준헌법적 성격'을 갖는지에 대하여는 학설이 다소 나뉘고 있으나 이에 대하여는 교육기본법을 다루는 제6장(章)에서 자세히 다룬다.

중심으로 존립한다는 점이다. 둘째, 정치적 교육입법과 교육행정법적인 행정해석에 의한 변용에 대해서 현행 교육법제의 '교육법'적인 성격과 체계를 유지발전 시켜가기 위해서는 기본원칙을 명확히 해야 하기 때문이다. 헌법과 일체적인 현행 교육법의 기본원리는 해석·적용뿐만 아니라 이후 교육입법을 시도할 것이다. 셋째, 기본원리는 당연히 교육의 성질을 토대로 한 교육조리 해석에 의해 구명되지 않으면 안되고, 거기에 '기본원리'는 교육조리 해석의 전개를 통한 현행법제의 교육법적인 생성·발전의 장면일 수 있다. 자녀의 학습권이나 부모의 교육요구권등 그 구체적·제도적 교육법논리가 어떻게 있을 수 있는지가 다분히 미정인 경우에도 이들 교육법원리로서 존재를 교육조리 해석에 의해 밝혀두면 그것은 구체적·제도적인 교육법 논리의 구명이나 형성에 있어서 유익할 것이다. 넷째, 교육법 원리는 입법·판례에 의해 교육법 논리로 구체화될 뿐만 아니라 교육계 각 개인의 규범의식을 매개로하여 관습법적인 구체화로 연결될 수 있다. 이 경우에 교육법 원리는 사람들의 규범의식(規範意識)·권리의식(權利意識)에 있어서 중요한 목표내지 지도이념이 되고, 나아가 보다 많은 사람들의 교육적 사고나 교육운동(敎育運動)의 진전에 도움이 될 수 있다."

가네꼬(1978:193-358)가 제시한 현행 일본 교육법의 기본원리는 다음과 같다.

① 국민의 교육의 자유와 학습권
　　자녀·국민의 학습권과 학습의 자유, 부모의 자녀에 대한 교육의 자유, 문화 담당자
　　로서 국민의 교육의 자유
② 국민의 교육을 받을 권리(학습권)를 보장하는 공교육제도
　　학습권의 생존권적 보장으로서 교육을 받을 권리, 국가 조건정비 의무를 지는 교육
　　으로서 공교육
③ 교사의 교육권과 부모의 교육요구권
　　교사·학교의 교육권(헌법 제23, 26조 및 구 교육기본법 제10조 제1항에 의한 보장)
　　부모의 교사·학교에 대한 교육요구권
④ 교직의 전문직성과 특별 신분보장
　　교직의 전문직성, 교사의 자주 연수권, 교사의 신분·노동자권의 특별보장
⑤ 교육행정·학교경영의 교육조건정비성
　　조건정비 작용으로서의 교육행정(구 교육기본법 제10조 제2항)
　　조건정비적 교육내용행정으로서의 지도조언(指導助言)

이외에도 일본 내 교육법 전문서에 소개되고 있는 교육법의 기본원리에 대한 대부분의 논의들은 가네꼬가 말하는 헌법에 명시되고 교육기본법에 구체화되어 있는 것들을 위주로 진술되고 있다. ⓐ 교육을 받을 권리, ⓑ 보통교육을 받게 할 의무, ⓒ 의무교육의 무상(이상 헌법 제26조), ⓓ 국민의 교육의사의 반영, ⓔ 교사의 교육의 자유, ⓕ 교육법률주의의 원칙 등이 제시되기도 한다(姉崎洋一 他編, 2015:7−26).

무로이 오사무(室井 修: 47−55)는 가네꼬의 교육법의 기본원리의 법규범적 의미를 수용하면서, 교육법의 원리로서 ⓐ 교육을 받을 권리, ⓑ 학문의 자유와 국민의 교육권, ⓒ 부모의 교육권과 교육의 자유, ⓓ 교육의 공공성 등 네 가지를 들었다. 특히 구 교육기본법 제6조에서 '법률로 정한 학교는 공(公)의 성질(性質)을 갖고 있다'라는 규정에 근거하여 교육의 공공성 원칙을 강조하였다.

무로이가 강조한 교육의 공공성의 원칙은 다음과 같다.

① 모든 자녀의 발달권·학습권의 보장 원칙(헌법 제13, 25, 26조, 구 교육기본법 전문, 제1, 2조)
② 교육내용·가치에 대한 공권력·사회적 제 세력의 부당한 개입의 금지와 교육의 자주성 보장의 원칙(구 교육기본법 제2, 10조)
③ 모든 자녀·국민에 대한 교육의 기회균등 보장의 원칙(헌법14조, 구 교육기본법 제3−5조)
④ 교육의 전 국민에 대한 직접책임제와 교육조건정비 의무에 기반한 공교육 보장의 원칙(구 교육기본법 제10조)
⑤ 공비교육주의(公費敎育主義) 원칙(헌법 제26조 제2항, 구 교육기본법 제4조 제2항, 학교교육법 제5조)

4　일본 교육법 연구에 관한 국내외 문헌 자료

가. 국내에 소개된 일본 교육법 논의들: 논문과 저서들

대한교육법학회

대한교육법학회의 학술지『教育法學硏究』에 일본의 교육법 연구를 포함하고 있는 논문은 고전(4편), 노기호(2편), 김덕근(2편) 등 총 15편[17]으로 검색되었다. 헌법등 공법학 분야 학술지의 경우 일본 교육권 연구가 수편 게재되었고,[18] 일본을 포함한 외국의 비교법 연구는 드물지 않게 찾아볼 수 있다.

한국비교교육학회

한국비교교육학회 학술지「비교교육연구」에도 일본과의 비교연구 논문에 부분적으로 교육법에 관한 논의[19]가 포함되어 있다.

한편, 교육법 연구 분야의 국내 박사학위 논문가운데에서도 일본의 교육법 논의는 빠지지 않고 되어왔다. 그 중에서도 단연 가네꼬 마사시의『教育法』(1978) 저서가 가장 많이 인용되었다. 신현직의 "교육기본권 연구"(서울대, 1990)는

---

17 대한교육법학회 홈페이지에 '일본' 단어 검색결과, 저자(2012)의 졸고 "일본의 교육법학 연구 동향 분석" 교육법학연구 24(1), 2006년의 "일본의 의무교육비 국고부담제 개혁과 시사점" 18(1), 2003년의 "일본 교육개혁 입법의 쟁점과 시사점" 15(1), 2001년의 "일본 학교교육분쟁의 특징과 시사점" / 노기호(2009), "일본의 고등교육관련 지원 법령의 내용과 특징 −한국 "고등교육법"과의 비교를 중심으로−", 21(1), 노기호(2004), "일본교육법상 교육관련 당사자의 교육권개념과 권한관계 정립에 관한 연구", 16(2) / 김덕근(2013), "한국과 일본의 역사 교과서 재판을 통한 '교육부장관'의 검정 교과서 수정명령권 분석" 25(1), 김덕근(2012), "한국과 일본 판례분석을 통한 교과서 검정제도의 합헌성 분석", 24(3) / 황준성(2001), "일본 사학정책의 법제적 연구" 13권 / 박은희(2000), "일본 이지메의 법적 문제 및 판례" 12권 등이 있다. 그 외 일본 교육법 연구 및 일본을 포함한 비교연구(강인수(1989),"교원의 노동기본권에 관한 비교 연구−한국·일본·미국의 교육법 및 교육판례를 중심으로"2권 / 황홍규(2010), "대학의 법적 거버넌스에 관한 비교연구−일본, 미국, 독일 및 영국−"22(1)등) / 송요원(2002), "교사의 교육의 자유−일본과 한국에 있어서 헌법적 근거를 중심으로" 14(1) 등등 총 15편이다.

18 서보건(2011), "교육을 받을 권리와 교육격차해소를 위한 일본의 법제도", 세계헌법연구 17(3) / 윤희봉(2012), "일본의 발달장애자 지원법에 대한 고찰", 특수아동교육연구 14(4) / 노기호(2007), "일본교육기본법 개정 내용과 특징", 공법학연구 8(2) / 허종렬(1995), "논단: 해외 법학계의 교육법 연구 동향−독일·미국·일본의 경우를 중심으로−, 법과사회이론연구회 12권" / 권두승(1996), "일본 사회교육법의 변천과정에 관한 연구", 한국교육학연구(구 안암교육학연구) 2(1) / 안기성(1986), "일본의 교육법제", 일본학보 17권(한국일본학회) 등등이 있다.

19 정기오(2018) 한국과 일본의 교육기본법 비교 분석, 정시선외(2014) 한국, 일본, 미국의 초등학교 학생생활기록 관련 규정 비교연구 / 조금주(2008) 외국의 중고등학교 규칙 내용 분석의 시사점, 권동택(2008) 초등학교 취학연령 및 유예 기준에 대한 국제비교연구 / 박창언(2007) 교육행위의 본질에 의한 헌법상 교육을 받을 권리 조항의 해석: 한국과 일본의 비교를 중심으로

일본 교육법학계의 논의를 헌법적 관점에서 가장 비중 있게 다룬 경우이다.[20]

그러나 아쉽게도 지금까지 일본교육법론을 본격적으로 다룬 저서는 없었다. 고전은 『日本教育改革 黑·白書』(2003)와 『일본교육개혁론』(2014)을 통해서 교육개혁과 관련된 제반 교육법 개정(교육기본법 및 지방교육행정법 등)을 소개하기도 했다.

나. 일본 교육법론 이해를 위한 필독서

(1) 가네꼬 마사시(兼子 仁)의 『教育法』(新版; 1978)[21]

가네꼬는 일본 교법학계의 태두라 해도 과언이 아니다. 물론 일본교육법학회 창립멤버이기도하고 그의 이 저서는 일본과 한국의 교육권 관련 논문에서 가장 많이 인용되기도 한다. 1993년에는 그의 제자인 이치가와 쓰미코(市川順美子, 전 일본교육법학회회장)와 『日本の自由教育法学』(学陽書房, 1998)을 공저로 발간한 바 있다. 『教育法』(新版)의 목차는 다음과 같다.

> Ⅰ. 교육법과 교육법학
> 1. 교육법의 존재차원   2. 교육법의 개념
> 3. 현행 교육법규법의 존재형식(법원)   4. 교육법학
>
> Ⅱ. 각국 공교육법의 역사와 원리
> 1. 19세기 서구 사교육법제와 교육의 자유
> 2. 20세기 서구 공교육법과 교육을 받을 권리
> 3. 프로이센·독일 및 전전(戰前) 일본의 국가교육법제
> 4. 전후 일본 및 서독의 공교육법의 형성

---

20 이보다 앞선 백명희(1977), "한국 교원의 권리·의무에 관한 연구", 이화여대(교육학박사) / 박인희 (1982), "현대 교육법 원리로서의 교육의 자유-미·일의 법리를 중심으로", 경북대(법학박사) 등에서도 인용되고 있다.

21 가네꼬 마사시(兼子 仁, 1935년생) 동경도립대학 명예교수는 일본교육법학계 1세대 대표학자이다. 『教育法』초판은 1963년에 간행(有斐閣法律学全集)된 바 있다. 1970년대까지의 일본교육법 연구의 완성판으로 평가 할 수 있다. 그 외 관련 저서로는 『教育法学と教育裁判』(勁草書房、1969年) / 『現代フランス行政法』(有斐閣 1970) / 『国民の教育権』(岩波新書、1971年) / 『教育権の理論』(勁草書房、1976年) / 『入門教育法』(総合労働研究所、1976 教育を考えるシリーズ) 등이 있다.

Ⅲ. 현행 교육법의 기본 원리
  1. 국민의 교육의 자유와 학습권
  2. 국민의 교육을 받을 권리(학습권)를 보장하는 공교육제도
  3. 교사의 교육권과 부모의 교육요구권
  4. 교직의 전문직성과 특별신분 보장
  5. 교육행정·학교경영의 교육조리 정비성(敎育條理 整備性)

Ⅵ. 현행교육법상의 제(諸)제도
  1. 법정 학교제도와 국가의 학교감독행정   2. 재학관계 및 학교의 자치
  3. 교육위원회에 의한 공립학교 관리   4. 학교사고를 둘러싼 책임과 구제
  5. 사회교육제도

(2) 나가이 켄이치(永井憲一)의 『敎育法學』(1993)[22]

나가이 역시 일본 교육법학계 1세대 학자로서 교육법 연구의 선구자이다. 『敎育法學』은 1993년 エイデル研究所에 출간된 책으로서 교육인권법적 입장에서 정리한 것이다. 교육법학의 대상과 범위, 연구방법을 체계적으로 명시한 책이다. 교육법의 체계, 생성과 법이념, 교육법을 둘러싼 문제들, 그리고 교육권에 관한 학설, 그리고 이후의 과제 등을 해설했다. 특히 식민시대의 천황의 교육칙어가 갖는 의미를 교육기본법의 정신과 대비시켜 분설하고 있는 것이 특징이다. 주요 목차는 다음과 같다.

서 장 교육법을 배우는 의미
제1장 교육법의 구조와 체계   제2장 전후 일본의 교육법의 생성과 법이념
제3장 교육의 전개 과정과 교육법현상   제4장 현대교육법의 문제상황
제5장 교육권에 관한 학설과 판례   제6장 교육법학의 향후 과제

---

22 이후 교육법학 관련하여 『敎育法学の原理と体系－教育人權保障の法制研究』(日本評論社, 2000)도 출간했다.

(3) 일본교육법학회의 10년 단위 기획서: 교육법 시리즈와 교육법학사전

일본에서의 교육법 논의는 역시 일본교육법학회(http://jela1970.jp/)를 중심으로 이루어져오고 있다. 특히, 1970년 학회 창립 10, 20, 30, 40주년 기획서로 발간된 책들은 일본의 교육법 논의를 시대별로 살펴볼 수 있는 매우 중요한 책들이다.

- 창립10주년 기획서: 강좌교육법(전7권, 1980−81)『講座教育法』 エイデル研究所
- 창립20주년 기획서: 교육법학사전(1993)『教育法学辞典』 学陽書房
- 창립30주년 기획서: 강좌 현대교육법(전3권 2001)『講座現代教育法』 三省堂
- 창립40주년 기획서: 교육법의 현대적 쟁점(2014)『教育法の現代的争点』 法律文化社)

교육법학사전

교육법의
현대적 쟁점

특히, 1993년에 발간된『敎育法學辭典』(學陽書房)은 당시까지의 교육법 연구 성과를 총 집대성한 교육법 사전이다. 일본에서 통용되고 있는 교육법과 교육법학의 주요 개념(교육권, 교육법학, 교육조리 등)을 좀 더 객관적으로 이해하는데 도움이 되는 책이다.

Ⅰ. 교육법제의 구조와 동태
 1. 교육법의 존재형태 2. 교육법의 실현 동태 3. 교육법의 역사 4. 세계의 교육법

Ⅱ. 교육법의 원리와 이념
 1. 교육법의 원리 2. 교육목적과 교육이념

Ⅲ. 학교교육의 제도 및 운영
 1. 학교제도 2. 학교설치와 조직편성 3. 학교운영과 교육조치 4. 학교사고 책임과 구제

Ⅳ. 교직원의 지위 및 인사
 1. 교직원의 전문적 지위 2. 종류와 법적지위 3. 근무조건·근로조건 4. 인사와 법제

Ⅴ. 교육행재정의 법제
 1. 교육행정 2. 교육재정

Ⅵ. 사회교육·생애학습

2014년에 간행된 『教育法の現代的争点』은 2006년 교육기본법 개정 후 최근의 교육법 주요 쟁점을 교육법학회 회원들의 연구역량을 총집결하여 저술되었다. 교육법의 주요 쟁점을 원리, 법제, 쟁송이라는 세 측면에서 이론적으로 잘 구명하고 있어서 주제별로 학계의 논의를 쉽게 파악할 수 있는 서적이기도 하다. 교육기본법 개정 결과 교육현장에서 관리와 통제가 강화되고 있다고 보고, 권리로서의 교육을 강조하는 관점에서 교육법의 향후 방향을 논의했다는 점에서 의의가 있다. 최근 일본의 교육법 쟁점과 법학계의 논의 동향을 파악하고 싶다면 반드시 필독하여야할 서적이다.

Ⅰ. 교육법 원리
 1. 교육과 법 2. 교육에 있어서의 국가와 개인 3. 교육인권

Ⅱ. 교육법제
 1. 교육기본법 2. 학교제도 3. 학교운영법제 4. 교육과정·교과서법제 5. 교직원법제
 6. 교육행정 7. 교육재정 8. 교육원조법제 9. 학교보건 10. 장애인교육
 11. 고등교육법제 12. 사회교육법제

Ⅲ. 교육재판
 1. 어린이 인권재판 2. 자주성 옹호적 재판 3. 조건정비적 재판

일본교육법학회 연보

다. 일본교육법학회 연보(학술지)

1970년에 창립된 일본교육법학회(http://jela1970.jp/)는 1970년대 일본에서 교육재판운동이 일어났을 때 국민교육권(國民教育權)과 교사의 교육활동의 자유를 이론적으로 지원하는 역할을 했다. 그리고 이것은 한국의 1980년대 교원노조 운동 과정에서도 번역 소개되어 나름의 영향을 주었다. 이런 연유로 국내 학자들 중에서는 일본교육법학회가 좌편향적인 성향을 가진 학회로 인식하는 사람도 있다. 그러나 시대적 소명을 다하는 과정에서 그런 평판을 얻었다고 볼 수 있다. 현재에도 일본 내에서 교육법 관련 유일한 학술연구단체이기도 하다.

이 학회는 정기 학술지인『日本教育法學會年報』를 매년 5월에 유비각(有斐閣) 출판에서 발간하고 있다. 전년도 정기총회의 주제를 제호로 표기하며, 당시 발표 되었던 논문과 심포지엄 내용을 게재하고, 자유발표 및 기고 원고를 수록한다. 그동안 고전(제주대)과 김용(청주교대)이 학회에 참석하여 발표하고 이것이 자유연 구 논문으로 게재된 바 있다.

이 학술지 또한 일본 교육법학계의 논의를 파악하는데 반드시 읽어야 하는 필수 서적이라 할 수 있다. 한국 국회 도서관 외국 정기 간행물실에 비치되어 있 다. 1970년 이후 2018년 현재 제47호까지 발간되었고 제목은 2017년 정기총회 주제였던 "헌법시행 70년과 교육법학의 과제"인데 그 내용은 다음과 같다.

日本教育法学会編集(2018)憲法施行70年と教育法学の課題(日本教育法学会年報 第47号)

- 研究総会 「日本国憲法の基本三原理と教育法」
  国民主権原理と教育法=成嶋隆 / 憲法・教育基本法70年=
  堀尾輝久 / 人権・差別と教育法=内野正幸
- 第1分科会 「学校安全の新しい法的課題」
  津波被災訴訟と学校防災の課題=堀井雅道 / 部活動をめ
  ぐる事故・体罰と学校安全の課題=南部さおり / 学校事
  故対応指針と第三者委員会の課題=相川 裕
- 第2分科会 「教職の専門性と教職員法制の新局面」 教員
  養成改革と教員免許・研修法制の新局面=土屋基規 / 教員の身分保障にかかわる
  裁判の動向=佐藤博文 / 学校自治とチーム学校=葛西耕介
- 公開シンポジウム 「次期学習指導要領の教育法的検討」
  学習指導要領の性格をめぐる歴史的考察と教育法研究の課題=石井拓児 / 次期学
  習指導要領をめぐる諸問題=山崎雄介 / 学習指導要領の法的性質の再検討=斎藤
  健一郎
- 自由研究: 井深雄二 / 三上昭彦 / 山﨑洋介 / 佐貫浩 / 金龍 / 小野方資

라. 교육법전 및 교육법 편람

일본에서 교육법을 연구하는 학자나 교육법 강좌를 수강하는 학생들이 필수적으로 구입하는 것이 교육법전이다. 한국의 『교육법전』이 법령만 편집하여 놓은 것과는 달리 일본의 교육법전들은 매우 핸디(1200면이 넘지만 가격은 2천엔 대 수준으로 상대적으로 저렴)하면서도 방대한 교육법 내용을 빠짐없이 수록하고 있다. 게다가 교육법 사료(史料; 구 교육기본법, 교육칙어, 위원회 답신서 등)를 담고 있으며 조항별 해석과 판례를 수록하고 있어서 교육법 수강자나 연구자에게는 필수품이다.

教育小六法
교육소육법

解說教育六法
해설교육육법

교육법전은 『教育小六法』(學陽書房)과 『解說教育六法』(三省堂) 두 법전이 출간되고 있다. 편집인들은 헌법학자와 교육행정학자들이 대부분인데, 학양서방의 경우엔 교육법학회 회장이 참여하고 있는 반면, 삼성당 법전은 교육학 전공자가 상대적으로 많은 것이 특징이다.

『教育小六法』(學陽書房)의 편집인은 市川須美子(전 학회장, 헌법), 小野田 正利(大阪大, 교육행정), 勝野正章(東京大, 교육행정), 窪田眞二(전筑波大, 현常葉大学, 교육행정), 中嶋 哲彦(名古屋大, 교육행정), 成嶋 隆(전학회장, 헌법)이다.

『解說教育六法』(三省堂)의 편집인은 姉崎 洋一(전北海道大, 고등교육), 荒牧重人(山梨学院大, 헌법), 小川正人(전東京大, 교육행정), 喜多明人(早稲田大, 교육행정), 淸水敏(早稲田大, 사회법), 廣澤明(明治大, 헌법), 元兼正浩(九州大, 교육학)이다.

교육법규 편람

한편 교육법 편람으로는 학양서방에서 출판된 『教育法規便覧』(2019年版. 동경: 學陽書房, 1-656면)이 대표적이다. 이 책은 구보타 신지(窪田眞二, 1953년생, 전 쯔구바대교수, 常葉大)와 오가와 도모지(小川友次, 1932년생, 전 동경도교육청근무, 지방공무원인사노무연구회 대표)가 공저한 것으로 1976년 초판이 발행된 이후 매년 발간되고 있다.

2019년에는 최신의 학교교육 관련의 법령 및 통지, 지침, 가이드라인 등의 요점을 정리했다. 구보타 교수는 『教育小六法』(學陽書房)의 편집진이기도 하다. 이 편람은 교육관리직 수험서로도 활용되기도 한다.

2019년판 설명에 따르면, 일처리개혁 법안(働き方改革法案)의 심의와 병행해 논의되어온, 학교에서 일처리 방법 개혁을 둘러싼 법령에 초점을 맞추어 개정했

다. 제Ⅶ장에 새로 '8. 학교가 담당해 온 업무의 법적 근거'를 신설했다.[23] 목차
는 다음과 같다.

Ⅰ. 교육법규의 구조와 교육행·재정에 관한 법규

Ⅱ. 학교의 구조에 관한 법규

Ⅲ. 교육 과정에 관한 법규

Ⅳ. 의무교육에 관한 법규

Ⅴ. 교직원의 자격과 면허·직무에 관한 법규

Ⅵ. 교직원의 인사·복무·평가에 관한 법규

Ⅷ. 아동·학생에 관한 법규

Ⅸ. 특별 지원 교육에 관한 법규

Ⅹ. 학교 보건 안전에 관한 법규

---

23 그 외 ① 第三期教育振興基本計画の方針 ② 総合的な探究の時間の考え方や目標③ 教科書関連で
はデジタル教科書の使用や夜間学校等で特別の教育課程を編成する場合の教科書の給与 ④ 著作権
法改正によるネットワークを通じた教材の送信 ⑤ 学校法施規改正による部活動指導員 ⑥ 義務教
育学校等で近年採用されている通学用服等の学用品等の適正な取扱い ⑦ 熱中症防止関連の通知等
⑧ 児童福祉法改正による児童虐待対策の強化に関する規定 등도 신설되었다.

교육법령 검색

한편, 교육법 검색은 전자정부 종합창구인 e-Gov(https://www.e-gov.go.jp/index.html)를 통해서 교육법령 검색이 가능하다. 한국의 국가법령정보센터(http://www.law.go.kr/main.html)와 비슷한 검색창이다.

마. 계간지 및 교육법 강의 해설서

(1) 『季刊 教育法』(エイデル研究所, 1970-현재)

계간 교육법

일본교육법학회가 출범한 1970년 가을부터 에이데루연구소(エイデル研究所)라는 출판사는 교육법에 관한 쟁점을 특집으로 계간지 「계간 교육법」을 창간하여 교육법에 관한 초창기 논의의 장을 충실히 제공했다. 년 4회 발간되는데 2018년 12월 현재 199호를 발간한 바 있다.

199호는 '특집'으로는 '교육위원회로부터 비롯된 일'을 '학교사고연구'로는 '이지메 방지대책추진법에 근거한 학교이지메 방지를 위한 대응'을 다루었고, '어린이·교육과 재판'에서는 동경도 기미가요 불기립(不起立; 일어서기 거부) 교원 재임용 거부사건을 다루고 있다. 이 계간지는 일본의 교육법 현안을 쉽게 파악할 수 있는 것으로 한국 국회도서관 정기간행물실에도 비치되어 있다.

(2) 坂田 仰外(2017) 『圖解·表解 教育法規』(매년 증보판 발행)

圖解·表解 教育法規
도해·표해 교육법규

사까다 다까시(坂田 仰) 교수(日本女子大)등이 집필한 『圖解·表解 教育法規』(教育開發研究所)는 대표적인 일본교육법 해설서이다. 최근의 교육정책이나 교육개혁과 관련된 법규를 그림과 표로서 설명하고 있어서 외국의 연구자들이 일본의 교육법의 관련된 구조와 제도의 흐름을 파악하는데 많은 도움을 받을 수 있다. 공저자로는 黒川雅子, 河内祥子, 山田知代 등이 있다.

제1장 교육법규를 배우기 전에
 1. 법령의 읽는 법   2. 법원과 법체계   3. 법률용어의 기초 지식

제2장 교육법규 체계와 トレンド

　1. 교육기본법 2. 일본국헌법 3. 학교교육법 4. 교육직원면허법 5. 지방교육행정의 조직 및 운영에 관한 법률 6. 지방공무원법 7. 교육공무원특례법 8. 학교보건안전법 9. 사립학교법 10. 평생학습진흥법 11. 사회교육법

제3장 《도해·표해》 교육 법규·제도

　[학교조직] 교장의 직무와 권한 / 부교장의 직무 / 교감·부교장·교감의 자격 요건과 그 완화 / 주임제도 / 주간교사·지도교사 신설 / 양호교사 직무 / 영양교사 직무와 식육 추진 / 사서교사의 직무와 학교사서 / 교무분장 / 직원회의 기능(전11항목)

　[조직 운영]

　근무시간 배정 / 시간외근무와 교직조정액 / 수업일·휴업일 / 토요일 등의 교육활동 추진 / 휴일·주휴일(협의) / 유급휴가와 무급휴가 / 연차유급휴가와 시간변경권 / 육아휴업제도 / 학교운영협의회(커뮤니티스쿨) / 학교평가 / 선거권연령 인하와 정치적 중립 / 학교임시휴업 / 비상근강사, 외부인재 등용 / 학교시설의 복적외 사용 / 학교의 개인정보관리 / 직원단체(전 17항목)

　[교육행정]

　교육기본법 / 교육진흥기본계획 / 교육위원회의 조직·기능 / 교직원 인사권 / 교장의 의견구신권(具申權) / 학교선택제 / 평생학습·사회교육 / 스포츠기본법(전 8항목)

　[교직원]

　교원의 신분과 직무 / 교원의 복무 / 인사평가제도 / 교원의 인사처분과 징계처분 / 지도 부적절한 교원의 인사관리 / 교원의 연수체계 / 초임자 연수 / 중견교사 등 자질향상 연수 / 수학 부분휴업제도·자기계발 등 휴업제도·대학원수학 휴업제도 / 교원면허의 종류와 실효(失效)요건 / 교원면허 갱신제 / 교직대학원 역할·기능 / 공무상 재해보상 / 섹슈얼 하라스멘토(성희롱)의 방지(전 14항목)

　[교육과정]

　학습지도요령 개정의 포인트 / 학습지도요령의 법적 구속력과 기준성 / 도덕의 교과화 / 교과서 사용의무 / 교과서채택제도 / 보조교재의 사용과 저작권 / 전국학력·학습상황조사 / 의무교육학교·초중고 일관교육 / 중고일관교육 / 초등학전과담임제(專科担任制) / 개인 대응한 지도와 소인수학급편제 / 캐리어교육 / 인권교육(전13항목)

　[학생]

　취학의무와 취학원조 / 지도요록 취급 / 학생지도제요(提要) / 징계의 범위와 체벌 / 아동·학생의 출석정지 / 집단괴롭힘 방지 등의 법제화 / 집단 괴롭힘 방지 등과 학

교의 책무 / 집단괴롭힘의 중대사태 대처 / 인터넷 괴롭힘 대응 / 부등교 대책 / 아동학대 대응 / 소년법제 (전12항목)

[보건·안전]

건강진단 / 학교급식과 음식물 알레르기에 대한 대응 / 학교사고의 법적 책임 / 재해공제 급부 / 안전점검·어린이 안전확보 / 재해안전(방재)(전6항목)

[특별지원교육]

취학절차·인정취학 / 특별지원학교취학자·장애인 차별해소법과 합리적 배려 / 발달장애인지원법과 학교의 노력 / 특별지원학교 / 특별지원학교 교사면허장 / 특별지원교육 코디네이터(전6항목)

제4장 사례 연구법

1. 전국일제학력테스트의 적법성 2. 학습지도요령의 법적구속성 3. 기미가요기립 직무명령의 타당성 4. 졸업식에 있어서의 전단배포와 표현자유 5. 검도 실기이수거부에 의한 원급유치처분 6. 교육적 지도와 유형력의 행사 7. 아침 자습시간중의 사고와 국가배상 8. 낙뢰의 예견가능성 9. 징계처분에 있어서의 재량과 그 한계 10. 공무외 인정처분취소 청구사건 11. 학교급식사고와 국가배상 12. 교내강간사건과 학교의 안전배려의무 13. 열중증에 의한 사망과 교원의 안전배려의무 14. 야간 무단진입에 의한 사고 15. 연수여행중의 체벌사 16. 체벌교원에 대한 구상권의 행사 17. 보호자의 손해배상책임 18. 국가제창시 기립 직무명령

제5장 교육법제관련자료

교육기본법 시행에 대해 (통지)

교육공무원 특례법등의 일부를 개정하는 법률등의 시행에 대해(통지).

지방교육행정의 조직 및 운영에 관한 법률의 일부를 개정하는 법률에 대하여(통지).

왕따방지대책추진법 공포에 대해(통지).

체벌의 금지 및 학생 이해에 근거하는 지도의 철저에 대해(통지).

초등학교 학습지도요령 전부 개정, 중학교 학습지도요령의 개정 고시에 대해(통지).

문부과학성 소관사업 분야의 장애를 이유로 하는 차별 해소 추진에 관한 대응 지침(통지).

(3) 姉崎 洋一(2015) 『ガイドブック教育法』 新訂版표

이 책은 『解說 教育六法』(三省堂)의 편집위원 중심으로 기획된 책으로 교육법전 상의 방대한 법령이나 자료를 해석·운용하는데 가이드북이 필요하다는 생각에서 출간되었다. 많은 대학에서 교육법 교재로 채택되기도 했다.

제1부가 교육법과 교육법학의 기초지식에 대하여, 제2부는 주요 교육법의 구조와 해설을 다루었는데, 헌법의 교육조항 및 교육기본법을 필두로 주요 교육법의 핵심 내용을 정리하고, 자치입법과 조례, 국제교육법, 그리고 최근 관심을 끄는 정보공개, 참가, 학교안전, 이지메, 체벌, 교육복지에 대하여도 다루었다. 제3부 사례로 배우는 교육법은 9가지 영역에 걸쳐 62가지 Q&A로 구성되어 교육법 현안에 대한 이해를 돕고 있다.

대표저자는 홋카이도 대학의 아네자키 요이치(姉崎 洋一) 교수를 비롯하여, 아라마키 시게토(荒牧 重人), 오가와 마사히도(小川正人), 가네코 마사후미(金子征史), 키타 아키토(喜多明人), 토나미 코우지(戶波 江二), 히로사와 아끼라(唐澤明), 요시오카 나오코(吉岡 直子) 등이 편수위원이고, 집필자는 이시이 마요코(石井小夜子) 변호사를 비롯한 16명이다.

제1부 교육법과 교육법학의 기초지식

　Ⅰ. 교육법의 이념과 구조

　Ⅱ. 교육법의 개정 동향–전후 교육법제의 전개

제2부 주요 교육법의 구조와 해설

　Ⅰ. 국가의 입법

　Ⅱ. 자치입법·조례

　Ⅲ. 국제교육법과 일본

　Ⅳ. 교육법의 전개와 과제

제3부 사례로 배우는 교육법

　〈자녀 문제(Q1–13)〉〈교육과 복지(Q14–16)〉〈교육활동(Q19–29)〉〈학교운영·교육
　조치(Q30–38)〉〈교직원(Q39–47)〉〈교육행재정(Q48–50)〉〈교원양성·채용(Q51–54)〉
　〈사회교육 (Q55–59)〉〈대학 기타(Q60–62)〉

일본 교육법의 역사

제2장은 근대교육 도입기로부터 현대에 이르는 일본 교육법의 역사를 다룬다. 먼저 제1절은 교육법제사의 시대 구분론을 제2절은 교육 근대화기의 교육법을, 제3절은 종전(終戰) 이후 교육기본법하에서의 교육법제사를, 제4절은 신 교육기본법 개정 이후의 교육법제사를 차례로 다룬다.

제1절의 교육법제사 시대 구분은 일본의 제도사 및 학자들의 학설을 중심으로 소개한다.

제2절은 교육 근대화기의 교육법으로 학제(學制: 1872) 공포에서 종전(終戰: 1945)까지를 다룬다. 학제를 통한 근대 교육제도의 창시와 확립(1872–1916), 교육 제도의 확충기(大正 6년(1917)경–昭和 11년(1936)경), 국민학교와 전시하의 교육기(昭和 12년(1937)경–20년(1945)경)로 나눌 수 있다.

제3절에서는 종전(終戰) 이후 교육기본법하의 교육법제사(1945–2005)를 다룬다. 주요 내용은 전후 교육 재건기의 교육법(1945–1952년경), 전후 교육정책의 전환기(1952년경–1958년경), 교육의 양적 확대기의 교육법(1950년대말–1960년대), 교육의 질 개선기의 교육법(1970년대), 기존의 교육 노선의 재검토기의 교육법(1980년대초–1990년대말), 새로운 시대를 위한 개혁 입법의 전개(1998경 이후)로 나눈다.

제4절에서는 신 교육기본법 개정 이후의 교육법제사(2006년 이후–현재)를 다루는데, 신 교육기본법의 개정(2006.12), 교육기본법 개정에 따른 교육진흥기본계획의 책정(2008, 2013, 2018), 신 교육기본법에 따른 교육3법의 개정(2007)등을 다룬다.

1 교육법제사의 시대 구분론

시대 구분은 연구자의 역사 인식을 반영하는 것이기 때문에 교육법제(教育法制)의 역사를 시대 구분하는 방법은 연구자의 교육 및 법률, 그리고 역사에 대한 인식에 따라 다를 수 있다. 동시에 교육의 역사에 비추어 규명할 수도 있고, 교육법의 성격 변화에 맞추어 구분할 수도 있다. 이 두 가지의 교차점에 의해 교육법제사를 구분한다면 '고대·중세·근대·현대 교육법제사'로 대별 할 수도 있다.

현대 교육법제사를 지금의 시점을 놓는다면, 역시 가장 중요한 변곡점은 근대의 시작점과 현대로의 전환점이다. 몽테스키외가 말한 3권 분립에 입각한 근대국가의 등장 하에서 공교육의 기초가 될 교육법의 등장을 근대교육법의 시작으로 본다면, 교육법제는 근대 전후로 가장 크게 변하였다.

'교육법'에 있어서 근대성

사실, '교육법'에 있어서 근대성란, 기본적으로 국민의 대의기관에 의하여 제정된 교육법(당연히 3권 분립되거나 최소한 입헌군주국가 체제)이어야 하고, 국민 공교육제도를 실현하기 위한 교육법(당연히 신분은 철폐되고 교육기회는 균등히 보장된)이어야 할 것이다.

이러한 관점에서 볼 때, 과연 일본국의 경우 근대교육법의 시작은 어디로 잡아야 할 것인가? 일본의 교육사학계(教育史學界)는 1868년의 메이지유신을 근대교육의 출발점으로 삼는 데는 이론(異論)의 여지가 없다. 다만 법률의 측면에서 본다면, '학제(學制)'가 공포된 1872년으로 기산점을 잡는 것이 보다 법제사적 관점이다.

물론, 이 시기의 국체(國體)가 공화제나 국민주권주의가 아닌 전제군주제의 하나인 천황제를 기반으로 한 메이지정권(明治政權)이었다는 점은 일반적인 근대국가로서의 조건 측면에서 흠결이다. 또한, 법 형식 측면에 있어서도 메이지유신의 완성이라는 1889년의 대일본국헌법(大日本國憲法)에서는 교육에 대하여는 언급도 하지 않았다.

칙령주의

게다가 법령주의가 아닌 천황의 칙령인 '敎育勅令'(1890.10.30)을 공포하여 교육제도를 칙령주의에 의거했다는 점 역시 근대성의 흠결이다. 나아가 칙령의 내용 측면에서도 국민의 교육에 관한 '권리의 실현'보다는 군국주의 국가에 충성할 신민(臣民)을 양성하는 데 지켜져야 할 '의무의 부여'에 기조를 두었다는 점에서 근대 교육법제로서의 성격에 결함이 있는 것도 사실이다.

그러나 일본 사회의 근대화 시점으로 삼는 메이지유신(明治維新: 1868)을 기점으로 하여 일본에서도 근대적 교육제도가 관련 법령에 근거하여 정비되어 갔다는 역사적 사실들은 분명하며, 이들 제도들이 중세 교육법제와는 확연히 구분되었다는 점에서 근세 교육법제사로 구획지어 명명할 특성은 나름 지녔다고 평가된다.

　　　메이지유신

국립교육정책연구소(国立教育政策研究所)의 토쿠나가 다모쯔 등(德永保, 神代浩, 北風幸一, 淵上孝)은 2012년 1월 "일본의 학교교육제도의 역사에 대해(我が国の学校教育制度の歴史について) 보고서를 발간하였다. 「学制百年史」[1]에도 게재된 바 있는 이 보고서는 일본의 학교교육제도사를 일목요연하고 정리하고 있으며, 이는 곧 공신력 있는 정부출연 국책연구기관에 의한 일본의 교육법제사의 시대구분으로 보아도 될 것이다.

　　　学制百年史
　　　학제백년사

주된 구분은 1872년 학제 공포에 따른 근대 교육법제의 시작, 종전(終戰) 이후 교육기본법 및 학교교육법 제정(1947)에 따른 미국식 민주주의 교육법제로의 전환기, 양적·질적 성장 이후 세계적인 교육개혁기를 맞이하여 임시교육심의회(1984)가 주도한 교육노선의 전환기로 특징 지워진다. 보고서는 학제 100년사의 시대 구분을 다음과 같이 하고 있다.

Ⅰ 학제 공포 이전(에도(江戶)시대의 교육)
Ⅱ 근대교육제도의 창시와 그 확립·정비(明治5年: 1872년경~大正5: 1916년경)
　　1 근대교육제도의 창시(明治5: 1872년경~明治20: 1887년경)
　　2 근대교육제도의 확립·정비(明治20: 1887년경~大正5: 1916년경)
Ⅲ 교육제도의 확충(大正6: 1917년경~昭和11: 1936년경)
Ⅳ 초등학교와 전시하의 교육(昭和12: 1937년경~20: 1945년경)

---

1 위의 내용은 「学制百年史」에 게재된 내용으로서, 학제백년사는 학제(学制)제정 10년을 기념하여 대학 연구나자 문부성 전직관료·현역직원들로 편집위원회를 구성하여 작성한 것이다. 편집위원장은 海後宗臣 동경대학 명예교수이다.

Ⅴ 전후 교육의 재건(昭和20: 1945년경~27: 1952년경)

Ⅵ 전후 교육정책의 전환(昭和27: 1952년경~33: 1958년경)

Ⅶ 교육의 양적 확대(昭和34년경~昭和40년대 중반: 1960년대)

Ⅷ 교육의 질적 개선(昭和40년대 중반~昭和50년대 전반: 1970년대)

Ⅸ 종래의 교육노선의 재검토(昭和50년대 후반:~平成10년경: 1980년대)

Ⅹ 새로운 전개(平成10年: 1998년 경 이후)   (「学制百年史」의 시대구분)

일본의 연호
(昭和, 平成 令和)

일본의 연호(昭和, 平成 令和)와 서기 계산법은?
昭和＋25 / 平成＋88 / 令和＋18 방식!

 Q & A

☞ 연호는 천황이 즉위한 해를 말한다.
  쇼와(昭和) 원년은 1926년이다. **+1925**를 더하면 서기해이다.
  46答申이란 쇼와(昭和) 46년(서기 1971)에 발표된 답신을 말한다.
☞ 헤이세이(平成) 원년은 1989년이다. **+1988**를 더하면 서기해이다(平成 31=2019).
☞ 현재 천황이 즉위한 레이와(令和) 원년은 2019년이다. **+2018**을 더하면 서기해이다.

제1 교육개혁기

제2 교육개혁기

제3 교육개혁기

한편, 교육법제의 개편은 곧 교육개혁을 의미한다는 점에서 일본의 교육법제사는 곧 교육개혁(教育改革)의 역사와 궤를 같이한다. 일본 교육학계에서는 통상 일본의 제1 교육개혁기를 메이지 유신에 의한 개혁기로 삼는다. 이어 미국식 교육을 이식한 종전 이후의 시기를 제2 교육개혁기로, 그리고 마지막으로 교육의 재구조화를 시도한 시기를 임시교육심의회의 출범(1984년)을 제3 교육개혁기 시작으로 구분한다.

제2의 교육개혁기가 1947년의 교육기본법에 기초하여 시도되었다고 한다면, 1984년의 임교심의 교육개혁 추진은 분명 종전의 방식과는 다른 새로운 국면으로의 전환 이었다. 그러나 법제사적 측면에서 본다면, 제정 60여년 만에 개정된 신 '교육기본법'(2006.12 개정, 2007.4 시행)의 등장은 그 의미가 적지 않다.

즉, 2006년의 교육기본법 개정으로 1984년 이후 교육개혁의 흐름을 일단락 지음과 동시에 향후 교육개혁의 청사진을 포함하였다는 점에서 분명 새로운 전

| 표 2-1 | 일본의 교육개혁의 시대 구분 |

시기구분	핵심개혁안	법령 제정 및 개정	사회적 배경 등
교육 근대화기 (제1 교육개혁)	메이지유신과 학제개편	문부성설치(1871) **학제**(1872.9.5) 공포(학구제) 교육령(1879) 공포(정촌제) 초등학교령(1941)중학교령(1942)	일본의 개항과 근대화 식민제국주의하 교육 복선형 학제
전후 개혁기 (제2 교육개혁) 1945– 1950년대	교육쇄신위원회(1946) 교육쇄신심의회(1949) **중앙교육심의회**(1952) 설치	**교육기본법**(1947) 제정 학교교육법, 학습지도요령(1947) 교육위원회법(1948)공선제도입 교육공무원특례법(1949)면허법 의무교육비국고부담금법(1952) 지방교육행정법(1956.6) 교두(教頭: 교감)직 법제화(1957.12) 학급및교직원정수표준법(1958)	평화 헌법(1946.11) 6–3–3–4단선형 무상의무교육, 교육의 정치적중립법 55년체제(자민당사회당) 임명제 교육위원(1956) 스프트닉 쇼크(1957) UN아동권리선언(1959)
학교교육의 확대발전/ 구조조정기 1960년대– 1984	**관료·행정주도교육개혁** 중앙교육심의회(71.6) 46답신: "이후 학교교 육의 종합적인 확충· 정비를 위한 기본적 시 책에 대하여" 대학입시센터설립(77)	공립중신축경비국가부담법(1960) 의무교육학교교과서무상법(1962) 학습지도요령개정(1968)현대화 **중교심의 46답신**(1971) 인재확보법(1974.2)교원급여개선 여유학습지도요령실시(1980)	전국학력테스트(1961) 고교입시개혁(1960–) 대학입시개혁(1970중반) 오일쇼크(1973) 40인 학급실현(1980)
교육의 재구조화기 (제3 교육개혁) 1984– 현재	**임시교육심의회** (임교심) 1984.8–1987.8 정치주도 교육개혁 (분권개혁) **교육개혁국민회의** (2000.3) 문부과학성(2001)개칭 교육재생회의 (2006.10) 교육재생간담회 (2008.2) 교육재생실행회의 (2013.1)	학습지도요령개정(1989)5일제 교육을 바꿀 17제안(2000.12) 학교평가가이드라인(2006.3) **교육기본법 개정**(2006.12) 교육3법 개정(2007.6) 제1기 교육진흥기본계획(2008.7) 제2기 교육진흥기본계획(2013.6) 제3기 교육진흥기본계획(2018.6)	세계교육개혁(위기국가) 교내폭력, 이지메, 부등교 지방분권일괄법(1999.7) 완전학교주5일제(2002) 중교심 답신(2003.3) –교육기본법, 진흥계획 민주당집권(2009–2012) 자민당 재집권(2012.11)

출처: 고전(2014). 일본교육개혁론. 서울: 박영story. 99면에서 재인용 및 최근 개혁 보완

제4 교육개혁기

환점이 되고 있다. 학자들 가운데에서는 벌써부터 신 교육기본법이 시행된 2007년을 제4 교육개혁기의 출발로 지칭하기도 한다.

실제로 2007년에 이른바 교육3법 개정에 의하여 학교교육과정(학습지도요령 개정), 교육행정(지방교육행정법 개정), 그리고 교원개혁(교육직원면허법 및 교육공무원 특례법 개정)이 연이어 이루어졌다. 또한 교육기본법에 근거한 5년 단위의 교육진흥기본계획이 국가수준은 물론 지방공공단체 수준에서 2008(제1기 교육진흥기본계획 책정)과 2013(제2기 교육진흥기본계획 책정)에 걸쳐 발표되었고, 2018년엔 제3기 교육진흥기본계획이 책정되었다.

메이지유신
(明治維新)

일본의 메이지유신(明治維新; 1868~1889)이란?
일본식 근대화 개혁, 그리고 근대 교육의 시작   Q & A

메이지유신은 에도시대의 막번체제(幕藩體制)를 해체하고 왕정복고(1868.1.3.)를 통해 중앙통일 권력국가를 이룩한 광범위한 변혁과정으로 메이지(明治) 천황 시기(1868-1912) 유신정부의 개혁을 지칭한다. 메이지유신은 학문상 명칭이고, 당시에는 御一新(고잇신)으로 불렀다. 중앙관제·법제·궁정·신분제·지방행정·금융·유통·산업·경제·문화·교육·외교·종교·사상정책 등 전 영역에 걸쳐 개혁을 단행했다. 개혁완료 시점은 1871년 폐번치현(廢藩置縣-번폐지 현설치), 1885년 내각제도입, 1889년 제국헌법 제정 등으로 학설이 나뉜다. 메이지시대는 일본제국(日本帝國)시대(1868-1945)의 시작이며 탈아입구(脫亞入歐; 아시아를 벗어나 서구로 들어간다)와 군국주의의 시작을 의미한다.

교육측면에서는 메이지유신 전에는 각 번(藩)마다 교육제도가 다르고 신분별 차등을 두었다. 1872년(메이지 5년) 학제를 공포하고 의무교육을 실시하여 교육기회를 국민에게 개방했다. 1886년에는 소학교령, 제국대학령이 발포되어 공교육시대를 열었다. 동시에 여성교육이 강조되고 1874년에는 여자사범학교가 설립되었다. 한국의 박정희대통령이 장기집권을 위해 1972년 개헌시 이를 10월유신(十月維新)으로 자칭한 바 있다.

메이지시대에 앞선 에도시대(江戸時代; 1603-1868)는 도쿠가와 시대(德川時代)라고도 하는데 에도 막부가 정권을 잡은 시기를 말하며, 1868년 5월 3일 에도성이 메이지 정부군에 함락될 때까지의 265년간을 말한다.

출처: 위키피디아(일본어판) https://ja.wkipedia.org/

2 교육 근대화기의 교육법: 학제(學制: 1872)~종전(終戰: 1945)

가. 학제의 공포: 근대 교육제도의 창시와 확립(1872~1916)

에도시대(江戶時代) 후기에는 막부(幕府)와 제번(諸番)의 영내에 설치한 학교와 테라코야(寺子屋: 한국의 서당에 해당), 사숙(私塾) 등이 상당히 정비되어 있었다. 그러나 지역마다 차이가 있었고, 신분에 따른 교육기회 역시 차이가 적지 않았다.

메이지유신(1868)을 단행한 정부는 1871년 문부성을 설치한데 이어, 부국강병을 위한 의무교육제도의 필요성을 내세워 전국적으로 통일된 교육 계획과 그 실시를 가능케 한 '학제'(學制)를 1872년(明治5년)에 공포하게 되었다. 이 '학제'는 일본 최초의 근대식 학교교육 제도를 규정한 최초의 교육법령이라고 할 수 있다. 통상 학교교육제도의 줄임 말로서 학제로 표현하게 된 것도 이러한 법령 명칭의 유래와도 무관하지 않다.

학제(學制)

이어서 소학교령과 제국대학령(帝國大學令)이 1886년(明治 19년)에 공포되었다. 이어 심상소학교(尋常小學校), 고등소학교(高等小學校), 대학(大學)이 설립되면서 초등교육에서 고등 교육에 이르는 교육기관이 정비되기에 이르렀다. 특히 1874년(明治7년)에 여자사범학교가 설립되는 등 여성교육에 대한 제도도 정비되어 갔다.

이어 교육근대화기에 있어서 의미있는 칙어가 발표되었는데 1890년(明治23년) 10월 30일)에 천황이 발표한 '교육에 관한 칙어(敎育勅語)'였다. 구어체 번안은 다음과 같다.

교육에 관한 칙어 (敎育勅語)

"나는 우리 조상들이 원대한 이상과 더불어, 도의국가(道義國家)의 실현을 목표로 일본국을 개국하게 된 것으로 믿습니다. 그리고 국민은 충효의 길을 온전히 다하고 전 국민이 마음을 모으고 노력한 결과 오늘에 이르기까지 훌륭한 성과를 올려 왔다는 것은 무엇보다 일본의 뛰어난 국체(国柄)의 산물이라고 말할 수밖에 없습니다만, 나는 교육의 근본 역시 도의입국(道義立國) 달성에 있다고 믿습니다.

국민 여러분, 자녀는 부모에게 효도를 다하고, 형제자매는 서로 힘을 합해서 도우며, 부부는 금실 좋게 어울리고, 친구는 흉금을 털고 서로 믿고, 그리고 자신의 언동을 삼가하여 모든 사람들에게 사랑의 손길을 내밀며, 학문을 게을리 하지 않고, 직업에 전념하며 지식을 기르고 인격을 닦고, 나아가 사회공공을 위해서 공헌하고 또 법과 질서를 지킴은 물론 비상사태시 진심을 다해 국가평화와 안전에 봉사해야 합니다. 그리고 이들은 선량한 국민의 당연한 의무(義務)일 뿐만 아니라 또 우리 조상들이 오늘날까지 몸소 보여주어 남겨주신 전통적 미풍(傳統的美風)을 더 분명히 하는 것이기도 합니다.

이런 국민이 걸어야 할 길은 선조의 교훈으로서, 우리 후손이 지켜야 할 것임과 아울러, 이 가르침은 예나 지금이나 변함없는 바른 길이며, 또한 일본뿐만 아니라 외국에 가서도 틀림없는 길이므로 나도 역시 국민 여러분과 함께 조상의 가르침을 가슴에 안고 훌륭한 일본인이 되길 진심으로 염원하는 것입니다."[2]

　　이 칙어의 취지는 일본 제국 신민들의 수신(修身)과 도덕교육(道德教育)의 기본 규범을 정하는 것이었다. 또한 이를 바탕으로 식민지 칙령인 '조선교육령'과 '타이완교육령'에서는 교육 전반의 규범을 정하기도 했다. 일본 신화의 '기원절(紀元節)'로 정한 2월 11일, 천황의 생일인 '천장절(天長節)', 메이지 천황의 생일인 11월 3일, 새해 첫날 등 '4대 명절'에는 학교에서 기념식이 치루어졌다. 학교장은 전교 학생에 향하여 교육칙어를 엄숙히 낭독하고, 그 교육칙어 사본은 어진영(御眞影; 천황과 황후의 초상화)와 함께 봉안전(奉安殿)에 보관되어 정중히 취급되

2　私は、私達の祖先が、遠大な理想のもとに、道義国家の実現をめざして、日本の国をおはじめになったものと信じます。そして、国民は忠孝両全の道を全うして、全国民が心を合わせて努力した結果、今日に至るまで、見事な成果をあげて参りましたことは、もとより日本のすぐれた国柄の賜物といわねばなりませんが、私は教育の根本もまた、道義立国の達成にあると信じます。

国民の皆さんは、子は親に孝養を尽くし、兄弟・姉妹は互いに力を合わせて助け合い、夫婦は仲睦まじく解け合い、友人は胸襟を開いて信じ合い、そして自分の言動を慎み、全ての人々に愛の手を差し伸べ、学問を怠らず、職業に専念し、知識を養い、人格を磨き、さらに進んで、社会公共のために貢献し、また、法律や、秩序を守ることは勿論のこと、非常事態の発生の場合は、真心を捧げて、国の平和と安全に奉仕しなければなりません。そして、これらのことは、善良な国民としての当然の努めであるばかりでなく、また、私達の祖先が、今日まで身をもって示し残された伝統的美風を、さらにいっそう明らかにすることでもあります。

　このような国民の歩むべき道は、祖先の教訓として、私達子孫の守らなければならないところであると共に、この教えは、昔も今も変わらぬ正しい道であり、また日本ばかりでなく、外国で行っても、間違いのない道でありますから、私もまた国民の皆さんと共に、祖父の教えを胸に抱いて、立派な日本人となるように、心から念願するものであります(日本語 口語體飜譯)。

었다고 한다(https://ko.wikipedia.org/).

 교육칙어는 국민으로 하여금 교육의 중요성을 일깨우게 한 천황의 명령이자 국민들이 신하의 도리로서 마음에 숙지하여야할 일종의 교본이었으나, 본질적인 것은 국가교육권(國家敎育權)에 근거하여 충량한 신민(臣民)을 길러내는 제국주의 교육의 방향을 선언한 것이었다. 이 칙어가 갖는 교육법제사적 의의는 근대화 이후 일본의 교육제도를 운영하는 기본 방침으로 작용하였다는 것과 1945년 종전 때까지 국가의 교육이 법정주의(法定主義)가 아닌 칙령주의(勅令主義; 천황의 명령에 따르는 원칙)에 의해 운영되는 근간이었다는 것이다. 한일합방(韓日合邦) 이후 식민지인 조선에 있어서 조선교육령(朝鮮敎育令) 역시 일본 천황의 칙령의 형태를 띠게 되었다.

충량한 신민(臣民)

 나가이(1993, 敎育法學:45)는 이러한 교육칙령으로부터 비롯된 종전(終戰) 전까지의 일본교육의 특징으로서 교육의 국가주의(일본국의 발전에 필요한 선량한 신민의 양성), 교육에 있어서 칙령주의(대일본제국헌법 하에서 교육은 천황의 대권사항(大權事項)에 해당),[3] 교육의 의무화, 학교의 천황대권에 기초한 권력행사장화[4] 등 네 가지를 지적하기도 한다.

 토쿠나가 외(2012) 보고서가 전하는 이 시기의 주요 교육법제 연표는 다음과 같다.

- 明治 4년(1871): 문부성 설치
- 明治 5년(1872): 학제 공포(1872.9.5)
  - 문부성이 전국의 교육행정을 통할함을 명시
  - 전국을 대학구(8), 중학구(256), 소학구(53, 760)로 나누어 구분
  - 심상소학교: 하등 4년(6~9세), 상등 4년(10~13세)

---

3 제9조의 대권사항(大權事項)이란 "천황은 법률을 집행하거나 공공의 안녕질서를 보호하고 신민(臣民; 신하와 백성)의 행복을 증진하기 위하여 필요한 명령을 내릴 수 있다"는 규정에 근거한 것이다.

4 학교는 천황대권에 근거하여 권력행사장으로 되어, 교장도 교사도 천황의 관리로 되고, 사회교육과 함께 국민 일반의 국가에의 '敎化'를 목적으로 한 행정작용이 되었다. 그 때문에 학교에 있어서 교육의 자율성은 보장되지 않고, 교육행정은 내무성과 문부성으로 중앙집권화 되었다. 또한, 학교에는 국대에서 '배속장교'가 배치되어 군사교련을 필수과목으로 하는 등 군국주의 교육이 행해지게 되었다.

- 중학교: 하등 3년(14~16세), 상등 3년(17~19세)
- 각 1개 학교를 설치하는 계획을 규정함
- 학제에 의한 학교 종(種), 교과 명칭을 규정했으나 문부성은 소학교 설치에 주력
- 明治 10년(1877): 동경대학 설립, 동경개성학교 및 동경의학교를 합병하여 설립
- 明治 12년(1879): 교육령
  - '학구제'를 폐지하고 정촌(町村)을 기초단위로 소학교 설치
  - 明治 12년(1879) '중학교교칙대강'을 제정함, 중학교(초등과4년, 고등과 2년)
  - 明治 14년(1881) '소학교 교칙강령'을 제정하여 교과의 내용 및 시수를 명기
    소학교(초등과3년, 중등과3년, 고등과2년)
  - 明治 15년(1882)경부터 전국적으로 교육 통일화
  - 중학교에 대해서는 규정은 정비되었으나 실제 설치는 불충분한 상황
  - 교과서는 당초 문부성 및 사범학교에서 번역하여 편집함
  - 明治 16년(1883)부터 교과서인가 제도 도입

- 근대 교육 제도의 확립·정비(明治 20년경(1887)~大正 5년(1916)경)
- 明治 18년(1885): 초대 문부 대신으로 모리 아리노리(森　有礼) 취임, 개혁추진
- 明治 19년(1886): 제국대학령, 사범학교령, 소학교령, 중학교령 제정으로 학제 정비
- 明治 23년(1890): 교육에 관한 칙어(천황칙령) 공포
- 明治 30년(1897): 소학교령·중학교령 개정
  - 실업학교령, 고등여자학교령, 전문학교령 제정에 의한 학교제도 정비
- 明治 30년(1900): 소학교 4년 의무제 실시
  - 청일전쟁, 러일전쟁을 거치면서 근대산업 발달로 중등학교 및 전문학교의 확대

일본과 한국의
학교명칭

일본과 한국의 학교명칭: 데라코야 & 서당, 심상소학교,
초등학교, 소학교 & 초등학교, 그런데 ○○제일고는?  Q & A

　한국에 조선시대 초등교육기관으로 사립의 서당(書堂)이 있다면, 일본은 에도시대(江戸時代:1603-1868) 후기에는 막부(幕府)와 제번(諸番)의 영내에 설치한 테라코야(寺子屋)가 있었다.
　한국 역시 19세기 말 소학교(小學校)가 들어섰으며, 을사늑약(乙巳勒約; 1905.11.17) 이후 조선에 있던 일본인 심상소학교가 개설되었다. 한일합방(2010) 이후 1911년 소학교

는 보통학교(普通學校)로 개칭 → 1938(제3차 조선교육령 제정) 심상소학교(尋常小學校) → 1941년 국민학교(國民學校) → 1996.3.1. 초등학교로 개칭되었다.

일본은 1886소학교령(1차)으로 4년제 尋常小學校, 2년제 高等小學校설치 → 1890소학교령(2차)으로 수업년한 3-4, 2-4년으로 조정 → 1900소학교령(3차)으로 고등소학교 2-4년제 → 1941 국민학교령으로 國民學校: 1947.4.1.) → 1947 학교교육법으로 小学校로 변경되었다.

심상(尋常)이라는 표현은 '보통' 혹은 '일상'이란 의미의 일본어로서 영어의 오디너리(ordinary))라 프랑스의 노르말(normal)을 옮긴 표현이다. 일본이 미국과 프랑스식 교육제도를 수입한 영향이다. 이후 소학교를 초등학교(國民學校)로 바꾼것(1941년)은 독일의 나치가 만든 폴크스 슐레(Volks Shule; 민족학교)에서 따온 것인데, 이는 히틀러의 국가주의·전체주의를 응결시킨 용어이기도 하다. 수신·국어·국사·지리 네 과목을 국민과(國民科)로 묶은 것도 나치의 커리큘럼 명칭을 그대로 따 쓴 것이다. '국민'이란 용어도 일본인들이 근대에 들어와 만든 말이다(이어령의 한국인이야기〈28〉히노마루 교실과 풍금소리②, 2009.5.13중앙일보, http://news.joins.com/article/3605298).

결국, 일제가 1941년 태평양전쟁을 일으키며 바꾼 초등학교 명칭을 일본 자신은 1947년에 소학교로 명칭변경하였음에도 한국은 1995년까지 사용하다가 김영삼 정부의 일제강점기의 잔재 청산과 과거사 청산의 일환으로 1996년 3월 1일 초등학교로 명칭을 변경하였다. 일본의 소학교 명칭을 피하다보니 초등이라는 다소 어색한 명칭을 사용하게 되었다(그 이전에는 유치원과 국민학교 교육을 초등교육이라 칭했다).

이런 관점에서 보면 일제 강점기 제1중, 제2중에서 유래된 한국의 00제일고등학교(통상 일고) 명칭 역시 다시 생각을 하게 된다. 과거 일본에서는 공립중학교(지금의 고교)를 「지명＋제1~9중학교」식으로 붙였다. 현재는 사립00제일중학교도 몇 군데 있다. 다만, 일본 구학제상 제00고등학교는 1921년부터 6년 계획으로 전국에 세워진 10개 관립고교를 말했다. 동경의 第一高等學校는 동경대학교양학부 전신이고 제2고등학교는 센다이 고교였고, 제8고등학교는 뒤에 나고야대학이 되었다. 한국의 경우 이른바 명문고라는 '광주제일고' '제주제일고'의 명칭이 일본식 학교 명칭에서 유래한 것이라는 정도는 알아야 한다.

나. 교육 제도의 확충(大正 6년; 1917년경~昭和 11년; 1936년경)

이 시기의 가장 특징적인 변화는 1차 세계대전(1914.7.28~1918.11.11.)의 영향이라고 할 수 있다. 1914년 6월 오스트리아 황태자 암살 사건을 계기로 제1차 세계대전이 발발하여 영국, 프랑스, 러시아의 연합군(삼국협상)과 독일, 오스트리아, 이탈리아의 동맹군(삼국동맹) 간의 전쟁으로 비화되었다. 1차 세계대전은 식민지 쟁탈을 목적으로 한 제국주의 열강들 간의 세력다툼이라는 전쟁 성격을 갖는다. 제국주의 열강들은 19세기 말 이래로 아시아, 아프리카, 아메리카의 약소국들을 비롯하여 세계의 1/5(전 인류의 1/10)을 식민지로 하여 지배했었다.

일본의 1차 세계대전 개입은 1914년 영국의 요청으로 8월 23일 선전포고를 하며 전쟁에 뛰어들어 동아시아에서 세력 확장을 노렸다.[5] 중국 청도(당시 독일 조차지)를 점령하고, 1915년 중국 원세개(遠世凱) 정부에 일본의 경제적 이익을 위한 주권침탈적인 21개조를 강요하기도 했다. 일본은 1916년 제4차 러·일 협약을 맺어 중국이 다른 열강의 지배하에 놓이지 않도록 했고, 소련의 소비에트 정권수립 후 연합군이 시베리아에 있던 체코슬로바키아군을 구원한다는 명분으로 출병하자 일본 역시 미국, 영국과의 협약을 빌미로 전투인력과 전쟁비용을 부담하여 참전했다.

제1차 세계대전 결과 일본은 경제 불황과 재정위기에서 벗어났고, 유럽 상품이 차지하고 있던 아시아 시장에 진출하여 수출초과의 무역성과를 내기도 했다. 제1차 세계대전으로 공업생산액이 농업생산액을 초과하여 공업국가의 대열에 들어섰고, 세계적인 선박 부족을 계기로 세계 3위의 해운국에 올랐다. 일본은 전쟁으로 호황을 누렸지만 일본사회는 제국주의의 모순이 노정하기 시작했고, 급격한 경제 성장에 따라 사회적 갈등과 모순도 심화되었다.

임시교육회의
(臨時教育會議)

이에 수상의 자문기구로서 '임시교육회의(臨時教育會議)'를 1917년에 설치하

---

5 사실, 당시 영국은 일본에게 제한적 참전(아시아에서 독일 무장상선 수색)을 요구했으나, 일본은 전면 참전을 선언했고, 이후 영국이 참전 의뢰를 취소했으나 영일동맹을 근거로 참전했다. 당시 정치원로 이노우에 가로우(井上馨)는 제1차 세계대전에 대하여 "이번 유럽의 대전쟁은 그야말로 국내외의 과제를 한꺼번에 해결할 수 있는 천재일우의 기회다. 일본은 즉시 거국일치로 단결하여 정쟁을 중지하고 동양에 있어서 일본의 권리를 확립하고 이를 배경으로 중국 정부를 회유해야 한다."고 언급한바 있다. 네이버 지식백과(2011), 일본사 다이제스트 100, 가람기획.

였는데, 이것이 국가수준의 교육개혁을 추진하는 방식의 원형이 되기도 했다 (1984년 임시교육심의회). 토쿠나가 외(2012) 보고서에서 예시된 이 시기의 주요 교육법제 연표는 다음과 같다.

- 大正 6년: 내각 총리대신 자문기구로서 임시교육회의를 설치
  - 제1차 세계 대전에 따른 사회 정세 및 국민생활의 변화를 검토
  - 임시교육회의는 이에 대응하는 교육개혁에 대해 심의, 제안
  - 이에 따라 중등학교 이상의 개혁과 확충이 급속히 진전됨

다. 국민학교와 전시하의 교육(昭和 12년; 1937년경~20년; 1945년경)

제2차 세계대전(1939.9.1~1945.8.15)은 독일의 폴란드 침공(1939.9.1)으로 시작되었고, 독일, 이탈리아, 일본을 중심으로 한 주축국(主軸國)과 영국, 프랑스, 미국, 소련 등을 중심으로 한 연합국(聯合國) 사이에 벌어진 역대 최대 규모의 세계대전이었다. 일본은 제2차 세계 대전 발발 후 동남아시아로 진출하여 인도차이나반도(프랑스 식민지)를 점령했고, 프랑스의 요청을 받은 미국은 영국, 중국, 네덜란드와 협력하여 일본으로의 석유 수입을 막기도 했다. 이는 1941년 12월 7일 진주만 공습의 한 원인이 되었고 이로 인해 미국이 제2차 세계대전에 참여하게 되었다. 미국, 영국, 소련의 연합군이 독일과 이탈리아를 차례로 격퇴하여 항복받아내고, 포츠담 회담(1945.7.26)을 통해 일본의 항복을 요구했으나 일본은 불복했다. 결국 8월 6일의 히로시마 원폭과 연이은 9일의 나가사키 원폭 공격 피해를 받고서야 8월15일 항복하여 제2차 세계대전이 끝나게 되었다.

일본의 세계대전 참가로 군국주의식 교육은 극에 달하였고, 이는 일본 국내뿐만 아니라 일본이 총독부등을 통해 지배하던 아시아 식민지의 제국가에도 적용되었다. 일제는 교육을 통한 수탈정책을 폈고 많은 식민지국가 사람들이 국권상실의 고통을 겪어야 했다. 토쿠나가 외(2012) 보고서가 전하는 이 시기의 주요 교육법제 연표는 다음과 같다.

- 昭和 14년(1939): 청년학교 의무복무제
                 소학교후 보통과 2년, 본과 5년 의무화
- 단선형적인 학교제도를 목표로 이하의 개혁을 실시

  국민학교령

  - 昭和 16년(1941.4) '국민학교령', 昭和 18년(1943) '중학교령'
  - 이전 소학교령상 교육목적은 '아동의 신체 발달을 목적'으로 규정된 것과는 달리 국민학교 목적은 '황국(皇國)의 길에 따라 초등보통교육을 실시하여 국민의 기초적 연성(鍊性－훈련; 저자주)을 위한다'고 규정하고 교육내용을 개혁함
- 전쟁의 격화로 위의 개혁의 대부분은 실행이 곤란해짐
  - 학생 아동 피난 및 근로동원, 학도동원 등에 의해 교육의 정상기능은 거의 정지됨

3 종전(終戰) 이후 교육기본법하의 교육법제사: 1945~2005

가. 전후 교육 재건기의 교육법(1945~1952년경)

교육쇄신위원회

전후 미군정하의 일본 입법정책의 방향은 연합군 총사령부의 지도·감독과 교육쇄신위원회의 건의에 따라 군국주의 및 국가주의를 배제하는 것이었다. 우선 일본국헌법(日本國憲法) 제정을 통하여는 국민의 '교육을 받을 권리' 및 보호자의 교육을 받도록 할 의무를 규정한데 이어서 학문의 자유를 규정했는데, 이른바 맥아더 평화헌법인 일본국헌법은 1946년 제정된 이후 오늘날 까지 그대로 시행되고 있다.

히라하라 하루요시(平原春好, 日本教育法學辭典, 1993:424)는 전후 일본의 교육법제사의 특징에 대하여, 일본국헌법에 교육조항이 등장한 것, 교육칙어 대신하는 교육기본법의 제정을 필두로 하는 교육법규의 법률주의(法律主意)의 채용한 것, 그리고 국민의 권리로서 교육을 확인한 것, 나아가 교육에 관한 판례법을 축적한 점 등 네 가지를 지적한 바 있다.

우선, 1946년 11월 3일에 공포(1947.5.3시행)된 일본국헌법은 맥아더 미군정이

군국주의의를 버리고 평화주의에 입각한 미국식 민주주의를 이식시킨 헌법이라 평가받는다. 헌법은 주권재민(主權在民), 항구평화(恒久平和), 기본적 인권의 존중 등을 기본원칙으로 했다. 교육과 관련하여서는 교육을 받을 권리와 의무교육의 무상을 규정한 헌법 제26조를 규정했고, 제23조에서는 학문의 자유를 규정했다.

이어 GHQ(General Headquarters; 연합국최고사령부)는 1946년 "칙어 및 조서 등의 취급에 대해서"(1946년 10월 8일 문부사무차관 통첩)를 통해 교육칙어를 교육의 근본 규범으로 삼는 것을 금지하고, 국민학교령 시행규칙을 개정하여 4대 명절을 기념하는 의식으로 교육칙어를 읽는 것을 금지했다(1946년 10월 9일 문부성령 제31호).[6]

> 칙어 및 조서 등의
> 취급에 대해서

1947년 3월 31일에는 교육기본법이 공포·시행되어 교육의 기본을 정하게 되면서 학교 교육에서 교육칙어는 배제되었다. 또한 1948년 6월 19일에는 중의원에서 "교육칙어 등의 배제에 관한 결의"를, 참의원에서 "교육칙어 등의 실효 확인에 관한 결의"를 하게 되면서 교육칙어가 학교 교육에서 실효를 상실했음을 확인했다(https://ko.wikipedia.org/).

이로서 천황이 제정한 교육칙어를 통해서 일본교육의 연원을 일본의 천황에게 충성할 충량한 신민을 길러내는 의무적 활동으로 간주하였던 것이 교육기본법 제정을 통하여 일대 전환을 가져오는 계기가 되었다. 즉, 개인을 존중하고, 진리와 평화, 개성 풍부한 문화의 창조 등을 목표로 한 교육이 국민적 교육의 기준으로서 자리잡게 된 것으로 평가받았다.

교육기본법에 반영된 미국식 민주주의 교육방식은 당시 GHQ의 요청에 따라 미국교육사절단(조지.D.S 단장등 27인)의 자문과 연구과제[7] 보고서의 내용을 반영한 것이기도 했다. 당시 미국교육사절단의 보고서의 핵심 내용은 다음과 같다.

> 미국교육사절단

---

6 그러나 2017년 문부과학성은 교육칙어를 학교교육과정에서 가르칠 수 있도록 한데 이어, 총검도(銃劍道)를 체육의 교과과목에 포함시켜 우경화 가운데 제국주의 및 군국주의 교육이 부활되는 것은 아닌지 우려를 낳고 있다.

7 사절단에게 주어진 과제는 일본의 민주주의 교육, 일본 재교육의 심리적 측면, 일본 부흥에 있어서 고등교육, 일본교육제도의 행정적 재편성 등 네 가지 미션이었다.

- 민주주의 자유주의 입장에서 교육이념, 교육방법, 교육제도를 정초하는 일
- 교육제도를 능력과 적성에 따라 교육기회를 제공하도록 조직하는 일
- 6−3−3(6·3의 의무교육무상화) 학제와 남녀공학을 실시하는 일
- 고등교육 문호를 개방하고 대학의 자치를 존중하는 일
- 교원양성을 4년제 대학에서 하는 일
- 지방분권적 교육행정제도를 권고(교육위원회 설치)하는 일
- 성인교육의 중요성(PTA, 학교개방, 도서관 기타 사회교육시설 역할 중시)
- 국어개혁 등에 관한 것 등

교육기본법과 같은 날 제정·공포(1947.3.31)에 된 것이 학교교육법이다. 학교교육법을 통해서 일본의 학제는 과거 복선형에서 소·중·고교를 기본으로 하는 단선형 학교제도에 전환되었다. 교육행정기관에 관한 영역의 법률도 정비되어 갔는데, 우선 일본은 교육위원회법(1948.7.15)을 제정하여 공선제(선출식) 교육위원회를 1948년 11월1일 발족(5대시, 48시정촌)시키기도 했다.[8] 중앙의 행정기관에 대하여는 과거의 문부성(文部省)의 명칭을 그대로 유지시킨 문부성설치법(1949)이 제정되기도 했다. 물론 상위법인 국가행정조직법 및 지방자치법에 근거한 조치였다.

교육위원회법
(1948.7.15)

문부성설치법(1949)

교육공무원특례법
(1949)

교원과 관련된 가장 괄목할 만한 법률의 제정은 교원의 신분을 국가공무원 및 지방공무원의 특례로서 정한 것이었다. 교육공무원특례법(1949)이 그것이다. 동시에 교직원의 자격과 면허 취득에 대하여는 교직원면허법 및 교직원면허법 시행령이 역시 제정되었다.

1949년에 사회교육에 관한 국가와 지방공공단체의 임무등을 명확히 한 사회교육법이 제정되었고, 사립학교의 자주성과 공공성을 담보하기 위한 사립학교법 역시 같은 해에 제정되었다.

종전이후 6·3제를 중심으로 전후 신교육이 도입되었으나 가계는 빈곤하고

---

8 알려진 바와 같이 교육위원회 공선제에 대하여 일본에서는 비효율을 이유로 교육위원회 폐지론이 3~4회 제기되었고, 결국 교육위원회법(1948.7.15)은 8년 만에 폐지되고 '지방교육행정 조직 및 운영에 관한 법률'(1956.6.30제정/10.1시행)로 대체되었다. 그 결과, 교육위원회 위원은 주민공선제에서 단체장(의회동의)에 의한 임명제로 전환되었다. 이른바 지방공공단체에 흡수 통합된 형태의 교육위원회로 전환된 것이다.

공교육비는 부족하였고 공교육시설설비는 빈약하였다. 이러한 문제를 해결하기 위하여 특정 분야 및 교과에 대한 진흥문제가 논의되 각종 진흥법이 제정되기에 이르렀다. 1951년에 제정된 산업교육진흥법은 그 첫 번째 진흥법이었다.[9]

토쿠나가 외(2012) 보고서가 전하는 이 시기의 주요 교육법제 연표는 다음과 같다.

- 연합군 총사령부의 지도·감독과 교육쇄신위원회의 건의에 따라 군국주의, 극단적인 국가주의를 배제하여 전후 교육 개혁의 틀을 형성한 시기

  교육쇄신위원회의 건의

  - 일본국 헌법에 국민의 '교육을 받을 권리', 보호자의 '교육을 받도록 의무' 규정함
  - 대학의 자치와 관련해 '학문의 자유'를 규정함
  - 교육기본법을 제정(교육칙어는 배제·취소), 학교교육법 제정(1947.3.31)
- 전쟁 전의 복선형에서 소·중·고교를 기본으로 하는 단선형 학교제도로 전환
- 지방교육행정기관으로서 교육위원회 제도 도입(1948)
  - 주민의 교육 및 정치에 참여, 중앙교육행정기관으로서 문부성 설치법(1949)
- 교육공무원특별법 및 교원면허법의 제정(1949)
- 교원의 만성적 부족 및 무자격 교원 문제 발생
  - 昭和 25년(1950) 당시 전체 교원의 약 4분의 1이 무자격 교원
  - 이의 해소를 위해 교원 면허 제도 마련
  - 교원양성대학 이외에도 교사자격취득자 수 개방제를 채택
  - 구 사범학교의 대학으로의 전환
  - 교양교육(Liberal Art Education)을 목적으로 하는 학예대학(學藝大學) 설치 국립 교원양성대학의 설치(학예대학 7, 학예학부 19, 교육학부 20)
- 전쟁 전의 제국대학, 대학령에 따라 신제 대학으로 전환
  - 대학 외에 고등학교, 고등전문학교 의학전문학교, 사범학교 등의 일괄 대학화
  - 대학으로서의 교육 여건이 갖추어지지 않은 대학 출현 문제의 발생

---

9 1953년에는 이과교육진흥법이 제정되어 국가와 지방공공단체의 임무와 보조금 및 분담금지출을 정했다. 통신교육진흥법(1953), 벽지교육진흥법(1954), 맹학교·농학교 및 양호학교 취학장려에 관한 법률(1956), 취학곤란 아동을 위한 교과용도서의 급여에 관한 국가보조에 관한법률(1956), 일본사학진흥재단법(1970), 사립학교진흥조성법(1975) 등도 같은 맥락의 진흥법이라 할 수 있다.

나. 전후 교육 정책의 전환기의 교육법(1952~1958년경)

일본은 1952년 샌프란시스코 강화조약 이후 다시 독립국으로서 지위를 회복했다. 학습지도요령(문부성 고시)의 제정 등을 통하여 국가가 주도하는 교육정책이 가능해 졌고 그 만큼 국가의 교육권한도 강했다고 할 수 있다.

의무교육비 국고부담 제도가 부활되었고 전국 학교를 대상으로 학력조사도 실시되었으며, 교육위원회 제도는 시행 8년에 만에 공선제를 폐지하고 임명제로 전환되었다. 이러한 일련의 법제의 변화는 일본의 중앙집권적 교육행정의 경향을 보여주는 것이다.

전후 결식 아동들에 대한 대책으로 출발한 학교급식은 식생활을 합리화하고 영양을 개선하며, 식사에 대한 바른 이해와 바람직한 습관을 수립한다는 차원에서 학교급식법(1954)이 제정되어 국가·지방공공단체·학부모의 경비분담 방식이 도입되기도 했다.

이 시기에 일련의 교육 인사 및 재정에 관한 권한의 재조정도 이루어졌는데, 교원의 임명권을 도도부현 교육위원회로 이관함과 아울러 교원을 안정적으로 공급한다는 취지에서 시정촌의 학교에 근무하는 교원에 대하여 현(縣)이 경비를 부담하는 이른바 '현비부담 교직원제도'를 창설하기도 했다.

현비부담
교직원제도

1950년 중반에 이르러서는 '문부성과 일교조(日教組)'의 대립 구도아래 여당과 야당이 대립함에 따라 전후의 헌법 및 교육기본법의 원리를 일부 수정하는 법률의 제정도 있었다. 이른바 '교육2법(教育二法)'이라 불리우는 교육공무원특례법의 일부 개정(제21조3 추가 – 교원의 정치적 행위 제한)되고, '의무교육 제학교교육의 정치적 중립 확보에 관한 임시조치법(中確法, 1954)이 제정되기도 했다.

교육2법(教育二法)

교육2법의 취지는 '의무교육 제학교에서의 당파적 교육을 막고, 의무교육의 정치적 중립성을 확보하여 교직원의 자주성을 옹호한다'는 취지였으나. 그러나 의원선거 등을 둘러싸고 일교조에 대한 대책으로서 의도가 농후하였고, 이에 의해 교직원의 자주성은 오히려 억압된다는 강한 반대도 있었으나 강행 의결되었다. 교육의원 공선제를 임명제로 전환한 '지방교육행정의 조직 및 운영에 관한 법률(1958)' 역시 일교조에 대한 대책 입법으로서 정치적 법률이었다(平原春好, 교육법학사전, 1993:426).

　　토쿠나가 외(2012) 보고서상 이 시기의 주요 교육법제 연표는 다음과 같다.

- 昭和 27년(1952년) 샌 프란시스코 강화 조약 체결에 따른 독립국의 지위 회복
  - 미군 점령 하의 교육정책을 재검토
- 초·중등교육에서의 국가의 권한 강화
  - 학습지도요령의 법규 명령화(문부성 고시)
  - 의무 교육비 국고 부담 제도의 부활
  - 전국학력조사의 실시
- 교육위원회 제도를 공선제에서 수장·교육위원회의 이원제도로 변경
  - 수장에 대한 예산 원안 송부권 폐지
- 교직원의 안정적 공급에 의한 자질향상을 위해 현(縣) 비용부담 교직원제 창설
  - 교직원 임명권을 시정촌 교육위원회에서 도도부현 교육위원회로 이관
- 교직원의 정치적 행위를 억제하기 위한 법률 제정
  - '의무교육제학교에서의 교육의 정치적 중립의 확보에 관한 임시 조치 법'(中確法)
  - '교육공무원특례법' 개정: 교직원의 정치적 행위 제한을 국가공무원 수준으로 강화
    　　　　　　　　　　근무평가선정 실시
- 교육공무원특례법 제정을 통한 대학의 교원인사시 평의회, 교수회 심의 절차

다. 교육의 양적 확대기의 교육법(1950년대 말~1960년대)

　　일본은 한국전쟁(1950~1953) 특수 등에 힘입어 고도 경제성장을 이루게 되었다. 이에 따라 경제·사회는 급속히 확대되었고, 전후 베이비붐 시대가 도래하여 양적으로 팽창된 교육에 대응할 필요성이 증대했다.

　　우선, 학교규모 및 학생수에 관한 양적 통제 차원에서 이를 표준화한 법률을 만들어 교원 수급 산출의 근거로도 삼았는데 '공립 의무교육 제학교의 학급편제 및 교직원 정원수의 표준에 관한 법률'(義務標準法, 1958)이 제정된 것도 이때의 일이었다.

　　학교보건 및 위생에 대한 관심이 높아져 학교보건 및 안전관리를 규정한 학

교보건법(1958)이 제정되었고, 이듬해에는 학교사고시 피해자를 구제하기 위한 일본학교안전회법(1959)도 제정되었다.

　　1960대에 들어서는 교과서 무상법제에 관한 논의가 있었는데 '의무교육 세 학교의 교과용 도서의 무상에 관한 법률'(1962)과 '의무교육 제학교의 교과용도서의 무상조치에 관한 법률'(1963)이 제정되기도 했다. 1956년에 제정된 바 있었던 '취학곤란 아동을 위한 교과용 도서의 급여에 대한 국가보조에 관한 법률'을 전 아동에게 확대한 조치라고 할 수 있다.

　　한편, 교원 부족 상황에 직면하여서는 이에 대응할 수 있도록 대학의 학예 (學藝) 학부를 교육학부(교원면허 취득조건)로 전환하는 조치가 있었다. 특히 대학과 관련한 법제의 정비가 두드러졌는데 앞선 대학설치기준령(1956)의 제정에 이어서 고등전문학교(1962), 국립학교특별회계(1964), 단기대학(1964) 등이 순차적으로 정비되어 갔다. 토쿠나가 외(2012) 보고서상 이 시기의 교육법제 연표는 다음과 같다.

의무표준법

- 의무표준법 제정
  - 베이비붐 세대의 입학에 따른 아동 학생의 급증에 따른 교육조건 악화 방지 목적
  - 소·중학교의 학급 편제, 교직원 상수에 관한 최소한의 조건 전국적 확보

고등학교표준법

- 고등학교표준법 제정
  - 베이비붐 세대의 고등학교 진학에 대응하기 위한 목적
  - 고교의 정비에 필요한 재원을 지방 교부세에서 보증
  - 고등학교 정시제·통신제 교육 확대, 직업교육 다양화
- 대학의 학예 학부의 교육학부로의 전환
  - 교원 부족에 대응하기 위해 교원면허 취득을 졸업 요건으로 하는 교육학부로 전환
- 베이비붐 세대의 대학 관리 개혁
  - 스프트닉 쇼크에 따른 이공계 인력수요 확대에 대응한 국립대학 입학 정원 증가
  - 현립 의과대학을 국립으로 이관
  - 이에 따른 조건 정비를 계획적으로 실시하기 위한 국립학교 시별 회계를 창설

라. 교육의 질적 개선기의 교육법(1970년대)

1970년대의 교육개혁은 중앙교육심의회가 발표한 이른바 '46답신'(昭和 46년 (1971)보고서)으로부터 시작되었다. 이 보고서는 지금까지 일본교육의 양적 성장에 대한 반성의 전환점이 되었다.

중앙교육심의회

일본사회는 1945년 종전 후 시작된 교육개혁이 25년 동안 진행되는 동안 경제의 고도성장 하에 인구가 도시로 집중하고 국민의 소득 수준이 향상되는 등 큰 변모를 거듭하였다. 종전 후 교육개혁에 의한 교육의 기회균등은 고등학교 진학률이나 대학 진학률의 상승등 교육의 양적 확대를 가져왔다. 그러나, 한편으로 과제로서 교육의 질 향상이나 교육의 다양화 문제를 파생시켰다. 이와 같은 사회의 변화에 유연하게 대응할 수 있는 학교 교육제도에 대한 종합적인 검토가 요구된 것이 46답신의 교육적 사회적 배경이 되었다. 중앙교육심의회는 1971년 6월에 취학 전 교육으로부터 고등교육에 걸친 학교 교육 전반의 위상에 관하여, 「이후 학교교육의 종합적인 확충·정비를 위한 기본적 시책에 관하여」 답신을 제출하게 되었다. 이른바 소화(昭和) 46년에 발표되어 「46답신」으로 불리는 이 답신은 70년대의 초등 및 중등 교육개혁의 기본 구상을 밝힌 것이었다. 발달단계에 따른 학교체계의 개발과 그 시험적 시행, 학교단계의 특성에 따른 교육과정의 개선, 공교육의 질적 수준의 유지·향상 및 교육 기회균등의 보장, 유치원 교육의 적극적인 보급·충실화, 특수교육의 적극적인 확충·정비 등에 대해 다양한 제언이 이루어졌다. 이 「46답신」 가운데 학교체계의 시험적 시행이나 고등교육의 종별화 등은 실시되지는 않았지만, 그 밖의 교육의 질의 개선에 관련된 사항에 관해서는 답신에 따라 이후의 안정성장기의 개혁 청사진이 되었다(고전, 2003:62).[10]

46답신

1971 '국립 및 공립 의무교육 제학교등의 교육직원의 급여등에 관한 특별조치법' 제정으로 봉급 월액의 100분의 4에 상당하는 교직조정 수당이 지급되었다. 그러나 정규 시간이외 근무가 많았던 학교교직원에 대한 시간외 근무수당 지급(노동자로서 지위)을 인정한 것은 아니며, 오히려 교사 성직자론(教師聖職者論)의 부활이라는 평가를 받기도 했다(平原春好, 교육법학사전, 1993:427).

---

10 고전(2003), 『日本教育改革 黑·白書』—21세기 교육신생플랜의 환상과 실상—, 서울: 학지사.

이어 교육의 질 개선을 위하여 우수한 인재를 교직에 유치하기 위하여 '의무교육 제학교의 교육직원의 인재확보에 관한 특별조치법(人確法, 1974)[11]이 제정되기도 했는데 제 외국으로부터 주목을 받기도 했다. 실제로 이 법 시행 당시에는 일반 행정직 직원의 급여수준 보다 5.74% 낮았던 공립 소·중학교 교원들의 급여 수준이 인재확보법이 시행된 이후 1980년에는 7.42%까지 역전하여 상승하기도 했다.[12] 그러나 현재의 차이는 미미하다.

그림 2-1 일본의 인재확보법 실시에 따른 교육직원의 급여수준의 변화

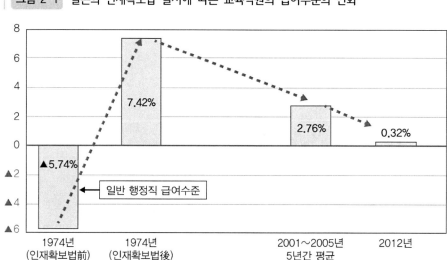

주 : 昭和 49年:1974, 55年:1980/平成 13年:2001, 17年: 2005, 24年:2012
출처: 문부과학성조사를 인용한 중교심 답신서(2015.12.21) 부록(최근현황자료)

---

11 인재확보법 제3조: 의무교육 제학교의 교육직원 급여에 관해서는 일반공무원 급여수준에 비해서 필요한 우대조치를 강구하지 않으면 안된다.

12 그러나 최근들어 연수입을 근거로 계산할 경우 교원이 일반행정직을 상회하는 금액은 약25만엔(2001 – 2005년도 5년간 평균)이었던 것이 약 10만엔(2012년도, 일반행정직 기준 0.32% 상회)으로 감소하고 있어서 우대의 의미는 약하다 할 수 있다. 그러나 우대의 기준치(일반행정직)를 명확히 했다는 점에서 한국의 교원지위 향상을 위한 특별법의 교원의 보수 특별우대 조항과 비교되기도 한다.
한국의 교원의 지위 향상 및 교육활동 보호를 위한 특별법(2016.8.4시행) 제3조(교원 보수의 우대) ① 국가와 지방자치단체는 교원의 보수를 특별히 우대하여야 한다. ② 사립학교법 제2조에 따른 학교법인과 사립학교 경영자는 그가 설치·경영하는 학교 교원의 보수를 국공립학교 교원의 보수수준으로 유지하여야 한다.

한편, 학교의 관리체제를 강화하기 위해 교감(敎頭)제도를 법제화(1974)하였으며, 체계적인 업무분장을 위해 학교에 주임제도를 도입했다(1976). 물론, 이러한 움직임에 대하여 학교체제가 더욱 관료화 되어갔다고 보는 비판적 시각도 존재한다.

교감(敎頭)제도

주임제도

대학에 대하여는 학생 운동과 대학 분쟁에 대한 대책의 일환으로 대학의 운영에 관한 임시조치법(臨大法 1969)이 제정되었고, 대학에 대한 국가의 관리를 강화하는 차원에서 국가의 전폭적인 지원을 받은 쯔쿠바대학(筑波大學)이 쯔쿠바시(市)에 대단위로 조성되었는데(1973) 이 대학은 동경교육대학을 모태로 한 것이었다.

고도 성장기에 있어서 대학등에의 급속한 진학률의 상승으로 과도한 수험경쟁에 많은 자녀와 학부모가 시달리게 되는 사태를 초래하여, 대학 입시의 개선이나 수험 경쟁의 완화가 중요한 교육개혁의 과제로 대두되게 되었다. 이에 새로운 대학입학 선발방법으로서 국·공립대학 공통 제1차 시험이 1979년 1월에 처음으로 실시되었고, 이후 대학이 개별적으로 행한 제2차 시험과의 조합에 의한 선발방법의 다양화가 도입되어갔다. 한편, 학부를 두지 않는 새로운 형태의 대학원대학의 설치등 대학 제도의 다양화가 행해졌다(고전, 2003:63).

「46답신」은 교육내용과 교육방법의 개선의 필요성을 지적한바 있는데, 1970년대 중반에 학교 생활에 있어서 「여유와 충실」의 실현을 목표로 한 교육과정 개정이 행해졌다. 이 때까지의 교육과정에서는 과학·산업·문화 등의 진전에 대응하고 교육내용의 충실을 도모하여 국제적으로 상위의 학력 수준을 달성시켜왔지만, 반면 학습내용의 양적인 증대를 초래하였고 수준이 지나치게 어렵다는 지적도 받아왔다. 1977, 1978년의 학습지도요령의 개정은 이와 같은 상황을 개선하기 위해 행해진 것인데, 지식의 전달에 치우치기 쉬운 상황을 개선하여 스스로 생각하고 주체적으로 판단하고 행동할 수 있는 능력 육성을 목표로 교육내용을 정선하고 수업시수를 삭감하였다. 또, 고등학교에서는 필수교과·과목의 단위 수를 졸업 필요 단위수의 약 3분의 1까지 줄이는 등 탄력적인 교육과정 편성을 적극적으로 도모했다. 또한, 「46답신」은 유치원 교육의 진흥 방책을 강력하게 추진한 것을 제언했다. 도시화나 핵가족화등 도시의 유아교육 환경이 크게 변화했기 때문에, 1971년에 「유치원 교육 진흥 계획 요강」(제2차 계획)을 책정하여 취원을 희망하는 모든 4, 5세 아동이 입학이 가능하도록 계획했다. 더불어 사립학교진흥

조성법에 의하여 사립 유치원에 대한 공비 조성의 길이 확대되기도 했다. 또한, 「46답신」에서 제안된 양호학교의 의무화의 방침을 받아들여 먼저 1972년을 시발로 하는 「양호학교 정비 7년 계획」을 세우고, 1973년에는 1979년도부터의 의무화를 확정했다. 이렇듯 현안이었던 양호학교의 의무제가 실시되자 취학 유예·면제자수는 점차 감소하게 되었다(고전, 2003:63, 64).

토쿠나가 외(2012) 보고서가 전하는 이 시기의 주요 교육법제 연표는 다음과 같다.

- 고도 경제성장 후의 경제·사회 활동의 복잡·고도화에 수반해 요구되는 지식량의 증가
  - 학교 교육의 질을 올려야할 필요성
- 소·중학교의 교육 내용의 확대·개선과 이를 위한 관련 시책의 실시
  - 학습지요령 개정으로 교육내용의 증대 및 현대화, 학급편제 기준 인하, 교직원수 증대
  - 교원 자질 향상을 위한 이른바 '인재확보법' 제정과 교원급여 개선
  - 현직교사의 재교육·관리 체제 강화를 통한 학교 교육의 질을 담보
  - 이를 위한 교감 법제화와 주임제를 도입
- 대학 교육의 질 향상과 대학 개혁의 시도
  - 고도의 전문 인력수요에 대응하기 위해, 현립 의과대학의 신설, 기술과학대학 설치
  - 학생운동·대학분쟁에 대한 대책으로서 이른바 '임대법(臨大法)' 제정
  - 쓰쿠바대학(筑波大學) 설치: 대학의 관리기능 강화, 새로운 교육연구 조직의 도입
  - 사립대학 관리 강화: 정원초과 학생수입의 상시화 개선을 위해 양적규제 강화
  - 사립대학 등에 대한 학생 수에 따른 시설 정비를 위한 경상비 보조를 개시
- 昭和 30년대(1955~1965)년 이후의 출생률의 증가 및 인구의 도시집중에 따른 학생 급증에 대한 대응
- 도시 학생 급증 대책으로 공립 교육 시설비를 증액, 고등학교 신설 때문에 용지 취득비 및 교사 건설비를 보조 대상으로 추가

마. 기존의 교육 노선의 재검토기의 교육법(1980년대초~1990년대말)

미국 레이건 행정부의 '위기에 선 국가'(A Nation At Risk:1983) 국가보고서 이후 세계적으로 중등교육의 내실화와 고등교육의 경쟁력 강화를 위한 개혁흐름이 전개되었다. 일본의 경우 미국보고서가 발표된 이듬해인 1984년 나까소네 수상의 자문기구로 '임시교육심의회'(臨時教育審議會)를 설치하기에 이르렀다.

임시교육심의회는 '교육개혁에 관한 제1차 답신'(1985.6.26)에서 개성 존중의 원칙 아래 초·중등교육에 관하여는 6년제 중학교 및 단위제(학점제) 고교의 설치 등을 제안했다. 이어 제2차 답신(1986.4.23)과 제3차 답신(1987.4.1)에서는 생애학습체제로의 이행, 초·중등교육의 개혁, 국제화·정보화에의 대응, 교육행정개혁의 개선방향, 교육비·교육재정의 개선방향 등에 대하여 제언하였다. 그리고 제4차 답신(1987.8.7)에서는 개성중시, 생애학습, 변화에의 대응이라는 세 관점에 따른 구체적 방안을 논의하였다. 이어 임시교육심의회가 1987년 8월 20일 해산하면서 그 동안의 답신을 구체화하여 내놓은 1987년의 「교육개혁 추진대강」은 각료회의에서 채택(1987.10.6)되기도 했다. 임시교육심의회의 조사·심의활동은 교육기본법의 기본 정신의 실현에 입각하였고 4개의 영역으로 나뉘어 활발히 이루어졌다. 답신이 밝힌 21세기를 향한 교육개혁의 기본 원칙은 ① 개성 중시의 원칙 ② 평생 학습 체계에의 이행 ③ 국제화·정보화등 변화에의 대응으로 집약할 수 있다(고전, 2003:66)

중앙교육심의회는 이후의 교육개혁을 주도하였는데 1997년에 문부대신이 요청한 '이후 지방교육행정의 방향' 자문문(諮問文)에 대하여 1998년 9월에 「이후 지방교육행정의 위상에 관하여」(제33회 답신)를 보고하였다. 이는 일본의 지방교육 행정에 관한 개혁과 단위학교의 자주성·자율성의 확립에 관한 개혁 정책의 청사진이 되었다. 이 답신은 4개 영역으로 나뉘어 제안되었는데, 교육행정에 있어서 국가나 도도부현 및 시정촌의 역할분담의 바람직한 방향에 대하여 제안했고, 이어 교육위원회제도의 개선 방향, 학교의 자주성·자율성의 확립, 그리고 지역의 교육기능 향상과 지역공동체의 육성 및 진흥에 교육위원회가 해야 할 역할에 대하여 제언하는 내용으로 구성되었다.

위기에 선 국가

임시교육심의회
(臨時教育審議會)

토쿠나가 외(2012) 보고서가 전하는 이 시기의 주요 교육법제 연표는 다음과 같다.

- 교육의 양적 확대 및 질적 향상의 결과로 생기는 폐해에 대응해 종래 교육노선 재검토
- 교육 내용의 정선화, 포괄적인 교육 개혁의 제언(중앙교육심의회 46답신)
  - 공통 제1차 시험의 도입, 평생 학습 이념의 도입과 이에 기초한 학문
  - 학교교육 이념의 전환
    (1983년 중앙교육심의회 교육내용 등 소위 완성교육 이념에서 자기교육의 기반 형성)
- 더 본격적 개혁으로 상기 제언 및 임시교육심의회 답신에 근거한 학교 목표 전환
  - '기초 기본 중시' 및 '자기 교육력의 육성'로 규정,
  - 종합적 학습의 시간의 창설, 학교 주 5일제의 단계적 도입,
  - 고등학교교육 내용을 다양화하기 위한 종합학과 설치,
  - 교원 자질향상을 위한 초임자 연수 제도의 도입,
  - 대학 수험자의 부담 경감을 위한 대학센터 시험의 실시(1988.12.15)
- 학생 수 감소에 따라 새로운 교육 행정상의 과제에 시책을 전개
  - 교직원 상수의 잉여분 및 여유 교실을 활용하기 위해 팀티칭 등의 추가 배급 요건
  - 오픈 스페이스 등의 시설 정비에 대한 보조의 개시
  - 유치원 취원 장려비 및 사립 학교의 증액
  - 대학원 정책의 본격적인 전개(야간 대학원 등 제도적 정비와 구제대학 이외의 대학의 설치 등 규모의 확대)

바. 새로운 시대를 위한 개혁 입법의 전개(平成 10년(1998)경 이후)

교육개혁 프로그램

문부과학성은 1990년대 말에 들어서서 새로운 2000년대를 준비하는 국가수준의 교육개혁안을 모색했다. 그 첫 번째 보고서가 1997년 1월 24일에 발표된 「교육개혁 프로그램」이었다. 그 핵심과제는 ① 교육제도의 혁신과 풍부한 인간성의 육성 ② 사회가 요청하는 변화에 민첩한 대응 ③ 학교 외의 사회와의 적극적인 연휴 ④ 유학생 교류 등 국제화의 추진 ⑤ 교육개혁의 축을 넓히기 위한 경제계와의 협력 등 5개 과제였다.

교육제도의 혁신 측면에서 제안된 과제를 몇 가지 소개하면, 학제의 복선화 구조를 위해 중·고교일관제를 도입하는 것을 비롯하여 우수 학생의 대학입학 연령 하향 조정, 중졸인정시험 수험자격의 탄력화, 통학구역의 탄력화 등을 들었다. 교육내용 면에서는 학교 완전 주5일제 수업을 대비해 교육과정을 엄선할 방침을 세웠다. 교원양성 커리큘럼의 개선과 장기 사회체험 연수등의 도입을 통해 연수프로그램을 강화하는 등 교원자질의 향상에 관한 방안도 강구하였다. 또한 교육장 임명승인제를 폐지하는등 교육위원회 활성화를 위한 지방교육행정 시스템의 개선을 위한 방침도 천명하였다. 대학에 관하여는 대학교육의 질적 보장을 위해 자기진단 및 평가체제를 강화하고, 학생선발에 있어서 다양한 방법의 도입과 대학교원의 선택적 임기제의 도입을 검토하는 항목도 주목을 끄는 부분이었다(고전, 2003:70, 71).

이 교육개혁 프로그램은 이후 3회(1997.8.5, 1998.4.28, 1999.9.21)에 걸쳐 그 내용이 다소 개정되기도 하였다. 제1차 개정은 개혁프로그램을 더욱 구체화시키는데 주력하였고(제1과제의 제목에서 '풍부한 인간성의 육성과 교육제도의 혁신'으로 표현 순서를 조정), 제2차 개정에서는 체제를 조금 달리 했는데 네 영역으로 나누어 개혁과제를 제시하였다. 그 네 영역에 걸친 목표[13]를 좀 더 구체적이고 행동적인 용어로 수정한 것이었다. 학교제도의 다양화 측면에서는 학교교육법의 개정으로 1999년부터 중고일관교육제도도 도입되었다. 그리고 현장의 자주성을 존중한 학교 만들기 목표 측면에서는 지방분권일괄법의 성립으로 교육장임명승인제가 폐지되고, 도도부현 및 지정시의 교육장과 교육위원간의 겸임제가 도입되었으며, 교육위원 수가 탄력적으로 조정되기도 하였다(고전, 2003:71, 72).

중고일관교육제도

특히 제3차 개정에서 구체화된 현장의 자주성을 존중한 학교 만들기 촉진은 1998년 9월 21일 중앙교육심의회의 답신 「이후 지방교육행정의 위상에 관하여」에 기초한 것으로 이후 일본의 학교의 자율성 신장 정책의 핵심을 이루었다. 그 주된 내용은 교육장의 임명승인제 폐지를 골자로 한 지방교육행정법의 개정과 학급편제의 탄력화와 교직원배치의 개선에 대한 검토 등을 포함하고 있다. 이에

---

13 ① 심성 교육을 충실히 한다 ② 개성을 신장시키고 다양한 선택이 가능한 학교제도를 실현한다 ③ 현장의 자주성을 존중한 학교 만들기를 촉진한다 ④ 대학개혁과 연구진흥을 추진한다

따라 1999년 7월에 지방교육행정의 조직 및 운영에 관한 법률이 개정되었고, 2000년 1월에는 학교교육법시행규칙이 개정됨과 아울러 지역주민의 학교운영 참가와 열린 학교를 만들기 위한 방안으로 학교평의원제도가 2000년 4월부터 시행되었다(고전, 2003:72).

임시교육심의회 답신 후, 동서의 냉전구조가 붕괴되고, 경제 사회의 글로벌화가 진행됨과 아울러 이른바 정보기술(IT) 혁명이 급속하게 진행되었다. 학교에서도 이른바 「학급 붕괴」 현상이 표면화되고 충격적인 청소년 범죄나 아동학대등의 사회문제가 빈발하게 되었다.

이와 같은 급격한 변화에 대응하기 위해 일본 정부는 2000년 3월에 교육개혁국민회의를 설치하였다. 교육개혁국민회의 최종 보고서(2000.12.22)는 '교육을 생각하는 주요 세 관점', '교육개혁에 대한 기본적인 사고방식', 그리고 17개 제안의 주요 내용으로 구성되어 있다. 그 마지막 제안이 바로 '새로운 시대에 적합한 교육기본법을 만든다'는 것이었다.

> **교육개혁국민회의 【제안17】 새로운 시대에 적합한 교육기본법을 만든다**
> 교육기본법 제정 후 50년 동안 일본사회는 크게 변화하였고 교육방식에 대한 의문이 제기되고 있다. 이에 본 회의는 새로운 시대의 교육의 기본상을 나타내는 교육기본법을 논의하게 되었다. 미래의 교육은 개인의 존엄과 진리와 평화의 희구 등 인류 보편의 원리를 소중하게 다룸과 동시에 정보기술, 생명과학 등의 과학기술이나 글로벌화가 진전된 시대에서의 일본인 육성에 대하여도 생각해야 한다. 일본인으로서의 자각과 정체성을 지닌 동시에 인류에게 공헌하면서도 일본의 전통과 문화 등을 차세대에게 계승 발전시켜야 한다. 이런 쌍방의 관점에서 교육시스템을 개혁함과 동시에, 교육기본법을 검토해 가는 것이 필요하고 그 관점은 다음 세 가지이다. 그리고 교육기본법에 관한 논의는 광범위한 국민적 논의와 합의 형성을 전제로 해야되며, 개정 논의가 국가 지상주의적 사고방식이나 전체주의적인 것이 되어서는 안될 것이다.
> ① 새로운 시대를 사는 일본인의 육성
> 　과학기술의 진전과 새로운 생명 윤리관, 글로벌화 속의 공생, 환경문제 및 지구자원의 제약, 자녀수 감소 및 고령화 사회, 남녀공동 참가 사회, 평생학습 사회의 도

학급 붕괴 현상

교육개혁국민회의

래 등 시대변화를 고려하고, 새 시대의 학교교육의 역할, 가정교육의 중요성, 학교, 가정, 지역 사회간 연휴 명확히 함
② 전통, 문화 등 차대에 계승해야 할 것을 존중하고 발전시켜 가는 것
자연, 전통, 문화의 존중, 그리고 가정, 향토, 국가 등의 관점이 필요하며, 종교가 인간의 실존적 이해와 인격도야의 방책임을 자각하고 종교교육을 통한 종교적 정서 함양을 강조
② 교육기본법의 내용에 이념적 사항뿐만 아니라 구체적 방책을 규정할 것
교육에 대한 재무행정의 비약적 개선을 위해 교육진흥기본계획 책정에 관한 규정을 설치

이후 문부과학성은 17개 제안을 적극 수용한 「21세기 교육신생플랜」을 발표(2001.1.25)했다. 플랜은 인간성 풍부한 일본인의 육성, 개개인 재능신장으로 창조성 풍부한 인간 육성, 새 시대에 새 학교 만들기, 교육진흥기본계획의 수립과 교육기본법의 검토 등에 역점을 두는 것으로서 2000년대 일본 교육개혁의 방향을 설정한 것이었다. 문부과학대신은 2001년 11월에 중앙교육심의회에 "새로운 시대에 맞는 교육기본법과 교육진흥기본계획의 기본 방향에 대해" 자문을 요청하였다. 이에 위원회는 약 1년 4개월에 걸친 심의를 거친 후 답신문(2003.3.20)을 제출하였다. 답신문은 21세기를 개척할 풍부한 감성을 지닌 늠름한 일본인의 육성을 목표로 다시 교육의 이념이나 원칙을 명확하게 하기 위해 교육기본법을 개정할 필요가 있다는 제언을 하였다. 그 후의 3년 가까이 여당 협의회에서의 검토와 국회에서의 합계 190시간 가까운 심의 등을 거쳐 2006년 12월 새로운 교육기본법이 성립되었으나 상당한 반발도 있었다(고전, 2014:136).[14]

토쿠나가 외(2012) 보고서가 전하는 이 시기의 주요 교육법제 연표는 다음과 같다.

21세기
교육신생플랜

---

14 고전(2014), 『일본교육개혁론』-21세기 교육개혁의 해설과 비판Ⅱ-, 서울: 박영story.

- 냉전 종결 후 이데올로기 대립의 해소에 따라 교육 서비스 내용의 수준을 서비스 수용자에 가까운 사람이 결정한다는 관점에서 교육에 관한 국가의 권한을 축소
- 교육장 임명 승인제도의 폐지, 의무교육비 국고부담 제도의 총액 총량제 도입 등 지방 분권의 추진
- 학습지도요령의 학교 재량의 확대
- 교육 자원의 배분 기능을 나라에서 대학으로 이관하기 위한 국립대학 법인화
- 고이즈미 정권의 이른바 삼위일체 개혁에 관련한 의무교육교원 퇴직 수당에 대한 국고 부담의 폐지와 급여에 대한 국고 부담 비율 인하
- 문부과학성의 행정 스타일을 권력적 작용, 일률적 재정지원으로부터, 최저수준의 유지·목표로 해야 할 교육이념의 제시와 현장의 자발적 분리반의 지원·전문성에 의거 지도 전환
- 학습지도요령의 최저 기준성의 명확화, 국립교육정책연구소내 교육과정연구센터 설치
- 사전 규제로부터 사후 확인에 대한 이행
- 대학의 설치인가에 관련된 규제 완화, 대학평가인증평가제도의 도입(2004)
  - 양적 통제 완화와 설치인가에 관한 재량 주의에서 준칙주의 전환
- 글로벌화의 진전에 수반되는 교육의 국제적 공통화에의 대응
  - 교육 달성 목표의 공통화, 교육의 규격·기준을 둘러싼 국제 경쟁
- 전국학력조사의 실시(2007)
- 경제의 장기침체에 따른 소득계층 분화에 의해 발생한 가정의 교육비 부담경감 대응
  - 고교무상화, 일본육영회·일본학생지원기구의 장학대금업자에 요건의 철폐
  - 대학 수업료 감면

4 신 교육기본법 개정 이후의 교육법제사: 2006년 이후~현재

가. 신 교육기본법의 개정(2006.12)

문부과학성의 백서가 설명하고 있는 개정 교육기본법의 의의는 지금까지의

교육기본법이 지켜온 보편적인 이념은 계승하면서 공공의 정신 등, 일본인이 가졌던 규범의식을 소중히 하는 것이나 이를 양성해 온 전통과 문화를 존중하는 것 등 오늘날 매우 중요하다고 생각되는 이념을 명확히 한 데 있었다. 제1조에서는 '교육의 목적'으로 인격의 완성을 목표로 하는 것이나 국가 및 사회의 형성자로서 심신이 건강한 국민의 육성을 기할 것을 규정하고 있고, 교육목적을 실현하기 위한 목표들을 규정하고 있다(제2조). 교육의 이념으로는 '교육의 기회 균등' 외에 '평생학습의 이념'을 새롭게 규정(제3조)했다. 그 외, 대학(제7조), 사립학교(제8조), 가정교육(제10조), 유아기 교육(제11조), 학교·가정·지역 제휴협력(제13조)등의 조문이 이 개정에 의해 새롭게 규정되었다. 제17조를 통해서는 정부로 하여금 교육의 진흥에 관한 시책의 종합적이고 계획적인 추진을 도모하기 위해 기본적인 계획(교육진흥기본계획)을 책정하도록 했고, 지방공공단체도 이 계획을 참작해 지역의 실성에 맞는 계획을 책정하도록 노력 의무를 규정했다. 이는 국가의 교육개혁 수립에 있어서 절차적인 정당성을 강화한 조치라 할 수 있다. 이에 따라, 2007년 2월 중앙교육심의회에 '교육진흥기본계획 특별부회'가 설치되었고, 바로 교육기본법에 관한 답신 '교육기본법의 개정에 따른 긴요한 교육제도 개정에 관해서'(2007.3.10)가 공표되기도 했다(고전, 2014:136). 신 교육기본법에 대한 보다 자세한 내용은 제6장에서 살펴보도록 한다.

나. 교육기본법 개정과 교육진흥기본계획의 책정(2008, 2013, 2018)

문부성은 중앙교육심의회로부터 2008년 답신을 받아 동년 7월 1일 첫 교육진흥기본계획을 상정하였고 각료회의는 이를 결정했다. 이어 2013년 7월에는 다시 제2기 교육진흥기본계획이, 2018년 5월에는 제3기 계획이 각료회의에서 의결되었다.

제1기 교육진흥기본계획은 교육의 진흥에 관한 시책의 종합적이고 계획적인 추진을 도모하기 위해 교육의 진흥에 관한 시책에 대한 기본적인 방침과 강구해야 할 시책, 기타 필요한 사항에 대해 정부가 정한 기본적인 계획으로서 이른바

제1기
교육진흥기본계획

공표된 정부의 공식 교육개혁 종합플랜이라고 할 수 있다. 교육기본법에 제시된 교육이념의 실현을 위해 제1기 계획에서는 10년을 통해 목표로 해야 할 모습[15]을 밝히는 동시에, 5년간(2008~2012년도)에 힘써야 할 시책의 4가지 기본적 방향[16]을 정리하였고, 이 기본 방향에 따라 제반의 대응을 종합적·계획적으로 실시해 왔다. 5년간 마련하여야할 구체적 시책으로 ① 전국 아동 대상 자연체험·집단수박체험의 실시 ② 6·3·3·4제 탄력화 검토 ③ 2,000건의 인정 어린이집의 조기 인정 등 77개 항목을 제시했다(고전, 2014:139, 140).

제2기(2013~2017) 교육진흥기본계획은 2013년 6월 14일에 책정되었다. 기본 컨셉은 "지금 바로 일본에 요구되고 있는 것으로 자립·협동·창조를 향한 개개인의 주체적인 배움"에 두었다. 향후 5년간 실시해야 하는 교육상을 위한 방안으로서 4가지 기본적 방향(비전)[17]에 따른 8가지 성과목표(미션)와 30가지 기본시책(액션)을 담고 있다.

교육기본법에 근거하여 국가와 지자체의 의무로 된 '교육진흥기본계획'의 수립 방식은 교육개혁안의 작성과 추진을 법제화한 의의를 갖는다. 교육진흥기본계획은 국가와 지방에서 교육정책을 수립함에 있어서 절차적인 정당성을 강화한 의미를 갖는다. 동시에, 그동안 지방공공단체의 장에 의하여 임의적으로 실시되어오던 지역의 특색있는 교육개혁 정책들이 국가 수준의 정책과 보조를 맞춤과 더불어 법적 근거를 가지고 수립됨으로써 교육정책 수립의 체계성을 높이게 되었다. 정권에 따라 쏟아져온 국가 수준의 교육개혁안의 난립을 종합하여 체계화함으로써 개혁 논의를 효율화 하고, 국회보고와 재정지원을 기본법에 명시하여 개혁에 추진력을 법적으로 담보해 줄 수 있다는 장점도 있다.

옆주: 제2기(2013~2017) 교육진흥기본계획

---

15 1. 의무교육 수료까지 모든 어린이에게 자립해서 사회에서 살아가는 기초를 기른다 2. 사회를 지탱하고 발전시킴과 아울러, 국제사회를 리드하는 인재를 기른다

16 기본 방향 1: 사회전체를 통해 교육향상을 도모한다 / 기본 방향 2: 개성존중·능력신장을 통해 개인과 사회 일원으로 살아가는 기반을 기른다 / 기본 방향 3: 교양·전문성·지성 풍부한 인간을 양성하고 사회의 발전을 지원한다 / 기본 방향 4: 자녀의 안전·안심을 확보함과 동시에 질 높은 교육환경을 정비한다

17 기본 방향 1: 사회를 살아 헤쳐 갈 역량의 양성 기본 방향 / 2: 미래에의 비약을 실현하는 인재의 양성 / 기본 방향 3: 배움의 안전망의 구축 기본 방향 / 4: 유대 만들기(絆づくり)와 활력있는 공동체의 형성

정부가 제1기 교육진흥기본계획을 수립하고 시행하는 과정을 통하여 진단한 결과, 정책 추진의 절차 및 과정상의 문제점을 시정하기 위해서는 정책 수립 전 과정에 대한 검증 개선 순환구조(PDCA 싸이클)를 보완할 필요가 있음을 지적했다. 한편, 정책의 내용 면에 있어서는 무엇보다도 가계의 교육비 부담이 무거운 현실을 감안하여 유아교육 무상화등 교육비 부담 경감 과제를 시급히 해결해야 할 것으로 진단했다.

교육진흥기본계획은 학교단계에 있어서는 유아교육에서 고등교육에 이르는 전 교육단계를 검토하고 있고, 교육내용 면에서도 학교교육과정의 개혁을 비롯하여 교원정책, 교육재정, 교육시설과 설비 등 직접적인 교육과정은 물론 교육지원 활동 전반을 설계한다는 점에서 말그대로 총체적이며 망라적인 교육개혁을 추진 중이다.

이런 측면에서 교육진흥기본계획의 수립은 공인된 국가교육정책 안젠다의 수립과정에 다름 아니다. 따라서 국민 전체와 사회의 필요 및 요구에 민감하게 반응하는 장점은 지니면서도, 교육의 본연에 대한 반성과 장기적인 안목에서의 보다 근본적인 정책논의는 다소 뒷전으로 밀려날 우려도 있다.

이어, 2018년 6월 22일 제3기 교육진흥기본계획은 각료회의를 통과하였다. 향후 5년간의 다섯 가지 정책 방향과 주요 정책의 목표 및 시책을 통해 개혁의 흐름이 드러나고 있다.

제3기
교육진흥기본계획

〈제3기 교육진흥기본계획〉

2018.6.22. 각료회의 의결

제1부 총론: "일본에 있어서의 향후의 교육 정책의 다섯 가지 방향성"
1. 교육의 보편적 사명
2. 교육을 둘러싼 현상과 과제
3. 2030년 이후의 사회를 전망한 교육정책의 중점사항
4. 향후 교육정책에 관한 기본적인 방침
5. 향후 교육정책의 수행에 있어서 특히 유의해야 할 시점

제2부 각론: "향후 5년간 교육정책의 목표와 시책군"

제1부 "향후의 교육정책에 관한 기본적인 방침"에서 나타낸 이하 5개의 기본적인 방침에 따라서, ① 교육정책의 목표, ② 목표의 진척 상황을 파악하기 위한 측정지표 및 참고 지표, ③ 목표를 실현하기 위해서 필요한 시책군을 보여줌

1. 꿈과 뜻을 갖고 가능성에 도전하기 위해 필요한 힘을 육성한다.
2. 사회의 지속적 발전을 견인하기 위한 다양한 힘을 육성한다.
3. 평생 배우고 활약할 수 있는 여건 조성
4. 누구나 사회의 담당자가 되기 위한 배움의 안전망을 구축
5. 교육정책추진을 위한 기반을 정비한다.

기본적인 방침 1을 위해서 제1목표로 "확실한 학력의 육성"을 내걸고, 측정지표로서 "OECD의 PISA 조사등의 각종 국제조사를 통해서 세계 톱 레벨 유지"를, 참고지표로서 "OECD의 PISA 조사에 있어서의 익숙도 레벨 5 이상(상위층) 및 레벨 2 미만(하위층)의 비율"을 설정하며, 구체적인 대책으로서 유아기의 교육의 질 향상, 신학습지도요령의 착실한 실시 등, 전국 학력·학습 상황 조사의 실시·분석·활용, 고등학교 교육개혁의 추진, 취학 전부터 고등교육까지의 각 단계의 연계 추진 등을 기재하고 있다.

덧붙여 지표의 취급과 관련하여 유의할 점은, 각 지표에 의해서 목표달성 상황을 도모할 수 있는 정도가 다르기 때문에, 지표만을 가지고 목표의 달성 상황과 관련되는 모든 요인을 평가하는 것은 곤란하다. 또한, 계획의 실시 상황을 체크 할 경우, 해당 지표의 추이를 감안한 정보를 포함하여 다각적인 평가를 실시하는 것이 중요하다.

다. 신 교육기본법에 따른 교육3법의 개정(2007)

2006년 12월 22일 신 교육기본법이 공포·시행에 들어감에 따라, 중앙교육심의회는 2007년 3월 10일에 「교육기본법 개정 이후 긴급히 필요한 교육제도 개정에 대해」 답신서를 보고하였다.

답신서는 2006년 가을에 사회문제화된 이지메와 미이수 문제에 대한 교육위원회와 학교의 느긋한 대응으로 공교육에 대한 신뢰회복이 중심 화두가 되기도 했다. 답신서는 개정 교육기본법에서 제시된 새로운 교육이념 아래, 각 학교단계의 목적이나 목표를 재검토하고, 학습지도요령 개정에 연결해 나갈 필요가

있고, 이 때 교육의 기회균등, 수준의 유지향상과 무상제가 특히 요구되는 의무교육에 대해서는 새로운 의무교육 목표 규정을 신설할 필요성도 제기 하였다. 교육의 성패를 좌우할 우수한 교원의 확보 문제와 관련해서도 교원면허갱신제 도입과 부교장, 주간교사, 지도교사 도입을 통한 학교의 조직 운영 체제 강화도 제언했다. 동시에 교원이 자부심을 갖고 교육을 통해 사회와 학생으로부터 존경받는 존재이기 위해서는 근무 조건의 방식 등에 대해서도 아울러 검토할 필요가 있다고 제언했다. 또한 지방분권의 이념을 존중하면서 정부와 지방공공단체가 적절한 역할분담과 상호협력 아래, 지방에서의 교육행정의 중심적인 담당자인 교육위원회의 체제를 개선하고 국가의 책임을 명료히 할 필요성을 강조했다. 동시에 교육기본법이 규정한 국가, 지방공공단체, 학교, 가정 및 지역 사회가 긴밀히 연계 협력하는 방책 또한 중요함을 강조했다(고전, 2014:238, 239).

곧이어 2007년 3월 30일에는 이른바 교육3법안이 각료회의에서 의결되고 국회에 제출되었고, 6월 20일에 통과되기에 이르렀다. 학교교육법 개정, 지방교육행정법 개정, 그리고 교육직원면허법 등의 개정이 그것이다.

> 교육3법안

(1) 학교교육법의 개정: 학교관리직의 신설 및 학습지도요령의 개정

교육기본법의 취지를 반영하여 새로운 의무교육의 목표를 정함과 더불어 유치원에서 대학까지 각 학교 종(種)의 목적 및 목표를 개정했다. 규범의식, 공공의 정신에 기반한 주체적으로 사회형성에 참가하는 태도, 생명 및 자연을 존중하는 정신, 환경보전에 기여하는 태도, 전통과 문화를 존중하고 이들을 길러온 일본인이 국가와 향토를 사랑하는 태도, 타국을 존중하여 국제사회의 평화와 안전에 기여하는 태도 등이다. 학교 종의 규정 순서에 있어서 유치원을 최초로 규정하는 변화도 있었다.

또한 부교장 등 새로운 관리직을 둘 수 있도록 하여 학교의 조직력 향상을 기했다. 즉, 학교에는 조직운영 체제나 지도체제 확립을 위해 유치원, 소학교, 중학교 등에 부교장, 주간교사, 지도교사[18]라는 직을 둘 수 있도록 했다. 학교평가

> 부교장
>
> 주간교사
>
> 지도교사

---

18 부교장: 교장을 돕고, 명을 받아 교무를 관장한다.

와 정보제공 규정도 정비되었는 바, 학교로 하여금 학교평가를 행하고 그 결과에 근거하여 학교운영 개선을 도모함으로써 교육수준을 향상토록 노력하도록 했다. 또한 보호자 등과의 연계협력을 추진하기 위해 학교운영 상황에 관한 정보를 적극적으로 제공하도록 했다.

대학등의 이수증명제도도 신설되었는데, 사회인 등을 대상으로 한 특별한 과정(교육프로그램)을 이수한 사람에 대해서 대학등이 증명서를 교부할 수 있도록 했다.

**여유교육
(ゆとり教育)**

학교교육의 구체적으로는 학습지도요령을 통해서 여유교육(ゆとり教育)과의 결별을 선언하고 학력신장을 꾀하게 되었다. 이러한 신학습지도요령은 유·소·중학교는 2008년 3월에, 고등학교 및 특수학교는 2009년 3월에 개정(전면실시는 소학교 2011년, 중학교 2012년)되었다.

**살아가는 힘
(生きる力)**

기본적인 방향은 개정 교육기본법의 취지를 반영하고 지식기반 사회에서 학교교육의 길러주어야 할 '살아가는 힘(生きる力)'이라는 이념을 공유하며, 확실한 학력을 확보하기 위하여 필요한 시간을 확보하는 데 두었다. 계기가 되었던 것은 2003년 PISA조사에서 외국에 비하여 일본의 순위가 낮게 나타나 학력저하에 대한 비판이 일었고, 그 결과 수업시수는 35~70시간 증가하였고 소학교에 「외국어 활동」이 신설되기도 했다. 교육목표는 다음의 세 능력간의 균형을 중시하는 '살아가는 힘'을 기르는 것이다.

- 기초·기본을 확실히 습득하여 사회 변화가운데 스스로 과제를 찾고 스스로 배우고 스스로 생각해 주체적으로 판단하고 행동하고 문제 해결할 자질이나 능력(확실한 학력)
- 스스로를 규율하고 타인과 협조하며 타인을 생각하고 감동하는 마음(풍부한 심성)
- 의연하게 살아가기 위한 건강과 체력(건강한 몸)

이와 더불어 중등교육에 대하여는 고교개혁과 소·중 연계 및 중·고 일관

주간교사(主幹教諭): 교장등을 돕고, 명을 받아 교무의 이부를 장리함과 아울러, 아동과 생도를 교육한다.
지도교사(指導教諭): 아동 생도의 교육을 담당함과 아울러, 다른 교사등에 대해서 교육자도의 개선, 충실을 위해 필요한 지도, 조언을 행한다.

교육이 진행되고 있고, 생활지도와 관련하여서는 이지메(집단따돌림)나 학교폭력
에 대한 상담대응 체제로서 스쿨카운슬러나 스쿨소셜워커(학교복지사)를 배치하고
있다.

스쿨소셜워커
(학교복지사)

등교거부에 대하여는 적응지도교실을 설치하고, 자살에 대하여는 자살대책
기본법에 근거한 자살종합대책요강(2012.8)을 발표한 바 있다. 체벌은 이미 학교
교육법상 금지되고 있으나 종종 사회문제화 되고 있어서 이에 대한 경각심을 주
기 위한 고지문을 발령하고 있으며, 최근 문제시된 동아리 활동 중의 체벌에 대
하여는 '운동동아리 활동의 기본방향에 관한 조사 연구 협력자 회의'를 설치하고
가이드라인을 책정하여 보급하기도 했다.

체벌

(2) 지방교육행정법의 개정: 수장부국화(首長部局化) 및 책임행정의 강조

2008년 4월1일부터 개정 시행된 내용은 교육위원회 책임체제의 명료화, 교
육위원회 체제의 충실, 교육에 있어서 지방분권의 추진, 교육에 있어서 국가의
책임 완수, 사립학교에 관한 교육행정 등이다.

한편, 최근 개정(2014.6.20)·시행(2015.4.1)된 일본의 교육위원회 제도 역시
교육기본법의 기본 취지의 연장선상에서 볼 수 있다. 금번 개정에 따르면 교육장
(47도도부현, 1,737 시정촌)과 교육위원은 지자체장이 의회의 동의를 얻어 임명·파면
(심신장애·직무위반, 비행시)할 수 있게 했다. 이전에도 교육장은 교육위원회 위원
중 호선방식이었으나 단체장이 지명하는 의중대로 교육장이 선임되는 것이 관례
였다. 교육장 임기를 3년으로 개정한 이유는 지자체장이 본인 임기 4년 중에 1회
는 임명할 수 있도록 하게하고, 교육위원은 더 긴 임기를 갖고 교육장을 견제할
수 있도록 하기 위해서이다.

과거 교육위원회의 보조기관이었던 교육장은 실질적인 교육행정 책임자로서
교육위원회 회무를 총괄하고 사무국을 지휘·감독하도록 강화되었다. 교육위원은
4년이며 동일 정당 소속 위원은 1/2이내여야 한다.

수장은 교육위원과 교육장을 의회 동의를 얻어 파면가능하고, 정치적 중립
성 확보를 위해 교육위원회는 계속 합의체 집행기관이며, 지자체에 신설된 총합

교육회의(總合教育會議; 수장＋교육위원회)는 지자체 장이 주관하고 교육장, 교육위원 참석)에서 대강의 교육기본계획·시책을 협의·조정하지만, 최종적으로 집행권한은 교육위원회에 유보되어 있다. 보다 자세한 법개정은 장을 달리하여 살펴보도록 한다.

일본 교육법학의 전개

제3장에서는 교육법학의 전개과정을 살펴본다. 제1절에서는 교육법학의 학문적 의의, 제2절은 교육법학의 태동, 제3절은 교육법학 이론의 전개, 제4절은 일본 교육법학의 학술적 성과를, 그리고 제5절은 일본 교육법학의 특징과 시사점을 다룬다.

제1절 교육법학의 목적 및 필요성은 교육법 연구의 학제성(學際性), 일본 교육법학의 학문적 정체성을 중심으로 논의한다.

제2절 일본 교육법학의 태동은 학회 출범 이전의 교육법 연구와 학회 출범 배경 및 개요로 중심으로 기술한다.

제3절 일본 교육법학 이론의 전개는 우선 교육법 이론의 기초적 논의 시기인 1960년대를 다루고, 교육재판의 전개와 교육법학의 발전기인 1970년대를, 이어서 국민교육권론에 대한 비판기인 1980년대를, 그리고 어린이 인권론·참가론·자치론의 전개기인 1990년대를, 그리고 교육개혁과 교육기본법의 논의기인 2000년대를, 끝으로 2010년대는 교육기본법 개정 이후의 변화기로서 다룬다.

제4절 일본 교육법학의 학술 성과에서는 학술 주제의 동향을 학회 정기총회(1970–2018)의 주제를 중심으로 살펴본다. 그리고 학회지인 『日本教育法學會年報』 발간 동향, 학회 창립 10주년에서 40주년에 이르는 기획 출판서들의 내용을 중심으로 살펴본다. 끝으로 일본의 대표적 교육법학자의 저서를 선별하여 소개한다.

제5절은 일본 교육법학의 특징과 시사점을 양국에 주는 모범사례(模範事例)와 반면교사(反面敎師)의 관점에서 기술하고, 저자가 일본교육법학회에 정기총회에서 행한 바 있는 양국간 학술교류를 위한 제언에 대하여 논한다.

1　일본 교육법학의 학문적 의의[1]

가. 교육법학의 목적 및 필요성

현재 일본에서 교육법을 연구하는 대표 학회는 일본교육법학회(日本敎育法學會: 1970.8.27창립)가 유일하다. 학회 회칙 제3조에 따르면 "본 학회는 교육법에 관한 연구를 추진하여 그에 의해 「국민의 교육을 받을 권리」의 보장에 공헌함과 아울러 교육학계와 법학계와의 상호협동을 촉진하는 것을 목적으로 한다"고 규정하고 있다. 이를 통해서 볼 때 교육법학의 연구대상은 교육법이고, 연구방법은 교육학과 법학의 학제적 방법으로 기대된다.

일본교육법학회가 창립 20주년 기념사업으로 기획하여 3년여의 작업 끝에 1993년 출판한 『敎育法學辭典』은 연구사적 의의가 크다. 즉, 당시까지 일본에서의 이루어진 교육법과 교육법학에 관한 연구 성과를 집대성했다는 점에서 학술적 의의를 갖는다. 또한 교육법학에 입문하는 연구자들에게 핵심 용어를 중심으로 정리한 사전이라는 점에서 필수적이다.

이 사전에서 가네꼬 마사시(兼子 仁)는 일본 제1세대 교육법학계의 원로이자 한국 교육법 연구에 가장 많이 인용된 『敎育法』(有斐閣, 1963, 1978)을 저술자로서 '교육법학(敎育法學; educationa law, Schulrechtskunde)'을 다음과 같이 정의하고 있다.

> "교육법을 전문으로 연구하는 학문으로서 교육학과 법학과의 학제적 공동연구를 통해서 새로운 종합사회과학으로서의 독자성을 지향하고 있는 연구분야이다(가네꼬 마사시)".[2]

가네꼬의 정의는 교육법학의 학제성(學際性)을 강조한 것이다. 그는 또 다른 저서[3]에서 "교육에 관한 법규자체를 정면에서 연구의 대상으로 하는 학문"이며

---

1 교육법학의 학문적 의의는 고전(2012), "일본의 교육법학 연구 동향 분석(Ⅰ)", 교육법학연구 24(1), 대한교육법학회, 3-6면(교육법학의 학문적 특성에 관한 일본에서 논의 참조.

2 日本敎育法學會 編(1993), 敎育法學辭典, 209頁에 게재된 兼子 仁 교수의 견해.

3 兼子 仁·永井憲一·平原春好 編(1974), 敎育行政と敎育法の理論, 9, 10頁. 兼子 仁 編(1972), 法と敎

"법과 교육과의 관련을 전문적으로 추구하는 학문"이라고 정의하기도 했다.

　　헌법학자로서 일본교육법학회장을 지낸 원로 학자인 나가이 켄이치(永井憲一)는 "헌법이 국민의 권리로서 제26조에 보장한 '교육을 받을 권리'를 중심으로 하는 교육기본권(교육인권)을 실제로 보장하기 위한 법률을 연구대상으로 하는 것"[4]이라고 진술하여 헌법상 교육기본권 차원에서 정의한 특징을 보였다. 나가이가 그의 저서 『教育法學』(1993:21)에서 교육법학의 등장 배경에 대하여 다음과 같이 기술한 바 있다

　　" ······ 이와 같이 전후 일본의 보수정권은 교육을 국가가 통제하는 교육개혁, 교육행정, 학교관리 방식으로 추진함에 따라, 국민들은 戰後 일본 교육의 바람직한 상태를 명문화한 헌법과 교육기본법제의 이념의 올바른 실현을 요구하고 국가 통제정책에 저항하였다. 그리하여 국민의 권리로서의 교육의 실현 혹은 教育基本權(教育人權)의 확립을 요구하는 교육운동(교과서재판 및 학력검사재판 청구 등)이 활발히 일어났다. 따라서 여기서의 이론적 과제는 말할 것도 없이 '國民의 教育權論'과 '教育基本權(教育人權)論'의 과학적 구명과 그 과제의 해명을 목표로 하는 教育法學의 필요성이 널리 자각되기에 이르렀다. 일본에 있어서의 教育法學은, 이리하여 출발하고 새로운 학문분야로서 개척되었던 것이다 ······ (나가이 켄이치)".

　　교육학자로서 일본교육법학회장을 역임한 히라하라 하루요시(平原春好)는 "교육법에 관한 연구의 체계이며, 교육에 관한 법규 그 자체를 본격적으로 연구의 대상으로 하는 학문이다"라고 규정한 바 있다.[5]

　　한편, 대한민국에 최초로 교육법학을 소개한 이는 대한교육법학회의 창립자인 안기성이다. 그는 교육현장의 월간지 『새교육』지(1976.6)에 게재한 "교육법학의 가능성: 그 방법론적 서설"이란 글에서 "교육에 관한 법규범을 주로 연구의 대상으로 하는 학문이며 구체적으로 교육입법, 교육행정, 교육재판을 둘러싼 교육법제 전반을 다루는 것"[6]이라고 소개했다. 교육법의 전 과정(過程)과 현상(現象)

育, 4頁.

4　永井憲一(1993), 教育法學, 19頁.

5　兼子 仁・永井憲一・平原春好 編(1974), 위의 책, 9, 10頁.

6　안기성(1976), "教育法學의 可能性;그 方法論的 序說" 새교육('76.6), 196면. 또한 1989년의 저서(교

에 초점을 맞춘 정의로 가네꼬와 유사한 정의라고 하겠다.

이상의 교육법학에 관한 일본 교육법학계에서 논의를 종합하여 고전(1997:55)[7]
은 교육법학을 다음과 같이 정의한 바 있다.

> "교육법 현상(敎育法現象)을 독자적 연구대상으로 하여 교육학과 법학의 학제적(學際的)
> 연구방법 및 결과를 토대로 교육과 법의 관계구조를 설명·진단·예측하는 학문이다"

여기서 교육법 현상은 교육법에 관련되어 있는 법적 현실 모두를 지칭하는
것으로서 교육입법·교육사법·교육행정의 전 영역을 포괄한다. 따라서 교육법학의
방법론 역시 교육학과 법학간의 간학문적(inter-disciplinary) 혹은 다학문적(multi-
disciplinary) 접근방법을 취하게 된다.

교육법학이 독자적인 학문분야로서 독립되어야 할 필요성에 대하여 나가이
(1993:21)는 첫째, 노동법이나 사회법과 같은 특수법이 독자의 영역을 형성하고
있는 것이 법률학의 일반 추세라는 점에서 교육법학이 필요하고, 둘째, 교육법 운
영 및 적용(교육사법과 교육행정 – 저자주)에 있어서 현실적인 과오(過誤)에 대하여 교
육법학의 관점에서 이론적으로 시정(是正)할 필요가 있다는 점을 지적하고 있다.[8]

이러한 교육법학 1세대의 인식은 일본의 교육법학의 특징이 현실 참여적 학
풍(現實參與的學風)으로 이어진 것과 무관하지 않다.

[옆 여백 주석]
간학문적
(inter-disciplinary)
혹은 다학문적
(multi-disciplinary)
접근방법

현실 참여적 학풍

육법학연구)에서 교육법학의 미션에 대하여 "교육법은 교육에서의 행동의 규준으로서, 자의적인 지배
의 제한을 위해서, 그리고 모든 사람의 교육기회를 균등하게 배분하기 위하여 존재하는 강제규범이며
교육법을 정면에서 연구하고 이를 과학화 하려는 것은 그의 강제성과 통제방식이 교육의 효율과 발
전을 위하여 정당하고 합리적인가를 규명하려는 데 있으며, 이런 이유로 성립되는 새로운 과학체계로
서의 교육법학은 교육학과 법학이 이제까지 수립해 온 연구 성과 위에 세워져야 한다"고 하였다. 안
기성(1989), 교육법학 연구, 12면.

7 고 전(1997), "한국의 교육법 연구 동향 연구", 교육법학연구, 제9호, 대한교육법학회, 55면.

8 永井憲一(1972), "敎育法學の必要性と課題", 法と敎育, 12–18頁. 1993년 저서 永井憲一(1993), 앞
의 책, 21頁.

한편, 박재윤은 "현대 교육은 고도의 공공성을 가지고 있으며 공공문제와 관련되는 한 교육법의 연구
가 필요하다"고 보았다. 박재윤(1987), "교육법 연구의 주요동향 탐색", 교육개발('87.2), 교육개발원,
102면. 그는 대한교육법학회 제1차학술발표회(1986.12.13)에서 '교육법 연구의 주요 연구동향' 보고
에서 교육법학을 "특수법으로서의 교육법체계를 구성하는 '교육조리(敎育條理)'를 탐구하며, 또한 넓
은 의미의 법학의 다양한 방법들을 원용하는 것을 시도하는 연구"라 규정한 바 있다.

나. 교육법 연구의 학제성(學際性)

일반적으로 교육법 관련 연구들은 전통적으로 교육권, 교육을 받을 권리, 교육의 자유, 교사의 법률적 권리와 의무 등과 관련되어 있다.[9]

교육법의 내용과 형식 측면에서 교육법 연구영역은 크게 교육권(敎育權)에 관한 연구와 교육법제(敎育法制)에 관한 연구로 대별해 볼 수 있다.[10] 그리고 교육법학의 연구대상과 방법은 연구대상에 따라 방법이 달라지기도 하고, 연구방법에 의해 연구대상이 제한되기도 하며, 간학문적 특성으로 인하여 연구자의 학문적 배경 및 관심의 대상에 의해 매우 다양한 형태로 나타나고 있는 것이 일본과 한국의 교육법학계의 공통된 현상이다.

교육법에 대한 문리해석(文理解釋) 위주의 연구방법은 여전히 고전적인 연구방법이라 할 수 있고, 오늘날 법사회학적, 비교법학적 관점을 기본으로 하면서도 법학과 교육학의 방법적 교류도 활발하게 시도되고 있다. 그것은 단순한 다학문적 접근이 아닌 법적 논리와 교육적 논리간의 조화와 승화를 이루는 화학적 교류까지도 포함하는 간학문적 접근을 의미한다.

일본의 교육법학은 '교육의 자주성의 법적 보장', '학문의 자유', '교육의 자유', '학습권', '교사의 교수(敎授)의 자유' 등 학습권을 포함한 교육인권 및 교육권에 관한 독특한 교육조리론(敎育條理論)및 교육조리해석을 상당히 형성하여 교육법학으로서의 독자성을 확보해가고 있다.

> 교육조리론
> (敎育條理論)

여기서 교육조리론은 교육 관련법의 내용을 결정함에 있어서 그 표준이 되고 교육재판의 준거가 되는 교육상의 도리를 규명하는 것으로서, 교육의 개념과 본질에 기초한 조리적 근거(교육의 자주성, 교육의 인간적 주체성, 진리교육의 자유, 교육의 전문적 자율성 등)에 입각하여 현행법을 확인 해가는 것이라고 할 수 있다.[11]

---

9 박재윤(1987), 앞의 글, 102면.

10 교육기본권 영역은 교육권의 내용을 대상으로 법규해석과 판례분석을 통해 접근하는 경우가 많은데, 교육권의 성격과 범위, 보장 등을 다룬 교육권 기초연구, 학생·부모·교원의 권리·의무·책임에 관한 연구, 국가·지방자치단체의 지도·감독권 및 교육기관의 자율권 등 세 주제로 나눌 수 있다. 교육법제 영역은 교육권의 보장방법 및 과정을 연구대상으로 하는데, 교육법의 원리·효력·체제에 관한 교육법 기초연구, 개별 교육법 연구, 교육법제 과정에 관한 주제를 들 수 있다.

11 兼子 仁(1984), "敎育法の學際性と獨自性", 敎育法學の課題と方法, 3−22頁.

교육법학에 있어서 법학적 측면과 교육학적 측면을 중심으로 그 학제성을 가네꼬의 견해를 중심으로 정리하면 〈표 3−1〉과 같다.

교육법학(教育法學)의
학제성(學際性)

표 3−1 교육법학(教育法學)의 학제성(學際性)

법학적 측면	교육법학	교육학적 측면
① 법해석학(조리법학·인권법학) • 교육법의 특수논리 체계의 해명 • 교육재판·판례법의 발전을 목표로 교육법원리 및 교육조리해석 구축	① 교육법해석학 • 교육조리론 • 교육인권론	① 원리적 교육학 (교육원리·교육사상사 등) • 교육조리를 뒷받침하는 교육인권 원리론 • 교육의 자유를 근거로 한 교육의 인간적 주체성, 어린이의 발달의 법칙성 제시
② 법사회학 • 정책·권리운동사적 동태적 연구 • 교육법학의 특수 법학화에 공헌	② 교육법사회학	② 교육행정학, 사회교육학, 비교교육학 등 • 교육법제사, 교육재판, 학교관습, 교육운동연구 • 교육법의 실명화에 공헌
③ 법철학 • 인간존재의 문제를 추구	③ 인간학으로서 교육법철학	③ 교육철학 • 교육의 본질을 추구

출처: 일본교육법학회편, 教育法學辭典(209, 210頁)과 일본교육법학회편(1980), 教育法學の課題と方法 (3−15頁)에 게재된 가네꼬 교수의 견해를 중심으로 연구자가 도표화하여 재구성함

이런 학제성은 교육법에 관한 법해석학적 접근이 교육학의 도움을 받아 교육법해석학으로 기능하게 하며, 법현상을 실증적으로 분석하여 법의 과학화와 법칙화를 지향하는 법사회학적 접근방법 역시 교육행정학과 교육사회학적 관점을 수용하여 '존재'하는 법해석을 넘어선 '살아있는 교육법' 연구로서 교육법사회학으로서 거듭 난다는 의미이다.

살아있는 교육법

다. 교육법학의 학문적 정체성

학문으로서의 정체성이 있는지의 여부는 그 학문의 연구대상, 연구방법, 연구활동 측면에서의 명확성과 성과를 근거로 논의된다. 독자적인 연구대상이 있는

지, 이에 접근하는 연구방법상의 정체성은 있는지, 그리고 그 연구활동의 성과는 어떤지가 관건이 될 것이다.

특히, 연구대상과 연구방법론까지는 개별 연구자들에 의하여서 선언되고 시도될 수 있지만 연구성과는 집단적인 노력이 요구된다. 연구방법에서 하나의 방법만을 독자적으로 사용하는 것은 오히려 오늘날 학문 융합적인 접근법을 사용하는 경향을 반영하듯 변화하고 있는 것이 사실이기도하다. 그렇다 하더라도 전체 학문 전개 역사를 통하여 통용되어온 주된 방법론의 흐름이 있음은 부정할 수 없다.

연구활동은 학회 및 학파의 형성과 대학에서의 학문 후속 양성체제를 정비(관련 학과 및 전공의 개설등)에 따라 달리 나타나기도 한다. 이것은 집단적인 연구의 성과이면서 어떤 분야의 학문적 정체성을 판단하는 결정적이고 실질적인 척도가 되기도 한다.

일본교육법학은 교육법 현상이라고 하는 독자적인 연구대상과 교육학과 법학간의 학제적 접근방법을 특징으로 형성되었으며, 1970년의 학회설립은 그 출발점이 되었고 일본교육법학의 학문적 역량을 정체성 을 드러내 보여주었다.

실제로 학회출범 이후 '敎育法學'이란 용어를 사용한 다수의 서적이 출판되기 시작했다.[12] 학술서적은 아니지만 1971년 가을부터 교육재판을 비롯한 교육법 쟁점에 관한 계간 전문지로서 『季刊 敎育法』이 창간(2018년 12월 현재 199호 발간)되어 논의의 장을 마련한 것은 일본 교육법학에 관한 논의가 이론에 머물지 않고 현실과 실천의 문제에 관여한 학문적 성격을 보여주기도 한다.

교육법학계 또한 시대와 교육현상의 변화에 맞추어 그 연구 대상의 범위를 넓혀왔다. 1980년대 이후 일본 교육법학의 연구영역은 더욱 확대되어 교직법제, 학교시설의 조건정비법제, 장애자 교육법제, 사회교육법제, 그리고 학교 내 징계 및 체벌에 관한 문제까지 망라되어 있다. 유네스코의 어린이권리조약 비준에 따라 1990년대에는 어린이의 인권보장 문제가, 2006년 교육기본법 개정을 계기로 교육과 정치에 대한 연구가 비중있게 논의되고 있다.

---

12 有倉遼吉 編, 敎育法學(1976) 및 敎育法學의 課題(1974), 永井憲一·堀尾輝久 編, 敎育法學을 學ぶ, 永井憲一(1974), 敎育法學의 目的と任務 및 敎育法學의 展開と課題(1978) 등 이 있다.

2   일본 교육법학의 태동

가. 학회 출범 이전의 교육법 연구[13]

(1) '교육행정법론(敎育行政法)'론 시기: 2차 세계대전 전후 관료중심 논의

일본은 전통적으로 천황제를 기반으로 하여 법정주의(法定主義)보다는 '칙령주의(勅令主義)'에 의하여 통치된 국가였다. 기본적으로 교육법은 '행정법'의 일부분으로서 이른바 '교육행정법학'으로 취급되었다.

교육행정법학

저술활동은 관료들이 법령에 대한 해설 및 설명을 위해 저술하였던 수준의 것으로 1906년의 이노리 시게시로(禱 苗代)[14]가 쓴 '日本敎育行政法述義'은 이를 대표하는 저술이다.

1945년 종전 후에는 전후 교육법제에 관해서는 전후 개혁에 충분히 입각하지 않은 의회민주제적 국가교육권설을 채택한 문교행정 해석을 필두로 하여 종전(終戰) 전과 다름없는 '교육행정법론(敎育行政法)'론이 주창되었다.[15]

대학에서는 1949년 교육직원면허법 시행규칙에 근거하여 '교육법규' 과목의 이수가 규정된 이래로 대학의 교육행정학자나 교육행정관료에 의해 몇 권의 강의교재가 발간되었으나 이 무렵의 '교육법규' 역시 교육행정법에 다름 아닌 공법에 속한 것으로 인식되었다.

(2) 교육법에의 연구계기: 교육위원회제 폐지와 교직원 근무평정 규칙의 제정

1956년 교육위원 공선제(公選制)를 폐지하는 '지방교육행정법'이 강행되어 교직원 근무평정규칙이 마련되자 이에 대응하여 교육행정학자들이 근무평정제도의 민주적·합리적 실시 조건을 위해 교육조건정비의 법제와 실태에 관한 분석에

---

13 고전(2012) "일본의 교육법학 연구동향 분석(Ⅰ)", 교육법학연구, 24(1), 대한교육법학회, 7-8면 참조.
14 가고시마 출신의 법률전문가로서 오키나와 및 동경의 소학교 교장, 중의원 의원, 변호사를 지냈다.
15 이는 兼子 仁 교수의 평가로서 1960년대 전반까지의 "特別權力關係論"으로 상징된다. 日本敎育法學會 編(1993), 앞의 사전, 210頁 참조.

착수한 것이 본격적인 교육법 연구의 계기가 되었다. 이무렵 교육법 연구를 주도했던 와세다대학의 아리꾸라 료기치(有倉遼吉) 교수는 문교관료와 함께 '코멘탈 교육관계법'(コンメンタール 教育關係法, 1958)을 분담 집필한 것이 특징적이다.

(3) 연구모임의 결성: 동경대학 교육학부의 교육법연구회 결성

1958년 연말에는 일본교육법학회의 모태라고 할 수 있는 '교육법연구회'가 동경대 교육학부를 활동무대로 창설되어 교육연구자와 공법 및 노동법학자는 물론 교육재판 담당 변호사 등이 참여하는 논의의 장을 제공하였다.

교육법연구회

(4) 교육법 분야에 대한 사회적 관심: 1960년대 교육재판 및 교육입법

1960년대는 교육행정 분쟁의 시기로서 교사의 교육권을 둘러싼 1961년의 '학력테스트 재판'과 1967년의 '교과서 재판' 등, 이른바 교육재판을 통해서 교육법학은 진전되어 갔다. 일단의 교육법 연구자들이 재판 진행과정을 통해서 국가교육권에의 대항 논리를 제공하였던 것이다. 이를 계기로 교육재판과 그 판례를 통해 교육연구의 성과를 반영한 교육조리적 법해석이 출현하였으며 1963년에 출판된 가네꼬 마사시의 『教育法』(1963, 1978 신판)[16]은 이 단계의 책이라 할 수 있다. 또한 그가 1964년에 편집한 「教育裁判例集 I」은 교육법학적 자각을 동반한 최초의 교육판례집으로 인정받고 있다.

이 무렵 교육권에 대한 저서가 다수 출판되었는데 호리오 데루히사(堀尾輝久) 동경대학 교육학부 교수가 1966년에 저술한 「現代において教育法」은 국민교육권을 교육법 원리로서 명확히 논한 최초의 것으로 평가받고 있다.

한편 1966년에 ILO / UNESCO가 주최한 정부 간 회의에서 "교원의 지위에 관한 권고"가 채택됨과 아울러 '교육행정과 노사관계'에 관한 주제가 노동법학계에서 논의되었고, 1969년 '대학운영임시조치법'을 둘러싸고 '학문의 자유' 및 '대

---

16 이 책의 초판에서 저자는 현행의 교육관계 법제를 조리해석의 견지에서 검토한 결과 '교육행정법'으로서가 아닌 확실히 교육제도상 특유의 '교육법'으로서 해석할 수 있는 것을 제기하여 '교육권의 독립'과 '지도조언권'을 필두로 하는 교육법 논리를 전문적으로 추구해가는 법해석학을 가리켜 '교육법학'이라고 기술했다. 兼子 仁(1978)의 앞의 책 초판 1, 2頁 참조.

학법제'에 관한 연구가 수행되었다.

나. 학회 출범 배경 및 개요[17]

(1) 「중립확보법」(1954)의 충격과 아리꾸라의 「진보적 자유주의 교육법론」

1954년 6월에는 일본에서의 교육법 연구의 단초가 되었던 '교육의 정치적 중립에 관한 두 법'의 제정에 있었다. 즉, 공립학교 교사의 정치활동 제한을 강제한 교육공무원특례법 개정과 교직원단체를 통해 '정치적 편향 교육'을 선동(煽動)·교사(敎唆)하는 것을 처벌하는 '중립확보법(中確法)'이 제정되었다. 이에 교육계와 법학계는 충격을 받고 공법학의 입장에서 비판을 하였다. 아리꾸라(有倉遼吉) 교수의 이른바 '진보적 자유주의' 교육법론은 이 시기의 대표적 논의이다.[18]

> 중립확보법(中確法)

(2) 「일본교육법학회」(1970)의 결성: 1958년 연말 교육법연구회 계기

1958년 연말에 결성된 교육법연구회는 1970년 8월 27일에 발족한 일본교육법학회는 그 모태가 되었다. '국민의 교육을 받을 권리의 보장에 공헌'이라는 설립목적으로 결성된 본 학회는 일본 교육법학계의 대부(代父)라 불리는 아리꾸라 료기치(有倉遼吉)를 초대 회장으로 하여 법학 및 교육학 관계 대학교원 및 연구원, 중등 학교교원, 교육위원회 및 교원단체 관계자, 법조인 등을 망라하였고, 교육학계와 법학계가 공동으로 교육법학 확립에 집단적 연구의욕을 보인 계기를 마련하였다.[19]

> 일본교육법학회

일본교육법학회의 설립 목적은 전술한 바와 같이 교육법 연구에 교육학과 법학의 상호협력에 의해 학문공동체를 확립하는 것이고, 그 활동의 목적은 '국민의 교육을 받을 권리를 보장하는데 공헌하는 것'에 두고 있다. 즉, 헌법 제26조에 표현된 '교육을 받을 권리'라는 헌법 정신의 실현에 둔 것이고 자연히 그 논

---

17 고전(2012) "일본의교육법학연구동향분석(Ⅰ)", 교육법학연구, 24(1), 8~9면 참조.
18 兼子 仁, "有倉遼吉法學の歷史的意義", 季刊教育法(39, 1979), 157頁에 기술된 가네꼬 교수의 견해.
19 兼子 仁(1978), 앞의 책, 54頁.

의의 출발점과 논거는 그 조항의 해석에서부터 시작되었다고 할 수 있다.

초대 회장 아리꾸라(有倉遼吉) 교수로부터 40년 동안 13명의 회장이 역임하였는데, 법학자가 9명, 교육학자가 4명이었고, 여성회장은 이치가와(獨協大學) 교수가 처음이었다. 주로 법학자(有倉遼吉, 小林直樹, 高柳信一, 星野安三郎, 兼子 仁, 永井憲一)가 재임한 시기는 1970년 8월에서 1995년 3월까지이고, 교육학자(平原春好, 神田 修, 平原春好, 堀尾輝久)가 1995년 3월부터 2005년 5월까지 역임하였고, 다시 2005년 5월부터 2019년 4월 현재까지 법학자(伊藤 進, 市川順美子, 成嶋隆[20])인 회장으로 이어가고 있다.

특징적인 것은 초기 1세대 교육법 연구가들이 2009년까지 약 40년 동안 회장단을 구성하였고, 2세대인 이치가와(市川順美子, 가네꼬 교수의 제자) 회장이 뒤를 잇고 있어서 일본 교육법학계의 인적 특성을 보여주고 있다.

회원 수는 한때 1천명을 넘은 적도 있으나 현재 학회 회원명부상 회원 수는 500여명이고, 매년 6월에 년 1회 1박 2일로 개최되는 정기총회에는 교육법연구에 관심있는 학자들이 전국 각지에서 300여 명씩 참가하고 있는 실정이다. 홈페이지(http://wwwsoc.nii.ac.jp/jela/)는 2010년부터 개통되었고 학회의 연차대회등 주요 소식을 접할 수 있다.[21]

회칙에 근거한 것은 아니지만, 법학회 내에는 특별연구위원회를 1973년부터 사안에 따라 9개[22]를 두어왔는데, 정기총회의 주제와 함께 일본교육법학계의 연구 관심의 흐름을 알 수 있는 대표적인 부분이다.

---

20 현 회장 나루시마 다카시(成嶋　隆) 교수(1948년생)는 2015.5월 정기총회에서 회장으로 선임된 법학자이다.
21 사무국 메일 주소는 education law k@yahoo.co.jp이다.
22 학교사고문제연구특별위원회(1973－1996경) 학교사고손해배상법안, 자료집 발간등)
　교육조건정비법제연구특별위원회(1978－1984) 학교교육조건기준법안, 자료집 5권)
　어린이권리조약연구특별위원회(1993－1996) 위원장 나가이 회장 겸임
　고등교육연구연구특별위원회(1998－2001) 위원장 나가이 회장 겸임
　교육법제연구특별위원회(1998－2001) 히라하라 회장 겸임
　교육기본법연구회(2001－현재), 교육기본법특별연구회(2005.5－2007.5) 단행본(2006)
　학교사고문제연구특별위원회(2005.5－2007.5) 키타위원장 학교안전지침 모델안 제안
　신 교육기본법법제연구특별위원회(2007.5－현재) 이치가와 위원장
　학교안전과 어린이인권에 관한연구특별위원회(2007.5－현재) 하시모토위원장
　('해설 학교안전기준－교육지침·조례·법률·판례'(不魔書房·信山社, 2008) 발간)

3 일본 교육법학 이론의 전개[23]

일본국 헌법은 종전(終戰)후 맥아더 미군정에 의하여 초안되어 1946년 11월 3일 공포되고 1947년 5월 3일 시행되었는데, 교육에 관한 조항은 제26조[24]에 '능력에 따라 동등한 교육을 받을 권리(教育を受ける權利)'로 표현되어 있다. 이는 미국의 'the right to education'을 일역(日譯)한 것인데, 교육권이라 해석하지 않고 '받을 권리'라고 표현한 것이다.

이에 대하여 일본의 진보적 학자들은 미군정당시 수구보수파가 내걸었던 양보할 수 없는 조건으로 요구했던 상징적 천황제의 유지와 국가중심 교육을 통한 일본의 재건이라는 목표와 무관하지 않다고 주장한다. 이것이 국가가 제공하는 교육을 수동적으로 받는다는 관점의 '국가교육권'의 근거 조항이라는 주장의 빌미가 되었다는 것이다.

그러나 오늘날 보수와 진보를 떠나 헌법의 표현양식에 상관없이 교육은 당연히 '국민교육권'으로 보는 것이 일반론이자 상식론이다. 국가와 지방자치단체는 이를 실현시키기 위해 책임을 지는 위치로 이해되고 있으며, 학습자, 보호자, 교원, 설립자, 지도·감독기관의 역할분담과 상호협력 관계가 중요하게 대두되고 있는 상황이다.

교육활동이 인간으로서의 생존과 삶을 결정한다는 점에서 국민의 인격의 완성과 행복추구의 근간이 되는 인권중의 인권이자 개인과 사회의 여러 생활영역의 기본권과 긴밀하게 연결되는 종합적 권리라는 데에도 인식을 같이 한다. 이러한 교육권의 중층적이고 복합적인 내외 관계에 대한 이해는 한국에서도 마찬가지다.

---

23 2010년 40주년 기념 정기 연구총회에서 발표된 今野健一, "教育人權論の展開と教育法学の役割", 教育法學40年と政權交代, 日本教育法学会年報 (40号), 2011, 有斐閣, 21~24頁과 土屋基規, "日本教育法学会の40年 – 教育法学研究の總括に向けて", 教育法學40年と政權交代, 日本教育法学会年報 (40号), 2011, 有斐閣, 7~13頁 참조하여 연구자가 재구성한 고전(2012) "일본의 교육법학 연구동향 분석(Ⅰ)", 교육법학연구, 24(1), 13–17면 내용을 소개함.

24 일본국헌법 제26조 모든 국민은 법률이 정한 바에 따라 그 능력에 따라 동등한 교육을 받을 권리를 갖는다. 2. 모든 국민은 법률이 정한 바에 따라 그 보호하는 자녀에게 보통교육을 받게할 의무를 지고, 의무교육은 무상으로 한다.

가. 교육법 이론의 기초적 논의: 1960년대

1954년에 공포된 교원의 정치적 중립을 표방한 '교육2법'의 제정으로 촉발된 교육법 논의는 국가의 교육에 대한 통제에 저항하는 운동을 불러왔고, 교육재판 운동의 시기를 열었다.

이 경우 쟁점은 헌법과 교육기본법의 관련 조항에 대한 해석을 둘러싼 이른바 위헌재판이었고, 국가에 의한 권력적 지배로부터의 '교육의 자유' 이론을 형성해 가는 토대가 되었다. 교육권은 '교육할 권한, 교육내용을 전면적·구체적으로 결정할 권능'으로 해석되지만 교육할 권능을 넘어선 학습자의 학습권을 내포하는 것으로 인정되고 있다.

교육권에 대한 교육법학의 이론화 및 체계화에 관여한 사람은 호리호(堀尾輝久)와 가네꼬(兼子 仁)였다. 호리오(당시 동경대학 교육학부 교수)는 어린이의 학습권을 중심으로 교사의 교육의 자유를 구조화하였다. 그는 국민주권·인권보장 국가에 있어서 인간교육을 민주적 국정의 기반으로 보았다. 근원적으로는 각자 학습권에 맞는 국민 개인의 자유, 인권에 속하는 인간활동에 다름 아니고, 따라서 부모와 교사를 비롯한 국민의 교육의 자유가 헌법상 보장되어 학교교육 내용은 의회 민주제의 다수결정으로 국가 권력적으로는 결정할 수 없다고 보았다. 그는 이러한 국민의 교육의 자유와 어린이의 학습권을 포괄하여 '국민의 학습권'이라 불렀다.[25]

한편, 가네꼬 교수(법학전공)는 교육내용 행정권을 한계 짓는 대강적 기준설과 교사의 교육권한 독립설을 중심으로 교육법 이론체계를 구축 했다. 즉, 부모와 교사를 비롯하여 국민의 교육의 자유와 어린이의 학습권이 '국민교육권'의 내용을 구성한다고 보았다.

교육재판 운동

교사의 교육의 자유

국민의 교육의 자유

국민의 학습권

---

25 호리오 교수는 어린이의 발달과 학습의 권리가 보장되지 않으면 그가 성인으로서 행사할 제권리(생존권, 노동권, 참정권)도 공허에 진다는 점에서 어린이의 학습권은 분명히 인권중의 인권, 기타 인권을 내실있게 실현시키기 위한 인권이라는 점에서 교육인권론을 전개하였다.

나. 교육재판의 전개와 교육법학의 발전: 1970년대

국민교육권설

국민교육권설로 대표되는 교육법학설은 교과서 재판(1971)에 인용[26]되는 성과에 이르렀고, 이후 교육재판에서 국가교육권론과 대립하는 가운데 전개되어 갔다.

이후 학력테스트 사건의 최고법원 판결(1976.5.21)에는 최고재판소의 판결로는 처음으로 교육권의 귀속을 인용하였다. 최고재판소는 어린이의 학습권이나 헌법 23조를 근거로 한 보통교육을 실시하는 교사에 대하여 일정 범위의 교수(敎授)의 자유, 가정교육이나 학교선택의 자유를 내용으로 하는 부모의 교육의 자유를 말하는 '교육인권'의 보장을 선언했는데, 여기에는 그동안 교육법학의 연구 성과가 상당히 반영된 것으로 평가된다.

교육인권

가네꼬 교수는 1978년에 『敎育法』을 신간하면서 교육내용 행정에 대한 대강적 기준설을 수정하여 학교제도적 기준설을 제시하였고, 학습권을 기초로 하는 국민의 교육의 자유의 법리를 체계화하여 교사의 교육권이 인권성과 권한성을 갖는 복합적인 것으로 해석하였다.

다. 교육법학설(국민교육권론)에 대한 비판: 1980년대

1980년대에 들어서서는 국민교육권으로 대표되는 교육법학설에 비판적이며 회의적인 견해가 나타나 이후의 논의가 전개되었다.

이마하시 모리가쯔(今橋盛勝)는 「敎育法と法社會學」 저서에서, 국민교육권론이 구축한 교사의 교육권은 '국가·문부성·교육위원회·교장등'과 교사(집단)라는 교육법 관계(제1 교육법 관계)에 한정하여 적용되어야 하는 법리이고, '학교·교사'와 '어린이·부모·지역'이라는 교육법 관계(제2 교육법 관계)에 속하는 어린이의 인권침해라는 현상에 이를(국민교육권) 적용하는 것은 유해하다는 입장이다.

그 대신 어린이의 인권침해의 구제와 학교에의 참가권등을 내실있게 하는

---

26 국민의 교육의 자유를 근저로 생래적 권리로서 어린이의 학습권 보장이 국민적 과제라는 점을 인정했으나 헌법 26조(교육을 받을 권리)를 사용하지 않고 21조(표현의 자유)와 23조(학문의 자유)를 인용함.

헌법·교육법상의 개념으로서 '부모의 교육권' 이론을 제창하였다.

부모의 교육권

비판론 가운데 교사의 교육권(교육의 자유)의 교육인권성을 부정하는 오쿠타히라 야스히로(奧平康弘)는 교육인권 체계로서 구성되어온 교육법학의 통설의 중핵적 개념을 부정하고 헌법학설에 큰 영향을 미치게 되었다.

그는 헌법학 저서(憲法Ⅲ－人權(2), 有斐閣, 1981)에서, 헌법학적으로는 학교설치자의 기관인 교사의 교육권은, 제도적인 제약 하에서만 성립할 수 있는 것이고, 그 자체는 결코 헌법상의 권리가 아니라 헌법이하의 법규범이 창설하는 실정법상의 권한(權限)이며, 교사의 교육권(교육의 자유)으로 될 수 있는 것은 시민적자유 일반의 문제로서 취급되어야 한다고 보았다.

이러한 논의가 제기된 배경은 1980년대 이후 학교에서 어린이 권리 침해 사례(교칙, 체벌·이지메, 내신서 관련)가 빈발하는 상황에 직면하여 교사교육권에 초점을 맞춘 국민교육권론의 이론 구성상 특성으로 인하여 회의를 갖게 되고 비판을받게 되었기 때문이다.

라. 어린이 인권론·참가론·자치론의 전개: 1990년대

이 시기에는 어린이가 처한 위기 상황에 대응해야 할 어린이의 인권에 관한연구가 활발히 전개되었다. 또한 유엔이 정한 '아동의 권리조약'의 준수를 요구하는 운동이 일어난 것도 이 분야의 연구를 자극하게 되었다.

더불어 1990년 전반에는 기초연구로서 교육에 있어서 '공공성'의 의미를 탐구하는 연구가 진행되었다. 교육의 공공성론은 교육에 관련된 국가의 공공적 역할과 그 한계를 정하여 교육인권론의 전개를 진척시킨 중요한 의미를 갖는다.

교육인권론

교육참가에 관해서는 종래에는 부모나 주민의 참가 연구에 역점을 두었으나어린이 자신의 참가 권리론·제도론으로서 논의되었다. 더욱이 정보공개·개인정보보호법의 정비가 자치단체 수준에서 급속히 진척됨에 따라 지도요록이나 내신서(조사서)의 본인 개시를 둘러싼 분쟁이 발생하여 교육법의 최우선 과제로서 교육정보에의 권리론이 제기되기도 하였다.

마. 교육개혁과 교육기본법의 논의: 2000년대

1990년대 후반이후 정치로부터 일반행정의 '구조개혁' 움직임이 본격화 되고, 다양한 내용을 포함한 교육행정 분야의 개혁이 행해졌다. 교육법학은 무엇보다 교육인권보장의 견지에서 개혁 동향을 점검하고 이론적인 비판을 전개했다.

2006년 12월의 교육기본법의 전면 개정에 이른 일련의 교육개혁론에는 신 국가주의적인 측면과 신자유주의적인 측면이 포함되어 있지만, 교육에의 강력한 국가통제를 내재시키는 것으로 진화한 신자유주의가 문제였다.

교육법학회는 1999년에 제정된 국기(國旗)·국가(國歌)법에 의거하여 '일장기 (日の丸)와 애국가(君が代)'가 강제되는 것에 대하여 비판적 검토를 해왔다.

그러나 이 문제에 대하여 헌법학설은 교육학설과는 다른 입장을 보였다. 즉, 교육행정에 의한 직무명령을 이용한 교사에 대한 지도강제의 위헌·위법성이라는 결론은 공유하면서도 권력적 강제에의 저항이론으로서 교사의 교육의 자유를 논거로 삼는 데에는 부정적 입장이었다. 헌법학설에 있어서 이 시기부터 일본의 공민교육법이론(公民敎育法理論)의 본격적으로 전개되기 시작했다.

향후 신 교육기본법 하에서 가속화될 신자유주의적인 정책으로 인하여 교육인권이 위축될 것이라는 우려가 있는 가운데, 여전히 일본교육법학계의 통설적 견해는 헌법 제26조(교육을 받을 권리)를 국민의 학습권으로 해석하는 것이며, 구체적으로 어린이의 학습권을 기초로 이를 실현하기 위한 다양한 주체의 권리의무·책임권한 관계를 구조화 시키는 일은 향후 교육인권론의 과제로 제시되고 있다.

바. 교육기본법 개정 이후의 변화와 전망: 2010년대 이후

2006년 12월 15일 개정되고 22일 공포·시행된 교육기본법은 현재 신 교육기본법이라 불리우며, 교육목표의 수정과 국가가 주관하는 교육진흥기본계획의 근거법으로서 향후 교육개혁의 흐름이 주목되고 있다.

일본교육법학계에서 신 교육기본법에 대한 전체적 평가는 부정적이다. 교육의 자주성과 자율성을 확보하여 권리로서 교육을 보장하기 위한 법제적 틀을 정

국기(國旗)·
국가(國歌)법

공민교육법이론
(公民敎育法理論)

한 기본법인 구 교육기본법을 국가에 의해 공적으로 정해진 도덕규범을 권력적
으로 주입함은 물론 교육에 심한 경쟁과 격차를 가져올 법률로 변환시킨 점을 지
적한다.

특히 정부에 부여한 교육진흥기본계획의 책정권은 정부가 기본계획이라는
형식으로 교육내용을 포함한 교육의 국가기준이나 수치 목표를 설정하여, 그 달
성도를 평가하고 이에 따라 재정배분 함으로서 내용을 통제하고 이를 정당화 하
는 구조를 도입했다고 비판받기도 한다.[27]

전후 결론을 내리지 못하던 교육기본법 개정 문제가 재론 된 것은 개혁노선
의 고이즈미(小泉) 내각과(2001.4~2006.9) 연이어 극우파로 분류되는 아베(安倍) 내
각(2006.9-개정 당시 수상)하에서 추진된 일본의 평화 헌법 개정과 연동되어 있다.
즉, 국가관에 입각하고 전통을 존중하는 신일본인의 창조한다는 교육기본법 개정
을 헌법 개정의 교두보로서 삼겠다는 전략적 추진에 따른 것이었다.

개정 반대 측이 애국심등의 표현에 과민하게 반응하였던 것도 이와 관련이
있다. 일본의 교육기본법 개정을 둘러싼 논의의 유형은 크게 '복고적 개정론'과
'미래지향적 개정론'으로 나뉘어 설명[28]되기도 한다.

지난 2009년 이치가와(市川) 당시 회장은 한국교육법학회 연차학술대회 참
석하여 "신 교육기본법 이후 교육법제의 전개"에 대하여 발표를 했다.[29] 그에 따
르면 2007년 6월 20일에 개정된 교육관련 3개 법령 일부 개정법(학교교육법, 지방
교육행정법, 교육직원면허법 및 교육공무원특례법)은, 신 교육기본법상 교육내용에의
본격 개입(제2조의 상세한 교육목표, 제6조 제2항에 의한 전 학교체계에의 관여), 국가의
종합적 교육 시책 책정·실시 권한(제16조 제1·2항·제17조 제1항) 및 사명과 직책의
중요성을 강조한 교원(제9조) 조항의 전면적인 법률 주의가 구체화된 것이라고
소개했다.[30]

---

27 2016년 현재 일본교육법학회 회장인 나루시마 타카시(成嶋　隆) 교수의 "新教育法の憲法學的檢討"
　　日本教育法學會年報(37号), 有斐閣, 2008, 31-42頁 참고.
28 이에 대해서는 고전, "일본의 교육법학 연구동향 분석"(비교교육법포럼, 2012.2.3.), 104-5면 참고.
29 市川須美子, "新教育基本法以後の教育法制の展開", 대한교육법학회 연차대회 자료집(2009.12).
30 학교교육법 42조는 "초등학교는, 문부과학대신이 정하는 바에 따라 당해 초등학교의 교육활동이나
　　그 외 학교운영의 상황을 평가하여 그 결과에 근거해 학교 운영의 개선을 도모하기 위해서 필요한

특히 지금까지 학교 현장에서는 교장·교감 관리직을 제외하면 기본적으로 동등한 교사였던 구조(이른바 냄비뚜껑형 조직)를 능률성과 역할 분담을 내걸고 부교장·주산교사·지도교사를 신설함으로서 보다 관료적이고 계층적인 학교구조 변혁을 시도하고 있음을 우려했다.

최근 2010년 이후의 일본교육법학회의 정기총회 전체 주제는 일본내 교육법 연구의 관심을 여실히 보여주고 있기도 하다. 2010년 총회(教育法学40年と政權交代)에서는 3년 3개월 단명으로 끝났지만 첫 야당 정부인 민주당 정권(2009.9~2012.12)의 개혁에 대한 기대를 담았다.

2011년 총회(教育の国家責任とナショナル·ミニマム)에서는 지방분권이란 이름 아래 행해지고 있는 의무교육비 국고부담 문제에 있어서 국가의 책임문제와 지역주권 개혁중의 교육의 지방자치의 방향 및 우려를 다루었다.

2012년 총회(不当な支配と教育の自由)는 전년도에 국기 및 국가법 위반과 관련한 합헌·적법판결에 대응하여 교육의 자유에 대한 정치권의 부당한 지배 문제를 정면으로 다룬 한편, 전년도 동일본 대지진(2011.3.11)후 학생·학교의 안전문제에 대한 관심도 높아졌다.

2013년 총회(教育の政治化と子ども教師の危機) 역시 지자체의 정치가 주도하는 교육개혁에 대한 우려를 다루고 있다. 수장 및 의회의 조례 제정을 통해 교육의 정치화가 가속화 되고 있다는 비판이 일고 있고, 오사카는 그 대표적 예이다.

2014년 총회(新教育基本法と教育再生実行戦略)에서는 교육기본법 개정후 아베 정권이 주도하여 추진하고 있는 교육개혁에 대하여 검토하였고, 2015년 총회(戦後70年と教育法)에서는 교육과정 개혁을 대변하는 '도덕' 교과화 정책과 대학법제와 관련된 대학 자치의 문제를 다루었다.

2016년 5월에 개최된 제46회 총회(立憲主義の危機と教育法)는 교육기본법 개정 10주년을 맞이한 지금의 상황을 입헌주의 위기상황으로 진단하고, 공개 심포

냄비뚜껑형 조직

조치를 강구하는 등 그 교육 수준의 향상에 노력하지 않으면 안 된다"고 규정했다. 그리고 지방교육 행정법 23조는 "교육위원회는 매년 그 권한에 속하는 사무의 관리 및 집행의 상황에 대해 점검 및 평가를 실시하여, 그 결과에 관한 보고서를 작성해 이를 의회에 제출함과 동시에 공표해야 한다"고 하여 학교평가 및 교육위원회 평가를 법제화 하였다.

지움에서는 2016년부터 도입된 18세 선거권 연령 인하(과거 20세) 제도의 도입에 따르는 학교에서의 정치교육의 과제를 다루기도 했다.

2017년 총회는 도쿄 중앙대학에서 5월 27~28일 양일간 개최되었다. 전체 주제는 "憲法施行70年と教育法学の課題"로 잡았다. 나루시마 회장은 인사말을 통해 최근 森友學園의 「勅語教育」과 이와 관련된 「教育勅語」복권 문제[31]에 대한 소견을 밝히기도 했다. 연구총회 제1주제는 일본국헌법의 기본3원리와 교육법이었는데, "국민주권원리와 교육법"(成嶋 隆), "평화주의와 교육법: 헌법과 교육ー평화주의를 중심으로"(堀尾輝久), "기본적 인권존중주의와 교육법: 인권·차별과 교육법ー특히 부락문제를 중심으로(內野正幸) 등이 논의되었다. 둘째날의 공개심포지움 주제는 "차기 학습지도요령의 교육법적 검토"로 보고가 있었다.

2018년 총회는 센다이 동북학원대학에서 6월 2~3일 양일간 개최되었다. 전체주제는 "교육에 있어서 평등과 시민사회"로 잡았다. 현대사회에 시민사회의 재편성이 교육법제에 주는 영향이라는 시각에서 교육법 현상을 분석할 필요가 있다고 보고, 사회적 부의 재분배라는 현대사회의 격론에 '교육 평등'이라는 이념이 어떤 역할을 해야하는 지를 논한다는 취지였다. 연구총회에서는 제1보고로 "미국에서의 재정평등과 교육의 적정성을 둘러싼 법적 문제"(Michael A. Rebell, 콜롬비아대)를, 제2보고는 "일본에 있어서 신자유주의 교육개혁 입법과 교육인권" (世取山洋介)이 있었다. 이틀째 분과회 발표에서는 교육의 무상화와 교육법, 가정교육과 국가 등을 주제로 다루었고, 공개심포지움에서는 이지메, 체벌, 스포츠 부활동 등과 관련된 법적 문제를 다루었다. 스포츠 부활동은 2012년 오사카 사쿠라미야 고교 사건을 계기로 다루게 되었다. 2018년 연구총회에서는 미국의 교육법 연구자를 초빙하여 국제적 교류를 시도한 것이 눈에 띤다.

이렇듯, 일본교육법학회의 주된 연구 화두는 학회창립 40년 이상 지속되어 온 '현실 시정적인 실천 지향의 교육법 논의' 전통을 이어오고 있다고 판단된다. 특히, 2006년 교육기본법 개정이후 '교육진흥기본계획'의 수립이 중앙과 지방의 교육개혁안 작성 의무로 부여되고 있는 상황이어서 중앙과 지방의 정치권이 주

현실 시정적인
실천 지향의 교육법

---

31 재단 소속의 유치원에서 원아에게 교육칙어를 암송하게 하는 놀라운 일이 벌어진 사건으로 이른바 반헌법적인 것으로 논술하고 있다.

도하는 교육개혁이 일반화되어가고 있고, 이에 따르는 교육의 자주성 및 부당한 지배의 위험이 높아지고 있는 상황이라 할 수 있다. 교육법학회의 기본적인 입장은 이를 예의 주시하면서 교육현장의 교육조리를 확인하고 현실적인 대응책을 내 놓는 역할을 하고 있는 것으로 평가할 수 있다.

4 일본 교육법학의 학술 성과

가. 학술 주제의 동향: 학회 정기 총회의 주제(1970~2018)

일본 교육법학회 정기총회는 대체로 매년 5월 하순(학회 설립 초기엔 3월에 개최)에 개최되고 금요일에 이사회가 열린다. 자유발표를 듣고 난 다음 연구총회에서 당해 학술대회 주제를 논의하는 방식이다.[32] 지난 2010년 창립 40주년 학술대회에서 쯔치야 모토노리(土屋基規) 교수는 일본의 교육법 연구의 주된 영역과 과제 인식을 2009년까지 분석하여 다음의 10개 영역을 제시하였다.

ⓐ 교육권론 ⓑ 헌법·교육기본권론 ⓒ 어린이권리론 ⓓ 교육재판과 교육법학 ⓔ 교육의 자유와 교사의 교육권 ⓕ 교육조건정비론 ⓖ 학교자치·주민자치론과 교육법학 ⓗ 생애학습론과 사회교육법제론 ⓘ 교육정책·교육개혁의 동향과 교육법 연구 ⓙ 교육법의 비교연구와 국제교류 등이다. 당해 연구총회의 주제별 빈도를 표로서 정리하면 〈표 3-2〉와 같다.

---

32 [제1일] 오전: 자유발표(회원들의 신청에 의하며, 3개실로 나누어 9-10개 주제)
　　　　　 오후: 사무총회(학회활동, 연보편집위원회, 연구특별위원회 회계·감사 보고 등)
　　　　　　　　　 연구총회(정기 학술대회의 주제에 관한 보고, 통상 2-3명)
　　　　　 저녁: 간담회(懇親會)
　　　 [제2일] 오전: 분과회(2-3개 분과회에서 전체주제를 소주제로 나누고 각각 2-3개 보고
　　　　　 오후: 심포지움(현안 혹은 전체 주제의 일부, 공개심포지움 형태로 3-4개 보고)

| 표 3-2 | 정기총회에 나타난 일본교육법학회 연구의 주요 영역과 과제(1970~2018) |

영역	소주제	연구총회(분과회)	빈도 등
ⓐ 교육권론	학습권 및 교육권 구조	2, 3, 10, 20, 27, 30, 35,	7건
	가정교육(부모)과 국가	48(2)	1건
ⓑ 헌법·교육기본법제론	전후교육기본법 교육기본법 개정 교육법제사 부당한 지배 헌법의 기본3원리	5, 7, 15, 17(1), 26, 27, 31(1), 32(1), 33(1), 34, 35(1, 2), 36(1), 37 40(1) 42 47	17건
ⓒ 어린이권리론·조약	어린이 권리, 이지메 어린이 권리조약	9(1), 13(2), 14(2), 15(2), 16(2), 19(2), 20(3), 21(1), 24, 25(2), 29, 35(3), 43, 44	14건
ⓓ 교육재판·판례분석	교육권의 실현과 재판	1, 2, 6, 12, 17, 24, 28, 30, 32, 40(2)	10건
ⓔ 교육의자유, 교사교육권	교육의 자유 교사 교육권	1(1), 11(3), 12(2), 43(2)	4건
ⓕ 교육조건정비론	교육조건정비, 교육격차	5, 8, 10, 12, 13, 14, 41, 45(2)	8건
	의무교육비, 교육재정론	41(2), 48(1)	2건
	안전기준, 학교안전	6, 7, 15, 27, 34, 42(2), 47(1)	7건
	교육내용행정, 교육과정	3, 8, 20, 42(2), 44(1), 45	6건
ⓖ 학교자치·교육지방자치교육위원회	학교자치 교육의 지방자치 교육위원회	3(2), 8(2), 10(3), 16(3), 18(1), 20, 21, 24(3), 25(3), 27(2), 29(2), 30, 39, 41, 44(2)	15건
ⓗ 생애학습·사회교육법	생애학습	20(1), 21(3), 39(2)	3건
ⓘ 교육정책·교육개혁	임시교육심의회답신	15(1), 24(2)	2건
	교원양성, 면허, 채용, 연수	7(1), 14(3), 16(1), 19(2), 37(1), 38(1), 39(2), 47(2)	8건
	고등교육 개혁, 대학자치	22(3), 23(2), 30(3), 33(3), 45(1),	5건
	학교5일제	23(1)	1건
	신자유주의 교육개혁	32(3), 33(1), 38, 48	4건
	민주당정권과 교육개혁	40,	1건
	법교육	41(1)	1건
ⓙ 국제비교·지역연구	미국, 영국, 프랑스, 독일, 한국 등	3(3), 18(3), 25(1), 30, 33(2), 48	6건

출처: 土屋基規, "日本教育法学会の40年—教育法学研究の總括に向けて"(정기총회 요지집, 2010)의 발표 요지집(16, 17頁)과 배포된 일본교육법학회의 40년—연구총회, 분과회보고 등 일람(자료)을 재구성한 고전(2012:10)의 〈표 3〉이후 41회(2011년)—48회(2018) 총회주제를 포함함. ( )는 분과회 번호임

교육권 및 헌법상의 교육기본권에 대한 논의는 법학회 창립 초기부터 시작하여 지속적으로 제기어 온 교육법학계의 가장 핵심 연구주제임을 보여주고 있다. 시기에 따라서 강조된 주제도 달랐는데, 어린이의 권리협약과 함께 이 주제가 90년대 초중반에 걸쳐 빈번히 출현하였고, 2006년 교육기본법 개정을 전후하여 이에 대한 비판적 논의가 주를 이루었다.

일본교육법학회는 교육법학 연구에 대한 성과를 10년 단위로 정리하여 발표하기도 하였는데, 1980년 정기총회의 주제였던, '80년대 교육법학의 전망', 1990년 정기총회에서는 '신세기에의 교육법학의 과제'를, 2000년에는 '교육법제의 재편과 교육법학의 장래'를 총회 주제로 내걸고 10여 년간의 연구성과에 대한 분석과 향후 전망을 하는 장을 마련하였다.[33] 지난 2010년에 개최된 40주년 기념 정기총회의 주제도 '교육법학 40년과 정권교체'였다.[34]

2011년 5월(5.28~29) 총회는 주제를 '교육의 국가책임과 내셔널·미니멈'으로 내걸고, 정부의 교육개혁에 따라 진행되고 있는 지방분권 중에 축소되고 있는 국가의 교육에 대한 역할을 어떻게 볼 것인지에 대하여 집중 조명하였다.[35]

마지막의 비교연구 및 국제연구와 관련하여서는 그다지 활발한 편은 아니나 2000년대 들어와 한·일간 교류가 점차 활발해 지고 있다.[36] 한·일 양국 간 교류는 2009년 12월에는 대한교육법학회 교육법제정 60주년 기념 연차학술대회에 일본교육법학회 회장(이치가와)이 한국을 방문하여, "신 교육기본법 이후의 교육법제의 전개" 주제로 발표하였고, 이어 2010년 일본교육법학회 제40주년 기념 정기 총회 때는 당시 대한교육법학회 회장(고전)과 학술이사(노기호)가 참석하였으

---

33 1996년 정기총회 주제를 담은 제26호(전후 50년과 교육법학, 1997) 역시 연구사적 의의가 있다.

34 자세한 논문 보고는 당시 발표된 내용을 중심으로 발간된 日本教育法學會年報 제40호, 敎育法學40年と政權交代(제40호), 2011, 有斐閣을 참고.

35 2012년 5월(5.26~27) 제42회 정기총회는 '부당한 지배와 교육의 자유'를 주제로 개최되었다.

36 1973년 총회(제3분과)에서 영국의 교육조건정비법을 비롯하여 미국, 프랑스, 서독의 교육법을, 1988년의 총회(제3분과)에서 유네스코 학습권 선언과 영국의 부모 교육의 자유와 참가, 서독의 학교 참여권을, 1995년의 총회(제1분과)에서 교육개혁에 관한 미국, 프랑스, 독일의 사례를, 2000년 학회 설립 제30회 기념 연구총회에서는 '한국과 일본의 교육법학의 교류(고전)' 보고와 독일 학교법제·대학법에 관한 특별강연(토마스·오파만), '한국의 교육3법체제의 재편과 과제'(고전) 자유연구발표가, 끝으로 2003년 총회(2분과)에서는 영국의 학교이사회, 독일의 학교자율성, 한국의 학교운영위원회(고전) 보고가 있었고, 2011년에는 김용이 '한국에 있어서 교육규제 완화 입법의 현상과 문제점'을 자유연구 발표하였다.

며, 최근에는 김용 부회장이 학술대회에 참가하여 발표함으로서 점차 양학회간 교류협력을 증진하여 가고 있다.

나. 연보(年報; 학회지) 발간 동향

연보(年報)는 일본교육법학회의 학술지로서 전년도의 정기 연구 총회의 원고를 중심으로 발간하는데 책자의 서명은 총회 주제로 한다. 10년 단위로 연구성과를 보고하는 권호는 10주년, 20주년, 30주년, 40주년 정기총회가 있는 다음 해인 1981(제10호), 1991(제20호), 2001(제30호), 2011(제40호)에 각각 간행되었다.

가장 자주 등장하는 주제는 '교육기본법 및 교육개혁'이라 할 수 있다. 교육기본법에 관하여 제7호(교육기본법 30년과 교육법학), 제17호(교육기본법 40년의 현실과 과제), 제27호(교육기본법 50년) 등에 걸쳐 통사적으로 검토한 뒤 2006년 교육기본법 개정을 전후해서는, 제35호(교육기본법개정의 동향, 2006), 제36호(교육기본법체제의 위기와 교육법, 2007), 제37호(신 교육기본법과 교육법학, 2008), 제44호(신 교육기본법과 교육재생실행전략, 2015)를 발간하는 등 44권의 연보 중 7권이 교육기본법을 집중적으로 다루었다.

이어 교육개혁 및 개정 교육법에 대한 논의도 상당수 있었다. 제13호(교육개혁의 동향과 교육법), 제15호(임교심 교육개혁과 교육법), 제16호(교육제도의 개혁과 교육법), 제28호(교육개혁과 지방분권), 제31호(교육개혁과 교육기본법제), 제38호(신자유주의 교육개혁과 교육3법), 40호(교육법학 40년과 정권교대) 등이 있었다.[37] 비판적 관점이 강한 학회답게 각 시기의 교육법 개정 문제에 대하여 지속적으로 다루어오고 있다.

---

37 국내에 1권부터 최근호까지 연보는 국회도서관 정기간행물실과 고전교수 연구실에 소장되어 있다.

다. 학회 창립기념 출판물 동향: 10, 20, 30, 40주년

(1) 10주년 기념 출판: 『講座 敎育法』(전 7권)

일본교육법학회는 교육법학 연구에 대한 성과를 10년 단위로 정리하여 발표하고 있다. 2년에 걸쳐 발행된 강좌 교육법 저서 시리즈는 7권으로 구성되어 있다. 교육법학의 과제와 방법은 학회설립 10년 동안의 활동을 기초로 한 학문적 정체성에 관한 초기의 저작으로 그 학술적 의의가 적지 않다고 본다.

1980년 3월에서 1981년 6월에 걸쳐 전 7권으로 전문서(강좌·교육법 시리즈, 동경: エイデル研究所)가 간행되었는데, 교육법학의 과제와 방법, 교육권과 학습권, 교육내용과 교육법, 교육조건과 정비의 교육법, 학교자치, 교육의 지방자치, 세계와 일본의 교육법 등이 그것이다.[38] 전문서는 1980년 3월에서 1981년 6월에 걸쳐 간행되었다.

10주년이었던 1980년 3월 10회 정기총회 주제 역시 '80년대 교육법학의 전망'이었다. 강좌교육법 제 2권 교육권과 학습권은 헌법의 교육조항에 대한 해석론을 잘 정리했고, 교육내용과 교육조건으로 분류한 교육권 강좌(3권, 4권)는 교육의 내적 외적 사항 구분론에 근거한 논의이기도 하다.

제5권 '학교자치'는 교육자치로서 학교내 교육당사자의 법적지위와 관계를 선도적으로 논의하였다. 비록 일본의 교육법은 교육자치법라는 표현 대신 '교육위원회법(1948)' '지방교육행정의 조직 및 운영에 관한 법률'(1956)로 되어 있으나 일본교육법학회는 '교육의 지방자치'라는 강좌교육법 시리즈를 발간하였다.

제7권 '세계와 일본의 교육법'은 일본교육법학회의 개방적 관점을 보여주는 저작이라 할 수 있다.

---

38 日本敎育法學會(編)(1980), 講座敎育法 1 敎育法學の課題と方法, 東京: エイデル研究所.
＿＿＿＿＿＿＿＿＿(1981), 講座敎育法 2 敎育權と學習權, 東京: エイデル研究所.
＿＿＿＿＿＿＿＿＿(1980), 講座敎育法 3 敎育內容と敎育權, 東京: エイデル研究所.
＿＿＿＿＿＿＿＿＿(1980), 講座敎育法 4 敎育條件と整備の敎育權, 東京 :エイデル研究所.
＿＿＿＿＿＿＿＿＿(1981), 講座敎育法 5 學校の自治, 東京: エイデル研究所.
＿＿＿＿＿＿＿＿＿(1981), 講座敎育法 6 敎育の地方自治, 東京: エイデル研究所.
＿＿＿＿＿＿＿＿＿(1980), 講座敎育法 7 世界と日本の敎育法, 東京: エイデル研究所.

(2) 20주년 기념 출판: 『敎育法學 辭典』

학회 창립 20주년 기획 출판으로 간행된 『敎育法學辭典』(學陽書房, 1993)은 당시까지의 교육법 연구성과를 핵심 키워드별로 저자를 배분하여 총정리 한 백과사전류이다. 일본 교육법학계에서 논의되고 있는 교육법학의 기본 용어(교육법학, 교육조리, 교육의 자유 등)에 대한 개념을 잘 정리하고 있다.[39] 내용은 교육법제의 구조와 동태, 교육법의 원리와 이념, 학교교육의 제도 및 운영, 교직원의 지위 및 인사, 교육행재정의 법제, 사회교육·생애학습 등 5개 장으로 구성되어 있다. 교육법학사전에 '교육법학(敎育法學; educationa law, Schulrechtskunde)은 "교육법을 전문으로 연구하는 학문으로서 교육학과 법학과의 학제적 공동연구를 통해서 새로운 종합사회과학으로서의 독자성을 지향하고 있는 연구분야"로서 기술되어 있다.[40]

(3) 30주년 기념 출판: 『講座 現代敎育法』(전 3권)

이어 학회는 30주년 기념 출판물로서 2001년 6월에 3권의 전문서(현대교육법 시리즈, 동경: 三省堂)를 발간하였다. 『敎育法學の展開と21世紀の展望』, 『兒童·學校と敎育法』, 『自治·分權と敎育法』이 그것이다.

각 책의 집필 의도[41]에 따르면 제1권인 『교육법학의 전개와 21세기 전망』은 헌법·교육기본법의 현재, 교육법학의 전개, 교육법학의 전망이란 주제로 구성되

---

39 Ⅰ. 교육법제의 구조와 동태
　　　1. 교육법의 존재형태　2. 교육법의 실현 동태　3. 교육법의 역사　4. 세계의 교육법
　　Ⅱ. 교육법의 원리와 이념
　　　1. 교육법의 원리　2. 교육목적과 교육이념
　　Ⅲ. 학교교육의 제도 및 운영
　　　1. 학교제도　2. 학교설치와 조직편성　3. 학교운영과 교육조치　4. 학교사고 책임과 구제
　　Ⅳ. 교직원의 지위 및 인사
　　　1. 교직원의 전문적 지위　2. 종류와 법적지위　3. 근무조건·근로조건　4. 인사와 법제
　　Ⅴ. 교육행재정의 법제
　　　1. 교육행정　2. 교육재정
　　Ⅵ. 사회교육·생애학습
40 日本敎育法學會 編, 敎育法學辭典(東京:學陽書房, 1993), 209頁에 게재된 兼子 仁 교수의 견해.
41 각 講座現代敎育法 1, 2, 3권에 서문 등에 표기된 집필의도 참고.

어 있는데, 종전(終戰)후 교육법제사를 정리하고 1980년대 후반 이후 헌법과 교육기본법과 관련된 문제를 정리하며, 국제교육법의 지향 목표와 사회와 교육 간의 연결을 명료히 하고, 판례교육법의 성과를 포함한 교육법학의 발전과정을 분석하였다.

제2권인 『아동·학교와 교육법』은 흔들리는 학교와 아동의 권리, 교직원의 교육활동을 지원하는 교육법, 학교제도개혁과 교육법으로 구성되어 있는데, 아동의 학력증진과 인격형성문제, 교원의 교육의 자유 보장 간의 갈등에 착안하여, 일본의 학교제도개혁에 관한 비판적 검토를 통하여 참가하고 협동하는 공교육 학교상(學校象)을 모색하였다.

제3권인 『자치·분권과 교육법』은 교육법에서 자치 및 분권의 원리, 교육위원회와 자치·분권, 자치·분권의 자치체교육입법의 가능성 등을 탐색하였는데, 무엇보다 공교육에 있어서 자치와 분권의 개념을 강조하고 이를 법원리적으로 규명하려 하였고, 교육입법권 및 교육정책 활동은 교육인권을 최대한 보장하는 관점에서 검토하였다.

(4) 40주년 기념 출판: 『教育法の現代的 爭點』

일본교육법학회 창립 40주년 기념 출판으로 기획되어 2014년 8월에 간행(東京:法律文化社)된 『교육법의 현대적 쟁점』은 가장 최근의 논의를 집대성한 학술서이다. 제1장 교육법 원리, 제2장 교육법제, 제3장 교육재판으로 구성되었다. 총 주제는 80개로 구성되어 있다.[42]

현재, 2020년 학회 창립 50주년 기념 기획서로는 이치가와 전회장을 중심으로 '신 교육기본법 코멘타루' 책이 준비 중이다.

---

42 Ⅰ-1 교육과 법,   Ⅰ-2 교육에 있어서 국가와 개인,   Ⅰ-3 교육인권
   Ⅱ-1 교육기본법, Ⅱ-2 학교제도,   Ⅱ-3 학교운영법제,   Ⅱ-4 교육과정·교과서법제
   Ⅱ-5 교직원법제,   Ⅱ-6 교육행정   Ⅱ-7 교육재정,   Ⅱ-8 교육원조법제
   Ⅱ-9 학교보건,   Ⅱ-10 장애자교육   Ⅱ-11고등교육법제   Ⅱ-12 사회교육법제
   Ⅲ-1 어린이 인권재판   Ⅲ-2 자주성 옹호적 재판   Ⅲ-3 조건정비적 재판

라. 대표적 교육법학자의 저서

(1) 아리꾸라 료기치(有倉遼吉) 편『教育法學』(1976, 學陽書房)

이 저술은 1976년에 간행된 것이지만, 일본교육법학회의 대부 아리꾸라 료기치 교수를 필두로, 당시까지 교육법을 연구하던 1세대 교육연구자들의 논의를 집대성한 책이라는 의미를 갖는다. 동시에 일본에서 '교육법학'이라는 제목을 달고 나온 첫 번째 저술로 보여진다. 당시 교육법 연구를 주도하던 아리꾸라 료기치(당시 와세다대 법학부 헌법학교수) 교수를 필두로 학계 총 17인의 교수 및 연구자들이 참여하여 집필하였고 편집위원은 가네꼬 교수와 나가이 교수가 맡았다.[43]

(2) 가네꼬 마사시(兼子 仁)의『教育法』(1963, 1978 신판, 有斐閣)

가네꼬 교수는 일본 교육법학의 집대성자이다. 1963년에 간행된 '教育法'은 그의 교육법론을 완성한 역작이다. 이어 1969년에 출간한『教育法學と教育裁判』(勁草書房)은 일본 최초로 교육판례를 분석한 판례집이다.

1976년에는『入門教育法』(エイデル研究所)을 출판하는 등 교재개발에도 기여하였다. 한국의 교육법학계에 널리 알려진 그의 교육법론은 1978에 신판으로 출간된『教育法』(新版)으로 대부분 이 책을 인용하고 있다. 실제로 그가 정리한 교육권론 및 교육조리론은 교육법학계의 정설로 자리잡고 있고, 그가 재기한 교육법 논쟁점 들은 여전히 정기총회에서 회자되고 있을 정도이다. 1998년에는 그의 제자 이치가와(市川順美子, 전 학회장) 교수가 가네꼬 마사시와 함께『日本의 自由教育法學』(學陽書房)을 출간하였는데, 새로운 논의라기보다는 교육법의 쟁점을 시대에 맞게 재구성하여 출판한 책이다.

---

43 제1장 현행교육법의 원리와 위상(1. 일본국헌법과 교육법(有倉遼吉) 2. 교육기본법제와 국민교육원 3. 교육행정법에서 교육법으로 4. 교육노동법의 사고방식 5. 교육법과 민법 6. 교육법과 사회보장) / 제2장 교육법학이란 무엇인가(1. 현대법학으로서 교육법학(兼子仁) 2. 교육법학과 교육행정 3. 구미에 있어서 교육법학) / 제3장 교육법의 제도와 동태(1. 전후 교육입법의 동향과 문제점 2. 어린이 학습권과 그 내용보장 3. 학교배치와 교육조건의 정비 4. 사립학교법제에 있어서 과제 5. 대학문제와 교육법 6. 학교사고를 둘러싼 구제법제 7. 교직원 인사법제의 문제점 8. 교육위원회와 자치체 교육행정의 재검토).

가네꼬 교수가 교육법학을 "교육에 관한 법규자체를 정면에서 연구의 대상으로 하는 학문"이며 "법과 교육과의 관련을 전문적으로 추구하는 학문"[44]이라고 정의하기도 했다.

(3) 나가이 켄이치(永井憲一)의 『教育法學』(1993, エイデル研究所)

가네꼬 교수의 뒤를 이어 여섯 번째 일본교육법학회 회장으로서 2기(1991.6~1995.3)에 걸쳐 활동한 나가이 교수는 열성적인 연구가이기도 했다. 가네꼬 교수가 이론가로서 교육법 연구를 완성하였다면, 나가이 교수는 학회의 연구역량을 완성한 회장이었다. 취임 이전부터 어린이 권리조약 비준 문제에 깊은 관심을 가졌고, 학회내 어린이권리조약연구특별연구위원회(1993.5~1996.6) 위원장을 맡아 직접 이끌었다.

그가 재임 중 학회창립 20주년 기념사업의 일환으로 발간된 『教育法學辭典』(學陽書房, 1993)은 교육법학에 입문할 경우 읽음직한 필수 서적이기도 하다. 나가이 회장은 1995년 2월 김철수 교수(한국교육법학회 창립)의 초청으로 서울에서 열린 법교육 세미나에 참석하기도 하였다. 1993년 간행된 『教育法學』(1993, エイデル研究所)은 그의 대표 저술이면서, 교육인권으로서 교육권론을 주창한 역작이기도 하다. 앞서 살펴본 바와 같이 여기서 나가이(1993:19) 교수는 교육법학을 "헌법이 국민의 권리로서 제26조에 보장한 '교육을 받을 권리'를 중심으로 하는 교육기본권(교육인권)을 실제로 보장하기 위한 법률을 연구대상으로 하는 것"이라고 진술한 바 있다.

(4) 마끼 마사나(牧 柾名)의 『教育權』(1971, 新日本出版社)

개인 연구자로서 교육권 연구에 큰 족적을 남긴 사람은 마끼 마사나(牧 柾名) 교수이다. 그의 『教育權』(1971, 新日本出版社)은 초창기 교육권 논의를 주도하였다. 교육권 논의를 교사·학생·학부모의 관계 안에서 논의하는데 기여하였다는 평가를 받는다. 『教育法入門』(1975, 學陽書房, 공저), 『教師の教育權』(1976, 靑木書

---

44 兼子 仁·永井憲一·平原春好 編, 教育行政と教育法の理論(東京: 東京大出版會, 1974), 9−10頁.

店),『國民の教育權』(1977, 靑木書店),『學校と子どもの人權』(1984, 新日本出版社),
『教育權と教育の自由』(1990, 新日本出版社) 등이 있다.

(5) 이마하시 모리가쯔(今橋盛勝)의『敎育法と法社會學』(1983, 三省堂)

이마하시 모리가쯔(今橋盛勝) 교수는 교사중심의 교육권에서 탈피하여 학부
모의 교육권론을 비롯한 교육권의 다 측면을 강조한 국민교육권 비판론 학자로
알려져 있다. 교육법 연구 방법론에 있어서 의미있는 저술을 남겼는데, 그의『敎
育法と法社會學』(삼성당, 1983)은 교육법사회학적 입장에서 교육법의 사회적 의미
를 강조하고 교육법 연구의 접근 방법의 다양성을 추구했다는 점에서 연구사적
의의를 갖는다.

(6) 시모무라 데쯔오(下村哲夫)의 교육법 관련 저서들

쯔쿠바 대학(퇴직후 와세대 대학)에서 교육법을 연구한 시모무라 데쯔오(下村
哲夫) 교수는 독자적인 교육법 이론으로 보다는 교육법 관련 실무 및 연수관련
저서를 2000년대 초반타계 직전까지 가장 많이 출간한 연구자로도 유명하다.
『大法院敎育關係判例大集成』(エムてイ, 1991)을 비롯하여 『敎育法規便覽』(學陽書
房)을 매년 발간했다.『敎長室の法律學』(ぎょうせい, 1997)과 같은 현장 중심의 법
해설서를 발간하였고, 교육법 관련 만화까지 출간한 바 있다. 더욱이 젊은 시절
부터 앓아온 신장병으로 투석을 하며 타계할 때까지 원고를 집필한 일화는 감동
적이다.

(7) 히시무라 유끼히꼬(菱村幸彦)의 교육법규 해설서

히시무라 유끼히꼬(菱村幸彦)[45]는 일본국립교육정책연구소에 재직하면서 교
육법과 관련된 연구는 물론 대중을 위한 교육법 해설서(『やさしい敎育法規の読み方』
(알기쉬운 교육법규 읽는 방법), 敎育開發硏究所, 1983초판, 2015 신정5판)나 각종 매체를

---

45 교토대학 법학부를 졸업하고 문부성 총무심의관 및 초등중등교육국장과 국립교육연구소장을 역임했다.

통해 교육법 해설 활동을 해왔다(『高校敎育判例詳解』, 學事出版, 1980). 시모무라 교수와 함께 『敎育法規大辭典』(エムティ出版, 1994)을 편찬하기도 했다. 최근까지도 교육법 저서(『戰後敎育はなぜ紛糾したのか』(전후 교육은 왜 분규했던가), 敎育開發硏究所, 2010)를 내는 등 최근까지도 왕성히 저서 활동하고 있다.[46]

5 일본 교육법학의 특징과 시사점

가. 교육법학 연구의 특징

일본의 교육법학은 독자적인 연구대상으로서 교육법 현상을 탐구해 왔다. 특히 현실문제와 연관된 법률 현상을 다루어 왔다는 점에서 실용적이며 참여적 학문 경향을 보여 왔다. 다양한 교육당사자간의 권리·의무·책임이라는 법률관계를 도식적으로 해석하거나 설명하는 것이 아니라, 실질적으로 체감할 수 있는 관계의 개선과 문제해결을 위하여 역할분담하고 상호협력하는 역동적인 측면도 함께 다루어지고 있다.

교육법 연구는 구성원들이 국민의 교육기본권 보호에 최적이라고 생각하는 법의 제정과 개정, 해석과 적용하는 것을 탐구하는 것이기도 하다. 다만, 연구의 대상이 국회의 교육입법 활동보다는 행정부의 교육행정, 즉 교육개혁에 상대적으로 집중되어 있는 특징을 보이기도 한다.

2010년 학회 창립 40주년 기념 정기총회 보고에서 쯔치야 모토노리(土屋基規)는 일본교육법 연구의 특징으로 다음과 같은 다섯 가지를 지적하였다.

첫째, 교육법학의 고유성의 추구와 학제적인 교육법 연구(교육학과 법학의 연구자간 협동, 교사·행정직원·부모·시민의 참가)

---

[46] 菱村幸彦(2015). やさしい敎育法規の讀み方. 東京:敎育開發硏究所. 菱村 幸彦(2015). はじめて學ぶ敎育法規. 東京:敎育開發硏究所. 菱村 幸彦編(2015). 敎育法規の要点がよくわかる本. 東京:敎育開發硏究所.

둘째, 교육재판과 교육법연구의 긴밀한 관계에 있어서 교육법 연구

셋째, 교육정책·교육개혁의 동향과 긴장관계에 있어 실천적·이론적 과제의 추구

넷째, 학교교육, 사회교육, 복지, 소년사법 등의 넓은 영역에 걸친 관계 교육법 연구

다섯째, 국제교육법의 연구와 실천적 과제의 제시 등[47]

일본 교육법학 연구에는 일본의 교육갈등사, 교육권 논쟁의 성과, 일본문화가 반영되었다. 또한, 연구대상의 확대, 연구방법의 다양화, 연구성과의 축적을 통해 독자적 학문분야로서 정체성을 공고히 해가고 있다고 할 수 있다. 그 가운데에서도 학회 및 학술 활동과 관련된 몇 가지 특징을 지적하면 다음과 같다.

(1) 현실 참여적인 학회 활동: 시의성 있는 정기총회 주제의 선정

학교교육 현장에서 논란이 되거나 법개정 등 현안 문제에 대해 학회가 적극적 대응해 왔다는 것이다. 학회의 정기총회(연차대회) 주제 선정이 시의성을 갖고 이루어지고 있다. 특히, 1960~70년대 일본 학교현장의 교원들이 국가주도의 교육행정에 대하여 의문을 제기하고 교육재판 운동을 벌리자 이에 법적 근거 제공한 것이 일본교육법학회 였다. 교원근평 사건, 학력테스트 재판, 그리고 교과서 재판 등은 대표적인 예이고, 상당부분 연구성과가 판결문에 인용되기도 했다. 일본의 교육법학은 이론을 위한 이론이 아닌 현실의 시정과 방향 제시를 위한 역할을 충실히 해왔다. 교육재판 과정에서 국민교육권 및 어린이의 학습권 논의 전개가 그러하였다.

이러한 현실 참여적인 학문적 태도는 1980~90년대에도 이어졌고, 이지메 문제나 여유의 교육에 적극 발언하고, UN 아동의 권리선언과 국내 인권보장 격차를 논의의 장으로 이끄는 역할도 했다. 1980년대 인권 침해적 학교의 위기상황으로부터 교육인권 관점에서의 학습권의 이해는 매우 시의적절한 것이었다. 오늘날 학교에서의 학생인권의 침해와 교권의 추락이 병존하고, 경쟁과 효율성 위주의 공

---

47 永井憲一,"戰後50年と教育法學の展開", 日本教育法學會年報(26号), 1997의 글을 참고한 土屋基規, "日本教育法学会の40年－教育法学研究の總括に向けて", 教育法学40年と政權交代, 日本教育法学会 年報(40号), 2011, 有斐閣, 6頁.

교육개혁 요구가 물밀듯이 학교로 밀려오고 있는 상황 하에서 직업선택의 자유와 행복추구의 바탕이 되는 인권으로서 교육권 관점은 시사하는 바가 크다.

그리고 국민교육권에 대한 반론에서 드러나듯이 어린이만의 권리보장을 위한 학습권론이 아니라 국민의 학습권 실현을 근저에 두며 관련된 교육당사자들이 어떠한 역할 분담과 상호협력을 하여야 하는지가 과제가 되고 있다. 원리적 교육학에 의한 방향 제시와 제도적 교육학에 의한 규범의 구체화가 요구되고 있다.

2000년대 교육개혁 더불어 추진된 교육기본법 개정시 학회 입장에서 정치적 중립을 강조하고, 정부의 일방적인 추진에 대하여는 관련 학회를 집결하여 교육기본법 반대운동의 선봉에 섰던 것 또한 일본교육법학회(당시 회장, 호리오 회장; 2001.5 - 2005.5)였다.

한국의 학계에 일본교육법학회가 좌파학회 및 진보성향의 학회로 알려지게 된 원인도 이와 깊이 관련이 있다. 동시에 이는 전통적으로 동경대학 교육학연구과 및 법학과 교수들이 정부 정책에 대하여 갖는 비판적인 논조의 학풍 전통과 무관하지 않다.

(2) 학술활동의 정기성 및 주기성: 연1회 정기총회, 연보발행, 특별연구회

앞서 살펴본 바와 같이 일본교육법학회 정기총회는 연1회 1박2일(임원은 2박3일) 일정으로 개최되고, 그 산출물을 다음 해에 연보로 발행한다. 회장의 임기는 3년이나 연임하는 경우도 있고 개인 사정으로 4-5년 단위로 재임하기도 한다.

주제별 특별연구회 활동 역시 꾸준히 성과를 내고 있다. 1년 1회의 정기총회지만 연구역량을 총집결하는 준비성이나 자부담 혹은 회비 중심의 운영은 한국과 대비되는 부분이기도 하다.

특히, 한국과는 달리 정년퇴직 이후에도 1세대 교육법학자들의 왕성하게 학회활동에 참여하고 있으며, 생애에 걸친 학문적 네트워크를 유지한다는 점은 본받을 만하다. 회장 역시 대체적으로 은퇴(60대초반)를 훨씬 지난 연령대에서 활동한다는 것이 특징적이다.

학회 창립기념을 10년 단위로 저서를 발간하고 있는 점 또한 일관되고 안정적인 학술활동의 예라 하겠다. 이러한 10년 주기의 연구사 정리와 전문서 발간은 학문공동체의 연구 성과를 공유하고 학문후속 세대의 양성에 매우 긍정적인 시사를 주고 있다. 1993년에 학회창립 20주년 기념사업으로 출간된『敎育法學辭典』은 일본교육법학회 회원의 공동학술의 값진 결실로서 교육법 연구자의 필수 소장서가 되었다.[48]

(3) 교육을 받을 권리 재해석: 국가교육권론 → 국민학습권론 → 교육인권론

교육학자(특히 동경대학 교육학부 교수)들은 학교 현장에서의 교육권 갈등을 매개로하여 교육권에 대하여 이론적으로 천착(穿鑿)하였고, 일본 교육법학회 태동의 배경이 되었다. 반면, 헌법학자들은 '교육을 받을 권리'에 대한 헌법 해석을 통해 국민의 학습권 및 인권을 중심으로 교육권 논의를 확산시켰다고 할 수 있다. 특히, 교육인권으로서 논의는 오늘날 교육이 복지관점에서 진행되고 있는 것보다 1세대가 앞선 것이었다.[49]

헌법에 '교육을 받을 권리'로 표현되어 있는 교육권에 대한 논의를 교육학계의 논의와 법학계의 논의를 과정을 승화 발전시켜 오늘날의 교육기본권으로의 해석은 물론 어린의 권리조약이라는 국제규범 수준에서의 교육인권론으로 까지 논의를 확장하고 있다. 이는 분명 아동인권 및 학생 인권보호에 있어서 기성 세대와 문화적 가치관적 차이를 보이고 있는 한국과 일본에 체계적인 권리 향유 의식과 권리 보호 의식을 심어주는데 교육법 연구와 그 성과들이 기여할 것으로 판단된다.

---

48 한국의 경우에도 2006년에 박재윤 박사를 주축으로 대한교육법학회에서 교육법학사전 편찬 연구가 진행되고 보고서가 출간되었으나 보고서에 머물고 사전 출판에 까지는 이르지 못하였다. 국회도서 관에는 박재윤 외(2006), 교육법학사전(392면)으로 등록되어 있는데, 이는 한국연구재단의 '교육법 편찬 연구' 지원으로 대한교육법학회에서 공동연구로 수행된 결과물이다. 유사한 연구로 교육법학연 구(17권2호, 2005.12.31)에 박재윤 외11인 공저로 "교육법학사전 표제어 구조분석 연구"로 논문이 게재(27-49면)된 바 있다.

49 한국의 헌법학계나 교육학계에서 '교육을 받을 권리'라는 표현에 의문을 제기하거나 국가교육권론과 국민교육권론에 관한 논의 없이 해방후 40년을 지내다 1980년 중반에 이르러서야 학문적 논의가 시 작된 점, 교육공무원으로서 신분 차입에 대한 근본적인 논의 없이 1953년 이래로 2012년에까지 60 년째 법체계를 유지해 오고 있는 현실들은 한국의 교육법 논의 현실과 대비되는 부분이다.

(4) 학문적 집중력: 한 주제에 대한 천착(穿鑿), 관심 영역별 연구 그룹

교육법을 연구하는 대부분의 연구자가 저술을 출간 할 정도로 활발한 출판 실적을 보이고 있다는 점이다. 특히, 이론서의 경우에는 하나의 주제(예를 들면 교육기본권, 어린이의 권리조약, 교육기본법 등등에 관한 기획출판물 다수 존재)를 일생에 걸쳐 파고드는 일본 교육법 연구가들의 추진력과 집중력을 높이 살만하다.

더욱이 일반인이나 교직과정에서 소양으로 알아두어야 할 교육법에 대한 해설서 및 연수교재의 출판이 활발하게 이루어지고 있어서 교육법을 자녀교육이나 교사로서 일상 중에 느끼고 논의할 수 있는 주제로 만들어 가고 있다는 점을 들 수 있다.[50] 1971년 창간된 계간잡지 『敎育法』(エイデル研究所, 1971년 창간호~2018.12 제199호)은 학교 현장의 교사나 실무자들이 쉽게 쟁점을 접할 수 있는 교육법 전문지이자 쟁점에 관한 가이드북으로서 충분히 기능하고 있다.

(5) 현장의 교육법 수요와 연구동력: 교원임용 1차시험, 교장 승진시험

학교 및 사회의 교육법에 대한 수요는 교육법 연구를 추진하는 동력이 되고 있다. 각 도도부현이 주관하는 교원임용시험중 1차 교직 소양시험 교과에 '교육법 및 제도' 관련 사항이 다수 출제되고 있는 점은 교육법 이해에 대한 수요가 지속된다는 것을 의미한다. 교육법 강좌는 교원양성대학 교직과정의 필수과목으로 개설되는 경우가 많다. 규모가 큰 법과대학의 경우 기초 이수과목으로 '교육법'(와세다 대학등)이 개설되기도 한다.

교육법전(敎育法典)은 전통적으로 두 가지가 발간되고 있는데, 학양서방(學陽書房)의 『敎育小六法』과 삼성당(三省堂)의 『解說敎育六法』이 대표적이다. 위의 이수 교과의 부교재로 활용된다. 한편, 교장 및 교두 학교관리직 승진시험을 위한 수험용 교육법 서적 역시 다수 출간되고 있다.

---

50 이 점에서 염철현 교수가 교사와 법(원미사, 2001), 교육행정가와 학교법(원미사, 2002), 차별철폐정책의 기원과 발자취(한울, 2008), 차별철폐정책(한울, 2009) 등을 통해 미국의 교육법을 집중 소개하고, 최근 만화로 된 교육논쟁 20(2009, 한울) 책자까지 발간한 것은 매우 고무적인 노력이다.

(6) 한국의 교육법 연구에의 크고 작은 영향: 선행연구 인용 및 연구교류

앞서 소개한 가네꼬마사시(兼子 仁)의 『教育法』에 소개된 그의 자유주의 교육법론은 한국내 교육법 저술과 논문에서 가장 많이 인용되고 적지 않은 영향을 미쳤다. 오늘날 일본에서 국민의 교육기본권은 제도보장으로서 기본권이 아니라 인권 중의 인권으로서 평생에 걸친 학습권으로서 이해되고 있는데, 한국의 교육기본법상의 학습권 규정의 제정과 평생교육 체제와도 연계되는 부분이다. 또한, 일본의 교육법 연구는 인적 교류를 통하여도 한국에 교육법에 대한 학문적 접근과 학회의 태동에도 영향을 주었다.[51]

그러나 일본에서 크게 논란이 되었던 교육을 '받을' 권리라는 표현을 둘러싼 국가교육권론과 국민교육권론 간의 논쟁이나, 교원의 신분 책정시 공무원으로서 특례로서 설정한 '교육공무원특례법'을 둘러싼 논쟁 등은 한국의 헌법규정 개정이나 교육공무원 신분인 교원의 신분 재논의로까지 연결되지는 못했다. 교육법의 연구력이 그곳에까지는 미치지 못했던 것이다.

나. 교육법학 연구의 한국에의 시사점

교육권에 관한 연구는 학회의 주된 관심사이며, 70년대에는 교사의 교육권이, 80년대에는 국민의 학습권이, 90년대에는 어린이의 권리가, 그리고 2000년대에는 교육기본법에 대한 논의를 비롯하여 교육개혁과 관련된 논의가 활발히 전개되고 있고 최근에는 지방분권 가운데 국가의 책임 범위를 새롭게 다루기도 하였다. 일본의 경우는 선도사례(先導事例), 동병상련(同病相憐), 반면교사(反面教師)측면이 있다.

---

51 큐슈대학에서 수학한바 있었던 안기성 교수께서 1976년 6월 새교육지에 "교육법학의 가능성;그 방법론적 서설"을 발표하면서 교육법학은 국내에 소개되었고, 백명희 교수께서 "한국 교원의 권리·의무에 관한 연구"로 최초의 교육법 박사논문을 수여받았는데, 1970년대 초반의 일본의 교육법 논쟁에서 논문의 단초를 시사받았던 것으로 작고전 언급하셨고, 정태수 박사께서 1985년 일본쯔꾸바 대학에서 "한국교육법의 성립과정에 관한 연구"로 박사학위를 취득하고 귀국하여 1986년 9월 22일 대한교육법학회를 창립하고 회장으로 활동을 시작한 것 등에서 그 영향 관계를 엿볼 수 있다.
자세한 내용은 본인이 대한교육법학회의 학술지인 '교육법학연구'지의 지면을 통하여 두 차례(1997, 2006) 소개한 졸고(拙稿) '한국의 교육법 연구 동향 연구' 및 '한국의 교육법 연구 동향 연구 연구(Ⅱ)'를 참고할 것.

(1) 교육법학의 학문적 승계 관점에서 학문후속 세대의 양성 문제

일본 역시 한국과 마찬가지로 정도의 차이는 있으나 교육법 연구자의 수가 점차 감소하는 추세에 있다. 교육법을 전공으로 내 새우기 어려운 대학원 연구환경과 교수·연구직 취업시장이 교육법 분야에서 좁기 때문이다.

한국의 경우 교육법 연구가 일본과 마찬가지로 본업(本業)이 아닌 부업(副業)이나 잔업(殘業) 수준에 머물러 있음은 필자가 2000년 5월 일본교육법학회 창립 30주년 정기총회에서 지적한 것이지만 그 여건은 크게 달라지지 않고 있다. 교육행정학자 가운데 교육법을 접한 인연으로 연구하고 부업(副業)으로 해야 하는 상황이라면, 헌법 및 행정법학자는 본업을 위해 잔업(殘業) 수준에서 들여다 볼 수밖에 없는 상황이다.

그나마 일본의 경우 교원임용 시험 교과에 '교육제도 및 법규'가 포함되어 있고, 법과 대학 및 대학원에서 교육법 강좌가 적지 않게 개설되어 있다는 점은 한국과 차이가 나는 부분이다. 한국의 교원임용고사 1차시험에서 교육학(40문항 중 7−8문항 교육법제)이 폐지된 것과는 대조를 이루는 대목이다.[52]

(2) 교육법 텍스트: 연구의 성과이자 차세대 연구자를 위한 가이드

헌법학과 같이 교육법학의 논의를 위한 기본 텍스트의 개발이 다소 더디다는 점은 일본이나 한국 모두 당면한 과제이다. 그 근본 이유는 교재 시장이 넓지 않다는 점도 있지만, 교육법에 대한 관심 영역과 연구자의 학문적 배경이 각기 다르다보니 교육법의 이론과 실제를 기술하는데 표준화된 틀을 만들거나 공유하기 어렵다는 것이다. 교육법 연구가 부업과 잔업에 머무는 상황 하에서 교과서 이외에는 출판지원이 어려운 상황이다.

한국의 경우 안기성교수가 『교육법학 연구』라는 저서에서 '교육법학'이란 용어를 처음 사용하였고, 한국교육행정학회는 1995년에 전문서 개발사업 분야의 하나라 『교육법론』를 간행한바 있다.[53] 공저 작업이 어려운 이유 중의 하나는 연

---

[52] 한국은 행정고등고시 교육분야 시험이나 교육행정직 지방공무원시험시 교육법을 포함하지 않고 있다.
[53] 한국교육행정학회가 전문서 발간사업의 일환으로 1차(1995.8) 발간된 것임. 2007년 학회 20주년 기

구자의 학문배경이 교육학과 법학으로 양분되어 있다는 점이다. 이 점에서 일본 교육법학회가 10년 단위로 공저를 출판하여 주기적으로 연구역량을 집결하고, 논의를 매듭짓고 있는 모습은 높이 평가할 만하다.

탄탄한 기획 하에 학회 차원의 설계와 추진이 요구되는 부분이다.[54] 교재 개발이 성공적으로 이루어진다면 국가공무원 시험 및 교원임용고사 교육법 교과가 필수화하는 필요조건을 갖추게 될 것이고, 이를 통해 교육법 연구의 저변도 확대될 것이다.

(3) 전공을 초월한 일본교육법학회의 인적 구성과 학회 양립의 한국 상황

일본교육법학회가 교육학계와 법학계의 학문공동체 형성을 목표로 학회활동을 시작하였고, 상당 부분 두 영역의 학자들 간의 교류에도 성과를 보이고 있는 것으로 판단된다. 동경대학 교육법연구회를 모태로 한 교육학계의 인맥과 동경대학(법학부), 법정대학, 와세다대학 등 주요 교육법 연구자들이 속한 대학을 중심으로 교육법연구 네트워크가 형성되어 왔다. 그러나 두 영역 간의 수적 열위도 비교하기 어렵고 세력 다툼이나 학회 활동 지배 경향은 없는 것으로 판단된다.

연구집단은 학맥 보다는 연구주제(기본법, 교육권, 이지메, 아동인권 등등)로 형성되어 있다고 보여진다. 연구주제로 교류가 활발한 것은 대학의 지도교수들이 하나의 주제를 일생동안 연구 화두로 삼는 학문전통의 영향(연구회등)과 무관하지 않다.

다만, 연구방법론에 대한 논의가 다소 미흡하여, 각자의 학문적 배경에 따라 교육법 현안을 접근하는 한계를 보였는데, 이는 한국의 경우와 대동소이하다. 두 학문 영역간의 교류와 융합이 접근 방법에 의하여 이루어질 수 있도록 논의가 좀 더 심화시킬 필요가 있다.[55] 한국이 그 동안 대한교육법학회와 한국교육법학회로

염학술대회 자료집을 보완하여 교육법학연구동향(2007.5)이 발간되기도함. 그후 교육행정학회 2차 전문서 개발을 교육법학회 집필진을 중심으로 진행되었으나 진행이 중단되었다.

[54] 일본의 경우에도 교육법학이란 이름의 학술서가 나오긴 했지만(아리쿠라 교수등의 '교육법학' 공저와 나가이 교수의 '교육법학'), 연구논의의 합집합, 즉 체계화를 위한 화학적 체계화까지는 이르지 못한 종합논문집의 한계를 벗어나지 못하고 있다. 한국의 경우도 교육행정학회에서 발간한 교육법론이 발간(1995.8)된지 오래되었으나 2019년에 이르러서야 대한교육법학회 차원의 교육법 전문서 개발이 진행되고 있다.

[55] 한국의 경우에도 공법학자와 교육행정학자가 주축이 되어 학회활동을 이어가고 있는데, 헌법학자의

나뉘어 활동하고 있는데 그 장단점을 생각해 볼 문제라고 본다.[56]

(4) 연구방법론 면: 간학문적 접근 및 다학문적 접근

교육학과 법학의 학제적 교류에 의해 생성될 수 있는 교육법학은 교육학에 의존도가 높은 주제(교육제도, 교육행정, 교육사적 방법, 교육당사자 의견조사등)에 있어서는 교육학의 도움을 받을 필요가 있다.

반면 교육법 역시 엄연히 법학의 일부분이라는 점에서 법학적 전통 방식(법해석학, 법사회학, 판례분석) 방식을 취해야하는 것도 당연하다. 그 만큼 접근 방법의 이원성은 예견된 것이다. 양 학계는 이러한 분절적 연구에 대하여 융합의 필요성에는 충분히 공감하면서도, 다학문적 접근(각자의 관점에서 보는 물리적 병행 관점의 공존), 간학문적 접근(제3의 접근 방법으로의 발전, 화학적 통합 접근)의 진전은 더딘 상황이다.

게다가 법사회학적 접근은 굳이 교육법학을 빌지 않더라도 하나의 상식적인 법 연구의 접근 방법이 된 것이 현실이고, 법인식 조사 없이는 실효성 검증 또한 어렵다는 데 공감하는 시대가 되었다. 교육법학적 접근 방법에 대한 양 학회의 진지한 논의가 필요한 시점이다. 동시에 이미 40년전 가네꼬 마사시가 교육법학의 탄생 가능성에 대하여 그 학제성을 논한 혜안(慧眼)에 대해서도 진지한 검토가 필요하다.

(5) 일본 교육법 연구에서 상대적으로 소홀히 다루어지고 있는 주제들

일본교육법학회의 연구 영역 중 교육권 및 교육기본권에 관한 논의와 교육기본법 연구는 상대적으로 많은 편이다. 그리고 학회 정기총회등이 교육개혁 및 개혁 입법에 대한 논의를 중심으로 거대 교육법 담론을 이끌고 있다. 학생인권(이른바 子どもの人權) 문제는 대표적 주제이다. 상대적으로 학부모 권리는 소홀히

참여가 미진한 상황이다. 헌법학자 중심의 한국교육법학회와의 관계도 논의될 필요가 있다.

56 대한교육법학회는 공법학자와 교육행정학자가 주축을 이루고, 최근 헌법전공자의 참여가 증가하고 있다. 한국교육법학회는 김철수 교수의 제자들 중심의 학회로 출범하였으나 최근 양 학회간 개인적 교류도 나타나고 있다. 2세대 교육법연구자들 간에는 자연스럽게 통합논의가 일 것으로 기대된다.

취급되어오다가 2018년 정기총회에서 '가정교육과 국가'를 분과주제로 다루기도 했다.[57]

다음으로 지방교육행정법 개정은 많이 논의되었으나 정작 교육자치의 관점에서 지방교육행정에 대한 논의는 부족했다. 오히려 수장부국(지방자치단체장의 일개 부서화) 강화가 그 자리를 대신했다고 할 수 있다. 그러나 교육행정의 기초가 되는 교육분권 및 교육위원회제도에 관한 논의와 교원 행정에 관한 논의가 적어 학회 차원에서 좀 더 비중있게 논의 될 필요가 있다. 교육장은 교육행정체제에서, 교원은 학교에서 교육의 질을 가늠하는 핵심 적인 인사관리제도인 동시에 통제권을 행사하거나 통제를 받는 집단이기 때문이다.

단위학교 자율운영도 상당히 자주 논의되었으나 교장중심의 운영체제를 유지하는 한계를 보이기도 했다. 학교평의원제가 지역인사의 자문기구인 것은 한 사례이다. 학교자치의 관점에서 단위학교의 의사결정 구조와 과정에 대한 논의도 일본교육의 민주화 자율화를 위하여 논의가 더 진척될 분야이다.

이 점에서 한국의 학교운영위원회와 주민직선형 교육감 제도는 일본에 시사하는 바가 적지 않을 것으로 판단되며, 실제로 교육법학자나 교육행정학자들이 한국의 법제 중 가장 관심을 보이는 부분이 학교운영위원회나 교육감 직선제 부분이기도 하다.

다. 일본교육법학회에의 학술교류 제언

일본교육법학계와 한국의 교육법학계간의 학술교류차원에서 좀 더 지속적인 인적·물적 교류가 확대되어야 할 것이다. 2010년 양 학회 회장단이 만나 학술교류에 관한 의견 합의를 보기도 했다. 양국의 학술활동을 보고하는 뉴스레터를 번역하여 홈페이지에 게재하는 것부터 교류가 시작되고 있다. 그러나 출간물에 있어서는 개인적인 구입 외에는 공동작업이나 공동연구에 이렇다 할 진전은 없어

---

57 이때 보고된 논문은 "헌법에서 본 가정교육과 국가", "친권자의 감호교육의 권리의무란 무엇인가", "부모의 제1의적 책임론의 전후 정책사" 등 이다(2018.6.3. 제48차 정기총회 제2분과회 발표, 2019년 연보게재 예정).

보인다. 보다 적극적인 발표 및 공동연구 교류의 기회를 학회차원에서 마련할 필요가 있다고 본다.

대한교육법학회가 지난 2018년 12월에 교육기본법 시행 20주년을 맞이하여 일본과 대만의 교육기본법 연구자를 초청하여 국제학술대회를 통해 의견을 교류한 것은 고무적인 일이다.

일본교육법학회와 대한교육법학회간의 학술교류에 대한 제언은 저자가 2016년 5월 28일 일본교육법학회 제46회 정기총회(쿄오토 류우코쿠대학(龍谷大學)에 참석하여 했던 인사말(이후 뉴스레터에 게재)로 대신한다.

그림 3-1   일본교육법학회와의 학술교류(창립40주년 정기총회)기념(2010.5.29. 明治大學)

대한교육법학회장으로서 축하 인사말   노기호학술이사, 兼子 仁, 고전 학회장

전회장단 堀尾輝久,永井憲一,伊藤進,兼子仁   市川順美子일본회장과 片山 等사무국장

양국 간의 활발한 학술교류를 기대하며

고전(대한교육법학회 전회장)

"저는 이번 총회에 양국의 교류를 제안하기 위해서 대한교육법학회의 국제학술특별위원장으로 참가하게 되었습니다.

사실 양국 학계 간의 교류에 대하여는 제가 제30회 총회(2000)에서 제안(연보 30호 참고)한 바 있습니다. 그 후 2009년 11월의 이치카와(市川順美子) 회장께서 한국을 방문하여 기념 강연을 해주신 바 있습니다. 그 다음해 일본교육법학회 제30주년 기념 학술대회가 열렸던 2010년 5월에는 회장이었던 저와 학술이사인 노기호 교수가 참석한 바 있습니다. 그러나 그 후 양국 학계 간의 교류는 개인 차원의 발표와 교류에 머물고 있는 상태입니다.

오늘의 일본과 한국은 이번 정기 총회의 주제처럼 이른바 입헌주의와 교육 제도의 법정주의의 위기가 고조되고 있다고 생각합니다. 최근 양국에서 교육 개혁이라는 미명 아래 중앙 정부나 지자체가 주도하는 교육 개혁이 일상화되고 있습니다. 그래서 교육 현장이나 학교의 교직원들은 교육 개혁에 대한 피로감을 호소하고 있습니다.

이런 가운데 교육법 학계가 해야 할 일은, 국민의 교육기본권 보장의 관점에서 이들의 교육개혁 정책이 규범적 정당성을 확보하고 있는지, 나아가 사실적인 실효성은 있는 것인지를 검증하는 것이라고 생각합니다. 한국의 학교행정에 큰 변화를 주었던 것은 풀뿌리 학교자치의 꽃이라 칭해지는 '학교운영위원회제(부모·교원·지역위원)'와 한국 교육행정 개혁을 상징하는 '교육감 주민 직선제' 도입(2007년-현재. 2014년 선거에서 진보적 교육장 후보가 17지역 중 13곳 당선)이라 할 수 있습니다. 일본에도 많은 시사를 줄 것입니다.

앞으로 양국 학계 간의 교류가 성공적으로 되려면 '행사 위주의 교류'보다는 가능한 일부터 단계적으로 교류를 넓히는 것이 필요하다고 보고 다음에 몇 가지의 교류를 제안합니다.

첫째, 학회 회원 간의 교류를 위하여 각 학회 홈페이지에 사이트를 개설할 것을 제안합니다. 이를 통해서 일반 회원이 정보를 접하는 것이 유효하게 된다고 생각합니다.

둘째, 학회의 연구 동향을 간단히 파악할 수 있도록 각 학회의 뉴스레터의 주요 내용을 상대 국가의 언어로 요약 번역하고 게시하는 것입니다(이 두 가지 사항은 일본 측 회장단과 이미 합의하여 실행하기로 했습니다).

셋째, 학회들이 국제 비교연구 및 국제세미나를 추진할 경우 공동연구자나 발표자를 서로 추천하는 것입니다.

넷째, 각국에서 1년 간의 연구동향 및 교육법의 쟁점에 대해서 양국 학회 정기 총회(일본은 통상 5월 말 한국은 12월 초)에서 매년 보고할 것을 제안합니다.

마지막으로, 보다 체계적인 교류를 위해 학회 간 교류 협약서 등의 문서화를 제안합니다.

양국의 교육법 학자들에게 교육법에 관한 연구를 '본업(本業)'으로 하는 것(현재는 교육학자에는 '부업(副業)', 헌법학자에는 '잔업(殘業)'이 되는 한계)이 의무이자 과제라고 생각합니다. 양국 학회 사무국과 회원들이 교류에 노력해주길 기대합니다. 서로 "교훈"을 주고 또 "반면교사"가 되는 것도 있을 것입니다. 여러분의 관심과 성원을 부탁합니다.

(일본교육법학회 뉴스레터 원문(2016.7.22.) 번역)

일본국헌법의 교육조항

　제4장은 일본의 교육법 체계상 모법(母法)이라고 할 수 있는 일본국헌법의 2개 교육조항을 다룬다. 우선 교육에 관한 권리가 아니라 '교육을 받을 권리'로의 제정 경위를 살펴보고, 헌법 제26조에 대한 해석을 정리한다. 또한, '교육 법률주의'(§26①)의 원칙과 쟁점은 무엇인지, '교육을 받을 권리'(§26①)의 성격·내용·쟁점에는 어떤 것이 있는지 알아본다. 이어서 제2항인 '의무교육의 의무와 무상원칙'(§26②)의 내용과 쟁점에 대하여, 그리고 교사의 교육의 자유와 학문의 자유(§23) 관계 등을 쟁점을 다루도록 한다.

　제1절 '교육을 받을 권리'로의 제정 경위는 일본국헌법의 제정, 메이지헌법과 일본국헌법 간의 차이, 일본국헌법의 교육관련 규정(26조, 23조, 기타), 그리고 일본 헌법학자들의 제26조에 대한 명명(命名) 방법 등을 소개한다.

　제2절은 헌법 제26조에 대한 해석의 역사로서 학설사(學說史)를 개관한다. 교육법학 이 출발되기 전의 역사(前史: 전후–1960년대) 시기의 해석으로부터, 창설기(1960년대 전반), 확립기(196년대 후반–1970년경), 발전기(1970년대), 모색기(1980년대), 그리고 과제기(1990년대) 순으로 일본교육법학계의 해석을 살펴본다.

　제3절 '교육 법률주의(§26①)'의 원칙과 쟁점에서는 교육 법률주의의 의미(대강기준설, 학교제도기준설)와 학습지도요령의 법적 성격에 대하여 소개한다.

　제4절 '교육을 받을 권리(§26①)'의 성격·내용·쟁점에서는 교육권의 성격(정신적 자유권·문화적 생존권·사회권), 교육권의 소재 및 주체(국가교육권과 국민교육권), '능력에 따라 균등하게'의 의미 등을 다룬다.

　제5절에서는 '의무교육의 의무와 무상원칙(§26②)'의 내용과 쟁점을 다룬다.

　제6절에서는 '교사의 교육의 자유와 학문의 자유(§23)' 관계 문제를 다룬다.

1 　'교육을 받을 권리'로의 제정 경위

가. 일본국헌법의 제정

일본국헌법의 제정은 제2차 세계대전 패배와 그에 수반한 포츠담선언을 수락한데 기인한다. 포츠담선언에서는 일본에 대하여 '민주주의적 경향의 부활 강화' '평화적 경향을 갖는 책임있는 정부의 수립' 등을 요구했다. 그 후 연합군 최고사령부(GHQ)에 의하여 제시된 천황제의 유지·존속, 평화주의의 채용, 봉건제도의 폐지를 주요 내용으로 하는 이른바 맥아더 3원칙을 기반으로 한 초안이 작성되었다. 이어 제90회 제국의회에서의 심의와 수정을 거쳐 과거 메이지헌법인 '대일본제국헌법(大日本帝國憲法)'의 개정이라는 형태로 성립되었다.

맥아더 3원칙

1946년 11월 3일에 공포되고 다음해인 1947년 5월 3일부터 시행되어 현재에 이르고 있다. 5월 3일은 헌법기념일(憲法記念日)로서 국민축일(공휴일)로 지정되어 있다(한국의 1948.7.17. 헌법 제정 기념일인 제헌절에 해당).

일본국헌법은 '모든 국민은 개인으로서 존중된다'는 규정이 상징하듯이 개인 존중에 최대한 가치를 부여하고 있다(제13조). 서양의 근대 국가관은 사회계약론적 발상에 근거하여 국가는 평등한 개인에 의해서 구성되고 그 개인의 존엄을 지키는 것이 국가의 궁극의 목적으로 되어있다. 이런 의미에서 일본국 헌법은 서양의 근대적 헌법의 계보에 속하게 되었다.

나. 메이지헌법과 일본국헌법의 차이

메이지 헌법(대일본제국헌법)에서는 교육의 목적과 기본 방침은 헌법에 있는 것이 아니라 천황의 명령(칙령)인 교육칙어(敎育勅語)에 있었다. 교육칙어는 국민도덕의 근본을 천명한 것이며 그것을 동시에 교육의 근본으로 여겼으며, 국체의 원리로서 절대시하면서, 그 정신 아래에서 충량한 황국신민(皇國臣民)을 육성하는 것을 교육의 목적으로 하였다.

따라서 대일본제국헌법 하에서는 교육에 관한 조항을 따로 두지 않고 천황의 대권사항(大權事項)에 대한 명령1으로서 교육에 관한 칙어를 발령했던 것이다. 앞서 지적한 대로 나가이(1993, 敎育法學: 45)는 이러한 교육칙령으로부터 비롯된 종전(終戰) 전까지의 일본교육의 특징을 일본국의 발전에 필요한 신민을 양성하는 국가주의 교육, 법률주의가 아닌 천황의 대권사항 명령에 의한 칙령주의, 의무로서의 교육, 그리고 천황의 대권에 기초한 권력행사장으로서의 학교로 지적하기도 한다. 학교와 사회교육은 천황의 명을 받은 천황의 관리(교장, 교사)들이 국민을 교화(敎化)시키기 위해 일종의 국가 행정작용을 행사하는 곳으로 여겨졌다. 이러한 학교개념 하에서 교육의 자율성은 보장될 수 없었고, 교육행정은 내무성과 문부성으로 중앙집권적으로 행해질 수밖에 없었다.

대권사항(大權事項)

이에 비하여 전후 제정된 이른바 평화헌법인 일본국헌법에서는 비록 교육의 목적을 정하지는 않았지만, 교육칙어를 대신하는 의미에서 '법률이 정하는 바에 의해'라는 표현을 전제로 교육을 받을 권리와 의무교육의 사항을 규정하게 되었다. 즉, 교육의 칙령주의(勅令主義) 시대에서 교육의 법률주의(法律主義) 혹은 교육제도 법정주의(法定主義) 시대로 전환되었던 것이다. 이는 곧 국민의 대표자가 제정하는 법률에 의거하여 교육을 정한다는 점에서 교육에 있어서 국민주권(國民主權) 정신을 관철한 것이라 할 수 있다.

교육제도 법정주의
(法定主義)

이러한 헌법정신은 그대로 교육기본법에 반영되었고, 전문(前文) 및 제1조2에서 헌법의 정신에 입각하여 인간으로서 국민을 육성하는 것을 목적으로 하고 교육의 근간으로 삼게 하였다. 이러한 입법 취지는 2006년 개정 교육기본

---

1 구 대일본제국헌법 제9조에 "천황은 법률을 집행하거나 공공의 안녕질서를 보호하고 臣民의 행복을 증진하기 위하여 필요한 명령을 내릴 수 있다"는 규정에 근거한 대권사항(大權事項)에 대한 명령을 말한다.

2 구 교육기본법 전문(前文): 우리는 먼저 일본국헌법을 확정하여 민주적이고 문화적인 국가를 건설하고 세계평화와 인류의 복지에 공헌하려는 결의를 보였다. 이 이상의 실현은 근본적으로 교육의 힘에 기대해야하는 것이다. 우리는 개인의 존엄을 존중하고 진리와 **평화를 희구하는** 인간의 육성을 기대하고 보편적이면서도 개성 풍부한 문화의 창조를 겨냥한 교육을 철저히 보급하지 않으면 안된다. 여기에 일본국헌법의 정신에 따라 교육의 목적을 명시하고 새로운 일본의 교육의 기본을 확립하기 위해 이 법률을 제정한다.

(교육의 목적)제1조: 교육은 인격완성을 겨냥하고, 평화적인 국가 및 사회의 형성자로서 진리와 **정의를 사랑하고 개인의 가치를 존중하며 근로와 책임을 존중하고** 자주적 정신에 찬 심신이 모두 건강한 국민의 육성을 위해 행해지지 않으면 안된다.

법3에서도 마찬가지로 이어졌다. 다만, 과거 전문에서 강조되던 '평화' 대신 신 교육기본법에서는 '정의'를 강조하고, 공공의 정신, 인간성·창조성, 전통계승 등이 추가되고 '새로운 문화' '미래 개척' '교육진흥 도모'가 추가되어 강조된 차이를 보였다. 개정 교육기본법에 대한 자세한 논의는 제6장에서 다룬다.

다. 일본국헌법의 교육관련 규정: 헌법 제26조 및 제23조 등

일본국 헌법 제26조 제1항 및 제2항4은 다음과 같다.

> **헌법 제26조**
> 제1항 모든 국민은 법률에 정하는 바에 의해 그 능력에 따라서 동등하게 교육을 받을 권리를 가진다.
> 제2항 모든 국민은 법률에 정하는 바에 의해 그 보호하는 자녀에게 보통 교육을 받게 할 의무를 진다. 의무교육은 이를 무상으로 한다.

(1) 제26조 제1항: 교육법률주의, 능력에 따른 균등한 교육기회 보장 원칙

제1항은 "모든 국민은 법률에 정하는 바에 의해 그 능력에 따라서 동등하게 교육을 받을 권리를 가진다"고 하여 교육법률주의, 능력에 따른 교육기회 균등의 원칙을 천명하고 이른바 교육을 받을 권리를 선언하고 있다.

---

3 신 일본교육기본법 전문(前文): 우리 일본국민은 꾸준한 노력으로 쌓아 온 민주적이고 문화적인 국가를 더욱 발전시키는 동시에 세계의 평화와 인류의 복지향상에 공헌하는 것을 희망한다. 우리는 이 이상을 실현하기 위해, 개인의 존엄을 존중하고 진리와 정의를 희구하고 공공의 정신을 존중하며, 풍부한 **인간성과 창조성**을 갖춘 인간의 육성을 기함과 더불어 **전통을 계승하여 새로운** 문화의 창조를 지향하는 교육을 추진한다. 이에 우리는 일본헌법의 정신에 따라 우리나라의 **미래를 개척**할 교육의 기본을 확립하고, **그 진흥을 도모**하기 위해 이 법률을 제정한다.
(교육의 목적) 제1조: 교육은 인격 완성을 목표로 평화롭고 **민주적인** 국가 및 사회의 형성자로서 필요한 자질을 갖춘 심신이 모두 건강한 국민의 육성을 기해 이루어져야 한다.

4 日本國憲法 第二十六条 すべて国民は、法律の定めるところにより、その能力に応じて、ひとしく教育を受ける権利を有する。 2 すべて国民は、法律の定めるところにより、その保護する子女に普通教育を受けさせる義務を負ふ。義務教育は、これを無償とする。

교육은 개인이 인격을 형성하여 사회에 의미있는 생활을 영위하도록 하는데 불가결한 전제이다. 이 의미에서 '교육을 받을 권리'는 정신적 자유권으로서 측면을 갖는다. 또한 '교육을 받을 권리'가 보장됨에 따라 인간에게 가치있는 생존의 기초조건이 보장되게 된다. 이 점에서 '교육을 받을 권리'의 보장은 헌법 제25조의 생존권 보장에 있어서 문화적 측면도 갖고 있다.

여기서 말하는 교육은 학교교육에 한정하지 않고, 사회교육을 포함한다. 따라서 교육을 받을 권리에 관해서는 연령상의 제한은 없다.

(2) 헌법 제26조 제2항: 교육법률주의, 교육을 받게 할 의무, 무상의무교육

헌법 제26조 제2항은 "모든 국민은 법률에 정하는 바에 의하여 그 보호하는 자녀에 보통 교육을 받게 하는 의무를 진다. 의무교육은 이를 무상으로 한다."고 하여, 학부모에게 자녀로 하여금 무상의 보통교육을 받게 할 의무를 지우게 하고 있다.

(3) 헌법 제23조: 학문의 자유에 근거하여 교사의 교육의 자유 학설

헌법 제23조 학문의 자유 보장을 천명하고 있다. "학문의 자유는 이를 보장한다"고 되어있는 바, 협의의 학문의 자유는 연구의 자유, 발표 및 교수의 자유를 의미한다. 광의의 학문의 자유에는 대학의 자치를 포함하는 것으로 해석한다.

문제는 학문의 자유에 교사의 교육의 자유가 포함되는가 하는 것인데, 이를 인정하는 긍정설과 부정설로 나뉘며, 학력테스트와 관련하여 일본 최고재판소 판결은 교사의 교육의 자유는 일정의 제약이 따르는 것을 인정하고 있다. 학문의 자유와 교육의 자유와의 관계에 대하여는 후술하기로 한다.

> 교사의 교육의 자유

(4) 헌법 기타 조항: 헌법 제14조 등

교육과 관련된 헌법 조항은 적지 않다. 그리고 이는 곧 교육제도의 기본 원칙을 정한 교육기본법과 연관 속에서 확인되기도 한다.

첫째, 헌법 제14조(법 아래에서의 평등)는 신 교육기본법 제4조 "모든 국민은 동등하게 그 능력에 따른 교육을 받을 기회를 부여받지 않으면 안되며, 인종, 신조, 성별, 사회적 신분, 경제적 지위 또는 가문에 따라 교육상 차별되어서는 안된다."로 표현되고 있다.

둘째, 헌법 제15조 공무원(전체의 봉사자) 조항은 신 교육기본법 제9조 제2항 "전항의 교원에 대해서는 그 사명과 직책의 중요성에 비추어 그 신분은 존중되고, 대우의 적정을 기하는 것과 동시에, 양성과 연수의 충실화를 도모하지 않으면 안된다."고 하여 반영되어 있다.

셋째, 헌법 제19조(사상·양심의 자유) 조항은 신 교육기본법 제16조 제1항 "교육은 부당한 지배에 따르지 않고, 이 법률 및 기타 법률이 정한 바에 따라 행해져야 하며, 교육행정은 국가와 지방공공단체와의 적절한 역할분담 및 상호협력 하에 공정하고 적정하게 행해지지 않으면 안된다."를 통해서 교사의 교육의 자유를 부당하게 지배하지 않을 것을 주문하고 있다.

넷째, 헌법 제20조(신교(信敎)의 자유) 조항은 교육기본법 제15조 "종교에 관한 관용의 태도, 종교에 관한 일반적인 교양 및 종교의 사회생활에서의 지위는 교육상 존중되어야 한다. (2항) 국가 및 지방공공단체가 설치하는 학교는 특정 종교를 위한 종교교육 기타 종교적 활동을 해서는 안 된다."에 반영되어 있다.

다섯째, 헌법 제27조(노동의 권리와 의무, 아동 혹사의 금지)와 제28조(노동권) 보장의 헌법정신 등은 교육공무원특례법에 반영되기도 했다.[5]

보다 근본적으로는 교육을 받는 다는 것이 인격을 연마하고 자아를 실현하여 행복한 삶을 추구한다는 점에서 헌법 제13조에서 보장하는 포괄적 기본권 존중과 자유 및 행복추구권(모든 국민은 개인으로서 존중된다. 생명, 자유 및 행복추구에 대한 국민의 권리에 대해서는 공공의 복지에 반하지 않는 한 입법 기타 국정상 최대한 존중할 필요가 있다)은 교육활동의 전제가 되어야 하는 기본권이라고 할 수 있다.

그런가 하면 직업선택의 자유 조항은 교육의 결과(완성 및 효용성)와 결부되는 중요한 조항이다. 즉, 헌법 제22조 제1항(누구라도 공공의 복지에 반하지 않는 한 거주, 이전 및 직업선택의 자유를 갖는다)에서 보장한 직업선택의 자유는 교육의 결과

---

5 오사끼 하루끼(尾崎　春樹)(2013), 『敎育法講義』, 悠光堂, 19-20頁 참고.

취득한 학위 및 자격을 바탕으로 취업의 기회를 갖는 것으로 기대하고 국가와 사회는 교육과 고용이 합리적으로 연결될 수 있도록 교육기관의 질과 교육과정의 공정한 관리에 노력하여야 한다는 점에서 밀접한 관련을 갖는다.

이러한 교육에 관한 헌법상 권리의 종합적인 특수성으로 인하여 교육권의 성격에 대하여 종합적 권리(綜合的權利) 혹은 총체적 권리(總體的權利)라는 표현을 사용하기도 한다.

> 종합적 권리
> (綜合的權利)

> 총체적 권리
> (總體的權利)

라. 일본 헌법학자들의 제26조에 대한 명명(命名)

일본의 헌법학자들이 헌법학 저서에 교육에 관한 기본권을 어떻게 기술하고 있는가 하는 문제는 그들의 교육권에 대한 인식을 그대로 보여준다. 일본 헌법학계를 대표하는 주요 대학의 교재에 나타난 교육관련 헌법규정은 대체로 '교육을 받을 권리'라는 표현을 그대로 쓰고 있는 것이 일반적이며, 이는 한국 헌법학자들의 경우와 유사하다. 다만, 그 내용의 설명에 있어서는 학습권으로 명명하거나 교육의 자유와 학문의 자유와의 관계를 논하기도 한다.

동경대학의 고바야끼 나오끼(小林直樹, 1980:xi)[6]는 『憲法講義』에서 기본적 인권을 정신의 자유와 인신의 자유, 사회·경제·정치상의 기본권으로 크게 나누고, 후자의 경우 시민의 경제·사회적 자유권, 사적소유권과 사회권, 참정권과 국무청구권으로 세분화했다. 사회권을 다시 생활(생존)·환경·교육권과 노동자의 제 권리로 나누었다. 고바야시는 교육에 관한 권리를 '교육권·학습권'으로 명명하였다.

같은 동경대학 교수로 재직한 아시베 노부요시(芦部信喜, 2015:273)[7]는 기본적

---

6 고바야시 나오끼 교수는 1921년생으로 동경제국대학 법학부를 졸업하고(1942 철학과 입학후 정치학과 전과, 군제대후 1946졸업), 교양학부 강사를 거쳐(51.9) 법학부 조교수(1959), 교수(1961)로 근무했다. 그의 대표작 헌법강의는 1967(上), 1968(下)에 출간되었고, 그의 교육권에 대한 이해방식은 한국의 김철수 교수에게도 적지 않은 영향을 미쳤다. 그의 은사는 법철학자인 오다까 토모오(尾高朝雄)이다. 다만 말년 동경대학에서 행한 강의는 현저하게 편향되어 있었다고 여겨지고 있어 당시 제자 중 한 명인 타마이 가츠야(玉井克哉)는 "강의 9할은 일본 헌법 19조와 천황제 폐지론에 대한 것으로 대부분 선동 연설이었다."라고 혹평하기도 했다(https://ja.wikipedia.org).

7 아시베 노부요시 교수는 1926년생으로 동경대학 법학부를 졸업하고(1943 입학, 군제대후, 1949졸업) 1952년 법학과 조교수, 하바드로스쿨에서 연구했고, 동경대 법학과 교수(1963)로 역임했다. 그의 대표작 『現代人權論』은 1974(有斐閣)에 발간되었고, 編著한 『憲法Ⅱ人權(1)』1978(有斐閣)와 『憲法Ⅱ

인권을 정신적 자유권(사상·양심의 자유, 신교의 자유, 학문의 자유), 경제적 자유권(직업선택의 자유, 거주이전의 자유, 재산권의 보장), 인신의 자유, 국무청구권(國務請求權)과 참정권, 사회권(생존권, 교육을 받을 권리, 노동기본권)으로 나누었는데, 사회권으로 보는 관점은 고바야시와 마찬가지였다. 다만, 그는 헌법에 명시된 대로 책에서 항목 명칭을 '교육을 받을 권리'로 설정했을 뿐, 이를 학습권 조항으로 보았고, 그 성질상 자녀에 대하여 보장되는 권리이고 그 내용은 자녀의 학습권 보장이라고 기술했다.

와세다대학 교수를 지낸 하세베 야쓰오(長谷部 恭男;2014:283)는 그의 저서 『憲法』(第6版, 新世社)에서 헌법상의 권리보장을 포괄적 기본권, 평등, 자유권(정신적 자유, 경제적 자유, 인신의 자유), 사회권(생존권, 교육을 받을 권리, 노동에 관한 권리), 참정권, 국무청구권 등으로 구분했다. 다만, 1976년의 학력테스트 판결을 인용하여 자녀의 '학습할 권리'와 이를 충족시킬 입장에 있는 부모나 국가의 경우 자녀를 교육할 책무를 지닌 것으로 소개하고 있다.

나루시마 다까시(成嶋 隆; 獨協大교수)는 2019년 현재 일본교육법학회 회장으로 2기째 재임중(2014.5~)인 학자로서 헌법학 저서[8]에서 '교육을 받을 권리(교육에의 권리; 教育への權利)'라는 표현을 쓰기도 한다.

교육에의 권리

'교육에의 권리'로 굳이 부연하여 설명하고 있는 것은 교육법학회에서 '교육을 받을 권리'가 '국가교육권'을 전제로 한 것이라는 것을 고려한 것으로 보인다. 즉, '교육을 받을 권리'라는 표현을 사용한다면, 당연히 전제되는 것은 '교육을 할 권리'의 주체일 것이고, 이는 국가로 상정되는 것이며, 이는 제정 헌법 당시 '국가가 주관하는 교육을 통해서 일본을 재건하려는 우파들의 의도적인 표현'(포츠담 선언에서 언급된 the right to education에 대한 의도적 오역(誤譯))이라는 것이다.

어떻든 이러한 표현 방식과 헌법 학자들의 명명에 대한 어려움은 한국의 헌

人權(2)』 1981(有斐閣)가 유명하다. 은사는 宮沢俊義교수이고, 그가 영향을 준 후학은 高橋和之、戸波江二、戸松秀典、野坂泰司、長谷部恭男、青柳幸一、日比野勤、渋谷秀樹、浦部法穂   등이다 (https://ja.wikipedia.org). 여기서 설명된 『憲法』(第6版), 2015, 岩波書店은 그의 제자 다까하시 가즈유끼(高橋和之)가 그의 사후 보정(補訂)한 책이다.

8 成嶋 隆(1994), "教育と憲法", 『講座 憲法學』樋口陽一編, 日本評論社, 105－130頁에 게재된 나루시마 회장의 진술 참조.

법과 헌법학계에도 그대로 전해졌다. 한국의 경우 헌법조항이 영향을 받아 '교육을 받을 권리'라는 일본식 표현을 쓰고 있고, 다수의 헌법학자들도, 헌법규정의 원문을 그대로 살리는 권리 명칭을 사용하고 있다.[9]

종합하면, 현행 일본국헌법 규정인 '敎育を受ける權利(교육을 받을 권리)'를 학습권(學習權)으로 규정하는 것이 일반적이라고 할 수 있다. 다만, 1970년대 교육재판과정에서 교육권 주체 논쟁을 거치면서 자녀의 '학습권'이 강조되고 이를 보장하는 상대 용어로서 '교육권(敎育權)'이란 용어가 부각되면서 국가교육권 및 국민교육권의 용어가 혼재하고 있는 것이다.

> 학습권(學習權)

2 헌법 제26조에 대한 해석: 학설사(學說史)[10]

가. 교육법학 전사기(前史: 전후당초~1960년대)의 해석

히로사와 아끼라(広沢 明, 1997:50-57)에 따르면, 전전(戰前) 일본에서는 천황제 체제하에서 교육은 권력행정의 일환이었고, 그것을 받는 것은 신민(臣民)의 '의무'로 되어 있었다. 전후(戰後) 일본국헌법과 교육기본법의 제정에 의해 '권리'로서 교육을 설정한 교육법 체제가 확립되었다. 그러나 당시 헌법학설은 교육에 관한 인권론을 충분히 심화시키지 못했고, 교육행정법론은 교육법의 고유성을 인식하지 못했기 때문에 교육법제의 전후의 전환을 포함한 독자적 교육법학에는

---

9 헌법 제31조 제1항에 '교육을 받을 권리'라는 표현에 대하여, 다수의 헌법학자들은 저서에서 기본권의 일종으로서 '교육을 받을 권리'로 명명하고 장(章) 혹은 절(節)의 제목으로 사용하고 있다. 각 저서의 본문에서는 이 권리를 수학권(修學權) 혹은 학습권(學習權)으로 명명하기도 하고, 교육기본권(敎育基本權)이라는 개념으로 확산될 필요성에 대하여 언급하기도 한다. 이렇듯 교육에 관한 기본권에 대한 분분한 명명(命名)의 원인은 헌법에서 교육에 관한 국민의 권리를 '○○권'이나 '○○자유' 아닌 '교육을 받을 권리'로 표현하고 1개 조항이 아닌 6개 조항을 통해 언급하고 있는 데 원천적인 원인이 있다.

10 이에 대하여는 히로사와 아끼라(広沢 明; 메이지대교수, 1997)의 "憲法二十六26條に関する学説史", 일본교육법학회 연보 26호, 50-57의 내용을 중심으로 소개한다(1996년 일본교육법학회 정기총회 보고논문).

이르지 못했다.

예를 들어, 헌법 23조의 학문의 자유에 대해, 당시 헌법학의 통설은 '하급교육기관에 있어서 그곳에 있어서 교육의 본질상 교재나 교과내용이나 교수방법의 획일화가 요구된다'고 해석하여[11] 소·중고교 단계 교사의 교육의 자유를 부정적으로 취급하였다.

또한, 헌법 제26조의 교육을 받을 권리에 대해서는 "보통교육은 의무교육이고 게다가 무상으로 정해져있어서 이 점에 대해서는 특히 교육을 받을 권리를 말할 실익은 적다. …(중략)… 교육을 받을 권리는 이러한 사정을 감안하여 가난한 이에 대해서도 고등교육을 받을 가능성을 보장하려는 것이다"라고 하여 단편적인 사회정책적 이해[12]에 머물러 있었음을 보여준다.

다만, 당시에도 아리꾸라 료기치(有倉遼吉; 早稲田大법학부 교수)가 제창한 의무교육의 무상범위에 관해서 '취학 필요비 무상설'이나 다나까 고타로(田中耕太郞; 동경제국대학 교수)가 논한 '교육권의 독립'이나 '본원적인 부모의 교육권'의 이론은 뒤이은 교육법학의 이론적 형성에 나름의 영향을 주었다.

나. 교육법학 창설기(1960년대 전반)의 해석

히로사와(1997:50−57)에 따르면, 일본에서는 1957년의 근무평정 실시, 1958년의 학습지도요령 개정과 법적 구속력의 강조, 1961년의 전국 일제 학력테스트의 실시 등으로 교육에 대한 국가의 통제가 현저히 강화되었다고 본다. 더불어 이들을 둘러싼 교육분쟁이 빈발했다.

교육재판에 있어서도 헌법과 교육기본법의 해석이 중요시된 시기였고, 교육학과 법학 양 분야에 있어서 종래의 헌법학설, 교육행정법설을 비판하고, 교육을 국민의 권리로서 고쳐 취급하여 교육법규범을 교육의 논리에 서서 해석해가는 필요성이 자각되기 시작했다.

---

11 예를 들어 法學協會(1953), 『註解日本國憲法上卷』, 有斐閣, 460頁.

12 宮沢俊義(1959), 『憲法Ⅱ』(旧版), 有斐閣, 413頁. 같은 뜻, 법학협회, 앞의 책, 495, 496頁.

교육의 국가통제를 배척하기 위한 이론형성에 선도적이었던 학자는 교육학자인 무나가따 세이야(宗像誠也; 東京大 교수)와 호리오 데루히사(堀尾 輝久;東京大 교수)였다. 무나가따는 당시 헌법해석을 비판하여, 교사는 진리의 대리자로서 권력의 통제를 받지 않고, 진리를 교육할 자유가 있고, 헌법 제23조의 학문의 자유는 대학교수가 향유하는 것과 완전히 같이 소학교 교사도 향유한다고 주장했다. 또한, 영미 교육행정론에 의거해서 교육을 '내적사항'과 '외적사항'으로 구분하여 내적사항에 대한 국가의 간섭은 허용될 수 없다는 '내적사항·외적사항 구분론'을 제창했다.

내적사항·외적사항 구분론

호리오는 근대적 부모의 권리인 친권(親權) 개념을 재검토하는 것을 통해, 친권(부모의 교육권)의 본질을 자녀의 학습권을 보장하기 위한 부모의 의무(교육의무)로 위치시켰다. 더불어 공교육이라는 것이 그 부모 의무의 공동화(共同化; 私事의 조직화)로 하려는 구상을 제시했다. 또한, 교사의 교육의 자유를 학문의 자유와 구별하여 '교육의 본질이야 말로 교육의 자유를 요청한다'고 하여 교사의 전문성에 기반한 교육의 자유론을 폈다.

법학분야에서는 가네꼬 마사시(兼子仁;東京都立大 교수)가 구미의 교육법제의 역사를 분석하여, '19세기적 사교육법＝교육의 자유에서 20세기적 공교육법＝교육을 받을 권리에로'라는 명제를 내세웠다.

이를 전제로 현행 교육법제의 해석론을 전면적으로 전개했는데, 여기에는 '교원의 교육권한의 독립설', 학습지도요령의 구속력에 관한 대강적 기준설 등, 그 후의 판례와 학설에 크게 영향을 미친 견해가 주창되고, 또한 교육법 분야에 있어서 교육관습법, 교육조리법의 중요성이 지적되었다.

이와 같이 1960년대 중반 경까지 '국민교육권론' '교사의 교육권과 교육의 자유론', '자녀의 학습권론', '외적사항 구분론', '교육조리론' 등 오늘날 교육법학의 토대가 될 이론형성이 진행되어가며 특유의 교육법 논리를 내포한 교육법학의 창설을 보게 되었다.

다. 교육법학 확립기(1960년대 후반~1970년경)의 해석

히로사와(1997:50-57)는 1965년의 교과서 검정소송의 제소를 계기로, 일본의 교육법학은 헌법학과의 상호영향 가운데 '교육을 받을 권리'나 '교육의 자유'에 관한 이론적 심화를 도모해 간 것으로 보았다. 아리꾸라는 무나가따를 지지하여, 헌법 제23조에 기반한 교사의 교육의 자유론, 내적사항 불개입론을 헌법해석론으로서 전개했다.

'교육을 받을 권리'의 권리 내용을 해명하려 했던 것은 나가이 켄이치(永井憲一; 法政大교수)였다. 나가이는 '교육을 받을 권리'는 당연히 평화적 민주적인 국가인 일본의 장래 주권자인 국민을 육성하는 방향에서, 그런 내용을 교육, 즉 주권자 교육을 받을 권리라고 주장했다. 이것은 '주권자교육론' 내지는 '교육내용 요구권설'로 불리웠다.

또한 교육의 자유는 교육을 받을 권리의 보장 전제조건으로서 필요불가결하다고 주장하여, 헌법 제26조로부터 교육의 자유를 구하는 설을 주창했다. '교육내용 요구권'에 관해서는 국가는 교육내용 요구의 상대방이 될 수 있는가에 대하여는 아리꾸라와 나가이 간에 논쟁이 일기도 했다.

다까야나기 신이치(高柳信一; 東京大法大교수)는 교육의 자유론을 시민적 자유로 결부시켜 논하였다. 일본국헌법이 열거하는 자유는 예시적인 것으로, 이외의 '우리가 일상생활에 있어서 향유하고 있는 권리나 자유'도 헌법에 의해 보장되어 있고, 교육의 자유는 헌법상 명시되어 있지 않지만 이와 같은 '헌법적 자유'의 중요한 일환을 이루고 있다고 해석했다.

와타나베 요조(渡辺洋三; 東京大法大교수)는 '공공성' 개념의 검토를 통해서 교육의 자유 근거를 설명했다. 그에 따르면, '공(公)'의 개념은 제 개인의 상호관계에 의해서 구성되고, 사적 제 이익에 공통되게 취급되는 사회적 공공성을 의미하여, '사(私)' 개념과 기본적으로 대립하는 것이 아니라 오히려 그것을 사회적 규모로 실현하여 관철하기 위한 제도로서 취급했다.

1970년의 교과서재판인 스기모토 판결(杉本判決)은 스스로 학습하고 사물을 알아 이에 의해 스스로를 성장시키는 것이 자녀의 생래적 권리이며, 자녀의 학습

내적사항 불개입론

주권자교육론

교육내용 요구권설

할 권리를 보장하기 위하여 교육을 주는 것(授ける)은 국민적 과제라고 하면서, 자녀의 학습권을 중축으로 한 헌법 제26조 해석을 내놓았다.

또한, 이 판결은 "자녀의 교육을 받을 권리에 대응해서 자녀를 교육할 책무에 서는 것은 부모를 중심으로 한 국민전체라고 생각될 수 있다. …(중략)… 이와 같은 국민의 교육 책무는 이른바 국가의 교육권에 대한 개념으로서 국민의 교육의 자유라 부를 수 있다.…(중략)… 국가는 위와 같이 국민의 교육책무의 수행을 조성하기 위한 오직 책임을 지는 것이고, …(중략)…국가가 교육내용에 개입하는 것은 기본적으로 허용될 수 없다"고 판시하였다.

스기모토 판결은 교육법학이 제창한 '자녀의 학습권'론과 '국민의 교육의 자유'론을 거의 전면적으로 채용하는 것이었는데, 이는 교육법학의 최대 성과였다.

같은 해인 1970년에 일본교육법학회가 창립되어 교육법학의 전문성과 고유성을 완전히 확립하는 전기를 마련하였다.

스기모토 교과서재판이란?
재판소에 의한 교육법학설의 채용: 자녀학습권론, 국민의 교육의 자유론 Q & A

스기모토
교과서재판

스기모토 료키치(杉本良吉) 재판장의 이름을 따서 일반적으로 '스기모토 판결'이라고 불리운다. 도쿄지방법원은 1970년 7월 17일 2차 교과서 소송에 대해 국가의 교육권을 부정하고 이에나가 교과서(家永教科書)에 대한 검정행위를 헌법과 교육기본법을 위반한다고 판결했다. 국가는 부모가 자녀로 하여금 학습을 할 수 있도록 조건을 조성하기 위한 책무를 지는 것이지 교육내용에 개입하는 것은 허용될 수 없다고 보았다.

라. 교육법학 발전기(1970년대)의 해석

히로사와(1997:50-57)가 정리한 스끼모토 판결(교과서 재판)이후, 일본의 '국가교육권론'이 보강한 논거는 다음과 같다.

① 현대 공교육론(現代公教育論)

현대 공교육에 있어서 교육의 사사성(私事性)은 버려져 국가가 실시할 권한을 갖는다.

② 의회제 민주주의론(議會制民主主義論)

의회제 민주주의 하에서 국민의 총의는 국회를 통해서 법률에 반영되었으므로 국가는 법률에 근거하여 교육내용을 결정할 수 있다.

③ 중립성 확보론(中立性確保論)

국가는 교육의 정치적 중립성을 확보할 필요가 있다.

④ 일정 수준 확보론(一定水準確保論)

교육의 기회균등을 꾀하기 위해 전국적으로 일정 수준을 확보해야 할 필요가 있다.

⑤ 비판능력 결여론·교육적 배려론(批判能力缺如論·敎育的配慮論)

보통교육에서는 아동과 생도의 비판능력이 충분치 않아 교사의 영향력이 크므로 교육적 배려가 필요하다.

이에 대해서 '국민 교육권론' 측에서도 이에 대항하는 이론을 정밀화 했다. 예를 들어 의회제 민주주의론에 대해서는 스기하라 야쓰오(杉原泰雄; 一橋大교수)가 현대 의회제의 특질에 비추어보아 교육은 합리적인 논증의 문제이지 당파적 대립을 전제로 하는 정치적 다수결의 문제가 아니라고 지적했다.

또한, 교육재판상의 중요 쟁점이 되었던 '내외사항 구분론'에 관해서는 가네꼬가 그 재검토를 행하여 '혼합사항'을 포함한 새로운 이론 구축을 시도했다. 또한, 가네꼬는 교육법학에 독특한 이론인 '교육조리론'에 관해서도 강조하였다.

교육법의 기초이론에 관해서는 호리오가 학습권론이나 자녀의 권리론을 심화시켰다. 그에 따르면 학습권은 성인과는 다른 존재로서의 '자녀의 권리'의 중심을 두어 바로 '인권중의 인권', 그 외 인권을 내실있게 하기 위한 인권이라는 점을 들어, 이 학습권을 중축으로 하여 국민의 교육권 구조(부모, 교사, 국가등의 교육에 관한 권리·의무 총체)의 전체상을 전개했다.

국민의 교육권 구조

이와 같이, 학설상의 축적이 이루어져 가는 중에, 1967년에 최고재판소의 학력테스트 재판 판결이 나왔다. 판결은 "국민의 교육권론, 국가의 교육권론 어느 것도 극단의 견해로서 배척한 뒤에, 부모·교사·사학의 교육의 자유는 각각 일정 범위에서 긍정되지만, 그 이외의 영역에 있어서는 국가는 자녀 자신 및 사회공공의 이익을 위해 필요가 상당하다고 인정되는 범위에서 교육내용에 관해 결정할 권능(權能)을 갖는다 하여, 그 경우 자녀가 자유로운 독립된 인격으로서 성장하는 것을 방해하는 국가적 개입은 헌법 13조·26조로부터 허용되지 않는다"고 진술했다. 이러한 절충적 견해는 '범위한정 접근설'로 불렸다.

> 범위한정 접근설

   이 판결이 '자녀 학습권'을 확인한 이후에 일정 범위의 교사의 교수(敎授)의 자유가 승인된 것으로 교육법학계의 학설을 일정부분 반영한 것으로 볼 수 있다.

   이 판결이후 지금까지 교육법학의의 집대성으로 주목받은 가네꼬의『敎育法』(新版, 1978)이 발간되었다. 그곳에는 "국민의 교육의 자유와 학습권의 법원리의 체계화 시도되어 있지만 교사의 교육권의 복합적 성격(인권성과 권한성), 학습지도 요령의 구속력에 관한 '학교제도적 기준설'을 비롯하여 새로운 이론 형성을 보여 주었다.

   다만, 가네꼬가 교육기본법의 교육목적은 훈시규정에 지나지 않아 법적 구속력이 없고 '민주주의와 평화와 진리의 교육'은 '현대 교육법의 기본원리'라고 말할 수 없다고 한 것에 대해서는 의문과 비판이 제기되었다.

   이 논점은 전후 서독의 '투쟁 민주제'의 논의나 최근의 인종차별 철폐 조약 비준시의 '차별적 표현의 규제'의 문제에도 연관성을 포함하고 있다. 교육의 평가지향성 평가, 가치 다원주의적인 강제의 시비, 국제 인권조약에 있어서 교육목적 법정의 의의 등을 어떻게 파악할 것인가가 관건이 된다는 것이다.

마. 교육법학 모색기(1980년대)의 해석

   1980년대의 학설의 쟁점으로 히로사와(1997:50-57)는 국민교육권론에 대한 비판과 의무교육의 무상범위에 대한 논란을 들고 있다.

(1) 국민교육권론에 대한 비판

   1980년대에 들어서, 헌법학설들은 교육법학설인 '국민교육권'에 대해 비판을 가하고, 또한 학교의 체벌·교칙 문제등이 주목받아 감에 따라 교육법학 내부

자녀인권론

부모교육권론

직무권한(職務權限)

에서도 '자녀인권론'이나 '부모교육권론'을 중시하는 문제의식이 강화되었다.

오쿠타히라 야스히로(奧平康弘;東京大교수-헌법)는 국민교육권에 대하여 다음과 같은 비판적 입장을 취했다.

첫째, '부모교육권'도 '교사교육권'도 평화적으로 공존하는 의심없는 '국민교육권' 개념은 다의적·불명확하여 유용하지 않다.

둘째, 교사의 교육권은 인권(人權)이 아닌 교육기관으로서 갖고 있는 직무권한(職務權限)에 지나지 않는다.

셋째, 국민을 대표해서 국가기관이 권력을 행사하기 때문에 '국민교육권'과 '국가교육권'은 양자택일적이 않다.

① 불명확성 관련

제2 교육법 관계

먼저, 불명확성과 관련해 이마하시 모리가쯔(今橋盛勝;茨城大学교수-행정법)는 오쿠다이라를 지지하여 '국민교육권'의 '교사교육권'으로의 바꿔치기를 엄중히 비판하면서 이후의 교육법은 국가 대 국민(제1 교육법 관계)이 아닌 학교 교사 대 자녀·부모라는 '제2 교육법 관계'를 중시해야 한다고 주장했다.

학교교육자치

이에 대해서 가네꼬는 '국민교육권론'은 부모와 교사와의 대항·긴장관계를 의식한 것이며, 교육행정권에 의한 권력지배와 교사교육권이라는 것은 법적·현실적으로 양립불가 하지만 교사교육권과 부모교육권은 학교교육자치 가운데 양립·협동해야 한다고 반론을 제기했다.

② 교사 직무권한설 관련

교육인권과 교육권력

교사 직무권한설와 관련해 우라베 노리호(浦部法穗;神戶大 교수)는 '자녀나 부모의 입장에서 보면 교사는 권력 그 자체여서 결코 자유권의 담당자일 수 없는 존재인 것이라고 주장하여 인권성을 부정했다. 이 '교사=권력'론에 관해서 가네꼬는 교사의 교육권이 법규범적으로 권력성을 갖고 교육권력의 행사(교사는 법적으로 권력자)로 해석하는 것은 문제라고 반론하면서, 교육인권과 교육권력을 준별한 연후에 교사의 교육권은 '교육인권'의 의미에서 사용하는 것이 정당하다고 보았다. 이 '교육인권·교육권력준별'론에 대해서는 '교사의 교육독점'을 온존시키는 논리라는 비판도 제기되었으나, 현재 상황 하에서 교사의 교육권의 위상부여에 대해서는 재검토가 필요해 보인다.

③ 양자택일 불가론 관련

양자택일 불가론

국민교육권과 국가교육권 간의 양자택일불가론과 관련해 세이사와 히토시(芹沢 斉:青山学院大교수－헌법)는 "'국민교육권론'에서는 '친권자 집단'과 '전문가로서 교사집단'과의 위탁관계가 명확하지 않다고 비판하며 '국가교육권론' 쪽이 교육의지를 정치의지에 포섭시키는 것이 논리적으로 가능한 한 우위에 서있다"고 지적했다. 이에 비하여 '국민교육권론'에 대해서는 문화적 자치 통로를 제도화하여야 할 과제가 남겨져 있다고 말한다.

(2) 의무교육의 무상범위에 관한 논란

수업료 무상설

취학 필수비 무상설

종래, 헌법 제26조의 제2항 후단에 말하는 '의무교육의 무상'의 범위는 어디까지인가에 관해, 수업료만이라고 해석하는 '수업료 무상설(授業料無償說)', 취학에 필요한 일체의 금품이라고 해석하는 '취학 필수비 무상설'(就學必修費無償說＝修學費無償說)이 대립하고 있다. 이 논점을 둘러싸고 80년대 중반 경에 오쿠히라와 나가이 간에 논쟁이 벌어졌다.

수업료 무상설에 선 오쿠히라는 취학 필수비 무상설을 주장하는 나가이를 비판하여 ⓐ 자녀에 대한 부모의 권리·책임을 경시할 수 없고, ⓑ 경제적 이유에 의해 미취학에 대서는 사회보장으로 해결해야 하며 ⓒ 사학과의 격차 확대가 문제가 된다고 주장했다.

수업료 무상설의 논거는 의무교육이 국가의 존립과 번영이라는 국가적 요청뿐만 아니라 부모가 본래 져야할 자녀를 교육할 책무에서 함께 성립하고 있다는 점을 든다.

일본 최고재판소의 입장 역시, "일본 의무교육의 연혁에 비추어 볼 때, 헌법의 무상원칙 규정은 국가가 의무교육을 제공함에 유상으로 하지 않는다는 것은 수업료를 징수하지 않는 다는 것과 같은 의미라고 해석하는 것이 타당하다"는 입장이다(교과서대 국고부담 상고사건, 1964.2.26.).

이에 대하여 취학 필수비 무상설을 강조하는 나가이는 ⓐ 무상교육을 보장하는 연후에야 교육의 자유는 성립하고, ⓑ 생활보호 관리실태에서 보아 '복지국가형 가부장적 온정주의(paternalism)' 염려가 있고 ⓒ 사학에 대해서도 국고부담은 행해져야 한다고 주장했다.

헌법의 무상규정은 국민 누구에게라도 '교육을 받을 권리'를 균등하게 보장하는 것을 요청하는 것이며, 학교교육에 있어서 단지 '취학'을 위한 수업료 미징수에 그치지 않고 '수학'에 필요한 전비용(교과서대, 교재비, 학용품비, 금식비등)을 무상화 해야 한다는 주장이다.

일본 문부성의 정책상으로는 수업료 무상설이 채택되었는데, 의무교육 무상화의 이념을 점진적으로 실현해 가야한다는 관점에서 의무교육 제학교의 교과서 무상이 1963년 이후 제도화 된 바 있다(의무교육제학교의 교과용도서의 무상에 관한 법률, 1962.3.31.). 단, 1980년 이래로 행정개혁의 흐름 중에, 공교육비의 삭감과 효율적 활용을 강조하는 정치적 입장에서 이 의무교육 제학교의 교과서 무상은 부유한 가정까지 무상의 은혜를 베푸는 '악평등(惡平等)' 정책이라고 비판받는가 하면 이를 폐지하자는 주장도 제기된 바 있다.[13]

양설에서는 교육의 사사성과 공공성에 대해서 인식이 달랐다고 할 수 있다. 오늘날 교육비에 관하여 수익자부담(작은 정부)과 조세부담(큰 정부)의 어느 쪽을 선택할지의 문제와도 결부된 논쟁이라고 할 수 있다.

> 악평등(惡平等) 정책

바. 교육법학 과제기(1990년대)의 해석

히로사와(1997:50–57)는 1990년대의 학설의 쟁점으로 학교선택권, 취학의무, 능력에 따르는 원칙에 대한 해석을 꼽고 있다.

헌법 제26조에 관하여는, 우선 1990년대의 학교 상황을 감안할 때, 자녀 인권·학습권을 보장하는 법리의 구축이 중요한 과제로 되어있었다. 특히, 이지메

---

13 姉崎 洋一外(2015)『ガイドブック教育法』東京: 三省堂, 280頁.

문제를 어떻게 이론적으로 파악할 것인가는 '자녀인권론'의 긴급한 주제였다.

또한 자녀·부모·주민의 교육참가권과 그 제도화도 검토과제였다. 더욱이 장애아·재일외국인·종교적 소수자의 권리보장, 교육정보의 개시등, 자녀 인권에 관련된 구체적인 여러 문제가 산적해 있었다.

하지만 동시에 국가의 교육내용에의 개입에 대항하여 교육법학설이 내걸어온 교사의 교육의 자유의 원리적 의의도 소홀히 할 수 없는 문제였다. 또한, 이들 이론적 검토에 있어서는 '아동의 권리조약'을 비롯해 교육의 국제적 보장 관점에 주목할 필요가 있었다. 2000년대에 주목해야할 학교선택권, 취학의무, 능력에의 대응에 대한 논의를 소개한다.

(1) 학교선택권

임시교육심의회는 1987년에 '개성중시의 원칙'을 들어 최종 답신을 하였다. 그 심의과정에서는 '교육의 자유화론'이 전개되어 부모의 학교선택권(學區制의 폐지)나 바우쳐제(학교이용권 교부제도)등이 주장되었다.

이에 대해서 교육법학에서는 일반적으로 임교심의 주장은 교육의 상품화·사사(私事)의 철저화를 겨냥하고 있는 것으로 교육의 자유를 경제적 자유로 환원하는 공교육 해체론이라는 비판을 가했다.

> 공교육 해체론

그러나 1990년대 말에는 학교선택제를 긍정적으로 보는 학설이 등장하기도 했다. 하세베 야쓰오(長谷部 恭男;早稲田大 헌법교수)는 공화주의와 다원적 자유주의의 대립을 주축으로 하는 '학교교육을 사사(私事)의 조직화로서만 다루는 관점에서 보면, 바우쳐제도는 신중한 검토가치 있는 선택지이다'라고 했다.

> 공립학교의 위기

구로사끼 이사오(黒崎 勲;東京都立大 교육학교수)는 '공립학교의 위기'라는 문제의식에서 미국의 '학교선택의 이념'을 시장원리에 의한 교육개혁이라고 단순화하는 것을 경계하고, 교육에 있어서 억제와 균형이라는 이론과제에 대한 유력한 모델이 될 수 있다고 주장했다. 교육에 있어서 자유(부모의 학교선택권)와 평등(기회균등)을 어떻게 파악하는가라는 공교육의 근본 문제에 관련된 과제라고 할 수 있다.

(2) 취학의무

나까무라 무쯔오(中村睦男; 北海道大 헌법교수)는 "부모는 가정교육의 자유를 근거로 의무교육 제학교에 자녀를 취학시키는 것을 거절하고, 가정교육이나 개인교수에 의한 교육으로 대체하는 것인 인정될수 있지만, '가정의무교육'이 최근의 등교거부문제를 계기로 이와 같은 견해가 다시 강하게 주장되고 있다"고 지적한다.

나까가와 아끼라(中川 明; 明治大 교수)는 "헌법 제26조 제2항이 부모에 부과한 교육을 받게 할 의무는 바로 일정 학교에서의 '취학의무'까지 요구하고 있는 의미는 아니다"라고 지적한다.

또한 유우끼 마고또(結城 忠; 국립교육정책연구소)는 "교육적·사상적 이유에 의한 '취학에 대신할 사교육'은 일정 요건을 붙여서 취학의무의 면제 사유로 될 수 있다"고 해석하고 있다. 이 논점과 관련해서 '등교거부'를 '권리'로 취급할 수 있을 것인가에 대한 논란이 일기도 했다.

(3) '능력에 따라'의 해석

헌법 제26조 제1항에서 말하는 '능력에 따라 동등하게'의 의미에 관해 헌법학설은 종래 일반적으로는 능력 이외 이유로 차별을 해서는 안된다고 해석해 왔다. 이에 대해서 교육법학에서는 '능력에 따라 동등하게'라는 것은 학업성적에 따른 교육이 아니라 모든 자녀가 각자의 능력발달의 방식에 따라 능력발달이 가능토록 하는 교육을 보장해주는 것이라는 설이 통설로 되어 왔다.

그 논점에 대해 우치노 마사유끼(內野正幸; 筑波大 헌법교수)는 헌법론과 교육론을 구별해야할 관점에서 교육법학설을 비판했다. 또한 카리야 다께히코(刈谷剛彦; 前東京大, 옥스포드대 교육사회학 교수)는 "능력에 기반한 차이적 처우를 '차별'과 결부시키는 일본에 특징적인 교육관은 1960년 전후에 능력의 가변성에의 신앙과 시험에 측정될 수 있는 학력을 '진정한 학력(學力)'으로 보지 않는 학력관(學力觀)이 퍼져있는 가운데 형성됨으로서 그 결과, 계층과 불평등 문제에의 관점이 약화되게 되었다"고 지적하기도 했다. 교육법학에 대해서 중요한 문제제기를 한 것으로 받아들여져야 할 것이다.

3 '교육 법률주의(§26①)'의 원칙과 쟁점

가. 교육 법률주의의 의미: 대강기준설 및 학교제도기준설

교육 법률주의란 앞서 살펴본 바와 같이 헌법 제26조 제1항 및 제2항의 전단 부분에 기술된 '법률이 정한 바에 따라(法律の定めるところにより)'라고 하는 표현된 것에서 드러나는 교육법의 헌법적 기본원칙이기도 하다. 이는 대일본제국헌법이 교육에 관하여 헌법에 별도의 규정을 두지 않고, 천황의 명령에 의해 처리될 수 있는 대권사항(大權事項)에 포함시켰고, 이에 따라 내려진 교육칙어(教育勅語)가 전전(戰前) 일본 교육의 근간을 이루었기 때문이다.

이러한 입법사적 역사에 대한 반성으로서 일본국 헌법은 당연한 교육 법률주의를 굳이 명명하여 강조하고 있는 것이다. 즉, 교육의 칙령주의를 거부함과 아울러, 국민의 대표자가 제정하는 법률로서 규정하여 국민주권(國民主權)을 관철시키고 있는 것이다.

요토리야마 요스케(世鳥山洋介; 新潟大, 2014:2-7) 역시 헌법 제26조 제1항에서 규정한 교육의 법률주의 채용에 대하여 의회제 민주주의 통제가 교육 영역에도 미치게 되었다는 의미를 부여했다. 그러나 여기에는 법률에 의해 정해저서는 안되는 것이 존재하고(교육 법률주의의 한계), 다른 방향에서 보면 법률에 의해 정해져야만 되는 것이 존재한다(교육 법률주의의 내실)는 점을 지적한다. 그 '한계(限界)'와 '내실(內實)'을 명확히 밝히는 것이 교육법학의 과제라고 지적하였다. 법률에 의거한 교육행정 행위라 하더라도 교육의 직접책임제를 제한하는 부당한 지배가 되는 경우도 있었다고 하면서 조건정비 의무로서 요청되는 경우를 들었다.

요토리야마(2014:2-7)에 따르면 1970년대 후반에 학설로서 정식화 된 것이 학교제도 법정주의(學校制度法定主義)라고 명명하면서, 가네꼬의 표현을 인용하여 "학교제도는 학교체계(공교육인 교육의 종별과 그 전체적 조합)나 의무교육제를 비롯해, 학교배치기준, 학구제, 학년, 입학·졸업요건, 학교설치기준이 되는 조직편제(필수과목 포함)등, 학교에 관해서 사회적으로 공통으로 정할 필요가 있어서 의회민주제에 기반한 법령으로 정해진다. …… 따라서 입법 가능한 학교제도적 기준은 …… 시설·설비로부터 학교조직규모(학교·학급규모, 교직원수)를 넘어 학교교육조직 편제(입학·졸업자격, 교육편제단위)에 미쳐, 이는 …… 교과목에 까지 이르는 것이다"(가네꼬, 1978:247, 383)"라고 설명했다. 그러나 법률주의의 내실과 한계의 문제를 별개로 취급한 문제점이 있었고, 그동안 한계에 치우쳐 다루어 왔다고 지적한다.

즉, 1950년대 후반 이후 문부행정의 교육내용 통제 강화에 대하여 한계 문제에 연구관심을 집중하여 한계범위를 "전국적 획일성을 요하는 정도가 극히 강하여 지도조언에는 맞지 않는 것이 분명한 사항"—이른바 대강적 기준설(大綱的 基準說)이 유력하였다. 그러나 이른바 '내실'에 대해서는 교육조건정비 최저 기준을 포괄적으로 규정하는 법 제정이 1949년 포기되자, 학교급식이나 사업교육등 개별 교육과제의 진흥법 혹은 학급편제 기준등 개별 기준에 관심이 높아져 법정화 되어야 할 사항의 전체적 구성이 명확하게 규정되지 못했다고 지적한다.

이에 학교제도 법정주의라는 사고방식은 첫째, 헌법상 '법률이 정한 바에 따라'의 의미를 학교제도를 확립·정비하는 국가의 의무를 의미하는 것을 명확히 하였고, 둘째, 국가 교육내용 통제 권능의 한계에 관련된 그 이전의 학설에게 있어서 애매함(대강주의)을 극복하여 그 한계를 '교과목명' 및 '그 시수 또는 단위수'라고 정확하게 보여주었다(학교제도적 기준설의 탄생).

1970년대까지는 학교설치 최저기준이 국회입법으로 포괄적으로 규정된 상황 하에서 학교제도적 기준을 넘어서 교육내용에 관한 기준의 법적 구속력이 문부성에 의해 주장되기도 했다는 것이다(학습지도요령등).

1980년데 이후에는 불충분한 수준에 머물렀던 개별적 교육조건 정비 최저기준(전형적으로 의무교육표준법등)에 규정된 학급편성의 기준이 된 학급정원 및 교원수도 그 전국적 최저 기준성이 약화되어 교육내용에 관한 전국적 기준이 비대화 되었다고 비판한다. 요토리야마는 이제 법률(法律) 사항과 성령(省令) 사항의 구분, 중앙정부 결정사항과 지방정부 결정사항의 구분을 재검토해야 한다고 주장한다.[14]

---

14 이상 日本教育法學會編(2014), 『教育法の現代的爭點』, 法律文化社에 게재된 요토리야마 요스케(世鳥山洋介:新潟大 교수, 현 일본교육법학회 사무국장)의 "學校制度法定主義の學說史的意義と現代的意義"를 참조함.

대강적 기준설

나. 학습지도요령의 법적 성격

일본 교육학계에서는 교육의 법률주의를 이야기 할 때, 가장 문제가 되었던 것이 학습지도요령이다. 학습지도요령은 문부성의 행정내규인 고시(告示)의 형태로서 발령되는 것이지만, 그 내용은 그야 말로 학교교육의 실체를 규정한다는 점에서 미치는 영향은 법률 이상이며, 정부 교육개혁 정책에서 빼 놓을 수 없는 주요 대상이 되어왔다.

'여유의 교육'을 탄생시킨 임교심의 교육개혁이나 '학력에 대한 재개념화'에 방점을 둔 2000년대의 경쟁력 강화 교육개혁이 모두 학습지도요령의 개정으로 현실화되었다. 여유교육을 강조하여 주5일제 학교로 전환하던 시기에는 주로 수업시간을 감소하였고, 학력저하가 문제시되는 시기에는 주지 교과의 수업시수를 다시 증가하는 방식이었다. 새로운 교과(종합학습시간, 소학교 영어등)가 추가되는 경우도 있었다.

국회의 중의원 헌법조사회 사무국 문건(2003)[15]에 따르면, 학습지도요령은 학습목표의 설정, 교재의 조직화, 학습지도방식의 선택·결정, 지도결과의 평가를 위한 절차로서 문부과학성이 학교와 교사에게 제공하는 소·중·고교의 교육과정 기준을 말한다. 1958년 이후 교사가 따라야 할 국가기준으로서 배포되고 있고, 유치원에는 유치원교육요령이 있다.

학습지도요령의 법적 성질에 대하여는 다음 세 가지 설이 있다.

(1) 대강적 기준설

학교교육법의 위임에 의한 교육과정에 의한 국가의 법규명령 사항은 '극히 대강적 기준'에 한정되어 있는데, 학습지도요령은 대부분이 위임의 한계를 넘어 법적 구속력은 없지만 지도·조언 문서로서의 적법한 것이라고 본다.

학습지도요령

여유의 교육

학력에 대한 재개념화

지도·조언 문서

---

15 衆議院憲法調査會事務局(2003), "敎育を人権の保障に関する基礎的資料", 문부과학성 홈페이지 탑재.

(2) 외적 교육조건설

교육행정은 교육내용·방법에 개입하는 것은 허용되지 않으므로, 학습지도 요령은 대강이든 세목(細目)에 상관없이 교육내용·방법에 관한한 지도·조언의 효력밖에 가질 수 없다고 본다.

(3) 학교제도적 기준설

학교제도적 기준

현재의 통설로서, 학교교육법이 입법화를 예정하고 있는 것은 '학교제도적 기준'을 만드는 각 학교단계의 교육편성 단위인 교과목 등에 대한 법정 일 수밖에 없으므로, 학습지도요령은 조언·지도적 기준으로서만 적법하다라는 설이다.

이에 대하여 판례는 전습관 고등학교 사건(伝習館高校事件)에서 학습지도요령은 '법규로서 성질을 갖는다'고 판시한 바 있어서, 판례와 통설이 대립되고 있는 상황이다.

4 '교육을 받을 권리(§26①)'의 성격·내용·쟁점

가. 교육권의 성격: 정신적 자유권·문화적 생존권·사회권

고바야시 나오끼(小林直樹, 1980:567, 568)는 교육을 받을 권리의 보장은 국가에 대해서 필요한 조치를 강구해야할 책무를 부담시키는 것으로 생존권의 문화적 측면을 강조했다. 교육에 관한 헌법 규정은 이 제26조 이외에 학문의 자유 규정(제23조)를 비롯하여 헌법정신에 입각하여 제정된 준헌법적 규정인 교육기본법을 바탕으로 교육조리(敎育條理)적 해석이 필요하다고 보았다. 이러한 그의 견해는 한국의 김철수 교수의 헌법론에 수용되어 인용되었다.

준헌법적 규정

교육조리
(敎育條理)적 해석

아시베 노부요시(芦部信喜, 2015:273)는 역시 교육을 받을 권리를 '자녀에 대해서 보장되는 학습권'으로 해석하면서, 부모와 친권자는 교육을 받을 권리에 대응해서 자녀에게 교육을 받게 할 '책무'를 지는 것으로 해석한다.

사토 이사오(佐藤 功; 前上智大 교수, 1997:305)에 따르면, 제26조 제1항의 '동등하게 교육을 받을 권리'는 자유권으로서의 성질과 생존권적 기본권으로서의 성질 양면을 갖는다고 한다. 즉, 자유권의 측면에서는 국민이 그 받을 교육 내용에 대해서 국가의 개입이나 통제를 받지 않고 자유로이 교육을 받는 것이 가능하다는 것을 의미한다. 일본의 교과서사건 소송에서는 그 측면에 있어서 교과서검정의 문제가 쟁점이 되었다. '동등하게 교육을 받을 권리'는 특히 경제적 재력이 없는 사람에게도 교육을 받을 기회를 실제로 보장하지 않으면 안된다는 '생존권적 기본권'으로서 성질을 갖는 것으로 해석한다. 교육기본법이 특히 '경제적 지위'에 의한 차별이 없는 교육 기회균등을 규정(구 교육기본법 제3조 제1항)하고 있는 것 또한 이 때문이라는 것이다.

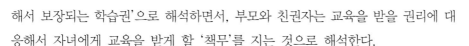

사토 코지(佐藤幸治; 前京都大 교수, 1995:626)는 국민은 모두 교육을 받을 권리를 갖고, 그 보호하는 자녀에게 교육을 받게 할 의무를 지지만, 국민 개개인이 스스로 하는 데에는 한계가 있다고 본다. 여기에 현대 국가에 있어서 '교육을 받을 권리'는 국가에 대한 합리적인 교육제도와 적절한 교육의 장을 제공할 것을 요구할 '사회권'(국가에 대한 적극적 배려를 요구할 수 있는 권리)으로서의 성격도 갖고 있다고 본다.

하세베 야쓰오(長谷部 恭男:前早稻田大 교수, 2014:283-286)는 아사히가와 학력 테스트 사건(旭川学テ事件)에 대한 최고재판소의 판결을 인용하여 교육은 자녀가 '자유롭고도 독립된 인격'으로서 성장함에 불가결한 서비스이고, 하나의 인간으로서 시민으로서 성장, 발달, 자기인격을 완성, 실현하기 위해 필요한 학습할 고유권리로서 '학습할 권리'를 모든 자녀가 가지며, 이 학습권에 대응해서 이를 충족시킬 입장에 있는 자는 자녀를 교육할 '책무'를 갖는다고 보았다.

모든 자녀에게 평등한 교육서비스를 제공하는 공교육제도에 있어서는 개인의 자유로운 활동은 완전히 맡겨지기보다는 국민의 의사를 배경으로 하는 공권력이 일정 역할을 하는 것으로 기대되고 있다는 점에서 공교육의 필요성을 인정하면서, 사회전체의 이익을 고려한 공권력이 적절한 교육을 자녀에게 시킴에 따라 교육내용이 일정 균일성이 필요하게 되었다고 본다.

일본에서 '국민교육권' 혹은 '부모·교사의 교육의 자유'가 주장될 때, 헌법 이념에 적합한 공교육을 추진하는 공권력에 대항하여 부모나 이를 대위하는 교사가 그의 사적 종교적 신조에 따라 자신의 자녀를 교육할 자유를 주장하는 의미는 아니라고 한다. 오히려 공교육을 그 이념으로부터 이탈시키는 교육내용의 간섭을 공권력이 행한다는 전제에서 공권력 대신 헌법이념에 적합한 교육을 행할 근거로서 국민의 교육권이 도출되고 있다고 본다. 헌법이념에 반한 사상이나 통념을 자녀에게 주입하여, 자녀가 자유롭고 독립된 인격을 갖추는데 방해하는 것이 문제가 되는 것은 부모나 교사가 아니라 공권력 쪽이라고 보았다.

헌법학계의 통설적 견해는 '교육을 받을 권리'를 사회권(생존권적 기본권)으로서 위치지우면서, 학습권을 중심으로 구성하는 것이 일반적이다(小林直樹, 奧平康弘 등등), 혹은 자유권으로서 성질과 생존권적 기본권으로서 성질의 양면을 갖는다고 지적(佐藤 功)하기도 한다. 교육법학자인 가네꼬(兼子 仁, 1978:228)의 경우에는 학습권을 자유권적 학습권으로서의 '학습의 자유'와 생존권적 학습권으로서의 '교육을 받을 권리'라는 두 측면을 강조하기도 한다.

> 자유권적 학습권

> 생존권적 학습권

나. 교육권의 소재 및 주체: 국가교육권 대(對) 국민교육권

> 국가교육권설

> 국민교육권설

교육을 받을 권리에 관해서 쟁점이 되는 중요한 문제는 교육내용에 관해서 국가가 관여·결정하는 기능을 갖는다라는 '국가교육권설'(國家敎育權說)과 자녀의 교육에 관해서 책임을 지는 것은 부모 및 그 위탁을 받은 교사를 중심으로 한 국민전체이고, 국가는 교육의 조건정비의 임무를 지는 것에 머문다는 '국민교육권설'(國民敎育權說) 어느 쪽이 정당한가라는 이른바 교육권의 소재에 관한 문제라고 할 수 있다. 이 문제에 관한 주요 학설은 다음과 같다.

'교육권'은 자녀의 교육내용에 관여하고 결정하는 권능 및 권한이다. 기본적 인권인 '교육을 받을 권리'나 '학습권'과는 구별된다. 자녀가 갖는 '교육을 받을 권리'에 대응하고 친권자, 교사, 또는 국가 중 하나 또는 모든 사람에는 자녀에게

교육시킬 책무가 따른다. 교육권은 이 자녀에게 교육을 받게 하는 책무를 다하기 위해서 교육을 받을 권리에서 생기는 권능, 권한이다. 교육권 자체는 국가가 개인의 영역에 대해서 개입하는 것을 배제하는 자유권, 국가에 대한 약자 보호를 위한 적극적인 작위를 요구하는 사회권의 어느 것도 아니며 인권은 아니며 국가도 그 주체가 될 수 있다. 교육권의 소재에 대하여는 아사히가와 학력테스트사건 (旭川学テ事件)이 대표적이다. 교육권 개념에 있어서 쟁점은 권한의 소재가 국가와 국민 어느 쪽이냐 하는 것이다(https://ja.wikipedia.org).

학력테스트사건

'국가교육권'(國家敎育權) 입장은 국가가 국민의 신탁을 받아 교육내용에 대해서 관여하고 결정하는 권한을 갖는다는 것이다. 반면 국민교육권(國民敎育權)은 국가는 교육여건만을 정비·확립하고 교육의 직접적인 실시는 국가 아니라 주체인 학부모와 교사가 담당한다는 입장이다. 이 둘은 모두 일리있는 주장이나 하나로는 교육권을 충분히 설명하기 어렵다고 지적된다. 국가교육권설 관점은 그때 그때의 정치적 다수파에 지배되는 의회나 국회에 의해서 교육이 좌우되어도 좋은가의 문제와 자녀의 개성에 따른 전인격적인 교육을 실시하는데 반드시 적합하지 않는 문제를 촉발한다는 것이다. 공립학교의 국기(國旗)·국가(國歌) 문제는 전자의 예이며, 내심의 자유가 정치적 다수파에 의해서 위협받는 문제를 보이고 있다. 국민교육권설 역시 충분치는 않다. 예들면, 전국적인 교육의 기회 균등을 도모하려는 요청에 제대로 답을 주지 못한다는 것이다. 이로 인해 현재 "교육권은 국가와 국민 모두에게 있다"라는 양자 절충설(兩者折衷說)이 유력하다고 한다. 아사히가와 학력테스트 사건에서 최고재판소는 절충설을 취하며, 학설도 절충설이 다수설이다(https://ja.wikipedia.org).

양자 절충설
(兩者折衷說)

아시베 노부요시(芦部信喜;동경대 교수:275)는 교과서 재판과 학력테스트 재판에서 문제화된 이 양설의 진위는 일도양단(一刀兩斷;한칼에 베어 나눔-저자주)적으로 결정할 수는 없다고 보았다. 교육의 전국적인 수준의 유지의 필요에 근거하여 국가는 교과목, 수업시간 수 등의 교육의 대강(大綱)에 관해 결정할 수 있는 것으로 해석되지만, 국가의 과도한 교육내용에의 개입은 교육의 자주성을 침해하여 허용될 수 없다고 주장한다.

사토 코지(佐藤幸治; 京都大 교수, 1995:627, 628)는 "'교육을 받을 권리'의 전제

에는 ……교육의 자유가 있고, 따라서 국가가 교육제도를 확립하는 교육의 장을 제공함에 있어서는, 각자의 그런 자유가 최대한 충족될 수 있도록 배려할 필요가 있다. 교육은 인격적 접촉을 통해서 사람의 잠재적 자질을 끌어내는 창조적 작용이므로 교육의 실시에 해당하는 교사의 일정한 '교육의 자유'도 당연히 그런 배려 속에 포함되어야 한다. 그런 의미에서 최고재판소가 이른바 '국가 교육권설'과 '국민 교육권설' 모두를 극단적인 설로 거부하고, 부모, 사학(私學) 및 교사의 자유가 각각 일정한 범위에서 타당하다는 것을 전제로, 그 이외의 영역에서 국가가 자녀 자신 및 사회 공공의 이익을 위해서 필요가 상당하다고 인정되는 범위 내에서 교육내용에 대해서 결정된 권능을 가진 것이며, 이때 자녀가 '자유롭고 독립 인격체로 성장하는 것을 방해하는 국가적 개입, 예를 들어 잘못된 지식이나 일방적인 관념을 자녀에게 심어 주는 같은 내용의 교육을 실시토록 강제하는 것은 헌법 제26조, 제13조의 규정상으로 허용되지 않는다"고 주장한 바 있다.

더구나, 교육행정 행위(교과서 검정등)에 의한 국민교육권의 침해 문제에 있어서, 구 교육기본법상(제10조)[16]으로는 교육행정의 근본 원칙에서 '교육에 대한 부당한 지배 금지'라는 정신에 입각할 것을 요구하면서(제10조 제2항의 '이러한 자각 아래'), 또한 교육행정의 목적적 한계(교육의 목적을 수행하는데 필요한 제반 조건의 정비 확립을 목표로 행해져야한다는 것)를 분명히 하고 있다.

이에 비하여 신 교육기본법(제16조)에서는[17] 부당한 지배에 따르지 않는 일반원칙은 유지되고 있으나 교육행정시 따라야 했던 '이러한 자각 아래'라는 표현이 삭제되었다. 오히려 법률 및 기타 법률에 근거하는 것이 보다 중요한 교육행정의 기준으로 등장하고 있고(법적 근거가 있다면 일단 합법적 행정이라는 전제 내재),

---

16 구 교육기본법 제10조(교육 행정) ① 교육은 부당한 지배에 따르지 않고 국민 전체에 대한 직접 책임을 지고 행해져야 한다. ② 교육행정은 이 자각 아래, 교육의 목적을 수행하는데 필요한 제 조건의 정비 확립을 목표로 행해지지 않으면 안된다.

17 신 교육기본법 제16조(교육 행정) 교육은 부당한 지배에 따르지 않고, 이 법률 및 기타 법률이 정한 바에 따라 행해져야 하며, 교육행정은 국가와 지방공공단체와의 적절한 역할분담 및 상호협력 하에 공정하고 적정하게 행해지지 않으면 안된다. 2. 국가는 전국적인 교육의 기회균등과 교육수준의 유지향상을 도모하기 위해 교육에 관한 시책을 종합적으로 책정하고 실시하지 않으면 안된다. 3. 지방공공단체는 그 지역에서의 교육의 진흥을 도모하기 위해 그 실정에 맞는 교육에 관한 시책을 책정하고 실시하지 않으면 안된다. 4 국가 및 지방공공단체는 교육이 원활하고 지속적으로 실시되도록 필요한 재정상의 조치를 강구하지 않으면 안된다.

오히려 국가와 지방공공단체간의 역할분담 및 상호협력(교육분권 및 조정)의 필요성을 강조하고 있는 특징을 보이고 있다.

한편, 교과서 검정 문제는 교육제도 법정주의의 한계와 함께 국가교육권과 국민교육권 논쟁에서 자주 등장하곤 한다. 특히 과거의 교육기본법 제10조가 교육행정의 원칙으로서 '교육에 대한 부당한 지배를 금지하고, 오직 교육목적 수행에 필요한 외적 조건(교육시설의 정비와 재정적 원조)의 정비 확립'에 한정된다는 뜻으로 해석하는 입장(국민교육권설)에서는 정부의 교과서 검정권의 행사(국가교육권설)는 부당한 지배인 동시에 교육내용에 까지 행정권을 침해하는 이른바 교육기본법 위반으로 본 것이다. 그러나 신일본사 집필 검정취소 소송(家永教科書裁判;이에나가 교과서재판)[18]은 검정제도를 합헌으로 판결하였다.

다. '능력에 따라 균등하게'의 의미

'능력에 따라, 동등하게'라는 것은 교육을 받을 권리에 있어서 평등, 즉 헌법 제14조에서 정한 평등원칙이 교육에서도 적용되는 것을 의미한다. 인종·신조·성별·사회적신분·가문(門地)등에 의해서 교육을 받을 권리가 차별받지 않고, 오직 그 능력에 따라 교육을 받을 기회를 부여받아야 한다는 것(교육의 기회균등)을 의미한다.

교육기본법 제4조 역시 "모든 국민은 동등하게 그 능력에 따른 교육을 받을 기회를 부여받지 않으면 안되며, 인종, 신조, 성별, 사회적 신분, 경제적 지위 또는 가문에 따라 교육상 차별되어서는 안된다."고 하여 이를 확인하고 있다.

따라서 '그 능력에 따라'라는 것은 교육을 받을시 그 사람이 능력을 향상시킬 자질을 갖는 것을 말하며 그 자질과의 관계없는 사정에 의해 그 것이 방해받

---

18 동경교육대학 이에나가 사부로(家永三郎)교수가 전부터 고교일본사 교과서인 '신일본사'를 집필했고 검정시 교과서로 사용되어 왔지만, 1966년 이후 수정검정 신청에서 탈락되자 문부성에 의한 검정을 위헌 위법하다며 국가를 상대로 세 차례에 걸쳐서 낸 소송을 말한다. 국가에 손해 배상을 요구한 1차 소송과 검정불합격 처분의 취소를 요구한 2차 소송 모두 이에나가 교수가 패소했다. 검정제도도 '합헌'이라며 사법 판단이 내려졌는데, 80년대의 검정 시비를 다룬 3차 소송에서는 97년 대법원 판결에서 일부에 대해서 검정의견의 위법이 확실하고 소송일부가 인정되었다.

아서는 안된다는 의미이다. 이 경우 국민 개인의 '지능의 차이에 따라'를 의미하지 않는다. 교육기본법은 제4조 제2항 및 제3항[19]을 통하여 장애인에게는 특별한 지원교육을, 경제적 곤란자에 대하여는 국가 및 지방공공단체로 하여금 장학조치 의무를 지우고 있다. 일종의 적극적 평등정책의 실현이라고 할 수 있다.

5 '의무교육의 의무와 무상원칙(§26②)'의 내용과 쟁점

헌법상의 의무교육 무상의 원칙에 따라, 교육기본법 제5조 제4항은 "국가 또는 지방공공단체가 설치하는 학교에서 의무교육에 대해서는 수업료를 징수하지 않는다."고 하여 무상의 범위를 한정하고 있는 상황이다. 학교교육법 역시 국가 혹은 지방공공단체가 설치하는 학교에서의 의무교육에 대해서는 그 수업료를 징수하지 않는다고 규정한다(학교교육법 6조).[20] 나아가 의무교육은 학교교육법 제17조에 의하여 만6세부터 만15세까지 취학시키는 것을 보호자의 의무로 규정하고 있다는 점에서 무상의무교육 수혜자의 범위를 정하고 있다.

하세베 야쓰오(長谷部 恭男:前早稻田大 교수, 2014:286)는 무상의 범위에 대하여 ⓐ 그 내용이 완전히 법률에 위임되어 있다는 설, ⓑ 교육의 댓가인 수업료의 무상을 정한 것이라는 설, ⓒ 수업료 기타 교과서대금, 교재비, 학용품등 교육에 필요한 일체의 비용을 국가가 부담해야 한다는 설로 설명한다. 보통교육의 댓가라 하더라도 공교육에 있어서는 이런 저런 시장원리가 개입된 형태로 움직이고 있기 때문에, 그 댓가의 가액에 대해서는 정치부분에 의해서 정책적으로 결정될 수 있는 것임을 유의해야 한다고 지적한다.

무상의 범위를 한정

---

19 교육기본법 제4조 제2항 국가 및 지방공공단체는 장애가 있는 사람이 그 장애 상태에 따라 충분한 교육을 받을 수 있도록 교육상 필요한 지원을 강구하지 않으면 안된다. 제3항 국가 및 지방공공단체는 능력이 있는데도 불구하고 경제적 이유로 인해 수학이 곤란한 자에게 장학의 조치를 강구하지 않으면 안된다.

20 학교교육법 제6조 학교에서는 수업료를 징수할 수 있다. 다만, 국립 또는 공립 초등 학교 및 중학교, 중등 교육 학교의 전기 과정 또는 특별 지원 학교 초등부 및 중학부의 의무 교육에 대해서는 이를 징수할 수 없다.

사토 이사오(佐藤 功; 1997:305)에 따르면, 제26조 제2항의 의무교육 무상 규정은 재정능력이 없는 사람에게도 최소한의 의무교육을 받을 기회를 보장하기 위한 것이라고 해석한다.

그리고 헌법상으로는 국가는 국민이 의무교육을 받을 필요한 경비를 무상으로 하기 위한 노력할 책무를 진다고 해석해야 한다고 본다(본 조항의 보장이 본래 수업료만을 의미한 것은 아님). 다만, 그 책무의 구체적 내용은 생존권 보장에 공통된 문제로서 입법정책(입법위임)에 맡겨져 있으므로 무상의 범위를 법률에 따라 수업료만 한정하더라도 바로 위헌이라고 해석해서는 안된다고 보았다. 수업료 무상설은 헌법상의 최소한의 요구를 의미하는 것이므로 이것까지 위임 입법한 것은 아니라고 해석한다. 그 이상 무상범위를 확대하는 것이 입법정책이며 국가의 노력의무라는 것이다.

앞서 설명한 바와 같이 현재 무상교육의 내용은 교육기본법과 학교교육법에서 수업료로 한정되어 있고, 또한 경제적 이유로 취학이 곤란하다고 인정되는 아동의 보호자에 대해서는 시정촌이 필요한 지원을 하지 않으면 안된다. 물론 국가 및 지방자치단체 역시 교육기본법[21]에 의하여 경제적 이유로 인한 수학 곤란자에 대하여 장학 조치를 취하지 않으면 안된다.

최고재판소의 관점은, 헌법 제26조 제2항 후단(의무교육 무상원칙)의 의의에 대하여 "자녀의 보호자에 대해서 그 자녀에게 보통교육을 받게 할 경우에 그 댓가를 징수하지 않는 것을 정한 것이고, 교육제공에 대한 댓가라는 것은 수업료를 의미하는 것으로 인정되므로, 동조항의 무상이라는 것은 수업료 불징수의 의미로 해석함이 상당하다"고 판시했다(1964.2.26).

최고재판소의 관점

한편, 의무교육용 교과서에 대해서는 1963년에 '의무교육 제학교의 교과용 도서의 무상조치에 관한 법률'에 의하여 무상배부로 전환되었다. 그리고 의무교육비에 대하여는 국고부담제도를 실시하고 있다. 즉, 교직원 확보와 적정배치를 위해서 교직원 급여비를 계속적·안정적으로 확보하기 위하여 최초에는 국가가 교직원의 급여비를 일관해서 보장했다.

---

21 교육기본법 제4조 제3항 국가 및 지방공공단체는 능력이 있는데도 불구하고 경제적 이유로 인해 수학이 곤란한 자에게 장학의 조치를 강구하지 않으면 안된다.

이어 1953~1974년, 지방의 교육조건의 정비 상황과 국가와 지방의 재정상황 등을 고려하여 부담대상 경비를 확대했다. 1985~2004년에는 국가와 지방이 2분의 1씩 분담하였고, 역할 분담하여 국가와 지방의 재정 상황등을 고려하여 급료·제수당 이외 비용을 일반 재원화 했다.

이어 2004년에는 총액재량제(總額裁量制)를 도입했다. 그리고 2006년에는 국고부담율을 2분의 1에서 3분의 1로 변경하고, 또한 공립 소·중학교, 맹·농학교의 국고부담제도와 양호학교의 국고부담제도를 통합했다.

결국, 무상의 단계나 무상의 범위는 한 국가의 무상교육의 역사와 재정여건, 국민들의 기대, 그리고 공교육에 있어서 학부모의 실질적인 부담(이른바 공부담 및 사부담 사교육비의 규모)등을 감안하여 정책적으로 정할 수밖에 없을 것이다.

총액재량제
(總額裁量制)

6   '교사의 교육의 자유와 학문의 자유(§23)' 관계

사토 이사오(佐藤 功; 1997:197)에 따르면 학문의 자유는 광의에서는 '진리 탐구의 자유'를 의미하므로 대학에 한정하지 않고 모든 학교에 있어서 교육 및 학교 이외 교육(사회교육-저자주)에 있어서도 요구된다고 본다. 한편, 협의의 학문의 자유란 '고도의 학문연구, 고도의 교육기관의 자유, 특히 대학의 자유'를 의미하는데, 대학의 자유는 대학의 자치를 포함한다고 한다.

아시베 노부요시(芦部信喜, 2000:221)에 따르면 일반적으로 학문의 자유는 학문연구의 자유와 연구결과를 교수(敎授)할 자유 등을 포함하는 것으로 이해되고, 대학의 자유 및 대학의 자치와 연관되어 논의되어 왔다.

이는 독일에서 전통적으로 학문의 자유개념을 ⓐ 교수의 자유(Lehrfreiheit)-대학교수의 연구, 그 결과의 발표 및 교육할 자유 ⓑ 학습의 자유(Lernfreiheit)-학생이 강요받지 않고 배울 자유 ⓒ 대학의 자치(Akademische Freiheit)-국가로부터 간섭받지 않고 대학에 관한 사항을 결정한다는 '대학이라는 제도의 자유'를 의미했다.

이러한 독일식 학문의 자유의 이념은 미국에도 호의적으로 수용되었다. 그러나 미국은 이를 변형하여 ⓐ의 교수의 자유를 대학 교수만이 아닌 표현의 자유로부터 파생되는 일반 국민의 자유로 보았다. ⓒ의 대학자치라는 제도적 자율의 관념은 적어도 미합중국 건국 전에는 크지 않았다고 한다.

오히려 지역의 종교계나 실업계 대표자가 대학 이사회에서 대학을 관리하는 권한을 가진 대학사를 가지고 있다는 것이다(미국 대학의 미션이 '연구'와 '교육' 이외에 '사회봉사'를 강조한 것도 이와 무관하지 않은 듯 싶다ー저자주).

후에 이사회는 교육 연구와 학내 인사에 관한 의사결정 구조에 있어 교수단(교수회)의 영향을 비중있게 설정하는 전통을 만들기도 했다고 한다.[22]

이처럼 종래의 통설은 헌법 23조의 학문의 자유에서 도출된 교수(教授)의 자유를 대학에서 교수의 자유로서 인식해왔다. 그 이유는 첫째, 연혁적으로 학문의 자유는 대학에서 교수의 자유만을 포함하고 온 것, 둘째, 대학에서 교수의 자유는 학문 연구의 결과를 공표하는 자유인 것에 비해서, '교육의 자유'는 교육을 받는 사람에 대해서 교육을 받을 권리를 충족하기 위한 정신적 활동으로 성질을 달리하는 것, 셋째, 대학의 학생들에게는 비판 능력을 갖추고 있다고 생각되어지는 것에 비해서, 초·중등 교육기관의 학생에게는 비판 능력이 충분하지 않은 것, 끝으로 초·중등 교육기관에서는 교육기회균등을 실현하기 위해서 합리적 범위에서 교육내용 및 방법에 대해서 획일화가 요구되는 것이 꼽힌다. 이에 대하여 헌법 제23조의 학문의 자유를 대학뿐 아니라 초·중등 교육기관의 교육의 자유로 확대하는 학설이 있다. 이 학설은 독일 법적 전통에 얽매이지 않고 학문과 교육의 내재적 관련을 강조한다. 이 밖의 학설로서, 교육의 자유는 헌법상 권리인 학문의 자유가 필수 불가결한 전제가 되는 것을 인정하면서 학문의 자유와 교육의 자유의 차이에 주목하여 헌법 제23조의 학문의 자유에는 교육의 자유는 포함되지 않고 헌법 제26조 또는 헌법적 자유로서 보장된다고 하는 설이 있다(https://ja.wikipedia.org).

판례는 당초, 최고재판소가 동경대 포포로 사건(東大ポポロ事件)에서 '교육 내지 교수의 자유'는 학문의 자유와 밀접한 관계를 가지지만, 반드시 이에 포함되는

대학에서
교수의 자유

동경대 포포로 사건
(東大ポポロ事件)

---

22 아시베 노부요시 芦部信喜(2000), 『憲法學Ⅲ 人權各論(1)』[增補版], 有斐閣, 221頁.

것은 아니다. 그러나 대학에 있어서는 헌법 취지와 이에 따른 학교교육법 52조가 '대학은 학술의 중심으로서 넓은 가르침과 더불어 깊은 전문 학예를 교수 연구'하는 것을 목적으로 한다는 것에 근거하여, 대학에 있어서 교수 기타 연구자가 그 전문 연구 결과를 교수할 자유는 이를 보장한다"고 판시했다(최고재판소 1963.5.22). 하급심에서는 제2차 이에나가소송(家永訴訟; 교과서검정) 제1심판결(이른바 杉本判決)은 교육의 자유를 헌법 제23조의 학문의 자유의 일환으로 평가했지만(東京地判, 1970.7.17), 제1차 이에나가소송 제1심판결(이른바 高津判決)은 동경대 포포로 사건 최고재판소 판결을 인용하여 학문의 자유는 초·중등 교육기관의 교육의 자유를 포함하지 않는다고 판시했다(東京地判, 1974.7.16)(https://ja.wikipedia.org).

그 후 최고재판소는 아사히가와 학력테스트사건(旭川学力テスト事件, 1976.5.21)에서 우선 '교육의 자유'라는 관점에서 "자녀가 자유롭고 독립된 인격체로 성장하는 것을 방해하는 국가적 개입, 예를 들어 잘못된 지식이나 일방적인 관념을 자녀에게 심어 주는 같은 내용의 교육을 베풀도록 강제하는 것은 헌법 제26조, 제13조[23]의 규정상 허용되지 않는다"라고 하였고, '교육의 자유'는 학문의 자유에 '반드시 이에 포함된 것이 아니라'는 포포로사건 판결을 실질적으로 판례 변경하였다.

또한 '교사의 교육의 자유'에 대해서는 "오로지 자유로운 학문적 탐구와 면학을 으뜸으로 하는 대학 교육에 비해서 오히려 지식의 전달과 능력 개발을 주로 하는 보통교육의 장에 있어서도, 예를 들면 교사가 공권력에 의해서 특정의 의견만을 교수하도록 강제받지 않는다는 뜻에서, 또한 자녀교육이 교사와 자녀 사이의 직접적인 인격적 접촉을 통해서 그 개성에 따라서 이뤄져야 한다는 본질적 요청에 비추어 교수의 구체적 내용 및 방법을 어느 정도 자유로운 재량이 인정되어야 한다"하여 '교사의 교육의 자유'를 부인하던 종래의 통설적 견해에서 한발 앞으로 나아갔다.

이에나가소송
(家永訴訟;
교과서검정)

아사히가와
학력테스트사건
(旭川学力テスト事件)

---

23 헌법 제13조 모든 국민은 개인으로서 존중받는다. 생명, 자유 및 행복추구에 대한 국민의 권리에 대해서는 공공의 복지에 반하지 않는 한 입법 기타 국정상 최대한 존중할 필요가 있다(すべて国民は、個人として尊重される。生命、自由及び幸福追求に対する国民の権利については、公共の福祉に反しない限り、立法その他の国政の上で、最大の尊重を必要とする).

그 위에 대학과는 다른 보통교육에 있어서 교사에게 완전한 교수의 자유를 인정할 수 없다며 그 이유로 판결은 "대학교육의 경우에는 학생이 일단 교수내용을 비판하는 능력을 갖추고 있다고 생각되는 것에 비해, 보통교육의 아동에게는 이런 능력이 없이 교사가 학생에 대해서 강한 영향력과 지배력을 가지는 것을 고려하고, 또한 보통교육에서는 아동 측이 학교와 교사를 선택할 여지가 부족하여 교육기회균등을 꾀하는 측면에서도 전국적으로 일정 수준을 확보해야 하는 강한 요청이 있는 것"을 이유로 들었다(https://ja.wikipedia.org).

한국헌법과 일본헌법을 비교연구한 허종렬(2005:31~35)은 한국헌법에는 있으나 일본헌법에는 없는 규정으로서 다음 세 가지를 지적했다. 첫째, '인간으로서의 존엄과 가치'를 기본권 보장의 이념적 전제로 제시한 점(한국 헌법 제10조).[24] 둘째, 교육의 기본원리로서 '교육의 자주성, 전문성, 정치적 중립성'을 제시한 점(한국헌법 제31조 제4항). 셋째, 헌법에 열거되지 아니한 자유와 권리도 경시되지 아니한다고 하는 점을 명시적으로 밝힌 점(한국헌법 제37조 제1항) 등이다. 이러한 점들은 기본권 보장 측면에서 한국헌법이 가진 장점이라고 지적했다.

한국의 학계와 법조계는 이러한 헌법 체계로 인하여 항상 인간으로서의 존엄과 가치에 주목하여 새로운 기본적 인권을 확인하고 보장하는 일에 민감하며, 일본헌법에 없는 헌법재판소까지 두고 있는 점을 비교하면 그러한 점은 더욱 명확해진다. 학생과 학부모, 교원등의 교육권 관련 헌법 근거를 따짐에 있어서도 한국은 일본과 부분적으로 달리 접근하게 된다고 본다.

예컨대, 일본의 경우 학습의 권리 또는 학습의 자유의 헌법적 근거를 일본헌법 제26조 상의 교육을 받을 권리에서 찾지만, 한국에서는 교육을 받을 권리는

---

24 대한민국헌법이 제10조 "모든 국민은 **인간으로서의 존엄과 가치**를 가지며, 행복을 추구할 권리를 가진다. 국가는 개인이 가지는 불가침의 기본적 인권을 확인하고 이를 보장할 의무를 진다." 반면 일본국헌법 제13조는 "헌법 제13조 모든 국민은 **개인으로서** 존중받는다. 생명, 자유 및 행복추구에 대한 국민의 권리에 대해서는 공공의 복지에 반하지 않는 한 입법 기타 국정상 최대한 존중할 필요가 있다"고 규정하고 있다. 이 두 조항을 비교해보면 '인간존엄' 보다는 오히려 '기본적 인권 보장'이라는 표현에 있어서 차이가 나는 것은 아닌가 생각된다. 그러나 일본국헌법도 제11조에서 기본적 인권의 침해 불가성을 더욱 강조하고 있다ㅡ저자주. 일본국헌법 제11조 "국민은 모든 기본적 인권의 향유를 방해받지 않는다. 이 헌법이 국민에게 보장하는 기본적 인권은 침범할 수 없는 영구한 권리로서 현재 및 장래의 국민에게 주어진다".

학습권의 일부로서 생존권적 차원에서 규정된 것으로 보고, 학습권 자체의 헌법적 근거를 헌법 제10조 상의 인간으로서의 존엄과 가치 및 헌법 제37조 제1항 상의 헌법에 열거되지 아니한 자유와 권리에서 찾을 수 있는 것이다. 한국에서는 또한 교원의 교육권의 근거도 헌법 제31조 제4항 상의 교육의 자주성 조항에서 직접 도출할 수 있다는 점 등이 지적된다.

대한민국 교육법에의 영향

제5장은 대한민국 교육법 및 교육법 연구에 미친 영향을 일본의 교육법과 교육법학 사례를 중심으로 살펴본다. 주요 내용은 첫째, 교육법의 역사 및 체계 측면, 둘째, 일본국 헌법 제26조의 영향, 셋째, 일본교육법학의 영향, 그리고 한국 헌법 및 교육기본법 개정에의 시사로 구성한다.

제1절 교육법의 역사 및 체계 측면에서는 교육법사의 동일 전개(식민기와 미 군정기), 교육 3법 체제의 정비(기본교육법규·학교교육법규·사회교육법규)를 다룬다.

제2절 일본국헌법 제26조의 영향은 교육을 받을 권리 및 기본적 인권 용어와 관련하여 '教育を受ける權利(교육을 받을 권리)'와 '基本的人權(기본적 인권)' 표현의 유래를 살펴본 후 대한민국헌법상의 표현인 '교육을 받을 권리'에의 영 향을 본다.

제3절 일본교육법학의 영향은 교육법학의 소개와 논문에의 영향, 일본교육 법학회 학술활동의 영향(국민교육권론), 일본의 교육재판운동과 한국의 전교조 의 활동(교육법적 논거 제공), 한국 교육법에 반추해 보아야 할 일본교육법학계 쟁점 등을 살펴보도록 한다.

제4절 한국 헌법 및 교육기본법 개정에의 시사는 한국 헌법상 '교육을 받을 권리'의 수정(교육기본권), 한국 헌법상 평생교육 진흥 주체의 확대(국가와 지방 자치단체), 한국 교육기본법 개정에의 시사를 중심으로 검토한다.

1   교육법의 역사 및 체계 측면

가. 교육법 역사의 유사 전개: 식민기와 미군정기

(1) 일본의 메이지유신 교육개혁과 조선의 근대교육 도입

메이지유신(明治維新:1868)으로 천황 친정체제를 구축한 일본은 사회 모든 분야를 개방하여 이른바 탈아입구(脫亞入歐; 아시아를 벗어나 서구에 들어간다)의 시대를 맞이했다. 교육분야에 있어서도 근대화가 시작되었다. 1872(메이지 5년)에 발표된 '학제(學制)'는 일본 최초의 근대적인 학교제도를 정한 교육법령으로 평가받는다.

당시까지 각 지역(번; 藩)마다 독자적인 교육제도가 있었지만 지역 간 격차가 컸고, 신분에 따른 교육기회에도 차이가 있었는데, 메이지정부는 부국강병의 수단으로서 서양에 문호를 개방함과 아울러 전국 통일의 의무교육제도를 통해 국가발전의 기초를 삼고자 했다. 1872년(메이지 5년)에 학제를 공포한 것을 필두로 1886년(메이지 19년)에는 소학교령과 제국 대학령이 발포된 결과 전국에 심상소학교, 고등소학교, 대학이 설립되면서 점차 일반 민중도 고등교육을 받을 수 있는 환경이 되었다. 이 시기에 여성교육에 대한 관심과 제도가 마련되었고, 구미 장기유학생 파견단에 여성을 포함시켜 이들이 일본 근대 여성교육을 이끄는 데 기여하기도 했다. 1874년(메이지 7년)에 설립된 여자사범학교 역시 그러한 맥락에서 이해될 수 있다(https://ja.wikipedia.org).

20세기 진입을 10년 앞둔 1890년(메이지23년 10월 30일)에 일본 천황은 '교육에 관한 칙어(敎育勅語)'[1]를 발표하였는데 충량한 신민(臣民)을 길러내는 교육의

---

[1] 교육칙어(敎育勅語)는 메이지 천황이 국민에게 직접 분부하는 형식으로 쓰여 있다. 우선 역대 천황이 국가와 도덕을 확립시켰다고 밝힌 후, 국민의 충성심과 효도심이 "국체의 정화"이자 "교육의 근원"임을 규정했다. 이어서 부모에 대한 효도와 부부 사이의 조화, 형제애 등의 우애, 학문의 중요함, 준법정신, 자신에게 주어진 일이나 나라를 위해서 온 힘을 다해 노력하라는 등의 12가지 덕목이 명기되어 있으며, 그것을 지키는 것이 국민의 전통임을 밝힌다. 그리고 이상의 내용이 역대 천황의 유지(遺旨)이므로, 국민 뿐만 아니라 메이지 천황 자신도 이를 지키기 위해 노력할 것이라 하며 끝을 맺는다(https://ja.wikipedia.org).

탈아입구(脫亞入歐)

학제(學制)

교육에 관한 칙어(敎育勅語)

방향을 선언하기도 했는데, 이 칙어는 1945년 종전 때까지 교육이 교육 법률주의가 아닌 교육 칙령주의(천황의 명령)에 의해 운영되는 근간을 제공했고, 한일합방이후 식민지인 조선에 있어서 조선교육령 역시 일본 천황의 칙령의 형태를 띠게 되었다.

교육 칙령주의

　조선의 근대 개화시기의 역사에 드러나듯이 일본을 포함한 외세에 의하여 강화도조약(1876)을 맺고 개항을 하게 된 조선은 갑오경장(1894)을 거치면서 근대교육이 시작되었는데, 일본의 영향을 적지 않게 받기도 했다. 갑오경장 직후인 1895년 2월에 고종이 공교육체제를 선언한 것으로 평가받는 '교육입국조서(教育立國詔書)'[2]는 일본의 천황이 발표한 '교육에 관한 칙어'(1890)와 배경에 있어서 유사점이 있다. 주목할 것은 당시 조선의 국체가 입헌군주국이 아닌 전제군주국으로서 대한제국(1898)이었으므로 관련 법령은 당연히 황제의 칙령(勅令) 형태를 띤 것은 일본과 동일하였다는 점이다.

교육입국조서
(教育立國詔書)

　조선의 교육입국조서의 주된 내용[3]은 교육의 중요성을 강조하면서 전통적인 도덕교육에 지식교육과 체육교육을 새로이 추가하여 교육의 근대화를 이루어야 한다는 '구본신참(舊本新參; 옛것에서 새로운 것을 찾는 것)'이 주를 이룬다. 그러나 근본적인 전통적인 가치관의 개혁이라기보다는 봉건적 주장을 포함하고 있다는 점에서는 일본의 교육칙어와 같은 맥락으로 볼 수 있다(https://ko.wikipedia.org).

구본신참(舊本新參)

　긍정적 측면에서 본다면 조선의 교육입국조서는 교육에 의한 입국(立國)과 전 국민에게로의 교육의 필요성에 대한 국왕의 의지를 천명한 것으로 근대식 학제로 전환하는 계기가 된 것도 사실이다.[4] 조선도 1894년 6월에 갑오개혁시 중앙

---

2 "교육은 그 길이 있는 것이니, 헛된 이름과 실용을 먼저 분별하여야 할지로다. 독서나 습자로 고인의 찌꺼기나 줍기에 몰두하여 시세대국(時勢大局)에 어두운 자는 비록 그 문장이 고금을 능할지라도 쓸 모없는 서생(書生)에 지나지 못하리라. 이제 짐은 정부에 명하여 널리 학교를 세우고 인재를 양성하여 너희들 신민(臣民)의 학식으로 국가 중흥의 큰 공을 세우고자 하노니, 너희들 신민은 충군(忠君)하고 위국(爲國)하는 마음으로 너희의 덕(德)과 몸과 지(知)를 기를지어다. 왕실의 안전이 너희들 신민의 교육에 있고, 또 국가의 부강도 너희들 신민의 교육에 있도다."

3 1.세계의 형세를 보건대 부강한 나라는 모두 백성의 지식 수준이 발달하였으니, 지식을 깨우치는 것은 교육의 선미(善美)이고 교육은 실로 국가를 보존하는 근본이다. 2.교육은 그 길이 있는 것이니 헛이름과 실용을 분별해서 실용에 힘쓰고, 독서나 습자로 옛사람의 찌꺼기나 줍고 시세에 어두워서는 안된다. 3. ① 오륜의 행실을 닦는 덕양(德養), ② 체력을 기르는 체양(體養), ③ 격물치지(格物致知)의 지양(智養)을 교육의 3대 강령으로 삼는다. 4.널리 학교를 세우고 인재를 기르겠다.

4 교육입국조서의 긍정적 평가는 한국민족문화대백과(한국학중앙연구원) 사전

학무아문(學務衙門)

교육행정기관으로서 오늘날 교육부에 해당하는 학무아문(學務衙門)을 두고 제도상으로 새로운 학제를 실시하였다. 이를 통해 관학(官學)을 세우고, 최초의 헌법으로 평가되는 홍범14조(1895.1) 중 제11조에서 외국유학과 새로운 학문에 관해 언급하기도 했다. 특히, 이 조서는 학제의 정신적 기반을 실학사상(實學思想)에 두고 있는데, 이는 당시의 사회를 정약용(丁若鏞)의 실학사상에 입각한 교육을 통해서 개혁하려고 했던 고종의 의지를 반영한 것이다. 조서의 발표 뒤 정부에서는 교육을 통한 국가중흥의 이상을 실현하기 위해서 1895년 4월에 교사양성을 목적으로 한 '한성사범학교관제' 및 '한성사범학교직원관등봉급령'을 공포한데 이어서, '외국어학교관제', '소학교령', '성균관관제' 등의 학교법제를 정비했다. 을사늑약(1905)으로 외교권을 일본에 박탈당한 이후 1906에는 사범학교령, 고등학교령, 외국어학교령, 보통학교령이 발표되었고, 고등여학교령(1908)과 사립학교령(1908), 그리고 실업학교령(1909)이 뒤를 이었다.

한성사범학교관제

(2) 조선교육령을 통한 일본제국주의 교육의 강제 이식

1910년 강제적인 한일합방이 된 이후 조선의 교육법 체계는 완전히 일본에 편입되었고, 조선의 교육은 일본 천황의 교육칙어를 따르는 식민지의 황국신민(皇國臣民)를 양성하기 위한 것이었다. 식민통치하에 조선의 교육을 규정하였던 교육령 형태의 교육법 전개와 그 주요 내용을 요약하면 다음과 같다.

① 식민지하의 교육법규(제1차 조선교육령기)
  - '충량한 일본 제국의 신민'이 교육목표
  - 조선교육령(1911.8.24. 일본 천황 칙령 제229호)
  - 조선공립보통학교관제(1911.10.11.일본천황 칙령 제256호)
  - 조선총독부고등보통학교관제(1911.5.16.일본천황 칙령 제130호)
  - 조선총독부사범학교관제(1921.4.19. 일본천황 칙령 제113호)
② 문화정치기의 교육법규(제2차 조선교육령기)
  - '내지연장주의(內地延長主義)'의 기본 방침
  - 조선교육령 개정(1922.2.6 일본천황 칙령 제19호)

③ 신동아 신질서 건설기의 교육법규(제3차 조선교육령기)
   − '내선일체(內鮮一體)'의 교육지표
   − 조선교육령 개정(1938.3.3 일본천황 칙령 제103호)
④ 전시체제기의 교육법규(제4차 조선교육령기)
   − '황국신민화(皇國臣民化)'의 교육방침
   − 조선교육령 개정(1941.3.8 일본천황 칙령 제113호)

(3) 종전(終戰)후 미군정기를 통한 미국식 민주주의 교육으로의 전환

맥아더 미군정에 의하여 작성된 일본국헌법은 194년 11월 3일에 공포되었고, 1947년 5월 3일부터 시행에 들어갔다. 동시에 국가 교육의 유일한 근본으로 삼아오던 교육칙어 역시 폐지되었고, 민주주의에 기초한 교육기본법안이 1947년 3월에 국회에 제출되어 심의가 시작되었고, 31일에 공포·시행되었다.

여기에는 일본의 미군정 총사령부의 요청에 따라 미국교육사절단(조지.D.S 단장등 27인)의 자문과 연구과제 보고를 받아 이를 교육기본법 및 학교교육법에 반영하였다. 당시 미국교육사절단의 보고서의 핵심 내용은 제2장에서 살펴본 바와 같다.[5]

미국교육사절단

이러한 미국교육사절단의 보고를 통한 교육기본법 및 학교교육법에의 미국식 민주주주의 학교교육제도의 정착방식은 당시 미군정하에 있던 남조선에서도 그대로 적용되었음을 짐작할 수 있다.

일본은 교육위원회제 도입을 통한 미국식 지방교육행정제도의 도입과정 역시 일본과 한국이 비슷한 경로를 밟았다. 즉, 일본은 교육위원회법(1948.7.15)을 제정하고 공선제교육위원회를 11월 1일 발족(5대시, 48시정촌)시켰다.

교육위원회법
(1948.7.15)

공선제교육위원회

---

5 • 민주주의 자유주의 입장에서 교육이념, 교육방법, 교육제도를 정초할 것
  • 교육제도를 능력과 적성에 따라 교육기회를 제공하도록 조직하는 일
  • 6−3−3(6·3의 의무교육무상화) 학제와 남녀공학을 실시하는 일
  • 고등교육 문호를 개방하고 대학의 자치를 존중하는 일
  • 교원양성을 4년제 대학에서 하는 일
  • 지방분권적 교육행정제도를 권고(교육위원회 설치)하는 일
  • 성인교육의 중요성(PTA, 학교개방, 도서관 기타 사회교육시설 역할 중시)
  • 국어개혁 등에 관한 것

한국의 경우 1948년 8월 12일 '교육구의 설치'(미군정법령216호)와 '교육구회의 설치'(217호)를 미군정령으로 발표하였으나 곧바로 8월 15일 정부수립으로 시행되지는 못하였다. 그러나 교육위원회 및 교육구 설치 기본안은 제정 교육법(1949.12.31)에 반영되었고, 교육위원회제도는 1952년부터 군단위로 시행되었다.

교육위원회 폐지론

그러나 일본에서는 비효율을 이유로 교육위원회 폐지론이 3~4회 제기되었는데, 교육위원회법(1948)은 8년 만에 폐지되고 '지방교육행정 조직 및 운영에 관한 법률'(1956.6.30제정/10.1시행)로 대체되었다. 그 결과, 교육위원회 위원은 주민 공선제에서 단체장(의회동의)에 의한 임명제로 전환하여 이른바 지방공공단체 통합형 교육위원회를 실시하게 되었다.

한국 역시 군(郡) 단위 교육구 및 교육위원회제의 효율성을 이유로 교육위원회제의 폐지에 대한 움직임이 수차례 있었고, 5·16 군사정변이후 일시 폐지되기도 했다. 이후 3공화국 출범과 함께 이른바 지방자치 실시 때까지 선출형 교육위원회 제도를 잠정 보류하고 중앙에서 임명하는 '명목상의 교육위원회 제도'를 광역단위에서만 실시하게 되었다. 이러한 이름뿐인 명목상의 형식적인 지방교육자치제는 1991년 지방자치 실시 이전까지인 무려 30여 년 동안 지속되었다.

나. 교육3법 체제의 정비: 기본교육법규·학교교육법규·사회교육법규

(1) 교육기본법(1947) 중심의 교육법체제로 출범한 일본

일본의 교육기본법의 출현 배경은 전쟁 전의 국가수준의 교육기준을 담당했던 천황의 교육칙어가 폐지됨에 따라 이를 대신할 기본원칙에 관한 법률이 필요하게 되었기 때문이다. 게다가 헌법 제26조 제1항과 제2항에서 전제되고 있는 '법률이 정하는 바에 따라'라는 이른바 '교육의 법률주의(法律主義) 원칙은 교육을 법으로 정하여 학교교육제도를 정착하는데 기본적인 사항에 대하여 대강의 기준을 정할 필요가 있었다는 것이다.

그러나 한국의 경우, 정부가 교육기본법(안), 학교교육교육법(안), 사회교육법(안)을 국회에 제출하자 일본 교육법체제를 따른다는 제헌의회 의원들의 질책을 받고, 대한민국교육법(안)을 제출하게 되었다. 이것이 이후 종합적인 형태의 교육법(1949.12.31.)으로 국회에서 통과되었다.

(2) 종합적 교육법으로 출범한 대한민국의 교육법(1949.12.31)

국회에 제출된 대한민국교육법(안)은 앞서 제출된 3가지 입법을 통합한 것으로 상당한 분량의 것이었다. 일본의 교육기본법 체제 형식에서 벗어 나려고한 결과 다소 기형적인 법률이 탄생한 것이다. 게다가 제정 헌법(1948.7.17)에는 교육 관련 조항이 1개의 조항(제16조) 뿐이었으나 이후 헌법 개정을 통하여 6개 조항(1962, 1972년 5개, 1980, 1987 6개 조항)으로 증가하는 변화가 있었다.

무엇보다도 한국에서 교육기본법으로의 체제 전환에 대한 논의가 시작된 것은 '지방교육자치에 관한 법률' 제정과 연관이 깊다. 즉, 교육법 내에 상당한 규정을 차지하고 있던 교육위원회 및 지방교육재정에 관한 조항이 삭제되고 1991년 지방자치의 본격 도입과 함께 별도의 '지방교육자치에 관한 법률'(1991.3.8.)이 제정되었기 때문이었다. 이에 따라 교육법은 제2장(교육위원회)~제3장(지방교육재정)이 삭제(제15~72조)되어 73조부터 법률이 시작되는 다소 기형적인 법률이 되었다. 교육법은 종합법의 성격을 갖고 출범했으므로, 거의 매년 개정을 거듭하여 1997년 개정 당시에 교육법은 이미 38차 개정이 되었던 법이기도 했다.

지방교육자치에 관한 법률

(3) 한국의 교육기본법 제정(1997.12.13)과 일본의 교육기본법 개정(2006.12)

그 후 약 6년간의 논의 끝에 김영삼 정부의 신교육체제 개혁(5·31교육개혁)의 일환으로 기존의 교육법을 교육기본법, 초중등교육법, 고등교육법으로 분할 제정하는 입법이 제안되었고, 1997년 12월에 국회에서 통과되었다.

차기 정권으로 법개정을 넘겨야 한다는 주장도 있었으나 김영삼 정부는 차기 대통령 선거가 있던 12월 18일보다 5일전인 13일에 이 법을 국회에서 통과시켰다. 이로서 결국 1949년 12월 31일에 통과되었던 통합 교육법 체제는 1997년 3월 1일에 교육기본법을 필두로 한 새로운 법체계로 재 출범하게 되었는데 일본의 그것과 유사한 형태를 띠게 되었다. 일본식 교육기본법 제정을 피해 종합법으로서 교육법을 제정한 이후 48년만의 일이었다.

이로써 한국 역시 교육법 체계를 기본교육법규, 학교교육법규, 사회교육법규라는 이른바 교육3법 체제를 갖추게 되었다.

당시 제안된 교육기본법(법률 제5437호, 1997.12.13, 김영삼정부 제정, 시행은 김대중정부 1998.3.1)의 신규 제정 이유는 다음과 같다.

현행 교육법은 1949년 12월 31일 제정·공포된 이후 38회에 걸친 개정으로 체계와 내용의 일관성이 부족하고 현재의 교육여건에 부응하지 못하는 등의 문제점이 있으며, 그동안 지속적으로 추진해 온 교육개혁을 법제적으로 뒷받침하는 차원에서 교육법을 교육기본법, 초·중등교육법, 고등교육법등 3개 법률로 구분하여 새롭게 제정하는 일환으로 제안된 것으로서, 교육기본법은 자유민주주의 교육체제를 지향하는 헌법정신을 구현하여 학교교육과 사회교육을 포괄하는 교육에 관한 기본적인 사항을 규정하여 모든 교육관계법의 기본법으로 제정하고자 하는 것임.

① 모든 국민은 평생에 걸쳐 학습하고 능력과 적성에 따라 교육을 받을 권리가 있음을 정함(법 제3조).

② 학교운영의 자율성은 존중되며, 교직원·학생·학부모 및 지역주민등은 법령이 정하는 바에 의하여 학교운영에 참여할 수 있도록 함(법 제5조 제2항).

③ 평생교육을 위한 모든 형태의 사회교육은 장려되며, 사회교육의 이수는 법령이 정하는 바에 의하여 그에 상응하는 학교교육의 이수로 인정될 수 있도록 함(법 제10조).

④ 부모등 보호자는 자녀 또는 아동을 교육할 권리와 책임이 있으며, 자녀 또는 아동의 교육에 관하여 학교에 의견을 제시할 수 있도록 함(법 제13조).

⑤ 학교 및 사회교육시설을 설립·경영하는 자는 교육을 위한 시설 및 교원 등을 확보하도록 하며, 학교의 장은 법령이 정하는 바에 의하여 학습자를 선정·교육할 수 있도록 함(법 제16조).

⑥ 국가는 국민의 학습성과등이 공정하게 평가되어 통용될 수 있도록 학력평가 및 능력인증제도를 수립·실시하도록 함(법 제26조 제1항).

이어 한국에서는 1999년에 사회교육법을 명칭변경한 평생교육법 제정(1999. 8.31)이 뒤따르기도 했다. 이후 노무현 정부는 2004.1.29 초·중등교육법에서 유아교육법을 분리하여 제정하였다(시행 2005.1.30.).

일본에서는 교육기본법을 1947년에 제정한 이후에 지속적으로 개정론이 재기되기도 했다. 결국 2006년에 이른바 국가경쟁력과 일본인의 정체성을 강조한 신 교육기본법이 국회를 통과(2006.12.15.)하였고 곧바로 시행(2006.12.22.)에 들어갔다. 제정이후 단 한 번의 개정이었다.

이에 비하여 한국은 교육의 진흥에 관한 조항을 비롯하여 관련 정책의 법적 근거를 마련한다는 취지에서 1998년 법 시행 이후 2018년까지 20년 동안 무려 17차례 개정이 있었다. 교육에 관한 기본 원칙을 정한 법률로서 그 위상을 우려케 하는 대목이라고 할 수 있다.

2   일본국헌법 제26조의 영향: 교육을 받을 권리 및 기본적 인권

가. 教育を受ける權利(교육을 받을 권리) 표현의 유래

일본의 경우 맥아더 미군정에 의하여 개정된 '일본국헌법'(1946.5.16 제국의회 의결, 1946.11.3공포, 1947.5.3 시행)상 교육 조항등은 '교육을 받을 권리'라는 표현등으로 한국 헌법에도 영향을 주었다

교육권의 주체 논쟁은 일본의 국가교육권론과 국민교육권론 간의 논쟁에서 비롯되었다. 그런데 이것은 헌법의 교육조항에 대한 형식적 문리해석과도 무관하지 않다.

일본에서는 '교육을 받을 권리'라는 표현이 국가교육권(國家敎育權)과 국민교육권(國民敎育權)사이의 논쟁의 중심에 서기도 했다. 물론, 오늘날 상식적으로 국민은 교육권의 주체로, 국가는 이 교육에 관한 조건을 정비하여야할 의무의 주체

국가교육권
(國家敎育權)

국민교육권
(國民敎育權)

로 설정되어 있다.

그러나 '교육을 받을 권리'라는 표현은 국가가 교육의 주체로서 교육을 제공하고 국민은 수동적으로 받는 위치에 선다는 것을 전제로 한 것이고, 이 표현은 국가교육권을 전후(戰後)에도 지속하기 위한 일본의 보수우익 집단의 의지가 반영된 표현이기 때문에 수정될 필요가 있다는 지적도 있었다. 문리해석 관점에서 충분히 가능한 해석으로서 용어의 등장 배경을 살펴볼 필요가 있다.

패전 후 일본국헌법은 포츠담 선언에 기초하여 서구식 헌법을 만드는 것을 소명으로 하였고, 당연히 기본적 인권으로서 교육의 권리인 'the right to education'이 반영되었다고 볼 수 있다. 다만 이것을 적당히 번역할 용어가 없어서 '教育を受ける權利'로 일역(日譯) 하였다고 보는 입장이 있는가 하면, 국가교육권을 유지하기 위한 의도적인 오역(誤譯)이었다고 주장하는 입장도 있다. 일본의 교육법학계에서는 이러한 오해 해소를 위해 '교육에의 권리(敎育への權利)'로 표현하기도 한다.

사실, 대일본제국헌법(大日本帝國憲法, 1889.2.11)에서는 교육에 관한 규정을 두지 않고, 교육문제는 천황의 대권사항(大權事項)으로 분류되어 처리되었다. 따라서 천황의 명령인 칙령으로 '교육에 관한 칙어(敎育ニ關スル勅語, 1890.10.31)'를 공포하게 된 것이다.

이에 따라 국가주도의 교육은 황국의 생존을 위한 신민을 국가적으로 양성하기 위한(국가에의 교화) 사업이었으며 국민은 이러한 국가에 대한 의무로서 군국주의 교육의 대상일 뿐이었다.[6] 따라서 역사적 배경 하에서 패전 후 일본국헌법에 등장하는 '교육을 받을 권리'가 근본적으로 개인의 인격 완성에 초점을 둔 권리로서 표현되었다 하더라도, 국가교육권을 유지하기 위한 의도적 오역이었다는 의구심을 받기에 충분하였다고 볼 수 있다.

한편, 한국의 경우 대한제국하의 헌법이라 일컬어지는 홍범14조(1895.1.7)에는 특별히 제국의 백성을 위한 교육에 관한 조항은 없으나 인재의 외국 유학교육에 관한 사항(제11조)[7]을 두어 교육에 대한 관심을 보이기도 했다.

---

the right to education

의도적인 오역(誤譯)

천황의 대권사항(大權事項)

---

6 永井憲一(1993), 敎育法學, エイデル硏究所, 43-46頁. 교육칙어 원문과 해설이 잘 소개되어 있다.
7 홍범14조중 제11조 널리 자질이 있는 젊은이를 외국에 파견하여 학술과 기예(技藝)를 익히도록 한다.

이어 교육입국조서(敎育立國詔書, 1895.2.2)를 공포하였는데, 여기에서도 교육이 국가를 보존하는 근본이라는 중요성을 강조하면서 전통적인 도덕교육에 지식교육과 체육교육을 새롭게 하는 교육의 근대화를 강조하였을 뿐, 교육을 받을 권리에 대하여는 언급이 없었다.

그리고 1910년부터는 앞서 살펴본 일본의 교육에 대한 칙어에 근거한 조선교육령(朝鮮敎育令: 1911.8.23)이 공포되었다. 여기에 규정되어 있는 교육 또한 국가에 의해 충량한 국민이 되도록 식민지 백성에게 베풀어지는 것이었다.[8]

물론, 임시정부의 건국강령 등에서 취학의 의무－수학권(受學權)－취학요구권 등의 개념이 사용되기도 했으나 제정헌법은 일본의 헌법규정을 그대로 수용한 '교육을 받을 권리'와 동일하게 규정하였다.

전후 일본에서는 교사의 인사 및 교육활동에 대한 국가의 통제와 관련하여 교원조합(日敎組)과 갈등이 있었고, 몇 건의 재판(근무평정 재판 및 교과서재판)을 거치면서 교육의 주체에 관한 논쟁(국가교육권 & 국민교육권)이 일면서 '교육권(敎育權)'이란 용어가 부각되기도 했다.

그러나 한국에서는 같은 '교육을 받을 권리'라는 용어를 사용하면서도 이에 대한 논란은 없었으며, 1988년 전교조(全敎組) 결성 후, 일본의 교육권 논쟁이 국내에 소개되었고 국가주도 교육에 맞서는 전교조 투쟁의 이론적 기반을 제공하기도 했다.

즉, 제정 헌법 당시 임시정부의 건국강령등에 나타난 의무에서 권리(취학의무－수학권－취학요구권)로의 전환 개념을 헌법 규정에 적절히 담아내지 못하고, 일본의 헌법조항을 그대로 모방 계수했다는 점은 상당히 아쉬운 부분이다.[9]

---

8 조선교육령 제1조 － 조선에 있어 조선인의 교육은 본령에 의한다. 제2조 교육은 『교육에 관한 칙어』의 취지에 기초하여 충량한 국민을 기르는 본의로 한다. 제3조 교육은 시세와 민도에 맞도록 이를 베푼다. 제4조 교육은 이를 크게 나누어 보통교육, 실업교육 및 전문교육으로 한다. 제5조 교육은 보통의 지식, 기능을 가르쳐 주고, 특히 국민된 성격의 함양함을 목적으로 한다.(이하 생략)

9 교육법 제정사에 천착한 바 있는 정태수(1996:77) 역시, "건국 헌법의 '교육을 받을 권리'라는 규정은 당시의 일반적 이해 수준을 초월한 규정(교육은 당연히 국가가 주관하는 사업이라는 인식이었는데 받는 권리로서 기술한 점－저자주)이었다고 보아야 할 것이다. 그리고 교육을 받을 권리가 헌법에 도입되는 과정에서 직접 참여한 몇몇 엘리트를 제외하면 그 권리성에 대한 인식이 미약했으며, 게다가 자유권에서 사회권으로의 전환 논리에 대해서도 자각하지 못한 것으로 보여진다"고 술회하고 있다.

게다가 학계에서는 교육을 받을 권리의 기본권성에 대한 반성적 논의가 부족했으며, 1980년대 교육노동운동 과정에서 그다지 생산적이지 못한 일본에서의 교육권 주체 논쟁의 틀이 다시 한국에 수입되어 재연되었다는 점은 역사의 아이러니가 아닐 수 없다.

서구 헌법의 기본적 인권으로서 교육의 권리인 'the right to education'이 '教育を受ける權利'로 일역(日譯)되고 이것이 한국헌법 '교육을 받을 권리'로서 모방 승계됨에 따라 국가가 주관하는 교육을 수동적으로 받을 권리(이른바 受敎育權)로 이해하려는 경향이 있어왔던 것이다. 이는 교육권을 교육에 관한 헌법상의 인권보장이라는 측면에서 이해하지 않고 '받을 권리'에 대응하는 '시킬 권리'로 좁게 해석하는 결과 초래하게 되는데, 이 경우 헌법상 기본권으로서 교육권은 공동화(空洞化) 될 수밖에 없다.

이러한 교육권에 대한 이해방식은 교육권의 권리성과 인권성을 배제한 것으로 분석적, 실정법적 개념으로서는 한계가 있었다. 현재 일본에서도 '교육을 받을 권리'에서 '교육에의 권리(敎育への權利)'로 포괄적 해석하는 경향이 있다.

교육에의 권리
(敎育への權利)

나. 基本的人權(기본적 인권) 표현의 유래

일본의 대표적인 헌법학자인 아시베 노부요시(芦部信喜)는 基本的人權(fundamental human right)이라는 말은 포츠담선언 10항에서 말하는 "언론, 종교 및 사상의 자유와 더불어 기본적 인권존중을 확립해야 함"에 유래하고, 이것이 일본국헌법에 반영된 것인데, 기본적이란 뜻은 인권가운데 기본적인 것이라는 의미가 아니라 인권이 기본적인 권리인 것을 명확히 한 것으로서 양자를 구별해 생각해야 할 것은 아니라고 한다(芦部信喜, 憲法學 Ⅱ-人權總論, 有斐閣, 1994:46).

기본적 인권
(基本的 人權)

일본국 헌법(1946.11.3) 제11조에도 '기본적 인권(基本的 人權)'이란 표현이 등장한다. 즉, "국민은 모든 기본적 인권의 향유를 방해받지 않는다. 이 헌법이 국민에게 보장하는 기본적 인권은 침범할 수 없는 영구한 권리로서 현재 및 장래의 국민에게 주어진다"고 규정하고 있다.

이처럼 일본국헌법의 경우 '기본적 인권'이라는 표현을 제정 헌법에서부터 사용하고 있으나 한국의 경우에는 제정헌법에서는 '인권' 혹은 '기본적 인권'이란 용어는 등장하고 있지 않다. 일본 헌법학계에서 논의된 인권 중의 인권으로서 교육을 받을 권리의 필요성 논의는 이후 한국의 교육법 논의에서도 함께 등장하였고, 이후 1962년 헌법개정[10]에서 기본적 인권 규정이 새로이 규정되기도 했다.

　현행 대한민국헌법 제10조는 "모든 국민은 인간으로서의 존엄과 가치를 가지며, 행복을 추구할 권리를 가진다. 국가는 개인이 가지는 불가침의 기본적 인권을 확인하고 이를 보장할 의무를 진다."고 규정하고 있다. 교육이 인격을 완성하고 인간다운 삶을 보장하기 위한 과정으로서 필수 불가결하게 요구되는 일이라면, 당연히 헌법상의 인격존중과 인간다운 삶, 그리고 행복추구에 관한 사항은 직·간접적으로 교육을 받을 권리와 연계되어 있다고 할 것이다.

　이러한 교육과 관련된 권리가 교육을 받을 여러 영역에 걸쳐 보장되어 있고, 더불어 정작 교육에 관한 권리가 '교육을 받을 권리'로 표현되어 있는 양국의 헌법 규정 상황에 따라서 자연스럽게 교육권 내지 교육기본권의 성격은 종합적 기본권 혹은 총체적 기본권이라는 논의를 낳게 되었다고 할 수 있다.

　대부분의 헌법 저서가 언급하는 기본권에 관한 용어가 대한민국의 헌법에는 등장하지 않고 1962년 헌법에서부터 '기본적 인권'이란 표현으로 등장하고 있다.

　일본 역시 각종 헌법서적에서 국민의 기본권을 인권 혹은 국민의 권리(헌법 제3장 국민의 권리와 의무)란 명칭으로 논의하고 있고, 실제 헌법에서는 '기본적 인권'은 제11조에서 등장하고 있다.

---

10 제5차 개정인 1962년 헌법개정에서는 제2장의 표제로 '국민의 권리와 의무'(제정 헌법에서는 국민의 권리의무)라는 표현한데 이어, 제8조에서 "모든 국민은 인간으로서의 존엄과 가치를 가지며, 이를 위하여 국가는 국민의 기본적 인권을 최대한으로 보장할 의무를 진다."라고 하여 처음으로 기본적 인권이란 말이 헌법에 등장했다. 1987년에 개정된 현행 헌법은 제10에서 위와 같은 규정을 두게 되었다.

표 5-1	기본적 인권 보장 조항의 한국/일본 간 비교

	일본국 헌법(제정 = 현행)	대한민국 헌법(현행 8차 개정)
기본적인권 인간존엄성 행복추구권 인간다운생활	제11조 국민은 모든 기본적 인권의 향유를 방해받지 않는다. 이 헌법이 국민에게 보장하는 기본적 인권은 침범할 수 없는 영구한 권리로서 현재 및 장래의 국민에게 주어진다.[11]	제10조 모든 국민은 인간으로서의 존엄과 가치를 가지며, 행복을 추구할 권리를 가진다. 국가는 개인이 가지는 불가침의 기본적 인권을 확인하고 이를 보장할 의무를 진다.
기본권제한	제13조 모든 국민은 개인으로서 존중받는다. 생명, 자유 및 행복을 추구할 권리는 공공복지에 반하지 않는 한 입법 기타 국정상 최대한 존중되어야 한다.[12] 제25조 모든 국민은 건강하게 문화적인 최저한도의 생활을 영위할 권리를 갖는다.[13]	제34조 ① 모든 국민은 인간다운 생활을 할 권리를 가진다. 제37조 ① 국민의 자유와 권리는 헌법에 열거되지 아니한 이유로 경시되지 아니한다. ② 국민의 모든 자유와 권리는 국가안전보장·질서유지 또는 공공복리를 위하여 필요한 경우에 한하여 법률로써 제한할 수 있으며, 제한하는 경우에도 자유와 권리의 본질적인 내용을 침해할 수 없다.

다. 대한민국 헌법에의 영향: 교육을 받을 권리

일본국헌법 제26조와 대한민국헌법(제정헌법) 제16조(현행 31조)는 여러 면에서 유사하고, 용어의 사용 자체가 연관성이 매우 강하다. 몇 가지 유사한 점을 지적하면 다음과 같다.

(1) '교육을 받을 권리'라는 표현

우선 일본국헌법에서 '教育を受ける權利(교육을 받을 권리)'라는 표현은 대한민국헌법에 직역한 의미 그대로 규정되어 있다. 대한민국 임시정부의 임시헌장

대한민국 임시정부의
임시헌장

---

11 일본국헌법 제11조 원문: 国民は、すべての基本的人権の享有を妨げられない。この憲法が国民に保障する基本的人権は、侵すことのできない永久の権利として、現在及び将来の国民に与へられる

12 일본국헌법 제13조 원문: すべて国民は、個人として尊重される。生命、自由及び幸福追求に対する国民の権利については、公共の福祉に反しない限り、立法その他の国政の上で、最大の尊重を必要とする。

13 일본국헌법 제25조 원문: すべて国民は、健康で文化的な最低限度の生活を営む権利を有する。

(1919.4.11)에는 "대한민국의 인민은 교육, 납세 및 병역의 의무가 있다"라고 규정한 바 있고, 1941년 중경 임시정부의 '대한민국 건국 강령'에서는 공교육비(公敎育費)로서 학권(學權)을 균등히 보장할 것을 규정(총강 제6항)한 바 있었다. 그리고 1944년의 '대한민국 임시헌장'에서는 '취학(就學)을 요구할 권리'가 모든 인민의 권리로 규정하기도 했었다(제3조 제3항).

이렇듯 식민통치기에 해외에 수립된 임시정부의 문건에서도 등장하지 않던, '교육을 받을 권리'라는 표현은 일본이 헌법을 제정한 1947년 11월 이후 대한민국 헌법이 제정된 1948년 7월에 유사하게 등장하고 있는 것이다.

이러한 유사성은 일본의 헌법을 당시 대한민국 제헌국회 의원들이 모방하고자 한 것이라기보다는, 당시 일본과 한국 모두에 적용되고 있던 미군정하에서 맥아더사령부에 의해 주도되던 자유민주국가의 건설과 미국식 민주주의 교육 제도의 정착이라는 시대적 배경이 같았다는 점에서 원인을 찾을 수 있겠다. 즉, 일본국헌법은 구 식민통치 국가의 헌법이라기보다는 제국주의 헌법을 타파한 맥아더사령부에 의해 주도된 미국식 헌법으로 인식된 결과라고 할 수 있다. 지금도 일본인들은 자국의 헌법을 '평화헌법' 혹은 '맥아더 헌법'이라 호칭하기도 한다. 일본을 모방했다기보다는 군국주의 잔재를 청산하려는 미군정이 주도하여 만든 미국식 일본국헌법을 미국식헌법으로 크게 거부감 없이 받아들였다고 보는 것이 더 적합한 해석으로 판단된다.

(2) 교육 법률주의 관련 조항

일본국 헌법에서 전제로서 기술된 '법률에 정한 바에 따라'(法律の定めるところにより)라는 표현은 교육 법률주의 원칙을 천명한 것으로 해석되며, 이는 과거 교육 칙령주의에 대한 반성을 반영한 것이라 할 수 있다. 대한민국헌법 역시 표현은 다르지만 '교육제도는 법률로서 정한다'라고 하는 교육제도 법률주의를 같은 맥락에서 규정하고 있다. 한국이 교육제도에 한정한 듯한 표현을 쓰고 있다는 점이 일본과 다른 부분이나 일본에 있어서도 학교교육제도 법률주의가 통설적 견해인 것은 마찬가지이다.

(3) 교육기회 균등의 원칙: 능력에 따라 균등한 교육기회의 보장

일본국 헌법에서 표현되는 능력에 따라 동등한 교육이라는 원칙은 교육기회의 균등 원칙으로서 대한민국 헌법에도 유사하게 규정되고 있다. 다만, 대한민국의 경우 제정헌법에서는 단지 '균등하게 교육을 받을 권리'라고 표현하였으나, 이후 1962년 헌법 개정에서는 '능력에 따라 균등하게'라는 표현으로 수정된 바 있다.

양국의 교육기본법에서 보다 자세하게 교육활동에 있어서 평등하게 대우하여야 할 경우를 예시하고 있는데, 이는 교육영역에 있어서 법 앞의 평등이라는 헌법 이념을 실현하기 위한 조치라고 할 수 있다. 동시에 평등권은 모든 기본권 실현의 방법적 기초라는 점에서 당연한 규정이기도 하다.

다만, 교육의 이념상 평등(형평)우선 교육과 수월성 추구 교육이 항상 정책의 우선순위를 두고 쟁점화 되고 있다는 점에서 수월성 추구의 교육에 대한 헌법적 규정이 없다는 점에서, 교육의 법제화에 있어서는 평등의 원칙이 보다 근본적인 헌법정신이라고 해석하는 것이 적절할 것으로 판단된다.

(4) 무상 의무교육의 원칙

일본과 한국 모두 무상 의무교육의 원칙을 제정 헌법에서부터 밝히고 있다. 다만, 대한민국헌법의 경우 '의무적'이라는 표현을 사용했었고, 일본이 '보통교육'이라고 한 반면, 한국은 '적어도 초등교육'이라고 표현한 점에 다소간 차이가 있다.

적어도 초등교육

'적어도'라는 표현은 대한민국 국회에 제출되었던 초안에서는 없던 표현이나 제헌국회 심의과정에서 향후 의무교육이 확대할 수 있다는 입법취지를 반영하여 '적어도'라는 표현이 추가되게 되었다. 다만 구어체적 '적어도' 표현은 향후 헌법개정시 '최소한'으로 개정하는 것이 바람직하다 할 것이다.

(5) 학문의 자유 보장

양국의 제정 헌법 모두에는 '학문의 자유' 보장 규정이 나온다. 다만, 일본의 경우는 주어를 국민이란 난어를 사용하지 않았으나 대한민국은 '모든 국민'을 학문의 향유의 주체로서 분명히 하고 있다는 차이점이 있다. 오늘날에는 국민의 자유로서 받아들여지는 것이 상식이지만, 초창기 학문의 자유가 대학에 한정하는 자유로서 해석되기도 했다는 점에서 한국의 헌법 쪽이 보다 포괄적인 규정이었다고 할 수 있다.

물론, 이 규정은 교육법학의 논의 진전과 함께, 대학 및 대학교수에게 있어서 학문의 자유와 달리 초·중등학교 교사의 교육의 자유를 헌법상의 기본권으로 인정할 것인지에 대하여 논의에서 쟁점으로 대두되기도 했다.

일본의 최고재판소나 한국의 헌법재판소 모두, 초·중등학교 교사에게 있어서 교육의 자유는(한국의 경우 교사의 수업권이라 칭함) 가르치는 대상의 특성(자기결정 능력이 미숙한 미성년이라는 점)과 공교육 제도의 유지를 위하여 교사의 교육의 자유는 어느 정도 제약이 불가피 하다는 공통된 입장을 보이고 있다.

(6) 대한민국 교육법만의 특징: 국가 교육감독권 강조

일본은 제국주의 적인 교육을 배제하고자 하는 강한 입법의지가 있었으므로 교육에 관한 국가 감독권에 관한 규정은 찾아 볼 수 없다. 오히려 교육기본법에서는 교육행정의 부당한 지배 금지 원칙과 교육여건의 조성 지원에 한정하는 교육행정으로 구체화 되기도 했다.

반면, 제헌 대한민국헌법의 경우 일본국헌법에서는 다루지 않은 국가교육권에 관한 부분을 지적할 수 있다. 즉, '모든 교육기관은 국가의 감독을 받으며'라는 표현을 사용하고 있는데, 오히려 국가교육권적 관점에서 규정된 것으로 일본보다 대한민국의 경우가 그 성격이 더 강했다고도 평가할 수도 있다.

대한민국 헌법의 경우 국가의 기본적인 역할을 학교에 대한 감독기능을 기본으로 한 것이다. 그러나 이것은 과거 식민통치하에서 총독부가 자행하던 교육기관에 대한 통제를 국가가 나서서 국가교육권의 이름으로 감독하여 지속하겠다는 의미로 보기는 어려울 것이다. 교육의 공공성 유지를 위해서 국가에게 보다 적극적인 역할을 부여한 것으로 이해하는 것이 시대정신에 부합된 해석이라 할 수 있다. 양국 헌법을 비교하면 〈표 5-2〉와 같다.

표 5-2	교육을 받을 권리 및 학문의 자유조항의 한국/일본 간 비교	

	일본국 헌법	대한민국 헌법
교육을 받을 권리	현행 헌법 제26조 모든 국민은 법률에 정한 바에 따라 그 능력에 따라서 똑같이 교육을 받을 권리를 가진다. 모든 국민은 법률에 정한 바에 따라 그 보호하는 자녀에 보통교육을 받게 할 의무를 진다. 의무 교육은 이를 무상으로 한다.[14]	제헌 헌법 제16조 모든 국민은 균등하게 교육을 받을 권리가 있다. 적어도 초등교육은 의무적이며 무상으로 한다. 모든 교육기관은 국가의 감독을 받으며 교육제도는 법률로서 정한다.
학문의 자유	제23조 학문의 자유는 이를 보장한다. 学問の自由は´これを保障する｡	제14조 모든 국민은 학문과 예술의 자유를 가진다. 저작자, 발명가와 예술가의 권리는 법률로써 보호한다.
기본적인권	제11조 국민은 모든 기본적 인권의 향유를 방해받지 않는다. 이 헌법이 국민에게 보장하는 기본적 인권은 침범할 수 없는 영구한 권리로서 현재 및 장래의 국민에게 주어진다.[15]	제10조(현행헌법) 모든 국민은 인간으로서의 존엄과 가치를 가지며, 행복을 추구할 권리를 가진다. 국가는 개인이 가지는 불가침의 기본적 인권을 확인하고 이를 보장할 의무를 진다.

※ 제정당시(1948.7.17) 대한민국헌법에 기본적 인권이란 표현은 등장하지 않고 있다.
　현행 대한민국헌법 제31조 ① **모든 국민은 능력에 따라 균등하게 교육을 받을 권리**를 가진다. ② 모든 국민은 그 보호하는 자녀에게 적어도 초등교육과 **법률이 정하는 교육을 받게 할 의무**를 진다. ③ **의무교육은 무상**으로 한다. ④ 교육의 자주성·전문성·정치적 중립성 및 대학의 자율성은 법률이 정하는 바에 의하여 보장된다. ⑤ 국가는 평생교육을 진흥하여야 한다. ⑥ 학교교육 및 평생교육을 포함한 교육제도와 그 운영, 교육재정 및 교원의 지위에 관한 기본적인 사항은 법률로 정한다.

14　일본국헌법 제26조 원문: すべて国民は、法律の定めるところにより、その能力に応じて、ひとしく教育を受ける権利を有する。すべて国民は、法律の定めるところにより、その保護する子女に普通教育を受けさせる義務を負ふ。義務教育は、これを無償とする。

15　일본국헌법 제11조 원문: 国民は、すべての基本的人権の享有を妨げられない。この憲法が国民に保障する基本的人権は、侵すことのできない永久の権利として、現在及び将来の国民に与へられる

3 일본 교육법학의 영향

가. 교육법학의 소개와 논문에의 영향

(1) 교육법학 최초 소개글: 안기성 및 박인희를 통한 가네꼬의 교육조리론

한국에 최초로 교육법학을 소개한 이는 안기성(고려대학교 명예교수) 교수였다. 그는 큐수대학(九州大學)에서 교육법을 접하고 석사학위를 취득하기도 했다. 그가 1976년 8월에 대한교육연합회가 발간하는 교육전문 월간지 『새교육』지에 발표한 소논문이 바로 교육법학을 한국에 알리는 계기가 되었다. 당시 가네꼬 교수의 교육법 시격을 인용하여 교육법하의 가능성과 방법론에 대하여 소개하기도 했다. 이어서 박인희가 경북대학교 논문집에 교육법학을 소개하는 논문을 게재했는데, 이 또한 가네꼬의 교육조리론을 상당부분 소개한 초기의 글이었다. 두 논문은 다음과 같다.

- 안기성(1976) "教育法學의 可能性;그 방법론적 序說"(새교육, 8월호)
- 박인희(1977) "教育法學考, 教育法研究序說"(경북대, 논문집, 24)

(2) 교육법 관련 박사학위 논문의 출현과 일본 교육법학의 영향

일본교육법학이 소개될 무렵 백명희의 박사학위 논문이 나온 것은 주목할 만하다. 그녀는 일본에 체류하면서 1970년대 초중반 일본 교육법학의 논의를 접하였고, 교육법학계의 다수의 논문과 학회 연보를 참고하였다. 그의 교원의 권리의무에 관한 교육학 박사학위 논문은 교원자신의 법적 지위에 관한 설문조사를 병행한 논문으로서 법해석학적 방법에 법사회학적 방법을 접목한 의미있는 시도라 할 수 있다. 교육법학 연구사에 있어서는 최초의 국내 교육법 분야 박사학위 논문으로 평가되고 있다.

이어 국내 논문으로는 박인희가 교육의 자유에 관하여 이번에는 법학분야에서 박사학위 논문을 출간했다.

한편, 정태수는 일본 쯔꾸바대학에서 1985년 9월에 한국교육법의 성립과정에 관한 연구─교육권의 인식과 보장의 관점에서─로 교육학박사학위(논문박사)를 수여하였는데, 그의 학위 수여는 이듬해 대한교육법학회를 출범시키는 계기가 되었을 것으로 판단된다.

이어 강인수는 1987년에 학생·부모의 교육권에 관한 연구로 교육학박사학위를 취득하였는데, 일본의 판례를 소개하기도 했다.

1990년에 신현직은 교육기본권에 관한 연구로 서울대학에서 법학박사학위를 취득하였는데, 일본의 교육법학 논의와 가네꼬의 교육조리론을 충분히 수용하여 교육기본권론을 전개했다는 점에서 이후 연구에 적지 않은 영향을 미치기도 했다.

- 백명희(1977) "한국교원의 권리·의무에 관한 연구"(이화여대 박사) ─ 연보 소개
- 박인희(1982) "현대 교육법원리로서 교육의 자유─미·일법리를 중심으로"(경북대박사)
- 정태수(1985) "한국교육법의 성립과정에 관한 연구"(일본 쯔꾸바대학, 교육학박사)
- 강인수(1987) "학생·부모의 교육권에 관한 연구"(고려대박사) ─ 일본 판례 소개
- 신현직(1990) "교육기본권에 관한 연구"(서울대박사) ─ 일본 교육권론 소개

나. 일본교육법학회 학술활동의 영향: 국민교육권론

(1) 한국교육법학회의 창립(1984): 일본 헌법학계와의 교류

일본과의 교류의 문을 먼저 연 것은 김철수 교수 등이 창립한 한국교육법학회(1984)였다. 이들은 정기적인 연구모임이나 학술지 편집 활동보다는 기획 세미나를 중심으로 활동해왔다. 한국교육법학회 주최로 1995년 2월 24일에 "한국법학교육 100주년 세미나"가 개최되게 되었는데, 이 자리에 나가이 켄이치(永井憲一) 당시 일본교육법학회회장(91.6~95.3)이 당시 김철수 한국교육법학회장의 초대로 발표[16]를 하게 되었다. 교육법을 통한 한국과의 첫 번째 교류였던 셈이었다. 그러나 주제는 법학교육에 관한 것이어서 본격적인 학술교류의 장이되지는 못했다.

---

16 "일본의 대학에서의 법학교육의 현상과 개혁 동향"에 대하여 발표함(1995.2.24)

(2) 대한교육법학회의 창립(1986): 일본교육법학계와의 교류

대한교육법학회는 안기성 초대회장을 필두로 정태수, 강인수, 표시열, 박재윤 등이 참가하여 교육학계 인사들을 중심으로 1986년 9월 창립하게 되었다. 앞서 살핀 바와 같이 이들은 대부분 일본의 교육법학을 이미 접하고 있는 터였고, 학위논문을 통하여 일본의 학설과 판례에 대하여는 꾸준히 접해왔다.

이러한 개인적 교류를 바탕으로 일본교육법학회 회장이 정식으로 대한교육법학회에 초대된 것은 2009년 12월에 열린 연차학술대회에 이치가와 회장 (市川順美子: 09.5~15.5)이 고전 대한교육법학회장(2009.1.~2010.12)의 초대로 한국을 방문한 것이 처음이었다. 이때, 이치가와 회장은 대한교육법학회의 "한국교육법 제정 60주년 세미나(09.12)"에서 일본의 교육기본법 관련 주제 발표[17]를 하였다.

(3) 양국 학회간의 인적 학술적 교류

한국의 교육법 연구자들은 개인적인 자격 혹은 일본 교육법학회의 초대를 받아 연차대회(정기총회)에 참석하여 자유 및 기획주제를 발표하기도 했다. 2010년의 일본교육법학회 40주년 기념 정기총회에는 한국의 대한교육법학회 회장(고전)[18]과 학술이사(노기호)가 초대되어 참석하기도 했다. 정기총회에서 발표된 논문의 예를 들면 다음과 같다.

- 고전(2000, 자유연구발표－"한국의 교육3법체제의 재편과 과제") 연보31호
- 고전(2003, 분과발표주제－"한국의 학교운영위원회 법제 운영과 실태") 연보 34호
- 김용(2011, 자유연구발표－"한국에 있어서 교육규제완화 입법현상과 문제") 연보 41호
- 김용(2018, 자유연구발표－"한국에 있어서 교육행정의 법화와 학교의 생활세계의 변용") 연보 47호

---

17 "신 교육기본법 이후의 교육법제의 전개"에 대하여 주제 발표함(2009.12)

18 고전 고문(전회장)은 1996년 방일하여 게이오대학 대학원 연구과정('96.1－'97.3)을 수행하던 중 와세다대학 대학원에서 나가이 교수의 교육법세미나를 수강한 바 있다. 일본학술진흥회(JSPS) 초청으로 동경대학에서 연구조교수('01.2－'03.2)로 우라노(浦野東洋一;동경대교수)와 일본의 교육개혁과 학교자율화에 대한 공동연구를 수행하면서 일본교육법학회 인사들과 폭넓은 교류를 하였다.

한편, 대한교육법학회에는 국제학술특별위원회를 설치(위원장 고전)하고 동아시아등과의 학술교류를 추진하고 있는데, 한국, 일본, 중국, 대만의 교육법학자들을 중심으로 아시아교육법비교연구회가 수년째 지속되고 있다.

다. 일본의 교육재판 운동과 한국의 전교조: 교육법적 논거 제공

잘 알려진 바와 같이 일본의 교육법학의 탄생 배경은 국가주의 교육행정에 따르는 교원 집단의 반발과 교육재판을 통한 분쟁이 큰 원인이 되었다. 이들에게 교원의 교육활동의 자유의 의미와 헌법적 가치에 대하여 이론적 논거를 제공한 식자층이 바로 일본교육법학회였다. 일본교육법학회가 결성된 결정적 계기도 1970년의 교과서 재판에 교육법학자들의 교육자유론 및 교육조리론이 재판에 반영된 것과 무관하지 않다. 교원의 근무평정에 대한 재판, 교과서 재판, 국가 주관 학력테스트 재판 등이 대표적이다.

한국에 있어서도 전국교직원노동조합이 1989년 5월에 결성되었다. 이들 역시 국가주도의 교육개혁 및 교원정책에 대하여 이의를 제기하며, 특히 교원들의 노동기본권 부재 상황에 대하여 인권침해라는 관점에서 강하게 반발하였다. 이들이 1999년 1월 29일 '교원의 노동조합 설립 및 운영 등에 관한 법률' 제정으로 제한적인 노동2권이나마 보장받게 되기까지는 10여 년 동안의 법외단체 혹은 불법단체로서 머물러야 했다.

1980년대 후반 헌법재판소가 개원된 이후 교육기본권과 관련된 각종 재판을 제기한 이들도 직·간접적으로 전교조와 관련된 경우가 많았다. 국정교과서 제도에 대한 헌법소원, 교원의 노동기본권 제한에 대한 헌법소원 등이 대표적이다. 이 무렵 일본의 교육법 관련 저서들이 번역되어 출간되기도 했다.

카츠노 나오유키(勝野尚行, 1976, 法律文化社)의 『교사 전문직의 이론－교육노동법학 서설－』은 이철국[19] 교사가 『교사론』(1989, 거름)으로 번역하였는데 일본

---

[19] 1985년 민중교육지 사건으로 해직 당했다가 1988년 복직되었고, 전교조 결성되던 1989년 5월(1989.5.11)에 이 책을 간행했다.

의 교육노동법학론을 전달한 대표적인 번역서라고 할 수 있다.

라. 한국 교육법에 반추해 보아야 할 일본교육법학계의 논쟁점

(1) 헌법규정(교육을 받을 권리)을 둘러싼 국민교육권과 국가교육권 논쟁

일본의 경우에는 헌법에 '교육을 받을 권리'라는 표현을 쓰고 있는 것에 대하여 학자들은 적합성 논쟁을 벌리기도 했다. 즉, 국가교육권을 염두에 둔 보수 우익들의 의도적인 오역(誤譯; the right to education에 대한 잘못된 번역)에 의해서 이러한 표현이 되었다는 비판론이 제기되었다. 대신 '교육에의 권리'나 '교육에 관한 권리'로 표현하는 대안도 제기되었다.

학습권에 대응하는 교육을 시킬 권리로서 교육권의 상정은 자연스럽게 교육권의 주체가 누구인가라는 주체 논쟁으로 확대되었다. 국민교육권과 국가교육권 논쟁은 헌법학자들까지 연계하여 진행하였고, 이러한 주체 논쟁이 실질적으로 자녀의 교육권 보장에는 별로 도움이 되지 못했다는 비판론도 제기되었다.

이에 비하여 같은 표현을 쓰고 있던 한국의 경우에 '교육을 받을 권리'의 해석에 대하여 이렇다 할 쟁점이 제기된 적은 없었다. 다만, 헌법학자들 사이에 일본의 교육법 논쟁이 부분적으로 소개되어 논의가 잠시 있기도 했으나 헌법규정의 적합성 논의에는 이르지 못했다.

어떻게 보면 향후 교육개혁의 방향과 교육당사자간의 역할분담 및 상호협력의 원칙을 도출해 내는 중요한 열쇠가 여기에 내포되어 있을 지도 모를 일이다.

(2) 교육기본법상 교육행정의 기본원칙: 부당한 지배의 금지

일본의 구 교육기본법에 표현되고 있는 부당한 지배의 금지와 조건 정비를 위한 교육행정의 원칙은 오랫동안 일본교육행정의 원칙이 되어 왔다.[20] 물론,

---

20 구 교육기본법 제10조(교육 행정) ① 교육은 부당한 지배에 따르지 않고 국민 전체에 대한 직접 책임을 지고 행해져야 한다. ② 교육행정은 이 자각 아래, 교육의 목적을 수행하는데 필요한 제 조건의 정비 확립을 목표로 행해지지 않으면 안된다.

2006년 교육기본법 개정[21]으로 부당한 지배 금지가 '교육행정'에서 강조되기보다 '교육'의 일반 원칙으로 희석되고, 그 자리에 교육 법률주의가 강조되면서 교육 행정에 대하여는 역할분담과 상호협력의 원칙이 부각되는 변화도 거쳤다.

긍정적이던 부정적이던 교육행정 자체를 교육기본법에서 정면으로 다룬 일본의 선례는 한국의 지방교육자치제를 비롯한 교육행정에 있어서 교육분권, 국가와 지방자치단체의 역할 분담의 원칙을 정하는데 있어서 등에 적지 않은 시사점을 줄 수 있을 것으로 기대된다.

(3) 교육공무원특례법 제정을 둘러싼 교원 신분의 공무원화 논쟁

교육공무원특례법

일본에서 교육공무원특례법이 제정될 당시에, 공무원의 신분을 부여하는 것에 대하여 교원으로서의 전문성보장이 어렵고, 공무원의 특수신분관계에 따르는 기본권 제한이 문제시 될 것이라는 비판론이 제기되었다.

교육공무원법

한국이 1953년 국회에서 교육공무원법을 제안한 문교부 장관의 두터운 신분보장 취지에 모두들 공감하며 통과시켰던 역사와는 다소 대비되는 부분이다.

한국의 교육공무원법 제정은 교육이 국가가 주관하는 사업으로 받아들여지고 공무원 신분이 지위향상과 신분보장의 관건으로 여겨지던 당시로서는 교원들에게 시급히 적용되어야할 특혜적인 법으로 인식되었다. 법안의 전 심의과정을 통해서 볼 때 교사에게 공무원 신분을 부여하는 데에 따르는 근본적인 문제점은 논의의 대상이 될 수 없었다. 그것은 국가의 하급관료로서 신분지어져온 법제사적 배경과도 관련된 것이고 기본권으로서 교육권 의식이나 교사의 교육의 자유 및 기본권 제한에 대한 문제의식이 없었던 당시로서는 당연한 귀결이다.[22]

---

21 신 교육기본법 제16조(교육 행정) 교육은 부당한 지배에 따르지 않고, 이 법률 및 기타 법률이 정한 바에 따라 행해져야 하며, 교육행정은 국가와 지방공공단체와의 적절한 역할분담 및 상호협력 하에 공정하고 적정하게 행해지지 않으면 안된다. 2. 국가는 전국적인 교육의 기회균등과 교육수준의 유지향상을 도모하기 위해 교육에 관한 시책을 종합적으로 책정하고 실시하지 않으면 안된다. 3. 지방 공공단체는 그 지역에서의 교육의 진흥을 도모하기 위해 그 실정에 맞는 교육에 관한 시책을 책정하고 실시하지 않으면 안된다. 4 국가 및 지방공공단체는 교육이 원활하고 지속적으로 실시되도록 필요한 재정상의 조치를 강구하지 않으면 안된다.

22 국회(1953), 제15회 국회정기회의 속기록(제34호), 국회사무처, 17-19면에 게재된 문교위원장(윤택 중)의 심사경위 설명과 문교부장관(김법린)의 법안 제안의 취지와 요점 설명 참조. 고전(1996), "교사의 법적지위에 관한 연구", 연세대대학원 박사학위청구논문, 196면.

이후 한국의 교원정책의 갈등은 이 법이 정하고 있는 공무원으로서의 복무 규정 준용에 따르는 과도한 기본권 제한 문제가 사회민주화 시기 때마다 거론되었고, 교원 노동조합 운동의 발발과 관련자 해직사태라는 사회문제가 되기도 했다. 결국, 1999년 교원노조법 통과라는 결론에 이르기는 했지만 여전히 정치적 활동의 제한을 두고 갈등을 빚고 있다.

이러한 응당 있어야 할 본질적 사항에 대한 논의의 누락 역사는 향후 교원의 사회적 경제적 지위향상이나 교육활동의 자유를 논하기에 앞서, 공무원 신분의 부여의 정당성 및 적절성에 대한 논의가 선행되어야 함을 드러내 보여주고 있다.

본질이 바뀌지 않는 상황에서 교원 신분의 근원적 변화는 기대하기 어렵고, 공무원 신분을 차용하고 있는 본질에 대한 인식이 박약한 문제 의식수준에서의 교원의 법적 지위 개선 정책들은 미봉책일 수밖에 없을 것이다.

(4) 인재확보법 및 급여특별법을 통한 경제적 우대

일본의 인재확보법과 급여특별법은 교원에 대한 경제적 우대를 이끌어 내는 데 적지 않은 역할을 하기도 했다. 다만 그 효과가 시대가 흘러감에 따라 반감되고 약화되었을 뿐이다.

인재확보법은 제2장 제3절(〈표 2−2〉)에서 살펴본 바와 같이, 이 법이 시행된 1974년 당시에 일반 행정직 직원의 급여보다 5.74% 낮았던 공립 소·중학교 교원들의 급여가 1980년에는 7.42%까지 올랐었다. 그러나 그 차이는 점점 낮아져 2012년엔 0.32% 상회에 불과한 것으로 나타났다.

다만, 우대의 기준점을 일반행정직으로 명확히 했다는 점에서 비교 우대 대상이 없는 한국의 교원지위 향상을 위한 특별법의 교원의 보수 특별우대 조항[23]과 비교되기도 한다.

한국의 교원지위향상을 위한 특별법이나, 교원예우에 관한 규정, 2016년엔

---

[23] 한국의 교원의 지위 향상 및 교육활동 보호를 위한 특별법(2016.8.4시행) 제3조(교원 보수의 우대) ① 국가와 지방자치단체는 교원의 보수를 특별히 우대하여야 한다. ② 사립학교법 제2조에 따른 학교법인과 사립학교 경영자는 그가 설치·경영하는 학교 교원의 보수를 국공립학교 교원의 보수수준으로 유지하여야 한다.

이들을 통합한 교원지위향상 및 교육활동 보호를 위한 특별법시행령등이 속속 등장하고는 있으나 여전히 우수교원 확보를 위한 입법조치는 미흡한 상태이다.

한국의 경우 '우수교원'의 정의에 대한 논의 자체가 학계나 행정과정에서 깊이 있게 논의되지 못했다는 점이 지적될 수 있겠다. 교원의 보수우대의 원칙은 일본의 '일반직 공무원'이라는 대비기준 조차도 마련하지 못하여, 현재에도 비교 열위 수준이라고 할 수 있다. 일본의 이에 대한 논의와 입법 사례들은 한국의 헌법상의 교원지위 법정주의 헌법정신을 실현시키는 법제정과 개정과정에 나름의 시사점을 던지고 있다고 본다.

(5) 아동의 권리협약 비준(1993) 이후의 아동인권의 교육법에의 반영

일본은 UN이 정한 아동의 권리협약을 국회에서 비준하는 과정에서도 적지 않은 논란을 겪기도 했다. 불법이민자의 증가와 이에 따르는 후속조치 문제가 엉켜있었기 때문이다. 그러나 한편으로는 학계와 교육계에 지대한 관심을 불러일으켰고, 자녀의 교육권 보호의 관점에서 국내법의 시정에 적지 않은 영향을 준 것으로 판단된다.

한국의 경우에도 시도의 학생인권 조례의 제정 등으로 그 관심이 표출되기는 하였으나 정부차원의 아동의 권리협약의 국내법적 적용에 대한 본격적인 검토는 미흡하였다. 다만, 2007년 초·중등교육법 개정을 통하여 학생의 인권보장 조항이 신설[24]된 것은 고무적인 변화였다. 한국에서는 학생인권 강조가 교권 추락의 한 원인이라는 논란도 제기되었다.

---

24 제18조의4(학생의 인권보장) 학교의 설립자·경영자와 학교의 장은 「헌법」과 국제인권조약에 명시된 학생의 인권을 보장하여야 한다. [본조신설 2007. 12. 14.]

4 한국 헌법 및 교육기본법 개정에의 시사

가. 한국 헌법상 '교육을 받을 권리'의 수정: 교육기본권

신현직의 '교육기본권론'에 관한 박사학위논문[25]과 그의 길지 않았던 학술활동이었지만 현재 교육법학계나 헌법학계에서는 교육기본권을 기본개념으로 교육에 관한 국민의 권리를 이해하려는 논의가 점차 확산되어가고 있다.

만일 한국에 헌법 개정 논의 기회가 온다면, 교육조항 중에서 제일 먼저 고려되어야 하는 것은 불완전한 의미의 '교육을 받을 권리'에 관한 규정을 재규정하는 것이 될 것이다. 해법은 학습권 조항으로 재규정하거나 교육기본권 개념을 중심으로 학습권과 교육권을 하위개념으로 하는 재설정이 가능할 것인지 검토가 필요하다고 본다.[26]

나. 한국 헌법상 평생교육 진흥 주체의 확대: 국가와 지방자치단체

대한민국헌법 제31조 제5항에 기술되어 있는 평생교육 진흥의 주체로서 '국가'만을 설정은 불완전하다. 당연히 '국가와 지방자치단체'로 병렬적으로 그 주체를 확대할 필요가 있을 것이다. 또한, 이때의 평생교육의 개념에 대해서도 헌법에서 학교교육을 제외한 학교 외 교육으로서 평생교육인지, 요람에서 무덤까지라는 본래적인 평생교육의 이념으로서 설정인지에 대한 입장이 좀 더 명확하게 기술될 필요가 있을 것이다.

현행 평생교육법은 법적근거를 헌법 제31조 제5항의 국가의 평생교육진흥의무에서 구하고 있고, 평생교육진흥원이라는 국책연구기관의 명칭에도 굳이 '국가평생교육진흥원'이라는 명칭을 붙여 헌법정신의 구현을 강조하고는 있다. 그러

---

25 신현직(1990), "교육기본권에 관한 연구", 서울대학교 박사학위논문(법학박사, 지도교수 김철수)
26 헌법 교육조항 개정론에 대하여는 고전(2017), "교육기본권 관점에서의 헌법 개정 논의", 교육법학연구 29(2), 1–30면 참조.

나 정작 법의 내용은 평생교육 이념의 구현보다는 과거 사회교육 범주를 벗어나 있지 못하다는 점에서 신중한 접근을 요한다.

다. 한국 교육기본법 개정에의 시사: 개정이유 및 개정내용

(1) 단 한차례의 교육기본법 개정: 한국의 17차 개정과 정책홍보법 우려

일본의 1947년 교육기본법 제정과 단 한차례의 개정인 2006년 개정 시행은 많은 시사점을 준다. 2006년 교육기본법 개정에는 일본 교육법학계를 비롯하여 많은 양식있는 학계인사들이 줄기차게 반대운동을 벌렸으나(평화헌법을 전쟁헌법으로 바꾸려는 전략에서 나오는 우경 보수화에 대한 우려) 결국 개정되고 말았다. 다만, 이들이 1차례의 개정에 이르기까지 수십 년 동안 논의를 축적하고 진중하게 접근하여온 태도를 살펴볼 필요가 있다.

이에 비하여 1997년 4월 1일 시행에 들어간 한국의 교육기본법은 2018년 12월 현재 20여년 동안 17차례 개정을 하여 놀라움을 자아내기도 한다. 잦은 개정의 원인이 되는 중앙교육행정기관의 명칭 규정과 교육의 진흥 조항에 각 정권의 주요 정책현안이 반영되었기 때문이다. 일개 국가의 교육에 관한 기본원칙을 정한 준 헌법적 성격의 교유기본권의 위상을 재정립할 필요성이 있다고 판단된다.[27]

(2) 국가와 지방간 역할분담 상호협력의 원칙: 장관과 교육감의 대립 격화

일본의 2006년 교육기본법 개정에서 가장 눈에 띠는 것은 국가와 지방자치단체 간의 역할분담 및 상호협력 원칙을 천명하고 있다는 점이다. 동시에 단순한 원칙의 선언이 아닌 보다 구체적인 관할 영역을 명료히 하였다는 점에서 입법적 시사점은 적지 않다고 본다.

다만, 교육구성원들에 대한 양국의 교육기본법 내용을 비교하여 볼 때, 한국의 경우가 일본에 줄 수 있는 가장 시사적인 부분은 교육에 관련된 당사자를 '교

---

27 고전(2018), "헌법정신 관점에서의 교육기본법 개정 논의", 교육법학연구 30(1), 1-27면 참조.

육당사자(教育當事者)'라는 중립적인 법적 용어를 사용하여 명확히 함으로서, 교육정책 및 개혁과정에서 교육주체 및 개혁 논쟁이나 개혁주도 및 개혁대상 논쟁을 어느 정도 불식시킬 수 있었다는 점이다.

교육당사자
(教育當事者)

물론 교육당사자라는 개념이 현재 학습자, 보호자, 학교 및 설립·운영자, 교원, 교원단체, 국가와 지방자치단체등 약 6개 집단으로 나누어져 있으나 교원노조를 포괄하지 못하고 있다는 점(현재는 교원노조와 교원단체를 교직단체라는 정책용어로 봉합하여 놓은 상태), 학교 및 설립·운영자의 경우 국립과 공립학교의 경우 국가와 지방자치단체(지도·감독 책임)라는 위치와 겹치는 부분이 있다는 점, 학교 및 사회교육기관의 지도·감독에 있어서 국가와 지방자치단체 간 역할 분담이 명확히 되어있지 못한 점 등은 보다 논의가 필요한 부분이다.

(3) 가정교육의 법제화: 공교육의 사각지대에 대한 법적 지원 필요

가정교육

일본의 신 교육기본법은 가정교육에 관한 부분을 신설하여 국가에 의한 지원원칙을 천명하고, 교육의 일차적인 책임이 가정에서 출발함을 명시하고 있다.[28]

한국의 경우 '인성교육진흥법' 조차 새로이 제정하고 그 중요성이 강조되고 있음에도 정작 교육의 기본원칙을 정한 교육기본법에서는 가정교육에 대한 언급이 빠져있는 것은 상당한 입법적 불비가 아닐 수 없다. 물론, 통제를 위한 법제화라는 규제 법규보다는 가정에서의 교육활동을 지원하고 학교와의 연계를 강화하기 위한 지원 및 조성 법규로서 관련 조항이 추가될 필요가 있을 것이다.

(4) 정치교육의 명시: 중립성 내세운 내거티브형 입법 개선

정치교육

일본의 신구 교육기본법 모두는 정치교육을 조항을 담고 있고, 개정되지 않은 그대로 반영되었다. 제14조는 "양식있는 공민으로서 필요한 정치적 교양은 교육상 존중되지 않으면 안된다는 원칙(제14조 제1항), 법률이 정한 학교에서는 특정

---

28 제10조 부모 그 외 보호자는 자녀교육에 대해 일차적 책임을 가지는 것이며, 생활을 위해 필요한 습관을 몸에 익히도록 함과 동시에 자립심을 육성하고 심신의 조화로운 발달을 도모하도록 노력한다. 2 국가 및 지방공공단체는 가정교육의 자주성을 존중하면서 보호자에 대한 학습의 기회 및 정보의 제공 기타 가정교육을 지원하기 위해 필요한 시책을 강구하도록 힘쓰지 않으면 안된다.

의 정당을 지지하거나 이를 반대하기 위한 정치교육 기타 정치적 활동을 해서는 안된다는 원칙(제14조 제2항)등을 제시하고 있다.[29] 이른바 '정치적 교양'은 한국에서 말하는 민주시민으로서 기본적인 자질로 해석할 수 있다. 그러나 교육의 중립성 차원에서 학교내 특정 정당 지지·반대를 위한 정치교육과 정치적 활동 금지를 선언하고 있는 것 또한 한국과 같은 맥락이다.

다만, 한국의 경우 '정치'라는 용어는 교육법상 일종의 금기어(禁忌語)로 취급되어 왔다고 할 수 있다. 이는 헌법 제31조 제4항에서 표방하는 '교육의 정치적 중립성' 보장에 대한 다소 편협하고 소극적인 보장방법에 따른 폐혜라고 할 수 있다.

교원들이 정치활동의 자유 내지 참정권에서 선거권을 제외하고 완전 박탈의 수준에 있는 것 또한 이와 관련되어 있다. 정치로부터 격리시키고 네거티브 방식의 정치적 중립성 확보 방법에서 탈피하여 보다 적정수준의 정치적 위상과 활동을 보장할 필요가 있다고 본다.

또한, 민주시민 교육으로 인식되고 있는 기본적인 교육부분은 사실 다름아닌 '정치교육'이라는 점에서 용어의 정의를 통하여 재정립할 필요가 있다.

(5) 교육진흥기본계획의 법제화: 교육개혁안의 법적 정당성 확보를 위한 시사

일본의 교육기본법 개정에서 가장 큰 변화는 이른바 국가 수준과 지방공공단체 수준의 교육개혁 수립 의무를 법제화 했다는 점이다. 이름하여 국가와 지방공공단체의 주기적인 교육진흥기본계획의 설정 의무라고 할 수 있다.[30]

비록, 일반 정치권에 의해서 교육개혁이 주도되고 시·도지사의 교육에 대한 정치적 영향력이 필요 이상으로 강화되어 교육의 정치적 편향성이 제기될 우려

---

29 (政治教育) 第十四条 良識ある公民として必要な政治的教養は、教育上尊重されなければならない。 2法律に定める学校は、特定の政党を支持し、又はこれに反対するための政治教育その他政治的活動をしてはならない。

30 (教育振興基本計画) 第十七条 政府は、教育の振興に関する施策の総合的かつ計画的な推進を図るため、教育の振興に関する施策についての基本的な方針及び講ずべき施策その他必要な事項について、基本的な計画を定め、これを国会に報告するとともに、公表しなければならない。 2地方公共団体は、前項の計画を参酌し、その地域の実情に応じ、当該地方公共団体における教育の振興のための施策に関する基本的な計画を定めるよう努めなければならない。

도 지적되고 있지만, 반대로 일부 정치인에 의하여 과도하게 편향되던 개혁이 국회(때로는 지방의회)의 대의기관에 의한 검증을 통해서 걸러질 수 있다는 점에서는 교육개혁의 정당성 확보에는 긍정적이라 할 수 있다.

고전(2016:86) 한국의 대한교육법학회 창립 30주년 기념학술대회에서 일본의 교육법학 연구 동향과 특징에 관하여 '한국 교육법 연구에서 일본교육법학'의 의미를 다음과 같이 종합한 바 있다.

- 한국 교육법 연구에서 일본교육법학의 의미[31]
  - 학술적 교류는 근래의 일이지만 법률적 계수와 영향은 근대화와 더불어 진행됨
  - 교육근대화 초기가 일제 식민지 시대(1910~1945)로서 법제에 영향
  - 국가주의 및 군국주의 교육문화가 오랫동안 이식되어 한국의 교육에 영향
  - 해방후 미군정에 의한 미국식 교육제도(6·3·3·4학제와 교육위원회제) 도입
  - 일제식민기의 잔재 청산 전에 미국식 교육제도를 이식한 일본과 유사한 전철
    예: 헌법상 '교육을 받을 권리' 표현, 교육위원회제도 이식, 공무원특례법 영향
  - 학회발족 이전까지 교육관료를 중심으로한 교육법 해설서 중심의 논의에 한정
  - 교육법의 정당성 및 적정성을 논의할 여력은 없고 법제화가 우선이었던 시대
  - 일본의 공법학계의 교육권론은 김철수 교수등을 통해서 한국헌법학계에 소개됨
  - 일본의 교육재판운동은 한국의 전교조를 통해 교원노동기본권론으로 전개됨
  - 교육법에 관한 학위논문을 준비하는 한국의 연구자들을 통해 일본의 이론 소개

---

31 고전(2016), "일본의 교육법학 연구 동향과 특징(Ⅱ)", 대한교육법학회 제30주년 기념학술대회자료집, 86면.

Part

2

일본 교육법 각론

교육기본법

　제6장은 제2부 일본 교육법 각론을 여는 첫 장으로서 일본 교육법의 부법(父法)이라고 할 수 있는 교육기본법을 다룬다. 교육기본법은 일본국 헌법의 정신을 구체화한 교육헌법으로 일컬어질 만큼 교육제도와 정책의 기본 원칙을 정한 중요한 법률로 자리하고 있다.

　주요 내용은 첫째, 교육기본법 개관 및 개정 논쟁사, 2006년 교육기본법의 개정 과정, 신구 교육기본법의 주요 내용 비교, 교육기본법 개정에 대한 평가, 교육기본법 개정의 영향 및 한국에의 시사로 이루어져 있다.

　제1절은 교육기본법 개관 및 개정 논쟁사로서, 교육기본법의 위상(내용상 준헌법적 성격), 교육기본법 개정 논쟁사(다섯 단계에 걸친 전개), 교육기본법 개정 찬반의 논거(일본인의 정체성 논거와 민주·평화·공생 논거) 등을 다룬다.

　제2절은 2006년 교육기본법의 개정 과정을 다루는데 제3의 교육개혁기로 평가받기도 한다. 교육개혁국민회의 중간보고(「교육기본법 개정에 국민적 논의를」), 교육개혁국민회의 최종보고(「새 시대에 적합한 교육기본법을」), 2003년의 중앙교육심의회 답신(교육개혁국민회의의 제언 수용)을 소개한다.

　제3절에서는 신구 교육기본법의 주요 내용을 비교하는데, 장의 신설 및 7개 조항 추가를 비롯하여 신구 교육기본법 간의 비교를 실시했다.

　제4절은 교육기본법 개정의 역사적 의의와 남겨진 과제를 살펴본다.

　제5절은 교육기본법 개정 이후 입법조치 영향을 학교교육법, 교원법, 지방교육행정법의 개정 측면에서 살펴보고 한국에의 시사점을 논한다.

1   교육기본법 개관 및 개정 논쟁사[1]

가. 교육기본법의 위상: 내용상 준헌법적(準憲法的) 성격

교육기본법은 교육을 받을 권리를 국민에게 보장한 일본국헌법의 정신 하에 일본의 공교육의 바람직한 방향 전반을 규정하고 있는 법률이다. 일본 최고재판소는 교육에 관한 소송의 대표격으로 되어 있는 학력테스트 아사히가와 사건(学テ旭川事件, 최고재판소 대법정 1976.5.21 판결)[2]에서 교육기본법이 갖는 위상을 형식상으로는 법률 이상이라 할 수 없으나 해석과 적용에 있어서는 기준이 될 수 있다하여 내용적 측면에서의 준헌법적(準憲法的) 성격을 인정하기도 했다.

> 준헌법적(準憲法的) 성격

"교육기본법은 헌법에서 교육방식의 기본을 규정한 것에 비하여, **일본의 교육 및 교육제도 전반을 통한 기본이념과 기본원칙을 선명하게 하는 것**을 목적으로 제정된 것으로서, 전후 일본의 정치, 사회, 문화 각 방면에 있어서 제 개혁 중 가장 중요한 문제의 하나였던 교육의 근본적 개혁을 목적으로 하여 제정된 제 입법 중에서 중심적인 지위를 점하는 법률이며, 이것은 동법의 전문(前文)의 문언 및 각 규정의 내용에 비추어보아도 명백하다. 이런 이유로 이 법에 있어서 정한 것은, 형식적으로는 통상의 법률 규정으로서 이와 모순되는 다른 법률 규정을 무효로 하는 효력을 갖는 것은 아니지만, **일반적으로 교육관계 법령의 해석 및 적용에 있어서는 법률 자체에 별도의 규정이 없는 한, 가능한 한 교육기본법의 규정 및 이 법의 취지, 목적에 따르려는 고려가 행해지지 않으면 안된다.**"

이러한 교육기본법의 내용적 측면에서의 준헌법적 성격은 개정 후의 교육기본법에도 정당하게 이어지고 있다. 구 교육기본법은 전후(戰後) 교육개혁 가운데 1947년에 제정되었는데, 전문에서 "개인의 존엄을 존중하고, 진리와 평화를 희구

---

1 제6장은 고전(2014), 일본교육개혁론, 서울: 박영story, 208−242면의 내용에 최근의 논의를 추가.

2 홋카이도 아사히가와 지역에서 제기되었던 국가주관 학력테스트에 대한 재판으로 국민의 교육인권과 국가의 교육권력을 절충적으로 해석한 판결로 교육기본법의 의미를 밝혔다. 통상 학력테스트 재판이라고 지칭된다. 이 보다 앞선 교과서 재판인 스기모토재판(杉本裁判, 1970.7.17. 동경지방재판소)에서는 "교육기본법의 법적 효력이 다른 법률에 우월한 것은 아니다"라고 판결한 바 있었다.

하는 인간의 육성을 기함과 아울러 보편적이면서도 개성 풍부한 문화의 창조를 겨냥한 교육을 보급하는데 철저히 하지 않으면 안된다"고 하면서 "일본국헌법의 정신에 따라 교육의 목적을 명시하여 새로운 일본 교육의 기본을 확립하기 위해" 제정된 것이라 선언하여 일본국헌법과의 일체성을 선언한 바 있다.

일본 교육법학계에서는 제1세대 원로 학자 아리꾸라 료기치(有倉遼吉, 전와세다대학 교수)의 학설대로 "교육기본법은 전체로서 헌법의 구체화 규범, 즉 헌법의 부속법의 성격을 가지며, 내용적으로 준헌법적 성격을 갖는다"는 견해에 동의하는 것이 일반론이다.

나. 교육기본법 개정 논쟁사: 다섯 단계에 걸친 전개

1947년 제정된 교육기본법은 2006년 12월 15일 개정안이 통과될 때까지 60여 년 동안 일본 교육계의 중심적인 논쟁 주제로 다루어져 왔다. 교육기본법에 대한 논의는 조문의 추가나 해석의 전환이 아닌 교육에 관한 이념의 변경을 포함하고 있는 것이어서 다분히 이데올로기적이며 사상적인 배경을 포함하고 있었다.

여기서는 나가이 켄이치(永井憲一)의 보고서[3]에 나타난 다섯 단계를 중심으로 소개한다.

(1) 50년대 전후 논쟁: 문부대신의 애국심 발아론(發芽論)

교육기본법 개정 논의의 물고를 튼 것은 냉전체제에서 강조되는 애국주의 풍조아래 시작되었다. 미·소 양국간의 대립을 배경으로 일본 점령정책이 민주화로부터 반공화(反共化)로 전환되는 가운데 당시 요시다(吉田) 수상은 자문기관이었던 문정심의회(文政審議會) 등을 통해 과거 일본 천황이 내린 교육칙어(教育勅語)와 같은 교육선언문의 필요성을 제기하였다.

이러한 '국가를 위한 교육관'은 냉전이 격화되면서 강도를 더해 갔는데 1951년 아마노(天野) 문부대신에 의한 '국민실천요령' 구상은 그 대표적인 예였

국민실천요령 구상

---

3 永井憲一 外(2001), "教育基本法問題 研究会 中間報告", 日本教育文化総合研究所, 11-15頁.

다. 이 구상은 국민도덕의 기준을 나타내는 '교육요강(敎育要綱)'을 제정하려는 것으로 국가의 흥망성쇠를 국민에 대한 애국심 교육에 기초하려는 것이었다.

이 계획은 반대 여론에 부딪혀 성사되지는 못했으나 이후 교육기본법 개정론 표방하는 국가 및 민족주의 교육노선의 사상적 원류를 제공하기도 했다. 제국주의에 대한 향수와 무관하지 않은 개정 논의라고 할 수 있다.

(2) 1955년 체제하 논쟁: 보수연합 자유민주당의 국민도의론(國民道義論)

자주 헌법제정론

도덕고양론

1950년대 중반 들어 독립회복의 내셔널리즘 고조를 배경으로 국가의식 강화와 전통적 가치관에 의한 도덕성 향상이라는 관점에서 교육기본법에 대한 불만이 제기되어 국회에서 개정에 관한 논의가 이루어졌다. 즉, '자주 헌법제정론'과 연동하여 '도덕고양론'을 지지하는 형태로 교육기본법 개정 논의가 본격화된 것이다.

한편, 1955년 11월 보수연합으로 탄생한 자유민주당 역시 당의 정책강령에서 '올바른 민주주의와 조국애를 고양하는 국민도의를 확립하기 위해 현행 교육제도를 개혁한다'는 방침을 천명하였는데 이것이 이후 국가와 민족의 전통에 교육과 도덕의 근거를 두려는 교육기본법 개정 논의의 정치적 기반이 되기도 했다.

주로 보수 우익의 정치인들에 의해 주장되어온 개정론은 애국심의 육성과 전통적 도덕의 부활을 강조하면서 교육기본법이 이러한 측면에서 결함을 지닌 것으로 지적하곤 하였다. 1956년 하토야마(鳩山) 내각에서 제안된 '임시교육제도 심의회설치법안'과 문부대신의 기본법 개정론은 그 대표적인 예이다.

민족공동체론
(民族共同體論)

일본인으로서 자각

(3) 1960~70년대 논쟁: 보수 정치인의 민족공동체론(民族共同體論)

1960~70년대는 경제적 부흥으로 국가적 자신을 회복함과 아울러 '일본인으로서 자각'이 요구되어지는 가운데 보수 세력으로부터 교육기본법의 개정이 재론되었다. 그 중에서도 선두에 선 것이 역시 아라끼(荒木) 문부대신이었다. 그는 '세계의 제 민족으로부터 경애받는 일본인의 육성'을 내세우면서 교육기본법의 개정을 역설하였는데, 그 논조는 '민족공동체'로의 회기를 염두에 둔 것이었다.

이렇듯 교육기본법이 제정 당시 상정한 인간상에 불만을 갖은 개정론자들을 중심으로 한 개정 논의는 이후 1966년 중앙교육심의회의 자문에 '기대되는 인간상'의 제시로 구체화되어 나타나기도 했다.

이어 1970년대 들어서도 자유당 보수 정치지도자를 중심으로 교육기본법 개정 논의가 이어졌고(후쿠다(福田) 내각의 1977년 교육칙어 예찬론), 기후현 의회는 1980년에 교육기본법 개정을 요구하는 결의문을 채택하기도 했다.

(4) 1980~90년대 논쟁: 임시교육심의회 내부에 한정된 논의

임시교육심의회

신국가주의를 바탕으로 신자유주의 노선을 표방했던 나까소네(中曾根) 수상은 잘 알려진 개헌론자로서 그가 수상의 자문기관으로서 1984년 9월에 설치한 임시교육심의회를 중심으로 교육기본법의 개정 논의가 다시 재개되었다.

이 심의회의 제1조는 당시 정치적 타협과정을 반영하여 "교육기본법의 정신에 입각하여 그 실현을 위한 제반시책에 수반한 개혁을 도모한다"고 하였으므로, 결국 네 차례에 걸친 답신에서도 기본법의 개정 제안은 이루어지지 못했다.

그러나, 헌법 개정 논의와 함께 교육기본법 개정에 대한 외부의 압력이 있었음은 물론 심의회 내부에 있어서도 교육기본법의 목적 조항이 안건으로 상정되는 등 개정을 공론화하려는 시도는 여러 차례 시도되었다.

(5) 200년대 이후 논쟁: 교육개혁국민회의로부터 발화(시대상황 적합론)

교육개혁국민회의

1990년대에 산발적으로 이루어져오던 교육기본법 논의는 오부치 전 수상의 사적 자문기구로 2000년 3월 27일 설치된 교육개혁국민회의(敎育改革國民會議)를 계기로 돌연 표면화되기에 이르렀다.

곧바로 뒤이은 모리(森) 수상 역시 교육기본법의 개정을 교육개혁의 최우선 과제로 들며 강조하였고 동 회의의 제1분과회를 중심으로 논의되었다. 그러나 제1분과 회의를 제외한 제2, 3분과회 위원들의 일부만이 개정론에 동의하였고, 전체회의의 논의 과정에서도 개정론과 신중론, 그리고 불필요론등으로 갈려 의견 종합을 보지 못했다.

결국, 중간보고서와 최종보고서는 표현을 달리하면서 교육기본법 개정에 관한 의견을 진술하였는데, 시대 상황에 적합한 교육기본법의 재검토 원칙을 천명한 정도에서 마무리 되었다.

이어 2001년 4월 출범한 고이즈미(小泉) 내각 역시 개정의 필요성을 역설하면서 11월에는 중앙교육심의회에 토야마(遠山) 문부과학대신 명의의 자문 형태로 교육진흥기본계획과 연계한 교육기본법의 위상 재검토에 관한 자문을 구하게 되었다.

이에 이 심의회는 산하에 이를 전담할 기본문제 부회를 설치하였고, 기본법의 개정 및 폐지를 전제로 한 논의를 월 2회 정도의 회의를 통해 활발히 전개하였고, 11월에 중간보고서를 공표하는 등 개정 작업이 급속히 진행되었다. 그러나, 이에 대한 반대 여론도 점차 거세져 순탄치 않은 상황으로 전개되었다.

다. 개정 논거: 일본인의 정체성 논거와 민주·평화·공생 논거

(1) 찬성측의 논거

① 복고적 개정론과 미래지향적 개정론

교육기본법이 제정된 1947년 이래로 문부대신의 발언과 심의회의 논의에서 간헐적으로 이루어져 왔던 개정 논의는 크게 '복고적 개정론'과 최근의 '미래지향적 개정론'으로 구분[4]된다. 복고적 개정론으로는 역대 수상이나 문부대신의 개정론을 들 수 있고, 개헌론을 펴는 자민당의 보수우파 정치인들의 주장 역시 복고적이며 국가주의적 개정론의 맥락이다. 2002년 9월의 '새로운 교육기본법을 요구하는 모임'의 요망서는 이들 복고적 개정론을 집약한 것이기도 했다.

복고적 개정론의 공통점은 첫째로, 교육기본법의 제정과정이나 환경, 제정의 주체를 문제 삼는다. 즉, 교육기본법이 미군 점령 하에서 점령군의 주도하에 강압적인 분위기 속에서 만들어졌다는 것이다.

둘째는 따라서 교육기본법의 교육목적 규정에는 개인의 존엄이나 인격의 완성 등 '개인' 혹은 보편적 인류 등이 강조되어 있지만, 가정이나 향토, 국가나 민

---

4 三上昭彦(2001), "敎育基本法改正論批判", 『敎育』(2001.9), 國土社, 28−30頁.

족, 애국심 등 '공(公)'의 영역이나 일본의 역사, 전통, 문화 및 종교적 정조의 존중 등이 누락되어 무국적(無國籍)의 것이라는 주장이다.

셋째로는 이들 개정론은 과거 천황이 내린 교육칙어(敎育勅語)에 친근감을 표시하며 이것이 오늘날에도 의미를 갖는 것으로 해석한다.

끝으로 나타나는 공통점은 그러한 중대한 가치나 규범의 결함이 자녀들과 교육을 왜곡시킨 커다란 원인이 되었다고 주장한다. 실제로 이들 복고적 개정론의 공통점은 교육칙어에 관한 사항을 제외하고 최근에 교육기본법 개정을 강력히 추진한 바 있는 나까소네 수상이나 모리 수상, 그리고 교육개혁국민회의 제1분과회의를 주도한 적극적 개정론자들에게 승계되었다.

한편, '미래지향적 개정론'은 이에 비하여 시대상황의 변화에의 적응에 초점 둔 개정론이다. 앞의 모리 수상이 주도한 교육개혁국민회의 제1분과회의의 복고적 개정론에 대한 위기의식 가운데 제안된 최종보고서에의 '새로운 시대에 걸맞는 교육기본법' 구상은 그 하나이다.

새로운 시대에 걸맞는 교육기본법

또한 요미우리 신문사의 교육개혁 제언에 있어서 「책임 있는 자유를 축으로 한 신교육법」 제언[5]과 PHP총합연구소[6]가 2001년 1월 12일 주관한 신교육법 검토 프로젝트에서 제안한 「신·교육법안」이 이에 속한다.

책임 있는 자유를 축으로 한 신교육법

이들 미래지향적 개정론의 특징을 교육개혁국민회의의 최종보고서를 중심으로 살펴보면, 첫째로 과거의 복고적 개정론이 개정을 중심으로 논의되었다면, 이를 폐지하고 새로운 교육기본법을 제정하는 것까지도 염두에 둔다는 것이다.

둘째로 기존의 교육이념을 존중함과 아울러 과학기술과 세계화의 진전 속에 살아가는 일본인의 육성을 강조한다는 점이다.

끝으로 신 교육기본법에 요구되는 관점으로서 신 일본인의 육성, 전통 및 문화의 존중과 발전, 교육진흥기본계획 책정과의 연계 등을 들 수 있다.

---

5 요미우리신문(讀賣新聞), 2000년 11월 3일자.

6 PHP는 전후 국가재건을 지원하기 위해 마쯔시다(松下)에 의해 1946년 11월 연구소 형태로 설립된 포럼성격의 민간재단으로 영어의 Peace and Happiness through Prosperity에서 머리 문자를 딴 것이다. 즉, '번영에 의해 평화와 행복을' 내걸었는데 각종 국가 전략과 관련한 연구수행은 물론 정책서 및 월간지 『PHP』, 『ASIA21』, 『IMPACT21』 등을 발간하고 있다. 2000년 5월에는 「일본부흥7개년 계획」을 발표하기도 하여 주목을 받기도 했다.

그러나 복고적이거나 미래지향적이라는 이원적인 구분은 어디까지나 상대적인 것이라 할 수 있고, 근본적으로 교육의 위기에 직면하여 세계 경쟁시대를 선도해 나아갈 일본인의 정체성을 재정립하려는 명분에 있어서는 일치하면서도 교육기본법 개정론의 저변에 깔린 논조는 일본의 전통적인 국가주의적 호소와 보수주의적인 색채는 여전하다고 할 수 있다.

> 일본인의 정체성을 재정립

② 민족공동체로의 회기와 현실주의

교육기본법 개정론에 내재된 사상적 기조는 먼저 복고주의적 개정론의 경우 위에서 예를 든 2002년 9월의 '새로운 교육기본법을 요구하는 모임'의 요망서에 집약되어 잘 나타나 있다. 이 요망서가 강조한 것은 다음과 같다.[7]

㉮ 전통의 존중과 애국심의 육성 ㉯ 가정교육의 중시 ㉰ 종교적 정조의 함양과 도덕교육의 강화 ㉱ 국가와 지역사회에의 봉사 ㉲ 문명의 위기에 대처하기 위한 국제협력 ㉳ 교육에 있어서 행정책임의 명료화

> 민족공동체로의 회기사상

이렇듯 국가의식이나 조국애의 형성, 교육칙어적인 도덕 관념 혹은 공덕심, 전통존중의 심성 육성을 내거는 개정론의 사상적 특징은 '민족공동체'로의 회기사상[8]이라고 일컬어지기도 한다. 즉, 교육이나 도덕에 관한 불만을 해결하는 방법의 근거를 메이지 유신기로부터 제2차 세계대전이 끝날 때까지 정치적으로 형성된 '민족공동체'에서 구하려 한다는 것이다. 최근 문제가 되었던 '새로운 교과서 만들기 모임'의 '자국 본위의 역사관' 역시 이러한 민족공동체에의 회기사상의 일단인 것으로 볼 수 있다.

한편, 교육기본법 개정론은 이러한 과거 회기적 사조를 띠면서도 이념의 실현을 위한 노력보다는 현실의 정세를 추종하려는 현실주의적인 반응의 결과라는 것이다. 이는 개정론이 국내외 정세에 맞추어 일본 사회의 심정이나 여론이 받아들이기 쉬운 현실적 필요성을 강조하여 전개되어 왔다는 부분에서도 나타난다.

---

7 三上昭彦(2001), "敎育基本法改正論批判", 『敎育』(2001.9), 國土社, 29頁에서 재인용.

8 永井憲一 外(2001), "敎育基本法問題 硏究会 中間報告", 日本敎育文化総合硏究所, 15頁.

즉, 개정론을 정당화하기 위해 들고 나온 핵심 용어인 독립회복, 경제발전에 대응한 국가적 자신감 형성, 혹은 역으로 오늘날과 같은 국가적 자신감과 정체성의 동요, 상실감, 패배감의 증가라는 시대상황에 잘 대처하는 형태로서 일본사회 특유의 심정(조국애, 유교적 가족윤리, 좋은 일본인, 전통의 존중)에 호소해왔다.

일본사회 특유의 심정

　　또한, 최근 개정론에서 강조되는 가정교육·생애학습·학교선택·종교교육 등의 사항은 자유화가 진행되는 가운데 나타나는 다양한 문제 상황에 실용적인 대응을 위한 현실주의적 특성이 내재되어 있는 것으로 지적[9]되기도 한다.

(2) 개정 반대 측의 논거

① 교육기본법의 제정 경위 무시

　　복고적·국가주의적 개정론자들의 주된 주장이기도 한 교육기본법 제정 경위에 대한 문제제기는 앞서 살펴본 바와 같이 반세기전 미군 점령 하에서 점령군의 주도로 비자주적으로 제정된 법이기 때문에 이제는 스스로 교육기본법을 새롭게 제정해야 한다는 것이다.

　　그러나 반대론자들은 교육기본법이 평화를 지향하는 일본국헌법의 이념 실현을 기치로 내걸고 당시 교육쇄신위원회에서 작성된 법안을 놓고 제국의회와 중의원·귀족원의 논의를 거쳐 제정된 것인 만큼 절차적 흠결은 없다고 반박한다.

　　오히려 반세기 동안 교육기본법의 기치아래 오늘날의 일본교육이 발전되어 왔다는 점에서 이 법의 역사적·이념적 가치를 결코 과소평가해서는 안된다는 논거이다.

역사적·이념적 가치

② 교육기본법의 내용 설정의 문제

　　교육기본법의 내용은 교육목적과 방침을 필두로 하여 교육의 기회균등, 의무교육, 남녀공학, 학교교육, 사회교육, 정치교육, 종교교육, 그리고 교육행정 영역에 있어서 기본원칙을 천명하고 있는바, 개정론자에 의하면 개인뿐만 아니라 가정·향토·국가·전통·문화·종교적 정조등을 강조한 국적있는 교육이념의 전환을 요

9　永井憲一 外(2001), "教育基本法問題 研究会 中間報告", 日本教育文化総合研究所, 16頁.

구하는 동시에, 새로운 시대에 걸 맞는 내용이 더 추가되어야 한다는 주장이다.

예로서 거론되고 있는 것이 생애교육, 남녀공동 참가, 환경문제, 이문화교육, 고등교육에 관한 사항이다. 그러나 반대론자들의 논거는 교육기본법의 기본이념이나 위의 영역에 걸친 기본원칙에 의하여 개정론자들이 주장하는 이념과 새로운 영역의 교육이 다 포함될 수 있다고 본다.

즉, 현행 교육기본법은 개정론자들이 추가하려는 영역에서의 교육내실화를 도모하는 개혁이나 정책추진에 전혀 장애가 되지 않는다는 것이다. 특히 강조되는 애국심에 대하여는 교육기본법 제1조에 '평화적 국가 및 사회의 형성자로서 국민을 육성한다'고 적혀있고, 전통에 대하여도 전문에 '보편적이면서도 개성 넘치는 문화 창조를 목표로 한 교육을 보급한다'는 데에 이미 포함되었다고 본다.[10]

결국 현재의 교육기본법은 일본의 교육기본법이 아니라는 개정론자의 주장은 민주주의와 평화주의 다문화 공생이라는 보편적인 이념과 원리로서의 기본법의 성격을 잘못 이해한 것이라는 지적이다.

> 보편적인 이념과
> 원리로서의 기본법

③ 교육문제와 기본법 개정의 논리 비약

개정론자들의 논리 중의 하나가 오늘날 심각히 병들어 있는 교육은 그 근본부터 고치지 않으면 안된다고 보면서 그 근본을 규정하는 것이 교육기본법이므로 이로부터 개혁은 시작되어야 한다고 주장한다.

즉, 오늘날 교육 황폐화의 원인이 개인을 과도하게 주장한 교육기본법에 있다는 논리이다. 그러나 반대론자들은 오히려 교육기본법의 기본정신을 충실히 실현하지 못한 것이 원인일 뿐이며 그런 주장은 법 개정을 통한 사회적 충격요법에 불과하고 목전의 교육위기를 회피하려는 것에 불과하다고 비판한다.

더구나 교육기본법의 개정이 교육문제 해결책이 될 수 없음은 앞서 살펴본 정부가 주관하여 구성하였던 교육개혁국민회의가 보고한 중간보고서에서도 이미 지적된 바와 같다. 특히 교육 황폐화를 해소하기 위한 대책으로서 가정교육을 강조하는 것과 국가가 관여하는 형태로서 교육기본법에 이를 포함시키는 것은 별

---

10 堀尾輝久(2002), "地球時代を拓く教育改革", 『季刊 教育法』, エイデル研究所(2002.3), 5頁.

개의 문제로 보아야 한다는 시각이다.

④ 교육진흥기본계획과의 연동 무관

앞서 살펴본 바와 같이 최근의 교육기본법 개정문제는 교육진흥기본계획의 책정과 함께 거론되면서 그 논거로서 다른 기본법에는 통상 이러한 진흥계획이 포함되어 있다는 점을 들고 있다. 그러나 이에 대하여 반대론자들은 교육기본법의 성격이 다른 기본법과 다르다는 점을 강조한다.

즉, 다른 기본법들이 각 시기의 국가 정책목표나 방향성이나 행정상의 대책의 기본을 정한 것에 비하여, 교육기본법은 헌법의 이념을 구체화하고, 개별 법률이나 정책의 근원이 되는 이념이나 제도의 기본을 정한 것이라는 견해이다.

더구나 교육기본법 제11조에 "이 법률이 들고 있는 제 조항을 실시하기 위해 필요한 경우 적당한 법령을 제정하지 않으면 안된다"고 되어 있기에 이에 근거하여 관련 법령을 얼마든지 제정할 수도 있고, 설령 법률의 특단의 근거가 없이도 행정상의 기본계획을 책정하는 것은 가능하다는 반대 논거이다.[11]

따라서 교육기본법과 교육진흥계획을 한 묶음으로 하여 다루는 것은 실로 일시적인 정치수법으로 평가[12]되기도 한다.

일시적인 정치수법

⑤ 헌법 개정으로 연계된 정치일정 반대

교육기본법 개정논의의 역사에서 살펴볼 수 있듯이 보수 우익의 정치권이 추진하고 있는 헌법 개정과 더불어 교육기본법의 개정은 논의되어온 특징을 갖는다. 특히 개헌론자인 나까소네 수상의 개혁추진 과정에서 선명히 드러났듯이 교육기본법의 개정은 헌법개정으로 가는 수순으로 인식되고 있다.

헌법개정으로 가는 수순

그러나 교육기본법의 준헌법적 성격에서도 알 수 있듯이 굳이 헌법 개정과 연계한다면 헌법의 개정 이후의 작업이지 더더욱 사전작업이 될 수는 없다는 것이다. 교육기본법의 전문에 나타난 바와 같이 '일본국헌법의 이상 실현은 근본적

---

11 藤田英典(2002), "なぜ教育基本法を變えたがるのか", 教育と文化を世界に開く會 シイポジウム (2002.9.25).
12 永井憲一 외(2001), "教育基本法問題 研究会 中間報告", 日本教育文化総合研究所, 21頁.

으로 교육의 힘에 의해 가능하다'고 전제하고 '일본국헌법의 정신에 근거하여 교육의 목적을 분명히 하고 신 일본 교육의 기본을 확립한다'는 기본법 제정취지에서도 드러나듯이 교육기본법은 준 헌법적 법률인 동시에 교육헌법으로서 이해되어 왔기 때문이다.

일본의 최고 재판소 역시 학력테스트 판결을 통해 교육에 관한 다른 법률의 제정·해석·운용시 "가능하면 교육기본법 규정 및 이 법의 취지, 목적에 따라 고려해야 한다"고 한 만큼 교육기본법은 법률의 형태이면서도 그 의미의 해석은 그 이상으로 인정되어온 것이 사실이다.

한편, 교육개혁국민회의의 정통성 문제와 관련하여서도 문제가 제기되고 있는바, 법적 근거도 없는 수상의 사적 자문기구인 교육개혁국민회의에서 국가의 교육기본을 정한 준 헌법적 성격을 갖는 교육기본법의 개정문제를 논의한 것 자체가 법치국가에서 있을 수 없는 것으로서 강한 비판[13]을 받기도 한다.

2 2006년 교육기본법의 개정 과정

가. 교육개혁국민회의 중간보고: "교육기본법 개정에 국민적 논의를"

전체 심의회는 심의사항을 인간성, 학교교육, 창조성 등 세 분과위원회로 나누었다. 교육기본법의 재검토는 교육진흥기본계획의 책정과 함께 인간성을 다루는 제1분과회에서 다루게 되었는데, 당시 교육기본법의 재검토 필요성을 주장한 위원은 2~3명에 불과하였다. 이어 제1분과에서의 교육기본법 개정을 전제로 하면서도 불충분한 심의가 이루어진 반면, 2, 3분과에서는 그 필요성을 강하게 느끼는 위원은 거의 없었던 것으로 나타나 분과위의 구성부터 의도적으로 내각의 정치일정을 감안한 인선이라는 지적[14]이 일었다. 그 후 전체회의에 상정된 본 안

---

13 永井憲一 외(2001), "教育基本法問題 研究会 中間報告", 日本教育文化總合研究所, 18頁.

14 三上昭彦(2001), "教育基本法改正論批判", 『教育』(2001.9), 國土社, 27頁.

건은 제2, 3분과회 위원들로부터 개정에 대한 반대론 혹은 신중론이 제기되어 제1분과회가 작성한 검토의견에서 후퇴하여 2000년 9월 22일에 중간보고안을 작성하였는데 주된 내용은 다음과 같다.

> "일본 교육의 위상에 관한 검토의 일환으로서 교육기본법에 관한 논의를 했다. 물론, 교육기본법을 개정한다고 해서 바로 이지메가 감소한다든가 청소년 흉악 범죄가 발생하지 않는 것은 아니다. 또한, 교육개혁을 실효성 있도록 하기 위해서는 교육내용, 교육행·재정 제도의 개선 등 구체적인 개혁방책을 제시하는 것이 중요하다. 그 일환으로 교육개혁국민회의에서는 1947년 제정된 당시와는 현격히 다른 사회상황 가운데 교육기본법에 요구되는 이념이나 내용이 변화하고 있음은 분명하다. 교육기본법은 필요에 응해서 개정되지 않으면 안된다라는 의견이 대세를 이루었다. 그러나 구체적으로 어떻게 고쳐야해야 하는지에 대해서는 의견종합을 볼 수 없었다. …(중략) 교육개혁 국민회에 그치지 않고 폭넓은 관점에서 국민적 논의가 필요하고, 중간보고를 계기로 각 방면에서 다양한 논의가 이루어지기를 희망한다."

국민적 논의가 필요

나. 교육개혁국민회의 최종보고: "새 시대에 적합한 교육기본법을"

이후 교육개혁국민회의는 전국 4개 지역에서 중간보고서에 관한 공청회를 개최하고 기획위원회에서 작성한 최종 보고안을 가지고 심의를 하였는데, 중간보고서에서의 내용과는 달리 교육기본법의 개정을 넘어선 새로운 교육기본법의 제정까지도 겨냥한 관점으로 전환되었다. 이 전환과정에 대하여는 아직도 의문으로 남아 있으나 교육기본법의 개정을 열망한 당시 모리 수상과 마치무라(町村) 문부대신의 의사가 강하게 반영되는 등 정치주도의 압력이 있었던 것으로 해석[15]되고 있다. 교육개혁국민회의가 2002년 12월 22일 발표한 최종보고에서 교육기본법 개정과 관련한 기본 관점을 정리하면 다음과 같다.

---

15 三上昭彦(2001), "教育基本法改正論批判", 『教育』(2001.9), 國土社, 28면. 같은 논지로 永井憲一 外 (2001), "教育基本法問題 研究会 中間報告", 日本教育文化總合研究所, 20면.

첫째는 새 시대를 살아갈 일본인을 육성한다. 이 관점에서 과학기술의 진전과 그에 수반한 새로운 생명윤리관, 세계화 가운데에서의 공생의 필요성, 환경문제나 지구규모에서의 자원제약의 표면화, 사녀수 감소와 고령화 사회나 남녀공동 참가사회, 생애학습사회의 도래 등 시대의 변화를 고려할 필요가 있다. 또한, 그와 함께 새로운 시대에 있어서 학교교육의 역할, 가정교육의 중요성, 학교, 가정, 지역사회의 연대를 명료화할 필요가 있다. 둘째는 전통과 문화 등 차세대에 계승해야 할 것을 존중하고 발전시켜 나간다. 이 관점에서 자연, 전통, 문화의 존중, 그리고 가정, 향토, 국가 등의 시점이 필요하다. 종교교육에 관해서는 종교를 인간의 실존적 심연으로 다루고, 종교가 오랜 기간 축척해온 인간이해나 인격도야에 관해서 교육 중에 고려하여 종교적 정조를 기르도록 하는 관점에서의 논의가 필요하다.

셋째는 앞으로의 시대에 걸 맞는 교육을 실현하기 위해 교육기본법의 내용에 이념적 사항뿐만 아니라 구체적 방책을 규정하는 것이다. 이 관점에서 교육에 대한 행·재정적 조치를 획기적으로 개선하기 위해서 여타의 기본법과 같이 교육진흥기본계획 책정에 관한 규정을 두는 것이 필요하다. 이들 세 관점은 새로운 시대의 교육기본법을 고려할 때의 관점으로서 중요하며, 이후 교육기본법의 재검토를 논의하는데 있어서 불가결한 것으로 생각한다.

다. 중앙교육심의회 답신(2003): 교육개혁국민회의 제언 수용

"새로운 시대에 걸 맞는 교육기본법에 관해서는 정부에서도 본 보고의 취지를 십분 존중하여 교육기본법의 재검토에 착수할 필요가 있다"라는 교육개혁국민회의의 제언을 받아들인 문부과학대신은 종래의 대신의 각종 자문기관을 통합하여 다시 출범시킨 중앙교육심의회에 2001년 11월 26일 자문을 구하게 되었다. 그 내용은 「새로운 시대에 부합하는 교육기본법과 교육진흥기본계획의 방향」이었다. 특히, 교육기본법의 위상에 대하여 문부대신의 자문문은 다음과 같은 사항을 지적하였다.

새로운 시대에
부합하는 교육기본법

첫째, 교육기본법은 교육의 기본이념 및 기본원칙에 관하여 정한 법률로서 1947년에 공포·시행된 이래, 일본의 교육은 50년 이상에 걸쳐 교육기본법의 기치 아래 진행되어 왔다. 그러나 제정 당시와는 사회가 크게 변화되었고 고등학교나 대학 진학률이 현저히 상승되고 평생학습 사회에로 이행되는 등 교육의 위상도 변용을 거듭해 왔다. 또한, 교육 전반에 걸쳐 다양한 문제가 발생하고 있고, 21세기를 맞이한 오늘날 미래를 향한 새로운 시대의 교육 기본상을 명확하게 제시해 이를 확실히 실현해 갈 것이 요구되고 있다. 이 때문에, 새로운 시대에 적합한 교육기본법의 위상을 생각하고 그 재평가에 착수하여 교육의 근본으로까지 소급해가는 개혁을 진행할 것이 요구되고 있다.

둘째, 교육개혁국민회의 보고에 의하면, 앞으로의 시대의 교육을 생각함에 있어서는 개인의 존엄이나 진리와 평화의 희구 등 보편의 원리를 소중하게 함과 동시에, '새로운 시대를 사는 일본인의 육성', '전통, 문화 등 차세대에 계승해야 할 것의 존중과 발전', '교육진흥기본계획의 책정 등 구체적 방책의 규정'이라는 세 관점에서 새로운 시대에 적합한 교육기본법을 생각해 가는 것이 필요하다고 제언한 바 있다. 이 제언에 입각하여 시대 상황의 변화에 비추어 보아 교육기본법의 위상에 관하여는 주로 다음 사항에 관하고 검토할 필요가 있다.

(1) 교육의 기본이념에 관한 검토

교육의 기본이념으로서 교육기본법은 교육의 목적(제1조) 및 방침(제2조)을 규정하고 있다. 제1조는 인격의 완성을 목표로 하고 국가, 사회의 구성원으로서 심신이 건강한 국민의 육성을 기하고 국가, 사회의 구성원으로서 가져야 할 덕목을 예시하고 있다. 교육의 방침으로서 제2조는 교육의 목적을 실현하기 위한 교육을 행함에 있어 배려해야 할 기본적 사항에 관하여 정하고 있다. 이에 관하여 보편적인 이념은 유지하면서 다음의 시점으로부터 검토할 필요가 있다는 것이다.

① 시대나 사회의 변화에 대응하는 교육이라는 시점: 교육은 시대나 사회의 변화에 따르는 것이고, 특히 사람들이 당연히 체득할 지식·기능·교육수단 등 교육의 구체적인 내용이나 방법은 시대의 진전이나 사회의 요청에 따라 개선되는 것이 당연하다. 오늘날 평생학습 사회의 도래나 국제화의 진전, 환경보전의 중요성이 높아지고 있는 시대 사회의 변화에 대응한 교육이 요구되고 있는 점에서 논의할 필요가 있다.

② 저마다의 능력·재능을 향상시키고 창조성을 기르는 시점: 과학기술의 진전이나 경제, 사회의 세계화가 가속화된 새로운 시대에 있어서 일본이 창조적이고 활력 있는 사회로 발전해 가기 위해서는 창조성이나 독창성 있는 인재의 육성이 점점 중요해지고 있다. 그를 위해 저마다 다른 가치를 재확인하고 능력·재능을 향상시키는 시점에서 논의할 필요가 있다.

③ 전통, 문화의 존중 등 국가, 사회의 구성원으로서 필요한 자질의 육성 시점: 급속

한 사회상황의 변화와 진전 가운데에서 개인과 사회와의 관계를 다시 생각하고, 앞으로의 시대를 짊어질 아이들의 사회성을 기르고, 사회규범을 존중하는 정신을 기르며 인간성 풍부한 일본인을 육성할 것이 요구되고 있다. 그리고, 국제화가 진전되어가는 사회에서 일본인으로서의 자각을 가지면서 인류에게 공헌한다는 점에서도, 일본의 전통, 문화 등 차세대 일본인에게 계승해야 할 것을 존중, 발전시켜갈 필요가 있다. 이러한 점에 입각하여, 오늘날 국가, 사회의 구성원으로서 갖추어야 할 자질로서 특히 요구되고 있는 점 등의 측면에서 논의할 필요가 있다는 것 등이다.

(2) 교육의 기본원칙에 관한 검토

교육기본법은 교육의 기회균등(제3조), 의무교육(제4조), 남녀공학(제5조)을 규정하고 교육의 보급을 도모하고 있다. 이 중 특히 의무교육은 근대국가에 있어서 기본적인 교육제도로서 헌법에 근거하여 마련된 제도이지만 제도의 위상에 관하여, 예를 들면 각자의 능력의 신장을 도모한다는 시점, 혹은 가정이 다해야 할 역할과 학교교육과의 관계라는 시점에서의 논의가 필요하다. 또, 남녀공학 규정에 관하여, 제정 당시와는 다른 시대상황에 입각하여 남녀공동 참가사회의 형성을 목표로 한 관점에서의 논의도 필요하다. 정치교육(제8조)과 종교교육(제9조)에 대해서도 그 위상과 한계에 관하여 규정되어 있지만, 종교교육에 관해서도 헌법에 규정한 신앙교육의 자유나 정교분리의 원칙에 충분히 유의하면서 종교적인 정서를 기르는 관점에서 논의할 필요가 있다.

(3) 가정, 학교, 지역사회의 역할 등 교육을 담당할 당연한 주체에 관한 검토

교육의 목적의 실현을 위해서는 가정, 학교, 지역사회 등이 당연히 다해야 할 역할을 명확히 하고 각각이 그 역할을 다하면서 서로 연휴·협력해서 교육에 임하는 것이 중요하다. 특히, 교육의 원점은 가정에 있고 기본적인 생활습관이나 윤리관, 자제심, 자립심 등 기초적인 자질이나 능력을 기르는 장소로서 가정의 교육적 역할은 지대하다. 가정교육이나 사회교육에 관해서는 사회교육에 관한 규정(제7조)에서 언급되고 있지만 가정이나 지역사회 등의 교육에 대한 역할의 중요성에 입각하여 그 역할을 명확히 하는 관점에서의 논의가 필요하다. 학교교육에 관한 규정(제6조)에는 학교의 성격 및 교사의 신분에 관하여 기술되어 있지만 학교의 역할이나 교사의 사명에 관하여 명확한 관점에서의 논의가 필요하다.

(4) 교육행정의 위상에 관한 검토

교육행정(제10조)에 관해서는 교육이 부당한 지배에 놓여서는 안된다는 원칙을 유지하면서 교육진흥기본계획의 위상과 함께 국가 및 지방공공단체의 책무에 관하여 그 적절한 역할 분담에 입각하여 교육시책의 종합적·계획적인 추진이 도모되도록 명확히 하는 검토가 필요하다.

(5) 교육기본법 전문의 취급 등

교육기본법에는 법제정의 이래로 이 법의 취지를 명확하게 하기 위한 전문이 있어왔다. 이 전문에 대해서도 법률 전체의 위상에 입각해서 재검토할 필요가 있다.

끝으로, 학교교육법이나 사회교육법 등 교육법령은 교육기본법에 언급한 이념이나 원칙에 따라 정해져 있는 것이므로 교육기본법의 재검토에 수반한 그 밖의 법령의 재검토 방향에 대해서도 필요에 따라서는 논의할 필요가 있다.

이에 따라 2003년에 제출된 중앙교육심의회 답신서는 구 교육기본법이 들고 있는 '개인의 존엄', '인격의 완성', '평화적인 국가 및 사회의 형성자' 등의 기본이념을 유지한다는 기본자세를 견지했다. 따라서 21세기를 해쳐나갈 심성 풍부한 건장한 일본인의 육성을 목표로 교육기본법 개정의 방향을 일곱 가지 과제를 포함하여 제언을 하게 되었다.

① 신뢰받을 수 있는 학교교육의 확립
② 「지(知)」의 세기를 리드할 대학 개혁의 추진
③ 가정의 교육력의 회복, 학교·가정·지역사회의 연대·협력의 추진
④ 「公共」에 주체적으로 참가하는 의식과 태도의 함양
⑤ 전통·문화의 존중, 향토·국가를 사랑하는 마음, 국제사회 일원으로서 의식 함양
⑥ 생애학습사회의 실현
⑦ 교육진흥기본계획의 책정

여당의 협의를 거쳐 정부는 2006년 4월, 제164회 통상국회에 교육기본법개정안(閣法89호)을 제출했다. 개정안은 계속 심의를 경유하여 2006년 12월 15일 가결·성립되었고, 12월 22일에 공포·시행되었다. 이로서 교육개혁국민회의의 설치로부터 약 7년에 걸친 개정작업이 마무리 되었다.

3 신구 교육기본법의 주요 내용 비교

가. 구성 비교: 장의 신설 및 7개 조항 추가

1947년 구 교육기본법과 2006년의 신 교육기본법의 구성은 전자가 전문, 11조로 되어 있는 반면, 후자는 전문, 18조로 7개의 조항이 추가되었고 장의 구분을 두어 4개장으로 편성하였다.

표 6-1 신구 교육기본법의 구성 비교

구분	구 교육기본법	신 교육기본법
구성	전문, 11개 조항	전문, 18개 조항 (4개 장 구분)
전문	민주적 문화적 국가 건설 세계평화와 인류복지에 공헌 개인존엄, 진리·평화 희구하는 인간 보편적·개성있는 문화창조 교육목적 명시, 교육기본 확립	민주적 문화적 국가 발전 세계평화와 인류복지 향상 공헌 개인존엄, 진리·정의 희구하는 인간 공공정신, 풍부한 인간성·창조성 전통계승, 새로운 문화 창조 교육기본 확립, 그 진흥을 꾀함
본문	교육의 목적(§1) 교육의 방침(§2) 교육의 기회균등(§3) 의무교육(§4) 남녀공학(§5) 학교교육(§6) 사회교육(§7) 정치교육(§8) 교육행정(§10) 보칙(§11)	1장 교육의 목적 및 이념 　　교육의 목적(1§), 교육의 목표(§2), 　　생애학습의 이념(§3), 교육의 기회균등(4§) 2장 교육의 실시에 관한 기본 　　의무교육(§5), 학교교육(§6), 대학(§7), 사 　　립학교(§8), 교원(§9), 가정교육(§10), 유아 　　기의 교육(§11), 사회교육(§12), 학교, 가정 　　및 지역주민등의 상호연대협력제(§13), 정 　　치교육(§14), 종교교육(§15) 3장 교육행정 　　교육행정(§16), 교육진흥기본계획(§17) 4장 법령의 제정(§18)

나. 신구 교육기본법간의 비교

(1) 신설된 조항: 대학, 사립학교, 가정교육, 유아기교육, 교육진흥기본계획 등

신설된 조항은 생애학습의 이념(§3), 교육의 기회균등의 일부(장애자에 대한 국가 지방공공대체의 지원의무 §4②), 의무교육의 일부(§5②③), 학교교육의 일부(§6②), 대학(§7), 사립학교(§8), 가정교육(§10), 유아기교육(§11), 학교, 가정 및 지역주민 등의 상호연대협력(§13), 교육행정의 일부(§16②③④), 교육진흥기본계획(§17) 등이다.

표 6-2 신설된 조항의 주요 내용

구분	내용
생애학습의 이념(§3)	제3조 국민개개인이 자기의 인격을 연마하고, 풍요로운 삶을 보낼 수 있도록 그 생애에 걸쳐 모든 기회와 모든 장소에서 학습할 수 있고, 그 성과를 적절하게 살릴 수 있는 사회의 실현을 도모하지 않으면 안 된다.
교육의 기회균등 일부(§4②)	2 국가 및 지방공공단체는 장애가 있는 사람이 그 장애 상태에 따라 충분한 교육을 받을 수 있도록 교육상 필요한 지원을 강구하지 않으면 안된다.
의무교육 일부(§5②③)	2 의무교육으로 행해지는 보통교육은 각 개인이 가진 능력을 신장시키면서 사회에서 자립적으로 사는 기초를 기르고, 또한 국가 및 사회의 형성자로서 필요한 기본적인 자질을 키우는 것을 목적으로 행해지도록 한다. 3 국가 및 지방공공단체는 의무교육의 기회를 보장하고, 그 수준을 확보하기 위해 적절한 역할분담 및 상호협력 하에 그 실시에 책임을 진다.
학교교육 일부(§6②)	2 전항의 학교에서는 교육의 목표가 달성되도록 교육을 받는 사람의 심신 발달에 따라 체계적인 교육이 조직적으로 행해지지 않으면 안된다. 이 경우 교육을 받는 사람이 학교생활을 영위하는데 있어서 필요한 규율을 존중함과 아울러 스스로 학습에 임하는 의욕을 높이는 것을 중시해 행해지지 않으면 안된다.
대학(§7)	제7조 대학은 학술의 중심으로 높은 교양과 전문적 능력을 길음과 아울러 깊은 진리를 탐구해 새로운 지식과 견해를 창조하고, 이들 성과를 널리 사회에 제공함으로써 사회 발전에 기여하도록 한다.
사립학교(§8)	제8조 사립학교가 갖는 공공의 성질 및 학교교육에서 담당하는 중요한 역할을 감안하여, 국가 및 지방공공단체는 자주성을 존중하면서 조성 기타 적당한 방법에 따라 사립학교교육의 진흥에 힘쓰지 않으면 안된다.

구분	내용
가정교육(§10)	제10조 부모 그 외 보호자는 자녀교육에 대해 일치적 책임을 가지는 것이며, 생활을 위해 필요한 습관을 몸에 익히도록 함과 동시에 자립심을 육성하고 심신의 조화로운 발달을 도모하도록 노력한다. 2 국가 및 지방공공단체는 가정교육의 자주성을 존중하면서 보호자에 대한 학습의 기회 및 정보의 제공 기타 가정교육을 지원하기 위해 필요한 시책을 강구하도록 힘쓰지 않으면 안된다.
유아기교육(§11)	제11조 유아기의 교육은 생애에 걸친 인격 형성의 기초를 기르는 중요한 것임을 감안하여 국가 및 지방공공단체는 유아의 건강한 성장에 이바지하는 양호한 환경의 정비 기타 적당한 방법에 따라 그 진흥에 힘써야 한다.
학교, 가정 및 지역주민 등의 상호연대협력(§13),	제13조 학교, 가정 및 지역주민, 기타 관계자는 교육에서의 각각의 역할과 책임을 자각함과 함께 상호의 제휴 및 협력에 힘써야 한다.
교육행정 일부(§16②③④)	2. 국가는 전국적인 교육의 기회균등과 교육수준의 유지향상을 도모하기 위해 교육에 관한 시책을 종합적으로 책정하고 실시하지 않으면 안된다. 3. 지방공공단체는 그 지역에서의 교육의 진흥을 도모하기 위해 그 실정에 맞는 교육에 관한 시책을 책정하고 실시하지 않으면 안된다. 4. 국가 및 지방공공단체는 교육이 원활하고 지속적으로 실시되도록 필요한 재정상의 조치를 강구하지 않으면 안된다.
교육진흥기본계획(§17)	제17조 정부는 교육의 진흥에 관한 시책의 종합적이고 계획적인 추진을 도모하기 위해, 교육의 진흥에 관한 시책에 대한 기본적인 방침 및 강구해야 할 시책 기타 필요한 사항에 대해 기본적인 계획을 정하고 이를 국회에 보고하는 동시에 공표하지 않으면 안된다. 2 지방공공단체는, 전항의 계획을 참작하여 그 지역의 실정에 따라 해당 지방공공단체의 교육의 진흥을 위한 시책에 관한 기본적인 계획을 정하도록 힘쓰지 않으면 안된다.

(2) 수정 및 보완 된 조항

① 전문 비교

신구 교육기본법 전문을 비교해보면, '평화' 대신 '정의'를 희구하는 인간이란 표현으로 바뀌었다. '공공의 정신' 부분도 추가되어 심의회 등에서 강조된 부분이 반영되기도 했다.

'인간성'과 '창조성'을 갖춘 인간이라는 표현을 통해 윤리와 재능간의 균형 있는 목표를 제시했다. '전통계승'을 추가하고 '새로운 문화'를 강조한 것은 일본

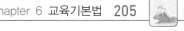

인으로서 아이덴티티를 반영한 것이라 할 수 있다.

표 6-3 신구 교육기본법의 전문 부분 비교

구 교육기본법	신 교육기본법	비고
우리는 먼저 일본국헌법을 확정하여 민주적이고 문화적인 국가를 건설하고 세계평화와 인류의 복지에 공헌하려는 결의를 보였다. 이 이상의 실현은 근본적으로 교육의 힘에 기대해야하는 것이다. 우리는 개인의 존엄을 존중하고 진리와 **평화를 희구**하는 인간의 육성을 기대하고 보편적이면서도 개성 풍부한 문화의 창조를 겨냥한 교육을 철저히 보급하지 않으면 안된다. 여기에 일본국헌법의 정신에 따라 교육의 목적을 명시하고 새로운 일본의 교육의 기본을 확립하기 위해 이 법률을 제정한다.	우리 일본국민은 꾸준한 노력으로 쌓아 온 민주적이고 문화적인 국가를 더욱 발전시키는 동시에 세계의 평화와 인류의 복지향상에 공헌하는 것을 희망한다. 우리는 이 이상을 실현하기 위해, 개인의 존엄을 존중하고 진리와 **정의**를 **희구**하고 **공공의 정신**을 존중하며, 풍부한 **인간성과 창조성**을 갖춘 인간의 육성을 기함과 더불어 **전통을 계승**하여 **새로운** 문화의 창조를 지향하는 교육을 추진한다. 이에 우리는 일본헌법의 정신에 따라 우리나라의 **미래를 개척**할 교육의 기본을 확립하고, **그 진흥을 도모**하기 위해 이 법률을 제정한다.	평화 대신 정의 공공의 정신 추가 인간성·창조성 추가 전통계승 추가 새로운 문화 강조 미래 개척 강조 교육진흥 도무

② 교육의 목적 및 이념

교육목적에는 별다른 변화는 없다. 평화적인 국가에 '민주적'이라는 수식어가 더 추가되었을 뿐이다. 구 교육기본법 목적조항에 있던 진리와 정의, 개인의 가치, 근로와 책임 등은 신 교육기본법에서는 목표조항에 모두 수용되었다. 신 교육기본법은 목적과 목표를 나누어 기술한 특징을 갖는다.

특히, 목표에서 '폭넓은 지식과 교양', '풍부한 정조와 도덕심', '자율정신', '남녀평등', '공공의 정신', '전통과 문화 존중', '향토사람', '국제사회 평화 발전 기여' 등은 새롭게 강조된 목표들이다.

표 6-4 신구 교육기본법의 교육의 목적 및 이념 부분 비교

구 교육기본법	신 교육기본법	비고
제1조(교육의 목적) 교육은 인격완성을 겨냥하고, 평화적인 국가 및 사회의 형성자로서 진리와 정의를 사랑하고 개인의 가치를 존중하며 근로와 책임을 존중하고 자주적 정신에 찬 심신이 모두 건강한 국민의 육성을 위해 행해지지 않으면 안된다. 제2조(교육 방침) 교육의 목적은 모든 기회에 모든 곳에서 실현되지 않으면 안된다. 이 목적을 달성하기 위해서는 학문의 자유를 존중하고 실제 생활에 따라 자발적 정신을 길러, 자신과 타인에 대한 경애와 협력으로 문화의 창조와 발전에 기여하도록 노력하지 않으면 안된다. 제3조(교육의 기회균등) ① 모든 국민은 동등하게 그 능력에 따라 교육을 받을 기회가 주어지지 않으면 안되며, 인종, 신조, 성별, 사회적 신분, 경제적 지위 또는 가문에 따라 교육상 차별되지 않는다. ② 국가 및 지방공공단체는 능력이 있음에도 경제적 이유로 인해 수학이 곤란한 자에게 장학의 방법을 강구해야 한다.	(교육의 목적) 제1조 교육은 인격 완성을 목표로 평화롭고 민주적인 국가 및 사회의 형성자로서 필요한 자질을 갖춘 심신이 모두 건강한 국민의 육성을 기해 이루어져야 한다. (교육의 목표) 제2조 교육은 그 목적을 실현하기 위해 학문의 자유를 존중하면서 다음에 열거된 목표를 달성하도록 행해지는 것으로 한다. 1. **폭넓은 지식과 교양**을 습득하여 진리를 구하는 태도를 기르고, **풍부한 정조와 도덕심**을 키우는 동시에 **건전한 신체**를 기르는 것 2. 개인의 가치를 존중하고, 그 **능력을 신장시켜 창조성**을 기르고, 자주 및 **자율정신**을 기르는 것과 동시에, **직업** 및 생활과의 관련성을 중시하고 근로를 존중하는 태도를 기르는 것 3. 정의와 책임, **남녀의 평등**, 자신과 타인에 대한 경애와 협력을 중시함과 아울러 **공공의 정신**을 바탕으로 주체적으로 사회의 형성에 참여하여 그 발전에 기여하는 태도를 기르는 것 4. **생명을 존중하며, 자연을 소중하게 여기며, 환경의 보전에 기여하는 태도**를 기르는 것 5. **전통과 문화를 존중하고 그것들을 길러 온 국가와 향토를 사랑하고 다른 나라를 존중하여 국제사회의 평화와 발전에 기여하는 태도**를 기르는 것 (교육의 기회균등) 제4조 모든 국민은 동등하게 그 능력에 따른 교육을 받을 기회를 부여받지 않으면 안되며, 인종, 신조, 성별, 사회적 신분, 경제적 지위 또는 가문에 따라 교육상 차별되어서는 안된다. 2. 장애자 교육지원 의무(신설) 3. 국가 및 지방공공단체는 능력이 있는데도 불구하고 경제적 이유로 인해 수학이 곤란한 자에게 장학의 조치를 강구하지 않으면 안된다.	지식과 교양 정조와 도덕심 건전한 신체 능력신장 창조성 자율정신 직업 남녀의 평등 공공의 정신 생명, 자연, 환경 전통문화 존중 향토 사랑 국제사회 평화

③ 교육의 실시에 관한 기본

제9조에서는 구 교육기본법과는 달리 교원 관련 조항을 별도로 두어 강조하고 있다. 교직의 사명성과 연구와 수양의 중요성을 강조했으며, 이를 위한 양성과 연수의 충실성이 추가되었다.

제15조에서는 종교에 관한 일반적인 교양이 추가되었는데, 이른바 종교교육의 세 측면 중 학교교육이 담당하여야 할 교양으로서 종교에 관한 교육을 강조하고 있다.

제16조 교육행정 조항에서 여전히 '교육의 부당한 지배 배제' 원칙(이른바 자주성 존중 원칙)이 천명되고 있고, 교육과 교육행정의 기본 원칙을 구분하고 있다는 점은 공통된다. 교육행정에 있어서 국가와 지방공공단체 간에 역할분담 및 상호협력이 강조되고 교육행정의 공정성과 적정성이 강조된 점에 차이가 있다. 특히 구법에서 교육행정의 범위를 교육목적 수행의 제 조건(외적 조건)의 정비 확립에 한정하는 것으로 해석되던 부분을 삭제하기도 했다.

표 6-5 신구 교육기본법의 교육의 실시에 관한 기본 부분 비교

구 교육기본법	신 교육기본법	비고
제4조(의무 교육) ① 국민은 그 보호하는 자녀에게 9년의 보통교육을 받게 할 의무를 진다. 삭제-제5조(남녀공학) 남녀는 서로 존중하고 서로 협력하지 않으면 안되며, 교육상 남녀공학은 인정되지 않으면 안된다. 제6조(학교교육) ① 법률에 정하는 학교는 공공의 성질을 갖는 것이며, 국가 또는 지방공공단체 외 법률에 정하는 법인만이 이를 설치할 수 있다. ② 법률에 정하는 학교의 **교원은** 전체의 봉사자이며, 자기의 사명을 자각하고 그 직책 수행에 힘쓰지 않으면 안된다. 이를 위해서는 교원의 신분은 존중되고 대우는 적정이 이루어지지 않으면 안된다. 제9조(종교교육) ① 종교에 관한 관용의 태도 및 종교의 사회생활에서의 지위는	(의무교육)제5조 국민은 그 보호하는 자녀에게 따로 법률로 정하는 바에 따라 보통교육을 받게 하는 의무를 진다. (학교교육)제6조 법률에 정하는 학교는 공공의 성질을 가진 것이며 국가, 지방공공단체 및 법률에 정하는 법인만이 이를 설치할 수 있다. (교원)제9조 법률에 정하는 학교 교원은 자신의 **숭고한** 사명을 깊이 자각하고 **끊임없이 연구와 수양에 힘쓰며**, 그 직책 수행에 힘쓰지 않으면 안된다. 2 전항의 교원에 대해서는 그 사명과 직책의 중요성에 비추어 그 신분은 존중되고, 대우의 적정을 기하는 것과 동시에, **양성과 연수의 충실화를 도모하지 않으면 안된다.** (종교교육)제15조 종교에 관한 관용의 태	교원보완 사명감 연구수양

구 교육기본법	신 교육기본법	비고
교육상 이를 존중하지 않으면 안된다. 제10조(교육 행정) ① 교육은 부당한 지배에 따르지 않고 국민 전체에 대한 직접 책임을 지고 행해져야 한다. ② 교육행정은 이 자각 아래, 교육의 목적을 수행하는데 필요한 제 조건의 정비 확립을 목표로 행해지지 않으면 안된다.	도, **종교에 관한 일반적인 교양** 및 종교의 사회생활에서의 지위는 교육상 존중되어야 한다. (교육 행정)제16조 교육은 부당한 지배에 따르지 않고, **이 법률 및 기타 법률이 정한 바에 따라 행해져야 하며, 교육행정은 국가와 지방공공단체와의 적절한 역할분담 및 상호협력 하에 공정하고 적정하게 행해지지 않으면 안된다.**	종교교양 교육법정 역할분담 상호협력 공정적정

4 교육기본법 개정의 평가

가. 시대변화 적응론적 개정 성과

시대적 선택

미래지향적 개정론

신 교육기본법은 기본적으로 시대변화에 적응하고 국제 경쟁사회에 대응하는 명분과 교육당사자의 요구에 반응한 시대적 선택으로서 긍정적으로 평가할 수 있다.

앞서 언급한 교육기본법 개정의 여러 논거 가운데서 '미래지향적 개정론'에 입각한 개정이라고 할 수 있다. 구법에서 언급하지 못한 생애학습의 이념이 추가되거나, 가정교육과 유아교육, 장애자 지원이 강조되고, 가정·학교·지역 간의 연대 조항이 신설된 것, 그리고 교육개혁을 비롯한 교육시책을 국가적 아젠다로 삼으려는 교육진흥기본계획 등은 그 대표적인 예라 하겠다.

나. 교육통제 강화론적 개정 우려

복고적 개정론

또 다른 논거인 복고적 개정론의 논거에 따른 부분도 없지 않다. 그 입장에서 본다면, 신 교육기본법은 신자유주의 및 국가주의로 경도될 위험성을 내포하

일본의 우경화

고 있고, 그것이 헌법 개정이라는 정치 일정과 직결되어 있다는 점에서 아시아의 정치적 군사적 맹주로 도약하려는 일본의 우경화를 우려하지 않을 수 없다는 점도 지적되어야 한다.

전문(前文)에서 공공의 정신과 전통을 강조하고, 제2조에서 국가와 향토에 대한 사랑을 교육의 주된 목표의 하나로 설정한 것은 복고적 개정론과 연계되어 보인다. 또한, 구법 제1조 및 제10조에 천명된 교육의 자주성 보장을 다소 후퇴시키고, 조건 정비적 교육행정의 범위를 법령에 의한 통제를 강화하는 방향으로 개정한 것도 같은 맥락에서 해석된다.

그러나 이러한 비판론 가운데는 공교육이 동시적으로 갖는 개인적이며 사회적 의미를 고려할 때 지나친 기우를 하는 경우도 없지 않다. 예를 들어 개정법 제2조의 교육목표 조항의 제3호에서 새롭게 추가된 "공공의 정신을 바탕으로 주체적으로 사회의 형성에 참여하여 그 발전에 기여하는 태도를 기르는 것" 부분은 국가와 사회의 '필요성'에서 추구되는 인간상을 형상화 한 것으로 향후의 교육이 '국가 발전을 위한 교육'이 되어야 함을 시사하는 것으로 '국가에 의한 교육의 수단화 내지 도구화'를 의미하는 것으로 평가하기도 한다. 한편으로는 이를 법제화하고 구속할 경우 '국가에 의한 교육의 통제'가 가능할 수 있음을 암시하는 것으로 비판하는 입장[16]과도 다르지 않다.

물론, 과거에 비하여 공공의 정신이 상대적으로 강조된 것이 사실이나 개정 교육기본법의 교육목적 조항에서 '인격의 완성'을 목표로 함을 전제로 하고 있고, 제2조 교육목표 조항에서도 '개인의 가치 존중과 능력 신장'을 사회적 충원 기능에 앞서서 규정하고 있기 때문에 위와 같은 교육의 수단화 도구화 비판은 다소 지나친 우려가 아닌가 싶다.

---

16 靑木廣治(2004), "教育基本法改定提案の逐條的檢討(前文)", 教育基本法改正批判, 日本教育法學會 編, 78頁.

다. 각 개정 및 신설 조항에 대한 평가

제2조의 생애학습의 이념 규정이 추가된 것에 대하여 개정법 제2조에서 규정하고 있는 '교육의 목표'에 종속되는 생애학습 개념이므로 상황 적응적이고 수동적인 학습이라는 비판받기도 한다.[17]

또한 교육과 학습을 순전히 개인의 차원에서만 파악하여, 국민을 그 수동적인 향유주체의 위치로만 바라볼 뿐 교육과 학습의 협동적인 창조 주체로는 보고 있지 않다는 지적도 있다. 제2조의 교육목표 다음에 생애학습이 규정되어 그러한 해석으로 보일 수도 있으나 제2조의 교육목표가 학교교육 뿐만 아니고 사회교육을 포함한 평생교육을 포함하고 있고, 동시에 제3조의 생애학습이 사회교육 뿐만 아니라 학교을 포함한 하나의 교육이념으로 파악한다면 조화롭게 해석하는 것도 가능하리라고 본다.

따라서 '상황 적응적이고 수동적인 학습개념화'로 단정하는 것은 다소 무리가 있다고 본다. 다만, 한국과는 달리 (한국은 국가의 평생교육 진흥의무로 규정) 생애학습의 노력을 국민의 의무로 규정할 뿐, 국가의 의무를 간과하고 있는 점은 일본의 한계로 보여진다.

제4조인 교육의 기회균등 조항은 구 교육기본법의 규정을 대부분 유사하게 규정하면서, 제2항을 신설하여 국가 및 지방공공단체의 충분한 교육지원 강구 의무를 추가하여 규정한 것은 장애자 교육에 대한 특별한 조치로 평가할 수 있다.

그러나 일본의 비판적 학자들 가운데에서는 "동 조항이 헌법에 규정된 '능력에 따른 균등한 교육받을 권리의 보장' 원칙이 규정되어 있음에도 교육기회의 차별적 배분제도를 정당화하는 논리로 전환시켰고, 인적·물적 조건의 정비를 수반하지 않는 '특별지원교육의 도입'에 의한 장애자교육의 포기를 정당화하고 있다"고 비판한다.[18]

그러나 '교육기회의 차별적 배분제도의 정당화 논리'나 '장애자 교육의 포기'로 해석하는 것은 개연성에 근거한 지나친 유추해석이라고 본다. 능력에 따른

> 장애자 교육에 대한 특별한 조치

---

17 日本敎育法學會 敎育基本法硏究特別委員會(2006.5.9), 記者會見用 逐條コメント[第1版] 要約, 1頁.
18 日本敎育法學會 敎育基本法硏究特別委員會(2006.5.9), 記者會見用 逐條コメント[第1版] 要約, 1頁.

균등한 교육기회 보장의 구체적 조항으로서 보완된 규정이라 할 수 있으며, 다만 능력이 뛰어난 영재교육에 대한 부분이 균형있게 다루어지지 못한 점은 지적할 수 있겠다.

개정 교육기본법 제5조는 의무교육에 대하여 대폭 강화한 규정을 두고 있다. 구법에서 '9년의 보통교육을 받게 할 의무'로 표현되었던 것을 삭제하는 대신 '따로 법률에서 정하는 바에 따라 보통교육을 받게 할 의무'로 바꾸었다.

이에 대해서는 의무교육제도를 유동화시키고 차별적 재편성의 길을 열어 놓은 것으로 보는 시각도 있다. 그러나 이는 의무교육 연한을 학교교육법에서 정하겠다는 위임입법에 관한 것으로 볼 수 있다. 이는 한번 제정 후 개정이 어려웠던 일본의 입법정책사가 반영된 것으로 해석된다. 한국의 경우에는 의무교육을 헌법에 규정하고 그 보장 기간에 대하여는 교육기본법[19]에 정하고 있는 상황이다.

제5조 제3항에서 의무교육의 추진 및 재정 부담에 있어서 국가와 지방자치단체의 역할분담 및 상호협력을 강조하고 있는 것은 시대 조류를 반영한 것으로 한국과 일본의 최근 교육재정 개혁에서 공히 나타나고 있는 경향이다. 긍정적인 측면은 지방교육자치 정신에는 근접한 개정 방향으로 평가 받을 수도 있겠으나 동시에 지역에 따른 불균등한 교육여건을 조성할 수 있는 문제점이 있다.

구 교육기본법 제5조에는 포함되어 있던 '남녀공학의 인정' 조항은 폐지되었다. 이는 2003년 3월 중앙교육심의회의 답신에서 언급한 "남녀공학의 취지가 이미 널리 보급되어 있어, 성별에 의한 제도적인 교육기회의 차이도 없어졌으므로 폐지하는 것이 타당하다"는 지적에 따른 것[20]이다.

이에 대하여 "일본에서 이제 막 실현되고 있는 양성평등 교육이 이 조항의 폐지로 인하여 전통적인 엘리트의식과 특권적 지위를 보존하려는 보수주의적 의도가 다시 개진될 수 있다"고 비판하기도 한다.[21] 그러나 남녀공학 조항의 삭제를 '전통적인 엘리트 의식과 특권적 지위를 보존하려는 보수주의적 의도'로 해석

19 한국의 교육기본법 제8조(의무교육) ① 의무교육은 6년의 초등교육과 3년의 중등교육으로 한다.

20 文部科學省 中央敎育審議會情報,資料集.

21 橋本紀子(2004), "敎育基本法改定提案の逐條的檢討(男女共學)", 敎育基本法改正批判, 日本敎育法學會編, 96頁.

하는 것은 다소 지나친 해석이 아닌가 싶다.

다만, 이 조항의 삭제로 인하여 학교를 신설할 경우 지역의 교육상황(남녀 진학 학생 정원 분포)이나 학부모들의 요구에 따라 남녀공학이 아닌 남자 혹은 여자 학교를 신설하는데 우선하는 가이드라인이 없어진 것은 사실이라 하겠다. 반면, 학교 선택권의 보장 측면에서는 남녀공학의 설치 원칙이 오히려 선택의 범위를 제한할 우려는 있다 하겠다.

학교교육에 관하여는 개정 교육기본법 제6조 제2항이 신설되었다. 특히 학교교육에 있어서 교육을 받는 사람, 즉 학습자의 의무를 규정하고 있다. 즉, "교육을 받는 사람이 학교생활을 영위하는데 있어서 필요한 규율을 존중함과 아울러 스스로 학습에 임하는 의욕을 높이는 것을 중시해 행해지지 않으면 안된다"는 부분이 추가되었다. 이는 학교규칙(학칙)의 제정의 근거 규정으로서 의미를 갖는 부분이기도 하다.

그런데 이에 대하여는 "국공·사립의 차이를 초월한 학교교육의 국가사업화와 공교육의 사영화를 추구하는 신자유주의적 교육개혁에 부응하여 학교교육의 근본적 개혁에 법적 근거를 제공하는 규정이다"고 비판을 가하기도 한다.[22] 공동생활 중에 집단교육 형태로 이루어지는 학교교육에서 학습자의 학교규율 준수 의무를 '교육의 국가사업화' 및 '공교육의 사영화' 추구로 비판하는 견해 역시 지나친 유추해석이라 하겠다.

개정 교육기본법 제7조는 대학에 대하여 조항을 신설했다. 대학 자치의 정신에 따라 입법적 자제 영역으로 인식되던 대학에 대하여 기본 원칙을 밝힌 규정으로 별도의 규정을 두고 있지 않은 한국에도 시사하는 바가 있다.

앞부분에 전문과 전문능력의 배양이 진리와 지식 창조를 전제하고 있음에도 '사회 공헌'적 의미만 부여한 것으로 지적한 일본 학계의 비판은 다소 단견(短見)이라고 본다. 초중등교육과는 차별화하여 대학교육에 대한 자주성과 자율성을 규정한 것에 보다 의미를 부여할 수도 있다고 본다. 다만, 대학의 자주성 문제가 법률유보에 의한 제도보장의 영역인지 관습법적 자치의 영역인지의 문제는 별도

---

22 日本教育法學會 教育基本法研究特別委員會(2006.5.9), 記者會見用 逐條コメント[第1版] 要約, 2頁.

의 문제로서 일본 대학의 역사·사회적 전통에 견주어 판단할 일이라고 본다.

제8조에서 사립학교 조항을 신설하여 사학의 공공성 보장 정신을 표명하고, 국가와 지방공공단체로 하여금 그 자주성 존중과 사학진흥 조성의 의무를 부과한 것은 사학이 공교육에서 차지하는 비중을 감안한 입법이라 할 수 있다. 물론 경우에 따라서는 사학에 대한 통제를 강화하려는 시도로 볼 수도 있겠으나 공공성과 자주성을 동시 강조하고 있으며, 한국의 경우 사립학교법이 표방한 양대 가치의 존중 원리와도 상통한다 하겠다.

개정 교육기본법 조항에서 특별히 강조된 부분은 교원 조항으로서 구 교육기본법 제6조(학교교육)에 규정되어 있던 것을 분리하여 별도의 조항으로 규정하고 있다. 교사로서 사명의 숭고함과 연구와 수양의 중요성을 강조하고 있는 것은 오늘날 당면하고 있는 일본 교직사회의 교직풍토를 반영한 부분이기도 하다.

구 교육기본법에서 '학교교육' 조항에서 '전체의 봉사자로서 사명'부분이 삭제된 것에 대하여 일본 학계 일각에서는 "교원을 학교의 공공성을 담보하는 전체의 봉사자이며 학교의 주체적 존재인 교원의 지위를 부정하고 있다"고 비판하기도 한다.

그러나 관점을 달리하여 본다면 교원의 조항을 별도로 둔 것에 더욱 방점을 두어 생각해야하고, '전체의 봉사자로서'라는 부분이 삭제된 것을 긍정적으로 본다면, 단순한 공직자(공무원)와 차별화시키려는 입법취지로도 볼 수 있다.

다만, 한국의 헌법과 교육기본법에서 강조되는 교육전문가로서의 지위 부분이 언급되어 있지 않고 신분 존중과 적당한 대우 보장, 나아가 양성과 연수 충실 의무를 강조하는데 그친 것은 아쉬운 부분이다.

개정 교육기본법 제10조는 가정교육을 새롭게 규정하고 있다. 오늘날 이지메, 학교폭력 등으로 생활지도에 공동으로 대응해야 할 일본 사회의 입장에서 적절한 입법이라 판단되며, 지금까지 학교교육과 사회교육 중심의 법체계에서 가정교육이 선언적이기는 하지만 교육입법의 영역으로 편입되었다는 신호로 받아들일 수 있다.

가정교육

제13조에서 학교, 가정 및 지역주민 등의 상호 연대협력 조항을 신설한 것 또한 교육문제에 역할분담하고 책임을 지며 상호협력 하여야 할 교육공동체라는 인식을 반영하고 있고, 이는 한국의 경우에도 예외가 될 수 없다.

이어 제11조는 유아기의 교육을 신설 역시 그동안 초·중등 교육 및 고등교육 중심으로 규정되어온 교육입법 관례에서 시대적 변화를 반영하여 신설된 규정이라 하겠다. 최근 책정된 자녀양육지원법의 추진 또한 이러한 입법 정신을 살린 결과라 할 수 있다.

개정 교육기본법의 제14조(정치교육)와 제15조(종교교육) 조항은 구 교육기본법에서도 언급된 것을 보완하여 두고 있다. 이른바 정치(종교)에 관한교육, 정치(종교)를 위한 교육, 정치(종교)적 방법을 활용한 교육이라는 세 차원의 의미를 충분히 조화롭게 담고 있지는 못하지만 학교교육과정에서 결코 소홀히 해서는 안되는 영역이다. 한국의 경우처럼 이에 대하여 전혀 언급없이 소극적으로 정치적 중립만을 선언한 경우와는 대비되는 부분이다.

2006년의 신 교육기본법에서 가장 두드러진 변화는 제3장인 교육행정 부분이다. 부당한 지배에 따르지 않는 자주성 존중의 원칙이 유지되었고, 교육과 교육행정의 운영 원칙이 구분되는 부분도 구 교육기본법 조항과 유사하다.

다만, 교육제도 법정주의에 나아가 '교육 법정주의'를 강조하여 이른바 교육내용에 대한 국가의 통제의 법적기반을 공고히 한 점은 긍정적 측면도 우려되는 부분도 동시에 내포하고 있다.

교육행정의 운영원칙에서 구 교육기본법이 교육목적 수행을 위한 조건 정비(이른바 외적조건 정비 제한설)가 강조되었던 부분을 삭제하고, 대신 국가와 지방공공단체가 역할분담하고 상호협력하며 공정하고 적정한 행정을 하도록 한 부분은 최근의 지방분권과 재정 책임 분담 조류를 반영한 것으로 평가할 수 있다.

제16조 제2항 및 제3항에서는 국가와 지방공공단체의 구체적 역할분담 영역을 명시하고 있는바, 국가에게는 전국적인 균등과 수준유지 향상 정책수립을, 지방공공단체에게는 지역실정에 맞는 정책수립을 강조하고 있다. 재정상의 필요조치 의무를 국가 및 지방공공단체에게 부과한 것은 역할 분담에 더 의미를 둔 조항의 신설로 평가할 수 있다.

제17조에서는 앞의 이러한 역할분담을 보다 구체화한 것으로 중앙과 지방에서의 중장기 교육정책, 즉 교육진흥기본계획의 수립을 언급하고 있다. 정부에게는 기본방침 및 시책 수립 후 국회 보고의무를, 지방공공단체에게는 이를 참작하여 지역실정에 맞는 진흥시책을 마련하고 노력할 의무를 부과하였다. 교육개혁의

제14조(정치교육)

제15조(종교교육)

교육 법정주의

외적조건 정비 제한설

역할분담하고 상호협력

추진에 있어서 종이 개혁이 되지 않도록 절차와 시행 책무를 담보한 규정 신설로 긍정적 의미를 부여할 수 있다.

　　교육진흥 기본계획의 책정 계획은 교육제도의 개선 및 방책을 강구하는 정책의 수립에 대한 기본 원칙을 정한다는 것으로서 '개혁의 정당성'과 '개혁의 실효성'을 담보하기 위한 이른바 '개혁 절차법'이라 할 수 있다.

개혁 절차법

　　이를 위해 기본 방안은 교육진흥 기본계획의 수립을 국가의 기본시책으로서 교육기본법에 그 근거를 규정하고, 관련 법령에서 관련 정책의 기간과 대상 및 범위, 구체적 정책 목표, 결정과정과 추진 및 정책의 평가에 있어서 가이드라인을 정한다는 것이다.[23]

　　이러한 입법조치는 기본적으로 국가전략으로서 교육개혁 정책의 위상을 명료화하고 관련된 행·재정적 조치를 뒷받침하여 정책의 효율성을 담보할 수 있고, 정권 및 일부 정책관계자에 의한 정책의 독점 및 왜곡을 막을 수 있다는 점에서 긍정적으로 평가할 수 있으나, 그 기준과 방법이 대강화(大綱化)될 수밖에 없다는 점에서 규범으로서 구속력에 한계를 지닐 수밖에 없을 것으로 판단된다.

　　국회에 보고하는 동시에 공표 의무를 부과한 것은 절차적 정당성 확보에 진일보한 조치라 할 수 있다. 다만, 정책의 수립에 있어서 교육당사자의 의견 수렴 절차를 강조하지 않은 것은 아쉬운 부분이다.

　　또한, 지방공공단체로 하여금 '전항의 계획을 참작하여' 계획을 수립하도록 했는데, 국가의 교육정책과의 완급조정 및 특성화의 범위에 대하여는 논란이 될 여지도 있을 것이다. 일본의 교육개혁의 선단에 서 있는 도쿄와 오사카 교육개혁이 정부 교육개혁 속도를 능가하고 있는 상황에서 교육기본법 정신의 해석이 쉽지 않은 이유이다.

---

23 당시 제안된 바로는 기본계획의 기간은 5년으로 하며, 범위는 교육분야와 학술, 스포츠, 문화예술교육등을 포함하고 있으며, 기본적인 교육 조건정비의 예로서 확실한 학력육성, 양호한 교육환경의 확보, 교육 기회균등의 확보, 사학의 교육연구 진흥, 양호한 취학전 교육환경의 정비 등이 열거되었고, 구체적 정책목표의 예로서는 전국학력테스트에 근거한 학습지도요령 개선, 집단따돌림과 학교폭력 등의 5년 내 반감, 체력의 향상, 세계 평균수준의 영어 능력. 학생성적 평가의 엄격화 등이었다(문부과학백서, 2005년, 103면 참고).

5　교육기본법 개정의 영향 및 한국에의 시사[24]

가. 학교교육법·교원법·교육행정법의 개정: 교육3법 개정(2007)

　　교육기본법 개정 직후 후속 입법은 중앙교육심의회가 2007년 3월 10일에 「교육기본법 개정 이후 긴급히 필요한 교육제도 개정에 대해」 답신서를 보고하는 것으로 표면화 되었다. 정부의 교육기본법 개정안이 2006년 4월에 국회에 제출되었고, 심의를 거쳐 12월 15일에 가결·성립되었으며 12월 22일에 공포·시행되었으므로 이 답신서는 통과를 전제로 문부성 내에서 준비하고 있던 후속 개정 법률이라고 할 수 있다.

　　학교교육법 개정, 지방교육행정법 개정, 그리고 교육직원면허법 등의 개정안, 이른바 교육3법안은 2007년 3월 30일에 각료회의에서 의결되어 국회에 제출된 후 6월 20일에 통과되었다.

　　학교교육법의 개정의 주요 골자는 학교관리직을 신설하고 학습지도요령을 개정하는 것이었다. 앞서 제2장의 일본 교육법의 역사에서 법규에서 살펴본대로 '전통문화와 국가·향토애'를 강조하는 교육 목적 및 목표를 개정[25]한데 이어 학교의 조직력을 높이기 위하여 부교장, 주간교사, 지도교사를 둘 수 있도록 하는 개정이 있었다. 이에 대하여는 학교조직 관료화에 대한 우려의 목소리도 나오고 있다. 학교에 대하여는 책무성 강화차원에서 학교평가에 근거한 운영개선 노력의무와 보호자에 대한 관련 정보 제공 의무를 부과하기도 했다.

　　이후 교육과정상의 커다란 변화는 그동안의 여유교육(ゆとり教育)을 접고 학력신장으로 선회하는 학습지도요령 개정을 단행한 것이다.[26] 교육목표는 '살아가

살아가는 힘
(生きる力)

---

24 고전(2016), "일본의 최근 교육개혁 정책의 특징과 평가", 비교교육연구 26(4), 189−193면 참조.

25 규범의식, 공공의 정신에 기반한 주체적으로 사회형성에 참가하는 태도, 생명 및 자연을 존중하는 정신, 환경보전에 기여하는 태도, 전통과 문화를 존중하고 이들을 길러온 우리가 국가와 향토를 사랑하는 태도, 타국을 존중하여 국제사회의 평화와 안전에 기여하는 태도 등.

26 유·소·중학교는 2008년 3월, 고교 및 특수교는 2009년 3월에 개정(전면실시는 소학교: 2011년, 중학교: 2012년, 고등학교: 2013년 도입).

는 힘(生きる力)'을 길러주는 것으로 설정되었고, 이는 확실한 학력, 풍부한 심성, 건강한 몸 간[27]의 균형 상태를 말한다.

확실한 학력 신장을 위하여 수업시간의 증가(35~70시간), 소학교 외국어활동 신설 및 언어활동의 충실, 과학·수학교육의 내실화, 전통과 문화에 관한 교육 충실, 체험활동·도덕교육·외국어 교육의 충실, 그리고 학습평가의 중시 방향이 설정되었다. 풍부한 심성 함양을 위하여는, 도덕교육 추진, 인권교육의 추진, 체험활동의 추진, 국기(國旗)·국가(國歌)의 지도 방향이 설정된 바 있다.[28]

그 외에도, 교직원 배치가 적정화 된 점, 외부인재를 적극적으로 활용할 수 있게 된 점 등도 들 수 있다. 전 학교에 내진설계(耐震化)를 강화하여 안전한 학교 만들기를 지원하게 된 것도 변화 중의 하나이다.

둘째로, 교육신흥기본계획은 교원인사관리에도 직지 않은 변화를 수반했다. 우수 교원 확보를 위한 교원면허갱신제의 도입과 부적절한 교원에 대한 인사관리 철저가 대표적이다. 2009년 4월 1일부터 시행에 들어간 면허갱신제는 10년의 유효기간을 정하는 것으로 문부과학대신이 인정한 30시간 이상 소·중학교 갱신강습과정을 수료하도록 했다. 갱신강습 내용은 교직에 대한 성찰, 아이들 변화, 교육정책 동향 및 학교내외에 있어서 연대협력에 관한 이해를 포함(12시간 이상), 교과지도, 학생지도 기타 교육충실에 관한 사항(18시간)으로 되어 있다.[29]

> 교원면허갱신제의 도입

셋째로, 책임 교육행정을 위한 교육위원회 개혁을 위하여 지방교육행정법이 개정되었다.[30] 2008년 4월 1일부터 개정 시행된 이 법의 주요 내용은 교육위원회에 관련된 것으로, 책임체제의 명료화, 교육위원회 체제의 충실, 교육에 있어서 지방분권의 추진, 교육에 있어서 국가의 책임 완수, 사립학교에 관한 교육행정에

---

27 균형 잡아야 할 능력이라 학력·심성·건강을 말하며, 기초·기본을 확실히 습득하여 사회 변화 가운데 스스로 과제를 찾고 스스로 배우고 스스로 생각해 주체적으로 판단하고 행동하고 문제 해결할 자질이나 능력(확실한 학력), 스스로를 규율하고 타인과 협조하며 타인을 생각하고 감동하는 마음(풍부한 심성), 의연하게 살아가기 위한 건강과 체력(건강한 몸).
28 학교교육과정의 개혁에 대하여는 고전(2014), 『일본교육개혁론』, 서울: 박영story, 246−276면 참조.
29 교원면허갱신제 도입에 대하여는 고전(2014), 『일본교육개혁론』, 서울: 박영story, 317−320면 참조.
30 지방교육행정법 개혁에 대하여는 고전(2014), 『일본교육개혁론』, 서울: 박영story, 352−386면 참조.

관한 것이었다.

최근 개정(2014.6.20.)·시행(2015.4.1)에서는 교육장(47도도부현, 1,737시정촌)과 교육위원은 지자체장이 의회의 동의를 얻어 임명·파면(심신장애·직무위반, 비행시) 할 수 있게 되었는데 이 또한 교육기본법 개정과 연동되어 있다.

특히, 수장의 교육행정에 관한 위상과 권한을 강화시킨 것이 특징적이다. 위의 파면 가능권과 신설된 종합교육회의(總合教育會議; 수장＋교육위원회)를 통해 지방의 교육진흥기본계획 등으로 광범위한 영향력을 행사할 수 있게 되었고, 임기 3년 단축으로 수장이 교육장 인사에 반드시 관여하는 구조가 된 부분 등이 그것이다.

반면, 교육위원회에 힘을 실어주는 조치도 있었다. 과거 교육위원회의 보조기관이었던 교육장을 실질적인 교육행정 책임자로서 교육위원회 회무를 총괄하고 사무국을 지휘·감독하도록 강화되었다. 교육위원 구성시 동일 정당 소속 위원을 1/2 이내로 하여 정치적 영향력을 제어하려는 부분이나 교육장보다 긴 4년의 임기로 교육장을 견제토록 하기도 했다. 앞서 본 바와 같이 수장이 대강의 교육기본계획·시책을 협의·조정하지만, 최종적으로 집행권한은 교육위원회에 유보되어 있는 점 또한 교육위원회에 힘을 실어주는 조치로 볼 수도 있다.

이에 따라 교육위원들이 보다 적극적으로 업무수행에 임하고, 수장 또한 종합교육회의를 주재하며 교육현안에 대한 대책을 강구하는 등 일반 행정과의 연계 가능성도 점쳐지고 있다. 그러나 수장 선거결과에 따라서 교육장이나 교육위원이 교체될 수도 있고, 이들이 반발(사퇴거부)하는 경우도 있어서 교육행정에 있어서 정치적 종속을 우려하는 목소리도 있다.

한국의 경우 2014년 9월부터 지방의회 통합형 교육위원회는 이미 발족했고(제주도 제외), 여전히 주민직선제 교육감 선출방식 역시 시도지사 임명제 및 공동등록제가 논의되는 가운데 일본의 사례가 마치 세계적인 통합사례인 듯 소개되기도 한다. 그러나 양국 비교시 유념할 부분은 한국은 의결기관인 교육위원회가 이미 지방의회내 상임위원회로 되었지만, 교육감은 주민직선제로서 도

종합교육회의
(總合教育會議;
수장+교육위원회)

정치적 종속을 우려

지사와 대등한 주민대표성을 바탕으로 선거를 통해 직접 책임지는 비교 불가능한 차이점이 있다.[31] 일본은 이미 '교육사무'을 지자체의 고유사무화 했고, 지자체의 교육예산 분담 의무을 넓혀가고 있는 반면 한국은 교원 보수를 국가에 크게 의존하는 등, 재정 자립도가 매우 낮다는 점을 감안하여 상호 비교할 필요가 있다. 지방자치단체장에 의한 교육개혁의 정치화를 보여주는 일본의 사례는 일반자치와의 통합을 추진함에 있어 눈여겨 볼 부분이다. 양국 비교시, 입맛에 맞는 부분만을 강조하여 따라하자는 식의 제안은 시대착오적이며 무책임한 것이다.[32]

나. 국가 및 지방공공단체의 교육진흥기본계획 수립

고전(2016)의 분석에 따르면, 교육진흥기본계획 법제화의 의미는 국가주도 개혁로드맵이 법제화되는 긍정적 효과와 교육개혁과정이 정치화 되는 부정적 우려라는 양 측면이 있다는 것이다.[33]

긍정적 측면에서 볼 때, 5년마다 작성되는 교육진흥기본계획(2008, 2013, 2018)은 긍정적인 측면에서는 정권 간, 국가와 지방 간 정책의 일관성 및 지속성을 확보하게 하고, 계획의 의회보고와 재정담보 가능성을 높였다. 그러나 수장이 국가 수준의 개혁을 반드시 따라야 할 법적 의무는 없고, 재정지원 역시 임의적이다. 계획에 대한 외부기관 진단도 받고 있지만 항목 및 경향성을 확인하는 정도이다. 정치권의 교육현실에 대한 인식이 교육현장과 유리되었을 때, 계획은 이전의 페이퍼 개혁과 다를 바 없다는 것이다.

> 교육진흥기본계획 법제화

> 긍정적 측면

---

31 한국내 통합론자(지방자치발전위원회등)들처럼 "일본 역시 수장 중심으로 교육위원회가 통합되어가고 있다"고 말하는 것은 아전인수격 해석이다. 법개정 이전에도 수장의 영향력은 포괄적(교육위원을 임명권 및 지방의회 교육장 임명 동의과정에서의 영향력)이었고, 도쿄 및 오사카처럼 수장이 교육개혁을 지휘하기도 했다. 국내에 소개된 신도무네유키(新藤宗幸; 일본도시연구소이사장)의 「교육위원회 무엇이 문제인가」(안재현 역－지방자치발전위원회위원) 역시 일본내 대표적 통합론자의 저작을 번역한 서적임을 감안해서 읽어야 한다.

32 고전(2016), "일본의 최근 교육개혁 정책의 특징과 평가", 비교교육연구 26(4), 189－193면 참조.

33 고전(2016), "일본의 최근 교육개혁 정책의 특징과 평가", 비교교육연구 26(4), 189－193면 참조.

이에 비하면 한국은 수년 전까지는 대통령 자문기구 중심 개혁을 추진해오다, 이명박 정권부터는 자문기구 없이 장관이 교육개혁안을 주도하고는 있으나 국가수준 장기 발전계획 체제는 없는 상황이다. 이른바 국가수준의 교육개혁안 마련을 위한 정책수립 및 점검시스템에 대한 전반적인 검토가 필요한 시점이다. 노무현 정부 초기에 논의된 교육개혁의 기본 원칙과 절차, 재정확보 및 정책평가를 담은 '교육개혁법'안에 대한 재검토도 필요하다.

한편, 지방공공단체의 수장들 역시 5년 단위로 지방교육진흥기본계획을 수립하는 경우가 늘고 있다. 2013년 7월 문부성 보고에 따르면, 제2기 국가교육진흥기본계획(2013)에 기반하여 45개 도도현(都道縣; 미책정 2시), 20시(市)에서 지방교육진흥기본계획을 수립했다. 반면 정령지정도시를 제외한 1,720개 시구정촌(市區町村)의 책정 상황은 1,009곳(58.6%)에 머물렀다(책정예정 237곳(13.7%), 미정 474(27.5%)).

제3기 국가교육진흥기본계획이 시작된 2018년 4월 1일자 문부성의 조사에 따르면, 47 도도부현, 20 정령지정도시 및 54 중핵시, 1,718 시구정촌에서 지방교육진흥기본계획이 수립된 것으로 보고되었다. 전체적으로 기본계획 수립을 완료한 지방공공단체가 81.1%(1,394곳), 책정예정이 3.3%(56곳), 그리고 미정이 18.9%(324곳)으로 보고되어 5년 전보다는 미정이 감소한 것으로 나타났다(http://www.mext.go.jp/a_menu/keikaku/doc.htm).

타니구치 사토시(谷口 聡)의 분석에 따르면,[34] 시구정촌 단위의 교육진흥기본계획의 책정이 적극적이지 못한 것은, 책정의 의무가 수장인지 교육위원회인지 명확하게 명시되어 있지 않기 때문이라는 분석이다. 이런 가운데 오사카부(大阪府)의 움직임이 주목을 받고 있다. 오사카는 종래 교육행정·제도 원리를 대폭 전환시켜 '오사카부 교육행정기본조례'와 '오사카부립학교조례'를 만든 바 있다(2012.4.1. 시행). 그 특징 중 하나는 지방판 기본계획을 활용하여 수장을 교육과 지방행정의 통치자로 위치시킨 점이다. 우선, 위의 교육행정기본조례는 기본계획 원안 작성권을 지사에게 부여했고(4조), 교육위원회로 하여금 이 계획의 목표달성을 위한

---

34 谷口 聡(2014), "教育振興基本計画", 『教育法の現代的爭點』, 동경: 法律文化社, 78-83頁 참고.

대책과 활동을 자기평가토록 했으며(6조), 지사는 그 평가결과에 기반해 교육위원을 파면시킬수 있도록 했다(7조).

그에 따르면, 위의 학교조례에 따라 교육위원회는 이 계획에 기초하여 학교를 운영할 것을 지시할 수 있고(5조), 교장은 이 계획에 기반한 학교경영계획을 작성해야 하고(7조), 달성 상황을 평가하여야 한다(10조). 결국, 지방의 교육진흥기본계획에 의해 실질적인 교육내용 통제(목표설정과 평가)를 포함한 교육시책에 관한 종합적 권한을 지사에게 부여하여, '수장－교육위원회－교장－교직원'으로 연결되는 탑다운(Top－down)의 교육통치기구 완성을 지향하고 있다는 분석이다. 결국, 계획의 책정 주체를 불명확하게 함으로써 일반행정으로부터의 독립성이 회손되는 우려를 낳고 있다는 것이다. 상위법인 지방교육행정법에서도 교육위원의 파면조건을 제한(7조 심신의 장애, 비행 등)하고 있음에도 수장의 판단에 가능토록 했다는 점도 문제라고 지적한다.

독립성이 회손되는
우려

그 결과 교육위원회와 학교에 대하여 비판적인 시각을 갖고 교육계획 수립에 적극 나서는 수장들에 대하여 일반 주민들로 부터는 나름 호응을 얻고 있는 반면, 교육계를 개혁의 대상과 책임추궁 대상으로 삼는 시각에 대하여 교원들이 상심하고 국가나 지방정부의 개혁에 무관심하거나 의욕을 잃게 되는 현상도 나타나고 있다. 이른바 일본판 교육개혁에 대한 교심이반(敎心離反) 현상이 일어나고 있다 할 것이다.

교심이반(敎心離反)
현상

국가수준의 교육진흥기본계획과 지방의 것 간에는 신 교육기본법(제17조 2항)이 "국가 계획을 참작(參酌)하여 그 지역 실정에 따라 계획을 수립토록 노력할 것을 권고하고 있다"고 할 것이다. 그러나 지역에 따라서는 국가수준 대로 이행하려하거나, 때로는 그 이상[35]을 책정하는 문제점도 나타나고 있어서, 본래 지방교육의 자주성과 특수성을 살리기 위한 기본계획의 취지에도 어긋날 수 있다는 우려를 낳고 있다.

---

[35] 후쿠시마현(福島縣)의 경우 기본계획에 '전국학력·학습상황조사 전국평균 정답률과 비교비율'을 현황치 99.7%, 목표치 103%(소학교 국어)로 정하는 등 국가계획 수준보다 높게 책정한 경우도 나타나고 있다.

일반행정에 의한
교육행정의 통제

이러한 사태는 향후 교육과 교육행정(외적인 조건 정비에 한정)의 구분을 불분
명하게 하여, 교육행정에 의한 교육내용의 결정, 나아가 일반행정에 의한 교육행
정의 통제에 대응해야할 과제를 남기게 되었다.

교육행정·재정 법규론

제7장에서는 기본교육법규의 일부를 구성하는 교육행정 및 재정 관련 법규를 다룬다. 주요 내용은 첫째, 교육행정에 관한 기본 원칙, 둘째, 중앙교육행정에 관한 법규, 셋째, 지방교육행정에 관한 법규, 넷째, 지방교육재정에 관한 법규 등으로 구성한다.

제1절 교육행정에 관한 기본 원칙에서는 제1원칙으로 법치행정의 원리(교육기본법 제16조)를, 제2원칙으로 국가 지방간 역할분담 및 상호협력(교육기본법 제16조)을, 제3원칙으로 재정상의 조치 강구 의무(교육기본법 제16조)를, 그리고 제4원칙으로 교육진흥기본계획의 수립의 원칙(교육기본법 제17조)을 들 수 있다.

제2절 중앙교육행정에 관한 법규에서는 중앙교육행정기관인 문부과학성의 법적 근거와 주요업무 및 조직 현황을 보고 자료를 중심으로 소개한다.

제3절 지방교육행정에 관한 법규에서는 교육위원회제의 도입에서부터 최근 2015년의 신교육장제로 일컬어지는 변화과정을 검토한다. 수장부국과의 연대가 강조되고 교육위원회의 책임 행정이 강조되는 것이 주된 개혁의 흐름이다. '지방교육 행정의 조직 및 운영에 관한 법률' 개정 이후의 현황에 대하여는 문부과학성이 전국 교육위원회 설문조사를 기초로 작성한 보고서에 기초하여 기술한다.

제4절 교육재정에 관한 법규에서는 교육재정 부담의 기본 원칙, 의무교육비 국고부담제, 그리고 현비부담 교원제도와 관련된 법규들을 다룬다.

1 교육행정에 관한 기본 원칙

가. 제1원칙: 법치행정의 원리(교육기본법 제16조)

교육의 법률주의

일본국헌법 제26조 1항은 능력에 따른 균등한 교육을 법률이 정한 바에 따라 할 것과, 무상의 의무교육의 실시 역시 법률이 정한 바에 따른다는 이른바 '교육의 법률주의(教育法律主義)'라고 할 수 있다. 보다 정확하게 표현하면 학교교육 및 사회교육의 법정주의 원칙을 천명한 것이라 하겠다(자세한 것은 제4장 일본국헌법의 교육조항을 참고할 것).

> **일본국 헌법 제26조**
> 모든 국민은 법률이 정하는 바에 의해 그 능력에 따라 동등하게 교육을 받을 권리를 가진다.
> 2 모든 국민은 법률이 정하는 바에 의해 그 보호하는 자녀에게 보통교육을 받게 할 의무를 진다. 의무교육은 이를 무상으로 한다.[1]

교육기본법은 헌법의 교육조항을 보다 구체화한 이른바 교육헌법(教育憲法)으로서 교육과 교육제도의 운영 원칙을 천명하고 있다. 교육행정과 관련하여서는 제3장에서 제16조 및 제17조에 걸쳐서 규정하고 있다. 우선 제16조는 교육이 부당한 지배에 따르지 않을 것을 천명함과 동시에 "이 법률(교육기본법)과 법률이 정한 바에 따라 행해져야 한다"는 원칙을 규정하고 있는데 교육행정 또한 앞의 교육의 개념에 포함되는 것으로 보아 법률주의 원칙에 따르는 것으로 보아야 할 것이다.

---

1 第二十六条 すべて国民は、法律の定めるところにより、その能力に応じて、ひとしく教育を受ける権利を有する。 2 すべて国民は、法律の定めるところにより、その保護する子女に普通教育を受けさせる義務を負ふ。義務教育は、これを無償とする。

> **신 교육기본법 제3장 교육 행정**
> (교육 행정) 제16조 **교육은 부당한 지배에 따르지 않고, 이 법률 및 기타 법률이 정한 바에 따라 행해져야 하며,** 교육행정은 국가와 지방공공단체와의 적절한 역할분담 및 상호협력 하에 공정하고 적정하게 행해지지 않으면 안된다.[2]

> **구 교육기본법 제10조(교육 행정)**
> 교육은 부당한 지배에 따르지 않고 국민 전체에 대한 직접 책임을 지고 행해져야 한다.
> 2 교육행정은 이 자각 아래, 교육의 목적을 수행하는데 필요한 제 조건의 정비 확립을 목표로 행해지지 않으면 안된다.

다만, 1947년 제정 당시의 교육기본법과 2006년 개정된 교육기본법 사이에는 교육행정의 원칙 도출에 있어서 '교육'과 '교육행정' 사이를 두고 상당한 뉘앙스의 차이를 보이고 있다. 즉, 교육이 부당한 지배에 따르지 않고, 국민 전체에 직접 책임을 지고 행해지는 것을 전제로, 교육행정이 이를 자각하여야 함을 강조했고, 교육행정의 활동의 범위 역시 교육목적 달성에 필요한 제 조건의 정비 확립에 있다고 하여 이른바 교육 외적 정비사항에 한정하는 원칙을 천명했던 것이다. 구법은 교육행정의 적극적 역할보다는 교육행정활동이 입법적으로 행정적으로 자제해야 할 원칙을 선언하는데 초점을 맞춘 것이다.

신 교육기본법은 교육활동과 교육행정 활동을 구분하려 하는 입법 취지를 보이고 있고, 법률주의 원칙보다는 법에 근거한 행정은 당연한 것이고, 국가와 지방공공단체간의 적절한 역할 분담과 상호 협력의 원칙이 보다 강조되어 있는 상황이다.

---

2 第十六条　教育は、不当な支配に服することなく、この法律及び他の法律の定めるところにより行われるべきものであり、教育行政は、国と地方公共団体との適切な役割分担及び相互の協力の下、公正かつ適正に行われなければならない。

| 표 7-1 | 신구 교육기본법의 교육행정에 관한 부분 비교 |

구 교육기본법	신 교육기본법
제10조(교육행정) ① 교육은 부당한 지배에 따르지 않고 국민 전체에 대한 직접 책임을 지고 행해져야 한다. ② 교육행정은 이 자각 아래, 교육의 목적을 수행하는데 필요한 제 조건의 정비 확립을 목표로 행해지지 않으면 안된다.	제3장 교육행정 (교육행정) 제16조 교육은 부당한 지배에 따르지 않고, **이 법률 및 기타 법률이 정한 바에 따라 행해져야 하며, 교육행정은 국가와 지방공공단체와의 적절한 역할분담 및 상호협력 하에 공정하고 적정하게 행해지지 않으면 안된다.** 2. 국가는 전국적인 교육의 기회균등과 교육수준의 유지향상을 도모하기 위해 교육에 관한 시책을 종합적으로 책정하고 실시하지 않으면 안된다. 3. 지방공공단체는 그 지역에서의 교육의 진흥을 도모하기 위해 그 실정에 맞는 교육에 관한 시책을 책정하고 실시하지 않으면 안된다. 4. 국가 및 지방공공단체는 교육이 원활하고 지속적으로 실시되도록 필요한 재정상의 조치를 강구하지 않으면 안된다. (교육 진흥 기본 계획) 제17조 정부는 교육의 진흥에 관한 시책의 종합적이고 계획적인 추진을 도모하기 위해, 교육의 진흥에 관한 시책에 대한 기본적인 방침 및 강구해야 할 시책 기타 필요한 사항에 대해 기본적인 계획을 정하고 이를 국회에 보고하는 동시에 공표하지 않으면 안된다. 2. 지방공공단체는, 전항의 계획을 참작하여 그 지역의 실정에 따라 해당 지방공공단체의 교육의 진흥을 위한 시책에 관한 기본적인 계획을 정하도록 힘쓰지 않으면 안된다.

나. 제2원칙: 국가 지방간 역할분담과 상호협력(교육기본법 제16조)

역할분담과 상호협력의 원칙

국가와 지방공공단체간의 역할분담과 상호협력의 원칙이 제16조에 천명되고 있는데 이는 곧 문부과학성과 각 지방공공단체의 교육행정기관인 교육위원회와의 관계를 말하는 것이다. 국가와 지방의 역할 분담을 명확히 하고 있는 점은 신 교육기본법의 특징적인 부분이다. 구체적으로 역할분담에 관하여는 국가는 전국 수준의 기회균등 수준유지 시책에 중점을 두며, 지방공공단체에게는 지역의 실정을 반영할 것에 주안점을 두고 있다.

> **신 교육기본법 제3장 교육 행정**
> (교육 행정) 제16조 ······ 교육행정은 국가와 지방공공단체와의 적절한 **역할분담 및 상호협력** 하에 공정하고 적정하게 행해지지 않으면 안된다.
> 2 국가는 전국적인 교육의 기회균등과 교육수준의 유지향상을 도모하기 위해 교육에 관한 시책을 종합적으로 책정하고 실시하지 않으면 안된다.
> 3 지방공공단체는 그 지역에서의 교육의 진흥을 도모하기 위해 그 실정에 맞는 교육에 관한 시책을 책정하고 실시하지 않으면 안된다.[3]

한편, 지방교육행정법 제1조의2[4]는 기본 이념을 "지방공공단체에 있어서 교육행정은 교육기본법 취지에 따라, 교육의 기회균등, 교육수준의 유지향상 및 지역 실정에 맞는 교육의 진흥이 도모될 수 있도록 국가와의 적절한 역할분담 및 상호협력 하에 공정하고 적정하게 행하지 않으면 안된다"고 규정하여 같은 취지의 교육행정 원칙을 기본 이념으로서 밝히고 있기도 하다.

다. 제3원칙: 재정상의 조치 강구 의무(교육기본법 제16조)

한편, 이들 모두에게는 원활한 교육활동의 수행과 지속을 위하여 필요한 재정상 조치를 강구할 의무도 부과하고 있는 데 이 또한 중요한 교육행정의 원칙이 되겠다. 이와 관련하여 교육기본법은 제16조4는 국가와 지방공공단체로 하여금 재정상의 조치를 강구토록 하고 있고, 그 결과 다수의 교육재정 관련 법률이 제정되어 있기도 하다.

> 재정상 조치를 강구할 의무

---

3 第十六条　教育は、不当な支配に服することなく、この法律及び他の法律の定めるところにより行われるべきものであり、教育行政は、国と地方公共団体との適切な役割分担及び相互の協力の下、公正かつ適正に行われなければならない。

4 지방교육행정법 제1조의2(基本理念) 地方公共団体における教育行政は、教育基本法(平成十八年法律第百二十号)の趣旨にのつとり、教育の機会均等、教育水準の維持向上及び地域の実情に応じた教育の振興が図られるよう、国との適切な役割分担及び相互の協力の下、公正かつ適正に行われなければならない。

> **신 교육기본법 제3장 교육 행정**
> (교육 행정) 제16조 4 국가 및 지방공공단체는 교육이 원활하고 지속적으로 실시되도록 필요한 **재정상의 조치를 강구**하지 않으면 안된다.

　　재정상의 조치를 강구하여야할 의무는 결국 국가로 하여금 교육재정 관련 법령을 제정하도록 한다는 것과, 지방공공단체로 하여금 조례 및 규칙을 제정토록 함을 의미한다.

　　교육행정이 지방분권으로 행해지고 있는 만큼 교육재정 역시 지방재정 관련 법률에 기초하고 있다. 지방재정법, 지방교부세법, 의무교육비 국고부담법, 의무교육비 국고부담법 제2조 단서 규정에 근거한 교직원의 급여 및 보수등에 필요한 경비의 국가부담액의 최고한도를 정한 정령, 그리고 그 시행규칙, 시정촌립학교 직원 급여부담법, 의무교육 제학교등의 시설비의 국고부담 등에 관한 법률, 그 시행령, 공립학교 시설재해복구비 국고부담법 등이 있다.

라. 제4원칙: 교육진흥기본계획의 수립의 원칙(교육기본법 제17조)

교육진흥기본계획의
수립의무

　　교육진흥기본계획에 관한 사항은 신 교육기본법에 추가된 사항으로서 정부와 지방공공단체의 종합적인 교육진흥기본계획의 수립의무에 대하여 규정하고 있다. 이른바 정부 및 지방공공단체의 교육개혁 정책이 법적 근거를 가지고 일관성을 가지고 추진될 수 있도록 법적으로 이를 제도화 한 것이다. 특히, 국가수준의 정부 교육진흥기본계획에 대하여는 국회에 보고 및 공표 의무를 지우고 있다.

　　국가수준 및 지방수준에 있어서 교육개혁 정책은 교육행정의 양상을 가늠할 수 있는 중요한 문건이라는 점에서 이들 계획의 절차에 대한 법정화는 행정의 절차적 정당성을 강화하겠다는 입법정신을 반영한 것으로 판단된다.

교육기본법 제3장 교육 행정

(교육진흥기본계획) 제17조 **정부는** 교육의 진흥에 관한 시책의 종합적이고 계획적인 추진을 도모하기 위해, 교육의 진흥에 관한 시책에 대한 기본적인 방침 및 강구해야 할 시책 기타 필요한 사항에 대해 기본적인 계획을 정하고 이를 **국회에 보고하는 동시에 공표하지 않으면 안된다.**

2 **지방공공단체는**, 전항의 계획을 참작하여 그 지역의 실정에 따라 해당 지방공공단체의 교육의 진흥을 위한 시책에 관한 기본적인 계획을 정하도록 **힘쓰지 않으면 안된다.**[5]

2 중앙교육행정에 관한 법규

가. 중앙교육행정기관의 개관 및 법적 근거

문부과학성(文部科學省)은 통상 문부성으로 약칭된다. 일본의 중앙교육행정 기관에 해당하는 관청이다. 장관에 해당하는 문부과학대신(大臣) 역시 문부대신 으로 약칭된다. 오랫동안 문부성이란 명칭으로 사용되었고, 2001년에 과학기술청 을 통합하여 과학기술행정과 문화행정(문부성내 기존 문화청)을 포괄하는 문부과학 성이 되었다.

> 2001년에 과학기술청을 통합

문부과학성의 법적 근거는 국가행정조직법(國家行政組織法) 제3조 2항[6]에 의

---

5 (教育振興基本計画) 第十七条 政府は、教育の振興に関する施策の総合的かつ計画的な推進を図る ため、教育の振興に関する施策についての基本的な方針及び講ずべき施策その他必要な事項につい て、基本的な計画を定め、これを国会に報告するとともに、公表しなければならない。

　 2 地方公共団体は、前項の計画を参酌し、その地域の実情に応じ、当該地方公共団体における教 育の振興のための施策に関する基本的な計画を定めるよう努めなければならない。

　 4 国及び地方公共団体は、教育が円滑かつ継続的に実施されるよう、必要な財政上の措置を講じ なければならない。

6 행정조직을 위해 설치하는 국가 행정기관은 성, 위원회 및 청으로 그 설치 및 폐지는 별도로 법률에 정한 바에 따른다(2 行政組織のため置かれる国の行政機関は、省、委員会及び庁とし、その設置及 び廃止は、別に法律の定めるところによる).

하여 제정된 문부과학성설치법(文部科學省設置法)에 있다. 문부과학성설치법상 문부과학성은 임무는 "교육의 진흥 및 생애학습의 추진을 중핵으로 한 풍부한 인간성을 갖춘 창조적인 인재의 육성, 학술, 과학기술의 종합적인 진흥과 더불어 스포츠 및 문화의 진흥을 도모함과 함께 종교에 관한 행정사무를 적절히 행하는 것을 임무로 한다"(문부과학성설치법 제3조)고 규정되어 있다.

과거 문부성이었던 경우 임무규정에서 "학교교육 및 사회교육 그리고 학술 및 문화"를 핵심용어로 하였던 것과 비교하면 "생애학습 추진"이 더욱 강조된 특징을 보이고 있다. 과학기술의 종합적인 진흥을 스포츠 및 문화의 진흥보다 앞서게 진술하는 개정이 있었다.

(1) 국가행정조직법

문부과학성은 국가행정조직법 제3조 2항[7]에 근거하여 설치되었고, 직접적인 설치근거는 문부과학성설치법에 의한다

(2) 문부과학성 설치법

이 법 제3조(임무)와 제4조(소관사무)를 통하여 문부과학성의 기본 기능을 규정하고 있다. 소관 사무는 무려 95개 항에 달하는 사무를 열거하고 있다.

이어 문부과학성설치법에 따라 문부과학성령인 '문부과학성조직규칙'이 제정되어 있고, 이에 근거하여 정령인 '문부과학성조직령'과 문무과학성령인 '문부과학성정원규칙'이 제정되어 있다.

> 문부과학성설치법 제3조(임무)
> 문부과학성은 교육의 진흥 및 생애학습의 추진을 핵심으로 한 풍부한 인간성을 갖춘 창조적 인재의 육성, 학술 및 문화의 진흥, 과학기술의 종합적인 진흥과 더불어 스포츠에 관한 시책을 종합적으로 추진함과 동시에 종교에 관한 행정사무를 적절히 실시하는 것을 임무로 한다.

---

[7] 第三条 国の行政機関の組織は、この法律でこれを定めるものとする。 2 行政組織のため置かれる 国の行政機関は、省、委員会及び庁とし、その設置及び廃止は、別に法律の定めるところによる。

2. 전항에 정하는 것 외에 문부과학성은 동항의 임무에 관련된 특정 내각의 중요 정책에 관한 내각의 사무를 돕는 것을 임무로 한다.

3. 문부과학성은 전항의 임무를 수행하면서 내각관방을 돕는 것으로 한다.

문부과학성설치법 제4조(소장사무)

문부과학성은 전조 1항의 임무를 달성하기 위해 다음에 제시하는 사무를 담당한다.

1. 풍부한 인간성을 갖춘 창조적인 인재의 육성을 위한 교육개혁에 관한 것.

2. 평생학습과 관련되는 기회의 정비의 추진에 관한 것.

3. 지방교육행정에 관한 제도의 기획 및 입안 및 지방교육행정의 조직 및 일반적 운영에 관한 지도, 조언 및 권고에 관한 것.

4. 지방 교육비 관련 기획에 관한 것.

5. 지방공무원인 교육 관계 직원의 임면, 급여 기타 신분취급에 관한 제도의 기획 및 입안 및 이들 제도의 운영에 관한 지도, 조언 및 권고에 관한 것.

6. 지방 공무원인 교육 관계 직원의 복리후생에 관한 것.

7. 초등중등교육(유치원, 소학교, 중학교, 의무교육학교, 고등학교, 중등교육학교, 특별지원학교 및 유보 연계형 인정어린이원에 있어서의 교육을 말한다. 이하 같다.)의 진흥에 관한 기획 및 입안 및 원조 및 조언에 관한 것.

8. 초등중등 교육을 위한 보조에 관한 것.

9. 초등중등 교육의 기준 설정에 관한 것.

10. 교과용 도서 검정에 관한 것.

11. 교과용 도서 그 외의 교수상 사용되는 도서의 발행 및 의무교육 제학교(소학교, 중학교, 의무교육학교, 중등교육학교의 전기과정 및 특별지원학교의 소학부 및 중학부를 말한다.)에 있어서 사용하는 교과용 도서의 무상조치에 관한 것.

12. 학교보건(학교에서의 보건교육 및 보건관리를 말한다.), 학교안전(학교에서의 안전교육 및 안전관리를 말한다.), 학교급식 및 재해공제급부(학교관리하의 유아, 아동, 학생 및 학생의 부상 기타 재해에 관한 공제급여를 말한다.)에 관한 것.

12의2. 공인심리사(公認心理師)에 관한 사무 중 관장 사무.

13. 교육직원의 양성 및 자질의 유지 및 향상에 관한 것.

14. 해외 체류하는 본국인 자녀를 위한 재외 교육시설 및 관련단체가 실시하는 교육, 해외에서 귀국한 아동 및 학생 교육 및 본국에 체류하는 외국인의 아동 및 학생들의 학교생활에 적응하기 위한 지도에 관한 것.

15. 대학 및 고등전문학교에서의 교육진흥에 관한 기획 및 입안 및 원조 및 조언에 관

한 것.

16. 대학 및 고등전문학교에서의 교육을 위한 보조에 관한 것.

17. 대학 및 고등전문학교에서의 교육기준 설정에 관한 것.

18. 대학 및 고등전문학교의 설치, 폐지, 설치자 변경, 기타 사항의 인가에 관한 것.

19. 대학 입학자 선발 및 학위 수여에 관한 것.

20. 학생 및 학생의 장학, 후생 및 보도에 관한 것.

21. 외국인 유학생의 수용연락 및 교육 및 해외 유학생 파견에 관한 것.

22. 정부개발원조 중 외국인 유학생과 관련된 기술협력에 관한 것(외교정책과 관련된 것은 제외).

23. 전수학교 및 각종학교의 교육진흥에 관한 기획 및 입안 및 원조 및 조언에 관한 것.

24. 전수학교 및 각종학교의 교육기준 설정에 관한 것.

25. 국립대학(국립대학 법인법(2003년 법률 제112호 제2조 제2항에 규정하는 국립대학을 말한다.) 및 대학공동이용기관(동조 4항에 규정하는 대학공동이용기관을 말한다.)에 있어서의 교육 및 연구에 관한 것.

26. 국립고등전문학교(독립행정법인 국립고등전문학교기구법(2003년 법률 제113호) 제3조에 규정하는 국립고등전문학교를 말한다.)의 교육에 관한 것.

27. 국립연구개발법인 우주항공연구개발기구의 학술연구 및 교육에 관한 것.

28. 사립학교에 관한 행정의 제도의 기획 및 입안 및 이들 행정의 조직 및 일반적 운영에 관한 지도, 조언 및 권고에 관한 것.

29. 문부과학대신이 관할청인 학교법인에 대한 인가 및 인정 및 그 경영에 관한 지도 및 조언에 관한 것.

30. 사립학교 교육의 진흥을 위한 학교법인 기타 사립학교의 설치자, 지방공공단체 및 관계단체에 대해 지원에 관한 것.

31. 사립학교 교직원의 공제 제도에 관한 것.

32. 사회교육 진흥에 관한 기획 및 입안 및 원조 및 조언에 관한 것.

33. 사회교육을 위한 보조에 관한 것.

34. 청소년 교육에 관한 시설에서 실시하는 청소년 단체 숙박훈련에 관한 것.

35. 통신교육 및 시청각 교육에 관한 것.

36. 외국인에 대한 일본어 교육에 관한 것(외교 정책과 관련된 것을 제외한다.).

37. 가정교육의 지원에 관한 것.

38. ~92.(생략)

93. 소장 사무와 관련한 국제 협력에 관한 것.

94. 정령으로 정하는 문교연수시설에서 소장사무에 관한 연수를 실시하는 것.

95. 전 각호에 해당하는 것 외에, 법률(법률에 의한 명령을 포함한다.)에 근거해 문부과학성에 속하게 된 사무.

전항에 정하는 것 외에 문부과학성은, 전조 2항의 임무를 달성하기 위해, 동조 1항의 임무에 관련하는 특정 내각의 중요 정책에 대해서, 해당 중요 정책에 관해서 내각회의에서 결정된 기본적인 방침에 근거하고, 행정 각부의 시책의 통일을 도모하기 위해서 필요한 기획 및 입안 및 종합 조정에 관한 사무를 담당한다.

나. 중앙교육행정기관의 조직 현황

문부과학성의 조직 ▸

문부과학성의 조직은 대신(大臣), 부대신(2명), 대신정무관(2명), 사무차관, 문부과학심의관(2명), 대신관방(문교시설기획·방재부), 종합교육정책국, 초등중등교육국, 고등교육국(사학부 포함), 과학기술·학술정책국, 연구진흥국, 연구개발국, 국제총괄관을 두고 있다. 별도의 청으로는 신설된, 스포츠청(구 스포츠·청소년국)과 기존의 문화청이 있다.[8]

2016년도와 비교하여 볼 때, 문교시설기획부에 재난재해와 관련하여 방재 업무가 추가된 것이 주목되고, 생애학습정책국이 종합교육정책국(総合教育政策局)으로 변경되었다.

문부과학성 정원은 2018년 10월 16일 현재 정원 2,124명(본성 1,743, 스포츠청 121, 문화청 260)이다.

종합교육정책국에는 정책과, 교육개혁·국제과, 조사기획과, 교육인재정책과, 생애학습추진과, 지역학습추진과, 남녀공동참가공생사회학습·안전과 등이 조직되어 있다.

초중등교육국에는 초중등교육기획과, 재무과, 교육과정과, 아동·생도과, 유아교육과, 특별지원교육과, 정보교육·외국어교육과(구 국제교육과), 교과서과, 건

---

8 문부과학성 조직은 http://www.mext.go.jp/b_menu/soshiki2/pamphlet/

강교육·식육과, 교직원과, 참사관(고등학교담당) 등을 두고 있다.

2018년도 문부과학 관계 예산(일반회계)은 총 5조 3,093억엔으로(2017년 5조 3,097억엔, 2016년 5조 3,216억엔, 2015년의 5조 3,349억엔으로 지속적으로 감소추세이다. 이는 국가 예산 전체 중에 교육예산은 5.4%이고, 일반 세출에 대해서는 9.0%에 해당한다. OECD평균인 11%를 넘지 못해 낮은 편에 속한다.[9]

각국의 과학기술 관계 예산의 추이 역시 2000년도를 100으로 할 경우 중국(2016) 1348.3으로 13.5배의 투자를 하고 있음을 알 수 있고, 한국(2016)인 510.7로 약 5배, 미국(2017) 181.0으로 1.8배, 독일(2017)이 178.5, 영국(2016)은 153.2 순이었다. 일본은 2018년 수치로 114.9로 18년 여 동안 제자리 걸음을 하여 프랑스(2016)의 101.5와 유사했다.

2018년도 예산의 구성은 의무교육비 국고부담금이 1조 5,228억엔(28.7%)으로 가장 많고, 국립대학법인 운영비교부금등이 1조 971억엔(20.7%), 과학기술예산 9,626억엔(18.1% 2년 전의 16.2%에서 소폭증가), 사학조성 관계 예산 4,277억엔(8.1%), 고교생의 수학지원 3,841억엔(7.2%), 인건비 등 2,310억엔(4.4%), 기타교육관계(생애학습등)이 1,580억엔(3.0%), 장학금사업 1,135억엔(2.1%), 문화예술관계 예산 1,077억엔(2.0%) 등의 순으로 보고되고 있다.[10]

특징적인 것은 인건비등에 관한 예산이 3,133억엔(5.8%/2013) → 2,3338억엔(4.4%/2016) → 2,310억엔(4.4%/2018)으로 축소된 뒤에 유지되고 있는 상황인 반면, 생애학습등 예산은 2013년 987억엔(1.8%/2013) → 1,220억엔(2.3%/2016) → 1,580억엔(3.0%/2018)으로 점차 비중이 늘어가고 있다.

---

9 일반정부 지출 예산에서 공재정 교육지출의 비율은 OECD평균인 11.6%보다 낮은 8.8%(2016년)로 나타났다. 2018년 OECD보고에 따르면, 일반정부 총지출에 차지하는 공재정 교육지출 비율(2015년)의 순위는 코스타리카(2016조사), 뉴질랜드, 칠레(2016조사), 브라질, 멕시코, 한국 순으로 한국이 6위(2012년 비교시에 한국은 14%를 넘어 멕시코, 뉴질랜드, 칠레, 스위스에 이어 4위)를 차지했다. 일본은 OECD 39개국(36개국이외 서명한 콜롬비아와 협상진행 중인 코스타리카와 러시아 포함) 중 34위로 계속 낮은 편에 속했다.

10 文部科学省の概要(パンフレット) 平成30年(2018) 10月発行, 문부성 홈페이지 http://www.mext.go.jp/b_menu/soshiki2/pamphlet/__icsFiles/afieldfile/2018/12/10/1410622_01.pdf

3 지방교육행정에 관한 법규

가. 지방교육행정기관(교육위원회제)의 개관

세계대전 전에는 교육에 관한 사무를 전적으로 국가사무로 하여 결정은 중앙에서 하고 지방의 공공단체의 수장(首長: 知事, 市長, 町長, 村長)은 국가의 지침대로 교육사무를 집행할 뿐이었다.

전후(戰後)에는 미국교육사절단 보고와 교육쇄신위원회의 제언에 따라 지방교육행정제도로서 교육위원회제도를 도입하기 위하여 교육위원회법(1948)을 제정했다. 이에 따라 주민이 교육위원회 위원을 직접 선출하는 공선제(公選制)가 도입되었다.

그러나 교육위원 선거과정에서 정치적 대립이 격화되는 등 교육의 정치적 중립이 심각히 훼손되고 행정의 비효율성이 드러나 논의를 거쳐 1956년 교육위원회법을 폐지하기에 이르렀다.

대신 '지방교육행정의 조직 및 운영에 관한 법률(이하 지방교육행정법)'을 제정하여 수장이 지방의회의 동의를 거쳐 교육위원회 위원을 임명하는 방식으로 전환했다. 그러나 이후 분권 개혁에 따라 수장 임명제는 폐지되고 교육위원회 임명제(위원 중 호선 후 수장이 임명하는 방식)로 전환되었다.

교육위원회는 지역의 학교교육, 사회교육, 문화, 스포츠 등에 관한 사무를 담당하는 기관으로서 모든 도도부현 및 시정촌 등에 설치되어 있다. 위상은 수장으로부터 독립한 행정위원회로서 정확히는 수상의 보조기관이라고 할 수 있다.

교육위원회의 법적 근거는 지방자치법상 의회내 위원회의 하나로서 규정되어 있다. 즉, 지방자치법 제18조의8은 "교육위원회는 따로 법이 정하는 바에 따라 학교, 기타 교육기관을 관리하고 학교의 조직편제, 교육과정, 교과서, 기타 교재의 취급 및 교육직원의 신분취급에 관한 사무를 실시하고 사회교육, 기타교육, 학술 및 문화에 관한 사무를 관리하고 이를 집행한다"하여 그 기본적인 직무범위를 설정하고 있다.

미국교육사절단 보고

교육쇄신위원회의
제언

교육위원회법(1948)

지방교육행정법

수상의 보조기관

교육위원회는 교육행정에 관한 중요사항이나 기본방침을 결정하고 이를 바탕으로 교육장이 구체적인 사무를 집행한다. 월 1~2회의 정례회의 외에 임시회나 비공식 협의회를 개최하기도 한다.

그러나 2014년의 개정에서는 그간 교육위원회의 무책임 행정에 대한 시정책의 일환으로 교육장과 교육위원회 위원을 수장이 지방의회 동의를 거쳐 임명하고 파면할 수 있도록 하는 보다 강력한 인사권한을 수장에게 부여하는 개혁이 있었다.

2018년 9월 1일 문부성 조사결과에 따르면, 도도부현 교육위원회 47개, 지정도시 20개, 시정촌 교육위원회 1,718개(2013년 1,819개에서 감소) 등 총 1,785개(2013년 1,866개에서 감소)의 교육위원회로 구성되어 있다. 여기에는 공동설치 1곳, 일부 사무조합 79곳, 광역연합 2곳이 포함되어 있다.[11]

교육자치 혹은 학교자치

일본에서는 '교육자치' 혹은 '학교자치'란 용어를 사용하지 않는다?　법률상 없을 뿐 학계의 키워드!  Q & A

☞ **일본 법률검색에서** 지방교육자치, 교육자치, 학교자치라는 용어가 헌법, 교육기본법, 지방교육행정법 등에 명확히 등장하지 않는 것은 사실이다. 문부성, 야후재팬, 위키파다어 백과사전도 마찬가지이다.
교육위원회법(1948.7.15)을 제정하였다가 '지방교육 행정의 운영 및 조직에 관한 법률(1956.6.30)'이 있을 뿐이다.
구 일본 교육위원회법 제1조(이 법률의 목적) 이 법은 교육이 부당한 지배를 받지 않고 국민 전체에 대해 직접 책임을 지고 이뤄져야 한다는 자각 하에 공정한 민의에 의해 지방의 실정에 맞는 교육행정을 행하기 위해 교육위원회를 설치하고 교육본래의 목적을 달성하는 것을 목적으로 한다.
현행 일본 지방교육행정법 제1조(이 법률의 취지) 이 법률은 교육위원회의 설치, 학교 기타 교육기관의 직원의 신분취급, 기타 지방공공단체의 교육행정 조직 및 운영 기본을 정하는 것을 목적으로 한다.

---

11 新教育委員会制度への移行に関する調査(平成30年9月1日現在)
　http://www.mext.go.jp/a_menu/chihou/__icsFiles/afieldfile/2018/12/18/1411792_01.pdf

제1조의2(기본이념) 지방공공단체의 교육행정은 교육기본법(1998년 법률 제12호)의 취지에 따라 교육의 기회균등, 교육수준의 유지향상 및 지역의 실정에 따른 교육의 진흥을 도모할 수 있도록 국가와의 적절한 역할분담 및 상호협력 하에서 공정하고 적정하게 이루어져야 한다.

일본의 교육위원회 설치근거는 지방자치법 180조에 근거하고 있다.

일본지방자치법 제180조의8(교육위원회) 교육위원회는 따로 법이 정하는 바에 따라 학교, 기타 교육기관을 관리하고 학교의 조직편제, 교육과정, 교과서, 기타 교재의 취급 및 교육직원의 신분취급에 관한 사무를 실시하고 사회교육, 기타교육, 학술 및 문화에 관한 사무를 관리하고 이를 집행한다.

☞ **일본교육법학회는** 80년대 초반 강좌 교육법시리즈 중 『**教育の地方自治**』(6권) 『**學校の自治**』(5권)를 저서명으로 발행되었다. 교육법학회연보(제29호) 역시 『**教育立法と學校自治·參加**』(2000) 간행된 바 있고, 법학회 30주년기념 강좌현대교육법(3권) 『**自治·分權と教育法**』(2001)이 간행된 바 있다. 지방자치의 틀 안(헌법-지방자치법)에서 지방공공단체-교육위원회와의 관계 속에서의 행정=지방교육행정=교육의 지방자치로 인식하는 경향이 있다. 반면 학교자치는 학교의 자주성이나 교육의 자유에서 근거한 것으로 1990년대 교육개혁입법(지방분권 일괄법)을 통해 중앙과 교육위원회로부터 학교단위의 자율성·자주성 신장 차원에서 통치관계 보다는 교육이념과 학교운영원리로서 강조된 개념이다. 학교평의원제나 학부모참가도 같은 맥락의 입법이다.

☞ **한국의 경우는** 법률적으로는, 1949년 교육법 상에는 교육구와 교육위원회(2장; 15-67), 교육세와 보조금(68-72조) 규정을 통해 규정되었다가, 1991년 지방자치를 본격 실시하면서 교육법에 규정되었던 교육위원회와 교육감 장을 분리하여 '**지방교육자치에 관한 법률**'을 출범시키면서 지방교육자치라는 용어가 일반화 되었다.

한국지방교육자치법 제1조(목적) 이 법은 교육의 자주성 및 전문성과 지방교육의 특수성을 살리기 위하여 지방자치단체의 교육·과학·기술·체육 그 밖의 학예에 관한 사무를 관장하는 기관의 설치와 그 조직 및 운영 등에 관한 사항을 규정함으로써 지방교육의 발전에 이바지함을 목적으로 한다.

학교자치라는 용어는 1995년 5·31교육개혁안에서 풀뿌리 학교자치기구로서 학교운영위원회를 제안하면서 정책용어로서 등장하였다. 여전히 법령수준에서는 존재하지 않고, 광주광역시 학교자치에 관한 조례(2013.1.31.)와 전라북도 학교자치 조례(2015.12.14.)가 제정되었으나 법원으로부터 효력정지 판결을 받은 상태이다.

나. 교육위원회제의 의의 및 특징

지방공공단체 수장의 지방교육행정에 대한 관여를 대폭 강화한 2014년 법 개정 이후에도 문부성은 홈페이지를 통하여 '교육위원회 제도의 의의와 특성'을 이전과 마찬가지로 다음과 같이 소개하고 있다. 먼저, 교육위원회제의 의의로 정치적 중립성의 확보, 계속·안정성의 확보, 지역 주민의 의견 반영 등을 예시하고 있다.

교육위원회제의 의의

(1) 의의 1: 정치적 중립성의 확보

개인의 정신적인 가치 형성을 목표로 행해지는 교육에 있어서 그 내용은 중립 공정할 것이 매우 중요하다. 따라서 교육행정의 집행함에 있어서도 개인적인 가치판단이나 특정의 당파적 영향력에서 중립성을 확보할 것이 필요하다.

(2) 의의 2: 계속성·안정성의 확보

교육은 아동의 건전한 성장 발달을 위해 학습기간을 통해서 일관된 방침 아래 안정적으로 행해질 필요가 있다. 또한 교육은 결과가 나올 때까지 시간이 걸리고, 그 결과도 파악하기 어려운 특성이 있어서 학교운영 방침 변경 등의 개혁·개선은 점진적일 필요가 있다.

(3) 의의 3: 지역주민의 의견 반영

교육은 지역주민에 있어서 피부에 와 닿는 관심 높은 행정분야이고, 전문가만이 담당하는 것이 아니고 널리 지역주민의 의향을 고려하여 행해질 필요가 있다.

교육위원회 제도의 특징

다음으로 교육위원회 제도의 특징으로는 수장으로부터 독립성, 합의제, 주민에 의한 의사결정을 들고 있다.

(4) 특징 1: 수장으로부터 독립성

수장으로부터 독립성이란, 행정위원회의 일환으로서 독립된 기관을 두고 교육행정을 담당하는 것에 의하여 수장(首長; 지사·시장·정장·촌장 등)에게 권한이 집중되는 것을 막고, 중립적·전문적 행정운영을 담보하는 것이다.

(5) 특징 2: 합의제

합의제(合議制)란 다양한 배경을 갖는 위원들 간의 합의를 통해 다양한 의견과 입장을 집약한 중립적인 의사를 결정하는 것을 말한다.

(6) 특징 3: 주민에 의한 의사결정

주민에 의한 의사결정(Layman control; 주변인에 의한 통제)이란 주민이 전문적인 행정관으로 구성된 사무국을 지휘·감독한다는 것이다. 전문가의 판단에만 의존하지 않고 널리 지역주민의 의향을 반영한 교육행정을 실현한다는 것이다.

이러한 교육위원회제도의 의의 및 특징은 현행 교육위원회 제도의 목적 적합성 내지 실효성을 판단하는 준거가 된다.[12]

이러한 의의 및 특징에 대한 언급은 금번의 법 개정 이전의 것과 달라진 것이 없다는 점에서 지방교육자치제에 있어서 교육위원회의 성격을 그대로 유지하고 있다는 것으로 해석할 수 있다.

다. 교육위원회 제도의 변천[13]

일반적으로 일본의 지방교육행정 개혁 시기가 1~5기로 구분되기도 하는데

> 지방교육행정 개혁
> 시기

---

12 문부과학성 홈페이지, '教育委員會制度について', http://www.mext.go.jp/a_menu/chihou/050 71301.htm

13 전후 일본의 지방교육 행정 개혁의 전개 및 시기 구분에 대하여는 고전(2011), "일본의 교육장 제도의 특징과 시사점", 『비교교육연구』 21(5), 86−88면과 고전(2013), "일본 교육위원회 개혁 논의의 쟁점과 시사점", 『비교교육연구』 23(4), 85−86면의 내용을 바탕으로 재구성.

미국식 교육위원회 공선제 도입기(1948~1956)가 있었고, 이후 2기는 수장에 의한 교육위원 임명기(1956~1999)로서 일본 지방교육행정 체제가 뿌리내린 시기였다. 1999년 지방분권 개혁기로부터 시작된 지방교육행정 개혁은 2006년의 교육기본법 개정으로 일단락되었는데 여기까지를 제3기로 볼 수 있다. 제4기는 역할분담, 상호협력이라는 교육기본법 정신에 따라 교육장, 수장, 교육위원회의 역할분담을 명시한 2014년의 지방교육행정법 개정까지의 시기를 말한다. 제5기는 법개정이 시행된 2015년 4월 1일부터 수장의 보조기관으로서 교육위원회 및 독립된 교육행정권을 부여받은 교육장 시기(신 교육장기라고도 한다)를 지칭한다. 물론 논자에 따라서 시기 구분은 얼마든지 세분화 내지 대강화(大綱化) 될 수도 있다.

(1) 미국식 교육위원회 공선제 도입기(1948~1956)

일본은 패전 후 전통적 중앙집권식 교육행정체제를 버리고 미국식 교육위원회 제도를 채택했다. 맥아더 군정에 의하여 일본국 헌법이 초안되고 교육법이 제정되었으며, 미국식 교육방침에 따라 교육위원회를 근간으로 하는 지방교육행정 시스템을 갖추게 되었다. 법률의 명칭 역시 교육위원회법(教育委員會法; 1948~1956)으로 정하고, 이른바 주민 직선에 의한 교육위원 공선제(公選制; 주민직선제)가 실시되었다. 이는 약 8년간 지속되었다.

일본은 세계대전 전에는 국가교육권(國家敎育權)의 기치아래 법령이 아닌 천황의 명령이 법이었던 칙령주의(勅令主義)시대를 거쳤다.[14] 그 후 미군정의 권유에 의해 교육위원 공선제와 전문직 교육장제를 골자로 한 교육 분야의 지방자치제를 도입하기로 하고 교육위원회법을 제정(1948.7.15)했다.[15]

첫 교육의원 선거는 1948년 7월 15일에 전국에서 실시(도도부현 평균 투표율 56.2%)되었고 46개 도도부현과 5대 도시(46 시정촌은 교육위원회제를 자체 선택)에 교

---

14 미카미(三上 昭彦)교수는 저자와의 면담에서 일본이 서구식 교육행정 제도를 도입한 것은 이미 메이지 초반에 프랑스의 대학구 구상을 본뜬 학구설치방안이 7~8년 실시된 바 있고, 1884년 미국식 학무위원제(주민선거제) 역시 다나까 후지마루의 제안으로 1년간 실시된 바 있다고 밝혔다.

15 이에 대하여도 와카쯔기(若月) 교육장은, 수장의 권한 집중을 견제하는 기능보다는 수장이 져야 할 교육에 대한 책임을 방기하는 결과를 초래할 수 있다는 점, 교육위원회는 월 1~2회 열리는 비상근의 사무국 방안의 추인기관인 실정으로 책임이 없다는 점 등을 지적한다.

육위원회가 구성되었다(1명은 지방의회에서 의원 중 선출). 1952년 11월 1일에는 전국의 모든 시·구·정·촌에 설치되었는데 그 수가 무려 1만여 곳에 달하였다.

한편, 교육장은 공선된 교육위원회에서 임명하였는데, 원칙적으로 교육장 자격증을 가진 자(뒤에 임명자격제도로 변경)로 하여 이른바 교육위원회는 '주변인에 의한 통제원리'를, 교육장은 '전문적 관리 원리'를 적용한 합의제 집행기구(행정위원회)로 시작했다. 당시 교육위원회는 문부성과 대등관계에 있었고, 수장에 대하여는 자주적으로 교육예산과 교육조례 원안을 작성하여 수장에게 송부할 권한을 가지고 있었다.

(2) 수장(首長)에 의한 교육위원 임명기(1956~1999)

제2기는 지방교육행정법이 제정된 1956년에서부터 1999년의 지방분권을 내건 법 개정 이전까지를 말한다. 그 배경은 기존의 교육위원회 설치단위의 주민직선 방식, 그리고 수장과의 관계에 대하여 비효율적이라는 문제 제기가 있었다.

새로 제정된 지방교육행정법의 주요 골자는 과거 공선제(公選制)에 의한 교육위원 선출방식을 폐지하고, 수장이 의회의 동의를 얻어 임명하는 임명제와 교육장의 경우 위원 가운데 추천된 자를 상급관할청이 승인하는 승인제로 전환하였다.

개정의 취지는 교육의 정치적 중립성과 교육행정의 안정성을 확보하고, 일반 행정과의 조화를 추구하며, 국가의 책임을 국가·도도부현·시정촌 단위에서 일관되게 강화한다는 것이었다.

(3) 1999년 지방분권일괄법에 의한 분권화기(1999~2006)

제3기는 1999년의 지방분권일괄법[16]에 근거하여 1999년 7월 22일(2000.4.1 시행) 개정된 지방교육행정법이 개정된 것을 말한다. 주요 내용은 교육장 임명승인제를 폐지하고, 행정기관 간의 지도·조언·원조 관계를 재조정 했으며, 지휘·

---

16 2000.4.1 시행된 법률로 주요 내용은 국가 및 지방공공단체가 분담해야 할 역할의 명료화, 기관 위임사무 규제제도의 폐지 및 그에 수반한 사무 구분의 재구성, 국가의 관여에 대한 근본적 개선, 권한 이양의 추진, 필수 규제의 개정, 지방공공단체의 행정규제의 정비확립, 법률의 시행기일 등에 관한 것이다.

감독권 및 시정조치를 조정하는 것이었다. 하급행정기관에 대해 포괄적 지휘·감독권을 포기(기관위임사무 폐지, 법정수탁사무 신설)한 것이 특징이다.

특히, 지방공공단체의 인사에 국가나 도도부현이 외부로부터 관여한 것을 개정하는 관점에서 교육장 임명에 대한 승인제도를 폐지하였고, 도도부현·지정도시의 교육장도 시정촌 교육장과 같이 교육위원 가운데에서 임명하도록 했다.

문부과학대신이 도도부현 및 시정촌에 대해서, 혹은 도도부현 교육위원회가 시정촌에 대해서 필요한 지도·조언·원조의 당연규정("행하는 것으로 한다")을 임의규정("행할 수 있다")화 하여 완화하였다. 큰 변화는 국가의 기관위임 사무에 관계된 것으로 문부과학성, 도도부현 교육위원회, 시정촌 교육위원회에 있어서 각각의 지휘감독권과 문부과학대신, 도도부현 교육위원회가 갖고 있었던 시정촌 교육위원회에 대한 교육사무의 관리·집행에 관한 시정조치 요구권도 폐지하였다. 이어 2001년 7월 11일 지방교육행정법 개정(2002.1.11 시행)을 통해서는 '주민에의 설명책임 강조하고 주민의 참가를 진천시킨 법 개정도 있었다.[17]

(4) 2006년 교육기본법 개정 이후 국가책임 강조기(2006~2014)

제4기의 개혁은 앞선 분권중심의 개혁에서 나타난 문제점을 개선하기 위한 것으로 2007년부터 시작되었다. 지방분권 추진 이후 2006년 전후에 발생한 '이지메'나 필수과목 미이수 문제가 발생하자 교육위원회는 은폐로 일관하여 교육행정의 책임자로서 당사자 의식이 결여되었다는 비판과 함께 사회적 불신이 표면화 되었다.

이른바 신자유주의 및 신보수주의를 정책기반으로 하여 추진된 교육기본법 개정이 오랜 논란 끝에 2006년 12월 22일 개정되었던 것도 4기 지방교육 행정 개혁의 배경이 되었다. 즉, 국가와 지방공공단체간의 역할분담과 국가의 적극적 책임 완수가 강조되었고 이를 반영하기 위한 법 개정이 있었다.

2007년 5월 23일 개정(2008.4.1 시행)된 지방교육행정법의 주된 내용은 교육위원회의 책임 체제 명료화, 교육위원회 체제의 내실화, 교육에 있어서 지방분권의 추

---

17 교육위원회를 구성 방법 제한(연령, 성별, 직업 편중금지, 보호자포함 노력의무 등), 회의 공개, 상담 사무 직원제 등을 도입했다. 학교 재량권 확대 차원에서 학교관리규칙 신고제, 교장 재량 경비 신설 조치 등이 있었다. 학교장의 현비부담 교원 인사 내신권도 강화되었다.

진, 교육에 있어서 국가 책임의 완수, 그리고 사립학교 교육행정 등 다섯 가지였다.

교육장과 관련하여 주목할 점은 지방교육행정법에 이념 조항을 신설하고, 교육위원회가 교육장에게 위임할 수 없는 사무를 규정(§26②)하여[18] 교육위원회의 책임 범위를 분명히 하였다는 것이다. 그 외 교육위원 수를 지역에 따라 탄력화 했고, 위원의 반수 이상이 같은 정당에 속하지 않도록 했으며, 위원 중 보호자가 반드시 선임토록 의무화하고 스포츠·문화 사무를 시·도지사가 관장할 수 있도록 하였다.

(5) 합의제 집행기관 교육위원회와 신교육장의 역할분담기(2015~현재)

2014년 들어 그동안 오랫동안 끌어오던 지방교육행정법의 개정(2014.6.20)이 마무리되었다. 이 법은 2015년부터 시행(2015.4.1)에 들어갔다. 2015년 개정의 취지는 교육의 정치적 중립성, 계속성·안정성을 확보하면서, 지방교육행정에 있어서의 책임의 명확화, 신속관리체제 구축, 수장과의 연계를 강화함과 동시에 지방에 대한 국가관여의 재검토를 도모한다는 것이다.

먼저, 교육장을 명실상부한 교육위원회 대표자로서 지위를 갖도록 했으며, 그 회무(會務)를 총괄적으로 관장(總理)하도록 하고 있다. 이전의 교육위원회 위원장 직은 당연히 폐지되었고, 그 역할을 그대로 교육장이 물려받게 되었다. 이를 두고 신교육장(新敎育長)이라 칭하기도 한다.

신교육장(新敎育長)

지방의회와의 관계에서는 교육장 및 교육의원 임명이나 파면(심신장애·직무위반, 비행을 이유로 한 파면)시 수장이 의회의 동의를 얻도록 하여 정치적 통제를 받도록 하였다. 그러나 수장과 같은 당이 지방의회의 다수를 차지하고 있을 경우에 수장이 갖는 임면권은 곧 수장의 의지가 된다는 점에서 강력한 인사통제권으로 기능할 것으로 예상된다.

---

18 교육에 관한 사무의 관리 및 집행의 기본적인 방침에 관한 사무, 교육위원회규칙 그 외 교육위원회가 정하는 규정의 제정 또는 개폐에 관한 사무, 교육위원회의 소관에 속하는 학교 그 외 교육기관의 설치 및 폐지에 관한 사무, 교육위원회 및 소관에 속하는 학교 그 외 교육기관의 직원의 임면 그 외 인사 사무, 지방의회가 교육위원회의 의견을 청취하도록 되어 있는 사무 등, 교육에 관한 사무관리 및 집행 상황의 점검 및 평가 사무 등.

종합교육회의
(總合敎育會議)

끝으로 수장은 종합교육회의(總合敎育會議[19]; 수장＋교육장＋교육위원)를 주재하며, 지역의 교육진흥기본계획의 대강을 정하고 긴급조치에 관한 사항을 협의 조정한다.

주된 제도 변천을 문부과학성 교육제도분과회 회의 자료 및 최근 법 개정에 관한 문부과학성의 통지문를 통하여 정리하면 〈표 7－2〉와 같다.

표 7-2 교육위원회법 및 지방교육행정법의 주요 개정 및 내용	
법률	주요 개정 내용
교육위원회법(1948) 제도 창설법률	• 교육의 지방분권, 교육행정에의 민의 반영(교육의원 공선제) • 전국 시정촌에 교육위원회 설치(1952)
지방교육행정법(1956) 교육위원회법폐지 공선제 개선	• 임명제 도입(교육위원회에 당파적 대립이 발생한 것을 해소) • 교육장 임명승인제 도입(국가나 도도부현 교육위원회가 승인) • 교육위원회에 의한 예산·조례안의 의회제안권 폐지(일반행정과 조화)
개정 지방교육행정법 (1999) 단체자치강화	• 교육장 임명승인제 폐지(지방의 책임에 의한 교육장 임명) • 시정촌립학교에 대한 도도부현 기준설정권 폐지(지방 주체성 존중)
개정 지방교육행정법 (2001) 주민자치강화	• 교육위원회 구성의 다양화(지역의견 반영, 연령·성별·직업의 편포 유의) • 교육위원회 회의의 원칙적 공개(교육행정의 설명책임 다하기)
개정 지방교육행정법 (2004) 학운협 설치	• 학교운영협의회의 설치 가능(지역주민 및 보호자의 참여 보장) • 학교기본방침 승인, 교육위원회 및 교장에게 의견 제출, 교원임용의견
개정 지방교육행정법 (2007) 책임 교육위	• 교육위원회 책임체제 명료화, 교육위원회 체제의 충실화 • 지방분권의 추진, 국가 책임강조, 사립학교에 관한 교육행정 강화
개정 지방교육행정법 (2014) 신교육장시대	• 교육장의 교육위원회 대표자(會務總理)로서 지위변경(교육위원회위원장 폐지) • 지방의회의 교육장 및 교육의원 임명·파면동의권 행사를 통한 정치적 통제 • 수장의 종합교육회의(수장+교육위원) 주도를 통한 교육정책 관여권 확대

출처: 고전(2013). 일본 교육위원회 개혁 논의의 쟁점과 시사점. 비교교육연구 23(4). 85면에 최근 내용 보완.

---

19 일본어 원문은 總合敎育會議여서 한글로는 '총합교육회의'로 읽혀지나, 한국에서 회의체나 기관 명칭에는 총합보다는 종합(종합개발, 종합대학, 종합과세 등)이 보다 자연스러워 '종합교육회의'로 한글 번역하였다. 앞의 문부과학성의 종합교육정책국(總合敎育政策局)도 마찬가지 취지로 한글 번역하였다.

라. 지방교육행정 관련 법령 및 규정

(1) 지방자치법 및 지방분권개혁법

지방자치법은 지방공공단체 내의 교육행정에 관한 집행기구와 공공단체의 장인 수장의 교육행정에 관한 역할을 규정함으로써 지방교육행정과의 관련성을 언급하고 있다.

지방자치법 제180조의8은 교육위원회에 관하여 관장 사무관리와 집행에 대하여 언급하고 있다. 물론 이 법이 예고하고 있는 사무관리와 집행에 관한 법률이 곧 '지방교육행정의 조직 및 운영에 관한 법률'이다. 즉, 지방교육행정법의 근거법은 지방자치법이다.

> **지방자치법 제180조의8**
> 교육위원회는 따로 법률에 정하는 바에 의하여, 학교 기타 교육기관을 관리하는 학교 조직편제, 교육과정 교과서 기타 교재의 취급 및 교육직원의 신분 취급에 관한 사무를 행하고, 사회교육 기타 교육, 학술 및 문화에 관한 사무를 관리하고 이를 집행한다.

위의 규정에서 드러나고 있는 것은 교육위원회가 교육기관 관리기관이면서 사무 집행기관이라는 사실이다. 즉, 명칭상 위원회이지만 엄연한 행정집행 기관이고 법치행정에 따른다는 점이다.

정부의 지방분권 추진과 관련한 인사 및 재정상의 조치와 이와 연동한 지방분권 관련 성령(省令) 등 역시 지방교육행정에 영향을 미치는 부분이기도 하다.

(2) 지방교육행정의 조직 및 운영에 관한 법률

약칭 지방교육행정법은 한국으로 치면 일본의 지방교육자치제도의 기본법에 해당한다. 제1장 총칙, 제2장 교육위원회의 설치 및 조직(교육위원회의 설치, 교육장 및 위원과 회의, 사무국), 제3장 교육위원회 및 지방공공단체 장의 직무 권한, 제4장 교육기관(통칙, 시정촌립학교의 교직원, 학교운영협의회), 제5장 문부과학대신 및

지방교육행정법

교육위원회 상호간의 관계 등, 제6장 잡칙, 부칙 등으로 총 63개 조항으로 되어 있다.

한국과는 달리, 교육위원회에 대한 지방공공단체장의 직무권한과 문부과학 대신 및 교육위원회 상호간의 관계를 직접적으로 규정하고 있다는 점이 특징이 다. 물론, 교육기본법의 교육행정 조항에서 밝힌 바와 같이 국가와 지방공공단체 의 관계는 기본적으로 역할분담과 상호협력, 그리고 예산확보를 위한 공동 노력 으로 2인 3각의 관계로 설정되어 있다.

(3) 학교교육법 및 각종 교육법상 지방교육행정

교육위원회가 유·초·중등의 교육기관 및 생애 학습기관에 관한 교육행정을 담당하고 있어서 학교교육법과 사회교육법을 포함한 각종 교육법은 규정의 곳곳 에서 지방교육행정법 및 교육위원회나 교육장을 언급하고 있다.

(4) 지방공공단체의 교육관련 조례등

교육에 관한 사무가 기본적으로 지방공공단체의 고유사무로 되어 있는 만 큼, 기본적으로 각급 학교 행정에 관한 기본적인 사항은 지방의회의 조례나 교육 위원회 규칙, 그리고 집행권자인 교육장의 직무명령의 형태로 이루어지게 된다.

(5) 개정 지방교육행정법(2014)의 특징

문부성은 2014년 6월 20에 개정 공포되고 2015년 4월 1일부터 시행에 들어간 지방교육행정법의 주요 개정 방향 및 내용을 다음과 같이 요약하여 보고하고 있다.

[지방교육행정의 조직 및 운영에 관한 법률 개정(2015.4.1. 시행) 개요]
개정의 취지: 교육의 정치적 중립성, 계속성·안정성을 확보하면서, 지방교육행정에 있어서의 책임의 명확화, 신속관리체제 구축, 수장과의 연계 강화, 지방에 대한 국가 관여의 재검토 도모

① 교육행정 책임의 명확화
- 교육위원장과 교육장을 일원화한 새로운 책임자(신교육장)를 둔다(13조).[20]
- 교육장은 수장이 의회 동의를 얻어 직접 임명·파면을 한다(4조, 7조).[21]
- 교육장은 교육위원회의 회무를 총리하고 교육위원회를 대표한다(13조).
- 교육장 임기는 3년, 위원은 4년으로 한다(5조).[22]
- 교육위원은 교육장에게 교육위원회 회의의 소집을 요구할 수 있다(14조).[23]

---

[20] 개정 (교육장) 제13조 교육장은 교육위원회의 회무를 총리하고 교육위원회를 대표한다. 2 교육장에게 사고가 있을 때, 또는 교육장이 부족한 때에는 미리 그 지명하는 위원이 그 직무를 행한다.
구법 제12조 (교육위원회위원장) 교육위원회는 위원(교육장이 임명된 위원 제외) 중에서 위원장을 선거해야 한다. 2 위원장의 임기는 1년으로 한다(재선가능). 3 위원장은 교육위원회회 회의를 주재하고 교육위원회를 대표한다. 4 위원장은 사고시 또는 위원장이 궐위시 미리 지정된 위원이 직무를 행한다.

[21] 개정 (임명) 제4조 교육장은 당해 지방공공단체장 피선거권을 가진 자로 인격이 고결하고 교육행정에 관한 식견자 중 지방공공단체장이 의회의 동의를 얻어 임명한다. 2. 위원은 해당 지방공공단체장 피선거권을 가진 자로서 인격이 고결하고 교육, 학술 및 문화(이하 '교육')에 관한 식견자 중 지방공공단체장이 의회의 동의를 얻어 임명한다. 3. 다음 각호 중 하나에 해당하는 자는 교육장 또는 위원이 될 수 없다. (1) 파산절차의 개시 결정을 받아 복권되지 않은자 (2) 금고 이상의 형을 받은 자 4. 교육장 및 위원의 임명시 위원정수에 1을 더한 수의 2분의 1 이상의 자가 동일한 정당에 소속되어서는 안된다. 5. 지방공공단체의 장은 2항의 규정에 의한 위원의 임명시 위원의 연령, 성별, 직업 등에 실제로 편향이 없도록 배려하는 동시에 위원 중에 보호자(친권을 행하는 자 및 미성년 후견인)자가 포함되어야 한다.
구법 (교육장) 제16조 교육 위원회에 교육장을 둔다. 2 교육장은 제6조의 규정에 관계 없이 해당 교육 위원회 위원(위원장 제외)인 사람 중에서, 교육위원회가 임명한다. 3 교육장은 위원의 임기 중 재임한다. 단, 지방공무원법 제27조, 제28조 및 제29조의 규정의 적용도 무방하다. 4 교육장은 위원직을 사퇴, 잃거나 파면된 경우에는 당연히 그 직을 잃는다.
개정 (파면) 제7조 지방공공단체장은 교육장 또는 위원이 심신의 장애로 직무수행이 어렵다고 인정하는 경우 또는 직무상의 의무위반 기타 교육장 또는 위원에 부적합한 비행이 있다고 인정하는 경우에 해당 지방공공단체 의회의 동의를 얻어, 그 교육장 또는 위원을 파면할 수 있다. 2. 지방공공단체장은 교육장 및 위원 가운데 위원정수에 1을 더한 수의 2분의 1 중에서 1을 뺀 수의 사람이 이미 소속된 정당에 새로 소속하게 된 교육장 또는 위원이 있을 때는 그 교육장 또는 위원을 즉각 파면한다. 3. 지방공공단체장은 교육장 및 위원 가운데 위원 정수에 하나를 더한 수의 2분의 1 이상의 자가 동일 정당에 소속하게 된 경우(전항의 규정에 해당하는 경우를 제외)에는 동일 정당에 소속한 교육장 및 위원의 수가 위원 정수에 1을 더한 수의 2분의 1 중에서 1을 뺀 수가 되도록 해당 지방공공단체 의회의 동의를 얻어 교육장 또는 위원을 파면한다. 다만 정당 소속 관계에 대해서 이동이 없던 교육장 또는 위원을 파면할 수 없다. 4. 교육장 및 위원은 전 3항의 경우를 제외하고 그 뜻에 반하여 파면되지 않는다.

[22] 개정 (임기) 제5조 교육장의 임기는 3년으로 하고, 위원의 임기는 4년으로 한다. 단, 보궐 교육장 또는 위원은 전임자의 잔여기간으로 한다. 2. 교육장 및 위원은 재임될 수 있다.

[23] 개정 (회의) 제14조 교육위원회의 회의는 교육장이 소집한다. 2. 교육장은 위원 정수의 3분의 1 이상 위원이 회의에 부의해야 할 사건을 제시하여 회의소집을 청구받을 경우에 지체없이 이를 소집하지 않으면 안된다.

- 교육장은 위임받은 사무의 집행상황을 교육위원회에 보고한다(25조).[24]
② 종합교육회의의 설치와 교육진흥기본계획의 대강(大綱)의 책정
- 수장은 종합교육회의를 설치하고 회의를 소집하며 수장과 교육위원회로 구성한다(1조의4).[25]
- 수장은 종합교육회의에서 교육위원회와 협의해 교육기본법 제17조의 기본적인 방침을 참작하여 교육진흥에 관한 시책의 대강을 책정한다(1조의3).[26]
- 회의는 대강령의 책정, 교육조건의 정비등 중점적으로 강구해야 할 시책, 긴급한 경우에 강구해야 할 적절한 조치에 대하여 협의·조정한다. 조정된 사항에 대하여는 구성원은 조정결과를 존중해야 한다(1조의4).
③ 국가의 지방공공단체에의 관여 재검토
- 집단 괴롭힘에 의한 자살방지 등, 학생의 생명·신체에의 피해의 확대 또는 발생

---

24 개정 (사무의 위임등) 제25조 3항 교육장은 교육위원회회칙으로 정한 바에 따라 (1항의 규정에 의해) 위임된 사무 또는 임시로 대리한 사무의 관리 및 집행상황을 교육위원회에 보고하지 않으면 안된다.

25 신설 (종합교육회의) 제1조의4 지방공공단체장은 대강의 책정에 관한 협의 및 다음 사항에 관한 협의 및 이에 관한 다음 항 각호에 제시하는 구성원의 사무를 조정하기 위해 종합교육회의를 설치한다. (1) 교육을 위한 제조건의 정비 그 외의 지역실정에 맞는 교육, 학술 및 문화의 진흥을 도모하기 위해 중점적으로 강구해야 할 시책. (2) 학생의 생명·신체에 실제로 피해가 발생하거나 확실히 피해발생 우려가 있을 것으로 보여지는 경우 긴급하게 강구해야 할 조치
2. 종합교육회의는 다음에 언급하는 자로 구성한다. (1) 지방공공단체장 (2) 교육위원회
3. 종합교육회의는 지방공공단체장이 소집한다.
4. 교육위원회는 그 권한에 속하는 사무에 관해 협의할 필요가 있을 때, 지방공공단체장에게 협의해야 할 구체적 사항을 제시하고 종합교육회의 소집을 요구할 수 있다.
5. 종합교육회의는 1항의 협의시 필요하면 관계자·학식자로부터 해당 협의사항에 관해 의견을 들을 수 있다.
6. 종합교육회의는 공개한다. 단, 개인의 비밀을 유지하기 위해 필요하다고 인정될 때, 또는 회의의 공정이 해칠 우려가 있다고 인정될 때 기타 공익상 필요하다고 인정하는 때에는 그러하지 아니하다.
7. 지방공공단체장은 종합교육회의 종료 후, 지체없이 종합교육회의가 정한 바에 따라 그 의사록을 작성하여 이를 공표토록 노력하지 않으면 안된다.
8. 종합교육회의에서 구성원의 사무조정이 이루어진 사항에 대해 해당 구성원은 그 조정결과를 존중해야 한다.
9. 전 각항에 정하는 것 외에 종합교육회의의 운영에 관해 필요한 사항은 종합교육회의가 정한다.

26 신설 (대강의 책정 등) 제1조의3 지방공공단체장은 교육기본법 제17조 1항에 규정하는 기본적인 방침을 참작하여 그 지역의 실정에 따라 해당 지방공공단체의 교육, 학술 및 문화진흥에 관한 종합적인 시책의 대강(이하 대강)을 정하는 것으로 한다. 2. 지방공공단체장은 대강을 정하거나 이를 변경하고자 할 때에는 미리 종합교육회의에서 협의한다. 3. 지방공공단체장은 대강을 정하거나 이를 변경한 때에는 지체없이 이를 공표하여야 한다. 4. 1항의 규정은 지방공공단체장에게 제21조에 규정하는 사무(교육위원회의 직무권한)를 관리하거나 집행하는 권한을 주는 것으로 해석해서는 안된다.

을 방지할 긴급할 필요가 있는 경우에, 문부과학대신이 교육위원회에 대해 지시할 수 있음을 명확하게 하기 위해 제50조(시정의 지시)를 개정한다(50조).[27]

④ 기타
- 종합교육회의 및 교육위원회 회의의 의사록을 작성하여 공표하도록 노력해야 한다(1조의4⑦, 14조⑨).[28]
- 현재의 교육장은 위원으로서의 임기 만료까지 종전의 예에 의해 재직한다(부칙 2조).
- 정치적 중립성, 계속성, 안정성을 확보하기 위해 교육위원회를 계속 집행기관으로 하며 직무권한은 종전대로 한다.

〈출처: 문부성 홈페이지〉

시방교육행정법의
개정의 핵심

2014년 지방교육행정법의 개정의 핵심은 다음 다섯 가지로 요약될 수 있다.

- 지방교육행정의 정치적 중립성, 계속성, 안정성의 확보(교육위원회의 집행권 유지)
- 지방교육행정에 있어서 책임의 명료화(교육장 대표기구화, 수장의 파면권 행사 가능)
- 지방교육행정에 있어서 신속한 위기관리 체제의 구축(종합교육회의 설치)
- 지방교육행정에 있어서 지방공공단체의 장과 교육위원회간 연대 강화(종합교육회의등)
- 지방에 있어서 국가의 관여의 개선(문부과학 대신의 시정지시권 강화)

교육장의 임기는 3년으로 단축되었다. 그 이유는 지자체장이 본인 임기 4년 중에 1회는 임명할 수 있도록 하게 하고, 교육위원은 더 긴 임기를 갖고 교육장을 견제하기 위함이다.

---

27 개정(분부과학대신의 지시) 제50조 문부과학대신은 도도부현위원회 또는 시정촌위원회의 교육에 관한 사무의 관리와 집행이 법령의 규정에 위반되는 경우가 있거나 당해 사무의 관리 및 집행을 태만히 할 가능성이 있는 경우에는, 학생의 생명 또는 **신체에 실제로 피해가 발생하거나 그 피해가 발생할 우려가 있다고 전망되어 그 피해확대 또는 발생방지를 위해**(구법: 신체보호를 위해 – 저자주) 긴급의 필요가 있을 때에는 당해 교육위원회에 대하여 해당 위반을 시정하거나 당해 사무관리 및 집행변경을 지시할 수 있다. 단, 다른 조치에 의해 그 시정을 도모하기 곤란한 경우에 한한다.

28 (종합교육회의) 1조의4⑦ 지방공공단체장은 종합교육회의 종료 후, 지체없이 종합교육회의가 정한 바에 따라 그 의사록을 작성하여 이를 공표토록 노력하지 않으면 안된다.
(회의) 14조⑨ 9 교육장은 교육위원회 회의 종료 후, 지체없이 교육위원회 회칙이 정한 바에 따라 그 의사록을 작성하여 이를 공표토록 노력하지 않으면 안된다.

　　과거 교육위원회의 보조기관이었던 교육장은 실질적인 교육행정 책임자로서 교육위원회 회무를 총괄(교육위원회 대표자)하고 사무국을 지휘·감독하도록 강화했다. 그러나 수장이 지방의회의 동의를 얻어 교육장과 위원을 임명하고, 심신장애·직무위반, 비행을 이유로 한 파면(이 경우에도 지방의회 동의)할 수 있다는 점에서 수장의 교육위원회에 대한 인사권한은 한층 강화되었다.

　　교육위원은 4년이며 과거 5인에서 4인 원칙으로 감소했다(교육위원회 위원장제 폐지때문). 교육위원회 위원은 동일한 정당 소속 위원의 수가 1/2 이내여야 한다. 교육위원회 위원과 교육장은 의회의 동의를 얻어 파면가능하고, 정치적 중립성 확보를 위해 교육위원회는 계속 합의제 집행기관으로서 머물게 했다.

　　지방공공단체에 신설된 종합교육회의(總合教育會議: 수장＋교육위원회)에서 대강의 교육기본계획·시책을 협의·조정하지만, 최종적으로 집행권한은 교육위원회에 유보되어 있다. 수장이 소집하는 종합교육회의 기능은 크게 세 가지 이다.

　　첫째는 수장은 교육기본법상의 국가교육진흥기본계획을 참작하여 지역에 맞는 교육, 학술 및 문화 진흥에 관한 종합적인 시책의 대강(大綱)을 이 종합교육회의를 통해서 협의하고 이를 위한 수장과 위원회의 사무를 조정한다.

　　둘째는 교육에 필요한 제반 조건을 정비하고 기타 지역 실정에 맞는 교육, 학술 및 문화의 진흥을 도모하기 위해 중점적으로 강구해야할 시책을 논의한다.

　　셋째는 아동이나 생도가 생명이나 신체에 실제로 피해가 발생하거나 발생할 우려가 있을 경우 등 긴급한 경우 강구해야 할 조치 등에 대하여 협의하고 조정한다.

　　이러한 일본의 교육행정체제의 변화는 교육현안에 무책임했던 교육위원회 및 교육장에 대한 개선책으로 평가될 수 있다.

　　현재의 일본의 지방교육 시스템에 대한 개혁의 출발점은 이미 지난 1999년 지방분권일괄법으로부터 출발되었다. 즉, 교육분야의 개혁이 아닌 일반 행정의 분권 개혁에서부터 시작된 것이다. 이에 따라 제3기(1999~2006)에서는 교육장 임명승인제와 포괄적 지휘감독권이 폐지되어 중앙교육행정기관과 지방교육행정기관 내의 위계 관계에 변화가 있었다.

　　제4기는 분권중심의 개혁에서 나타난 문제점을 개혁하기 위한 시기로서 교육기본법(2006.12.22) 개정에서 국가와 지방공공단체의 역할분담·상호협력이 새로이 규정된 이후 연속선상의 개혁이라고 할 수 있다. 이에 비하여 2014년 6월 20일 개정 지방교육행정법은 교육기본법의 역할분담과 상호협력의 입법정신을 구체화한 개정이라고 할 수 있다.

지방교육행정법을 중심으로 볼 때, 교육위원회 제도의 역사는 곧 지방교육행정의 역사이다. 교육위원 위원 선출방법 면에서는 공선제 → 임명제로 전환되고, 지방의회의 동의를 구하는 방식으로 된 것은 주민통제의 원리를 도입하여 민주적 정당성을 꾀하고자 하였다.

교육위원회의 권한 측면에서 보면, 교육위원회는 그 명칭이 위원회임에도 불구하고 제도 창설 때부터 지금까지 여전히 합의제 집행기구로서 자치행정기구로서 성격을 유지해 왔다. 다만, 교육위원회는 초기에 일부 제정권한을 가졌지만 수장으로 이관되었고, 반면 수장은 문화와 스포츠 사무를 교육위원회로부터 이관 받아 행할 수 있게 했다.

그 외에도 수장은 지역의 교육진흥기본계획에 관한 대강을 수립하는 종합교육회의를 주관함으로써 지역의 교육행정에 광범위한 영향력을 행사하게 되었다. 더구나 교육위원회의 대표자인 교육장과 교육위원회 위원을 의회 동의를 얻어 임명하거나 파면할 수 있는 교육위원회 구성권을 부여 받았다는 점에서 그 영향력은 더욱 커졌다. 교육위원회가 행사했던 사무국에 대한 지도·감독권이나 교육위원회 위원장이 행사했던 대표권 및 의사진행권은 모두 교육장에게 이관되었다.

이렇듯, 2014년 개정을 통해 교육장은 명실상부한 교육위원회 대표자로서 법적지위를 새롭게 하여(기존의 교육위원회 위원장제도 폐지) 교육장 중심의 책임체제가 되었다.

> 교육장 중심의 책임체제

동시에 수장으로 하여금 지방의 교육·학술·문화진흥 종합시책의 대강(大綱) 제정권과 종합교육회의 주재권을 부여하여 지역의 교육정책의 방향과 긴급조치에 관해 협의·조정을 주도하도록 하였다. 대강은 교육기본법에서 새롭게 명시한 국가가 정하는 교육진흥기본계획의 방침을 지역에서 구현하기 위한 대강의 시책을 말하며 긴급조치는 아동과 생도의 생명과 신체에 실제로 피해가 발생하거나 발생우려가 있는 경우 강구해야 할 조치를 말한다.

종합하면, 2014년 지방교육행정법 개정은 교육장 중심의 교육행정 책임체제와 더불어 지방공공단체장과의 연계·협력체제를 강화한 것이라 평가할 수 있다. 교육위원회의의 기능 변화를 일괄하면 〈표 7−3〉과 같다.

지방공공단체장과의 연계·협력체제

표 7-3   교육위원회 제도의 주요 변천

	1948 교육위원회법	1956 지방교육행정법	2000 지방분권개혁	2014 법개정
교육위원회 선출방법	공선제 주민직선선출(3회)	임명제 수장임명+의회동의 의회선출위원 폐지 교육장-교육위원겸임(시정촌)	임명제 인수 탄력화 보호자 위원 교육장-교육위원겸임 (도도부현, 정령시)	임명제 교육위원장과 교육장 일원화 (위원장직 폐지- 교육장이 대신함)
교육위원회 권한 집행권	○ 재정권한 일부있음	○ 재정권한 수장 일원화	○ 교육위와 교육장 역할 명확화 문화, 스포츠, 사무- 수장에게 이관가능	○ 수장이 대강책정 종합교육회의에서 사무협의조정
교육위원회 권한 교육장 임면권	○ 교육장요건: 면허장 → 임용자격으로	○ 임용자격의 폐지 임용시 승인제	○ 임용시 승인제 폐지	× → 수장에게로
교육위원회 권한 지도 감독권	○	○	○ 평가제도의 도입	×

주 : ○ 권한있음, × 권한없음
출처: 大畠菜穂子(2014), "教育委員會制度はこれまでどう変わってきたのか", 『教育委員會改革−5つのポイント』, 村上祐介編, 東京: 學事出版 33頁.

마. 교육장 및 교육위원회의 직무와 권한

(1) 교육장의 직무와 권한

교육장(敎育長)은 해당 지방공공단체장의 피선거권을 가지는 사람으로, 인격이 고결하고 교육행정에 관한 식견을 가진 사람 중에서 지방공공단체의 수장이 의회의 동의를 얻어 임명한다(지방교육행정법 제4조).

교육장의 임기는 과거 4년에서 3년으로 단축되었다. 최소한 1회 정도는 당해 수장이 교육장을 임명할 수 있도록 하기 위함이다. 교육장은 교육위원회의 회무 (會務)를 총리(總理; 총괄)하고, 교육 위원회를 대표한다(지방교육행정법 제13조 1항).

표 7-4 개정 지방교육행정법상 교육장의 지위

교육장의 지위(제13조, 제14조)[29]

(교육장) 제13조 교육장은 교육위원회의 회무를 총리(總理)하고 교육위원회를 대표한다.[30]

2 교육장에 사고가 있을 때, 또는 교육장이 결원된 때는 미리 그 지명하는 위원이 그 직무를 실시한다.

(회의) 제14조 교육위원회 회의는 교육장이 소집한다.

2 교육장은 위원정수의 1/3 이상이 위원회에 부의해야 할 사안을 들어 회의소집을 청구할 때에는 지체 없이 이를 소집해야 한다.

3 교육위원회는 교육장 및 재임 위원의 과반수가 출석하지 않으면 회의를 열어 의결을 할 수 없다. 다만, 6항의 규정에 의한 배척사유로 과반수를 넘지 않을 때, 또는 동일한 사건을 다시 소집해도 여전히 과반수에 못 미치는 경우에는 해당되지 않는다.

4 교육위원회 회의의 의사는 7항 단서의 발의에 관련된 것을 제외하고 참석자의 과반수로 결정하고, 가부동수인 때에는 교육장이 정하는 바에 의한다.

5 교육장에 사고가 있거나 교육장이 결원된 경우의 전항의 규정 적용에 관해서는 전조 2항의 규정에 의한 교육장의 직무를 수행하는 자는 교육장으로 간주한다.

6 교육위원회의 교육장 및 위원은 자기 배우자 혹은 3촌 이내 친족의 일신상에 관한 사건 또는 자기 혹은 이들의 종사하는 업무에 직접 이해관계가 있는 건에 대해서는 그 의사에 참여할 수 없다. 다만, 교육위원회의 동의가 있을 때는 회의에 참석하고 발언할 수 있다.

7 교육위원회 회의는 공개한다. 단 인사에 관한 사건 기타 사건에 대해서 교육장 또는 위원의 발의에 의한 참석자의 2/3이상의 다수로 의결한 때에는 이를 공개하지 아니할 수 있다.

8 전항 단서의 교육장 또는 위원의 발의는 토론을 하지 않고 그 여부를 결정해야 한다.

9 교육장은 교육위원회 회의 종료 후 지체 없이 교육위원회 규칙에서 정하는 바로 그 회의록을 작성하고 이를 공개하도록 힘써야 한다.

---

29 구 지방교육행정법 제17조는 교육장의 직무에 관하여 다음과 같이 직접 규정했었다.
　교육장은 교육위원회의 지휘 하에 교육위원회의 권한에 속한 모든 사무를 관장한다.
　2 교육장은 교육위원회의 모든 회의에 참석해 의사(議事)에 대해 조언한다.
　3 교육장은 자기 배우자 혹은 3촌 이내의 친족의 일신상에 관한 사건 또는 자기 혹은 이들의 종사하는 업무에 직접 이해관계 있는 사건에 대한 의사(議事)가 열리는 경우는 전항의 규정에 불구하고 교육위원회 회의에 참석할 수 없다. 다만 위원으로서 제13조 5항 단서(교육위원회 동의가 있는 경우 참석하여 발언 가능) 규정은 적용된다.
　또한, 구 지방교육행정법 20조는 교육장의 사무국의 총괄을 다음과 같이 규정했었다.
　교육장은 제17조 규정에 의한 것 이외에 사무국의 사무를 총괄하고 소속 직원을 지휘감독한다.
　2 교육장에게 사고가 있을 경우나 결원될 때 미리 교육위원회가 지정하는 사무국 직원이 그 직무를 행한다.

30 구 지방교육행정법 제12조 3항에 따르면, "(교육위원회 위원 중 선출된) 위원장(임기 1년, 재선가능)

교육장은 교육위원회 위원장 대신 의회의 심의에 필요한 설명을 위해 의회 의장으로부터 출석을 요구받았을 때는 회의장에 참석해야 한다(지방자치법 제121조).

교육장은 상근(常勤)의 형태로 근무하며(위원은 비상근), 그 근무시간 및 직무상의 주의력의 전부를 그 직책 수행을 위해서 사용하여 해당 지방공공단체가 해야 할 책임을 가진 직무에만 종사해야 한다(지방교육행정법 제11조 4항 및 5항). 또한 교육위원회의 허가를 받지 않으면 영리를 목적으로 하는 사기업을 운영하는 것을 목적으로 하는 회사, 기타 단체의 임원이나 인사위원회규칙(인사위원회를 두지 않는 지방공공단체는 지방공공단체 규칙)이 정한 지위를 겸하거나 스스로 영리를 목적으로 하는 사기업을 운영하거나 보수를 받고 어떤 사업 혹은 사무에도 종사해서도 안된다(지방교육행정법 제11조 7항).

또한 교육장에 사고가 있을 때, 또는 교육장이 결원된 때는 미리 그 지명하는 위원이 그 직무를 대신한다(지방교육행정법 제13조 2항).

(2) 교육위원회의 직무권한

교육위원회는 교육장 및 위원으로 조직한다(지방교육행정법 제3조). 교육위원회 회의는 교육장이 소집하고 교육위원회 회의의 의사(議事)는 참석자의 과반수로 결정하며, 가부동수인 때는 교육장의 결정에 따르도록 하여 교육장의 의사결정권이 한층 강화되었다(제14조 1항 및 4항). 회의의 소집은 교육장이 희망하거나 위원 정수의 1/3 이상의 위원이 회의소집을 요구할 경우에 지체 없이 이루어진다(제14조 2항).

교육위원회는 교육장으로부터 교육장에게 위임한 사무 또는 임시로 대리토록 한 사무관리 및 집행 상황에 대하여 보고받는다(제25조 3항).

교육위원회의 직무권한은 당해 지방공공단체가 처리하는 교육에 관한 업무 중 〈표 7-5〉에서 제시하는 19가지 사항을 관리 및 집행한다(지방교육행정법 제21조). 구 지방교육행정법 제17조에는 교육장은 교육위원회의 지휘 하에 교육위원회의 권한에 속하는 모든 사무를 관장하는 것으로 규정하였으나 이러한 기술은

은 교육위원회 회의를 주재하고 교육위원회를 대표한다.

표 7-5	개정 지방교육행정법상 교육위원회의 직무권한

교육위원회의 직무 권한(제21조)

제21조 교육위원회는 해당 지방공공단체가 처리하는 교육에 관한 사무에서 다음에 제시하는 것을 관리 및 집행한다.

1 교육위원회 소관에 속하는 30조에 규정하는 학교 기타 교육기관(이하 "학교 기타 교육기관"이라 함)의 설치, 관리 및 폐지에 관한 것.
2 교육위원회의 소관에 속하는 학교 기타 교육기관용으로 제공하는 재산(이하 "교육재산"이라 함)의 관리에 관한 것.
3 교육위원회 및 교육위원회의 소관에 속하는 학교 기타 교육기관 직원의 임면 기타 인사에 관한 것.
4 학령학생 및 학령아동의 취학과 학생, 아동 및 유아의 입학, 전학 및 퇴학에 관한 것.
5 교육위원회의 소관에 속하는 학교 조직편제, 교육과정, 학습지도, 학생지도 및 직업지도에 관한 것.
6 교과서 기타 교재의 취급에 관한 것.
7 교사 기타 시설 및 교구 기타 설비의 정비에 관한 것.
8 교장, 교원 기타 교육 관계직원 연수에 관한 것.
9 교장, 교원 기타 교육 관계직원 및 학생, 아동 및 유아의 보건 안전 후생 및 복리에 관한 것.
10 교육위원회의 소관에 속하는 학교 기타 교육기관의 환경 위생에 관한 것.
11 학교급식에 관한 것.
12 청소년교육, 여성교육 및 마을회관의 사업 그 외 사회교육에 관한 것.
13 스포츠에 관한 것.
14 문화재 보호에 관한 것.
15 유네스코 활동에 관한 것.
16 교육에 관한 법인에 관한 것.
17 교육에 관한 조사 및 기간 통계 기타 통계에 관한 것.
18 소관사무에 관한 홍보 및 소관사무에 관한 교육행정에 관한 상담에 관한 것.
19 앞의 각 호에 든 것 외에 해당 지방공공단체 구역 내에서의 교육에 관한 사무에 관한 것.

삭제되었다. 그러나 앞서 살펴본 바와 같이 합의제 집행기구인 교육위원회의 결정에 반하여 사무를 집행할 수는 없는 것으로 해석된다.

한편, 지방공공단체의 장이 맡고 있는 대학, 사립학교, 교육재산의 취득 및 처분, 교육위원회의 사무관련 계약의 체결 등은 교육위원회와 무관하다. 오히려 지방공공단체로부터 교육위원회는 소관 사무에 관한 예산의 집행에 관한 사항을 통제받고 있다. 교육위원회에는 소관사항에 대한 예산 및 결산의 기능은 주어져 있지 않기 때문이다. 다만, 지방공공단체장에게 교육위원회는 의견을 청취하도록 의무를 지우고 있기 때문에 예산 및 결산과 관련하여서는 수장이 의견을 청취과정을 통해서 교육위원회가 반사적 권리를 행사할 뿐이다.

교육위원회 위원의 자격은 당해 지방공공단체장의 피선거권이 있는 자로서 "인격이 고결하고 교육, 학술 및 문화에 관해 식견을 있는자" 등으로 폭넓게 규정(지방교육행정법 제4조)되어 있는데, 교육장의 경우에 교육행정에 관한 식견이 있는자[31]와 대조가 되기도 한다. 실제 임명된 결과를 보면 위원의 경우 교육경력자의 비중이 높고, 문부성 및 지방공공단체의 간부들이 임명되는 경우도 적지 않다.

교육위원회 위원의 임기는 4년이며 지방의원 및 기타 공직에의 겸직은 금지되어 있다. 교육위원의 월보수는 지역별로 차이가 있는데 평균 약 20만엔(円) 수준이라는 점에서 일종의 명예직 성격이 강하다(교육감의 경우에는 상근직으로 평균 76만3천엔 수준).

교육위원회의 19가지 직무권한의 고유성은 지방자치단체 장 역시 존중토록 지방교육행정법은 정하고 있다. 즉, 제1조의3에서 지방공공단체의 장으로 하여금 국가수준의 교육진흥기본계획을 참작한 지역 실정에 맞는 교육, 학술 및 문화 진흥에 관한 종합적인 시책의 대강을 정할 권리(대강 책정권)을 부여하고 있는데, 이 규정이 지방공공단체의 장에게 교육위원회의 직무권한(21조)에 속하는 사무를 관리하거나 집행하는 권한을 부여하는 것으로 해석해서는 안된다고 못박고 있다는 점이다. 그러한 우려가 현실 정책과정에서 충분히 일어날 수 있다는 뜻이기도 하다.

교육위원회의 주된 권한 중의 하나는 교직원에 대한 임명권인데, 도도부현이 설치한 학교의 교원임명권은 도도부현 교육위원회에 맡겨져 있다. 그러나 시정촌립 학교의 교직원의 경우에도 '현비부담 교직원(현(県)이 급료를 부담(1/2, 나머지는 국가부담)하는 교직원)'에 대해서는 도도부현교육위원회가 시정촌교육위원회의 내신을 기초로 임명권을 행사하고 있다.

결국 공립의 고등학교 교직원은 물론 의무교육기관으로 되어 있는 소학교와

현비부담 교직원

---

31 같은 제4조에 교육장의 자격요건으로 "해당 지방공공단체장의 피선거권을 가지는 사람으로, 인격이 고결하고 교육행정에 관한 식견을 가진 자" 중에서 지방공공단체의 수장이 의회의 동의를 얻어 임명한다고 규정한다.

중학교 교직원의 임명권 역시 도도부현 교육위원회가 갖고 있어 교육위원회의 인사권한은 막대한 것이다. 교육위원회의 기구 조직은 지역에 따라 다소 차이가 있다.

바. 지방교육행정기관의 실제: 교육위원회 현황

(1) 교육위원회 설치 개관

일본의 지방교육행정기구는 교육위원회로서 합의제 집행기구이다. 2018년 문부성 보고에 따르면, 교육위원회는 도도부현(都道府県; 한국의 광역시·도)과 지정 도시(20) 포함 67개가 설치되어 있고, 시정촌(市町村) 등에는 통합교육위원회 형태를 포함하여 1,718개의 교육위원회가 설치되어 있다.

교육위원회 수는 2001년(3,406개), 2005년(2,524개), 2007년(1,932개), 2011년(1,878), 2013년(1,866), 2018년(1,785개)에 걸쳐 꾸준히 감소하고 있다. 최근의 감소는 정(町)교육위원회 및 일부사무조합 교육위원회의 축소가 원인이다.

교육위원회는 수장이 의회 동의를 얻어 임명하는 교육위원으로 구성되며 4명이 원칙이다(2014년 개정으로 위원장제 폐지에 따라 5명에서 4명으로 축소).

문부과학성이 조사하여 발표한 일본의 교육위원회 조직 현황은 〈표 7−6〉과 같다.

표 7−6 일본의 교육위원회 조직 현황 및 교육감 현황(문부과학성 2013.5.1 기준)

구분		도도부현 (47)	시정촌등 1,819개 교육위원회(2015년 1,814 ▽5)						
			시	특별구	정	촌	일부사무 조합	공동설치	광역연합
교육위원	위원회수	47	789	23	742	183	79	1	2
	(2015년)	47	790	23	741	182	75	1	2
	위원총수	233인	7,276인						
	재직년수	3.5년	4.6년	☞ 시정촌 교육의원의 재직연수가 더 김					
	평균연령	58.6세	59.1세	☞ 하향 추세(2007년 61.4세, 2011년 59.3세)					

구분		도도부현 (47)	시정촌등 1,819개 교육위원회(2015년 1,814 ▽5)						
			시	특별구	정	촌	일부사무 조합	공동설치	광역연합
	여성비율	39.1%	36.2%　☞ 증가 추세(2007년 30%, 2011년 34.9%)						
	직종	의사, 교원 등 39.5%(시정촌 23.5%/11년대비), 회사원 등 44.2%(시정촌 19.5%) 무직 12.0%(시정촌 35.4%)　☞ 시정촌 무직 교육의원 비중이 높음							
	교직경험자	19.7%	28.4%　☞ 도도부현 감소(22.4%/11년), 시정촌 유사(28.3%) 비율						
	보호자	30.5%	30.3%　☞ 2007년대비 모두 증배(도도부현 18.5%, 시정촌 14.7%)						
	위원장월보수	235,189엔	279,975엔(지정도시), 296,950엔(특별구), 75,292엔(시), 54,497엔(정촌)						
	위원 평균월보수	206,203엔	239,567엔(지정도시), 241,473엔(특별구), 61,073엔(시), 45,081엔(정촌)　☞ 정촌 교육의원 월보수 증가(2007년 27,891엔, 2011년 28,266엔)						
교육장	재직년수	1.9년	3.5년　☞ 2011년도(도도부현 2.1년/시정촌 3.6년)유사/3년 임기단축						
	평균연령	59.5세	63.4세　☞ 2007, 2011년도(도도부현 60.5세, 시정촌 63.4세)와 유사						
	여성비율	4.3%	3.7%　☞ 2007년도 보다 상승(도도부현 2.2%, 시정촌 2.4%→11년 3.5%)						
	일반행정경험	55.3%	31.3%　☞ 대도시 일수록 일반 행정경험자가 많음(11년 61.7%, 32.2%)						
	교육행정경험	78.7%	79.8%　☞ 2007년도 보다 상승(도도부현 71.7%, 시정촌 78.0%)						
	교직경험자	44.7%	69.7%　☞ 도도부현 증가(11년 34%), 시정촌은 유사(11년 69.8%)						
	평균월보수	763,883엔	671,115엔(지정도시), 779,135엔(특별구), 626,767엔(시), 527,540엔(정촌) 소폭 ↓						

출처: 문부과학성, '教育委員会の現状に関する調査(2013)'를 바탕으로 2015년 위원회수 보완.

(2) 교육위원회 조직 이미지

일본의 교육위원회는 도도부현(都道府県; 한국의 광역시·도), 시정촌(市町村; 한국의 읍면동)에는 설치되어 있고, 일부는 통합교육위원회 방식을 취한다.

지금까지 협의로 교육위원회는 교육위원들만의 위원회를 뜻하나 광의로는 교육장이 이끄는 교육위원회 사무국인 교육청까지 포함하는 개념으로 사용된다. 현재에는 교육장이 위원이 아닌 교육장으로서 교육위원회를 주재하게 되었다. 따

그림 7-1 교육위원회제도 개혁전후 이미지

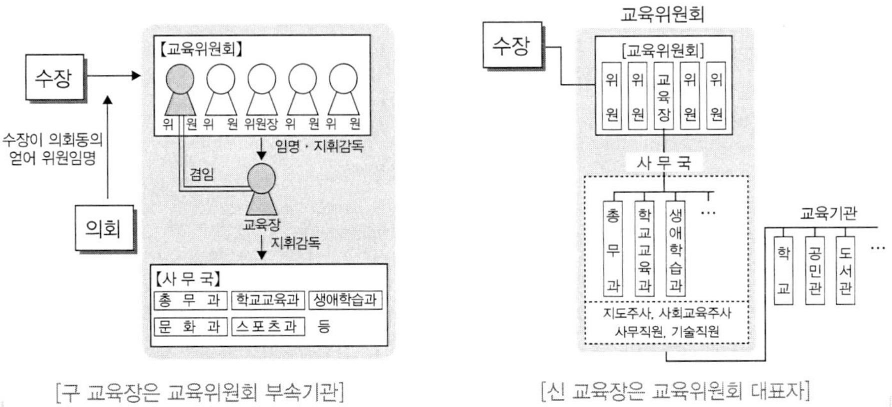

[구 교육장은 교육위원회 부속기관]   [신 교육장은 교육위원회 대표자]

출처: 文部科學省初等中等敎育局(2013.5). 現行制度と教育再生實行會議 第2次提言ポイント.1,4頁 발췌.

라서 협의로 이야기 할 경우라도 교육장을 포함한 교육위원회로서 의미가 한층 강화되었다고 할 수 있다. 더구나 사무장이었던 교육장은 수장이 임명하는 보조기관(과거에는 교육위원회의 보조기관)이 된 셈이다.

여전히 교육위원회는 지방교육행정의 합의제 집행기구이고, 이를 대표하는 대표자는 교육장으로 되어 있다. 교육장에게는 과거와는 달리 1인 2역의 역할이 주어진 것이다. 교육위원회 대표자로서 회무를 총리(총괄)할 책임과 결정된 사항을 책임있게 집행하고 사무국을 지휘 감독할 책임이 있는 것이다. 그러면서도 수장이 주재하는 종합교육회의에 참석하여 지방공공단체와 교육위원회 간의 조정과 협의 역할도 기대받고 있는 상황이다. 물론, 교육장이나 교육위원회 위원 모두가 수장의 추천과 의회동의 후 임명·파면권 아래에 놓여 있다는 점에서 결국 수장의 우산 아래(傘下)에 있는 기구(교육위원회)와 기관장(교육장)이다.

일본 문부과학성 홈페이지에는 교육위원회의 조직 이미지를 [그림 7-2]와 같이 소개하고 있다.

교육위원회 위원과 교육장만을 포함한 회의체를 협의의 교육위원회로 보는 관점은 여전하며, 위원회가 교육에 관한 일반 방침을 결정하고, 교육위원회 규칙

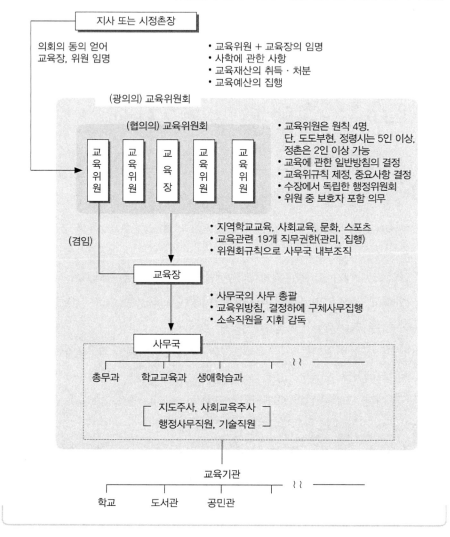

그림 7-2 일본의 교육위원회 조직

(小川正人, 2010: 66의 그림을 2014년 개정에 맞추어 수정함)

을 제정하며, 기타 중요사항을 결정한다. 교육장은 사무국 사무를 총괄하고, 교육위원회 방침과 결정 하에서 구체적 사무를 집행하며, 소속 직원을 지휘·감독하는 위치에 있다.

(3) 교육위원회 현황에 관한 문부성 조사 결과

① 「신교육위원회제도 이행에 관한 조사」 보고서(2018.12)[32]

문부과학성은 「신교육위원회제도 이행에 관한 조사」를 지난 2018년 9월에 실시하여 홈페이지에 12월 8일 탑재한 바 있다. 도도부현·지정도시 67곳 교육위원회와 1,718곳 교육위원회를 대상으로 2014년 개정(2015.4.1. 시행)된 지방교육행정법에 근거한 종합교육회의 개최, 대강(大綱)의 책정, 신교육장의 임명 상황 등을 조사했다.

임명된 교육장의 주요 경력의 경우, 도도부현 교육장은 교육행정 경험자나 일반행정 경험자가 많은 반면, 시정촌 교육장의 경우는 교육행정 경험자나 교육직원 경험자가 많은 것으로 조사되었다.

표 7-7 임명된 교육장의 주요 경력   2018. 9(복수응답)

구분	교육행정경험자	일반행정경험자	교육직원경험자	기타
도도부현·지정도시(55)	45	45	14	3
시정촌	1133	362	1089	33

주 : 기타 회답에는 대학교수 경험자, 민간회사원, 전 시정촌 의회의원 등
출처: http://www.mext.go.jp 新教育委員会制度への移行に関する調査(2018.9.1.현재) 2018.12.8. 탑재

지역의 교육 기본계획의 대강을 책정하기 위한 협의체인 종합교육회의 개최 상황(2015.4.1.~2018.9.1.)에 대하여는 다음과 같이 보고한 바 있다.

우선 대강의 계획을 책정하기 위한 회의는 67개 도도부현 및 지정도시 전 곳이 모두 개최하였고, 시정촌의 경우에도 1,646개 위원회(전체의 95.8%)에서 회의를 개최한 것으로 보고되었다.

중점적으로 강구해야 할 시책에 관한 협의·조정의 건(표의 ②항목)의 주요 내용은 교육위원회와 지사부국과의 연대사업, 학력향상, 소·중학교 일관교육, 고

---

32 문부성 홈페이지, 新教育委員会制度への移行に関する調査(平成30年9月1日現在)－2018.12.8. 탑재(총 14면), http://www.mext.go.jp/a_menu/chihou/__icsFiles/afieldfile/2018/12/18/1411792_01.pdf

교 매력화, 학교적정규모·적정배치, 글로벌 인재육성, 차기 학습지도요령, 특별
지원교육(특수교육 – 저자주), 영어교육, 도덕교육, 커리어교육, 식육(食肉), 향토교
육의 충실, 어린이 안전확보, 체력향상, 부활동의 개선, 스포츠 진흥, 어린이 빈
곤대책, 가정교육, 부등교 지원, 방과후 활동방 만들기, 사회교육시설의 개선, 문
화예술 진흥 등이다.

　　기타 사항(표의 ⑤항목)의 내용으로는 주요 사업에 관한 의견교환, 차기 연도
예산, 차기 연도 협의사항, 교육진흥기본계획 등의 진행상황 보고 등이다.

표 7-8 종합교육회의의 주요 내용(2015.4.1~2018.9.1)

	종합교육회의의 내용	도도부현 지정도시	시정촌
①	대강의 책정에 관한 협의	67	1,646
	a. 학교등의 시설 정비	12	881
	b. 교직원의 정수 확보	5	156
	c. 유아교육·보육의 개선과 연대	17	493
	d. 청소년 건전육성과 학생지도 연대	11	343
	e. 거소불명 아동 학생의 대응	0	15
	f. 복지부국과 연대한 종합방과 후 대책	11	268
	g. 자녀부양 지원	11	526
	h. 교재비나 학교도서비 충실	3	279
② 중점 강구 시책의 협의·조정	i. ICT 환경의 정비	16	600
	j. 취학원조의 충실	10	255
	k. 학교로의 전문인재나 지원인력의 배치	14	489
	l. 학교의 통·폐합	11	495
	m. 소인수 교육의 추진	12	222
	n. 학력향상에 관한 시책	41	860
	o. 이지메 방지 대책	35	774
	p. 지역에 열린학교 만들기	18	482
	q. 스포츠를 통한 건강증진과 지역활성화	13	354
	r. 학교 방재대책 및 재해발생시 대응 방침	9	210
	s. 교직원의 일처리 방식 개혁	29	324

종합교육회의의 내용		도도부현 지정도시	시정촌
	t. 관계부국과 연대한 장애인 생애학습추진	0	75
	u. 기타	60	741
③	학생 생명, 신체에 실제로 피해가 발생하는 등 긴급히 강구해야할 조치	4	140
④	종합교육회의의 운영에 관한 필요한 사항	51	1,139
⑤	기타(①~④ 사항 이외)	15	268

주 : 공동단체 숫자는 회의 개최한 경우이고, 내용은 복수 회답한 것임
출처: http://www.mext.go.jp 新教育委員会制度への移行に関する調査(2018.9.1.현재) 2018.12.8. 탑재

② 「교육위원회 현황에 대한 조사」 보고서(2019.1)[33]

한편, 문부과학성은 「교육위원회 현황에 대한 조사」를 매년 9월에 실시하고 이를 홈페이지에 게재하고 있다. 양식은 앞의 2013년 및 2015년 조사와 다소 차이가 있다. 가장 최근에 보고된 「2017년도간 조사」는 2018년 9월에 실시되었다.

조사 대상은 전 도도부현 47곳과 20곳의 지정도시 교육위원회 등 총 67곳과 시정촌교육위원회 1,718곳(특별구, 광역연합 및 공동설치 교육위원회를 포함, 일부사무조합은 제외)을 대상으로 하였다. 주요 조사 항목은 다음과 같다.

㉮ 교육위원회의 회의의 운영상황, 보호자나 지역주민에게의 정보발신
　　교육위원회 회의의 개최 횟수, 교육위원회 회의의 개최시간, 교육위원회 회의의 방청자의 상황, 교육위원회 회의의 회의록 등의 작성·공표 상황, 교육위원회 회의의 운영상의 대책, 소관 시설의 방문, 홍보·의견수렴 활동, 교육행정 상담의 상황
㉯ 교육위원 선임
　　선임방법의 마련, 교육위원에 대한 보호자의 선임, 스포츠에 대한 식견을 선임한 이유로 한 교육위원 선임, 교육장의 재임 횟수, 교육장이 부재중인 사례, 교육위원 및 교육위원장의 재임 횟수
㉰ 교육위원의 연수
㉱ 교육위원회와 수장과의 연계

---

33 문부성 홈페이지, 教育委員会の現状に関する調査(平成29年度間) – 2019.1.7. 탑재(총 27면)
　　http://www.mext.go.jp/a_menu/chihou/__icsFiles/afieldfile/2019/01/07/1411790_01_1.pdf

지방교육행정법 제23조의 규정에 의한 스포츠·문화에 관한 사무의 관장 탄력화, 교
육위원회에서 수장부국으로 사무위임·보조집행의 상황

ⓜ 교육위원회의 사부처리 체제
　　시정촌에 있어서의 사무의 공동 처리

ⓑ 교육위원회의 활동 상황에 대한 점검·평가
　　점검·평가의 실시 상황, 학식 경험자등의 식견의 활용 상황, 점검·평가 결과의 의
　　회에의 보고, 일반에의 공표의 상황

ⓢ 학교의 재량 확대
　　학교 관리규칙의 재검토 상황, 학교 재량예산에 대한 대처 상황

ⓐ 지도주사의 배치

　　이들 중 교육위원회의 특징을 단적으로 보여주는 몇 가지 사항을 문부성 보
고서를 통해 소개하기로 한다.

　　2017년도 교육위원회 회의(의견교환을 목적으로 한 위원협의회 대응 포함)의 평
균 개최 횟수는 도도부현·지정도시에서 29.2회(2016년도 28.8회), 시정촌에서 15.1
회(2016년도 15회)로 전년도와 유사하다. 시정촌의 규모별로 비교하면, 인구 규모
가 큰 시읍면 일수록 개최 횟수가 많았다.

　　교육위원회 회의 1회당 개최시간은 평균 도도부현·지정도시는 1.5시간, 시
정촌은 1.4시간으로 나타났다. 회의 공개원칙에 따라 방청객 수는 도도부현·지

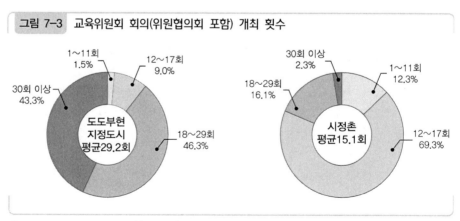

그림 7-3 교육위원회 회의(위원협의회 포함) 개최 횟수

1~11회 1.5%
12~17회 9.0%
30회 이상 43.3%
18~29회 46.3%
도도부현 지정도시 평균29.2회

30회 이상 2.3%
1~11회 12.3%
18~29회 16.1%
12~17회 69.3%
시정촌 평균15.1회

출처: http://www.mext.go.jp 教育委員会の現状に関する調査(2017년도간), 2019.1.7. 탑재

정도시의 경우 연간 20시간 이상인 교육위원회는 76.2%(전년도 65.7%), 시정촌의 경우 연간 방청자가 전혀 없는 경우도 65.9%(전년도 70.7%)에 달하여 점차 활발해 져 가고는 있으나 주민들의 관심은 그리 높지 않은 것으로 보여진다.

　규정상 교육위원회 회의의 의사록을 작성하여 공표하도록 노력할 의무가 있는데(지방교육행정법 제14조 9항), 회의록 혹은 의사 개요를 작성·공표는 도도부현·지정도시 교육위원회는 100%, 시정촌의 경우는 99.9%가 작성은 하나 69.3%(2016년 66.8%)만이 공개하는 차이를 보였다. 공표방법 역시 홈페이지(책자작성과 홈페이지 게재 포함) 공표가 도도부현·지정도시는 100%나 시정촌은 50.4%(2016년 47.4%)에 불과했다.

　교육위원이 학교를 방문한 연간 평균 횟수는 도도부현·지정도시가 18.8회, 시정촌은 18.3회로 지역간 차이가 없었다. 보호자나 지역주민의 의견, 요망사항, 고충 등을 청취하는 여론조사나 앙케이트를 실시하지 않는 경우가 예상과는 달리 도도부현·지정도시는 73.1%, 시정촌은 88.0%로 높게 나타나 모두 여론조사 에는 소극적임을 확인할 수 있었다.

　다양한 교육위원 구성을 위하여 공모제를 실시하는 시정촌 교육장은 동경도 아오케 시마무라(東京都青ヶ島村) 한 곳 뿐이었다. 또한, 교육위원 공모제를 실시 한 도도부현·지정도시는 오사카부, 오사카부 오사카시, 오사카부 사카이시(堺市) 3곳이고, 시정촌 중에서는 홋카이도 하코다테시(北海道函館市)를 비롯하여 34단체 로 전체 중에서는 소수에 불과했다.

　교육위원 구성시 보호자 포함 의무 조항(제4조 5항)에 따라 2018년 3월 1일 시점에 보호자를 포함시킨 교육위원회는 도도부현·지정도시에서 97.0%(2016년 98.5%), 시정촌은 95.8%(2016년 95.9%)로 조사되었다. 보호자 교육위원이 없는 경 우는 도도부현·지정 도시의 3.0%, 시정촌의 4.2%였는데, 그 주된 이유는 임명하 지 않은 것이 아니라 선임시 보호자였던 위원 자녀들이 성인이 되어 조사 시점에 서 보호자가 아닌 것으로 집계되었다.

　그동안 일본 교육위원으로 자주 선임되는 직업인이 스포츠 스타이다. 2018년 3월 1일 시점에서 스포츠 식견인으로서 교육위원으로 선임된 경우가 있는 경우는 도도부현·지정 도시에서 25.4%(2016년 25.4%), 시정촌에서는 9.0%(2016년 8.0%)로

도시지역의 경우가 스포츠 식견인을 더 많이 위촉함을 볼 수 있다.

2014년 지방교육행정법 개정과 이듬해 시행으로 도입된 교육장 임기 3년 축소로 4년 임기의 지방공공단체 장에 의하여 1회는 반드시 달리 임명될 수 있도록 했다.

도도부현 지정도시의 경우 교육장의 재임회수는 1.5기이고, 1회 연임(2기)까지 한 경우는 52.9%였고, 1기(신임)의 경우는 47.1%로 나타났다. 반면, 시정촌 교육장의 임기는 평균 1.8기였고, 신임이 가장 많은 44.4%, 1회 연임(2기)인 경우는 39.1%였고, 2회 연임(3기)까지 인경우도 13.8%에 이르렀다.

지방교육행정법에 따르면, 스포츠·문화에 관한 사무에 대해서는 '지역 만들기' 관점에서 조례로 정하는 바에 따라 수장이 관리·집행할 수 있다(23조). 도도부현·지정도시 중에서 스포츠에 관한 사무를 단체장이 관리·집행하기로 한 곳은 34곳(50.7%, 2016년 30곳), 문화사무의 경우는 29곳(43.3%, 2016년 28곳)으로 약 절반 정도가 이를 활용하고 있었다. 그러나 시정촌의 경우 스포츠 사무의 경우 169곳(9.8%, 2016년 164곳), 문화사무는 155곳(9.0%, 2016년 151곳)으로 수장과의 연대가 상대적으로 미미한 수준이었다.

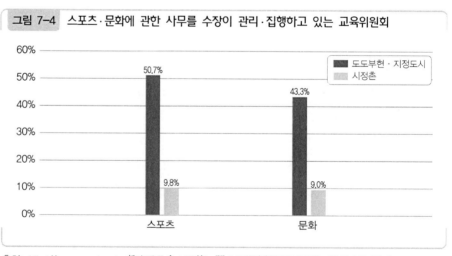

그림 7-4   스포츠·문화에 관한 사무를 수장이 관리·집행하고 있는 교육위원회

출처: http://www.mext.go.jp 教育委員会の現状に関する調査(2017년도간), 2019.1.7. 탑재

한편, 교육위원회가 관할하는 사무 중 평생학습·사회교육·문화·문화재보호·스포츠·유치원의 각 분야에 관한 사무의 일부에 대해 지방자치법 제180조의 7의 규정에 의해 수장부국에 대한 사무위임·보조집행을 실시하고 있는 교육위원회의 비율은 [그림 7-5] 및 [그림 7-6]과 같다. 전체적인 경향으로서 도도부현·지정도시는 시정촌보다 사무위임·보조집행을 하고 있는 비율이 높다는 것을 알

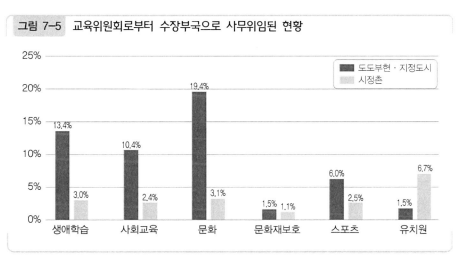

그림 7-5 교육위원회로부터 수장부국으로 사무위임된 현황

출처: http://www.mext.go.jp 教育委員会の現状に関する調査(2017년도간), 2019.1.7. 탑재

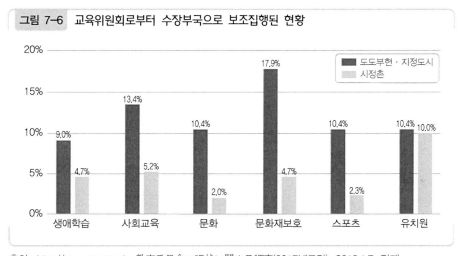

그림 7-6 교육위원회로부터 수장부국으로 보조집행된 현황

출처: http://www.mext.go.jp 教育委員会の現状に関する調査(2017년도간), 2019.1.7. 탑재

수 있다.

지방교육행정법은 인구가 작은 시정촌 등이 인근 시정촌과 교육위원회를 공동설치 할 수 있도록 허용하고 있다(55조의2). 이에 따라 인근 지방공공단체와 협의회를 설치하는 위원회는(장애아동 학생의 취학지도 사무, 교원연수 사무, 학교급식 사무, 시청각교육 사무) 12.5%였다. 다음으로 지도주사 등 직원을 공동으로 두는 경우는 3.6%에 불과했다. 인근 지방공공단체에 사무위탁(아동·생도 취학사무)하는 경우는 7.0%의 교육위원회에서 행해지고 있었다.

교육위원회 역시 자체평가(유식자 활용가능)와 공개의 의무가 있다(26조). 도도부현·지정도시는 100% 자체점검·평가하고 공개하고 있으나 시정촌은 98.3%로 나타났다. 유식자를 활용하는 경우 도도부현의 경우는 대학교수 94.0%, 기업관계자 53.7%, PTA 관계자 및 보호자 43.3%, NPO관계자 23.9% 순이었다(복수응답).

반면 시정촌의 경우 퇴직교원 48.0%, 대학교수 35.0%, PTA 관계자 및 보호자 33.0%, 기업관계자 10.5% 순으로 나타나 두 지역 교육위원회간에 유식자 활용 집단이 달랐다.

다음으로 학교의 자주적·자율적 운영을 위하여 교육위원회규칙 개정이나 학교예산 배분방법에 걸쳐 학교의 재량권을 확대해 가고 있다. 먼저 학교관리규칙 개정을 통해서 교육과정 편성, 부교재 사용, 숙박을 수반하는 학교행사의 결정, 휴무일 변경, 그리고 학기 설정 등을 실시할 때 허가·승인제를 폐지한 교육위원회의 비율은 [그림 7-7]과 같다.

이어 예산 자율권 측면에서 볼 때, 학교 배당예산의 총액을 예산 항목별이 아닌, 총액 재량 예산 제도를 도입하고 있는 교육위원회는, 도도부현·지정 도시의 41.8%(2016년 41.8%), 시정촌에서 9.5%(2016년 9.6%)였다.

학교가 기획 제안한 독자적인 대응을 조사하고, 특별 예산을 조치하는 등의 학교 제안 예산조치를 실시하는 경우는 도도부현·지정도시의 37.3%(2016년 35.8%), 시정촌에서는 17.0%(2016년 17.3%)로 보고되었다.

교육행정의 충실화는 지도주사(한국의 장학사에 해당) 등 전문적 직원의 존재에 크게 좌우된다는 관점에서 지방교육행정법은 시정촌 교육위원회에 지도주사 배치 노력의무를 부과하고 있다(제18조 2항). 이에 따라 시정촌 교육위원회 71.7%

도도부현의 경우는 대학교수 94.0%

시정촌의 경우 퇴직교원 48.0%

(1,232곳)가 지도주사를 배치하고 28.3%는 배치하지 않는 것으로 현황 보고되었다.

도도부현 교육위원회에 의한 시정촌 교육위원회에 대한 지원으로서는, 교육사무소 등의 지도주사에 의한 방문지원이나 인적 지원 등이 있는 교육위원회는 83.0%였다.

그림 7-7 학교관리규칙으로 학교의 각종업무의 허가·승인을 폐지한 교육위원회 현황

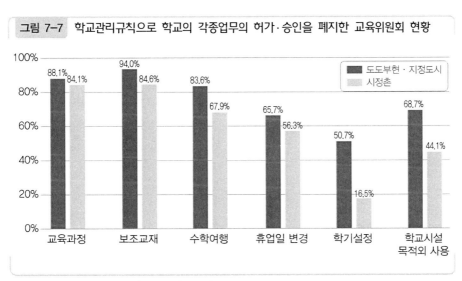

출처: http://www.mext.go.jp 敎育委員会の現状に関する調査(2017년도간), 2019.1.7. 탑재

그림 7-8 학교재량예산을 도입하고 있는 교육위원회 현황

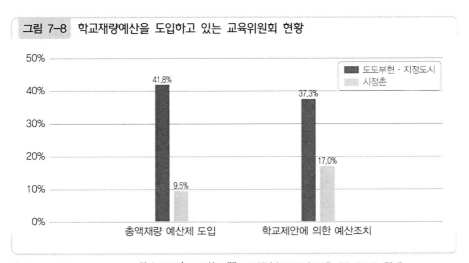

출처: http://www.mext.go.jp 敎育委員会の現状に関する調査(2017년도간), 2019.1.7. 탑재

한편, 도도부현의 직원을 시정촌의 요구에 따라 시정촌에 배치(시정촌 부담)하는 교육위원회는 74.5%, 그리고 현비부담으로 지도주사를 배치하는 교육위원회는 12.8%인 것으로 조사 보고되었다.

4 교육재정에 관한 법규

가. 교육재정 부담의 기본 원칙: 재정 조치 강구의 공동 의무

교육재정과 관련된 대 원칙은 역시 헌법의 의무교육의 무상 원칙임은 말할 나위가 없다.

> **일본국헌법 제26조(후단)**
> 의무교육은 이를 무상으로 한다

이 표현에는 의무교육 아닌 선택교육은 유상이라는 반대 해석을 내포하고 있다. 동시에 무상의 범위에 대하여는 후속 법률이 정할 것이라는 입법 예고를 내포하기도 한다. 당연히 학설과 입법례는 몇 가지로 나뉘어 전개되어 오고 있는데, 전체적으로는 의무교육의 범위 확대에 따라 무상의 대상 학교 범위는 당연히 확대되며, 무상의 영역 역시 국가 재정이 허락하는 범위 내에서 확대되어가는 양상이다.

교육재정에 관한 법률은 재원의 확보와 확보된 재원의 배분 및 운용의 단계로 나누어 살펴볼 수 있다. 우선 재원의 확보 주체와 관련하여서는 앞서 살펴본 바와 같이, 신 교육기본법 제16조 4항은 교육재정상의 조치를 국가 및 지방자치단체의 기본적인 의무로 규정하고 있다.

> **교육기본법 제16조 4항**
> 국가 및 지방공공단체는 교육이 원활하고 지속적으로 실시되도록 필요한 재정상의 조치를 강구하지 않으면 안된다.

교육기본법 제3장은 교육행정에 관한 기본 원칙을 정한 규정으로서 1항에서는 국가와 지방공공단체간의 적절한 역할분담과 상호협력의 원칙, 2항은 국가의 책무(전국적인 교육의 기회균등과 교육수준의 유지향상을 위한 시책의 책정·실시), 3항은 지방공공단체의 책무(지역의 교육진흥을 위한 실정에 맞는 교육 시책의 책정·실시), 그리고 4항에서 위와 같이 국가와 지방공공단체로 하여금 교육실시를 위하여 필요한 재정상의 조치를 강구할 의무를 공동으로 천명하고 있다.

역설적으로 말하자면, 국가와 지방공공단체는 각자의 책무를 다하기 위한 재정상의 조치뿐만 아니라, 1항에서 말하는 국가와 지방공공단체간 역할분담과 상호협력 하기로 한 사항에 대한 재정상의 조치에 대하여도 공동 노력할 의무가 있다. 즉, 국가사무로 규정한 사무비용에 대하여는 국고부담제를, 지방사무로 규정한 사무비용에 대해서는 지방부담제, 그리고 공동사무에 대하여는 공동부담의 원칙이 적용되야 하는 법적 근거라고 할 수 있다.

이에 따라 교육재정에 관한 다양한 법률들이 제정되어 있다. 우선 '지방재정법'을 통해서는 교육재원이 되는 세목이 규정되어있고, '지방교부세법'에서는 지방자치단체로부터의 교육관련 교부금에 대한 사항을 규정하고 있다. 이들은 지방교육 재원을 이루는 중요한 법적 근거라고 할 수 있다. 무엇보다 중요한 교육재정 관련 법률은 국가사무이면서도 지방공공단체의 부담을 천명하고 있는 의무교육에 관한 것이라고 할 수 있다.

특히, 지방재정법은 국가와 지방공공단체가 경비를 부담하여야 할 경우에 그 경비의 종목과 산정기준 및 양자의 부담 비율에 대하여는 법률과 정령에 정하는 '법정주의'를 택하고 있다. 물론 모든 경비 분담이 아니고 제10조에서 제10조의 3에 이르는 국가부담 경비를 말하는데 이에 대하여는 후술 하기로 한다. 더불어 제12조는 법률 또는 정령으로 정하는 것을 제외한 것 외에 국가는 지방공공

역할분담과 상호협력의 원칙

재정상의 조치를 강구할 의무

공동사무에 대하여는 공동부담의 원칙

지방재정법

지방교부세법

단체에 대하여 그 경비를 부담하게 하는 조치를 해서는 안된다고 하여 '경비부담 법령주의 원칙'을 명확히 하고 있다.

(국가와 지방공공단체가 경비를 부담해야할 비율의 규정) 지방재정법 제11조
제10조에서 제10조의 3에 규정한 경비의 종목, 산정기준 빛 국가와 지방공공단체가 각각 부담하여야 할 비율은 법률 또는 정령에 정해두지 않으면 안된다.

다음으로 교육재정의 운용 측면에서는 지방교육행정법 제28조(교육재산의 관리등)에 그 기본 원칙이 천명되어 있다.

(교육재산의 관리등) 지방교육행정법 제28조
교육재산 지방공공단체의 장의 총괄하에 교육위원회가 관리하는 것으로 한다.
② 지방공공단체의 장은 교육위원회의 신청을 받아 교육재산을 취득하는 것으로 한다.
③ 지방공공단체의 장이 교육재산을 취득했을 때는 신속하게 교육위원회에 인계해야 한다.

수장과 위원회간의
역할분담

이 조항은 교육재산의 관리에 있어서 수장과 위원회간의 역할분담을 규정하고 있다. 이에 따르면, 교육재산을 총괄[34]하는 최종적인 책임 주체는 지방공공단체의 장인 수장으로 하되 직접적인 관리 주체는 교육위원회가 하는 것으로 되어 있다.

또한, 이 법 제22조 및 제22조를 통해서는 교육재산의 취득 및 처분은 지방공공단체의 장이, 그 관리는 교육위원회가 행한다고 하여 취득과 처분 역시 마찬가지로 규정하고 있다. 즉, 교육위원회의 직무권한의 하나로서 '교육위원회 소관에 속하는 학교 기타 교육기관의 필요에 제공하는 재산(교육재산)을 관리하는 일'을 예시하였다. 동시에 바로 이어 지방공공단체 장의 직무권한의 하나로 '교육재산을 취득하고 처분하는 일'과 '교육위원회 소관 사항에 관한 예산을 집행하는

---

34 총괄이란 지방자치법 제238조의2에서 말하는 공유재산에 관한 장(長)의 총합조정권을 말한다.

일'을 예시하고 있다.

2항과 3항을 통해서는 재산의 취득과 인계 과정에서 실질적인 재산 운용 주체는 교육위원회임을 알 수 있다. 즉, 지방공공단체의 장이 교육위원회와는 관계 없이 독자적으로 교육재산을 취득하는 것이 어렵다는 뜻이기도 하다. 그러나 제21조(교육위원회의 직무권환)와 제22조(장의 직무권한)에서 교육재산의 '관리'는 교육위원회로 하면서, '취득'과 '처분'은 단체장의 직무로 하여 양자의 관계가 모호한 측면이 있다는 지적이다(荒牧重人外, 教育關契法, 244頁).

> 교육재산의 관리는
> 교육위원회

> 취득과 처분은
> 단체장의 직무

그런데 최근의 법 개정을 통하여 교육위원회 위원장을 교육장이 겸직하게 됨으로써, 당해 교육위원회에 있어서 재정적 권한은 결국 교육위원회를 주관하는 교육장의 영향력 하에 놓이게 되었다는 점도 특징적인 변화라 하겠다.

한편, 지방공공단체장으로 하여금 교육에 관한 세입세출 예산 작성시 교육위원회의 의견을 반드시 청취하도록 한 것은 재정적 민주주의 및 주민통제 원리를 반영한 것이라 할 수 있다.

(교육위원회의 의견 청취) 지방교육행정법 제29조[35]
지방공공단체장은 세입세출 예산 중 교육에 관한 사무에 관계된 부분과 기타 특히 교육에 관한 사무에 관하여 정한 의회 의결을 거쳐야 하는 사건의 의안을 작성할 경우에는 교육위원회의 의견을 들어야 한다.

그렇다 하더라도 지방교육 행정에 소요되는 예산과 결산에 대하여는 공공단체의 장이 제출하여 이를 심의하는 지방의회에의 통제를 여전히 받고 있다는 점에서 지방교육 재정의 가장 폭넓은 통제 주체는 지방의회라고 할 수 있다. 지방교육재정과 관련된 조례는 가장 직접적인 규제가 될 것이다.

---

[35] 후단의 교육에 관한 사무중 의회의 의결을 경유해야 할 사건의 예로는 ① 교육위원의 정수, ② 사무국 직원의 정수, ③ 교육기관의 설치(법률에서 정한 경우 제외)가 해당되며, 지방자치법 제96조의 의회가 의결해야 할 사건 중 교육 사무에 관한 의안도 당연히 포함되는 것으로 본다(荒牧重人外, 教育關契法, 244頁).

나. 의무교육비 국고부담제

문부과학성의 문건에 따르면 의무교육국고부담제는 다음과 같은 의의를 지닌다.

첫째, 헌법의 요청에 의한 의무교육의 근간(기회 균등, 수준 확보, 무상제)을 뒷받침하기 위해 국가는 필요한 제도를 정비할 필요가 있다.

둘째, "교육은 사람이다"라는 말이 있듯이 의무교육의 성패는 교직원의 확보, 적정 배치, 자질 향상에 힘입은 바 지대하다.

셋째, 교직원의 확보와 적정 배치를 위해서는 필요한 재원을 안정적으로 확보하는 것이 필수적이다.

이를 위하여 '의무 교육비 국고 부담법(義務教育費國庫負擔法)'이 제정되어 있고, 시정촌립 학교의 교직원 급여비를 도도부현의 부담으로 한 연후에, 국가가 도도부현의 실제 지출액의 1/3을 원칙적으로 부담하고 있다.

현재 국고 부담 대상 경비는 공립 의무교육 제 학교에 재직중인 교직원의 급료·연금을 말한다. 국고 부담 대상 인원은 약 70만명에 이른다. 여기에는 교장 교감 교사, 양호교사, 영양교사, 조교사, 영양조교사, 기숙사 지도원, 강사, 학교 영양직원, 사무직원을 포함한다. 정부 예산액에서 상당한 비중을 차지하고 있다.

의무 교육비 국고 부담법

국고 부담 대상 경비

(1) 의무교육비 부담 원칙: 무상의 원칙(헌법 제26조)

일본국 헌법 제26조는 "모든 국민은 법률에 정하는 바에 따라 그 능력에 따라서 똑같이 교육을 받을 권리를 가진다. 모든 국민은 법률에 정하는 바에 의하여 그 보호하는 자녀에 보통 교육을 시킬 의무가 있다. 의무 교육은 이를 무상으로 한다."고 규정하여 의무교육비 무상원칙을 규정하고 있다.

의무교육비 무상원칙

(2) 의무교육 국고 부담법(義務教育費国庫負担法) 제1조 및 제2조

첫째, 제1조 이 법률의 목적 조항에 따르면 "이 법률은 의무교육에 대해서, 의무교육 무상 원칙에 입각하여 국민 모두에 대한 그 타당한 규모와 내용을 보장하기 위해 국가가 필요한 경비를 부담함으로써 교육의 기회 균등과 그 수준의 유지 향상을 도모하는 것을 목적으로 한다."고 규정하여 국가 경비 부담의 목적을 밝히고 있다. 교육기본법이 밝히고 있는 전국적인 교육기회의 균등과 그 수준의 유지 향상이라는 국가의 책무가 여기에도 전제 조건으로 서술되어 있음을 알 수 있다.

> 국가 경비 부담의 목적

둘째, 제2조 교직원의 급여 및 보수에 필요한 경비의 국고 부담 조항에 따르면, "국가는 매년마다 각 도도부현마다, 공립의 소학교, 중학교, 중등교육 학교의 전기과정 및 맹아학교, 농아학교 및 양호학교 초등부 및 중학부(학교급식법 5조에 규정한 시설 포함하는 '의무교육제학교)에 필요한 경비 중 다음에 제시하는 사항에 대해서 그 실지 지출액의 3분의 1을 부담한다. 다만, 특별한 사정이 있을 때는 각 도도부현마다 국고부담액의 죄고 한노를 성령(政令)으로 징힐 수 있다.

> 필요한 경비의 국고 부담 조항

① 시(특별 구 포함)정촌립의 의무교육 제 학교에 관련된 시정촌립 학교직원 급여 부담법 제1조에 기재된 직원의 급료 기타 급여(퇴직급여 퇴직연금 및 퇴직일시금과 여비를 제외) 및 보수에 필요한 경비(교직원의 급여 및 보수에 필요한 경비)

② 도도부현립의 중학교(학교교육법 51조에 의한 고교에 있어 교육과 일관교육을 실시하는 경우 포함), 중등교육학교, 맹아학교, 농아학교 및 특수학교에 관련된 교직원의 급여 및 보수에 필요한 경비

(3) 지방재정법(地方財政法) 제10조 등

지방재정법 제10조는 국가가 그 전부 또는 일부를 부담하는 법령에 의거해 실시해야 할 사무에 필요한 경비를 규정하고 있다. 즉, 지방공공단체가 법령에 의거 실시해야 할 사무인 국가와 지방공공단체 상호이해에 관계가 있는 사무 중 그 원활한 운영을 기하기 위해서 국가가 경비를 부담할 필요가 있는 다음의 제시사항[36]에 있어서 국가가 그 경비 전부 또는 일부를 부담한다.

> 국가가 그 경비 전부 또는 일부를 부담

---

36 地方財政法(国がその全部又は一部を負担する法令に基づいて実施しなければならない事務に要する経費) 第十条　地方公共団体が法令に基づいて実施しなければならない事務であつて、国と地方公共団体相互の利害に関係がある事務のうち、その円滑な運営を期するためには、なお、国が進んで経費を負担する必要がある次に掲げるものについては、国が、その経費の全部又は一部を負担する。

첫째, 1호는 '의무 교육직원 급여(퇴직급여 퇴직연금 및 퇴직 일시금과 여비를 제외)에 필요한 경비'를 예시하고 있다.

둘째, 3호는 의무교육 제학교의 건물의 건축에 드는 경비를 포함시키고 있다.

셋째, 20호는 직업능력개발학교 및 장애인직업능력개발학교의 시설 및 설비에 소요되는 경비를 포함시키고 있다.

넷째, 25호는 특별지원학교 취학장려에 소요되는 경비를 언급하고 있다.

다섯째, 29호는 고등학교 등 취학지원금의 지급에 소요되는 경비를 언급한다.

여섯째, 33호는 자녀들을 위한 교육·보육 급부에 소요되는 경비(지방공공단체가 설치하는 교육·보육시설과 관련된 것은 제외)를 규정한다.

다음으로 지방재정법은 제10조의3을 통해 '국가가 그 일부를 부담하는 재해(災害)와 관련되는 사무에 필요로 하는 경비'에서 학교를 언급하고 있다. 즉, 지방공공단체가 실시해야 할 법률 또는 정령으로 정하는 재해에 관련된 사무에서, 지방세법 또는 지방교부세법에 따라 그 재정 수요에 적합한 재원을 얻는 것이 곤란한 것을 행하기 위해서 다음에 제시하는 경비에 대해서는 국가가 그 경비의 일부를 부담한다. '7. 학교의 재해복구에 소요되는 경비'(1-6 생략).[37]

국가가 그 경비의 일부를 부담

그런가하면[38] 제11조를 통해서는 국가와 지방공공단체가 경비를 부담해야 하는 비율 등의 규정을 두고 있다. 즉, 위의 제10조에서 제10조의3까지 규정하는

一 義務教育職員の給与(退職手当、退職年金及び退職一時金並びに旅費を除く。)に要する経費

二 削除

三 義務教育諸学校の建物の建築に要する経費 (四-十九省略)

二十 職業能力開発校及び障害者職業能力開発校の施設及び設備に要する経費 (二十一-二十四 省略)

二十五 特別支援学校への就学奨励に要する経費 (二十六-二十八 省略)

二十九 高等学校等就学支援金の支給に要する経費 (三十一-三十二 省略)

三十三 子どものための教育・保育給付に要する経費(地方公共団体の設置する教育・保育施設に係るものを除く)

37 (国がその一部を負担する災害に係る事務に要する経費) 第十条の三 地方公共団体が実施しなければならない法律又は政令で定める災害に係る事務で、地方税法又は地方交付税法によつてはその財政需要に適合した財源を得ることが困難なものを行うために要する次に掲げる経費については、国が、その経費の一部を負担する。(一-六 省略) 七 学校の災害復旧に要する経費

38 (国と地方公共団体とが経費を負担すべき割合等の規定) 第十一条 第十条から第十条の三までに規定する経費の種目、算定基準及び国と地方公共団体とが負担すべき割合は、法律又は政令で定めなければならない。

경비의 종목, 산정기준 및 국가와 지방공공단체가 부담해야 할 비율은 법률 또는 정령으로 정하여야 한다는 것이다. 이름하여 공동부담 비율의 법정화 원칙이라고 할 수 있다.

공동부담 비율의
법정화 원칙

끝으로 지방재정법은[39] 지방공공단체가 처리할 권한을 갖지 않는 사무에 소요되는 경비에 대해서도 언급한다. 즉, 지방재정법 제12조는 "지방공공단체가 처리할 권한을 갖지 아니하는 사무를 행하기 위하여 소요되는 경비에 대하여는 법률 또는 정령으로 정하는 것을 제외한 것 외에 국가는 지방공공단체에 대하여 그 경비를 부담하게 하는 조치를 해서는 안 된다. 전항의 경비는 다음에 제시하는 것으로 한다.

첫째, 국가 기관의 설치, 유지 및 운영에 필요한 경비, 둘째, 경찰청에 소요되는 경비, 셋째, 방위성에 소요되는 경비, 넷째 해상보안청에 소요되는 경비, 다섯째, 사법 및 행형에 소요되는 경비, 여섯째, 국가의 교육시설과 연구시설에 소요되는 경비 등이 그것이다.

다. 현비부담(縣費負擔) 교원제도

현비부담 교원제도란 현이 시정촌에 근무하는 교원의 비용을 부담하는 교직원 급여제도를 말한다. 이는 '시정촌립 학교직원 급여 부담법'에 규정되어 있다. 이는 본래 시정촌이 시정촌립 학교에 재직 중인 교직원 급여비를 당연히 부담하여야 하나, 우수한 교직원을 안정적으로 확보하고 광역 단위 인사에 따른 적정한 교직원 배치를 위하여 도도부현이 이들의 급여를 전액 부담하고 있는 것이다.

현비부담 교원제도

시정촌립 학교직원 급여 부담법(市町村立学校職員給与負担法)을 중심으로 현비

시정촌립 학교직원
급여 부담법

---

39 (地方公共団体が処理する権限を有しない事務に要する経費) 第十二条　地方公共団体が処理する権限を有しない事務を行うために要する経費については、法律又は政令で定めるものを除く外、国は、地方公共団体に対し、その経費を負担させるような措置をしてはならない。2　前項の経費は、次に掲げるようなものとする。
一　国の機関の設置、維持及び運営に要する経費　二　警察庁に要する経費　三　防衛省に要する経費　四　海上保安庁に要する経費　五　司法及び行刑に要する経費　六　国の教育施設及び研究施設に要する経費。

부담 교원에 대하여 자세히 알아본다.

먼저 이 법 제1조에 따르면 시정촌립 학교직원의 보수 및 직무수행시 비용의 변상은 도도부현이 부담한다고 규정하고 있다. 직원에는 교장으로부터 교사, 강사에 이르고, 보수등에는 급료를 포함한 각종 수당과 직무수행시의 비용 변상을 포함한다.[40]

즉, 제1조는 시(지정도시 제외, 특별구 포함)정촌립의 소·중학교, 의무교육학교, 중등교육학교의 전기과정 및 특별지원학교의 교장(중등교육학교의 전기과정 교장), 부교장, 교감, 주간교사, 지도교사, 교사, 양호교사, 조교사, 양호조교사, 기숙사지도원, 강사(상근자 및 단시간근무자에 한함), 학교영양직원(영양교사 이외의 자) 및 사무직원 가운데 다음에 예시한 직원의 급료, 부양수당, 조정수당, 거주수당,

---

40 市町村立学校職員給与負担法　第一条　　市(地方自治法(昭和二十二年法律第六十七号)　第二百五十二条の十九第一項の指定都市(次条において「指定都市」という。)を除き、特別区を含む。)町村立の小学校、中学校、義務教育学校、中等教育学校の前期課程及び特別支援学校の校長(中等教育学校の前期課程にあつては、当該課程の属する中等教育学校の校長とする。)、副校長、教頭、主幹教諭、指導教諭、教諭、養護教諭、栄養教諭、助教諭、養護助教諭、寄宿舎指導員、講師(常勤の者及び地方公務員法(昭和二十五年法律第二百六十一号)　第二十八条の五第一項に規定する短時間勤務の職を占める者に限る。)、学校栄養職員(学校給食法(昭和二十九年法律第百六十号)　第七条に規定する職員のうち栄養の指導及び管理をつかさどる主幹教諭並びに栄養教諭以外の者をいい、同法第六条に規定する施設の当該職員を含む。以下同じ。)及び事務職員のうち次に掲げる職員であるものの給料、扶養手当、地域手当、住居手当、初任給調整手当、通勤手当、単身赴任手当、特殊勤務手当、特地勤務手当(これに準ずる手当を含む。)、へき地手当(これに準ずる手当を含む。)、時間外勤務手当(学校栄養職員及び事務職員に係るものとする。)、宿日直手当、管理職員特別勤務手当、管理職手当、期末手当、勤勉手当、義務教育等教員特別手当、寒冷地手当、特定任期付職員業績手当、退職手当、退職年金及び退職一時金並びに旅費(都道府県が定める支給に関する基準に適合するものに限る。)(以下「給料その他の給与」という。)並びに定時制通信教育手当(中等教育学校の校長に係るものとする。)並びに講師(公立義務教育諸学校の学級編制及び教職員定数の標準に関する法律(昭和三十三年法律第百十六号。以下「義務教育諸学校標準法」という。)第十七条第二項に規定する非常勤の講師に限る。)　の報酬及び職務を行うために要する費用の弁償(次条において「報酬等」という。)は、都道府県の負担とする。

一　義務教育諸学校標準法第六条第一項の規定に基づき都道府県が定める都道府県小中学校等教職員定数及び義務教育諸学校標準法第十条第一項の規定に基づき都道府県が定める都道府県特別支援学校教職員定数に基づき配置される職員(義務教育諸学校標準法第十八条各号に掲げる者を含む。)

二　公立高等学校の適正配置及び教職員定数の標準等に関する法律(昭和三十六年法律第百八十八号。以下「高等学校標準法」という。)第十五条の規定に基づき都道府県が定める特別支援学校高等部教職員定数に基づき配置される職員(特別支援学校の高等部に係る高等学校標準法第二十四条各号に掲げる者を含む。)

三　特別支援学校の幼稚部に置くべき職員の数として都道府県が定める数に基づき配置される職員

초임급조정수당, 통근수당, 단신부임수당, 특수근무수당, 특지근무수당(이에 준하는 수당 포함), 벽지수당, 시간외 근무수당(학교영양직원 및 사무직원에 관계된 것), 숙직수당, 관리직원 특별근무수당, 관리직수당, 기말수당, 근면수당, 의무교육교원 특별수당, 한랭지 수당, 특정임기부 직원업적수당, 퇴직수당, 퇴직연금 및 퇴직일시금 및 여비(도도부현이 정한 지급기준에 적합할 것)(이하 급료 기타 급여라 칭함) 더불어 정시제 통신교육수당(중등교육학교 교장 관련) 및 강사(의무교육 제학교 표준법에 따른 강사 한정)의 보수 및 직무를 행하는데 필요한 비용의 변상(이하 보수등이라 칭함)은 도도부현이 부담한다.

이 법이 제시한 해당 직원은 다음 세 경우를 말한다.

1. 의무교육 제학교 표준법 제6조 1항의 규정에 근거해 도도부현이 정하는 도도부현 소·중학교 등 교직원 정수 및 의무교육 제학교 표준법 제10조 1항의 규정에 근거해 도도부현 특별지원학교 교직원 정수에 근거해 배치되는 직원(의무교육 제학교 표준법 제18조 각호에 게제하는 자 포함).
2. 공립고등학교의 적정배치 및 교직원정수의 표준등에 관한 법률(1985년 법률 제188호. 이하 고등학교 표준법) 제15조의 규정에 근거해 도도부현이 정하는 특별지원학교 고등부 교직원정수에 근거해 배치되는 직원(특별지원학교의 고등부와 관련된 고등학교 표준법 제24조 각호에 게제하는 자 포함).
3. 특별지원학교(특수학교—저자주)의 유치부에 두어야 할 직원의 수로서 도도부현이 정하는 수에 근거해 배치되는 직원.

제2조는 고등학교 교원에 대한 부담 대상을 상세히 규정하고 있다.[41] 즉

---

41 第二条 市(指定都市を除く。)町村立の高等学校(中等教育学校の後期課程を含む。)で学校教育法(昭和二十二年法律第二十六号)第四条第一項に規定する定時制の課程(以下この条において「定時制の課程」という。)を置くものの校長(定時制の課程のほかに同項に規定する全日制の課程を置く高等学校の校長及び中等教育学校の校長を除く。)、定時制の課程に関する校務をつかさどる副校長、定時制の課程に関する校務を整理する教頭、主幹教諭(定時制の課程に関する校務の一部を整理する者又は定時制の課程の授業を担任する者に限る。)並びに定時制の課程の授業を担任する指導教諭、教諭、助教諭及び講師(常勤の者及び地方公務員法第二十八条の五第一項に規定する短時間勤務の職を占める者に限る。)のうち高等学校標準法第七条の規定に基づき都道府県が定める高等学校等教職員定数に基づき配置される職員(高等学校標準法第二十四条各号に掲げる者を含む。)であるものの給料その他の給与、定時制通信教育手当及び産業教育手当並びに講師(高等学校標準法第二十三条第二項に規定する非常勤の講師に限る。)の報酬等は、都道府県の負担とする。

"시(지정도시 제외)정촌립의 고등학교(중등교육학교의 후기과정 포함)에서 학교교육법(제4조 1항)상 정시제 과정을 두되, 교장(단, 정시제과정 외에 동항에 규정하는 전일제의 과정을 두는 고교교장 및 중등교육학교 교장 제외), 정시제과정 교무를 담당하는 부교장, 정시제과정 교무 정리 교감, 주간교사(정시제과정 교무 일부 정리 또는 수업담당) 및 정시제과정 수업담당 지도교사, 교사, 조교사 및 강사(상근 및 단기간 근무자 한정) 중 고등학교표준법 제7조에 근거 도도부현이 정한 고교등 교직원 정수에 근거하여 배치된 직원의 급료 기타 급여, 정시제통신교육수당 및 산업교육수당 및 강사(고교표준법 제23조 2항 비상근강사)의 보수 등은 도도부현이 부담한다"고 되어 있다.

제3조는 조례 규정사항에 대하여 규정한다.[42] 즉, "앞의 제1조와 제2조에서 규정하는 직원의 급료, 기타 급여에 대해서는 지방교육행정의 조직 및 운영에 관한 법률(1985년 법률 제602호) 제42조의 규정을 적용받는 것을 제외한 것 외에 도도부현의 조례로 이것을 정한다"고 되어 있다.

---

[42] 第三条　前二条に規定する職員の給料その他の給与については、地方教育行政の組織及び運営に関する法律(昭和三十一年法律第百六十二号)　第四十二条の規定の適用を受けるものを除く外、都道府県の条例でこれを定める。

학교교육법규론

제8장은 교육 3법 제세에서 중요한 위지를 자지하는 학교교육법을 다룬다. 주요 내용은 첫째, 학교교육에 관한 기본 원칙, 둘째, 학교교육법, 셋째, 새로운 학습지도요령, 넷째, 유아교육 법규, 다섯째, 특별지원 교육 법규로 구성되어 있다. 특별지원 교육법규란 한국의 특수교육법에 해당한다.

제1절 학교교육에 관한 기본 원칙에서는 제1원칙으로 학교교육제도 법률주의(헌법 26조)를, 제2원칙으로는 학교의 공공성과 법인 설립주의 원칙(교육기본법 6조)을, 제3원칙으로 학교의 체계성과 규율 존중 및 자율학습의 원칙(교육기본법 6조)을, 제4원칙으로는 교사의 사명감 의무와 신분존중 대우적정의 원칙(교육기본법 9조)을 다룬다.

제2절 학교교육법은 학교(學校)의 개념과 관련 법률의 구성 및 주요 내용을 언급한다.

제3절 신 학습지도요령에서는 학습지도요령의 성격, 학습지도 요령의 전개, 학습지도요령의 주요 내용을 중심으로 설명한다.

제4절 유아교육 관련 교육 법규에서는 먼저 유치원 교육제도를 개관하고, 교육기본법상 유아교육 진흥 의무의 주체를 다룬다. 학교교육법상 유치원 교육 조항을 개관하고 이어 유치원 관련 문부성령을 소개한다. 관련 입법정책으로는 자녀·육아 지원(子ども·子育て支援) 신제도를 평가하고, 2018년도 예산 내용과 향후 대응 방침을 논한다. 유아교육 질 향상 측면에서 교육기본법 및 유치원교육요령의 개정을, 유치원 교육 무상화를 향한 대응책으로 유치원 취원 장려사업을 소개한다. 끝으로 자녀·육아지원 신제도에 대한 현장의 반응을 살펴본다.

제5절 특별지원교육 법세에서는 특별지원교육 제도를 개관하고, 주요 법규를 다룬다. 다양한 특별지원교육 배움의 장에 대한 정부 정비사업과 특별 지원교육에 대한 지역·학교에 있어서 지원체제 정비를 검토한다.

1 학교교육에 관한 기본 원칙

가. 제1원칙: 학교교육제도 법률주의(헌법 제26조)

학교교육제도 법률주의

학교교육법규의 제1원칙은 교육제도 법률주의에 있고, 그것은 헌법 제26조 제1항과 제2항에 명확하게 기술되어 있다. 즉, 학교교육을 능력에 따라 균등하게 보장함에 있어서 이를 법률이 정하는 바에 따른다는 이른바 학교교육제도 법률주의(學校敎育制度 法律主義)의 원칙이 적용되고 있다. 헌법상의 교육은 학교교육 뿐 만이 아니라 사회교육을 포함한다.

헌법 제26조 제2항은 국민의 보통의무교육 및 이를 무상으로 하되, 이 역시 법률이 정하는 바에 따라 하는 것으로서 학교교육제도 법률주의를 다시 한 번 강조하고 있다. 의무교육에 대하여는 무상으로 하는 것이 원칙인데 대한민국 헌법 조항과 동일하다.

수업료 무상설

앞서 제4장 일본국헌법의 교육조항에서 살펴 본 바와 같이 무상의 범위에 대하여는 학설이 나뉘고 있으나 현행법은 사실상 수업료 무상설을 대변하고 있고, 일본 최고재판소 판례 역시 수업료 무상설의 입장에서 판시한 바 있다.

일본은 한국과 마찬가지로 중학교까지 무상 의무교육이었다가, 지난 2010년부터 고등학교 수업료 무상화 시책을 실시했다.[1] 이어서 2019년 10월부터는 유치원 및 보육원에 대한 무상교육을 도입하게 되었다.

> **일본국 헌법 제26조**
> 모든 국민은 법률이 정하는 바에 의해 그 능력에 따라 동등하게 교육을 받을 권리를 가진다.
> 2 모든 국민은 법률이 정하는 바에 의해 그 보호하는 자녀에게 보통교육을 받게 할 의무를 진다. 의무교육은 이를 무상으로 한다.[2]

---

[1] 公立高等学校に係る授業料の不徴収及び高等学校等就学支援金の支給に関する法律。

[2] 第二十六条　すべて国民は、法律の定めるところにより、その能力に応じて、ひとしく教育を受け

나. 제2원칙: 학교의 공공성과 법인 설립주의 원칙(교육기본법 제6조)

교육기본법상 학교교육의 원칙은 "법률에 정하는 학교는 공공의 성질을 가진 것이며 국가, 지방공공단체 및 법률에 정하는 법인만이 이를 설치할 수 있다."고 하여 학교의 공공성(公共性)과 법인(法人) 설립주의 원칙을 천명하고 있다. 개인이 아닌 법인만이 학교를 설립할 수 있도록 한 것 또한 학교가 갖는 공공기관(公共機關)으로서 성격을 보여준다.

> 학교의
> 공공성(公共性)과
> 법인(法人) 설립주의

다. 제3원칙: 학교의 체계성·규율 존중·자율학습(교육기본법 제6조)

교육기본법 제6조 2항은 "학교에서는 교육의 목표가 달성되도록 교육을 받는 사람의 심신 발달에 따라 체계적인 교육이 조직적으로 행해지지 않으면 안된다. 이 경우 교육을 받는 사람이 학교생활을 영위하는데 있어서 필요한 규율을 존중함과 아울러 스스로 학습에 임하는 의욕을 높이는 것을 중시해 행해지지 않으면 안된다."고 새롭게 규정하고 있다.

우선 학교교육 방법에 있어서 아동발달단계에 부합하는 체계적 조직적 교육의 원리가 강조되고 있다. 동시에 학습자로 하여금 학교규칙(學則)을 준수할 의무를 부여함과 아울러 학습활동이 자율적으로 이루어 질 수 있도록 강조하고 있다.

오늘날 입시위주의 암기식 교육의 병폐를 염두에 둔 학교교육과정의 편성 원칙과 학습지도의 원리를 보강한 것이라고 할 수 있다.

라. 제4원칙: 교사의 사명자각·신분존중·적정대우(교육기본법 제9조)

교육기본법 제9조에 내포된 원칙은 학교교육기관에 종사하는 교원의 임무와 그에 대한 신분보장 및 대우의 적정화 보장이라고 할 수 있다. 이는 구 교육기본법에 있던 내용을 좀 더 강화한 것으로 판단된다.

る権利を有する。 2 すべて国民は、法律の定めるところにより、その保護する子女に普通教育を受けさせる義務を負ふ。義務教育は、これを無償とする。

다만, 구 교육기본법에서 강조되었던 교원의 '국민 전체에 대한 봉사자'로서의 지위는 삭제되는 차이점을 보이기도 했다. 그렇다고 하여 공직자로서 보장된 신분에 변화가 있는 것은 아니다. 국공립학교 교원의 신분이 교육공무원특례법으로 제정되어 있고, 지방공무원으로서 신분을 갖고 있으며 사립학교 교원 역시 여기에 준하는 보장을 받기 때문이다.

교원에 대한 적정한 대우는 주로 봉급을 비롯한 경제적 처우를 말하는 바, 우수교원 확보법에 따라 일반직보다 우대했던 보수수준이 현재에는 약간의 우위에 불과한 수준이지만 대우가 적정하지 않은 것은 아니라고 할 수 있다.

대신 신 교육법에서 교원에게 요구하고 강조하는 것은 '끊임없는 연구와 수양에 힘쓸 의무'이고, 국가와 지방자치단체에 대하여는 '양성과 연수의 충실화'를 주문하고 있다. 교원의 근무조건 개선이라는 당근책과 더불어 전문성 신장이라는 채찍도 가하고 있는 점은 한국의 2대 교원정책의 흐름과 다르지 않은 것으로 판단된다.

> 교원에 대한
> 적정한 대우

표 8-1 신구 교육기본법의 학교교육 관련 조항의 비교

구 교육기본법	신 교육기본법
(학교교육) 제6조 법률에 정하는 학교는 공공의 성질을 갖는 것이며, 국가 또는 지방공공단체 외 법률에 정하는 법인만 이를 설치할 수 있다. 2 법률에 정하는 학교의 교원은 전체의 봉사자이며, 자기의 사명을 자각하고 그 직책 수행에 힘쓰지 않으면 안된다. 이를 위해서는 교원의 신분은 존중되고 대우는 적정이 이루지지 않으면 안된다.	(학교교육) 제6조 법률에 정하는 학교는 공공의 성질을 가진 것이며 국가, 지방공공단체 및 법률에 정하는 법인만이 이를 설치할 수 있다. 2 전항의 학교에서는 교육의 목표가 달성되도록 교육을 받는 사람의 심신 발달에 따라 체계적인 교육이 조직적으로 행해지지 않으면 안된다. 이 경우 교육을 받는 사람이 학교생활을 영위하는데 있어서 필요한 규율을 존중함과 아울러 스스로 학습에 임하는 의욕을 높이는 것을 중시해 행해지지 않으면 안된다. (교원) 제9조 법률에 정하는 학교 교원은 자신의 숭고한 사명을 깊이 자각하고 끊임없이 연구와 수양에 힘쓰며, 그 직책 수행에 힘쓰지 않으면 안된다. 2 전항의 교원에 대해서는 그 사명과 직책의 중요성에 비추어 그 신분은 존중되고, 대우의 적정을 기하는 것과 동시에, 양성과 연수의 충실화를 도모하지 않으면 안된다.

2   학교교육법

가. 학교(學校)의 개념

학교교육법에서 말하는 '학교(學校)'란 유치원, 소학교, 중학교, 고등학교, 중등교육학교, 특별지원학교, 대학 및 고등전문학교를 통칭한다. 대학이 학교교육법상 학교의 종류에 포함되어 있는 것은 별도의 고등교육법이 없이 학교교육법에 포함되어 있기 때문이다.

그러나 이는 법률적인 구분이라 할 수 있고, 실생활에서 학교라는 명칭은 주로 대학 이하의 유·초·중등교육기관을 말할 때 사용하고, 대학에 대하여는 약칭으로 '○大(東大는 東京大學)' 호칭하는 것이 일반적이다.

그리고 재학하는 학습자에 대한 호칭도 구분하여 사용하는데 학교교육법 제11조 징계 조항에서 아동(兒童), 생도(生徒), 학생(學生)의 표현을 사용하고 있고 이것이 교육계에서 일반화 되어 있다. 즉, 소학교 재학생에 대하여는 아동(兒童), 중·고등학교 재학생에 대해서는 생도(生徒), 그리고 대학에 재학 중인 학습자에 대하여는 학생(學生)이란 호칭으로 구분하는 것이 일반적이다. 한국에서는 유·초·중·고등교육기관의 모든 재학자를 학생(學生)이라고 표현하는 것이 일반적이다.

> 아동(兒童), 생도(生徒), 학생(學生)

일본엔 대학교라는 명칭이 없다?
한국처럼 대학과 대학교를 구분하지 않고 대학이라고 한다

한국은 2000년대 초반까지 단과대학의 경우 ○○대학(학장), 종합대학의 경우엔 ○○대학교(총장)로 구분하였으나 현재에는 대학교(총장)로 통칭하는 것이 일반적이다.

그러나 일본에서 4년제 일반대학은 모두 '○○대학'이라 호칭한다. 따라서 일본인에게 한국의 대학을 설명할때는 굳이 '○○대학교' 출신이라고 말하기보다 '○○대학'이라 표현하는 것이 오해를 막는다. 일본에서 대학교라고 하면 통상 일반적인 대학이 아니라 다음의 네 가지를 뜻하기 때문이다.

- 대학이나 대학원에 상당하는 교육을 받을 수 있고 그 과정을 이수하면 학위 취득이 가능한 시설
- 상기 이외의 고등교육과 비슷한 교육훈련을 실시하는 시설(학위 취득은 할 수 없음)
- 정부 부처의 문교 연수 시설과 연수를 위해 독립 행정법인이 설치하는 시설
- 지방 공공 단체들이 시민들에게 평생 학습을 제공하기 위한 시민 대학 강좌

학위취득이 가능한 4년제 대학교로는 각 성청의 대학교로서, 방위대학교, 해상보안대학교, 기상대학교, 국립간호대학교, 수산대학교, 직업능력개발종합대학교(종합과정) 등이 있다. 2년제(학사학위 미수여)로는 항공보안대학교, 직업능력개발대학교(전문과정), 국립 ○○해상기술단기대학교 등이 있다.

일본에서 대학교는, 학교교육법 1조에서 말하는 대학과는 다른 교육훈련 시설등을 지칭한다. 그러나 대학교를 규정하는 법령이나 교육훈련 내용을 규정하는 법령도 없어서 다양한 조직 형태로 다양한 목적이나 내용을 가지는 "○○대학교"라고 하는 시설등이 존재한다. 전문대학교도 대학의 일종으로, 마찬가지로 단기대학교를 따로 규정하는 법령은 없다. 단, 현존하는 전문대학교의 수업연한은 모두 2년이다.

일본 학교교육법에서 학교란 유치원, 소학교, 중학교, 의무교육학교, 고등학교, 중등교육학교, 특별지원학교(특수학교-저자주), 대학 및 고등전문학교로 한다(제1조)고 규정되어 있다. 학교이면서 학교라는 명칭을 사용하지 않는 것은 유치원과 대학 뿐이다.

나. 법률의 구성

학교교육법은 13개장 146개 조항으로 이루어진 학교교육에 관한 기본법이라고 할 수 있다. 의무교육에 관한 사항을 규정하고, 각급 학교에 대한 사항을 포함하고 있는데 특별지원교육이라는 제호아래 '특수학교'에 관한 사항을 포함하고 있으며, 고등교육기관인 전문학교 및 대학을 포함하고 있어서 형식상으로는 유치원에서 대학에 이르는 학교에 관한 총체적인 법률이라고 할 수 있다.

제1장 총칙(제1조~제15조)
제2장 의무교육(제16조~제21조)

다. 주요 내용

(1) 학교의 종류와 설치

학교교육법에서 학교란 유치원, 소학교, 중학교, 의무교육학교, 고등학교, 중등교육학교, 특별지원학교, 대학 및 고등전문학교로 한다(1조). 대학이 학교교육법상 학교의 종류에 포함되어 있는 것은 한국과 같은 고등교육법이 별도로 없는 데 따른 것이다. 학교교육법상의 학교의 정의가 곧 일본에서 통용되는 학교의 의미와 일치하지는 않는다. 일본에서 생활용어로서 학교는 이른바 초중등학교를 지칭한다.

학교는 국가(국립대학법인법 및 독립행정법인 국립고등전문학교기구 포함), 지방공공단체(공립대학법인법 포함) 및 사립학교법상 학교법인만이 설치할 수 있다. 이 법에서 국립학교는 국가가 설치하는 학교를, 공립학교는 지방공공단체가 설치하는 학교를, 사립학교는 학교법인이 설치하는 학교를 말한다(2조).

학교의 설치기준에 대하여는 학교를 설치하려는 자는 학교의 종류에 따라 문부과학대신이 정하는 설비, 편제 기타 설치기준에 따라 이를 설치해야 한다(3조).

학교의 기본 요건에 대하여 정할 권한을 문부과학대신에게 맡기고 있는 것이다. 국민 공통교육 과정이라고 할 수 있는 유·소·중등에 관하여는 국민의 교육기본권 보장 차원에서 공적 관리행정의 일환으로 평가할 수 있다. 다만, 대학의 경우에 적용할 경우 그 설치기준이라 함은 공익의 보호 차원에서 최소한의 형식 요건(이른바 교육의 외적 사항)을 의미하는 것으로 보아야 할 것이다. 한국과 같이 헌법에 대학의 자율성 보장 규정이 없는 일본의 경우에는 더더욱 이에 대한 고려가 필요할 것이다.

(2) 학교설치 인가주의: 일반적인 초중등학교

학교의 설치는 인가주의를 채택하고 있다. 즉, 각 급 학교의 설치·폐지, 설치자의 변경, 기타 정령으로 정하는 사항(설치·폐지 등)은 문부대신(대학), 도도부현 교육위원회(시정촌립 고교, 중등교육학교, 특별지원학교 등), 도도부현 지사(사립유치원, 중고교 등) 등[3]의 인가를 받아야 한다. 이들 학교 중 고등학교(중등교육학교의 후기과정 포함)의 통상적인 과정(전일제 과정), 야간 기타 특별한 시간 또는 시기에 있어서 수업을 실시하는 과정(정시제 과정) 및 통신에 의한 교육을 실시하는 과정(통신제 과정), 대학의 학부, 대학원 및 대학원의 연구과 및 제18조 제2항의 대학의 학과에 대해서도 동일하게 한다(4조 1항).

(3) 학교설치 신고주의: 공사립대학 및 지정도시 고교와 시정촌립 유치원

다만, 인가주의가 아닌 신고주의를 채택하는 경우도 있다. 즉, 앞 규정에 관계없이, 공사립대학 및 고등전문학교를 설치하려는 자는 특정 사항을 행할 때(학위변동 없는 대학의 학부, 대학원의 연구과 설치 폐지 등)[4]에는 인가가 필요 없다. 이

3　1 공립 또는 사립대학 및 고등전문학교는 문부과학성대신
　　2 시정촌(시정촌이 단독 또는 다른 시정촌과 공동으로 설립하는 공립대학법인 포함)이 설치하는 고등학교, 중등교육학교 및 특별지원학교는 도도부현의 교육위원회
　　3 사립의 유치원, 소학교, 중학교, 의무교육학교, 고등학교, 중등교육학교 및 특별지원학교는 도도부현의 지사
4　1 대학의 학부 혹은 대학원의 연구과 또는 제108조 제2항의 대학의 학과의 설치로, 해당 대학이 수여하는 학위의 종류 및 분야의 변경을 수반하지 않는 것(이때 학위의 종류 및 분야의 변경에 관한

경우 학교를 설치하는 자는 문부과학대신이 정하는 바에 따라 미리 문부과학대신에 신고하여야 한다(4조 2항).

문부과학대신은 전항의 신고가 있는 경우, 그 신고와 관련되는 사항이 설비, 수업 그 외의 사항에 관한 법령의 규정에 적합하지 않다고 인정할 때는, 그 신고를 한 사람에 대해, 필요한 조치를 명(이른바 시정명령)할 수 있다(4조 3항).

또한 지방자치법상 지정도시가 설치하는 고등학교, 중등교육학교 및 특별지원학교에 대해서는 제1항의 인가주의 규정은 적용하지 않는다. 이 경우 설치자는 미리 도도부현의 교육위원회에 신고하면 된다(4조 4항).

시정촌이 유치원을 설치하거나 폐지할려면 미리 도도부현의 교육위원회에 신고해야 한다(4조의2).

(4) 학교의 폐쇄: 명령주의(대학은 권고 → 변경명령 → 조직폐지 명령 단계화)

학교교육법 제13조는 학교(유치원 포함)가 ① 법령 규정을 고위로 위반할 경우 ② 법령 규정에 의한 자의 명령을 위반할 경우 ③ 3개월 이상 수업을 하지 않았을 경우에 각각에 정하는 자는 당해 학교의 폐쇄를 명할 수 있다고 규정한다(유치원은 도도부현 교육위원회).

도도부현 교육위원회는 대학 및 고등 전문학교 이외의 시정촌립 학교가 설비, 수업 기타의 사항에 대하여 법령의 규정 또는 도도부현의 교육위원회가 정하는 규정을 위반했을 때에는 그 변경을 명할 수 있다. 도도부현 지사는 대학 및 고등전문학교 이외의 사립학교가 앞의 법령 규정 또는 지사가 정한 규정을 위반했을 때에도 그 변경을 명할 수 있다(14조).

그러나 대학의 경우에는 권고 후 개선되지 않을 경우 변경 명령, 그리고 폐지 명령의 단계를 밟도록 하고 있다. 즉, 학교교육법 제15조에 따르면 "문부과학상은 공·사립대학 및 고등전문학교가 설비·수업 기타의 사항에 대하여 법령의 규정에 위반되어 있다고 인정될 때에는 당해 학교에 대해 필요한 조치를 권고할 수 있다.

기준은 문부과학대신이 정한다-제4조 5항)

2 대학의 학부 혹은 대학원의 연구과 또는 제108조 제2항의 대학의 학과의 폐지

3 앞 2호로 든 것 외에 정령으로 정하는 사항

권고사항이 개선되지 않는 경우에는 그 변경을 명할 수 있다. 변경 명령에도 개선되지 않는 경우 권고사항에 관계된 조직의 폐지를 명할 수 있다. 문부과학대신은 권고 명령과 폐지 명령에 필요한 자료의 제출을 학교에 요구할 수 있다(15조).

유소중등 학교의 경우 지도 감독기관에게 학교 폐쇄 명령권을 부여한 반면, 대학의 경우에는 권고−변경명령−관련 조직 폐지 명령으로 단계화 함으로써 대학의 자율운영 취지가 반영된 차별화된 감독 행정 형태를 취하고 있다. 중앙교육행정기관과 대학간의 갈등이 생길수 있는 여지는 일본의 경우도 예외가 아니라고 판단된다.

(5) 학교설치자 경비부담의 원칙과 의무교육 수업료 미징수 원칙

학교의 설치자는 설치하는 학교를 관리하고 법령에 특별히 정한 경우를 제외하고는 그 학교의 경비를 부담한다(5조)고 규정되어 있어서 학교설치자가 경비를 부담한다는 것이 기본 원칙이다. 따라서 국립은 국가가, 공립은 지방공공단체가, 사립은 학교설립자 혹은 법인이 부담하게 된다.

다음으로 학교교육법 제6조는 "학교에서는 수업료를 징수할 수 있다. 다만, 국립 또는 공립 소학교 및 중학교, 중등교육학교의 전기과정 또는 특별지원학교 초등부 및 중학부의 의무 교육에 대해서는 이를 징수할 수 없다."[5]고 하여 의무교육기관에 대하여는 수업료를 면제하는 원칙을 천명하고 있다. 특별지원학교는 한국의 특수학교를 지칭한다.

2010년에 도입된 공립고등학교 수업료 무상화 정책은 2014년 4월부터는 사립고교까지 확대되었다. 공립고교는 전액 수업료가 무료(월액 9,900엔)이고, 사립고교에도 같은 금액이 보조된다. 또한 소득제한도 시작되었다.

이전에는 공립고교 학생은 전원 무상혜택을 받았으나 '시정촌민세 소득할당액과 도부현민세 소득할당액(市町村民税所得割額·道府県民税所得割額)의 합산이 507,000엔(연간 수입 910만엔 정도) 이상인 세대는 자녀의 고등학교 수업료를 납부하는 것

---

5 第六条　学校においては、授業料を徴収することができる。ただし、国立又は公立の小学校及び中学校、義務教育学校、中等教育学校の前期課程又は特別支援学校の小学部及び中学部における義務教育については、これを徴収することができない。

으로 바뀌었다. 이에 따라 고교 수업료 무상화의 대상 밖의 가정도 나타나게 되었다.

국·공·사립에 관계없이 위의 507,000엔 미만의 세대에는 취학지원금(就学支援金)이 지원된다. 특히, 사립고교에 다니는 저소득 세대의 가산금이 다음과 같이 증가했다. 도도부현에 따라서는 독자적인 지원을 하는 곳도 나타나고 있다.

- 시정촌민세 소득할당액이 0엔(비과세)(연봉 250만엔 미만 정도)의 세대는 2.5배(전일제의 경우 24,750엔/월): 연 297,000엔 지원.
- 시정촌민세 소득할당액이 5만 1,300엔 미만(연봉 250~350만엔 정도)의 세대는 2배(전일제의 경우 19,800엔/월): 연 237,600엔 지원.
- 시정촌민세 소득할당액이 15만 4,500엔 미만(연봉 350~590만엔 정도)의 세대는 1.5배(전일제의 경우 14,850엔/월): 연 178,200엔 지원.

표 8-2 각국의 의무교육 공립학교에 있어서 무상의 범위

구분	수업료	교과서	통학비	기타(급식비, 여행비 등)
일본	미징수	무상지급	유상 무상(벽지, 저소득)	학교급식비 무상 or 감액–저소득 수학여행–공적조성금 지원 경우 무상 견학여행–무상인 경우 있음
미국	미징수	무상대여	무상	학교급식비 무상 or 감액–저소득 교육과정상 견학여행–무상
영국	미징수	무상대여	무상(도보권외) 유상(통학권외)	학교급식비 무상–저소득 교육과정상 견학여행–무상
프랑스	미징수	무상대여	유상(2/3) 무상(1/3)	학교급식비 지원조치–저소득 자유참가활동(여행)비용–부모부담
독일	미징수	무상대여	무상(일정거리)	반일제시 학생 지참 경식(輕食)
한국	미징수	무상지급	무상*	학교급식비 무상–저소득 자유참가활동(여행)비용–부모부담

주 : 문부성 자료엔 한국이 통학비가 무상으로 표기되어 있으나 읍면동 중고교 학생 통학비 지원 수준
(저자주)
출처: 문부과학성 홈페이지, 중앙교육심의회(초등중등교육분과회) 참고자료 탑재

(6) 학교 교원의 구성과 결격 사유

학교에는 교장 및 상당수의 교원을 두어야 한다(7조). 교장 및 교원의 자격에 관한 사항은 별도로 법률로 정한 것 외에는 문부과학대신이 이를 정한다(8조). 학교교육법 제9조는 교장 및 교원이 될 수 없는 결격 사유 다섯 가지 경우를 다음과 같이 규정하고 있다.

1. 성년 피후견인(成年被後見人) 또는 피보좌인(被保佐人)
2. 금고 이상의 형을 받은 사람
3. 교육직원면허법 제10조 제1항 제2호 또는 제3호에 해당하여 면허장(교사자격증) 효력을 잃고 해당 취소일로부터 3년이 경과되지 않는 사람
4. 교육직원면허법 제11조 제1항부터 제3항의 규정에 의해 면허장(교사자격증) 몰수 처분을 받아 3년이 경과하지 않는 사람
5. 일본국헌법 시행일 이후 일본국헌법 또는 그 근거로 성립한 정부를 폭력으로 파괴할 것을 주장하는 정당 기타의 단체를 결성하거나 이에 가입한 자

한국의 경우 교육공무원법에 의하여 결격사유6를 들고 있는데, 기본적으로 국가공무원의 결격사유7에 더하여 성폭력범죄자, 아동·청소년대상 성범죄자, 성

---

6 한국 교육공무원법 제10조의4(결격사유) 다음 각 호의 어느 하나에 해당하는 사람은 교육공무원으로 임용될 수 없다.
　1. 국가공무원법 제33조 각 호의 어느 하나에 해당하는 사람
　2. 미성년자에 대한 다음 각 목의 어느 하나에 해당하는 행위로 파면·해임되거나 형 또는 치료감호를 선고받아 그 형 또는 치료감호가 확정된 사람(집행유예를 선고받은 후 그 집행유예기간이 경과한 사람을 포함한다)
　　가. 「성폭력범죄의 처벌 등에 관한 특례법」 제2조에 따른 성폭력범죄 행위
　　나. 「아동·청소년의 성보호에 관한 법률」 제2조 제2호에 따른 아동·청소년대상 성범죄 행위
　3. 성인에 대한 「성폭력범죄의 처벌 등에 관한 특례법」 제2조에 따른 성폭력범죄 행위로 파면·해임되거나 100만원 이상의 벌금형이나 그 이상의 형 또는 치료감호를 선고받아 그 형 또는 치료감호가 확정된 사람(집행유예를 선고받은 후 그 집행유예기간이 경과한 사람을 포함한다)
7 한국 국가공무원법 제33조(결격사유) 다음 각 호의 어느 하나에 해당하는 자는 공무원으로 임용될 수 없다.
　1. 피성년 후견인 또는 피한정후견인 2. 파산선고를 받고 복권되지 아니한 자 3. 금고 이상의 실형을 선고받고 그 집행이 종료되거나 집행을 받지 아니하기로 확정된 후 5년이 지나지 아니한 자 4. 금고 이상의 형을 선고받고 그 집행유예 기간이 끝난 날부터 2년이 지나지 아니한 자 5. 금고 이상의 형의 선고유예를 받은 경우에 그 선고유예 기간 중에 있는 자 6. 법원의 판결 또는 다른 법률에 따라 자격이 상실되거나 정지된 자 6의2. 공무원으로 재직기간 중 직무와 관련하여 「형법」 제355조 및 제356

인에 대한 성폭력범죄로 파면·해임된 경우 등은 교원이 될 수 없다. 게다가 교원으로서 결격사유 이외에도 채용을 제한하는 규정을 두어 한층 교원의 자질을 강화하고 있다. 즉, 한국은 금품수수나 학생성적 관련 비위행위, 학생에 대한 신체적 폭력행위 등으로 파면·해임되거나 금고이상 형을 선고받은 사람은 각급 학교 교원으로 신규 또는 특별채용 될 수 없다.[8]

한편, 일본은 사립학교는 교장을 정하여 대학 및 고등전문학교에서는 문부과학대신에게, 대학 및 고등전문학과 이외의 학교의 경우는 도도부현 지사에게 신고하여야 한다(10조).

(7) 징계 허용과 체벌 금지의 원칙(제11조)

학교교육법 제11조에 따르면 "교장 및 교원은 교육상 필요하다고 인정될 때는, 문부과학 대신의 정하는 바에 따라 아동(児童) 생도(生徒) 및 학생(学生)에게 징계를 할 수 있다. 다만, 체벌(體罰)을 가할 수는 없다"고 규정하고 있다.

이처럼 체벌은 학교교육법 제11조[9]에 의해 엄격히 금지되어 학생의 인권 존중이라는 관점에서도 허용되지 않고 있다. 또한 교사와 학생과 신뢰 관계를 해치는 원인이 되기도 하고 교육적인 효과도 기대할 수 없다고 보는 것이 문부과학성의 입장이다.

체벌(體罰)을 가할 수는 없다

조에 규정된 죄를 범한 자로서 300만원 이상의 벌금형을 선고받고 그 형이 확정된 후 2년이 지나지 아니한 자 6의3.「형법」제303조 또는 「성폭력범죄의 처벌 등에 관한 특례법」제10조에 규정된 죄를 범한 사람으로서 300만원 이상의 벌금형을 선고받고 그 형이 확정된 후 2년이 지나지 아니한 사람 7. 징계로 파면처분을 받은 때부터 5년이 지나지 아니한 자 8. 징계로 해임처분을 받은 때부터 3년이 지나지 아니한 자

8 한국 교육공무원법 제10조의3(채용의 제한) ① (각급학교 교원등으로) 재직하는 동안 다음 각 호의 어느 하나의 행위로 인하여 파면·해임되거나 금고 이상의 형을 선고받은 사람(집행유예의 형을 선고받은 후 그 집행유예기간이 경과한 사람을 포함한다)은 유치원 및 각급학교의 교원으로 신규채용 또는 특별채용할 수 없다. 다만, 제50조 제1항에 따른 교육공무원징계위원회에서 해당 교원의 반성 정도 등을 고려하여 교원으로서 직무를 수행할 수 있다고 의결한 경우에는 그러하지 아니하다.
1. 삭제 〈2012. 1. 26.〉 2. 금품수수 행위 3. 시험문제 유출 및 성적조작 등 학생성적 관련 비위 행위 4. 학생에 대한 신체적 폭력 행위
② 제1항 단서에 따른 교육공무원징계위원회의 의결은 재적위원 3분의 2 이상의 출석과 출석위원 과반수의 찬성으로 한다.

9 第十一条　校長及び教員は、教育上必要があると認めるときは、文部科学大臣の定めるところにより、児童、生徒及び学生に懲戒を加えることができる。ただし、体罰を加えることはできない。

문부과학성에서는 "문제행동을 일으키는 학생에 대한 지도에 대해(2007년 2월 5일 초등중등교육국장 통지)" 교원 등은 아동·학생지도에 있어서 어떤 경우에도 신체에 대한 침해(때리고 차는 등), 육체적 고통을 주는 징계(정좌·직립 등 특정 자세를 장시간 유지시키는 것 등)인 체벌을 해서는 안되는 것으로 고지하고 있다.

그러나, 2012년에 동아리 활동 중의 체벌이 배경이 되어 학생 자살사건이 발생하면서 큰 사회 문제가 되었다. 이에 따라 문부과학성에서는 "체벌금지 철저히 및 체벌에 관한 실태 파악에 대해(2013년 1월 23일 초등중등교육국장·스포츠·청소년국장 통지)" 각 도도부현 교육위원회 교육장 등에 전달하고 체벌 금지의 취지를 철저히 주지시키고, 체벌한 교원 등에 대한 엄정한 대응 등을 요구하는 동시에 체벌의 실태에 대해 주체적으로 파악하고 문부과학성에 보고하도록 요구했다.

또한 교육재생실행회의(教育再生實行會議) 제1차 제언을 바탕으로 징계와 체벌의 구별에 대해 더욱 적절한 이해촉진을 도모하는 동시에 교육현장에서 학생들 이해를 근거로 지도 되도록 "체벌금지 및 학생들 이해에 근거한 지도의 철저(2013 3월 13일 초등중등교육국장·스포츠·청소년 국장 통지)"를 각 도도부현 교육위원회 교육장 등에 발표하고 징계와 체벌의 구별에 대해 구체 예를 제시하고 알기 쉽게 설명하는 동시에, 동아리 활동지도에 있어서 유의사항을 전달했다.

2013년 3월에는 "운동동아리 활동의 기본 방향에 관한 조사 연구 협력자 회의"를 설치해 5월에는 운동동아리 활동의 지도자들이 지도에 임하여 위축되지 않고, 체벌에 의존하지 않는 지도방법을 도모할 수 있도록 "운동동아리 활동에서의 지도의 가이드라인"을 책정하고, 각 학교에 알려 운동부 활동 현장에서 체벌을 근절토록 노력하고 있다.

(8) 학교의 보건 조치 강구 의무(제12조)

학교교육법 제12조에 따르면 학교에서는 별도로 법률로 정하는 바에 따라 유아, 아동, 학생 및 직원의 건강 유지 증진을 도모하기 위해 건강진단을 실시하고, 그 밖에 그 보건에 필요한 조치를 강구해야 한다. 학생이나 교직원이나 학교에 머무는 시간이 일과의 대부분을 차지하고 중식등 학교급식이 있는 만큼 중요

신체에 대한 침해

육체적 고통을 주는 징계

요한 조치라고 할 수 있다. 이와 관련하여서는 학교보건안전법 및 학교급식법이 제정되어 있다.

학교보건안전법

학교급식법

(9) 의무교육(제16조)

보호자(친권 행사자자 또는 미성년 후견인)는 아이에게 9년(소학교 6년 중학교 3년)의 보통 교육을 받게 하는 의무를 진다(16조).

보호자는 자식의 만 6세에 달한 날의 다음날 이후 첫 학년 시작부터 만 12세에 달한 날이 속한 학년말까지 소학교(의무교육학교의 전기과정 또는 특별지원학교의 소학부 동일)에 취학시킬 의무가 있다. 단, 아이가 만 12세에 달했던 날이 속한 학년말까지 소학교 과정(의무교육학교의 전기과정 또는 특별지원학교의 소학부)을 수료하지 않을 때에는 만 15세에 달하는 학년말까지로 한다. 학부모는 자녀가 소학교 과정(의무교육학교의 전기과정 또는 특별지원학교의 소학부 과정)을 수료한 날 다음 날 이후 첫 학년 시작부터 만 15세에 달한 날이 속한 학년말까지 중학교(의무교육학교의 후기과정, 중등교육학교의 전기과정 또는 특별지원학교의 중학교)에 취학시킬 의무를 진다. 위의 의무 이행의 독촉 기타 이러한 의무의 이행에 관해 필요한 사항은 정령으로 정한다(17조).

위의 제17조에 의하여 보호자가 취학시켜야 할 아이(학령아동 또는 학령학생)로, 병약, 발육불완전 기타 부득이한 사유로 인해 취학곤란이라고 인정되는 자의 보호자에 대하여는 시정촌 교육위원회는 문부과학대신이 정하는 바에 따라 제17조가 정한 취학 의무를 유예 또는 면제할 수 있다(18조).

한편, 헌법(제26조 제2항)에 의하여 의무교육은 무상이 원칙이다. 민주당 정권이 들어섰던 최근 고등학교 무상교육(수업료 면제)이 2010년부터 실시되었는데 이는 의무교육이 아니라 교육복지 증진차원에서 수업료 면제 범위를 넓힌 무상교육 확대라고 할 수 있다.

(10) 취학 곤란 아동 원조(제19조) 및 의무교육 이수 방해 금지(제20조)

학교교육법 제19조는 "경제적 이유로 취학 곤란하다고 인정되는 학령 아동

9년(소학교 6년 중학교 3년)의 보통 교육

또는 학령 생도의 보호자에 대해서 시정촌은 필요한 원조를 주어야 한다"고 규정하고 있다. 이는 신 교육기본법 제4조 제4항이 "국가 및 지방공공단체는 능력이 있는데도 불구하고 경제적 이유로 인해 수학이 곤란한 자에게 장학의 조치를 강구하지 않으면 안된다"는 교육기회 보장의 일반원칙을 학교 교육에 적용한 규정이라고 할 수 있다.

한편, 학령아동 또는 학령학생을 사용(고용)하는 자는 그 사용으로 인해 당해 학령아동 또는 학령학생이 의무교육을 받는 것을 방해해서는 안된다(20조)고 규정하여 근로 청소년들이 인권의 사각지대에 놓이지 않도록 하는 조치를 취하고 있다.

(11) 의무 보통교육의 10대 목표(제21조)

학교교육법은 각급학교의 교육목표와는 별도로 의무교육으로서 이루어지는 보통교육이 교육기본법(2006년) 제5조 제2항[10]에 규정된 목적을 실현하기 위해 다음에 제시하는 목표를 달성하도록 10가지를 규정하고 있다.[11]

---

10 교육기본법 제5조2 의무 교육으로서 행해지는 보통교육은, 각 개인이 가지는 능력을 기르면서 사회에 있어 자립적으로 사는 기초를 기르고, 또 국가 및 사회의 형성자로서 필요한 기본적인 자질을 기르는 것을 목적으로 하여 행해지는 것으로 한다. (教育基本法 第五条 国民は、その保護する子に、別に法律で定めるところにより、普通教育を受けさせる義務を負う。 2 義務教育として行われる普通教育は、各個人の有する能力を伸ばしつつ社会において自立的に生きる基礎を培い、また、国家及び社会の形成者として必要とされる基本的な資質を養うことを目的として行われるものとする。)

11 一 学校内外における社会的活動を促進し、自主、自律及び協同の精神、規範意識、公正な判断力並びに公共の精神に基づき主体的に社会の形成に参画し、その発展に寄与する態度を養うこと。
二 学校内外における自然体験活動を促進し、生命及び自然を尊重する精神並びに環境の保全に寄与する態度を養うこと。
三 我が国と郷土の現状と歴史について、正しい理解に導き、伝統と文化を尊重し、それらをはぐくんできた我が国と郷土を愛する態度を養うとともに、進んで外国の文化の理解を通じて、他国を尊重し、国際社会の平和と発展に寄与する態度を養うこと。
四 家族と家庭の役割、生活に必要な衣、食、住、情報、産業その他の事項について基礎的な理解と技能を養うこと。
五 読書に親しませ、生活に必要な国語を正しく理解し、使用する基礎的な能力を養うこと。
六 生活に必要な数量的な関係を正しく理解し、処理する基礎的な能力を養うこと。
七 生活にかかわる自然現象について、観察及び実験を通じて、科学的に理解し、処理する基礎的な能力を養うこと。
八 健康、安全で幸福な生活のために必要な習慣を養うとともに、運動を通じて体力を養い、心身の調和的発達を図ること。

① 학교 내외 사회적 활동을 촉진하고, 자주·자율·협동의 정신, 규범의식, 공정한 판단력 및 공공의 정신에 근거해 주체적으로 사회의 형성에 참가하고, 그 발전에 기여하는 태도를 기르는 것.

② 학교 내외 자연체험 활동을 촉진하고, 생명 및 자연을 존중하는 정신 및 환경보전에 기여하는 태도를 길러야 한다.

③ 일본과 향토의 현상황과 역사에 대해 올바른 이해로 이끌고, 전통과 문화를 존중하며, 그것들을 키워온 일본과 향토를 사랑하는 태도를 기름과 동시에, 나아가 외국 문화의 이해를 통해서 타국을 존중하고, 국제사회의 평화와 발전에 기여하는 태도를 기르는 것.

④ 가족과 가정의 역할, 생활에 필요한 의·식·주, 정보, 산업 기타의 사항에 대해 기초적인 이해와 기능을 함양한다.

⑤ 독서에 친숙하게 하고 생활에 필요한 국어를 올바르게 이해하고, 사용하는 기초적인 능력을 기르는 것.

⑥ 생활에 필요한 수량적인 관계를 올바르게 이해하고, 처리하는 기초적인 능력을 기르는 것.

⑦ 생활과 관련된 자연현상에 대해 관찰 및 실험을 통해 과학적으로 이해하고 처리하는 기초적인 능력을 기르는 것.

⑧ 건강하고 안전하며 행복한 생활을 위해 필요한 습관을 기르는 동시에 운동을 통해 체력을 길러 심신의 조화적 발달을 도모하는 것.

⑨ 생활을 밝고 풍요롭게 하는 음악, 미술, 문예 그 외의 예술에 대해 기초적인 이해와 기능을 기르는 것.

⑩ 직업에 대한 기초적인 지식과 기능, 근로를 중시하는 태도 및 개성에 따라 미래의 진로를 선택하는 능력을 길러준다.

(12) 학교평가 의무와 학교운영 상황 정보의 제공 의무(제42조, 제43조)

학교교육법 제42조에 따르면 "소학교는, 문부과학대신의 정하는 바에 의하여 당해 소학교 교육활동 기타의 학교운영 상황에 대해 평가하고 그 결과에 따라

九　生活を明るく豊かにする音楽、美術、文芸その他の芸術について基礎的な理解と技能を養うこと。

十　職業についての基礎的な知識と技能、勤労を重んずる態度及び個性に応じて将来の進路を選択する能力を養うこと。

학교운영 개선을 도모하기 위해 필요한 조치를 강구함으로써 그 교육수준 향상에 노력해야 한다"고 하여 학교평가를 의무화 하고 있다(중학교 준용-제49조).

제43조에 따르면 "소학교는 해당 학교에 관한 보호자 및 지역 주민, 기타 관계자의 이해를 돕고, 이들 사람과의 제휴 및 협력 추진에 이바지하기 위해 해당 소학교 교육활동 기타의 학교 운영상황에 관한 정보를 적극적으로 제공한다"고 하여 학교운영 상황의 보고 의무를 부과하고 있다(중학교 준용-제49조).

제42조의 학교평가 규정은 2007년 6월 개정에서 신설되었다. 이어서 2007년 10월에 학교교육법시행규칙이 개정되어 '자기평가의 실시·공표(제66조)', '보호자등 학교 관계자에 의한 평가의 실시·공표(제67조)', '이들 평가결과의 설치자에게로의 보고(제68조)'에 관한 규정이 신설되었다. 문부과학성에서는 각 학교 및 설치자의 학교평가의 대응에 참고가 되도록 2008년 「학교평가 가이드라인」을 책정했고 2010년에는 제3자 평가방식에 관한 내용을 추가되었다. 학교평가는 각 학교가 제 스스로 교육활동 등의 성과 및 대응을 부단히 검증하는 활동으로 주된 목적은 다음과 같다.

① 학교 운영의 조직적·계속적인 개선을 꾀하며 ② 각 학교가 보호자나 지역주민 등에 대해 적절한 설명책임을 다하고 그 이해와 협력을 얻는 것 ③ 학교에 대한 지원이나 조건정비 등의 충실로 연결하는 것

2012년도에 실시된 학교평가 등 실시상황 등 조사(2011년도 사이)에서는 보호자나 지역주민 등에 의한 학교 관계자 평가의 실시율이 전회 조사(2008년 간)에 비해 상승했고, 특히 93.7%의 공립학교에서 실시되고 있음이 밝혀졌다. 반면, 학교평가의 효과에 대해서는 95.6%의 학교가 "학교운영의 조직적·지속적 개선"에서 "효과가 있었다"고 응답했지만 이 중 "크게 효과가 있었다"는 16.3%에 그쳐 실효성을 높여야 할 과제를 남겼다.

문부과학성 홈페이지[12]에는 조사결과 외에도 학교평가에 관한 조사연구 사업 보고서나 교육위원회의 학교평가의 대응 사례 등을 소개하고 있다.

---

12 http://www.mext.go.jp/a_menu/shotou/gakko-hyoka/index.htm

한편, 2014년에 실시한 학교평가 실시상황 조사 보고에서는 문부성이 다음과 같은 유의사항을 각급 학교에 통지문(2016.3.29.)을 하달하였다.

첫째, 자기평가의 실시 공표 등의 의무에 있어서는, 학교의 교직원이 실시하는 자기평가에 대해서는 법령상 모든 학교에 대해 그 실시와 결과 공표의 의무가 부과되어 있으므로 예외 없이 실시할 것이다. 또한, 자기평가 및 학교관계자 평가의 결과를 해당 학교의 설치자에게 보고하는 것에 대해서도 동일하다.

자기평가의 실시
공표 등의 의무

둘째, 학교 관계자 평가의 실시·공표 노력의무에 있어서는, 보호자 및 지역주민 등에 의한 학교 관계자 평가에 대해서는 자기평가의 객관성·투명성을 높이는 동시에, 학교·가정·지역의 제휴 협력을 높여 지역과 함께 있는 학교 만들기를 추진하는데 있어서 중요하므로, 그 대응이 한층 더 진행되도록 노력한다. 덧붙여 아동 학생이나 보호자, 지역주민을 대상으로 하는 앙케이트에 대해서는, 학교 평가를 실시하는데 있어서 그 결과를 활용하는 것이 효과적이지만, 앙케이트만을 가지고 학교 관계자 평가를 하는 것은 적당하지 않다.

학교 관계자 평가의
실시·공표

셋째, 학교평가의 실효성 향상에 있어서는, 학교평가는 어디까지나 학교운영의 개선에 의해 교육수준의 향상을 도모하기 위한 수단이며, 실시 그 자체가 목적화 되지 않도록 학교평가의 실효성을 높이는 것이 중요하다.

교육수준의 향상을
도모하기 위한 수단

이에 관해, 각 학교의 설치자등은 교직원의 연수등 필요한 지원을 실시하는 것과 동시에 각 학교의 학교평가가 적절히 행해지고 있는지를 검증해, 학교평가를 통한 학교운영의 개선이 원활히 진행되도록 필요한 지도·조언을 실시할 것이다. 아울러, 학교평가의 결과 등을 근거로 해 학교에 대한 지원이나 조건정비 등의 개선을 적절히 실시한다는 것 등이 지적되었다.

2016년에는 학교평가 관련 규정의 개정에 따라 다음 가이드라인을 제시하기도 했다.

- 목표 및 지표·평가 항목의 설정에 있어서 유의해야 할 사항
  - 의무교육학교에서는 9년을 겨냥한 교육목표를 설정함과 동시에 학년별 구분에 따른 목표를 설정하는 것을 기본.
  - 소중일관형 소학교 및 소중일관형 중학교에서는 연계하는 양 학교 간에서 평가

항목·지표를 공유한 다음, 공통된 평가항목·지표를 설정하는 것을 기본.

- 자기평가를 실시하는데 있어서 유의해야 할 사항
  - 소중일관형 소학교 및 소중일관형 중학교에서는 접속하는 양교의 교직원이 제휴 하기위해서는 자기평가를 실시하는 것이 바람직하다.
- 학교 관계자 평가를 실시하는데 있어서 유의해야 할 사항
  - 의무교육학교에서는 전기, 후기과정의 학생보호자 쌍방이 평가자가 되는 것을 기본.
  - 소중고교 일관형소학교 및 초중일관형 중학교는, 학교 관계자 평가위원회는 양교 횡단적인 조직으로서 연계하는 소학교, 중학교 쌍방의 보호자를 평가자에 추가하 도록 한다.
- 평가 결과의 보고·공표 등에 있어서 유의해야 할 사항
  - 소중고교 일관형소학교 및 초중 일관형 중학교에서는 횡단적으로 실시한 자기평 가 및 학교 관계자 평가 결과에 대해 공동으로 폭넓게 보호자에게 주지하는 것이 바람직하다.
- 지표·평가 항목의 구체적인 예
  의무교육학교, 소중 일관형소학교 및 소중 일관형 중학교에서 지표, 평가항목의 설정 할 때의 시점을 구체적으로 명시.
  (예) 9년간의 계통성·연속성을 강화한 교육과정·지도계획의 실시상황
  　　일관교육의 원활한 실시에 필요한 조직운영체제의 정비상황
  　　소중학교 교직원의 제휴협력에 의한 지도등의 실시상황

3 신 학습지도요령

가. 학습지도요령의 성격

학습지도요령
(學習指導要領)

'학습지도요령(學習指導要領)'이란 소학교, 중학교, 고등학교 및 맹·농·간호 학교의 교육과정 편성에 관한 국가의 기준으로서 문부과학성 고시로 발표된다. 한국의 경우 '각급학교 교육과정(교육부고시)'에 해당하는 것이다.

학교교육법시행규칙 제25조는 "소학교 교육과정에 관해서는 이 절에 정한

것 외에 교육과정의 기준으로서 문부대신이 별도로 공시하는 소학교 학습지도요령에 의한 것으로 한다(중학교 등도 같은 형태로 규정)"고 규정하고 있다. 이것이 이 학습지도요령의 법적 근거이다.

최초의 학습지도요령은 1947년에 '시안(試案)'의 형태로 발표되었는데 당시에는 현장 교사가 각급 학교에서 지도계획을 세워 교육과정을 전개할 경우 활용하는 안내서 정도의 것이었다. 학습지도요령은 1951년에 한 차례 개정되었고, 1958년 개정에서는 드디어 '고시(告示)'라는 용어를 사용("기본적인 사항을 학습지도요령으로서 정해 국가의 기준으로서 고시 공포한다")하여 학습지도요령의 국가 기준성을 강조하여 그 성격의 변화를 보이기도 했다.

학습지도요령의 법적 구속력 및 성격에 대하여 일본교육법학계의 통설적 견해는 교사의 학습지도를 위한 법적 구속력이 없는 지도조언 문서로 보고 있다.

그러나 이와 관련된 사법부의 견해(학력조사 사건에 관한 최고재판소판결 1976.5.21)는 '필요한 동시에 최소한도의 합리적인 기준의 설정'으로 그 효력을 인정한 바 있다. 이후 학습지도요령은 약 10년에 1회 정도의 주기로 수차례 개정되었다.

> 필요한 동시에
> 최소한도의
> 합리적인 기준

나. 학습지도요령의 주요 개정 흐름

(1) 1947년의 학습지도요령

전후의 교육개혁에 대응하여 작성된 최초의 학습지도요령이다. 일반편(一般編)과 각 교과편(教科編)으로 나뉘어 「시안(試案)」의 형태로 공포되었다. 전전(戰前)의 수신(修身) 교과는 폐지되고, 사회적 태도의 양성, 사회생활의 향상이나 자발적인 활동을 촉진하기 위해 새롭게 「사회과」「가정과」「자유연구」가 개설되었다. 교육내용은 아동중심주의, 경험주의나 문제해결 학습을 중시하는 것으로 당시 미국의 교육사조를 수용한 것이었다.

> 아동중심주의
> 경험주의

(2) 1951년의 개정

1951년 개정을 통해서는 「자유연구」교과를 발전적으로 해체하여, 소학교에 교과 이외의 활동을 장려했고, 중·고교에는 특별교육활동을 개설했다. 기본적인 방침이나 이념은 지속하면서 시안이라는 형태로 제시되었다.

　　도덕교육의 진흥 관점에서, 판단력과 실천력 풍부한 자주적 자율적 인간의 형성을 목표로 내세우면서, 「생활지도(가이던스)」나 「직업지도」를 두었다. 또한 이전 학습지도요령에서 사용하였던 '교과과정(敎科課程)'이란 용어 대신 '교육과정(敎育課程)'으로 사용하였다.

(3) 1958년의 개정

1958년부터는 문부성 고시(告示)로서 공포되었다. 개정의 기본 방침은 전후의 신교육의 조류이던 경험주의나 단원학습을 개선하여 각 교과가 갖는 계통성을 중시하여 기본 학력의 충실을 도모하는 것이었다.

기본 학력의 충실

　　또한, 「도덕시간」을 특설하였고, 과학기술교육의 향상, 소·중학교의 교육내용의 일관성, 의무교육의 수준을 유지한다는 취지였다. 시안이라는 표현이 사라져 문부성의 교육 현장에 대한 통제가 강화됨과 아울러 학습지도요령은 법적 구속력을 갖추게 된 것으로 판단된다.

(4) 1969년의 개정

1957년 소련의 스프트닉 쇼크 이후 강조된 교육과정의 현대화 흐름 가운데 1968년 개정에서는 기술혁신 등 사회의 급속한 변화에 대응할 수 있는 인간 양성과 국제사회에서 일본인의 지위향상 실현에 이바지할 인간 육성을 주된 목표로 내걸게 되었다.

지식중심의 교육과정

　　이에 따라 '지식중심의 교육과정'이 편성되어 교육 내용, 수업 시수 등이 질적 양적으로 강화되었다. '특별교육활동'과 '학교행사' 등이 통합되어 「특별활동」으로 되었다.

　　1972년에는 이에 따른 부작용을 감안하여 다소 탄력적인 운영을 기하기도 했으며, 소학교의 편성 영역을 교과·도덕·특별활동 영역으로 구분하기도 했다.

(5) 1977년의 개정

일본은 1970년대 후반들어 고도경제성장이 끝나 안정성장기에 접어들었다. 학교 역시 고교 진학률 및 대학 진학률이 급증하였다. 동시에 주입식 교육 등 학교교육이 지식 전달에 편중된 것으로 문제점이 지적되었다.

교육내용의 과중으로 인한 아이들의 학습관련 '소화불량'과 '낙제문제'가 심화되었다. 1977년 개정에서는 지덕체(知德體)의 조화로운 발달을 위해 '여유·인간성·학교의 자주성'을 핵심으로 전체의 교육내용을 정선하고 수업시수도 감소시켰다.

「여유의 시간(ゆとりの時間)」이 등장했고 학습지도요령의 기술이 간소화 되어 기술 분량도 줄었다. 교육현장에서의 재량권도 확대되어 교사의 창의적 활동여지도 확대되었다. 고등학교에서는 학업성취도에 따른 학급편성이 제기되었고, 기미가요(君が代)가 국가(國歌)로서 명기되는 등 도덕교육도 강조되었다.

> 여유·인간성·학교의 자주성

(6) 1989년의 개정

1989년의 개정은 새로운 연호 헤이세이(平成) 원년을 맞아 단행된 개정으로 1984년 임시교육심의회 설치를 시작으로 본격화된 교육개혁을 반영하기도 했다. 생애학습의 기반 구축이라는 관점에서 21세기 사회변화에 대응할 수 있는 심성 풍부한 인간의 육성을 목표로 단행되었다.

> 생애학습의 기반 구축

기본 개정 방침은 기초·기본학습을 중시하고 개성교육을 추진하며, 자기 교육력을 육성하는 동시에 문화와 전통을 중시하는 동시에 국제이해를 강조하는 것이었다. 자기 교육력이란 스스로 배우고 스스로 생각하는 힘으로 규정하였는데 '신학력관(新學力觀)'[13]이라 불리기도 했다.

> 신학력관(新學力觀)

구체적인 개정 내용으로는 소학교에 사회과와 이과를 폐지하고 「생활과」를 신설하였고, 중학교의 선택교과의 폭을 넓혔으며 수준별 학습을 도입한 것 등을

---

13 문부성이 공고한 지도요록에 의하면 신학력이란 "스스로 배우는 의욕과 사회변화에 주체적으로 대응할 수 있는 능력" 혹은 "스스로 배우는 의욕이나 사고력, 판단력 등의 능력"으로 설명되고 있다. 加藤辛次·高浦勝義 編(2001), 『學力低下論 批判』, 黎明書房, 180頁.

들 수 있다. 과거에 국기 및 국가에 관한 권고수준의 사항이 국기를 게양하고 국가를 제창하도록 지도하는 것으로 강화시킨 특징도 보였다. 1992년부터 여유의 교육(ゆとり教育)의 일환으로 학교 수업 주 5일제가 시범적으로 실시되었는데 오히려 주중 교육활동의 부담이 가중되는 현상이 나타나기도 했다.

여유의 교육 (ゆとり教育)

(7) 1998년의 개정

'살아가는 힘(生きる力)'이 키워드로 등장하여, 급격한 변화의 시대에 걸맞는 살아가는 힘을 길러주는 교육을 강조했는데 1996년 교육과정심의회의 답신에 따라 1998년(고등학교는 1999년)에 개정되었다.

살아가는 힘 (生きる力)

2002년부터 순차적으로 실시되었던 새로운 학습지도요령의 특징으로는 완전 학교 주 5일제에 의한 교육내용의 엄선과 수업시수의 삭감, 「종합적 학습시간」의 신설, 중학교에 선택교과 수업시수의 증가 등이 있었다. 수업시수는 70시간 정도 감소하였고, 교육내용은 여유있는 교육활동과 기초·기본이 중시되었다. 중·고교에 클럽활동은 폐지되었다.

종합적 학습시간

(8) 2003년의 일부 개정

수업내용의 「정선(精選)」이 지나쳐 학생의 학력 저하의 원인이 되었다는 비판이 제기됨에 따라 문부성은 학습지도요령의 일부를 2003년도에 개정하게 되었다. 이에 따라 학습지도요령에 기술된 내용은 '최저수준(最低水準)'임이 강조되었고, 각 학교는 학생의 실태에 맞추어 학습지도요령이 제시하고 있지 않은 내용을 추가하여 지도할 수 있음을 명확히 하였으며, 학습의욕을 가진 학생에게는 발전적 학습을 하도록 허용되었다.

최저수준(最低水準)

(9) 2008년의 개정

2008년(고교는 2009년) 학습지도요령의 기본적인 방향은 개정 교육기본법의 취지를 반영하고 지식기반 사회에서 학교교육의 길러주어야 할 '살아가는 힘'이라는 이념을 공유하며, 확실한 학력을 확보하기 위하여 필요한 시간을 확보하는

확실한 학력

것이었다.

계기가 되었던 것은 2003년 PISA조사에서 외국에 비하여 일본의 순위가 낮게 나타나 학력저하에 대한 비판이 일었고, 그 결과 수업시수는 35~70시간 증가하였고 소학교에 「외국어활동」이 신설되기도 했다. 신 학습지도요령의 목표는 확실한 학력, 풍부한 심성, 건강한 몸에 두고 있다.

새로운 학습지도요령은, 2011년 4월부터 소학교에서, 2012년 4월부터는 중학교에서 전면 실시되었다. 고등학교에서는 2013년부터 연차적으로 실시되었다. 특별지원학교도 소·중·고등 학교에 준하여 실시되었다.

2008년 3월에 개정한 유치원교육요령, 소학교학습지도요령, 중학교학습지도요령, 2009년 3월에 개정한 고등학교학습지도요령, 특별지원학교학습지도요령에서의 목표는 다음의 세 능력산의 균형을 중시하는 '살아가는 힘'을 기르는 것을 목표로 한다.

- 기초·기본을 확실히 습득하여 사회 변화가운데 스스로 과제를 찾고 스스로 배우고 스스로 생각해 주체적으로 판단하고 행동하고 문제 해결할 자질이나 능력(확실한 학력)
- 스스로를 규율하고 타인과 협조하며 타인을 생각하고 감동하는 마음(풍부한 심성)
- 굳굳이 살아가기 위한 건강과 체력(건강한 몸)

① 확실한 학력의 신장

학교교육법과 새학습지도요령에는 '학력'을 결정하는 세 가지 요소로 ① 기초적·기본적인 지식·기능 ② 지식·기능을 활용하고 과제를 해결하기 위해 필요한 사고력·판단력·표현력 ③ 학습에 임하는 의욕 등이 제시되었다. 확실한 학력를 키우려면 '여유'나 '주입식' 여부가 아닌 기초·기본적인 지식·기능의 확실한 습득과 이들을 활용하는 힘의 육성을 겸비할 필요가 있다는 것이다. 새 학습지도요령의 특징은 다음과 같다.

- 수업시간의 증가: 소학교는 주당 수업시수가 저학년에서 2단위 중·고학년에서 1단위 증가했다. 특히, 국어, 사회, 산수, 이과, 체육 시간은 6년간

약 10% 증가했고, 중학교에서는 주당 수업 시수가 1단위 증가했다. 국어, 사회, 수학, 과학, 외국어, 보건 체육은 3년간 약 10% 증가했다. 이는 시행착오가 많은 내용의 확실한 습득을 위해의 반복학습이나 지식·기능을 활용한 관찰·실험이나 보고서 작성, 논술 등의 학습활동, 과제 해결적인 학습을 충실히 한다는 취지이다. 고교 졸업까지 습득케 하는 단위 수는 계속 74단위 이상으로 했다.

- 언어 활동의 충실: 국어를 비롯한 각 교과목에서 기록, 설명, 비평, 논술, 토론 등의 학습을 강화했다. 예를 들면, 국어에서는 경험한 것을 기록·보고하는 활동과 상대방을 설득하기 위해 의견을 서로 나누는 활동, 지식과 경험을 활용해 논술하는 활동을 강화했다. 산수·수학에서는 말이나 수·식·그림·표·그래프 등을 이용하여 설명하거나 표현하는 활동을 강화하여 사고력·판단력·표현력을 육성한다는 것이다. 집단중의 의사소통 능력 신장을 위해 2010년부터 예술가 등을 학교에 파견하여 예술 표현 체험활동을 도입한 워크숍형 수업을 473개교에서 실시했다.

- 과학·수학 교육의 내실화: 신 학습지도요령에서는 관찰·실험이나 보고서 작성, 논술, 자연체험 등에 필요한 시간을 충분히 확보하기 위해 이과나 산수·수학 수업시간을 늘렸다. 신 학습지도요령은 소학교가 2011년, 중학교가 2012년도에 적용할 예정이었으나 이과나 산수·수학은 2009년부터 선행 실시했고, 고교에서는 2012년부터 순차적으로 실시되었다.

- 전통과 문화에 관한 교육의 충실: 소학교 국어에서는 신화·전승이나 고문·한문에 관한 학습을 증가했고, 중학교 미술에서는 일본의 미술 문화에 관한 학습을, 음악은 일본의 전통적인 가창이나 일본 악기에 관한 학습을 강조했다.

- 체험활동·도덕교육·외국어 교육에 충실했다.

- 학습 평가의 중시: 문부과학성은 교육위원회에 대한 통지문을 발송하여 새 학습지도요령에 따른 학습평가 방식을 철저히 하도록 지시했다. 특히, 학교에서 학부모 등에 대해 학생에 대한 학습평가 방식을 사전에 설명하는 동시에, 통신부 등을 통해 아이들의 학습 상황에 대해서 좀 더 자세히

설명할 것을 강조했다.

② **풍부한 심성의 함양: 도덕교육·인권교육·체험활동·국기·국가 지도**

• 도덕교육의 추진: 유치원에서는 각 영역에 걸쳐 종합적인 지도를 통해 도덕성의 기본을 기르도록 했다. 소·중학교에서는 도덕시간(주당 1단위)을 중심으로 각 교과, 외국어 활동, 종합적인 학습시간, 특별활동 등을 통한 지도를 함으로써 전 학교교육 활동에서 도덕교육을 실시하도록 했다. 고교에서는 인간 본연의 삶의 자세에 관한 교육을 학교 교육활동 전체에서 실시토록 했다. 일본인은 규범을 잘 지키는 국민성을 갖는 것으로 알려져 있는데, 문부성은 학생들이 생명존중 정신이나 자존감이 부족하고, 기본적인 생활습관이 확립되어 있지 않으며 규범의식이 낮고 인관관계력도 낮아 '마음의 활력'이 약하다는 판단아래 도덕교육을 중시했다. 개정 교육기본법상 교육목표를 '풍부한 정조와 도덕심(豊かな情操と道徳心)'을 기르는 것을 포함하였고, 개정 학교교육법상 의무교육의 목표로 '규범의식'과 '공공정신', '생명과 자연 존중' 등을 육성하는 것을 새로 규정하는 등 도덕교육을 강조했다.

한편, 문부성은 학습지도요령을 주지토록 하고 학교·지역 실정에 맞는 다양한 도덕교육을 지원하기 위해 '마음의 노트'를 포함한 도덕교재의 활용을 비롯한 도덕교육 내실화를 위한 외부강사의 파견, 보호자·지역과의 연계 등 자치체에 의한 다양한 사업을 지원했다.

• 인권교육의 추진: 헌법과 교육기본법의 정신, 그리고 '인권교육 및 인권계발의 추진에 관한 법률'에 근거한 '인권교육·계발에 관한 기본계획'이 2002년 각료회의에서 결정되었고, 정부 전체가 나서 이를 추진하고 있다. 학교교육에서는 학생의 발달 단계에 따라 그 교육 활동 전체를 통해 인권 존중의 의식을 높이기 위한 지도를 했다. 문부성은 학교·가정·지역사회가 함께 종합적으로 대응하도록 '인권교육 연구추진사업'을 실시하였다.

인권교육의 추진

또한 2003년부터 '인권교육 지도방법 조사연구회'를 두어 기본 방향을 모색했고, 2008년 3월 「인권교육의 지도방법의 방식에 대해」(3차정리) 보고회를 갖기도 했다. 2011년에는 인권교육의 실천사례를 수집·공표하여 전국적인 추진을 도모했으며 2012년에는 61개 사례를 공표했다. 2010년부터 시작된 도도부현 등의 인권교육담당 지도교사를 대상으로 한 협의회 활동도 지속되고 있다.

체험활동의 추진

- 체험활동의 추진: 개정 교육기본법에서 공공정신으로 주체적으로 사회형성에 참여하는 태도(2조 3호)와 생명을 존중하고 자연을 아끼고 환경보전에 기여하는 태도(4호)가 교육목표로 규정되었고, 2007년 6월 학교교육법 개정에서는 같은 취지가 반영되어 다양한 체험활동이 강조되었다. 문부성에서는 '풍부한 체험활동 추진사업'에 따라 자연 속에서 숙박 체험활동 등을 추진하고 있고, 2008년부터는 농림·수산성·총무성과 연계한 '농산어촌 아동 교류프로젝트'를 실시하고 소학교 학생의 농어촌에서의 민박을 도입한 자연체험활동을 지원했다.

국기(國旗)·국가(國歌)의 지도

- 국기(國旗)·국가(國歌)의 지도: 1999년 8월에는 '국기 및 국가에 관한 법률'이 시행되었고, 새 학습지도요령에는 소·중학교에서 일본과 외국 국기와 국가의 의의를 이해하고 이들을 존중하는 태도를 키우도록 지도하도록 하고 있고, 소·중고교 특별활동에서는 '입학식이나 졸업식 등에서는 그 의의를 따라 국기를 게양하는 동시에 국가를 제창하도록 지도한다'고 규정하고 있다(소학교 음악에 국가지도 포함).

③ 건강한 몸 기르기

교과로서의 「체육과」와 「보건체육과」에서는 기초적인 신체 능력의 육성을 도모하는 동시에 운동 동아리 활동 등을 서로 연계시켜 전 학교교육에서 효과적으로 대응토록 했다.

다. 현행 학습지도요령의 주요 내용

(1) 2017년의 개정 학습지도요령의 시행 일정

문부과학성은 학습지도요령을 개정하기 위하여 우선 중앙교육심의회(중교심)에 자문을 요청했고(2013.11, 소중등교육 교육과정의 개정 방향), 중교심은 2016년 12월 21일 「유치원, 소학교, 중학교, 고등학교 및 특별지원학교 학습지도요령 개선 및 필요한 대책에 관하여」답신서[14]를 제출했다. 이어 중앙교육심의회 초등중등교육 분과회 교육과정부회는 2019년 1월 21일 「아동 생도의 학습평가의 개선방향에 관해서」보고서[15]를 발표하기도 했다. 2018년도에 간행된 「2017년도 문부과학백서」[16]의 내용을 중심으로 현행 학습지도 요령을 개관하기로 한다.

현행 학습지요령의 목표는 일괸되게 확실한 학력, 풍부한 마음, 건강한 몸이라는 지·덕·체(知德體)의 균형을 중시한 '살아가는 힘(生きる力)'을 기르는 것을 목표로 하고 있다.

최근 들어 정보기술의 비약적인 진화 등을 배경으로 한 인공지능(AI)의 급속한 진화나 글로벌화에 대비하여 미래를 개척하기 위해서 필요한 자질·능력을 육성하기 위한 개정을 가하게 되었는데 2017년 3월부터 신 유치원교육요령과 소·중학교학습지도요령을 적용하고, 고등학교는 2018년 3월에 적용했다.

초등학교의 신 학습지도요령에 있어서, 소학교 3학년부터 6학년에게 「외국어과」및 「외국어 활동」의 표준 수업 시수가 증가하는 것을 근거로 하여, 표준 수업 시수에 관한 특례도 마련했다. 향후에는 교과서의 작성·검정·채택·공급 등을 거쳐 2020학년도부터 소학교부터 순차적으로 새로운 학습지도요령을 실시하는 것으로 되어 있다.

---

14 中央教育審議会答申 「幼稚園、小学校、中学校、高等学校及び特別支援学校の学習指導要領等の改善及び必要な方策等について」(平成28年12月21日)

15 「児童生徒の学習評価の在り方について」(平成31年1月21日)

16 平成29年度 文部科学白書 http://www.mext.go.jp/b_menu/hakusho/html/hpab201801/1407992.htm

그림 8-1 이후 학습지도요령 개정에 관한 스케줄

출처: 문부과학성 홈페이지, 2017년도 문부과학백서(제4장)[17]

(2) 개정의 기본적인 사고 방식: 사회에 열린 교육과정

최근 새로운 학습지도요령에서는 교육기본법과 학교교육법 등을 근거로 지금까지 교육의 실천과 축적을 살려, 미래 사회를 개척하기 위한 학생들의 자질·능력을 더 확실히 육성하는 것을 목표로 했다. 이 요구되는 자질·능력에 대하여 사회와 공유하고 연계해 가면서 '사회에 열린 교육과정'을 표방하고 있다.

또한, 지식 및 기능의 습득과 사고력, 판단력, 표현력 등의 육성 간의 균형을 중시하는 현행 학습지도요령의 기본 틀과 교육내용을 유지하면서도 지식 이해의 질을 더욱 높여 확실한 학력을 육성하는 것을 목표로 했다. 더불어, 선행하는 특별교과화 등 도덕교육의 충실이나 체험활동의 중시, 체육·건강에 관한 지도의 충실화를 통해 풍부한 마음이나 건강한 몸을 육성하는 것 또한 지금까지의

사회에 열린 교육과정

---

17 http://www.mext.go.jp/component/a_menu/education/micro_detail/__icsFiles/afieldfile/2019/02/08/
1384661_001.pdf

기본 방향과 일치 한다.

(3) 주체적 배움과 대화를 통한 배움: 지식 이해의 질을 높이는 자질·능력

① '무엇을 할 수 있게 될 것인가'를 명확히 하는 일

지·덕·체에 걸친 '살아가는 힘(生きる力)'을 아이들에게 길러주기 위해, "무엇을 위해서 배우는 것인가"라는 학습의의를 공유하면서, 수업의 독창적 연구나 교과서등의 교재 개선을 이끌어 갈 수 있도록, 모든 교과를 1. 지식 및 기능, 2. 사고력, 판단력, 표현력 등, 3. 학업에의 집중력, 인간성 등 3개 축으로 재정리한다.

예를 들면, 중학교 이과의 생명영역에서는 앞에서 서술한 3개 축에 따라 1. 생물의 몸 만들기와 작용하여 생명의 연속성 등에 대해 이해시키는 동시에 2. 관찰, 실험 등 과학적으로 탐구하는 활동을 통해서는 생물의 나앙성을 깨딘는 동시에 규칙성을 찾아내고 표현력을 길러, 3. 과학적으로 탐구하려는 태도나 생명을 존중하여 자연환경 보전에 기여하는 태도를 기르는 것을 목표로 한다는 것이다.

② 일본 교육실천의 축적에 근거한 수업 개선

일본은 지금까지의 교육실천의 축적에 근거한 수업 개선 활성화를 통해 아이들의 지식 이해의 질 향상을 도모하고, 미래 시대에 요구되는 자질·능력을 길러 가는 것이 중요하다.

소·중학교에서는 지금까지와 완전히 다른 지도방법을 도입하기보다는 지역이나 학교에 따라서는 연령구성 불균형(3~40대 교원수 감소) 상황을 감안하여 지금까지의 교육실천의 축적을 신진 교원에게도 확실히 인계하면서 수업 개선을 해갈 필요가 있다.

학교에 있어서의 긴급한 과제에 대응하기 위해, 2017년 3월에 '공립의무교육제학교의 학급편제 및 교직원 정수의 표준에 관한 법률'을 개정했었다. 이에 따라 16년만의 계획적인 교직원 정수의 개선이 도모되고 있다. 교원이 수업 준비 등을 실시하는 시간이나 아이를 대하는 시간을 확보하기 위한 조건 정비나 '운동부 활동의 본연의 자세에 관한 종합적인 가이드 라인' 책정 등에 따라 교원의 업

학습의의를 공유

교직원 정수의 개선

무부담을 한층 경감토록 추진하고 있다.

또한, 이미 활용되고 있는 우수한 교육실천 교재나 지도안 등을 공유하고, 각종 연수나 수업연구, 수업준비에 활용하기 위한 지원도 충실히 하고 있다는 보고이다.

(4) 각 학교에 있어서 교육과정·관리체계의 확립

교과등의 목표나 내용을 검토하여 특히 학습 기반이 되는 자질·능력(언어능력, 정보활용능력, 문제발견·해결능력 등)이나 현대적인 여러 과제에 대응해 요구되는 자질·능력의 육성을 위해서 교과등 횡단적인 학습을 충실히 할 필요가 있다는 보고이다. 또한, '주체적 배움과 대화를 통한 깊은 배움'이라는 관점에서 수업개선을 위해서는, 단원별 수업정리 가운데 습득·활용·탐구의 균형을 모색하는 것이 중요하다.

이를 위해, 학교 전체적으로, 교육내용이나 시간의 적절한 배분, 필요한 인적·물적 체제의 확보, 실시 상황에 근거한 개선 등을 통해서 교육과정에 근거한 교육활동의 질을 향상시키고 학습효과의 최대화를 도모하는 교육과정 관리체계(Curriculum and Management)를 확립하는 것을 목표로 한다.

교육과정 관리체계

(5) 교육내용의 주된 개선 사항

① 언어능력의 확실한 육성

언어는 학교에서 학생의 학습활동을 지원하는 중요한 요소이고, 모든 교과의 자질·능력의 육성과 학습의 기반이 된다. 특히 문장에서 나타난 정보를 적확(的確)하게 이해할 필요가 있다. 현행 학습지도요령상 국어 교과를 비롯해 각 교과에서 기록, 설명, 요약, 논술, 대화 등의 언어활동을 충실히 할 필요가 있다. 국어과 중심으로 각 교과의 특질에 따라 발달단계에 따른 어휘를 확실히 습득하게하고, 정보를 정확하게 이해토록 해 적절히 표현하는 힘을 기르고 언어능력을 확실히 육성할 필요가 있다.

② 이과 및 수학교육의 충실

차세대를 담당하는 과학기술계 인재 육성이나 국민의 과학, 기초소양의 향상을 도모하기 위해 이과 및 수학에 대한 선호도를 높이고 재능발견과 신장이 중요하다. 현행 학습지도요령에서는 산수·수학, 이과의 수업시수나 내용을 충실히 하고 관찰·실험을 강화하고 있다. 새로운 학습지도요령에서는 목표로 하는 자질·능력을 명확히 하고, 일상생활로부터 문제를 찾아내는 활동과 관찰·실험 등을 충실히 하여 학습의 질을 향상시킨다는 전략이다.

③ 전통이나 문화에 관한 교육의 충실

국제사회에서 활약할 일본인 육성을 위해서, 국가와 향토 전통이나 문화를 받아 들여 장전을 계승·발전시키기 위한 교육을 충실히 할 필요가 있다. 이를 위해 새로운 학습지도요령에서는 일본의 언어문화, 현내(縣內)의 문화재나 연중행사의 이해, 국가음악과 향토음악, 일본 악기, 무도, 일식이나 일본 옷 등에 대한 지도를 통해서, 일본의 전통이나 문화에 대한 이해를 충실히 할 필요가 있다고 보고한다.

④ 도덕교육의 충실

학교교육은 조화를 이룬 인간의 육성을 목표로 자녀의 발달단계에 따른 도덕교육을 전개한다. 소학교는 2018년에, 중학교는 2019년에 「특별교과 도덕」이 전면 도입되었다. 고교는 2018년에 고시된 학습지도요령에 대해, 교장의 지도 아래, '도덕교육 추진 교사'를 중심으로, 모든 교사가 협력해 도덕교육을 새롭게 전개토록 규정하면서, 「공민」교과에서 공공(公共), 윤리(倫理), '특별활동'이 인간의 바람직한 핵심 지도 측면임을 밝혔다.

이를 반영하여 문부과학성에서는 각 지역의 특색을 살린 도덕교육을 추진하기 위해, 연수 실시나 지역교재 작성 등, 각 학교나 지방공공단체의 다양한 대처를 지원하면서, 영상자료 등을 소개하는 '도덕교육 아카이브'(archive; 디지털書庫) 내용을 충실하게 하고 있다.

⑤ 체험활동의 충실

생명이나 자연을 소중히 하는 마음이나 타인을 생각하는 상냥함, 사회성, 규범의식 능을 기르기 위해 학교에서 자연체험 활동이나 집단 숙박체험, 봉사체험 활동이 필요하다는 취지이다. 현행 학습지도요령에서는 자연이나 문화 등에 친숙해지며, 인간관계 등의 집단생활의 태도나 공중도덕 등에 있어 바람직한 체험을 제공하기 위해 특별활동 시간 등을 활용하고 있다. 생명의 유한성이나 자연의 중요함 등을 실감하기 위한 체험활동, 자연 속에서의 집단체험활동, 직장체험을 충실히 할 필요가 있다.

⑥ 외국어 교육의 충실

글로벌화 가운데 외국어 커뮤니케이션 능력은 일부 업종이 아니라 생애에 걸친 전 장면에서 요구되는 능력이다. 현행 학습지도요령은 외국어를 통한 언어와 문화에 대한 이해와 소통능력 향상이나, 정보이해 전달 능력 육성을 목표로 한다. 소학교 고학년에 외국어 활동 도입, 종합적 영어능력(듣기, 읽기, 말하기, 쓰기) 육성을 목적으로 한 개정을 진행 중이며 그 성과가 인정되고 있다. 고학년일수록 학습의욕 문제가 발생하고, 학교급간 연계가 불충분하며, 학생의 선수학습이 발전적으로 활용되지 못한 상황이다. 중·고교 학생의 영어 능력은 배운 만큼 커뮤니케이션 상황에 맞게 표현하는 능력이 못되는 문제를 갖고 있다.

이런 과제 해소를 위해 학습지도요령에서는 외국어 교육을 개선해 국제적인 기준인 CEFR[18] 등을 참고로 하여, 초·중·고등학교에서 일관되게 듣기, 읽기, 말하기(의견교환·발표), 쓰기의 5개의 영역별 목표를 설정했다.

소학교는 중간 학년부터 듣기와 말하기 중심으로 하여 학습동기를 부여하고 (연간 35단위 시간), 고학년부터 발달단계에 따라 단계적으로 읽기, 쓰기를 더해 종합적·계통적으로 교과 학습을 실시(연간 70단위 시간)토록 되어 있다.

이어 중학교는 생각과 기분에 관한 대화 언어활동을 중시하여, 수업을 외국

---

18 CEFR(Common European Framework of Reference for languages): 실러버스나 커리큘럼 안내서 작성, 학습지도교재 편집을 위해 투명성이 높고 알기 쉽게 참조할 수 있는 것으로서 2001년에 유럽평의회(Council of Europe)가 발표한 것이다.

어로 실시하는 것을 기본으로 하며, 구체적인 과제 등을 설정하는 등 학습한 어휘, 표현 등을 실제로 활용하는 언어활동에 적용하는 것으로 개정했다.

고교에서는 복수의 영역을 묶은 통합적인 언어활동을 통해 듣기, 읽기, 말하기(의견교환·발표), 쓰기 능력을 균형있게 육성하기 위한 과목을 두었다. 「영어커뮤니케이션 1·2·3」을 설정하고 「영어커뮤니케이션 1」을 공통 필수 과목으로 했고, 발표력의 강화에 특화한 과목군으로서 「논리·표현 1·3」을 신설하고 있다.

⑦ 국기(国旗) 국가(国歌)의 지도

문부성 백서에 따르면, 학교에서의 국기·국가의 지도는 그 의의를 이해시키고 자국과 타국의 국기·국가를 존중하는 태도를 기른다는 취지이고 그 근거는 학습지도요령이, 1999년 8월에 「국기 및 국가에 관한 법률」제정으로 관습법적 근거가 실정법으로 공고히 되었다.

현행 학습지도요령에 따르면, 소·중학교의 사회과에서 일본과 외국의 국기·국가의 의의를 이해시키고 존중하는 태도를 기르고, 소학교의 음악과를 통해 국가를 배우도록 하고 있다. 나아가 소·중·고교의 특별활동에서 입학식이나 졸업식에서 국기를 게양하고 국가를 제창하도록 지도하도록 규정하고 있다.

2018년 4월 적용되는 새로운 유치원교육요령(幼稚園教育要領)에서는 "국기에 친숙하게 한다"는 것 외에 국가 등에 친숙해지는 것을 새로 규정했다. '유보연계형 인정 어린이원 교육·보육요령(幼保連携型認定こども園教育·保育要領)' 및 '보육소 보육지침(保育所保育指針)'에도 위의 내용이 포함되었다. 문부과학성은 모든 학교에서 학습지도요령에 근거한 국기·국가에 관한 지도를 한층 강화해 가고 있는 추세이다.

(6) 새로운 학습지도요령의 원활한 실시를 위한 대응

새로운 학습지도요령의 이념을 확실히 실현하기 위해서는, 그 취지를 넓게 주지하는 것과 동시에, 그 실시에 필요한 인재나 예산, 시간, 정보, 시설·설비라고 하는 자원을 어떻게 정돈해 나가는가 하는 조건 정비 등이 필요 불가결하다.

국기·국가를
존중하는 태도

문부과학성은 학습지도요령의 취지를 주지시키고 철저히 대처하기 위해 문부과학성 주최 설명회를 개최하거나 각 도도부현 교육위원회 개최 설명회에 강사를 파견하고 있다.

새로운 학습지도요령의 원활한 실시에 필요한 지도체제의 정비를 위해 2018년 예산에 소학교 외국어 교육 조기화나 교과화에 수반될 질 높은 영어 전담 지도교사(專科指導敎員)를 계상하였고, 학교현장의 업무개선의 추진, 교과서 등 교재의 개선, 전국의 뛰어난 교육실천 사례의 수집·공유, 연수와 관련되는 지도·조언 등 조치를 취하고 있다.

(7) 교육과정 개선을 위한 대비

문부과학성에서는, 향후의 교육과정기준 개선에 필요한 실증자료를 얻기 위해, 1976년부터 연구개발 학교제도를 두고 있다. 일종의 선도학교(Pilot School)로서 사회의 요청에 따른 학교개혁을 실시함에 있어서 우선 특별 교육과정(학습지도요령의 예외)을 편성·실시하여 새로운 교육과정·지도 방법 등을 개발해 나가려는 의도이다.

지금까지의 연구개발의 성과는, 학습지도요령의 개정에 관한 중앙교육심의회에 구체적인 실증적 자료를 제공하기도 했다. 최근의 개정에서도, 자질·능력의 육성, 소학교 외국어 교육, 고교의 '역사종합', '공공'의 신설등에도 선도학교의 연구성과를 활용했다.

교육과정 특례교
(敎育課程特例校)

또한 '교육과정 특례교(敎育課程特例校)' 제도도 두고 있다. 즉, 학교가 지역의 실태에 비추어 보다 효과적인 교육을 실시할 수 있도록, 학교 또는 지역의 특색을 살린 특별한 교육과정을 편성·실시하는 제도이다. 도쿄도(東京都) 시나가와구(品川区)의 「시민과」, 세타가야구(世田谷区)의 「일본어과」 등 학교의 독창성을 살린 교육과정이 편성·실시되고 있다.

라. 일본 학생의 학력과 학습 상황

아이들의 학력·학습 상황을 조사하기 위해 일본은 「전국 학력·학습 상황 조사」를 실시하고 있고, 「OECD 학생의 학습 도달도 조사(PISA)」, 「국제 수학·이과 교육 동향 조사(TIMSS)」에도 참가하고 있다. 문부과학성은 언어활동이나 이과수학교육의 충실을 도모하는 학습지도요령의 실시와 지원, 교직원 정수 개선 혹은 교직원의 자질 향상에 의한 지도체제 정비, 전국 학력·학습 상황 조사의 계속 실시를 통한 교육의 검증 개선 사이클의 확립을 기하고 있다. 문부과학성 백서의 내용을 중심으로 살펴본다.

(1) 전국 학력·학습 상황 조사의 실시

문부과학성은 2007년부터 전국의 소학교 6학년과 중학교 3학년의 아동 학생 대상 「전국 학력·학습 상황 조사」를 매년 4월에 실시하고 있다. 교과는 국어와 산수·수학에서, 각각 주로 '지식'에 관한 문제(A문제)와 주로 지식·기능의 '활용'에 관한 문제(B문제)를 출제하고 있다. 학력 외에도 생활 습관이나 학습환경, 학교의 지도방법 등을 조사하여 학력과의 관련을 분석하고 있다. 조사결과를 활용함으로써, 각 교육위원회나 학교는 스스로의 교육의 성과와 과제를 검증해, 교육시책과 교육지도에 개선을 기할 수 있다.

문부과학성 및 국립교육정책연구소에서는 조사결과를 토대로 첫째, 설문별로 분석결과나 지도개선의 포인트를 제시한 보고서를 작성하고, 둘째, 수업 아이디어 일례를 제시한 「수업 아이디어 사례」를 작성하며, 셋째, 조사결과를 활용한 지도개선을 위한 설명회를 개최하며, 넷째, 도도부현 교육위원회의 요청에 따라 조언을 위한 학력조사관(学力調査官)을 파견하며, 다섯째, 교육위원회·학교에 있어서 조사결과를 활용한 우수 학교개선 대응 사례를 수집 보급하고, 여섯째, 전문가에 의한 추가적 분석·검증을 실시하며, 각 교육위원회나 학교에서 교육시책이나 교육지도의 개선·충실에 이바지하도록, 문제 출제의 취지나 학습지도의 개선·충실을 도모할 때의 포인트 등을 제시한 「해설 자료」를 배포하고 있다.

(2) 2017년도 전국 학력·학습 상황 조사

2017년 4월 18일에 국어, 산수·수학 2개 교과에 걸쳐 전수조사를 실시했다. 2017년 조사결과의 특징으로는 중학교 수학의 일부 문제에 대한 개선이 있었고, 질문지 조사는, 아동 학생에 대한 조사와 학교에 대한 조사를 실시하고 있다.

그 결과, 주체적이며 대화를 통한 배움의 관점에서 시도된 학습지도 개선책에 대해서는 2016년과 비슷하게 학생과 학교 모두 긍정적 회답했다. 학생의 자기긍정감에 관한 상황 역시 긍정적 회답 비율이 증가하는 경향을 보였다. 그 중 소학교의 자기 긍정적 응답률이 가장 높았다. 중학교 조사에서, 평상시(월요일부터 금요일)의 1일당 동아리활동 시간은 1일당 2~3시간 비율이 40%, 1~2시간 비율은 30%였다. 동아리활동 시간별로 평균 정답률을 비교해 보면, 1일 1~2시간 동아리 활동을 하고 있는 학생의 평균 정답률이 가장 높게 나타났다.

(3) OECD 학생의 학습도달도 조사(PISA)

OECD에서는, 의무교육 수료 단계의 15세(일본은 고등학교 1학년)가 스스로의 지식이나 기능을 실생활의 여러 장면에서 직면하는 과제에 어느 정도 활용할 수 있는지를 평가하기 위해, 「학생의 학습 도달도 조사(PISA)」를 실시하고 있다. 조사는 2000년부터 3년마다 읽기, 수학적 리터러시, 과학적 리터러시의 3개 분야에서 실시되고 최근에는 2015년에 실시되었다.

2015년 조사에서는, 종래의 필기형 조사에서 컴퓨터 사용형 조사로 바뀌었다. 2015년 조사 결과부터는, 일본은 과학적 리터러시, 독해력, 수학적 리터러시의 각 분야에서, 국제적으로 전회조사에 이어 평균득점이 높은 상위 그룹에 속했다.

한편, 독해력은 전회조사와 비교하면, 평균득점이 유의미하게 떨어졌다. 또, 학생의 과학에 대한 태도의 경우, OECD 평균과 비교하면 지표의 값이 여전히 작기는 하지만 개선을 보여주었다(예를 들어 자신의 장래에 이과의 학습이 도움이 된다고 느끼고 있는 학생의 비율이 2006년 보다 증가).

독해력에 있어서는, 컴퓨터 사용형 조사에 대한 학생의 당혹감이 있었지만, 학생들을 둘러싼 정보환경이 크게 변화하는 가운데, 학습지도요령 개정시 검토해야할 과제를 보여주기도 했다.

　　문부과학성은 이러한 결과를 토대로 학습지도요령의 개정을 통해 국어교육 개선·충실을 도모하고, 학습기반이 되는 언어능력이나 정보활용 능력을 육성함과 아울러, 독해력의 향상에 관한 조사 연구의 충실화나 학교 ICT 환경정비의 가속화를 추진하고 있다.

(4) 국제 수학·이과교육 동향 조사(TIMSS)

　　국제 교육도달도 평가학회(国際教育到達度評価学会; IEA)에서는, 소학교 4학년, 중학교 2학년을 대상으로 초중등 교육 단계에 있어서의 학생의 산수·수학과 이과의 교육도달도를 측정한다. 학교의 커리큘럼으로 배운 기본적인 지식이나 기능이 어느 정도 습득되고 있는지를 평가하는 「국제 수학·이과 교육동향조사(TIMSS)」는 4년마다 실시되고 있다. 근래에는, 2015년에 조사되었다.

　　2015년 조사결과, 일본은, 교육도달도의 평균득점에 대해서는, 소·중학교의 산수·수학, 이과의 모두 국제적으로 계속 상위에 위치하면서, 전회 조사보다 평균 득점이 유의미하게 상승했다. 게다가 성적 하위의 학생은 감소하고 성적 상위 학생은 증가한 경향이 있었다. 산수·수학, 이과에 대한 의식에 있어서는, 소학교 학생 '이과는 즐겁다'를 제외하고는 국제 평균을 밑돌고 있는 항목이 많았다. 그러나 '산수·수학, 이과는 즐겁다'고 생각하는 학생의 비율이 증가하고 있고, 중학교는 국제 평균과의 차이가 줄어들고 있는 경향이 있었다.

　　한국의 경우 역시 교육도달도는 매우 높으나, 교과나 학교생활 만족도에서 매우 낮은 것은 널리 알려진 사실이다. 삶의 질을 높이고 행복하기 위해서 받는 교육이 어떤 아이들에게 부담스러운 과정이 되고 어떤 측면에서는 비인권적인 삶과 불행의 원인까지 될 수 있다는 점을 양국은 되돌아 볼 필요가 있다. 교육법은 이러한 교육의 양태를 표준화, 의무화, 강제화 하는 데 일조하고 있다는 점에서 교육법의 재검토 방향을 느낄 수 있다.

국제적으로
계속 상위에 위치

4 유아교육 관련 교육 법규

가. 유치원 교육 제도 개관

일본에서 유치원은 만 3세부터 소학교 취학 전까지의 유아가 취원하는 교육기관으로 2017년 5월 1일 현재 전국 1만 878개의 유치원이 있으며 만 3세 이상의 소학교 취학 전 유아 중 약 절반인 127만여 명의 어린이가 다니고 있다. 전체 유치원 중 63%가 사립인 특징도 보이고 있다. 일본 역시 유아교육을 사학에 더 의존하고 있는 실정이다.

표 8-3 유치원 수 및 원아 수(2017.5.1.기준)

구분		합계	국립	공립	사립
유치원 수		10,878	49	3,952	6,877
재원원아	계	1,271,918	5,288	204,795	1,061,835
	3세	370,274	1,265	35,668	333,341
	4세	435,782	2,012	74,540	359,230
	5세	465,862	2,011	94,587	369,264
교원수(정규)		97,840	337	19,836	77,667

출처: 문부과학성. 學校基本調查 보고서를 인용한 平成29年度 文部科學白書(2018) 번역(2017.5.1.기준)

유치원과 보육시설을 연계한 새로운 형태의 '유보연계형 인정어린이원' 수는 3,673곳으로 유치원을 포함한 유아교육기관의 25%를 차지하고 있다. 원아 수는 505,740명으로 유치원을 포함한 재적 유아의 28%가 다니고 있다. 인정어린이원엔 국립이 없고, 사립이 85%를 차지하여 보육시설의 경우 사립 의존도는 유치원 보다 훨씬 더 높은 특성을 보이고 있다.

문부과학성이 발표한 유치원 취원율(유보연계형 어린이원 포함) 추이를 살펴보면 3세 유아의 56.7%, 4세 유아의 54.3%, 5세 유아의 47.4%가 취원하고 있는 것으로 보고되고 있다. 이들 기관에 다니지 않는 유아 역시 일반 보습학원이나 가

유보연계형
인정어린이원

정학습을 하는 것으로 보여지며, 특이한 점은 연령별 취원율이 소학교 진학에 가까워 올수록 낮아진다는 특징을 보여주고 있다. 초기에는 유치원 등에 보내다가 소학교에 임박하여서는 보습학원 등으로 전환되는 경우가 적지 않다고 할 수 있다. 3세 유아의 취원율은 1970년엔 4.1%에 불과했으나, 2016년엔 47.4%로 10배 이상 상승하여 조기 교육에 대한 관심이 높아졌음을 보여주고 있다.

표 8-4 유보연계형 인정어린이원 수 및 원아 수(2017.5.1.기준)

구분		합계	국립	공립	사립
유보연계형 인정어린이원 수		3,673	–	552	3,121
재원원아	계	505,740	–	63,803	441,937
	3세	121,789	–	14,601	107,188
	4세	123,247	–	16,240	107,007
	5세	123,552	–	17,030	106,522
교원·보육교원수(정규)		75,615	–	8,948	66,667

출처: 문부과학성, 學校基本調査 보고서를 인용한 平成29年度 文部科學白書(2018) 번역(2017.5.1.기준)

그림 8-2 유치원등 취원율 추이

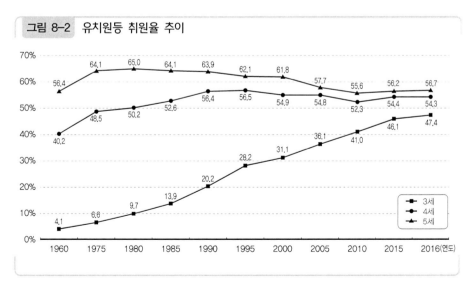

주 : 유치원등은 유치원 및 유보연계형 어린이원 포함한 수치, 昭和45(1970), 平成28(2016)
출처: 문부과학성, 學校基本調査 보고서를 인용한 平成29年度 文部科學白書(2018)(2017.5.1.기준)

나. 교육기본법상 유아교육 진흥 의무의 주체

신 교육기본법은 과거 교육기본법에는 없던 조항인 '유아기의 교육' 조항(제 11조)을 신설했다. 즉, "유아기의 교육은 생애에 걸친 인격형성의 기초를 기르는 중요한 일임을 감안하여 국가 및 지방공공단체는 유아의 건강한 성장에 이바지 하는 양호한 환경의 정비 기타 적당한 방법에 의해 그 진흥에 힘써야 한다."고 규정하고 있다. 결국 유아교육 진흥 의무의 주체는 국가와 공공공단체에 부여된 공동 의무라고 할 수 있다.

유아교육
진흥 의무의 주체

다. 학교교육법상 유치원 교육 조항 개관

(1) 유치원의 교육 목적 및 목표

유아 교육에 관하여는 학교교육법 제22조에서 제28조까지 규정하고 있다. 유치원의 목적은 "의무교육 및 그 후의 교육의 기초를 기르는 것으로서 유아를 보육하고 유아의 건강한 성장을 위해 적당한 환경을 제공하여 그 심신의 발달을 조장하는 것"으로 규정되어 있다(22조).

즉, 소학교부터 시작되는 교육(敎育)을 위한 기초로서 보육(保育)에 보다 초 점을 둔다는 뜻이다. 그렇다고 교육활동이 없는 것은 아니다. 유치원에 있어서의 교육은 위의 제22조에 규정하는 목적을 실현하기 위해 다음에 제시하는 목표를 달성하도록 행해지는 것으로 한다.

① 건강과 안전하고 행복한 생활을 위해 필요한 기본적인 습관을 기르고 신체 제반 기 능의 조화로운 발달을 꾀하는 것.
② 집단생활을 통해서, 기쁘게 참가하는 태도를 기르면서 가족이나 가까운 사람에게 신뢰감을 주고, 자주, 자율 및 협동의 정신 및 규범의식의 싹을 기르는 것.
③ 일상 사회생활, 생명 및 자연에 대한 흥미를 길러, 그것들에 대한 올바른 이해와 태 도 및 사고력의 기본(싹)을 기르는 것.
④ 일상의 회화나, 그림책, 동화 등에 친숙해져서, 말의 사용법을 올바르게 이끄는 것

과 동시에, 상대의 이야기를 이해하려고 하는 태도를 기르는 것.
⑤ 음악, 신체에 의한 표현, 조형 등을 친근하게 함으로써 풍부한 감성과 표현력의 기본(싹)을 기르는 것.

유치원에서는 제22조에 규정하는 목적을 실현하기 위한 교육을 실시하는 것 외에, 유아기 교육에 관한 제반 문제에 대해 보호자 및 지역주민 기타 관계자로부터 상담에 응하고 필요한 정보를 제공하고 조언을 하는 등 가정 및 지역의 유아기 교육의 지원에도 힘쓰도록 하고 있다(24조).

유치원의 교육과정 기타의 보육내용에 관한 사항은 유치원의 목적과 목표에 따라 문부과학대신이 정한다(25조). 유치원에 들어 올 수 있는 사람은 만 3세부터 소학교 취학 시점에 이르기까지의 유아로 되어 있다(26조).

(2) 유치원의 조직 및 구성(제27조)

학교교육법 제27조는 유치원의 조직 및 구성에 대하여 규정하고 있다. 우선 유치원에는 원장, 교감 및 교사를 두어야 한다(1항).

유치원에는, 전항에 규정하는 것 외, 부원장, 주간교사, 지도교사, 양호교사, 영양교사, 사무직원, 양호조교사 그 외 필요한 직원을 둘 수 있다(2항). 부원장을 둘 때 기타 특별한 사정이 있는 때에는 교감을 두지 않을 수 있다(3항).

원장(園長)은 원무(園務)를 맡고 소속 직원을 감독한다(4항). 부원장은 원장을 도와 명을 받고 원무를 담당한다(5항). 교감은 원장(부원장을 둔 유치원에서는 원장 및 부원장)을 돕고, 원무를 정리하고 필요에 따라 유아보육을 담당한다(6항).

주간교사는 원장(부원장을 둔 유치원에 있어서는 원장 및 부원장) 및 교감을 돕고, 명을 받아 원무의 일부를 정리하고, 영유아의 보육(保育)을 담당한다(7항). 지도교사는 유아의 보육을 담당하며, 교사 및 기타 직원에 대해 보육의 개선 및 충실을 위해 필요한 지도 및 조언을 실시한다(8항). 교사는 유아의 보육을 담당한다(9항). 특별한 사정이 있는 때에는 제1항의 규정에 관계없이 교사를 대신해 조교사 또는 강사를 둘 수 있다(10항).

학교의 실정에 비추어 필요하다고 인정될 때에는 제7항의 규정에 관계없이

원장(부원장을 둔 유치원에 있어서는 원장 및 부원장) 및 교감을 돕고, 명을 받아 원무의 일부를 정리하고, 및 영유아의 양호 또는 영양의 지도 및 관리를 담당하는 주간교사를 둘 수 있다(11항).

한편, 학교교육법 제37조 제6항(소학교 부교장), 제8항(소학교 교감의 직무) 및 제12항부터 제17항까지(소학교 양호교사, 영양교사, 사무직원, 조교사, 강사, 간호조교사) 더불어 제42조에서 제44조(소학교 학교운영평가 및 개선조치 및 노력의무, 보호자·지역주민에게 교육활동 및 운영상황의 적극제공 의무, 사립 소학교의 도도부현 지사 소관화)까지의 규정은 유치원에 준용한다.

라. 유치원 관련 문부성령

(1) 유치원 설치기준

문부성령으로 제정된 유치원 설치기준은 학교교육법 제3조의 규정에 근거하여 제정되었으며, 내용은 총칙, 편제, 시설 및 설비, 잡칙으로 구성되어 있다.

유치원 설치기준은 학교교육법 시행규칙이 정해진 것 이외에 성령이 정한 것에 따른다(1조). 이 성령에 정해진 기준은 유치원을 설치하는데 필요한 최저의 기준을 정한 것이기 때문에 유치원 설치자는 유치원의 수준을 향상토록 도모하여 노력하여야 한다(2조).

1학급 유아 수는 35인 이하를 원칙으로 한다(3조). 학급은 학년 개시일 전날을 기준으로 같은 연령인 유아로 편성하는 것을 원칙으로 한다(4조).

> 1학급 유아 수는
> 35인 이하를 원칙

유치원에는 원장 이외에 각 학급마다 적어도 전임의 주간교사, 지도교사 또는 교사(이하 교사등)을 한 사람 두어야 한다. 특별한 사정이 있을 때는 교사등은 전임 부원장 또는 교감이 겸하거나 해당 유치원의 학급 수의 3분의 1 범위 내에서 전임의 조교사 혹은 강사를 대신할 수 있다. 전임이 아닌 원장을 두는 유치원에 있어서는, 앞의 규정에 의해 두는 주간교사, 지도교사, 교사, 조교사 또는 강사 외에 부원장, 교감, 주간교사, 지도교사, 교사, 조교사 또는 강사를 1명 두는 것을 원칙으로 한다. 유치원에 두는 교원등은 교육상 필요로 인정되는 경우는 다른 학교의 교원등과 겸할 수 있다(5조).

유치원에는 양호를 담당하는 주간교사, 양호교사 또는 양호조교사, 사무직원을 두도록 노력하여야 한다(6조).

한편, 시설·설비에 있어서 일반기준은, 유치원의 위치에 대하여 유아교육상 적절하고, 통원시 안전한 환경이 되도록 정하여야 한다. 유치원의 시설 및 설비는 지도상, 보건위생상, 안전상 및 관리상 적절한 것이어야 한다(7조).

유치원 건물(원사; 園舍)은 2층 건축 이하를 원칙으로 한다. 원사를 2층 건물로 하는 경우 및 특별한 사정으로 원사를 3층 이상으로 할 경우, 보육실, 유희실 및 화장실 시설은 1층에 두어야 한다. 다만, 원사가 내화(耐火) 건축물로 유아의 대피상 필요한 시설을 갖춘 경우에는 이들 시설을 2층에 둘 수 있다. 원사와 운동장은 동일한 부지 내 또는 인접하는 위치에 마련하는 것을 원칙으로 한다. 원지(園地), 원사 및 운동장의 면적은 따로 정한다(8조).

> 2층 건축 이하를 원칙

유치원은 ① 직원실 ② 보육실 ③ 유희실 ④ 보건실 ⑤ 화장실 ⑥ 음료수 용도 설비, 세수 용도 설비, 세족 용도 설비 및 시설을 갖추어야 한다. 단, 특별한 사정이 있는 때에는 보육실과 유희실, 직원실과 보건실은 각각 겸용할 수 있다. 보육실 수는 학급 이하로 해서는 안된다. 음료수 용도 설비는 세수 용도 설비 또는 세족 용도 설비와 구별하여 갖추어야 한다. 음료수 수질은 위생상 해가 없음이 증명된 것이어야 한다(9조).

한편, 유치원에는 학급 수 및 유아 수에 따라 교육상 보건위생상 및 안전상 필요한 종류와 수의 유치원 도구 및 교구(教具)를 갖추어야 한다. 전항의 원구와 교구는 항상 개선하고 보충해야 한다(10조).

유치원에는 ① 방송청취 시설 ② 영사시설 ③ 물놀이장 ④ 유아 청정용(淸淨用) 설비 ⑤ 급식시설 ⑥ 도서실 ⑦ 회의실 등의 시설 및 설비를 갖추도록 노력해야 한다(11조).

기타 시설 및 설비로는 특별한 사정이 있는 경우, 즉, 교육상 및 안전상 지장이 없을 경우에는 다른 학교 등의 시설 및 설비를 사용할 수 있다(12조).

제4장 잡칙(雜則)은 어린이집 등과의 합동활동 등에 관한 특례를 규정(13조)하고 있다. 즉, 유치원은 다음에 언급하는 경우에는 각 학급의 유아와 해당 유치

> 어린이집 등과의 합동활동 등에 관한 특례

원에 재적하지 않는 자를 함께 보육할 수 있다.

제1호 당해 유치원 및 보육소 등(취학 전 어린이에 관한 교육, 보육 등의 종합적인 제공 추진에 관한 법률(2006년 법률 제77호) 제2조 제5항에서 규정하는 보육소 등을 말함) 각각의 용도로 제공되는 건물 및 그 부속 설비가 일체적으로 설치되어 있는 경우에 해당 어린이집 등에 있어서 만 3세 이상의 어린이에 대해 학교교육법 제23조 각호에 예시된 목표가 달성되도록 보육을 실시함에 있어 당해 유치원과의 긴밀한 연계협력 체제를 확보할 필요가 있다고 인정되는 경우.

제2호 제1호에 언급하는 경우 외에 경제적 사회적 조건의 변화에 따라 유아의 수가 감소하거나 유아가 다른 유아와 함께 활동할 기회가 감소하는 경우, 기타 사정으로 인해 학교교육법 제23조 제2호에 예시된 목표를 달성하기 어렵다고 인정되어 유아의 심신의 발달을 조장하기 위해 특별히 필요하다고 인정되는 경우.

전항의 규정에 의해 각 학급의 유아와 당해 유치원에 재적하지 않는 유아를 함께 보육할 경우에는, 제3조 중 '1학급의 유아 수'는 '1학급의 유아 수(해당 유치원에 재적하지 않는 자로, 해당 학급의 유아와 함께 보육되는 수 포함)'와, 제5조 제4항 중 '다른 학교의 교원등'은 '다른 학교의 교원등 또는 보육소등의 보육사등'과, 제10조 제1항 중 '유아 수'라는 것은 '유아 수(당해 유치원에 재적하지 않은 각 학급 유아와 함께 보육되는 수 포함)'로 보아 이들 규정을 적용한다.

(2) 유보연계형 인정어린이원에 관한 법률과 성령

유보연계형
인정어린이원

2006년 「취학전 어린이에 관한 교육, 보육등의 종합적 제공추진에 관한 법률」(법률 제77호)이 제정되었다. 제1장은 총칙, 제2장은 유보연계형 인정어린이원 이외 인정 어린이원에 관한 인정 절차, 제3장은 유보연계형 인정어린이원, 제4장은 어린이원에 관한 정보의 제공등, 제5장은 잡칙으로 구성되어 있다.

이 법률은 유아기 교육 및 보육이 평생에 걸친 인격 형성의 기초를 기르는 중요한 것이라는 점과 일본에 있어서의 급속한 저출산화(低出産化)의 진행 및 가정 및 지역을 둘러싼 환경의 변화에 따라 소학교 취학 전 아이의 교육 및 보육에 대한 수요가 다양해진 점에 비추어, 지역에 있어서의 창의적인 대응을 살리면서,

유보연계형 인정어린이원이란?

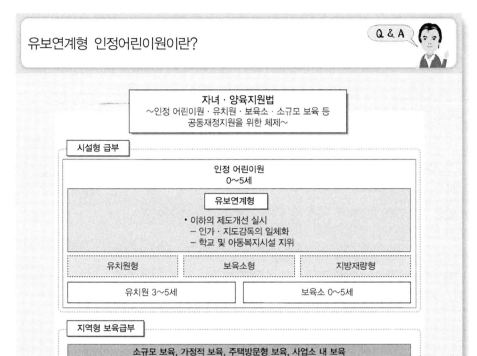

자녀 · 양육지원법
~인정 어린이원 · 유치원 · 보육소 · 소규모 보육 등
공동재정지원을 위한 체제~

시설형 급부

인정 어린이원
0~5세

유보연계형

• 이하의 제도개선 실시
 − 인가 · 지도감독의 일체화
 − 학교 및 아동복지시설 지위

유치원형	보육소형	지방재량형
유치원 3~5세	보육소 0~5세	

지역형 보육급부

소규모 보육, 가정적 보육, 주택방문형 보육, 사업소 내 보육

☞ 유치원이 3~5세를, 보육소가 0~5세를 담당하는 반면, 유보연계형 어린이원은 0~5세 대상으로 한다.

☞ 「유보연계형 인정어린이원」은 인정어린이원법 개정으로 '학교 및 아동복지시설로서 법적 위상을 갖는 단일 시설'로서, 학교이면서 동시에 아동복지시설인 점이 특징이다. 설치주체는 국가, 자방공공단체, 학교법인, 사회복지법인만이 가능하다(주식회사등 참가 불가). 인가 및 감독을 일원화하고, 재정조치는 기존 3유형을 포함, 인정어린이원, 유치원, 보육소를 통한 공통의 '시설형급부'로 일원화하였다.

☞ 학교교육·보육 및 가정에 있어서 양육 지원을 일원적으로 제공하는 시설이다.

• 만 3세 이상아의 수용을 의무화, 표준적인 교육시간의 학교교육을 제공

• 보육을 요하는 자녀에게는 학교교육에 더하여 보호자의 근로시간 대응 보육을 제공

• 보육을 요하는 만 3세 미만아는 만 3세 미만아 수용 포함, 보육연계형 인정어린이원으로 이관

☞ 전체 유아교육기관(유치원 포함) 중 인정어린이원은 25%이고, 그 중 국립은 없고 공립 15%, 사립 85%

소학교 취학 전 아동에 대한 교육 및 보육 및 보호자에 대한 육아 지원의 종합적인 제공을 추진하기 위한 조치를 강구하고, 지역 내에 있어 아이가 건강하게 육성되는 환경의 정비에 이바지하는 것을 목적으로 한다(1조).

이어 성령으로는 2014년 내각부·문부과학성·후생성령 제1호로 제정된 「유보연계형 인정어린이원의 학급편제, 직원, 설비 및 운영에 관한 기준」이 있다. 이 성령은 특이하게 세 부처를 아우르는 성령이다. 예산조치와 교육 및 보육 프로그램, 그리고 후생 시설 설비와 관련된 부분이 있기 때문으로 보여진다. 이 성령은 앞의 「취학 전 어린이에 관한 교육, 보육) 등의 종합적인 제공추진에 관한 법률」 제13조 제2항의 규정에 근거하여 제정된 성령이다.

마. 자녀·육아 지원(子ども·子育て支援) 신제도에 대한 평가

(1) 자녀·육아 지원 신제도 개요

2017년 문부과학백서에 따르면, 자녀·육아 지원 신제도(이하 신제도)는 '자녀에게 최선의 이익'이 실현되는 사회를 목표로 한다는 관점에서 2015년 4월에 개선된 제도이다. 즉, 모든 자녀·육아가정을 대상으로 유아기의 학교교육·보육, 지역의 자녀·육아 지원에 있어서 '양적 확충'과 '질적 향상'을 도모하기 위하여 만들어진 제도이다. 이 제도의 핵심은 다음과 같다.

1. 유치원, 보육소, 인정어린이원에 대한 재정지원 구조를 통일(시설형 급부 창설)하여 시설의 유형이나 규모에 관계없이 안정적인 경영이 되도록 한다는 것.
2. 유보연계형 인정어린이원에 대하여 인가·지도감독을 일원화하는 등 인정어린이원제도를 개선하는 것.
3. 지역실정에 맞는 자녀·육아지원 충실을 도모하는 것(13 지원메뉴 설정).
4. 주민에게 가장 친밀한 시정촌을 실시 주체로 한 것.
5. 소비세율의 인상에 의한 증수분을 활용하여, 양·질의 양면에서 사회전체가 육아를 지원하는 것.
6. 내각부에 '자녀·육아본부'를 설치하고 새로운 제도의 소관을 일원화하는 것.

(2) 사립 유치원과 신제도

신제도는 종전의 사립 유치원에 관한 제반 제도(사학조성등)와 크게 다른 부분도 있는 것을 비롯하여, 사립 유치원에 대해서 지역 실정이나 수지의 전망을 근거로 하여 자유롭게 신제도로 이행을 선택할 수 있게 했다. 또, 사립 유치원이 신제도를 이행할 때에는, ① 유치원 그대로 이행할지, ② 보육기능을 부가한 인정어린이원(유보연계형 또는 유치원형)으로 이행할지 선택가능하다([그림 8-3] 참조).

2017년까지 전사립 유치원(8,058개원) 중 36.4%(2,931개원)가 신제도로 이행했고, 2018년까지는 581곳이 증가하여 44.5%(3,512개원)의 유치원이 이행할 전망이다([그림 8-3] 참조).

문부과학성에서는 내각부등과 연계하면서 이행을 희망하는 유치원들이 원활히 이행할 수 있도록 환경을 정비하고 있고, 유치원의 이행 관련 현안에 어러 대처를 행하고 있다.

예를 들면, 첫째, 이행 후의 수입 불안에 대한 대응으로 대규모 유치원의 가산(加算)의 충실이나 공정가격식 계산 소프트웨어의 개선 등, 둘째, 사무 부담의

그림 8-3 신제도 후 사립유치원의 선택지 및 2018년까지 시설유형

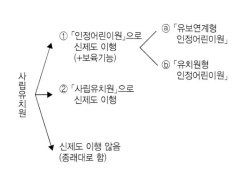

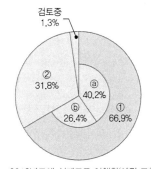

[신제도 실시 후 사립유치원 선택지]　　　[2018년까지 사립유치원 의향조사]

출처: 문부과학성, '2017년 사립유치원 자녀·육아지원신제도의 원활이행 조사 및 의식조사 보고서를 인용한 平成29年度 文部科學白書(2018) 번역

증대 우려에 대응하여 이행준비와 관련된 사무경비의 보조나 창설, 대규모 유치원의 사무직원 배치의 충실 등, 셋째, 인재 부족에 대응해서 유치원 위탁보육 보조 제도인 '일시위탁사업(유치원형)'과 관련한 직원 배치 요건의 완화 등 원활한 이행을 위한 환경을 정비해 왔다.

이러한 대응으로 이행한 유치원에서는 '수입이 증가해 경영면에서도 안정되거나 직원수 증가나 직원의 처우 개선으로 연결되었다'는 보고도 있다.

또한, 2017년도에는 보다 질 높은 유아교육 실현을 위해 개별 유치원교사 등이 자신의 직업 경력을 쌓으며 오래 일할 수 있도록 되었다. 즉, 첫째, 전 직원을 대상으로 한 '질 향상'의 일환으로서 2%의 처우 개선, 둘째, 기능·경험을 쌓은 직원에 대한 추가적인 처우 개선(핵심리더·전문리더: 4만엔, 젊은리더: 5천엔), 셋째, 인사원 권고를 토대로 한 대우개선(유치원 교사: 1.1%의 처우개선) 등을 실시했다. 또한, 유치원에 있어서의 대기하는 아동의 수용을 촉진하기 위해, '일시위탁사업(유치원형)'에 대해서는 장시간·장기휴업 기간의 보조금 증액도 실시해 왔다.

바. 2018년도 예산 내용과 향후 대응 방침

2018년 예산에서 소비세의 인상이 연기되어 어려운 재정 사정가운데, 자녀·육아 지원에 관한 '사회 보장의 충실'로서 6,942억엔을 확보했다. 계속 0.7조엔 베이스의 양의 충실·질의 향상을 도모함과 동시에, 2017년도부터 실시하고 있는 추가적인 처우 개선을 도모하고 있다. 또, 2017년에 이어서 인사원 권고를 근거로 1.1%의 처우 개선을 실시했다.

2018년에는 2017년 6월에 책정된 '육아 안심 플랜'을 실현하기 위해, '일시위탁사업(유치원형)'에 의한 2세아 정기이용제도를 만들었고, 3~5세에 대한 일시위탁사업(유치원형)에 대해서, 장시간의 위탁에 대한 보조를 증액했다. 아울러, 장시간·장기 휴업중의 위탁을 실시하는 시설을 대상으로 사무부담에 대응하기 위한 가산을 신설해 대기 아동해소를 위해 노력하고 있다. 일본에서의 일시위탁 사업은 한국의 돌봄교실과 유사한 것이다.

사. 유아교육 질의 향상: 교육기본법 및 유치원교육요령의 개정

유아교육의 중요성에 비추어, 2006년에 개정된 신 교육기본법에서는, 국가나 지방공공단체가 유아기의 교육을 진흥하도록 노력 의무를 부과받고 2007년 개정된 학교교육법은 유치원이 의무교육 및 그 후의 교육의 기초를 기르는 학교로서 명기되었다.

유치원교육요령은 전국적으로 일정한 교육수준을 확보함과 아울러 유치원이 편성하는 교육과정등 대강기준으로서 국가가 학교교육법에 근거해 정한 것이다. 아이의 성장변화나 사회의 변화에 대응해 대체로 10년마다 재검토를 하고 있다. 2017년 3월에 새로운 유치원교육요령이 공시되어 2018년 4월부터 실시되고 있다.

새로운 유지원교육요령은 5개 영역(건강, 인간관계, 환경, 말, 표현)의 목적에 따라 유치원교육에 있어서 기르고 싶은 자질, 능력(지식 및 기능의 기초, 사고력, 판단력, 표현력 기초, 배움으로 가는 힘, 인간성 등)을 명확하게 했다. 또한 '유아기 끝까지 기르고 싶은 모습'을 명확히 하고, 소학교 교사와 공유함으로써 유아교육과 초등학교 교육의 연계를 진척시키고자 했다. 그 외, 유아 한 사람 한 사람의 장점이나 가능성을 파악하는 등 유아 이해를 토대로 한 평가 실시나, 장애가 있는 유아나 해외로부터 귀국한 유아 등 특별한 배려가 필요한 유아에 대한 지도 충실이 도모되고 있다.

> 유치원교육요령은 5개 영역

2017년에는 새로운 유치원교육요령에 관해 국가 및 지방에서 설명회를 거치는 것 외에 새로운 유치원 교육요령의 내용을 토대로 한 지도방법에 관한 조사 연구 사업이 실시되었다

또한, 문부과학성은 '유치원 학교평가 가이드라인(2011.11 개정)'을 제시하여, 유치원의 특성에 대응한 학교평가 추진으로 유치원 교육의 질 향상을 도모하고 있다.

> 유치원 학교평가 가이드라인

게다가 유아교육의 질 향상을 도모할 체제정비를 위해 2016년 4월, 국가·지방공공단체가 유아교육진흥책의 정책입안을 실시하는데 있어서 필요한 기초데이터의 수집·분석이나 정책 효과에 관한 연구를 행하기 위한 국가의 조사 연구 거점으로서 '국립교육정책연구소'내에 '유아교육연구센터'를 설치했다.

같은 해에는 도도부현이나 시정촌에서 연수등 거점이 될 유아교육센터를 설치하거나, 각 유치원 순회하면서 조언하는 유아교육 어드바이저 배치사업을 추진하는 등, 지방공공단체에 있어서의 유아교육의 추진체제를 구축하기 위한 모델 사업도 실시되고 있다.

아. 유치원 교육 무상화를 향한 대응책: 유치원 취원 장려사업

문부과학성은 원아 보호자에 대한 경제적 부담 경감과 공사립 유치원간의 보호자 부담 차이를 시정하기 위해 보육료(입학금 포함)를 경감하는 '취원 장려사업'을 실시하는 지방공공단체에 대하여 취원 장려비 보조금을 통해 그 소요 경비의 일부를 국고보조하고 있다.

취원 장려비 보조대상의 확대를 통한 유아교육 무상화는 단계적으로 추진하고 있는데, 2017년엔 연수입 약 270만엔 미만 세대(시정촌세 비과세 세대)의 둘째 자녀 보육료를 무상화 했다. 동시에, 연수입 약 270~360만엔 세대(시정촌세 소득할 과세 77,100엔 이하)의 한 부모세대의 첫째 자녀와 관련된 보호자 부담에 대해서는 앞의 연수입 약 270만엔 미만 세대의 첫째 자녀와 같이 월액 3천엔으로 하여 부담을 경감시켰다. 또한, 연수입 약 270~360만엔 그 외의 세대에도 첫째 자녀의 보육료를 월액 16,100엔에서 14,100엔으로, 둘째 보육료를 월액 8,050엔에서 월액 7,050엔으로 인하하여 보조 대상을 확대했다.

2017년 6월 9일에 각료회의에서 결정된 '경제재정운영과 개혁의 기본방침 2017'에서는 "유아교육·보육의 조기 무상화나 대기 아동의 해소를 위한 재정 효율화, 세금, 새로운 사회보험 방식의 활용 등을 포함, 안정적인 재원 확보의 진행 방법을 검토하여 연내에 결론을 낸다"고 결정하고, "유아교육에 대해 재원을 확보하면서 단계적 무상화를 진행시킨다"고 했다.

또한 '유아교육 무상화에 관한 관계 각료와 여당 실무자 연락회의(2017.7.31.)'에서는 2018년도에도 가정의 경제상황에 관계없이 모든 아이에게 질 높은 유아교육을 보장하기 위해 '환경정비'와 '재원확보'를 도모하면서 단계적으로 유아교

육 무상화를 위한 대응을 추진하기로 했으며, 그 대상범위나 내용 등에 대해서는
예산편성 과정에서 검토하기로 했다.

이러한 방침 등을 근거로 해 2018년 예산에서는 연수입 약 270~360만엔 미만
상당 세대의 첫째 자녀 보육료를 월액 14,100엔에서 1,0100엔으로, 둘째 자녀의 경
우 7,050엔에서 월액 5,050엔으로 인하되도록 하여 부담 경감조치를 취한 바 있다.

2017년 12월 8일에 각료회의에서 결정된 '새로운 경제정책 패키지'에서는
'넓게 국민이 이용하고 있는 3세부터 5세까지의 모든 아이들의 유치원, 보육소,
인정어린이원의 비용을 무상화 한다'고 했다. 그 실시시기에 대해서는 '소비세율
인상시기의 관계에서 증수액에 맞추어 2019년 4월부터 일부 시작하여 2020년
4월부터 전면적으로 실시한다'고 했다.

또한, 유치원에 있어서의 위탁보육의 무상화에 대해서도, '새로운 경제정책
패키지'에 근거하여 '유치원, 보육소, 인정어린이원 이외의 무상화 조치의 대상
범위등에 관한 검토회'에서 검토하여 2018년 여름까지 결론을 내도록 했다. 덧붙
여 유치원 취원 장려비 보조 사업과 같이, 아이ㆍ육아 지원 신제도에 대해서도
보호자의 소득 상황에 따른 부담경감을 달리하는 특징을 보였다.

자. 자녀ㆍ육아지원 신제도에 대한 현장의 반응

2008에 도입된 '자녀보육 신시스템'은 지금까지 공적 책임으로 되어있던 보
육소 제도를 해체하고, 간병보험이나 장애자 자립지원법과 같은 구조로 보육을
시장화 하는 구조로 바꾸었다라는 비판을 받기도 했다.

자녀보육 신시스템

보육원에 들어가지 못하는 대기 중인 아동 문제가 시장에 맡겨져 해결해야
할 책임자가 없어졌다는 관점이다. 정부는 "부모는 자신이 보육원을 선택해서 계
약할 수 있다"거나 "어떤 보육원을 이용해도 어린이원 급부를 공평히 지급받는
다"고 하지만, 보육원이 증가하지 않는다면 대기 아동은 감소하지 않는 상황이
다. 보육원이 늘어날 수 있도록 시정촌에 '신시스템사업계획'을 책정토록 의무화
하고 있지만 보육을 실시하는 법적 의무가 아니므로 계획이 달성되지 않아도 어

쩔 수 없는 상황이다.

부모는 시정촌에 신청하여 월 몇 시간 분의 보육서비스(어린이원 급부)를 받을 수 있는데, 인정된 시간을 1분이라도 넘거나 공정가격을 넘은 경우 추가로 자기부담 하도록 되어 있어서 부담이 적지 않다는 지적이다. 가정의 경제력이 어린이원 선택을 좌우하고 보육시간이나 내용을 좌우하는 등 불공평한 제도가 될 우려가 있다는 지적도 있다.

그리고 장애아 및 경제적 취약계층을 배제하는 것을 막도록 규정은 하고 있으나 기관이 적당한 이유를 들어 이들을 선별하여 받아들일 가능성이 있다는 지적이다. 또한 보육시설 근무자의 노동조건이 열악하고 비정규직원의 비율이 증가하고 있는데 이에 대한 대처가 부족하다 것도 문제점이다.

무엇보다 염려스러운 문제점의 하나로 지적되는 것은 유아기에 필요한 '보육'의 관점 보다는 '교육연계' 및 '조기교육' 만을 강조(취학전 질 높은 교육의 강화 슬로건)하여 인간형성을 위한 보육과 교육 본래의 모습을 망각할 위험이 있다는 것이다.[19]

5 특별지원교육 법규 및 정책

가. 특별지원교육 제도 개관

통급(通級) 지도

현재 일본에서는 특별지원학교나 소·중학교의 특별지원학급,[20] 장애에 대응한 특별한 지도(이른바 '통급(通級)' 지도[21])에 대해서는, 특별한 교육과정이나 소인

---

19 大宮勇雄(2012), "子ども・子育って新システムは何か", 『敎育』(2012.2), 86頁.

20 장애가 비교적 가벼운 아이를 위한 소·중학교에 장애의 종별에 따라 두는 소수의 학급. 지적장애, 지체부자유, 병약, 신체허약, 약시, 난청, 언어장애, 자폐증, 정서장애의 학급 등이 있다.

21 통급(通級) 지도: 통상의 소학교와 중학교에 재적하며, 언어장애, 약시, 난청, 학습장애, 주의결함인 다동성 장애(多動性障害), 자폐증 등의 학생을 대상으로 주로 각 교과 등의 지도를 통상적인 학급에서 실시하면서 장애를 바탕으로 한 학습상 또는 생활상의 곤란을 개선하고 극복에 필요한 특별지도를 특별하게 하는 교육 형태이다. 1993년부터 행해지고 있다. 2006년도부터는, 학습장애(LD)·주의결함 다동성장애(ADHD) 학생에 대해서도 그 대상으로 했고, 2018년도부터 고등학교 등에서도 통급을 통한 지도가 개시되었다.

원의 학급 편제 하에, 특별히 배려한 교과서, 전문적인 지식·경험을 갖춘 교직원, 장애를 배려한 시설·설비등을 활용해 지도를 하고 있다.

최근에는 특별지원학교에 재적하는 유아 아동 생도의 장애의 중증 및 중복화가 진행되고 있어 한층 세밀한 지원체제의 정비가 요구되고 있다. 특별지원교육은 발달장애를 포함한 특별한 지원을 필요로 하는 아동이 재적하는 모든 학교에서 실시되며, 통상의 학급에 재적하는 장애가 있는 아동에 대해서도 합리적 배려를 하면서 필요한 지원을 실시할 필요가 있다.

2017년 5월 1일 현재, 특별지원학교에 재적하고 있는 유아 아동과 소중학교의 특별지원 학급 및 통급에 의한 지도를 받고 있는 생도의 총수는 약 49만명이다. 이들 중 의무교육 단계의 아동 생도는 약 41만 7,000명이며, 이것은 같은 연령단계에 있는 아동 생도 전제의 약 4.2%에 해당한다([그림 8-4] 참조).

의무교육 단계의 전체 아동 생도 수가 989만명으로 점차 감소 추세에 있는 것과는 달리, 특별지원학교에 재적하고 있는 아동 생도와 소·중학교의 특별지원 학급 및 통급에 의한 지도를 받고 있는 아동 생도는 해마다 증가하고 있는 특징

그림 8-4 일본의 특별지원교육 개념도(의무교육단계)

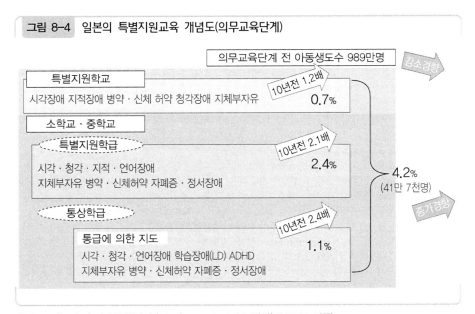

출처: 平成29年度 文部科學白書(2018) 도표 2-4-26 번역(2017.5.1.기준)

을 보이고 있다.

구체적으로 특별지원학교는 2007년에 비해 1.2배 증가했고, 일반 학교의 특별지원 학급은 2.1배, 그리고 통급에 의한 지도는 2.4배 증가했다.

통급에 의한 지도를 받는 약 10만 9천명의 소학교 및 중학교 아동 생도들은 시각장애, 청각장애, 언어장애, 지체부자유, 병약·신체허약, 정서장애, 자폐증, 학습장애(LD; Learning Disabilities),[22] 주의력결핍 과잉행동장애(ADHD: Attention Deficit/Hyperactivity Disorder)[23] 등이다. 발달장애(LD·ADHD·고기능 자폐증등)의 가능성이 있는 아동 생도는 6.5% 정도의 재적률을 보이고 있다.

특수학교 대신 특별지원학교로 개칭!
(장해있는 사람은 장애인으로 번역!)

☞ 일본에는 2006년 6월에 학교교육법 등을 개정을 통해 2007년 4월부터 기존의 맹아·농아·양호학교제도는, 장애의 중복화에 대응하기 위해 복수의 장애 종류를 받아들일 수 있는 '특별지원학교' 제도로 전환했다. 특별지원학교는 지역에서의 특별지원교육센터로 기능·역할을 부여하였고, 소·중학교에서 발달장애를 포함한 장애가 있는 학생에 대한 특별지원교육을 추진토록 명시하였다.

☞ 일본 교육기본법 등에는 장해(障害)[24]가 있는 사람(障害のある者)이란 표현을 사용하지만, 한국에서는 장해인이라고 하지 않고 장애인(障礙人)[25]이라고 표현한다. 한국의 특수교육법 명칭 역시 「장애인등에 대한 특수교육법」이다.

---

22 학습장애(LD)는 기본적으로는 전반적인 지적발달에 지연은 없지만, 듣고 말하고 읽기, 쓰기, 계산해 추론하는 능력 중 특정 사물의 습득과 사용에 현저한 어려움을 나타내는 다양한 상태를 가리킨다. 그 원인으로는 중추 신경계에 어떠한 기능장애가 있다고 추정되지만 시각장애 청각장애, 지적장애, 정서장애 등의 장애나 환경적 요인이 직접적인 원인이 되는 것은 아니다.

23 ADHD는 연령이나 발달에 어울리지 않는 주의력, 충동성, 다동성을 특징으로 하는 행동의 장애, 사회적인 활동과 학업의 기능에 지장을 초래한다. 일반적으로 7세 이전에 나타나 그 상태가 계속되는 것으로 중추신경계에 어떠한 요인에 의해 기능부전이 있다고 추정된다.

24 한국어의 장해는 신체의 결함보다는 "하고자 하는 일을 막아서 방해 또는 그런 것"을 의미한다. (예: 그는 별다른 장해를 받지 않고 강을 건넜다.)

25 한국어의 장애인은 정신적 또는 신체적 결함으로 일상생활에 상당한 제약을 받는 사람(예: 지체 장애인)이다.

이 수치는, 2012년 문부과학성이 행한 조사로 학급 담임을 포함한 복수의 교원에 의해 판단된 회답에 근거한 것이며 의사의 진단에 의한 것은 아니다. 통상의 학급에 재적하는 학교교육법시행령 제22조의3에 해당하는 아동 생도는 약 2천명으로 그 가운데 250명으로 조사되었다.

나. 특별지원교육 관련 주요 법규

(1) 교육기본법상 특별지원 교육의 원칙: 국가와 지방공공단체의 지원 의무

교육기본법 제4조는 교육의 기회균등을 규정하고 있다. 특히, 이 법은 제2항에서는 국가와 지방공공단체에게 장애인 교육에 대한 지원 강구 의무를 부과하고 있다.

> **(교육의 기회균등) 교육기본법 제4조 제2항**
> 국가 및 지방공공단체는 장애있는 사람이 그 장애 상태에 따라 충분한 교육을 받을 수 있도록 교육상 필요한 지원을 강구하지 않으면 안된다.[26]

제1항에서 교육의 기회균등을 적용하여야할 차별 금지 영역으로 인종, 신조, 성별, 사회적 신분, 경제적 지위 또는 가문(출신)에 의해 교육상 차별받지 않는다고 선언한데 이어서, 제2항에서 장애인에 대한 배려를 규정하고 있다. 장애인에 대한 배려는 제3항의 경제적 곤란자에 대한 장학 조치보다도 앞서서 강조되고 있어서 그 중요성이 어느 정도인지 짐작할 수 있다.

(2) 학교교육법상 특별지원교육 관련 조항

2006년 6월에 학교교육법 개정을 통하여 2007년 4월부터 기존의 맹아·농아·

---

26 (教育の機会均等) 教育基本法 第四条　2 国及び地方公共団体は、障害のある者が、その障害の状態に応じ、十分な教育を受けられるよう、教育上必要な支援を講じなければならない。

특별지원학교제도로
전환

양호학교제도는, 장애의 중복화에 대응하기 위해 복수의 장애 종류를 받아들일 수 '특별지원학교'제도로 전환된 바 있다.

특별지원학교에 대해서는 지금까지 축적해 온 전문적인 지식·기능을 살려 지역에서의 특별지원교육센터로 기능·역할(이를 '센터적 기능'이라 함)을 달성하기 위해 소·중학교 등의 요청에 따라 이들 학교에 재적하는 장애가 있는 아동 생도 등의 교육에 관한 조언·지원하도록 되었다. 또한, 소·중학교 등에서도 발달장애를 포함한 장애가 있는 아동 생도 등에 대한 특별지원교육을 추진하는 것이 법률상 명확히 규정되었다.

학교교육법 제8장은 '특별지원교육' 즉, 한국의 특수교육에 관한 사항을 규정하고 있다.

특별지원학교는 시각장애인, 청각장애인, 지적장애인, 지체부자유자 또는 병약자(신체허약자를 포함)[27]에 대하여 유치원, 소학교, 중학교, 중학교 또는 고등학교에 준하는 교육을 실시함과 동시에 장애에 의한 학습상 또는 생활상의 어려움을 극복하고 자립을 도모하기 위해 필요한 지식기능을 주는 것을 목적으로 한다(72조)고 하여 특별지원학교의 목적을 밝혔다. 특별지원학교에서는 문부과학대신이 정하는 바(성령)에 따라 제73조에 규정하는 자에 대한 교육 중 해당 학교가 실시하는 것을 명확히 하도록 했다(73조).

특별지원학교에서는 목적을 실현하기 위한 교육을 실시하는 것 외에 유치원, 소학교, 중학교, 의무교육학교, 고등학교 또는 중등교육학교의 요청에 따라 제81조 제1항에 규정하는 유아, 아동 또는 생도의 교육에 관해 필요한 조언과 원조를 하도록 노력해야 한다(74조).

특별지원학교에는 소학부 및 중학부를 두어야 한다. 단, 특별한 필요가 있는 경우에는 그 중 어느 하나를 둘 수 있다. 특별지원학교에는 소학부 및 중학부 외에 유치부 또는 고등부를 둘 수 있으며, 특별한 필요가 있는 경우에는 전항의 규정에 관계없이 소학부 및 중학부를 두지 않고 유치부 또는 고등부만을 둘 수 있다(76조).

---

27 시각장애인, 청각장애인, 지적장애인, 지체부자유자 또는 병약자의 장애의 정도는 정령으로 정한다 (75조).

특별지원학교의 유치부의 교육과정 기타의 보육내용, 소학부 및 중학부의 교육과정 또는 고등부의 학과 및 교육과정에 관한 사항은 유치원, 소학교, 중학교 또는 고등학교에 준하여 문부과학대신이 정한다(77조).

특별지원학교에는 기숙사를 설치해야 한다. 단, 특별한 사정이 있을 때에는 이를 마련하지 않을 수 있다(78조). 기숙사를 짓는 특별지원학교에는 기숙사 지도원을 두어야 한다. 기숙사 지도원은 기숙사에서의 유아, 아동 또는 생도의 일상 생활상의 보살핌 및 생활지도에 종사한다.(79조).

도도부현은 그 구역 내에 있는 학령아동 및 학령생도 중 시각장애인, 청각장애인, 지적장애인, 지체부자유자 또는 병약자이며 그 장애가 제75조의 정령으로 정하는 정도의 경우 취학시키는 데 필요한 특별지원학교를 설치하여야 한다(80조).

유치원, 소학교, 중학교, 의무교육학교, 고등학교 및 중등교육학교에서는 다음 항 각호 중 하나에 해당하는 유아, 아동 및 생도 기타 교육상 특별 지원을 필요로 하는 유아, 아동 및 생도에게 문부과학대신이 정하는 바에 따라 장애에 의한 학습상 또는 생활상의 곤란을 극복하기 위한 교육을 실시한다(81조).

소학교, 중학교, 의무교육학교, 고등학교 및 중등교육학교에는 다음 각 호 (지적장애자, 지체부자유자, 신체허약자, 약시자, 난청자, 기타 장애자로 특별지원학교에 교육을 하는 것이 적당 것) 중 하나에 해당하는 아동 및 생도를 위해 특별지원학급을 둘 수 있다(81조의2).

전항에 규정하는 학교에서는 질병에 의해 요양 중인 아동 및 생도에 대하여 특별지원학급을 마련하거나 교원을 파견하여 교육을 실시할 수 있다(81조의3).

제26조, 제27조, 제31조(제49조 및 제62조에 있어서 대체하여 준용하는 경우 포함), 제32조, 제34조(제49조 및 제62조에 있어서 준용하는 경우 포함 및 제62조에서 준용하는 경우를 포함), 제36조, 제37조(제28조, 제49조 및 제62조에 있어서 준용하는 경우 포함), 제42조 내지 제44조까지, 제47조 및 제56조 내지 제60조까지의 규정은 특별지원학교에 제84조 규정은 특별지원학교 고등부에 각각 준용한다(82조).

한편, 2011년 8월에 개정된 「장애자기본법」이 공포되어 교육 분야에서는 장애자가 그 나이 및 능력에 따라 동시에 그 특성을 근거로 한 충분한 교육을 받을 수 있도록 가능한 장애가 있는 아동 및 생도가 장애가 없는 아동 및 생도와 함께

장애자기본법

교육을 받을 수 있도록 배려하면서 교육내용 및 방법의 개선 및 내실화를 도모하는 등 필요한 시책을 강구해야 할 것 등에 관하여 새로 규정되었다. 한국에서 일컬어지는 이른바 특수교육에 있어서 통합교육과 같은 흐름인 것이다.

(3) 특별지원학교에의 취학 장려에 관한 법률

이 법은 이미 1954년에 제정된 법이다. 이 법의 제정 목적은 "교육의 기회균등의 취지에 따라 특별지원학교 취학의 특수사정에 비추어 국가 및 지방공공단체가 특별지원학교에 취학하는 아동 또는 생도에 대해 필요한 원조를 할 것을 규정하고, 특별지원학교에서의 교육보급 장려를 도모하는 데 있다(1조).

특별지원학교에서의
교육보급 장려

이 법은 국가와 도도부현이 해야 할 취학 장려의무에 대하여, 도도부현은 당해 도도부현이나 도도부현내 시정촌이 설치하는 특별지원학교 혹은 도도부현내 지방독립행정법인법(2003년 법률 제118호)에 근거하여 공립대학법인이 설치하는 특별지원학교, 그리고 사립 특별지원학교 학생의 보호자 등(아동 또는 미성년인 생도에 대해 학교교육법 16조에 규정하는 보호자, 성년인 학생에 대해서는 그자의 취학에 필요한 경비를 부담하는 자)에 대해 경제적 부담을 경감하기 위해 그 부담능력 정도에 따라 특별지원학교 취학에 필요한 경비중 소학부 또는 중학부의 생도에 관계된 것에 대해서는 2~6호 중 고등부(전공과를 제외) 생도에 관계된 것은 제1호에서 5호까지 예시한 것(도우미에 필요한 교통비 제외)에 대해서 그 전부 또는 일부를 지불해야 한다.

1. 교과용 도서 구입비 2. 학교 급식비 3. 통학 또는 귀성 교통비 및 도우미 교통비
4. 부설기숙사 거주비 5. 수학여행비 6. 학용품구입비

위의 각 호에 게제하는 경비의 범위 및 산정기준 기타 동항의 규정에 의한 경비의 지불 기준에 관해 필요한 사항은 정령으로 정한다. 도도부현은 위 규정에 의해 지불한 경비 중 다른 도도부현의 구역 내에 주소를 가진 생도와 관련된 것에 대해서는 해당 다른 도도부현에 대해서 그 2분의 1을 구상(求償)할 수 있다.

국가는 국립학교인 특별지원학교의 취학을 위해 필요한 경비에 대해 위의 규정에 준하여 지불해야 한다(2조).

위의 제2조 제1항 또는 제4항의 규정에 의하여 국가 또는 도도부현이 지불하는 경비는 당해 생도가 취학하는 학교의 교장에게 교부한다. 경비교부를 받은 교장은 이를 정령이 정한 바에 따라 금전을 해당 생도 또는 보호자에게 지급해야 한다. 다만, 정령으로 정하는 특별한 사정이 있을 때는 현물을 지급할 수 있다(3조).

국가는 제2조 제1항의 규정에 의하여 도도부현이 지불하는 경비의 2분의 1을 부담한다(4조). 그리고 특별지원학교의 교장 및 특별지원학교에 취학하는 학생(고등부의 전공과 학생 제외)의 보호자 등은 문부과학대신 또는 도도부현의 교육위원회가 정하는 바에 따라 국가 또는 도도부현이 제2조의 규정에 의하여 지급해야 할 경비 산정에 필요한 자료를 문부과학 대신 또는 도도부현의 교육위원회에 제출하여야 한다(5조).

(4) 특별지원학교의 유치부 및 고등부에 있어서 학교급식에 관한 법률

이 법률은 특별지원학교교육의 특수성에 비추어 특별지원학교 유치부 및 고등부에서 배우는 유아 및 생도의 심신의 건전한 발달에 이바지하고 아울러 국민의 식생활 개선에 기여하기 위해 학교급식 실시에 관해 필요한 사항을 정하고 그 보급 충실을 도모하는 것을 목적으로 1957년에 제정되었다(1조).

이 법에 따르면 학교 설치자의 임무로서, 당해 학교에 학교급식 실시 노력 의무를 부여하고 있다(3조). 반면, 국가와 지방자치단체로 하여금, 학교급식의 보급과 건전한 발달을 도모할 노력을 지우고 있다(4조).

무엇보다도 경비의 부담에 대하여는, 학교급식 실시에 필요한 시설 및 설비에 필요한 경비 및 학교급식 운영에 필요한 경비 중 정령으로 정한 것은 특별지원학교 설치자가 부담한다. 이 외의 학교급식에 필요한 경비는 학교급식을 받는 유아나 생도 보호자등(유아나 미성년 생도에 관해서는 학교교육법 제16조에 규정한 보호자, 성년에 달한 생도에 대해서는 그 자의 취학에 필요한 경비를 부담하는 자를 말함)이 부담하는 것이 원칙이다(5조).

다. 다양한 특별지원교육 배움의 장에 대한 정비

(1) 특별지원교육에 관한 지도 충실

일본 문부과학백서(2018)는 특별지원교육에 관한 정비를 다음과 같이 보고하고 있다.

장애아에게는 특별지원학교나 소·중·고등학교 특별지원학급, 통급 지도등이 행해지고 있다(고교 통급 지도는 2018년부터). 2018년 3월에 고교표준법시행령을 개정해, 공립 고교 통급지도를 위한 가배정수조치(加配定数措置; 정원 증가 조치)가 가능하게 되었다.

유·소·중·고교 특별지원교육의 학습지도요령은 개별 지도계획이나 개별 교육지원 계획을 작성하는 등 개개의 아동 생도 등의 장애 상태등에 대응한 지도 내용이나 지도 방법의 강구하여 계획적·조직적으로 실시하고 있다.

또한, 2017년 3월 31일에 고시한 신 '소학교학습지도요령'에서는 1. 특별지원학급이나 통급 지도 등에 있어서 특별한 교육과정을 편성할 때 배려사항, 2. 특별지원학급에 재적하는 아동 생도나 통급 지도를 받는 학생에 대해서는 개별적인 교육지원계획이나 개별지도계획을 전원 작성하여 활용할 것, 3. 각 교과 등에서 학습활동시 어려움에 따른 지도내용이나 지도방법의 연구를 실시하는 것 등에 걸쳐 충실히 하도록 규정했다.

이어 2017년 4월 28일에 고시한 신 '특별지원학교 소학부·중학부학습지도요령'에서는, 1. 중복 장애아나 지적 장애아의 배움의 연속성, 2. 장애의 특성 등에 대응한 지도상의 배려의 충실성, 3. 캐리어 교육의 충실이나 평생학습에의 의욕 향상 등 자립과 사회 참가를 위한 교육을 충실화 시켰다.

더불어 신 '특별지원학교 학습지도요령'의 원활한 실시를 위해 학습지도요령 취지를 토대로 한 교육과정 편제나 한 사람의 장애 상태에 대응한 지도방법 개선·충실에 대해서 선도적인 실천 연구를 실시했다.

통급지도를 위한 가배정수조치

(2) 교류 및 공동학습의 충실

장애아와 장애없는 아이나 지역민이 함께 활동하는 것이 아이들의 사회성이나 풍요로운 인간성을 육성하는데 의의가 있고 지역민이 장애아에 대해 올바르게 이해하고 깊게 인식하는데 중요한 기회라는 점을 강조한다. 때문에, 유·소·중·고교 및 특별지원학교의 학습지도요령 등에 교류 및 공동학습 기회를 규정하면서, 교육위원회 주체로 학교의 각 교과나 스포츠, 문화·예술활동 등을 통한 교류 및 공동학습 기회를 마련함으로써 장애인 이해를 도모하는 대처 방안으로 실시되고 있다.

또한, '유니버설 디자인 2020 행동계획(2017.2.20. 유니버설 디자인 2020 관계 각료회의 결정)'에 근거하여, '마음의 장벽걷기 학습추진회의'를 개최하여 2018년 2월에 교류 및 공동 학습의 추진 방안을 모색했다. 이들 제안을 토대로 교류 및 공동 학습을 통한 장애인 이해를 추진하는 등 한층 더 충실한 시책을 도모하면서 교육위원회와 학교의 적극적 대응을 요구하고 있다.

(3) 장애있는 아동 생도 교재의 충실

장애가 있는 아동 생도에 대해 장래의 자립과 사회 참가를 위한 배움을 충실하게 도모하기 위해서는 장애 상태나 특성을 토대로 교재를 효과적으로 활용하고, 적절한 지도를 실시하는 것이 중요하다. 문부과학성은 학습상 지원 기기등 교재 활용에 대해서, 2014년도부터 실시하고 있는 아동 생도의 장해 상태 등에 대응하기 쉬운 지원 기기등 교재 연구 개발 지원 사업을 실시해왔다. 이에 더하여 2017년부터는 지원 기기등 교재의 선정·활용에 필요한 지표 및 학습평가 방법 연구사업도 시작했다. 또한, 지원 기기등 교재를 활용한 지도방법에 관한 실천연구도 실시하고 있다.

(4) 교사의 전문성 향상

2017년 5월 1일 현재, 특별지원학교 교사의 특별지원학교 교사면허장 보유율은 전체적으로 77.7%로 전년도 대비 1.9%포인트 증가하고 있지만, 특별지원교

보유율은
전체적으로 77.7%

육에 관한 교사의 전문성의 향상이 요구되고 있는 가운데, 전문면허장등의 보유율 향상을 중요한 과제로 삼고 있다. 이를 위해 문부과학성은 각 도도부현 교육위원회로 하여금 특별지원학교 교사면허장 보유율을 높일 수 있도록 채용, 연수, 배치 때 면허장의 보유를 고려토록 요구하고 있다. 특별지원학교의 교사의 전문성을 향상을 위해 각 도도부현의 교사를 대상으로 한 연수도 강화되고 있다.

(5) 자립과 사회참가를 추진하기 위한 직업교육의 충실

장애인이 생애에 걸쳐서 자립하여 사회에 참가하기 위해서는 기업 취업을 지원하여 직업적 자립을 돕는 것이 중요하다는 인식이다. 2017년 5월 1일 특별지원학교 고등부 졸업자 중, 복지시설 등 입소자 비율이 약 62%에 이른 한편, 취직자의 비율은 약 30%가 되고 있어서 직업적 자립을 도모하는데 어려움이 있는 실정이다.

취직자의 비율은
약 30%

표 8-5 특별지원학교 고등부(본과) 졸업 후의 상황

구분	졸업자	진학·교육훈련기관등	취직자	시설·의료기관	기타
계	21,292	777(3.7%)	6,411(30.1%)	13,253(62.2%)	851(4.0%)

주 : 2007년에는 진학등은 7%, 취직자 23.1%, 시설·의료기관 57.8% 기타 12.1%
출처: 문부과학성 學校基本調査를 인용한 平成29年度 文部科學白書(2018) 도표 2-4-27 편집(2017.5.1. 기준)

10년 전과 비교하면 시설 및 의료기관은 감소한 반면, 취직자와 진학 및 교육훈련기관으로의 이동이 증가하였다. 최근, 특별지원학교 고등부 졸업 후의 취직자 수는 증가하고 있지만, 특별지원학교 고등부 재적자수도 큰 폭으로 증가하고 있어 취직자의 비율엔 큰 변화는 없었다.

장애인 취업을 촉진하기 위해서는 교육·복지·의료·노동 등의 관계 기관이 일관된 시책을 실시할 필요가 있다. 문부과학성에서는 후생노동성과 제휴해, 도도부현 교육위원회 등에 대해 취업지원 세미나나 장애인 직장실습 추진 사업 등

노동관계 기관 등의 여러 시책을 적극적으로 활용하거나 복지 관계 기관과 제휴를 도모하여 취업을 도모할 것을 독려하고 있다.

또, 특별지원학교 고등부나 고등학교 등에서 노동 관계 기관과 제휴해 장애가 있는 생도의 취업지원을 실시하는 '취업지원 코디네이터'의 배치 등 복지나 노동 관계기관과 제휴로 캐리어 교육·취업 지원을 강화하고 있다.

(6) 국립 특별지원교육종합연구소에 있어서 대응

국립특별지원교육종합연구소는 일본 유일의 특별지원교육 국립센터로서 국가 정책과제나 교육현장의 중요 과제에 대응한 연구활동 및 도도부현 교직원 지도자 대상 전문연수를 실시한다. 인터넷을 통해 일반 학급교사를 포함해 장애아 교육에 종사하는 교사의 자질 향상에 대응하고 있는데, 연수강의나 특별지원학교 교사면허장 취득을 위한 통신교육을 실시한다.

일반 학교를 비롯해 특수교육 관계자에게 필요한 정보제공을 위해 발달 장애 정보를 제공하고 학교에 합리적 실천 사례를 제공하거나 장애상태에 대응한 교재나 지원 기기 활용을 촉진하기 위해 다음의 대책을 추진하고 정보를 제공하고 있다.

① 발달장애 교육추진센터: 교육 관계자나 보호자등에 웹사이트를 통해서 발달장애 관련 교육정보를 제공하고, 교사 전용의 연수 강의를 전달한다.
② 인클루시브 교육시스템 구축지원 데이터 베이스: 학교에서의 합리적 실천사례를 공표하여 특별지원교육을 확산을 도모한다.
③ 특별지원교육 교재 포털사이트: 합리적 배려를 위한 기초 환경정비의 일환으로 교재나 지원기기등의 활용에 관한 여러 정보를 집약·관리하여 제공하기 위한 포털사이트를 두고 있다.

이외에도 2016년 '인크루시브 교육시스템 추진 센터'를 설치해, 지역이나 학교가 직면하는 과제를 연구주제로 하여, 그 해결을 목표로 하는 '지역실천연구'나, 외국의 최신 정보 발신을 통해서 지역이나 학교에 있어서의 대응을 지원하고 있다.

국립특별지원교육
종합연구소

라. 특별지원교육에 대한 지역·학교에 있어서 지원체제 정비

(1) 특별지원교육의 충실을 위한 체제 정비

문부과학성은 장애아에 대한 특별지원교육 충실화를 위한 학교 체제의 정비와 유의사항을 당부하고 있다. 또한 장애있는 유아 생도에의 지원체제 정비, 순회상담이나 전문가 팀에 의한 지원, 연수체제의 정비·실시, 관계 기관과의 제휴를 도모하고 관련되는 경비의 일부를 보조하기도 한다.

2017년 특별지원교육체제 정비 상황 조사에 의하면, 소·중학교에는 '교내위원회'가 대부분 설치되었고, '특별지원교육 코디네이터'가 지명되고 있어서 '개별지도계획' 및 '개별 교육지원계획' 작성이 이루어지고 있다고 한다.

유치원과 고교에 있어서의 체제정비는 진행되고 있지만, 소학교와 중학교에 비하면 과제를 보이고 있다. 이 때문에 문부과학성은 유치원 단계에서의 지원을 강화하기 위해 장애아 조기교육 상담 및 지원체제의 구축을 마련하기 위해, 교육과 보육, 복지, 보건, 의료 등의 제휴를 추진하고, 정보 제공 등에 대한 지원을 모색 하고 있다.

또한 발달장애를 비롯한 장애아들에 대한 지원 교육 및 복지연대에 대해서는 학교와 장애복지서비스 사업자와의 상호이해를 촉진하고 보호자를 포함한 정보공유의 필요성이 지적된다. 이에 따라, 문부과학성과 후생노동성은 2017년 12월에 '트라이앵글 프로젝트'를 발족시켜 각 지방공공단체 교육위원회와 복지부처 주도아래 지원이 필요한 아이나 그 보호자가 유아기부터 학령기, 사회참가에 이르기까지 지역에서 지속적으로 지원을 받도록 가정과 교육과 복지를 보다 연결해 나가는 방안을 보고(2018.3)한 바 있다.

(2) 공립 유·소·중·고교에 있어서 특별지원교육 지원원의 배치

특별지원교육 지원원

교육위원회는 공립 유·소·중·고교에 장애 아동 생도에 대한 학교생활상의 간호나 학습 활동상 지원을 실시하는 특별지원교육 지원원(特別支援教育支援員)을 배치하고 있다. 지원원의 배치와 관련된 경비는 지방재정에서 마련되고 있다. 문부과학성은 지원원의 활용 사례 등 참고 정보를 정리한 팜플렛을 각 교육위원회에 배포하는 등 지원원 배치를 독려하고 있다.

각 교육위원회는 이런 재정조치를 유효하게 활용해 전국적으로는 특별지원 교육 지원원 수가 증가하고 있는데 2017년 5월 1일 현재 공립 유치원에 7,139명, 공립 소·중학교에는 52,065명, 그리고 공립 고교에는 510명이 배치되었다.

(3) 발달장애 가능성 있는 아동 생도에 대한 지원

문부과학성은 발달장애 가능성이 있는 아동 생도를 지원하기 위해 2016년부터 학교와 복지 기관과의 제휴를 지원하고, 지원 내용의 공유 방법에 관한 조사 연구 사업 혹은 통급 지도의 담당교사에 대한 연수 체제를 구축했으며, 필요한 지도 방법을 연구하는 사업을 실시했다. 2017년 3월에는 교육위원회나 학교, 보호자를 위한 "발달장애를 포함한 장애 아동 생도에 대한 교육지원체제 정비 가이드라인"을 책정하여 발표하기도 했다.

(4) 의료케어가 필요한 아동에 대한 지원

특별지원학교에는 일상적으로 의료 케어를 필요로 하는 유아 생도가 재적하고 있어서 학습 및 생활지도시 적절히 대응할 필요가 있다. 이에 '사회복지사 및 간병복지사법'에 근거하여, 특별지원학교 교사도 일정한 조건하에서 일정 의료적 케어(흡인등)를 할 수 있다.

문부과학성은 특별지원학교에서 의료적 케어를 필요로 하는 아동 생도의 건강과 안전을 확보하는 데 유의해야 할 점 등에 대해서 정리한 통지문을 2011년에 발령한 바 있다.

또한 제도 개시로부터 5년이 지나 인공호흡기 관리를 비롯한 고도의 의료적 관리에 대한 대응과 방문간호사 활용 등 새로운 과제가 드러나 2017년 10월에 '학교 의료적 케어 실시에 관한 검토회의'를 설치하고 대응하고 있다. 2017년 현재 의료적 케어를 필요로 하는 유아 생도가 공립 특별지원학교에 8,218명, 공립 소·중학교에 858명 재적하고 있다. 문부과학성은 간호사 배치에 필요한 경비의 일부를 보조하고 있다. 학교에서는 고도의 의료적 케어에 대응하기 위해 의사와 제휴한 교내지원체제를 구축하거나 의료적 케어 실시 매뉴얼을 작성 보급하는 모델 사업을 실시하고 있다.

(5) 취학 지원

특별지원교육
취학장려제도

문부과학성 및 도도부현, 시정촌교육위원회는 장애 아동 생도의 취학을 지원하기 위해 '특별지원학교 취학장려에 관한 법률'에 의거 특별지원교육 취학장려제도를 실시하고 있다. 특별지원학교나 소·중학교 특별지원학급 등의 취학에 관한 특수 사정을 고려하여 보호자 등의 경제적 부담을 경감하는 것을 목적으로 하여 보호자 등의 부담능력에 따라 통학비나 교과용 도서구입비, 기숙사비 등 특별지원학교의 취학에 필요한 경비의 전부 또는 일부를 부담하고 있다.

교원법규론

제9장에서는 학교교육의 성패를 좌우하는 교원법규에 대하여 논한다. 주요 내용은 첫째, 교원 행정 관련 입법 체계, 둘째, 교원 복무 관련 법제 현황, 셋째, 교원 자격 및 보직 법제, 넷째, 교원 양성 및 연수 법제 현황을 다룬다.

제1절은 교원 행정 관련 입법 체계로서, 교육기본법상 교원 관련 조항에서 교원행정의 기본 원칙을 도출하고, 신구 교육기본법상 교원조항을 비교 논의한 후, 교원 신분법에 해당하는 교육공무원특례법을 개관한다.

제2절은 교원에게 있어서 가장 중요한 복무 및 신분제한 처분과 징계처분에 관한 사항을 다룬다. 직무상의 의무로서 복무의 선서, 법령에 따를 의무, 직무 전념의 의무가 있다. 신분상의 의무로서 신용 실추행위 금지, 비밀 엄수 의무, 정치적 행위 제한, 쟁의행위의 금지, 그리고 영리기업 등의 종사 제한 등을 다룬다.

제3절은 교원 자격(면허) 및 보직 법제 현황을 다룬다. 교육직원면허법을 중심으로 교원의 종류와 자격을 살펴보고, 새로운 보직으로 신설된 부교장(副校長), 주간교사, 지도교사제도를 개관하고 학교조직의 변화를 주로 다룬다.

제4절은 교원 양성 및 연수 법제 현황을 살펴본다. 교직대학원 신설로 대변되는 양성체제의 변화와 당해년도 졸업자의 약 30%에 이르는 임용률 현황에 대하여도 살펴본다. 이어서 일본의 특징인 1년간의 조건부 채용기간 동안의 '초임자 연수'와 10여년 경력교사를 대상으로 한 '중견교사 자질향상 연수'에 대하여 검토한다. 더불어 이상과 같은 여러 교원 인사법제의 변화에 대한 평가 및 현장의 반응에 대하여도 소개한다.

1　교원 행정 관련 입법 체계

가. 교육기본법상 교원조항: 교원 행정의 기본 원칙

교원 행정의 기본 원칙은 교육기본법 제9조에 잘 기술되어 있다. 교원이 갖추어야 할 기본 자질로서 교육자로서 사명감, 부단한 연구와 수양, 직책의 수행을 강조하고 있다. 더불어 이러한 요구에 걸맞도록 교원의 신분 존중 원칙을 천명하고 있다. 동시에 적정한 대우를 할 것과 양성과 연수를 통하여 질 관리를 할 것을 요구하고 있다.

교원의 신분 존중 원칙

> **교육기본법 제9조(교원)**
> 법률에 정하는 학교 교원은 자신의 숭고한 사명을 깊이 자각하고 끊임없이 연구와 수양에 힘쓰며, 그 직책 수행에 힘쓰지 않으면 안된다.
> 2 전항의 교원에 대해서는 그 사명과 직책의 중요성에 비추어 그 신분은 존중되고, 대우의 적정을 기하는 것과 동시에 양성과 연수의 충실화를 도모하지 않으면 안된다.[1]

나. 신구 교육기본법상 교원 조항의 비교 논의

2006년 개정 교육기본법 조항에서 특별히 강조된 부분은 교원 조항으로서 구 교육기본법 제6조(학교교육)에 규정되어 있던 것을 분리하여 별도의 조항으로 규정하고 있다는 점이다. 교사로서 사명의 숭고함과 연구와 수양의 중요성을 강조하고 있는 것은 오늘날 당면하고 있는 일본 교직사회의 교직풍토를 반영한 부분이기도 하다.

---

[1] 第九条　　法律に定める学校の教員は、自己の崇高な使命を深く自覚し、絶えず研究と修養に励み、その職責の遂行に努めなければならない。
　2　前項の教員については、その使命と職責の重要性にかんがみ、その身分は尊重され、待遇の適正が期せられるとともに、養成と研修の充実が図られなければならない。

구 교육기본법에서 '학교교육' 조항에서 '전체의 봉사자로서 사명'부분이 삭제된 것에 대하여 일본 학계 일각에서는 "교원이 학교의 공공성을 담보하는 전체의 봉사자임을 부정하며 학교의 주체적 존재인 교원의 지위를 부정하고 있다"고 비판하기도 한다.

표 9-1 신구 교육기본법의 학교 및 교원 관련 조항의 비교

구 교육기본법	신 교육기본법
제6조(학교교육) ① 법률에 정하는 학교는 공공의 성질을 갖는 것이며, 국가 또는 지방공공단체 외 법률에 정하는 법인만 이를 설치할 수 있다. ② 법률에 정하는 학교의 **교원은 전체의 봉사자**이며, 자기외 사명을 자각하고 끊 직책 수행에 힘쓰지 않으면 안된다. 이를 위해서는 교원의 신분은 존중되고 대우는 적정이 이루어지지 않으면 안된다.	(학교교육)제6조 법률에 정하는 학교는 공공의 성질을 가진 것이며 국가, 지방공공단체 및 법률에 정하는 법인만이 이를 설치할 수 있다. (교원) 제9조 법률에 정하는 학교 교원은 자신이 **순고한** 사명을 깊이 자각하고 **끊임없이 연구와 수양에 힘쓰며**, 그 직책 수행에 힘쓰지 않으면 안된다. 2 전항의 교원에 대해서는 그 사명과 직책의 중요성에 비추어 그 신분은 존중되고, 대우의 적정을 기하는 것과 동시에, **양성과 연수의 충실화를 도모하지 않으면 안된다.**

그러나 관점을 달리하여 본다면 교원의 조항을 별도로 둔 것에 더욱 방점을 두어 생각해야 할 필요도 있다. '전체의 봉사자로서'라는 부분이 삭제된 것은 공직자로서 교원 지위를 후퇴시킨 것으로 보는 것은 다소 과도한 해석이다. 국가공무원 및 지방공무원의 특례로서 교육공무원특례법이 여전히 교원에 대한 기본적인 신분법으로서 존재하고 있다는 사실은 공무원으로서 일종인 교원의 지위에 변함이 없음을 의미한다. 어떤 측면에서는 공직자로서 지위보다는 연구와 수양에 노력하여야할 교육자로서 지위 측면을 강조한 개정이라고도 볼 수 있다. 공무원 신분을 차용하는 것만으로 교원의 권리·의무·책임관계를 충족시키기에는 부족함이 있기 때문이다.

다만, 제6장에서 언급한 바와 같이 한국의 교육기본법에서 강조되는 교육전문가로서의 지위가 언급되어 있지 않은 점은 아쉽다.

다. 교원 신분관계 법규

교원 신분관계를
규정한 법률

교원 신분관계를 규정한 법률은 교육공무원특례법이다. 공무원법의 특례로서 1949년 1월 12일 법률 제1호로서 제정된 것으로 총칙을 비롯하여 7개장 35개 조항으로 이루어져 있다.

제1장 총칙(제1조~제2조)
제2장 임면, 급여, 신분조치 및 징계
　　　　제1절　대학 학장, 교원 및 부서장(제3조~제10조)
　　　　제2절　대학 이외의 공립 학교의 교장 및 교원(제11조~제14조)
　　　　제3절　교육장 및 전문적 교육 공무원 제15조~제16조)
제3장 복무(제17조~제20조)
제4장 연수(제21조~제25조의3)
제5장 대학원 수학 휴업(제26조~제28조)
제6장 직원 단체(제29조)
제7장 교육 공무원에 준하는 자에 관한 특례(제30조~제35조)

(1) 교육공무원 특례법의 취지 및 용어의 정의

제1조는 이 법률이 "교육을 통해 국민 전체에 봉사하는 교육공무원의 직무와 그 책임의 특수성을 바탕으로, 교육공무원의 임면, 급여, 신분제한(分限),[2] 징계, 복무 및 연수 등에 대해 규정"하는 것을 목적으로 제정되었음을 밝히고 있다.

용어의 정의를 통하여는 교육공무원이 지방공무원 중 학교교육법상 공립학교 교장 및 교원, 그리고 교육장 및 전문적 교육직원을 의미하는 것으로 규정하고 있다.

---

2 분겐(分限)은 일종의 신분제한 조치로서 강임(降任; 직위를 강등시키는 것), 면직(免職), 휴직, 강급(降給)을 말한다. 신분제한 조치의 일반적인 이유로는 근무실적 분량, 심신 이상으로 직무 수행에 지장이 있는 경우, 해당 직에 필요한 적격성에 결함이 있는 경우가 있다.

1. '교육공무원'이라 함은 지방공무원 중에서 학교교육법 제1조에 정하는 학교에서 동법 제2조에 정하는 공립학교(지방독립행정법인법 제68조 제1항에 규정하는 공립대학법인이 설치하는 대학 및 고등전문학교 제외)의 학장, 교장(원장 포함), 교원, 부국장(部局長), 교육위원회의 교육장, 전문적 교육직원을 말한다(제2조 제1항).

2. '교원'이라 함은 "전항의 학교 교수, 준교수, 조교, 부교장(부대 원장을 포함), 교감, 주간교사, 지도교사, 교사, 조교사, 양호교사, 양호조교사, 영양교사 및 강사(상시근무자 및 지방 공무원법 제28조의5 제1항에 규정하는 단시간 근무자에 한함. 제23조 제2항 제외)을 말한다(제2조 제2항).

3. 이 법률에서 부국장(部局長)이란 대학(공립학교에 한함, 제26조 제1항을 제외하고 이하 동일)의 부학장(副學長) 학장(學長) 기타 정령으로 지정하는 부서의 장을 말한다(제2조 제3항).

4. 본 법률에서 '평의회'는 대학에 두는 회의이며 해당 대학을 설치하는 지방공공단체의 정하는 바에 의한 총장, 학장 기타의 사람으로 구성하는 것을 말한다(제2조 제4항).

5. 이 법률에서 '전문적 교육직원(專門的教育職員)'이란 지도주사(指導主事) 및 사회교육주사를 말한다(제2조 제5항).

(2) 교원의 임용 및 결격사유와 급여

① 채용 및 승진의 방법

공립학교 교장의 채용 및 교원의 채용 및 승진은 전형에 따르도록 하고 그 전형은, 대학부설학교에 있어서는 해당 대학의 학장이, 대학부설학교 이외의 공립학교에 있어서는 그 교장 및 교원의 임명권자인 교육위원회의 교육장이 실시한다(제11조). 지방공무원의 채용 및 승진은 단순히 '경쟁시험에 의한다'고 규정한 것과는 대조적이다.

② 임명권자

지방교육행정법은 교원의 임명권자에 대하여 "교직원은 교육위원회가 임명한다(제34조)"고 규정하고 있다. 시정촌립학교의 설치자는 시정촌이지만 교직원 임명권자는 도도부현 교육위원회로 되어 있다. 다만, 정령지정도시의 시립학교는 설치자인 당해 지정시의 교육위원회가 임명권도 갖고 있다.

③ 결격사유

학교 교육법 제9조는 교장·교원이 되기 위한 자격요건을 명시하고 있는데, 그 전에 면허 취득상 결격 사항을 정하고 있다(교육직원면허법 제6조 1항). 주로 연령이나 학력에 관한 제한이 가해지고 있다.

1. 성년피후견인 또는 피보좌인
2. 금고 이상의 형에 처해진 자
3. 면허장이 효력상실되어 당해 실효일로부터 3년 미경과자
4. 면허장 취소 처분을 받고 3년 미경과자
5. 일본국 헌법시행일 이후 일본국헌법 또는 그 아래 성립한 정부를 폭력으로 파괴하려는 것을 주장하는 정당 기타 단체를 결성하거나 이에 가입한 자

공립학교의 경우 이에 더하여 지방공무원법 제16조의 규정이 적용되어 더욱 엄격한 요건을 요구하고 있다.

지방공무원법 제16조(결격조항) 다음 각 호 중 하나에 해당하는 자는 조례로 정하는 경우를 제외하고는, 직원이 되거나 경쟁시험 또는 전형을 받을 수 없다.

1. 성년피후견인 또는 피보좌인
2. 금고 이상의 형에 처하여 그 집행 완료까지 또는 그 집행 정지까지의 자
3. 당해 지방공공단체에 대하여 징계 면직처분을 받은지 2년 미경과자

④ 1년의 조건부 채용 및 초임자 연수 의무

국가나 지방공무원의 채용은 일반적으로 6개월을 조건부 채용한 후 정식 채용하고 있다(지방공무원법 제22조 1항[3]). 그러나 교원의 경우 조건부 채용기간은 1년으로 하여 일반직 지방공무원에 비하여 길다. 즉, 교육공무원 특례법(제12조)에 따르며, 공립 소학교 교사, 조교사 및 강사를 채용함에 있어서 지방공무원법 제

---

[3] 임시적 임용 또는 비상근직원의 임용을 제외하고는, (지방공무원) 직원의 채용은 모두 조건부로 하여 그 직원이 그 직에 6개월을 근무하여 그간 그 직무를 양호한 성적으로 수행할 경우 정식 채용하는 것으로 한다.

22조 1항에 규정하는 채용의 경우 6개월은 1년으로 하여 동항의 규정을 적용토록 하고 있다. 이 기간 동안 초임자 연수를 받게 된다.

⑤ 교장 및 교원의 급여(제13조) 및 현비부담 교직원 제도

공립 소학교 등의 교장 및 교원의 급여는 이들의 직무와 책임의 특수성을 바탕으로 조례로 정한다(제13조 제1항). 2 전항에 규정하는 급여 가운데 지방자치법 제24조 제2항의 규정에 의해 지급할 수 있다. 의무교육 등 교원특별수당은 다음 예시된 경우를 대상으로 하고, 그 내용은 조례로 정한다.

1. 공립 소학교, 중학교, 중등교육 학교의 전기과정 또는 특별지원학교 초등부 혹은 중학부에 근무하는 교장 및 교원
2. 전호에 규정하는 교장 및 교원의 균형상 필요하다고 인정될 공립고등학교, 중등교육 학교 후기과정 특별지원학교 고등부 혹은 유치부 또는 유치원에 근무하는 교장 및 교원

한편, 지방교육행정법 제37조 제1항에서는 현비부담 교직원을 규정하고 있는데, "임명권자는 도도부현 교육위원회에 속한다"에 근거한 것이다. 시정촌의 재정 격차가 교육격차로 이어지지 않도록 시정촌립 학교 교직원의 급여나 제 수당을 도도부현이 부담토록 하고 있는 것이다(시정촌립학교직원급여부담법 제1조). 이를 현비부담 교직원이라 호칭하고 있다. 2013년 각료회의 결정으로 도도부현과 함께 정령지정도시도 교원 급여를 부담하는 것으로 되어 2017년부터 순차적으로 실시되고 있다.

현비부담 교직원

다만, 소·중학교를 비롯하여 의무교육단계의 학교에 있어서는 도도부현이 급여의 전액을 부담하지 않고 3분의 1은 국고에서 지불하는 것으로 되어 있다(의무교육비국고부담법 제2조). 이를 의무교육비 국고부담제도라 한다. 국가의 부담 비율은 과거 2분의 1이었는데 2006년부터 3분의 1이 되었다.

의무교육비
국고부담제도

최근 소인수 학급편성등으로 인하여 시정촌비로 교원을 채용하는 경우도 있지만, 시정촌립학교 교직원의 대부분은 현비부담 교직원이다. 이들에 임용권이

도도부현 교육위원회에 있지만 현비 부담 교직원의 복무는 시정촌의 교육위원회가 감독하는 구조이다.

2   교원의 복무 및 처분

가. 복무의 근본 기준: 국민 전체의 봉사자

공립학교 교원은 지방공무원 신분을 갖기 때문에 공무원으로서 복무규정이 적용된다. 따라서 일본국헌법 제15조 제2항에서 "모든 공무원은 전체에 대한 봉사자이지, 일부의 봉사자"가 아닌 것으로, 전체봉사자로서 공무원상은 복무 근본 기준을 정한 지방공무원법 제30조에 규정되어 있다. 또한 앞서 살펴본 바와 같이 구 교육기본법 제6조 제2항에 교원을 '전체 봉사자'로 규정했으나 2006년 개정에서는 삭제되었다.

> **지방공무원법 제30조(복무의 근본기준)**
> 모두 직원은 전체 봉사자로서 공공의 이익을 위해 근무하고, 또한 직무수행에 있어서는 전력을 다하여 이에 전념하여야 한다.

나. 직무상의 의무: 선서·법령준수·직무전념의 의무

직무상의 의무는 주로 근무시간 내에 준수해야 할 의무이다. 복무선서의 의무(지방공무원법 제31조), 법령등을 준수할 의무(지방공무원법 제32조, 지방교육행정법 제43조 제2항), 그리고 직무 전념의 의무(지방공무원법 제35조) 등이 있다.

(1) 복무 선서의 의무

지방공무원법 제31조(복무의 선서)에 따라 일반직 지방공무원(직원)에 속하는 공립학교 교원등은 조례가 정하는 바에 따라 복무 선서를 하여야 한다. 이 복무의 선서는 주민 전체에 대한 봉사자로서 공무원 관계에 들어서는 것을 수락함으로써 발생하는 직원의 복무에 관한 의무를 따를 것을 주민에 대하여 선언하는 것이며, 직원의 윤리적 자각을 촉진하는 것을 목적으로 행해지는 것이다.

주민 전체에 대한
봉사자

(2) 법령준수 및 직무명령 복종의 의무

지방공무원법 제32조(법령등 및 상사의 직무상의 명령에 따를 의무)에 따라 직원은 그 직무를 수행함에 있어서 법령, 조례, 지방공공단체의 규칙 및 지방공공단체의 기관이 정하는 규정에 따라, 상사의 직무상의 명령에 충실히 따라야 한다.

지방교육행정법 제43조 제2항 역시 현비부담 교직원은 상사의 직무상 명령에 충실히 따르도록 되어 있다. 판례는 상사의 직무상 명령의 경우 법령의 범위 내의 것이어야 하며, 이를 이탈한 명령에 한해서는 이를 복종할 의무는 없다고 판시한다(大分地法判決, 1958.8.4).

교원에 대한 직무명령이 정당하게 발령되기 위해서는 첫째 권한이 있는 상사로부터의 것이어야 하는데, 교직원의 경우 교육위원회, 교육장, 소속학교 교장, 부교장, 교감이 상사에 해당한다고 본다. 둘째로 권한 있는 상사가 발령하는 권한 내의 직무에 관한 명령이어야 하며, 셋째는 실행 가능한 명령이어야 한다. 이 명령은 문서나 구두로 가능하며 법적 효력에는 차이가 없는 것으로 본다.

현비부담 교직원의 경우 복무 감독권한이 시정촌교육위원회에 있기 때문에(지방교육행정법 제43조 제1항) 법령, 당해 시정촌의 조례, 규칙 및 교육위원회 규칙·규정에 따르지 않으면 안된다(이 법 제43조 제2항). 그러나 급여, 근무시간 기타 근무조건(이 법 제42조) 및 임면, 신분조치와 징계에 관해서는 임명권자인 도도부현의 조례에 따르도록 하고 있다(이 법 제43조 제3항).

(3) 직무전념의 의무

제35조(직무에 전념할 의무) 직원은 법률 또는 조례에 특별한 규정이 있는 경우를 제외하는 것 외에 그 근무시간 및 직무상의 주의력 전부를 그 직책수행을 위하여 사용하고, 당해 지방공공단체가 해야 할 책임을 가진 직무에만 종사하여야 한다.

다만, 임명권자가 본업무의 수행이 지장이 없다고 인정할 경우 교육공무원의 경우에는 교육에 관한 급여 혹은 무급여 직을 겸하거나 교육에 관한 사업에 종사하는 것을 인정하기도 한다(교육공무원특례법 제17조). 즉, 직무전념의 의무 이행에 지장이 없다고 인정되는 경우 예외적으로 교육관련 겸무 및 겸업이 가능하다는 의미로 해석된다.

다. 신분상의 의무

신분상의 의무는 근무시간 외에도 준수되어야 할 의무이다. 신용실추 행위의 금지(지방공무원법 제33조), 비밀 엄수 의무(지방공무원법 제34조 1항), 정치적 행위의 제한(지방공무원법 제36조, 교육공무원특례법 제18조, 국가공무원법 102조), 쟁의행위의 금지(지방공무원법 제37조), 영리기업등의 종사 제한(지방공무원법 제38조, 교육공무원특례법 제17조) 등이 있다.

(1) 신용 실추행위 금지

지방공무원법 제33조(신용실추행위의 금지)에 따르면, 직원은 그 직위의 신용을 훼손하거나 직원의 직 전체의 불명예가 되는 행위를 해서는 안된다.

(2) 비밀 유지의 의무

지방공무원법 제34조(비밀을 지킬 의무)에 따르면, 직원은 직무상 알게 된 비밀을 누설해서는 안된다. 그 직을 물러난 후에도 마찬가지다. 법령에 의한 증인,

감정인 등이 되며 직무상의 비밀에 속하는 사항을 발표하는 경우에는 임명권자 (퇴직자에 대해서는 그 퇴직한 직 또는 이에 상당하는 직에 관계된 임명권자)의 허가를 받아야 한다. 전항의 허가는 법률에 특별한 정한 경우가 아니고서는 거절할 수 없다.

(3) 정치적 행위의 제한

① 교육기본법상 학교의 정치적 편향 교육 금지

교육기본법 제14조는 기본적으로 정치교육 조항을 두고서 "교육상 양식있는 공민으로서 필요한 정치적 교양은 존중되지 않으면 안된다"고 규정하여 정치교육의 중요성을 인정하고 있다. 그러나 제2항을 통해서 법률에 정한 학교로 하여금 "특정 정당을 지지하거나 이에 반대하기 위한 정치교육 기타 정치적 활동을 해서는 안된다"고 규정하여 학교에 의한 정치적 편향 교육을 금지하고 있다.

교육기본법의 정치교육 조항은 교원을 포함한 학교로 하여금 정치적으로 중립을 지킬 것을 요구하고 있는 것이며, 학교 내에 있어서 교육법상 정치교육의 가이드라인이며 정치적 행위 금지 기준이기도 하다. 즉, 정치적 교양을 기르기 위한 정치교육의 주체로서 교원의 역할이 중요하기는 하지만, 특정 정당에 편향된 정치교육이나 기타 정치적 활동은 금지된다는 의미이다.

> 정치적 편향 교육을 금지

② 지방공무원법상 정치적 행위의 제한

지방공무원법 제36조(정치적 행위의 제한)는 정치적 행위를 다음과 같이 제한한다.

직원은 정당 기타 정치적 단체의 결성에 관여하거나 이들 단체의 임원이 되어서는 안되며, 또는 이들 단체의 구성원이 되도록 혹은 안되도록 권유운동을 해서는 안된다(제1항).

직원은 특정 정당 기타 정치적 단체 또는 특정의 내각 혹은 지방공공단체의 집행기관을 지지하거나 이에 반대하는 목적을 가지거나, 혹은 공적인 선거 또는 투표에서 특정인 또는 사건을 지지하거나, 또는 이에 반대하는 목적을 갖고 다음에 제시하는 정치적 행위를 해서는 안된다. 다만, 해당 직원이 속한 지방공공단체의 구역(해당 직원이 도도부현의 지청 혹은 지방사무소 또는 지정 도시의 구 혹은 종합구에 근무하는 자일 때는, 해당 지청 혹은 지방사무소 또는 구 혹은 종합구의 소관 구역) 밖에서, 다음의 제1호부터 제3호까지 및 세5호에 세제하는 정치적 행위를 할 수 있다.

1. 공직선거 또는 투표에서 투표를 하도록 권유운동을 하는 것.
2. 서명운동을 기획하거나 주재하는 등 이에 적극적으로 관여하는 것.
3. 기부금 기타의 금품의 모집에 관여하는 것.
4. 문서 또는 그림을 지방공공단체 또는 특정지방독립행정법인의 청사(특정지방독립행정법인에 대해서는 사무소), 시설 등에 게시하거나 기타 지방공공단체 또는 특정지방독립행정법인의 청사, 시설, 자재 또는 자금을 이용하거나 이용하도록 하는 것.
5. 전 각호에 정하는 것을 제외한 것 외에 조례로 정하는 정치적 행위(제2항).

누구든지 전2항에서 규정하는 정치적 행위를 하도록 직원에게 요구하거나 부추겨서는 안되며 또는 직원이 전2항에서 규정하는 정치적 행위를 행하거나 또는 하지 아니하는 것에 대한 대상 혹은 보복으로서 임용, 직무, 급여 기타 직원의 지위에 관해서 어떠한 이익이나 불이익을 주거나 부여하려고 계획하거나 혹은 약속해서는 안된다(제3항).

직원은 전항에 규정하는 위법행위에 응하지 않은 일로 불이익 취급을 받지 않는다(제4항).

본조의 규정은 직원의 정치적 중립성을 보장함으로써 지방공공단체의 행정 및 특정지방독립행정법인의 업무의 공정한 운영을 확보하는 동시에 직원의 이익을 보호하는 것을 목적으로 하는 취지에서 해석되고 운용되어야 한다(제5항).

그런데 교육공무원에 대하여는 국가공무원법상의 정치적 행위의 제한을 적용하여 보다 엄격하게 제한하고 있다.

직원의 정치적 중립성을 보장

③ 교육공무원 특례법 및 국가공무원법상 정치적 행위의 제한

공립학교 교육공무원의 정치적 행위 제한은 교육공무원특례법 제18조에 규정되어 있다.

즉, 공립학교의 교육공무원의 정치적 행위의 제한에 대해서는 당분간 지방공무원법 제36조의 규정에 불구하고 국가공무원의 예에 따른다(제18조 제1항)고 하여 일반직 지방공무원보다 보다 엄격하게 정치적 행위를 제한하고 있다. 그러나 전항의 규정은 정치적 행위의 제한에 위반한 자의 처벌에 관한 국가공무원법 제110조 제1항(3년 이하의 징역 또는 100만엔 이하의 벌금에 처한다)의 규정은 적용하지 않고 있다(제18조 제2항).

지방공무원보다 보다 엄격하게 정치적 행위를 제한

한편, 국가공무원법 제102조에 근거하여 국가공무원에게 금지되는 정치적 행위는 다음과 같다.[4]

국가공무원에게 금지되는 정치적 행위

1. 직원은 정당 또는 정치적 목적을 위해 기부금이나 기타의 이익을 요구하거나 수령하거나 또는 어떠한 방법으로든 이 같은 행위에 관여하거나 선거권의 행사를 제외하고는 인사원 규직으로 정하는 정치적 행위를 해서는 안된다.
2. 직원은 공선(公選; 공직선거 - 저자주)에 의한 공직의 후보자가 될 수 없다.
3. 직원은 정당 기타 정치적 단체의 임원, 정치적 고문, 기타 이와 같은 역할을 하는 구성원이 될 수 없다.

인사원 규칙(14-7)에서 규정하고 있는 정치적 행위의 17가지 예시는 다음과 같다.

인사원 규칙(14-7)

1. 정치적 목적을 위해 직명, 직권 또는 기타 공적 사적 영향력을 이용하는 것.
2. 정치적 목적을 위해 기부금이나 기타 이익을 제공하거나 제공하지 않고 기타 정치적 목적을 가진 어떠한 행위를 행하거나 행하지 않는 것에 대한 보상 혹은 보복으로서 임용, 직무, 급여 기타 직원의 지위에 관해 어떠한 이익을 얻거나 또는 이익을 주려고 시도하거나 또는 이익을 주려고 하는 것 혹은 불이익을 주려고 획책하거나 위협하는 것.
3. 정치적 목적을 갖고 부과금, 기부금, 회비 또는 기타의 금품을 요구하거나 또는 수령 또는 여하한 방법으로 이러한 행위에 관여하는 것.
4. 정치적 목적을 갖고 전호에 정하는 금품을 국가공무원에게 주거나 지불하는 것.

---

4 이를 근거로 인사원규칙 14-7(정치적 행위)에는 보다 구체적으로 예시되어 있다.

5. 정당 기타 정치적 단체의 결성을 기획하고 결성에 참여하거나 이들 행위를 지원하거나 또는 이들 단체의 임원, 정치적 고문 기타 이와 동일한 역할을 하는 구성원이 되는 것.

6. 특정 정당 기타 정치적 단체의 구성원이 되거나 되지 않도록 권유운동을 하는 것.

7. 정당 기타 정치적 단체의 기관지 신문, 기타 간행물을 발행하고 편집하여 배포하거나 이들 행위를 지원하는 것.

8. 정치적 목적을 갖고 (제5항 제1, 2, 8호 등에서 정한) 선거나 국민심사의 투표 또는 해산 혹은 해직의 투표에 있어서, 투표하거나 하지 않도록 권유 운동을 하는 것.

9. 정치적 목적을 위해 서명운동을 기획하고 주재하거나 지도하고 기타 이에 적극적으로 참여하는 것.

10. 정치적 목적을 갖고 다수 사람의 행진이나 그 밖의 시위운동을 기획하고 조직·지도하거나 이들 행위를 지원하는 것.

11. 집회 기타 다수의 사람과 접할 수 있는 장소에서 또는 확성기, 라디오 기타 수단을 이용하여 공공연하게 정치적 목적을 가진 의견을 말하는 것.

12. 정치적 목적을 가진 문서나 도화를 국가나 행정집행법인의 청사(행정집행법인에 대해서는 사무소), 시설 등에 게시하거나 게시하게 하고, 기타 정치적 목적을 위해 국가나 행정집행법인의 청사, 시설, 자재 또는 자금을 이용하거나 이용하도록 하는 것.

13. 정치적 목적을 가진 서명 또는 무서명의 문서, 도화, 음반 또는 영상을 발행하여 회람하여 공유하거나 게시 혹은 배포하거나 또는 다수의 사람에게 낭독하거나 청취하도록 하거나 이를 위해 저작하거나 편집하는 것.

14. 정치적 목적을 가진 연극을 연출하거나 주재하거나 또는 이들 행위를 지원하는 것.

15. 정치적 목적을 갖고 정치상의 주의 주장 또는 정당 그 외의 정치적 단체의 표시에 이용되는 깃발, 완장, 기장(記章), 휘장, 복식 기타 다른 류의 것을 제작 또는 배포하는 것.

16. 정치적 목적을 갖고 근무시간 중 전호에 해당하는 것을 착용하거나 표시하는 것.

17. 어떤 명의나 형식을 가지든 관계없이 위의 각호에서 금지 또는 제한을 모면할 수 있는 행위를 하는 것.

특히, 마지막의 제17호의 정치적 행위의 규정은 위에서 묘사하고 있는 16가지의 정치적 목적을 지닌 행위 형식과 상관없이 그러한 목적을 지녔다면 위의 각호의 적용을 빠져나갈 수 있는 것이라 할지라도 규제한다는 것이어서 매우 포괄적이고 엄격한 정치적 행위를 규제하고 있는 것으로 판단된다.

④ **정확법(政確法)에 의한 제한**

「의무교육 제학교에 있어서 교육의 정치적 중립의 확보에 관한 임시조치법」(정확법, 1954년 제정, 법률 157호) 역시 교원의 정치적 중립성과 관련하여 매우 중요한 의미를 갖으며, 이는 사립학교 교원에게도 적용된다는 점에서도 유의하여야 한다. 목적, 정의, 특정정당 지지를 위한 행위 등, 벌칙을 중심으로 살펴본다.

ⓐ 이 법률의 목적(제1조): 이 법률은 교육기본법(2006년 법률 제12호)의 정신에 의거하여 의무교육 제학교의 교육을 당파적 세력의 부당한 영향 또는 지배로부터 지키고, 나아가 의무교육의 정치적 중립을 확보하는 동시에 이것에 종사하는 교육직원의 자주성을 옹호하는 것을 목적으로 한다.

> 의무교육의 정치적 중립을 확보

> 교육직원의 자주성을 옹호

ⓑ 정의(제2조): 이 법률에서 '의무교육 제학교'란 학교교육법(1947년 법률 제26호)에 규정하는 소학교, 중학교, 의무교육학교, 중등교육학교의 전기과정 또는 특별지원학교의 소학부 혹은 중학부를 말한다. 이 법률에서 '교육직원'이란 교장, 부교장 혹은 교감(중등교육학교의 전기과정 또는 특별지원학교의 소학부 혹은 중학부에 있어서는 해당 과정이 속하는 중등교육학교 또는 해당 부가 속하는 특별지원학교의 교장, 부교장 또는 교감) 또는 주간교사, 지도교사, 교사, 조교사, 혹은 강사를 말한다.

ⓒ 특정 정당을 지지하는 등의 교사 및 선동 금지(제3조): 누구라도 교육을 이용해 특정 정당 기타 정치적 단체(이하 '특정 정당 등')의 정치적 세력의 신장 또는 감퇴에 이바지하려는 목적을 가지고, 학교교육법에 규정하는 학교직원을 주된 구성원으로 하는 단체(그 단체를 주된 구성원으로 하는 단체 포함)의 조직 또는 활동을 이용하여 의무교육 제학교에 근무하는 교육직원에 대해, 이들이 의무교육 제학교의 아동 또는 생도에 대해 특정 정당 등을 지지하게 하거나 이에 반대시키는 교육을 실시하도록 교사하거나 또는 선동해서는 안된다.

ⓓ 벌칙(제4조): 앞의 조의 규정을 위반한 자는 1년 이하의 징역 또는 3만엔

이하의 벌금에 처한다.

ⓔ 처벌청구(제5조): 앞의 조의 죄는 당해 교육직원이 근무하는 의무교육 제 학교의 설치자의 구별에 따라 다음에 예시하는 자의 청구가 없으면 공소 를 제기할 수 없다.

1. 국립대학법인법(2003년 법률 제112호) 제23조의 규정에 의하여 국립대학에 부속 설 치되는 의무교육 제학교 또는 지방독립행정법인법(2003년 법률 제118호) 제77조의2 제1항의 규정에 의하여 공립대학에 부속되어 설치되는 의무교육 제학교에 있어서는 당해 대학의 학장
2. 공립의 의무교육 제학교에서는 해당 학교를 설치하는 지방공공단체의 교육위원회
3. 사립의 의무교육 제학교에 있어서는 당해 학교를 관할하는 도도부현지사

그리고 전항의 청구 절차는 정령으로 정한다.

(4) 쟁의행위 금지

지방공무원법 제37조(쟁의행위등의 금지)에 의하여 일반직 지방공무원(직원)에 속하는 공립학교 교원 쟁의행위를 금지하고 있다. 즉, 직원은 지방공공단체의 기 관이 대표하는 사용자로서의 주민에 대하여 동맹파업, 태업, 기타 쟁의행위를 하 거나 지방공공단체의 기관의 활동능률을 저하시키는 태업 행위를 해서는 안 된 다. 또한, 누구든지 이러한 위법한 행위를 기획하거나 또는 그 수행을 공모 또는 교사하거나 부추겨서는 안된다(제37조 제1항).

직원으로 전항의 규정에 위반하는 행위를 한 자는 그 행위의 개시와 함께 지방공공단체에 대하여, 법령 또는 조례, 지방공공단체의 규칙 혹은 지방공공단 체의 기관이 정하는 규정에 근거하여 보유하는 임명상 또는 고용상의 권리를 가 지고 대항할 수 없다(제37조 제2항).

(5) 영리기업 종사등의 제한

지방공무원법 제38조(영리기업 종사등의 제한)에 의거한 제한이다. 즉, 일반직

지방공무원(직원)에 속하는 공립학교 교원 임명권자의 허가를 받지 않으면 상업, 공업 또는 금융업 기타 영리를 목적으로 하는 사기업(이하 영리기업)을 영위하는 것을 목적으로 하는 회사, 기타 단체의 임원 기타 인사위원회 규칙(인사위원회를 두지 않는 지방공공단체에서는 지방공공단체의 규칙)에서 정하는 지위를 겸하거나 또는 스스로 영리기업을 영위하거나 보수를 얻어 어떠한 사업이나 사무에도 종사해서는 안된다(제38조 제1항).

인사위원회는 인사위원회 규칙에 의해 전항의 경우에 있어서의 임명권자의 허가 기준을 정할 수 있다(제38조 제2항). 그러나 교육공무원특례법에 의하여 이 기준은 불필요하다.

반면, 교육공무원의 경우에는 교육공무원특례법 제17조에 따라 교육에 관한 겸직과 교육사업 등에 종사하는 것을 인정하고 있다. 즉, 교육공무원은[5] 교육에 관한 다른 직을 겸하거나 교육에 관한 다른 사업 또는 사무에 종사하는 것이 본무의 수행에 지장이 없다고 임명권자(지방교육행정의 조직 및 운영에 관한 법률 제37조 제1항에 규정하는 현비부담 교직원에 대해서는 시정촌(특별구 포함) 교육위원회 제23조 제2항 및 제24조 제2항에서 같음)에서 인정하는 경우에는 급여를 받거나 받지 아니하고 그 직을 겸하거나 또는 그 사업 또는 사무에 종사할 수 있다(제17조 제1항).

전항의 경우에 있어서는, 지방공무원법 제38조 제2항의 규정에 의해 인사위원회가 정하는 허가의 기준에 의한 것은 필요치 않다(교육공무원특례법 제17조 제2항).

교육에 관한 겸직과
교육사업 등에 종사

라. 복무의 감독

지방교육행정법 제43조는 복무 감독에 관하여 다음과 같이 규정하고 있다. 시정촌 교육위원회는 현비부담 교직원의 복무를 감독한다(제43조 제1항). 현비 부담 교직원은 그 직무를 수행함에 있어서 법령, 해당 시정촌의 조례 및 규칙 및 해당 시정촌 교육위원회가 정하는 교육위원회규칙 및 규정(전조 또는 차항의 규정

---

5 교육공무원법 제2조 이 법률에서 '교육공무원'이란 지방공무원 중 학교(학교교육법상 학교, 유보연계형 인정어린이원 포함) 지방공공단체가 설치하는 곳(공립학교)의 학장, 교장(원장포함), 교원 및 부국장 및 교육위원회의 전문적 교육직원을 말한다.

에 의해 도도부현이 제정하는 조례 포함)에 따라, 동시에 시정촌교육위원회 기타 직무상의 상사의 직무상의 명령에 충실히 따라야 한다(제43조 제2항).

현비부담 교직원의 임면, 신분조치 또는 징계에 관해서 지방공무원법의 규정에 의해 조례로 정하는 것으로 되어 있는 사항은 도도부현의 조례로 정한다(제43조 제3항).

도도부현 교육위원회는 현비부담 교직원의 임면 그 외의 진퇴를 적절히 실시하기 위해 시정촌 교육위원회가 실시하는 현비부담 교직원의 복무 감독 또는 전조, 전항 혹은 제47조의3 제1항의 규정에 의해 도도부현이 제정하는 조례 혹은 동조 제2항의 도도부현의 규정 실시에 대해서 기술적인 기준을 마련할 수 있다(제43조 제4항).

마. 교원의 신분제한 처분 및 징계처분

신분제한 처분(分限處分)과 징계처분은 임명권자가 일정 사유에 해당하는 경우 면직등의 처분을 행하는 것으로 공통점이 많으나 가장 큰 차이점은 징계처분이 대상자의 의무위반을 이유로 하여 공무의 질서유지라는 관점에서 행해지는 징계(懲戒)에 비하여, 신분제한 처분은 대상자의 귀책성을 묻지 않고 주로 공무의 능률성 확보라는 관점에서 행해지는 제재(制裁)라는 관점에서 차이가 있다.

먼저, 신분제한 처분과 징계처분의 기준은 '공정하지 않으면 안되는 것'이다. 또한, 직원은 이 법률에 정한 사유에 의한 경우가 아니면, 그 의사에 반하여 강임되거나 면직되지 않고, 이 법률 또는 조례에 정한 사유에 의한 경우가 아니면 그 의사에 반하여 휴직되지 않고, 조례에 정한 사유에 의한 경우가 아니면 그 의사에 반하여 강급(降給)되지 않는다. 직원은 이 법률이 정한 사유에 의한 경우가 아니면 징계처분을 받지 않는다(지방공무원법 제27조).

직원의 뜻에 반하는 강임, 면직, 휴직 및 강급의 절차 및 효과는 법률에 특별한 규정이 있는 경우를 제외하고 조례로 정해야 한다. 직원은 제16조[6] 각호(제

---

6 제16조 다음 각 호 중 하나에 해당하는 자는 조례로 정하는 경우를 제외하고는 직원이 되거나 경쟁

3호 제외)의 하나에 해당할 경우 조례에 특별한 규정이 있는 경우를 제외하고 그 직을 잃는다.

지방공무원법상 신분제한 처분에는 강임, 면직, 휴직, 강급 4종류가 있다.

강임과 면직은 ⓐ 인사평가 또는 근무상황을 보여주는 사실에 비추어 볼 때 근무실적이 좋지 않은 경우 ⓑ 심신 이상으로 직무 수행에 지장이 있는 경우나 지탱하기 어려운 경우 ⓒ 기타 직에 필요한 적격성을 결한 경우 ⓓ 직제 혹은 정수 조정 혹은 예산 감소로 폐직 혹은 과원이 있는 경우이다(지방공무원법 제28조 제1항).

강임, 면직,
휴직, 강급

휴직은 ⓐ 심신의 이상으로 장기 휴양이 필요한 경우 ⓑ 형사사건에 관련하여 기소된 경우에 행한다(지방공무원법 제28조 제2항).

이렇듯 신분제한 처분은 임명권자의 자유재량으로 되어 공무원을 위축시키고 직무 활성화를 저해하는 원인이 되기도 한다. 따라서 객관적인 기준이 요구되며, '직에 필요한 적격성을 결한 경우'에 대한 해석에 논란이 있기도 한다.

일반론으로서 최고재판소의 판례(최고재판소 1973.9.14.)를 따라 "당해 직원이 간단히 교정하는 것이 어려운 지속성을 갖는 소질, 능력, 성격 등에 기인하여 그 직무의 원활한 수행에 지장이 있거나 지장을 초래할 고도의 개연성이 인정되어지는 경우"로 해석되기도 한다.

동경고등재판소(1974.5.8.)는 신분제한 처분과 징계처분의 관계성에 대하여 "신분제한 처분과 징계처분은 그 목적, 요건, 효과를 달리하는 것이므로 비위행위를 행한 공무원에 대해서 그 책임을 물음에 있어서 목적, 요건을 완전히 달리하는 신분제한 처분을 가지고 대용하는 것은 불가하다"고 판시했다.

교원의 경우 지도능력이 타인과 비교하여 현저히 떨어지거나 협조성이나 책임감이 현저히 결여되어 있는 등 능력과 성격에 관계된 일절의 요소를 종합적으

시험 또는 선발과정에 참여할 수 없다. 1.성년 피후견인 또는 피보좌인 2. 금고이상의 형에 처하여 그 집행을 끝낼 때까지 또는 그 집행을 받는 일이 없어질 때까지의 자 3. 당해 지방공공단체에 대하여 징계면직 처분을 받고, 당해 처분의 날로부터 2년을 경과하지 아니한 자 4. 인사회위원회 또는 공평위원회의 위원직에 있어서 제60조 내지 제603조까지 규정하는 죄를 범하여 형을 선고받은 자 5. 일본국헌법 시행이후에 있어서, 일본국헌법 또는 그 아래에 성립된 정부를 폭력으로 파괴할 것을 주장하는 정당, 단체를 결성하거나 이에 가입한 자.

로 고려하게 된다.

계고, 감급, 정직, 면직 처분

한편, 징계처분에는 계고, 감급, 정직, 면직 처분이 있다(제29조 제1항).

ⓐ 지방공무원법, 교육공무원특례법 등의 법률, 지방공공단체의 조례·규칙·규정을 위반한 경우 ⓑ 직무상의 의무를 위반한 경우 또는 직무를 태만히 한 경우 ⓒ 국민 전체에 대한 봉사자 답지 못한 비행(비위행위) 등에 징계처분을 받게 된다.

한편, 훈고(訓告)나 유지면직(諭旨免職) 등은 지방공무원법상의 징계처분이 아니고, 그에 다다르지는 않은 비위행위에 대해서 복무감독자가 행하는 내부처분(內部處分)이다.[7]

표 9-2 교원의 신분제한 처분(分限處分)과 징계처분(懲戒處分)의 차이

구분	신분제한 처분(分限處分)	징계처분(懲戒處分)
직원의 도의적 책임	문제가 되지 않는다	문제가 된다
본인의 과의 과실요건	필요 없음(공무능률 유지향상 견지)	필요함(직원의 의무위반 제제이므로)
처분사유의 상태	일정기간에 걸쳐 계속된 상태	반드시 계속한 상태 아닌 개별 행위나 상태
처분의 내용	면직–직원 의사에 반해 강제퇴직 처분 강임–직무급 하강(직제상 하위직 이동) 휴직–신분유지채 직무종사에서 격리 강급–결정된 급료액보다 낮게 변경	면직–직원으로서 지위 상실 처분 정직–일정기간 직무종사 격리 처분 감급–일정기간 급료 일정액 감한 처분 계고–복무의무책임을 확인하여 알림

출처: 坂田仰(2012), 『圖解 表解 教育法規』 東京: 教育開發研究所, 111頁 내용을 종합하여 도표화 함

---

7 교원의 신분제한 처분과 징계처분에 대하여는 坂田仰(2012), 『圖解 表解 教育法規』, 東京: 教育開發研究所, 110頁.

3   교원 자격 및 보직 법제 및 현황

가. 교원 자격제도: 교원 면허 갱신제

(1) 교원 자격제도의 원칙: 면허장주의와 개방제

교원은 교육직원면허법에 의해 부여된 각 면허장을 갖는 자이어야 한다(면허법 제3조 제1항)는 점에서 교원 면허장주의를 채택하고 있다.

동시에 일본국의 교원양성은 일반대학과 교원양성계 대학이 각각 특색 있게 운영된다. 면허장 수여권자는 도도부현 교육위원회이며, 유효범위는 보통면허장은 전국인 반면, 특별면허장과 임시면허장은 수여된 도도도부현 내로 한정된다. 면허장을 취득할 수 있는 기관은 교원 양성대학은 물론 양성프로그램을 운영하는 전국의 대학에 산재해 있다는 점에서 개방제의 원칙을 두고 있다.

(2) 면허장의 종류

① 보통면허장(유효기간 10년)

- 학교의 종류별 교사에 부여하는 면허장(중등교육학교 제외)
- 전수면허장(석사과정수료), 1종면허장(대학졸업), 2종면허장(단기대학졸업)
- 통상 학사학위 과정에 교직과정(교과 및 교직)을 이수시 교원면허장 수여
- 현직교원의 경우 대학등에서 일정단위를 이수할 경우 상위 면허장 부여
- 대학에서 교직과정을 이수하지 못한 자들을 위해서는 교원자격인정시험을 거쳐 보통면허장을 부여하기도 함(2009년 유치원 75명, 소학교 253명, 특별지원학교 42명 수여)

② 특별면허장(유효기간 10년)

- 학교의 종류별 교사에 부여하는 면허장(유치원과 중등교육학교 제외)
- 면허장이 없는 우수한 지식 경험을 지닌 사회인이 교직에 입문할 수 있도

록 도도부현교육위원회가 교육직원검정을 거쳐 부여하는 교사면허장으로 그 수는 많지 않음.

③ 임시면허장(유효기간 3년)

- 학교의 종류별 교사 및 조교사로서 부여하는 면허장(중등교육학교 제외)
- 보통면허장을 가진 자를 채용할 수 없는 경우에 한하여 예외적으로 수여함.
- 도도부현 교육위원회가 행하는 교육직원검정(인물·학력·실무·신체)에 합격하여야 함.

④ 면허장주의의 예외

- 특별비상근강사: 우수한 사회인을 교직에 입문시키기 위해 면허장 없는 자를 교과등의 일부 영역(간호, 예술등)을 담당하는 비상근강사로 충원하는 경우임.
- 전과담임제도: 중·고교교사면허장을 가진 자는, 소학교에 상당하는 교과 등의 교사가 될 수 있음(중학교 이과 교사가 소학교 이과수업을 하는 것).
- 고교 전문교과 면허장 소지자는 중학교의 상당하는 교과 교사가 될 수 있음.
- 민간인 교장제도: 2000년 4월부터는 교원면허장이 없이도 교장 및 교감이 될 수 있도록 하는 자격 완화조치로 이른바 민간인 교장이 출현함(교감에 대하여는 2006년에, 부교장에 대하여는 2008년에 허용됨).

⑤ 면허장의 수여권자 및 결격 사유

교원 면허장은 도도부현의 교육위원회가 수여하도록 되어 있다(교육직원면허법 제5조 제7항). 교육직원면허법에서 면허관리자라 함은 면허장을 지닌 자가 교육직원 및 문부과학성령에 정한 교육의 직에 있는 자인 경우에는 그 사람의 근무지의 도도부현 교육위원회이고, 이들 이외의 자인 경우에는 그 사람의 주소지의 도도부현 교육위원회를 말한다(이법 제2조).

교육직원면허법(제5조 제1항)은 다음의 각호에 해당하는 자에게는 보통면허장을 수여하지 않는다고 규정하고 있다.

1. 18세 미만인 자
2. 고등학교 미졸업자(통상 과정 이외의 과정 경우 이에 상당하는 과정 미수료자 포함)
3. 성년 피후견인 또는 피보좌인
4. 금고 이상의 형에 처해진 자
5. 제10조 제1항 제2호 또는 제3호에 해당하는 면허장 실효로 3년 미경과자
6. 제11조 제1항부터 제3항에 의해 면허상 징수처분 후 3년 미경과자
7. 일본국헌법 시행일 이후, 일본국헌법 또는 그에 따른 정부를 폭력으로 파괴할 것을 주장하는 정당, 기타의 단체를 결성하거나 이에 가입한 자

(3) 교원 면허제도의 개혁의 전개

① 1988년 개혁
- 보통면허장의 종류를 전수면허장, 1종 면허장, 2종 면허장 세 종류로 분류
- 2종 면허장만을 가진 교원에게 1종 면허장 취득의 노력의무를 부과
- 면허장 수여에 필요한 전문교육과목의 단위 수를 높임(초등 11단위 증가)
- 사회인의 학교교육에의 활용(특별면허장, 특별비상근강사제도 신설)

② 1997년 개혁
- 소·중학교의 보통면허장 취득희망자에게 간병등 체험 의무 부과(7일간)

③ 1998년 개혁
- 교원양성 커리큘럼의 유연한 편성 방식 도입(교과 또는 교직과목 신설)
- 교직에 관한 과목의 충실(중학교 1종 면허 19단위→31단위로 증가)
- 사회인 활용의 촉진(특별면허장의 대상 교과 확대, 유효기간의 연장 등)

④ 2000년 개혁
- 현직 교원의 전수면허장을 취득시 재직연수별 단위 면제 취소(15단위 필수)
- 고등학교의 면허교과의 신설(정보, 복지 등)
- 특별면허장 보유자가 보통면허장을 취득할 수 있는 제도 신설

⑤ 2002년 개혁
- 다른 학교 종의 면허장에 의한 전과담임제도의 확충
- 인접 학교 종의 면허장 취득의 촉진
- 특별면허장제도의 개선(학사요건, 유효기간의 폐지)
- 면허장 실효 조치의 강화(징계면직처분을 받은 자는 면허장 실효)

⑥ 2004년 개혁: 영양교사면허장 신설
⑦ 2005년 개혁: 교원분야에 관한 대학설치 등에 관한 억제방침 철폐
⑧ 2006년 개혁: 특별지원학교(특수학교) 교사면허장 신설
⑨ 2007년 개혁: 교직대학원 제도의 창설, 교원면허갱신제의 도입
⑩ 2008년 개혁: 교직실천 연습의 신설, 교직과정에 대한 시정권고·인정취소 제도화
⑪ 2009년 개혁: 민주당의 교육직원 면허 개혁 법률안(심의기간 만료로 폐안)
- 일반면허장(6년제로 석사수준), 전문면허장(8년 실무 후 교직대학원 단위이수, 교과지도, 생활·진로지도, 학교경영 등 분야), 학교경영 전문면허는 관리직 조건
- 현행 2~4주간의 교육실습을 1년으로 연장, 보통면허장은 문부대신이 수여

(4) 교원 면허갱신제의 도입과 전개

교원 면허갱신제의 도입 취지는 정기적으로 최신의 지식 기술을 익혀 공신력을 제고한다는 것이었다. 법개정을 통하여 2009년 4월 1일부터 시행에 들어갔다. 수료확인 기한 전 2년간에 30시간의 면허갱신 강습을 수강·수료토록 하고 있다. 단, 학교관리직이나 교육장·지도주사 등의 '교원을 지도하는 입장에 있는 자'나 기간 내에 우수교원 표창을 받은 자에 관해서는 면허장 갱신 강습을 면제하기도 한다. 면허갱신강습은 필수 영역(6시간-모든 수강자 필수), 선택 필수영역(6시간-면허장 종류 및 학교별), 선택 영역(18시간-1과목 6시간)으로 구성된다. 면허갱신제의 주요 내용은 다음과 같다.

- 보통면허장 및 특별면허장에 10년의 유효기간을 정함
- 도도부현 교육위원회가 신청을 받아 유효기간 갱신 가능함
- 문부과학 대신이 인정한 30시간 이상 면허장 갱신 강습과정 수료자
- 갱신강습과정 면제자(교원을 지도하는 자, 우수교원 표창자)는 바로 신청
- 이전에는 구 면허장에 유효기간은 없으나 면허장 갱신 강습 수료의무 부과
- 면허장 갱신 강습은 대학, 지정양성기관, 교육위원회, 독립행정법인, 공익법인등이 행함
- 면허장 갱신 강습 내용은 교직에 대한 성찰, 아이들 변화, 교육정책 동향 및 학교내외에 있어서 연대협력에 관한 이해를 포함(12시간 이상), 교과지도, 학생지도 기타 교육충실에 관한 사항(18시간 이상)

나. 새로운 보직의 신설: 부교장·주간교사·지도교사

(1) 개관

일본은 전통적으로 교장, 교두(敎頭; 한국의 교감에 해당), 주임교사(主任敎諭; 한국의 부장교사에 해당), 일반 교사(敎諭), 양호교사 및 사무직원로 구성되어 있었다. 그러나 교장, 교감을 제외한 교사들 간에는 직위의 차이가 없어(냄비뚜껑형 조직), 교사들 간에는 서로 동등하다는 의식이 팽배해 있었다.

이런 조직의 특성으로 업무의 역할 분담을 위한 계통성이나 위계가 없어 상호협력적 업무수행이 어려운 점이 한계로 자주 지적되기도 한다. 교장의 리더십의 하락과 조직적·기능적인 학교운영을 실현하기위하여 교장의 학교경영과 교육을 지원하는 중간관리층을 강화하게 되었다. 여기에 새로운 직위로서 부교장(副校長), 주간교사(主幹敎諭), 지도교사(指導敎諭)가 등장하게 된 것이다.

중간관리층을 강화

이는 학교조직이 관리층의 증가로 냄비뚜껑형이 아닌 피라미드형 구조로 전환되었음을 의미하며, 그만큼 학교장 중심의 운영체제와 위계에 의한 관리체제를 강화한 것으로 평가할 수 있다.

그림 9-1 냄비뚜껑형(ナベ蓋型) 조직에서 피라미드형(ピラミット型) 조직으로의 전환

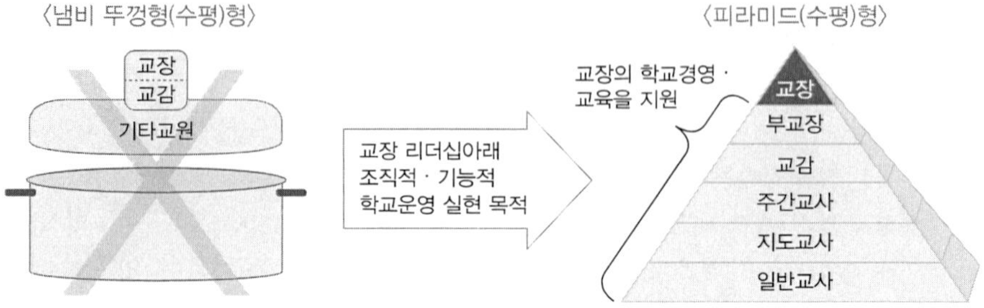

(2) 부교장(副校長) 제도의 도입: 교두의 상사로서 교무를 담당하는 직(職)

부교장(副校長) 제도는 2007년 학교교육법 개정(2008.4.1 시행)으로 제도화된 새로운 직(職)이다. 최초로 이 제도가 제언된 것은 2007년 1월 교육재생회의 1차 보고에서였다.

"일상적으로 학교운영을 개선하고 문제가 발생할 때 신속한 대응을 하는 데에는 교장에게 부담이 집중되는 체제로서는 한계가 있으므로, 교장의 직무를 보좌하여 학교 내의 역할과 책임체제를 명확히 하여 보다 나은 학교운영을 위한 새로운 관리직으로서 부교장이나 주간교사를 신설할 필요가 있다"는 것이 주된 이유였다.

부교장제를 둘 것인지의 여부를 제 학교 설치자의 판단에 의하여 부교장을 둘 수 있다고 하여 임의설치주의를 택하고 있다(학교교육법 제37조 제2항). 이 보다 앞서 도쿄도 일부 교육위원회에서 부교장이라는 명칭이 사용되었는데 이는 '직'이 아닌 교두(教頭; 한국의 교감)의 별칭(別稱)에 불과한 것이었다(예를 들어 도쿄대학 부설 중등학교의 부교장 등).

부교장의 직무는 교장을 도와 명을 받아 교무를 담당하는 것이다(학교교육법 제37조 제5항). 또한 부교장은 교장 사고시 직무를 대리하고, 교장이 결원된 때에는 직무를 행한다.

부교장(副校長)이 교두(教頭)와 다른 점은 다음 두 가지 점에서이다.

임의설치주의

- 교두는 교장을 '돕는 것'에 그치나, 부교장은 교무장리권과 소속직원 감독권을 일정 범위 내에서 스스로 행사한다는 점
- 교두는 '필요에 따라 아동교육을 담당한다'고 되어있으나 부교장은 학교경영적인 직무에만 종사토록 예정되어 있다는 점

동시에 부교장을 두는 학교에서 교감은 부교장을 '돕도록' 되어 있다는 점에서 교감의 상사로서 부교장을 상정하고 있다.

> 교감의 상사로서 부교장

> **학교교육법 제37조**
> 제2항 소학교(중학교)에는 부교장, 주간교사, 지도교사, 영양교사 기타 필요한 직원을 둘 수 있다.(부교장을 두는 경우나 특별한 사정이 있는 경우에는 교감을 둘 수 있다).
> 제5항 부교장은 교장을 도와 명을 받아 교무를 담당한다.
> 제6항 부교장은 교장에게 사고가 있는 경우 그 직무를 대리하고 교장이 결원된 때에는 직무를 행한다. 이 경우 부교장이 2인 이상 있을 때에는 미리 정해놓은 교장이 정한 수서로 그 직무를 대리하거나 행한다.
> 제7항 교감은 교장(부교장을 두는 학교에 있어서는 교장 및 부교장)을 도와 교무를 정리하고 필요에 따라 아동 교육을 담당한다.
> 제8항 교감은 교장(부교장을 두는 학교에 있어서는 교장 및 부교장)에게 사고가 있는 때에는 교장의 직무를 대리하고, 교장이 결원 된 때에는 교장이 직무를 행한다.

(3) 주간교사 및 지도교사제 도입

① 도입 배경

최초로 주간제도를 신설한 경우는 일본의 교육개혁을 선도했던 도쿄도 교육위원회로서 2003년부터 한국의 수석교사와 유사한 주간(主幹)제도를 창설하였다. 이는 학교 관리직을 보좌하여 소속 교직원을 감독하는 등 담당 교무에 관하여 일정 권한을 갖는 직으로 만들었다.

이후 국가수준에서는 중앙교육심의회 2005년 10월 26일 '새로운 시대의 의무교육을 창조한다'는 심의회 답신보고서에서 교장의 리더십 아래, 보다 조직적

이고 기능적인 학교경영을 실현하기 위하여 관리직을 보좌하여 담당 교무을 처리하는 권한을 갖는 주간직 등을 설치하는 방안을 권고하였다.

이어 2007년 6월 학교교육법 개정을 통해서 2008년 4월 1일 신학기부터 교사 임명권자에 의하여 부교장과 주간교사(主幹教諭) 및 지도교사(指導教諭)를 둘 수 있도록 하였다.

주간교사는 교장, 교감(부교장)을 돕고, 명을 받아 교무의 일부를 담당하며(다른 교사에 대한 지시 가능), 학생을 교육한다. 기존의 주임(主任)은 직(職)이 아니라는 점에서 차이가 있다. 지도교사는 학생을 지도하면서 교사 기타 직원에 대하여 교육지도의 개선과 충실을 위하여 지도·조언한다.

한편, 기존의 지도주사(指導主事)라는 직은 한국의 교육전문직(장학 및 연구직)에 해당하는 교육청 직원으로서 소관학교 전체 상황을 살피고, 각 학교 교장 및 지도교사 등 교원에 대한 지도·조언을 한다.

② 주간교사 및 지도교사의 명칭 및 임무

학교교육법에 명시된 주간교사 및 지도교사의 법정 역할은 다음과 같다.

학교교육법 제37조 소학교에는 교장, 교감, 교사, 양호교사 및 사무직원을 두지 않으면 안된다.

제2항 소학교(중학교)에는 전항에 규정한 것 외에, **부교장**, 주간교사, 지도교사, 영양교사 기타 필요한 직원을 둘 수 있다.

제3항 제1항의 규정에도 불구하고, **부교장**을 두는 경우나 특별한 사정이 있는 경우에는 교감을, 양호를 겸하는 주간교사을 두는 경우에는 양호교사를, 특별 사정이 있는 경우에는 사무직원을, 각각 둘 수 있다.

(※ 제60조 고등학교에는 교장, 교감, 교사 및 사무직원을 두어야 함. 이외 부교장, 주간교사, 지도교사, 양호교사, 영양교사, 양호조교사, 실습조수, 기술직원 기타 필요한 직원을 둘수 있음. 부장을 둘 때에는 교감을 두지 않을 수 있음. 제4항부터는 초중고 동일 적용)

제4항 교장은 교무를 담당하며 소속직원을 감독한다.

제5항 **부교장**은 교장을 도와 명을 받아 교무를 담당한다.

제6항 **부교장**은 교장에게 사고가 있는 경우 그 직무를 대리하고 교장이 결원된 때에는 직무를 행한다. 이 경우 부교장이 2인 이상 있을 때에는 미리 정해놓은 교장이 정한 수서로 그 직무를 대리하거나 행한다.

제7항 교감은 교장(부교장을 두는 학교에 있어서는 교장 및 부교장)을 도와 교무를 정리하고 필요에 따라 아동 교육을 담당한다.

제8항 교감은 교장(부교장을 두는 학교에 있어서는 교장 및 부교장)에게 사고가 있는 때에는 교장의 직무를 대리하고, 교장이 결원 된 때에는 교장이 직무를 행한다.

제9항 주간교사는 교장(부교장을 두는 학교에서는 교장 및 부교장) 및 교감을 돕고, 명을 받아 교무의 일부를 정리하고 동시에 아동 교육을 담당한다.

제10항 지도교사는 아동의 교육을 담당하며 동시에 교사 기타 직원에 대해 교육지도의 개선 및 충실을 위해 필요한 지도 및 조언을 한다.

제11항 교사는 아동 교육을 담당한다 제12-18항 생략

제19항 학교의 사정에 비추어 필요하다고 인정된 경우, 제9항의 규정에도 불구하고, 교장(부교장을 두는 경우에는 교장 및 부교장) 및 교감을 도와 명을 받아 교무의 일부를 정리하고, 동시에 아동의 양호 또는 영양 지도 및 관리를 담당할 주간교사를 둘 수 있다.

교육공무원특별법 제23조 제1항 공립 소학교등의 교사등의 임명권자는 당해 교사등에 대해서 채용일로부터 1년간 교사직무 수행에 필요한 사항에 관한 실천적인 연수(초임자연수)를 실시하지 않으면 안된다.

제2항 임명권자는 초임자 연수를 받는자가 소속한 학교의 부교장, 교감, 주간교사, 지도교사, 교사 또는 강사 중에서 지도교원을 명한다.

제3항 지도교원은 초임자에 대해서 교사직무의 수행에 필요한 사항에 관하여 지도 및 조언한다.

ⓐ 주간교사(主幹敎諭)

- 경영층인 교장·부교장(교감)과 실천층인 교사사이의 코디네이터 역할을 한다.
- 자신의 경험을 살려 교사를 지도하여 지원한다.
- 조직적이고 기동력 있는 학교운영이 가능토록 지도·감독층을 신설한 것의 설치 필요성이 있다.

- 주간교사는 교장, 교감과 교사 간에 중간관리자로서 위치한다.
- 교무 일부 담당권이 있고, 타 교사에 대한 지시권이 있다.

ⓑ 지도교사(指導敎諭)

- 교내 교직원에 대한 교육지도에 관한 지도·조언과 연수의 기획·실시에 중심적 역할을 하는 직위로서 학교조직에 설정하였다.
- 관리직으로서가 아닌 우수한 교육지도 전문가로서 학교 지원활동 스태프로서 역할이 기대되고 있다(중간 관리자가 아닌 동료적인 관계에 기초함).
- 우수한 교원 개인에 대한 실적평가나 처우개선을 도모하기 위한 직위로서 의미도 포함하고 있다.

③ 임용권자 및 배치기준

임용권은 당해 교원을 임용하는 각급 교육위원회에 있고, 현비부담 교원의 경우 임용권은 도도부현 교육위원회에 있고 복무감독권은 시정촌교육위원회에 두고 있다.

주간교사등은 배치에 있어서는 필수직이 아니고 임의배치 방식을 취하고 있다(학교교육법 28조). 단, 공립 소·중학교 경우 주간교사, 지도교사가 현비부담 교직원으로 되어있기 때문에 그 배치 여부는 사실상 도도부현 교육위원회의 의사에 달려있다(배치상황 보고).

2007년 문부과학성 문건에 따르면, 62개 도도부현 및 지정도시 교육위원회 중 주간제를 도입한 곳이 7곳, 시행단계 1곳, 검토중 19곳, 도입예정없음 35곳으로 확산이 빠른 편은 아니었다. 명칭도 여러 가지로 사용되고 있다.

- 주간교사 명칭사용: 사이타마현, 도쿄도, 히로시마시, 요코하마시
- 총괄교사 명칭사용: 가나가와현, 가와사키시
- 수석교사 명칭사용: 오사카

> **※ 도쿄 도립학교의 관리운영에 관한 규칙(제10조의 2)**
> 학교에 두는 주간을 둔다. 단, 특별한 사정이 있는 경우에는 주간을 두지 않을 수 있다.
> 2. 주간은 교사 또는 양호교사로 충원한다.
> 3. 주간은 상사의 명을 받아 담당하는 교무를 총괄처리한다.
> 4. 주간은 담당하는 교무에 관한 사항에 관하여, 교감을 보좌하고, 소속직원을 감독한다.
> 5. 주간은 다음 제1항에 규정한 교무주임, 생활지도주임, 진로지도주임 또는 학년주임을 겸무한다. 단, 특별한 사정에 의해 이들 주임을 겸무하지 않는 경우에 대하여는 위원회가 별도로 정한다.
> 주간으로의 임용은 교사 중에서 선고에 의하여 행하고, 그 직책에 대한 급여는 교사보다 상위직급인 특2급으로 대우한다.

주간제는 2007년 학교교육법에 주간교사로 규정되기 전까지는 각 교육위원회 규정에 따라 주간이란 명칭 외에 달리 규정되기도 했다.

오사카시에서는 '수석(首席)'이라 칭하고, 가나가와현 및 가와사키시에서는 '총괄교사(總括敎諭)'라고도 불렀다. 쿄토시에서는 '부교감'(副敎頭)라고도 한다.

지도교사는 지역에 따라 슈퍼티쳐(미야자키현), 엑스퍼트 교사(히로시마현)라고도 한다.

문부과학성이 2008년 12월 25일 발표한 공립학교 교장, 부교장, 주간등의 임용상황보고서에 따르면(2007년 연말 인사이동기준) 다음과 같다.

- 교장수는 35,911명(전년도 대비 343명감), 부교장은 2,556명, 교감은 36,709명(전년도 대비 2,832명감), 주간교사는 12,908명, 지도교사는 428명
- 여성교장 등 인원수는, 교장이 4,631명, 부교장이 456명, 교감이 5,634명, 주간교사가 4,135명, 지도교사가 206명이고, 여성비율은, 교장 12.9%, 부교장 17.8%, 교감 15.3%, 주간교사 32.0%, 지도교사 48.1% 등이다.

그러나 이를 설치하지 않은 지역에서의 주된 이유는 주간제도 등이 기존의 주임제도와 크게 다르지 않다는 점을 들고 있다.

④ 자격 및 임용방법

주간교사 및 지도교사는 교사 중에서 임용하기 때문에 기본적인 자격요건은 교사경력이라 할 수 있고, 각 교육위원회의 선고기준에 따르고 있어 다양하다. 주간 임용요건은 도쿄도는 38세 이상, 가나가와는 42세 이상, 오사카 수석은 33세 이상, 오사카 지도교사는 50세 이상이다.

| 표 9-3 | 공립학교에서의 부교장, 주간교사, 지도교사 임용 현황(2008.5.1) |

구분	소학교	중학교	고등학교, 중등학교	특별지원학교	합계
공립학교	21892	10028	3824	966	36710
부교장수	1341	649	436	131	2556
주간교사수	5795	4179	2302	632	12908
지도교사수	215	131	131	15	428

주: 2008년 문부과학성의 교장 등의 현(縣) 및 시(市)별 임용 현황
－ 부교장, 교감, 주간교사 또는 교사만 임용시험을 실시 하는 경우: 7현시
－ 직종에 의해 수험자격 제한을 두지 않은 경우: 20현시
－ 시험자격에 연령제한을 두는 경우: 55현시
－ 시험자격에 경력제한을 두는 경우: 57현시
－ 관리직 선고시험을 실시하지 않은 경우: 1현시

⑤ 주간교사등에 대한 혜택

특별 보임직에 대한 법령차원의 일괄적인 보수가 지급되는 것이 아니고 도도부현 교육위원회가 정하는 급료표 기준에 의하여 우대하고 있다.

문부과학성이 조사하여 발표한 2008년도 기준 주간을 비롯한 우수한 교원에 대한 새로운 급료표를 두고 있는 도도부현 조사표는 〈표 9-4〉와 같다.

| 표 9-4 | 주간교사등에 대한 급료상의 혜택 |

도부현	명칭	급료표	일반교사와 급여비교(모델) 월액					
			50세	급료	관리직 수당	주임 수당	합계	차액
도쿄도	주간	5급제 (특2급적용)	일반교사	444,300	0	4,000	448,300	
			주간	457,800	0	4,000	461,800	13,500
가나가와현	총괄교사	5급제 (3급적용)	일반교사	407,200	0	0	407,200	
			총괄교사	422,900	0	0	422,900	15,700
오사카	수석	5급제 (특2급적용)	일반교사	418,100	0	4,000	422,100	
			수석	436,300	0	4,000	440,300	18,200
	지도교사	5급제 (특2급적용)	일반교사	418,100	0	4,000	422,100	
			지도교사	430,500	0	4,000	434,500	12,400

주: 도도부현은 급료관련 조례표에 의함. 채용후 50세까지 평균 연4호급씩 승급.
　　도쿄도 오사카부 주임수당은 일액 200엔(월 20일 근무). 가나가와현은 주임수당 폐지.
　　도쿄도 가나가와현 오사카부 주간은 관리직 수당 지급하지 않음

4 교원 양성 및 연수 법제 및 현황

가. 교원 양성 및 임용: 교직대학원의 신설 및 30%대 임용률

(1) 교원 양성

2008년 11월에 교육직원면허법 시행 규칙(2009.4.1 시행)을 개정해 '교직 실천 훈련' 제도가 도입되었고, 교직과정 인증 대학에 시정 권고나 인정 취소를 하는 구조를 정비하기도 했다. 교직지도나 교육실습의 원활한 실시 노력을 의무화하는등 교원양성과정을 강화하고 있다.

교직실전훈련은 교원으로서 최소한 필요한 지식 기능을 습득한 것을 최종 확인하기 위한 과목으로 도입되어 원칙으로서 대학의 4학년(단기대학의 경우에는

2학년) 후기에 실시하도록 되어 있어 2010년도 입학생부터 교직실전 훈련을 포함한 커리큘럼이 적용되고 있다.

2008년 4월부터는 고도 전문직업인으로서 교원양성 시스템의 모델로서 역할을 담당하는 '교직대학원'이 설치되었다. 대학과 교육위원회가 제휴·협력해서 대학원 수준의 이론과 실천의 교류에 의한 교육과정을 특색으로 설치되었는데 향후의 교원양성의 주된 담당자로서의 역할이 기대되고 있다.

일본의 경우 학위와 교직과정 단위를 이수할 경우 교원면허장이 수여된다, 단기대학은 2종 보통면허장을, 일반대학은 1종 보통면허장을 받는다. 교직과정은 면허장의 종류별로 대학의 학과등을 문부대신이 인정한다. 유치원 및 소학교 교직과정은 교원양성을 주된 목적으로 하는 학과이어야 한다.

표 9-5 교직과정의 이수 내용(1종 면허장의 경우)

교과 과목	교직 과목	교과 또는 교직 과목
소8, 중고 20단위 이상	소41, 중31, 고23단위 이상 교직의 의의, 교육기초이론, 교육과정 및 지도법, 학생지도, 교육상담 및 진로지도, 교육실습(소중 4주간, 고 2주간), 교직실천연습	소10, 중8, 고16단위 이상 (앞의 교과과목 및 교직과목 중 선택)

※ 위의 '교직의 의의'에 관한 과목으로 통상 '교직개론'이 개설되어 있음

전국 733개 대학에 591개 대학, 378개 단기대학 중 273개 대학, 601개 대학원 중 424개 대학원에서 교원양성과정을 인정받고 있다. 그 중 국립 교원양성계 대학은 학부가 44개, 대학원이 45개이다.

교직대학원(전문직학위과정)은 25개(국립 19, 사립 6)로 840명이 입학정원이다. 교직대학원의 전임교원 요건에 대하여 중교심 답신 '향후 교원양성·면허제도 개선방향(2006)'에서는 연구자와 실무가 교원일 것을 주문했다. 실무가 교원의 예로는 교원, 교원경험자, 교육센터직원, 지도주사, 의료기관관계자(의사등), 가정재판소관계자(조사관등), 복지관계자(아동상담소 직원, 아동복지사) 등을 들고 있다.

수업 내용의 주의점으로 다음 세 가지를 들 수 있다.

- 교원에게 필요한 실천적인 기술을 습득시키는 과정일 것
- 그 지도기술을 활용하는 배경·필요성·의미에 대해서 설명할 수 있을 것
- 수업관찰·분석, 모의수업, 현장 실천활동, 필드워크 등 교육현장에서 검증을 포함할 것

표 9-6 교원면허장 취득자수 대비 채용자수(2005)

학교급	교원면허 취득자수	교원채용자수 (2005년 졸업자)	채용률
소학교	16,576	5,025	30.3%
중학교	51,190	2,088	4.1%
고등학교	73,509	1,656	2.3%

소유 면허장별 교원 구성의 특징을 정리하면 다음과 같다.

유치원의 경우 2종 면허장이 73.7%인 반면(1종은 21%), 소·중·고등학교는 각각 80.2%, 89.4%, 74.9%이고, 석사수준 면허장인 전수면허장은 소·중·고등학교 각각 3.2%, 5.4%, 24.2%이다. 고교는 대학원 출신 교원이 1/4에 이른다.

소학교 교원의 경우 일반대학 출신자가 49.6%, 교원양성계 대학이 41%에 비해, 중학교는 각각 59.8%, 27.3% 이고, 고등학교는 각각 63.2%, 12.2%이다.

(2) 신규 임용

채용단계에서 교원에 걸맞게 개성 풍부하고 다양한 인재를 폭넓게 확보한다는 관점에서 각 도도부현 교육위원회 등에서 채용하는 전형의 개선을 촉진해 학력 시험의 성적뿐 아니라, 면접시험과 실기시험의 실시, 응시 연령 제한 완화, 다양한 사회 경험을 적절하게 평가하는 특별전형 등을 통해 인물 평가를 중시하는 방향으로 채용 선발 방법이 개선되고 있다.

또한, 소학교 교사채용 선발에서 외국어 활동에 관한 내용을 도입하는 교육

위원회가 늘어남과 동시에, 채용선발의 투명성과 비리 방지 등의 대응이 전개되고 있다. 또한, 조건부 채용 기간제도[8]를 적정하게 운용해 신규 채용자의 교원으로서의 적격성을 판별하도록 각 교육위원회의 대응을 촉진하고 있다.

문부과학성이 발표한 2010년도 각 도도부현 및 지정도시 교육위원회가 실시한 공립학교 신규임용 경쟁률(채용자수/수험자수) 보고에 따르면, 소학교의 경우 4.4:1, 중학교의 경우 8.7:1, 고등학교는 8.1:1로 상급학교 일수록 경쟁률이 높은 것으로 나타났다.

다양한 인재 활용을 위한 조치 중, 연령제한을 완화한 경우가 28개 현(縣)과 시(市), 민간기업 경험이나 자격자에 대하여 연령 제한을 완화한 경우 25개 현과 시, 특정학교나 교과에 대하여 완화한 경우가 9개 현이었다.

특정 자격이나 경력자에게 일부 시험을 면제한 경우로서 교직경력, 사회경력, 영어자격, 스포츠 및 예술 실적 등이 있었다. 그러나 신규임용자 중 당해 연도 졸업자는 30%대로서 재수율이 높고, 민간기업경험자 역시 6% 전후로서 미미한 수준이다.

문부과학성이 발표한 2017년도 각 도도부현 및 지정도시 교육위원회가 실시한 공립학교 교원채용 실상황 보고(2018.2.7 공표)[9]에 따르면, 수험자 총수는 166,068명으로 전년도 대비 4,387명(2.6%) 감소했다.

과거의 추이를 보면, 1979년부터 1992년도까지는 일관되게 감소했지만, 이후 2005년도까지 거의 연속해 증가했고, 이후 보합 경향을 보인 후, 2010년부터 다시 증가했지만, 2014년 이후부터 적게 감소하는 경향에 있어 1987년도와 같은 정도의 수준이 되고 있다.

총 채용자는 31,961명으로 전년도에 비해 511명(1.6%)이 줄어든 것으로 보고되었다. 1979년 이후 가장 적었던 2000년도를 최저치로 하여 2016년도까지 연

8　조건부 채용기간 제도란, 채용 선발에서 일정한 능력 실증을 얻은 자에 대해 실제 실무에 대한 적응 능력이 있는지 여부를 판별하는 제도로서 학생의 교육에 직접 종사하는 교사·준교사·강사에 대해서는 그 직무의 전문성 등에서 특히 조건부 채용 기간이 1년으로 되어 있고 그 사이에 초임자 연수를 받도록 되어 있다.

9　平成29年度公立学校教員採用選考試験の実施状況について(2018.2.7.)
　　http://www.mext.go.jp/a_menu/shotou/senkou/1401021.htm

속적으로 증가했다. 이후 2017년노는 17년 만에 적게 나마 감소하여 1987년도와 같은 수준이 되고 있다.

경쟁률(배율)은 전체 5.2배로 전년도와 비슷한 수준이다. 1979년도 이래로 2000년을 정점으로 감소세가 되었고, 2017년에는 1979~1988년도와 같은 수준이 되었다. 학교급별로 볼 때, 소학교가 상대적으로 낮은 3.5:1인 반면, 중학교와 고등학교는 7.4:1과 7.1:1로 높은 편이었다.

학력별 채용률(응시자수에 대한 채용자수 비율)을 보면, 국립교원 양성 대학·학부 출신자가 32.1%, 대학원 출신자가 18.8%, 일반 대학·학부 출신자가 17.0%를 차지하고 있어 국립 교원 양성 대학·학부 출신이 다른 출신자에 비해 높은 비율로 채용되고 있음을 보여주었다.

표 9-7 2017년도 공립학교교원채용선발시험 실시 현황(2018.2.7.)

구분	지원자수	수험자수(여성)	채용자수(여성)	경쟁률(배율)
소학교	56,204	52,161(27,343)	15,019(9,035)	3.5
중학교	63,011	57,564(22,449)	7,751(3,407)	7.4
고등학교	38,006	34,177(10,761)	4,827(1,789)	7.1
특별지원학교	11,192	10,513(5,961)	2,797(1,781)	3.8
양호교사	10,833	9,840(9,756)	1,328(1,321)	7.4
영양교사	2,021	1,813(1,707)	239(233)	7.6
계	181,267	166,068	31,961	5.2

주: 1. 채용자 수는 2017년 6월 1일까지 채용된 수
2. 소·중학교 시험구분을 않고 채용전형을 실시하고 있는 현시(県市)의 수험자수는 중학교의 수험자수에 포함
3. 중·고교 시험구분을 않고 전형을 실시하고 있는 현시의 수험자수는 중학교의 수험자수에 포함
4. 특별지원학교 응시자수는 특별지원학교 구분으로 전형시험 실시한 현·시의 수치만을 집계한 것
5. 경쟁률(배율)은 수험자수÷채용자수

(3) 민간인 교장·부교장·교감의 활용

문부과학성에서는 지역이나 학교의 실정에 따라 학교 내외로부터 폭넓게 우수한 관리직을 등용할 수 있도록, 2000년에 교장의 자격 요건을 완화하여 교원면허를 가지지 않거나 교육에 관한 직업 경험이 없는 사람이라도 교장에 등용 할 수 있도록 했다. 부교장에 대해서는 2008부터, 교감에 대해서는 2006년부터 각각 가능하게 된 바 있다.

이러한 임용상 자격 요건의 완화에 의해서 2017년 4월 1일 현재, 전국의 공립학교 중에 교원 출신이 아닌 교장의 재직자수는 123명, 교원 출신이 아닌 부교장·교감의 재직자수는 115명으로 조사되었다.[10]

나. 교원 연수 법제: 초임자 연수 및 현직 연수

(1) 연수체계

교원은 그 직책을 수행하기 위해 끊임없이 연구와 수양에 힘쓰는 것이 요구되며, 다양한 연수가 실시되고 있다. 교원연수는 국가수준의 연수와 도도부현 교육위원회 수준의 연수로 나뉜다.

국가수준에서는 독립행정법인으로 교직원지원기구(教職員支援機構; 구 교원연수센터)[11]가 있다. 이 기구(NITS; National Institute for School Teachers and Staff Development)는 주로 국·공·사립 학교의 교직원을 대상으로한 연수, 교육직원면허법에 근거한 면허장 갱신강습의 인정이나 교원자격인정 시험 등을 주관하고 있다.

동시에 각 지역에서 학교교육에서 중심역할을 담당하는 교장·부교장·교감 등에 대한 학교경영 연수나 중요 과제에 대해 지방공공단체가 연수강사나 기획·

10　2017년도 교육과학백서.

11　1977년 4월 27일 국립교육회관쯔쿠바분관(国立教育会館筑波分館) 준공식이 행해졌는 바, 현직 교직원을 위한 장기 숙박형 연수를 목적으로 설립되었고, 개관 당시 최신의 시청각종합교육 시스템을 갖추고 연간 7만명을 연수했다. 이후 2001년 4월 1일에는 독립행정법인 교원연수센터로서 설립되었고, 이후 2017년 4월 1일부터 독립행정법인 교직원지원기구로 개칭되었다.

입안 등을 담당하는 지도자를 양성하기 위한 연수 등으로 지역의 핵심 리더를 육성하고 있다.

또한, 도도부현 교육위원회 등에서는 교원이 그 경험, 능력, 전문 분야 등에 따라 필요한 연수를 받을 수 있도록 대응하고 있다.

각 도도부현 교육위원회은 교원이 그 경험, 능력, 전문분야 등에 따라 필요한 연수를 받을 수 있도록 초임자 연수, 10년 경험자 연수(2017년부터 '중견교사등 자질 향상 연수'로 개칭), 장기 사회체험 연수, 대학원등 파견 연수 등을 실시하고 있다.

더불어 면허 갱신과 관련된 연수도 추가되었다. 즉, 앞서 살펴본 바과 같이 교원이 정기적으로 최신의 지식 기능을 몸에 익힘으로써 자신감과 자부심을 가지고 교단에 서서 사회의 존경과 신뢰를 얻는 것을 목적으로 2009년 4월 1일부터 교원면허갱신제가 도입된 바 있다. 이에 따라 갱신제 도입 후인 2009년 4월 1일 이후에 수여하는 면허장(신면허장)에는 10년간의 유효기간이 설정되었다. 유효기간의 갱신은 도도부현 교육위원회(면허관리자)가 실시하는데, ⓐ 대학등이 실시하는 면허장 갱신 강습을 30시간 이상 수강·수료한 사람, ⓑ 면허관리자가 최신의 지식 기능을 충분히 가지고 있어, 면허장 갱신 강습의 수강의 필요가 없다고 인정한 사람에 대해서는 자격 갱신을 인정하고 있다.

한편, 갱신제 도입전의 2009년 3월 31일까지 수여받은 면허장(구 면허장)에 대해서는, 갱신제의 도입 후에 유효기간은 정할 수 없지만, 현직 교원에 대해서는 10년마다의 수료 확인 기한까지 30시간 이상의 면허장 갱신강습을 수강·수료하는 것이 의무이다. 또, 현직 교원이 수료 확인 기한까지 면허장 갱신강습을 수강·수료하지 않았던 경우에 면허장은 무효화 된다. 다만, 신면허장의 경우와 마찬가지로 면허관리자가 최신의 지식 기능을 충분히 가지고 있어 면허장 갱신 강습의 수강의 필요가 없다고 인정한 사람은 면허장 갱신 강습의 수강 의무가 면제된다. 덧붙여 현직 교원 이외에 대해서는 면허장 갱신 강습의 수강은 의무화되어 있지 않다.

표 9-8 일본의 국가 및 교육위원회별 교원연수 체계

주관	연수구분	구체적 프로그램
국가	학교관리직연수	중견교원연수, 교장·교감연수, 해외파견연수(2개월)
	지도자양성연수	학교조직관리 및 국어력 향상을 통한 지도자 양성연수, 교육과제 연수지도자의 해외파견 프로그램(2주간)
교육위원회	법정연수	초임자 연수, 중견교사 등 자질향상 연수
	경력별연수	5년 경험자 연수, 20년 경험자 연수
	직능별연수	학생지도주사연수, 신임교무주임연수, 교감·교장연수
	장기파견연수	대학원·민간기업 등으로의 장기파견 연수
	전문지식기능연수	교과지도, 학생지도 등에 관한 전문적 연수
	지도력부족교원연수	지도개선 연수

(2) 초임자 연수

① 개관

초임자 연수는 새로 채용된 교원에 대해 실천적 지도력과 사명감을 키움과 동시에 폭넓은 지식을 얻게 하는 때문에 1년간 학교 내외에서 실시하는 연수이다. 이를 위하여 교원의 채용은 다른 지방공무원의 조건부 채용기간(6개월) 보다 긴 1년으로 조건부 채용하고 있다.

이 기간의 직무능력 연수를 위하여 초임자 연수가 1년간 의무화 되어 있는 것이다. 즉, 1989년부터 신규 채용되는 교원은 '교사 직무 수행에 필요한 사항에 관한 실천적 연수(초임자 연수)'를 의무 이수토록 되어 있다(교육공무원특례법 제23조 제1항). 법으로 규정된 연수기간은 1년이지만, 초임자의 부담 경감을 위하여 복수 년 혹은 프로그램으로 실시하는 지방공공단체도 있다. 초임자 연수는 거점 지도 교원 등으로부터 지도 조언을 받는 교내 연수와 교육센터등에서 지도주사나 베테랑 교원 등의 강의를 듣는 교외 연수(연간 25일 정도)를 받기도 한다.

- 목적: 신임교원의 실천적 지도력과 사명감을 기르고 폭넓은 식견을 체득
- 대상자: 공립 소학교등의 교사중 신규로 임용된 자(1년 이내의 자)

- 실시자: 각 도도부현, 지정도시, 중핵시 교육위원회
- 근거법: 교육공무원특례법 제23조(1988년 제도도입, 1989년 실시)
- 연수내용: 임명권자가 정함

② 관련 규정: 초임자 연수(교육공무원 특례법 제23조)

첫째, 공립 소학교등의 교사 등의 임명권자는 해당 교사등(임시 임용된 자 기타 정령으로 정하는 자 제외)에 대하여 그 채용(실제로 교사등의 직 이외의 직에 임명되어 있는 자를 교사등의 직에 임명하는 경우 포함)된 날로부터 1년간의 교사 또는 보육교사의 직무 수행에 필요한 사항에 관한 실천적인 연수(초임자연수)를 실시해야 한다.

둘째, 임명권자는 초임자 연수를 받는 자(초임자)가 소속된 학교의 부교장, 교감, 주간교사(양호 또는 영양의 지도 및 관리를 담당하는 주간교사 제외), 지도교사, 교사, 주간보육교사, 지도보육교사, 보육교사 또는 강사 중에서 지도교원을 명한다.

셋째, 지도교원은 초임자에 대해 교사 또는 보육교사의 직무수행에 필요한 사항에 대해 지도 및 조언을 실시한다.

③ 문부과학성 예시

문부과학성이 예시한 교내 및 교외에서의 초임자 연수 사례는 〈표 9-9〉와 같다.

표 9-9 문부과학성 예시 교내·외 초임자연수

구분	교내 초임자연수	교외 초임자연수
시간	주 10시간, 연간 300시간 정도	연간 25일 정도
방법	강사는 거점학교 지도교원 및 교내 지도교원	교육센터(교과관련 전문지도) 기업·복지시설 등의 체험연수 사회봉사·자연 체험활동연수 숙박연수(4박 5일 정도)
유의 사항	• 초임자의 경험, 역량, 각 학교의 과제에 중점을 둘 것 • 수업준비에서 실제에 이르는 수업실천의 기초(지도안 작성법, 판서법, 발문법 등)를 지도	• 교내 연수와 유기적으로 연대 • 초임자의 문제의식에 따른 연수선택 • 참가·체험형, 과제연구·토론형 다양화 • 타 학교에서의 경험 기회를 제공

(3) 10년 경험자 연수에서 중견교사 자질향상 연수로 전환

① 개관

2002년 교육공무원특례법 개정을 통히여 10년 경험자 연수제는 도입되었고 2003년부터 실시되었다. 이 경우 재직 기간이 10년 정도(특별한 사정이 있는 경우 10년을 표준으로 임명권자가 정한 연수)에 이른 교원에 대해 우수 분야를 심화시키는 등 교원으로서의 자질 능력의 향상을 목적으로서 각각의 능력·적성 등을 평가하는 학교 내외에서 이루어지는 연수를 말한다.

이것이 2017년부터 '중견교사등 자질향상 연수'로 개칭되었다. 임명권자가 행하는 방식은 동일하나 개별 교사로서의 자질향상 보다는 학교운영의 핵심적 역할을 하는 중견교사로서 자질 향상에 강조점을 두고 있다. 또한 과거 10년 경험자 연수 기간 및 필요사항을 정령으로 정하던 것을 삭제된 부분(과거 제24조 제3항12)에도 차이가 있다. 규제 완화 측면에서 평가할 만하다.

- 목적: 학교운영에 핵심적 역할이 기대되는 중견교사의 자질향상을 도모
- 대상자: 공립의 소학교등의 교사 중 중견교사
- 실시자: 임명권자(각 도도부현, 지정도시, 중핵시 교육위원회 등)
- 근거법: 교육공무원특례법 제24조(2017년부터 명칭변경)
- 연수내용: 임명권자가 정함

② 관련 규정: 중견교사 자질향상 연수(교육공무원 특례법 제24조)

첫째, 공립 소학교 등의 교사 등(임시 임용된자 기타 정령으로 정한 자 제외)의 임명권자는 해당 교사 등에 대해 개인의 능력, 적성등에 따라 공립 소학교 등에 있어서 교육에 관한 상당한 경험을 갖고 그 교육활동 기타 학교 운영의 원활하고 효과적인 실시에 있어서 핵심적인 역할을 다하도록 기대되는 중견교사로 하여금 직무수행에 필요한 자질 향상을 도모하기 위해 필요한 사항에 관한 연수(이하 중견교사등 자질향상 연수)를 실시하여야 한다.

---

12 3 제1항에 규정하는 재직 기간의 계산 방법 10년 경험자 연수를 실시하는 기간 기타 10년 경험자 연수의 실시에 관한 필요한 사항은 정령으로 정한다.

둘째, 임명권자는 중견교사 등 자질향상 연수를 실시함에 있어서 중견교사 등 자질향상 연수를 받는 사람의 능력, 적성 등에 대해 평가하고, 그 결과에 따라 해당자별로 중견교사 등 자질 향상 연수에 관한 계획서를 작성해야 한다.

③ 사례: 교직원지원기구(NITS) 및 문부과학성의 예시

현재 독립행정법인 교직원지원기구는 연수교육의 일환으로 '교직원등 중앙연수로서 중견교원연수'를 운영하고 있다. 근본 취지는 학교가 직면한 과제에 조직적으로 대응하고 특색 있는 교육활동을 자율적으로 추진하는 매니지먼트 능력과 각 지역 교직원의 전문성 향상을 견인하는 인재육성·연수 추진력을 습득하게 하여, 연수 후에는 그 성과를 활용함으로써 각 지역에서 중심적인 역할을 담당하는 중견 교원 등을 육성한다는 것이다.

연수내용은 학교관리, 학교개선, 실천개발 세 영역으로 이루어져 있다.

- 스쿨 매니지먼트: 교육 정책의 제반 동향, 교육 법규, 스쿨 컴플라이언스, 학교 조직 매니지먼트, 커리큘럼 매니지먼트, 스태프 매니지먼트, 커뮤니티 매니지먼트, 학교비전의 구축
- 학교개선: 리스크 매니지먼트, 타임 매니지먼트, 멘탈 헬스 매니지먼트
- 실천개발: 새로운 배움의 추진, 도덕교육의 추진, 학생지도의 추진, 인크루시브 교육의 추진, 교내 연수프로그램의 개발

주요 대상은 소학교·중학교·의무교육학교·고등학교·중등교육학교 및 특별지원학교의 교사·주간교사·지도교사 등으로 향후 각 지역의 핵심으로서의 활약이 기대되는 자 중 교직경험이 대체로 10~20년의 자(문부대신 지침에서 제시된 '제2스테이지(충실·원숙기)'의 성장단계를 상정)로 밝히고 있다. 2019학년도의 경우 약 10일 일정으로 연 5차례(60~200명 단위로 연간 620명)에 걸쳐 소·중·고교 및 특별지원학교 중견교사를 대상으로 계획되어 있다.

한편, 과거 10년 경력자 연수가 보급되던 당시 문부과학성이 교육위원회에 예시한 내용의 예는 〈표 9-10〉과 같다. 표에서 볼 수 있듯이 10년 경험자연수와

면허갱신연수는 유사한 내용이나 동시에 존재하기도 한다.

표 9-10 문부과학성 예시 10년 경력자 연수

순서	내용 예
계획작성	• 능력 적성 등의 평가 – 도도부현 교육위원회는 평가기준을 작성하여 각 학교에 배포 – 교장은 교원의 능력 적성에 대해 평가한 후 시정촌 교육위원회 제출 • 연수계획서의 작성 – 교장은 평가결과에 따라 연수계획서를 작성 – 시정촌교육위원회는 평가결과에 따라 수강 강좌 등 연수계획을 확정
연수실시	• 장기휴업기간 중의 연수 – 20일 정도, 교육센터 등에서 베테랑교원 및 지도주사를 강사로 함 – 소인수 형식으로 모의수업, 교재연구, 사례연구 등을 실시함 • 과업기간 중의 연수 – 20일간 정도, 학교내에서 교장, 교감, 교무주임 등이 조언 – 연구수업 및 교재연구 방법 등을 취함
연수평가	연수종료후, 평가를 실시하여, 당해 교사에 대한 이후 지도에 활용

표 9-11 도쿄도 교직원 10년 경험자 연수

구분			내용
목적			교직경력 11년째 교원에 대해, 학습지도, 생활지도, 진로지도 등에 관한 지도력 향상 및 교육공무원으로서의 자질향상을 위한다. 각 교원의 능력·적성에 따라 연수를 계획·실시하고, 인사고과제도를 활용하여 연수의 사전·사후에 적절한 평가를 행하고, 그 결과를 이후 연수에 활용한다.
대상			도쿄도 공립학교 교사(주임교사포함)로서 1년 이상 재직하고, 국공사립 유·소·중·고·특수학교 교사(조교사, 상근강사포함)로 재직기간이 10년에 달한 자. 단, 지도주사, 관리직후보자, 주간교사는 본 연수 대상자에서 제외된다.
내용	기간		개시일이 속한 연도로 한다.
	교외 연수	실시단위수	소중고(특수학교 포함) 연간 16~24단위(1단위 반일) 유치원은 연간 7단위(1단위 반일)
		내용	학습지도(수업연구, 전문성향상연수, 기초적인 내용연수) 생활·진로지도(사례연구, 전문성향상연수, 기초적 내용연수) 공무원으로서 자질향상(사회체험연수, 교육법규, 인권교육, 복무 등)

구분			내용
교내 연수	기타		소중고(특수학교 포함) 전년도까지 인사고과의 업적평가에 기초하여 3단계의 연수내용을 설정한다. 평가가 2 혹은 3단계인자는 수강단위를 감하여 대체조치하고, 1단계인자는 기초적인 내용 연수 코스를 설정
	실시단위수		소중고(특수학교포함) 30단위(1단위는 3시간) 유치원은 연간 14단위(1단위는 3시간)
	내용		연수계획(교장과 면담, 지도, 조언받아 연수계획을 작성) 학습지도(학습지도에 관한 것) 학교운영, 생활·진로지도(교무운영 및 교육과제의 실천에 관한 것) 연수마무리(실시보고서의 작성, 연수논문 작성 등)
	기타		도쿄교사 도장 연성강좌 및 교육행정연수수료자에게는 수강단위를 감하여 대체조치를 적용한다.
지도체제			교장은 인사고과와 연동시켜 연수를 실시하고, 지도조언을 행한다. 이때, 부교장, 주간교사 등을 활용하여 계획적으로 육성한다.
역할분담			구시정촌립학교 교사의 경우, 평가 및 연수계획서 작성은 구시정촌교육위가 행하고, 각 교원에 따른 연수효과를 높이고, 도립학교, 출장소관할 정촌립학교 및 구시립유치원은 도교육위원회가 실시한다.
연수계획			각 교원은 자기특성을 파악하여 주체적으로 계획을 작성한다. 이후 교장이 당해 교원과 면담하고 인사고과 평가 등에 기초하여 지도하고 연수계획을 승인한다.
평가			교장은 연수종료시 당해 교사의 능력·적성 등을 재평가하고, 그 결과를 당해 교사에 대한 이후 지도나 연수에 활용한다.

④ 실시상황(문부과학성 2017년도 조사결과 보고)

문부과학성이 보고한「중견교사등 자질향상 연수 실시상황(2017년도) 조사결과에 관하여」 보고에 따르면[13] 현재 115개 교육위원회(도도부현 47, 지정도시 20, 중핵시 47, 복수자치체 광역연대지구 1[14]) 모두에서 중견교사 연수가 1사람 이상 실시된 것으로 보고되었다.

당해 연도에 설정한 교직경험 연수의 교사를 대상으로 실시한 경우가 105

---

13 문부성 홈페이지 http://www.mext.go.jp/a_menu/shotou/kenshu/1414121.htm 2019.3 탑재.
14 지방교육행정법(§55①) 특례에 의거 부비(府費)부담교직원 관계 인사행정사무 일부를 처리하고 있는 大阪府豊能地区教職員人事協議会를 지칭한다. 따라서 중핵시에는 이 협의회를 구성하는 豊中市를 포함하지 않는다.

(91.3%)교육위원회로 대다수를 차지했으나, 10곳은 복수년에 걸쳐 설정한 교직경험 연수자 중에 희망자에 따라 실시했다. 당해년 실시의 경우 11년차 경력 교원은 60% 중후반으로 가장 많았고, 이어 10년째가 약 25% 전후였다.

연수 실시 일수(평균)는 소학교 교사의 경우 23.3일, 중학교 23.4일, 고등학교 24.1일, 특별지원학교 23.5일, 유치원 12.8일, 유치원연계 인정어린이원 11.6일 등으로 나타났다. 연수 내용에 있어서 소학교의 경우 59개 교육위원회 중에서 교과지도(78.3)와 공무원윤리·복무(72.2), 생도지도·교육상담·아동생도이해(71.3) 등으로 월등이 많았고, 주체적·대화적 심화학습(58.3), 특별지원교육(56.5), 교육과정편성 및 이지메방지(각각 51.3), 부등교 대응(48.7), 체벌없는 지도(46.1), 학습평가 및 도덕교육(각각 43.5%) 등을 필수 연수내용(복수 표기)으로 강조하고 있었다(괄호는 내용을 포함한 교육위원회 비중).

중학교와 고교 역시 유사하나 고교에서는 교과지도(85.9)나 공무원윤리·복무(78.1)에 비중을 둔 교육위원회가 많은 편이었다. 고교에서는 소학교와 중학교에 비하여 도덕교육이 강조하는 교육위원회 비중이 상대적으로 적었다(20.3).

대학 및 대학원과의 연계 연수교육 측면에서도, 교내연수·교외연수에 강사 파견 방식의 연계가 주를 이루었고(115개 교육위원회의 54.8%), 다음이 대학·대학원이 개설하는 강좌등을 중견교사등 자질향상 연수인 학교외 연수 일부로서 활용하는 경우(21곳, 18.3%)가 있었다.

현재, 중견교사등 자질향상연수와 면허장 갱신 강습을 상호 인정하는 것이 가능한데, 아직은 인정하는 교육위원회 수는 11.3%(13곳)에 불과했다. 면허장 갱신 강습으로 인정해주는 시간 수에 있어서도 8.4시간(필수영역), 7.5시간(선택필수영역), 23.3시간(선택영역) 등의 형태로 인정해 주었다. 한편, 면허장갱신 강습 수강을 통해 중견교사등 자질향상 연수의 일부를 인정해주는 경우 역시 21.7%(25곳)에 머물렀다(통상 3일 연수한 것으로 인정).

한편, 위의 조사는 공립학교 교원에 관한 것이고, 국립학교와 사립학교 교원에 대하여 중견교사등 자질향상 연수제를 받아들이고 있는 도도부현은 74.5%(47곳 중 35곳)이나, 지정도시는 35%(20곳 중 7곳), 중핵시는 6.4%(47곳 중 3곳)로 상대적으로 낮은 적용 상태였다(전체적으로 받아들이는 비율과 받아들이지 않는 비율이 4:6).

(4) 지도력 부족 교원을 위한 지도개선 연수

① 개관

'지도력이 부족한 교원'에 대하여 실시하는 연수를 지도개선 연수라고 한다.

- 목적: 지도가 부적절한 교원의 지도 개선을 도모
- 대상자: 공립학교의 교원 중 지도가 부적절하다고 임명권자가 인정한 자
- 실시자: 각 도도부현 지정도시 교육위원회
- 근거법: 교육공무원특례법 제25조의2(2007년 개정, 2008년부터 실시)
- 연수내용: 피연수자의 능력 적성을 고려하여 작성하고, 임명권자는 연수후 지도개선이 불충분하여 학생지도가 불가능하다고 인정될 경우 면직조치 등 강구

② 관련 규정: 지도개선 연수(교육공무원특례법 제25조의2)

지도력이 부적절하다고 인정된 교사에 대하여는 다음처럼 연수의 의무를 부과하고 있다.

1. 공립 소학교등의 교사 등의 임명권자는 아동, 생도 또는 유아(이하 '아동등'이라 한다)에 대한 지도가 부적절하다고 인정한 교사 등에 대해 그 능력, 적성 등에 따라 해당 지도의 개선을 도모하기 위해서 필요한 사항에 관한 연수(이하 '지도개선 연수'라 한다.)를 실시해야 한다.
2. 지도개선 연수기간은 1년을 넘어서는 안된다. 단, 특히 필요하다고 인정될 때는 임명권자는 지도개선 연수를 시작한 날부터 계속 2년을 넘지 않는 범위 내에서 이를 연장할 수 있다.
3. 임명권자는 지도개선 연수를 실시하면서 지도개선 연수를 받는 자의 능력, 적성 등에 따라 그 사람마다 지도개선 연수에 관한 계획서를 작성해야 한다.
4. 임명권자는 지도개선 연수종료 시에 지도개선 연수를 받은 자의 아동 등에 대한 지도의 개선의 정도에 대한 인정을 해야 한다.
5. 임명권자는 제1항 및 전항의 인정에 있어서는 교육위원회 규칙에서 정하는 바에 따라 교육학, 의학, 심리학 기타 아동 등에 대한 지도에 관한 전문적 지식을 가진 자와 해당 임명권자에 속하는 도도부현, 시정촌의 구역 내에 거주하는 보호자(친권을 행하는 자 및 미성년 후견인을 말한다)인 사람의 의견을 물어야 한다.

6. 전항에 정하는 것 외에 사실의 확인 방법 기타 제1항 및 제4항의 인정 절차에 관한 필요한 사항은 교육위원회규칙으로 정한다.

7. 전 각항에 규정하는 것 외에 지도개선 연수의 실시에 관한 필요한 사항은 정령으로 정한다.

　　여기서 말하는 '지도가 부적절한' 교사란, 지식·기술·지도방법 기타 교원으로서 요구되는 자질·능력에 과제가 있어서 일상적으로 아동 및 생도에 대한 지도가 적당하지 않은 교사 등 가운데, 연수에 의해서 지도의 개선이 예상되는 자이며 즉시 다음의 신분제한 처분의 대상이 되지 않는 사람을 말한다.

　　'지도가 부적절하다'는 구체적인 예는 2007년 7월 31일자, 문부성 통지문 「교육직원면허법 및 교육공무원 특례법의 일부를 개정하는 법률에 대해」(19文科初第541号)에서 제2 유의사항 중 교육공무원특례법의 일부 개정과 관련하여 다음과 같이 기술한 바 있다.

　　"지도가 부적절하다는 것을 인정(제25조의2 제1항 관계)하는 경우의 구체적 사례로 다음과 같은 경우를 생각할 수 있고, 각 교육위원회에서는 이를 참고로 교육위원회 규칙으로 정하는 절차에 따라 각각의 경우에 따라 적절하게 판단하도록 한다."

1. 교과에 관한 전문적 지식, 기술이 부족해서 학습지도를 적절히 실시할 수 없는 경우 (가르치는 내용에 잘못이 많거나 아동 등의 질문에 정확히 대답할 수 없는 등)
2. 지도방법이 부적절하여 학습지도를 적절히 행할 수 없는 경우 (대부분 수업내용을 판서할 뿐 아동등의 질문을 받지 않는 등)
3. 아동의 마음을 이해하는 능력·의욕이 부족하여, 적절할 학급경영·생도지도 불가 경우 (아동 의견 불청취, 무대화, 아동과의 커뮤니케이션 회피 등)

　　신분제한 처분(分限処分)과의 관계 면에서 보면, 신분제한 처분은 교원으로서 적격성에 결함이 있는 자나 근무실적이 좋지 않은 자 등 지방공무원법(제28조)상 신분제한 처분 사유에 해당하는 교원은 적합한 신분제한 처분이 엄정하게 내려져야 한다. 지도가 부적절한 것의 원인이 정신질환에 근거한 경우에는 지도개선 연수 조치의 대상이 되지 않으므로 의료적 관점에서의 조치나 신분제한 처분으로 대응해야 한다.

한편, 징계처분과의 관계 측면에서 볼 때, 지방공무원법 제29조에 규정된 징계처분 사유(비위행위 등)에 해당하는 자에 대해서는 지도개선 연수에 의해 처리하는 것이 아니라 징계처분을 내려야 한다.

'지도가 부적절한' 교원에 대한 정의는 각 교육위원회에서 정한 바에 따르게 된다. 교육위원회에 따라서는 지도가 부적절한 상태의 예로서 복수의 항목을 열거하고 그 중 하나에 해당하는 경우로 규정하고 있는 사례도 있을 수 있다. 문부성의 통지문상의 가이드라인이 제시하는 정의에 비추어 적절하도록 유의하고, 구체적으로 예시하는 경우에는 해당 항목이 하나의 예시임을 명확히 할 필요가 있다고 문부성은 안내한다.

지도개선 연수의 대상이 되는 교원에는 기본적으로 아동 및 생도에게 직접 교과지도를 일상적으로 실시하는 자로서 각급 학교 교원이지만, 임명권자의 판단에 의해 영양교사나 양호교사에 대하여도 법률상으로 지도개선 연수의 실시가 의무화되어 있지 않지만 이들을 대상으로 같은 연수를 실시하는 것은 가능하다.

한편, 교장, 교감 및 새로 설치된 부교장, 주간교사, 지도교사 직에 임명된 자는 지도개선 연수 대상이 아니다. 이들의 직무수행에 있어서 문제가 생길 경우에는 지도개선 연수가 아닌 해당자의 능력과 적성에 따라 그 직에서 신속히 강임시키는 등의 인사조치를 해야 한다.

③ 지도개선 연수 후의 조치(교육직원 면허법 제25조의3)

임명권자는 전조 제4항의 인정에 있어서 지도의 개선이 불충분 또한 아동 등에 대한 지도를 적절히 실시할 수 없다고 인정되는 교사 등에 대해서는 면직 기타 필요한 조치를 강구한다.

④ 지도개선 연수의 실시 현황

문부과학성의 2017년도 백서에 따르면, 2016년의 지도부적절 교원 인정자 수는 전국 108명(2016년 신규인정자수 44명 포함)으로 조사되었다. 지도부적절 교원

인정자 108명 중 연수 이수자는 68명, 연수 수강 예정자 중 별도 조치자는 6명
(의원퇴직 3, 질병휴직 3), 2017년부터 연수받을 대상자는 34명이었다.

백서에 따르면, 전체적으로 지도 부적절 교원 인정자 수 추이는 2007년에
374명(연수 대상자 268명)이었던 것이 2016년에 108명(연수대상자는 74명)으로 3배
넘게 감소한 것으로 나타났다. 또한 2007년에는 현장으로 복귀한 경우(87명)가
퇴직한 경우(92)보다 적었지만, 2016년도에는 33명이 현장으로 복귀하고 14명만
이 퇴직하는 변화를 보여 현장 복귀율이 높아지고 있음을 보여주었다.

(5) 기타 연수

① 장기 사회체험 연수

사회 구성원으로서 시야를 확대한다는 관점에서, 교원을 민간기업, 사회복
지시설 등 학교 이외의 시설로 보내 약 1개월에서 1년 정도의 장기 파견하는 연
수를 말한다.

② 대학원 수학 휴업제도

공립학교 교원이 그 신분을 보유한 채 일정기간 쉬거나 전문면허장의 취득
하기 위해 대학원에서 수학할 수 있는 제도이다(2001년 창설). 2011 4월 1일까지
1,564명이 이 제도를 이용하고 있다.

③ 일본인 신진 영어교수의 미국 파견사업

젊은 영어교수를 미국의 대학에 파견하여 영어교육 교수법을 배움과 동시에,
미국에서의 인적 교류와 홈스테이를 통해 미국에 대한 이해를 심화하여, 영어교사
의 영어 지도력, 영어에 의한 커뮤니케이션 능력의 보다 충실을 도모할 목적으로
개설된 프로그램이다. 2012년에는 101명의 교원을 6개월간 파견한 바 있다.

(6) 독립행정법인 교직원지원기구(NITS)

2017년 4월 1일 문부과학성은 과거 교원연수센터 대신에 국립교육직원지원

기구(National Institute for School Teachers and Staff Development; NITS로 개칭하여)를 설립하였다. 이 기구는 주로 국·공·사립의 교직원을 대상으로 한 연구나 교육직원면허법에 근거한 면허장 갱신을 위한 강습과 그 인정 업무를 담당하며, 교원자격 인정 시험을 행하는 기구이다.

이보다 앞서 문부과학성은 2001년 4월 1일 교원연수센터 설립한 바 있고, 당시 문부과학성이 직접 실시해 왔던 연수를 일원적·집중적으로 실시할 수 있도록 연수업무와 예산 및 정원을 쯔꾸바시에 설립된 이 교원연수센터로 이관시킨 바 있다. 이곳에서는 초임자연수, 10년경험자연수 등 교원 대상 법정연수 외에도 지역실정에 대응한 중요과업 연수 등을 실시했었다(당시 임원 4명, 직원 41명 등).

그런데 이 교원연수센터는 본래 1977년 4월 27일에 국립교육회관쯔쿠바분관(国立教育会館筑波分館)으로 출발하였었는데, 현직 교직원을 위한 장기 숙박형 연수기관으로서 개관 당시만 하더라도 당시 최신의 시청각종합교육 시스템을 갖추고 연간 7만명을 연수했던 명실상부한 일본의 대표 연수기관이었다.

NITS 홈페이지(http://www.nits.go.jp/)에 소개된 바를 중심으로 구성 및 주요 사업을 소개하면 다음과 같다.

1. 학교 교육 관계 직원에 대한 연수실시
2. 교원의 자질 향상에 관한 지표를 책정하는 임명권자에 대한 전문적 조언
3. 학교 교육 관계 직원에 대한 연수에 관한 지도, 조언 및 원조
4. 학교 교육 직원의 자질능력 향상에 관한 조사연구 및 그 성과의 보급
5. 면허상 갱신강습 및 면허법 인정강습 등의 인정에 관한 사무
6. 교원자격인정시험 실시에 관한 사무

이사장(高岡信也) 및 이사와 감사 등 4명의 간부와 본부사무국, 쯔쿠바중앙 연수센터, 차세대교육추진센터 등에 상근직원 40명이 근무하고 있다. 관련된 법령으로는 '독립행정법인 교직원지원기구법' 및 관련 성령이 있다.

ⓐ 학교 경영 연수: 각 지역에서 학교교육에 있어서 중심적인 역할을 담당하는 교장, 부교장·교감, 중견 교원 및 사무직원 등에 대한 학교 경영력 육성을 목적으로 하는 연수

- 교직원 등 중앙 연수 교장 연수, 교직원 등 중앙연수부 교장 교감 연수, 교직원 등 중앙 연수 중견 교원 연수
- 교원 등 중앙 연수 차세대 지도자 육성 연수, 교직원 등 중앙연수 사무직원 연수

ⓑ 지도자 양성 연수: 각 학교나 지역에 있어서의 연수 관리를 추진하는 지도자의 양성 등을 목적으로 하는 연수

- 학교의 매니지먼트를 추진하는 지도자 양성 연수(학교 조직 관리 지도자 양성 연수 커리큘럼 매니지먼트 지도자 양성 연수)
- 학생지도 및 교육상담에 대응하는 지도자 양성연수(학생지도 지도자 양성 연수 교육 상담 지도자 양성 연수/집단 괴롭힘에 관한 지도자 양성 연수)
- 세계화에 대응하는 지도자 양성 연수(외국인 학생들에 대한 일본어 지도자 양성연수/초등학교 외국어 교육 지도자 양성연수/외국어 지도조수 연수/영어교육 해외파견 연수
- 체력향상과 건강교육상의 여러 과제에 대응하는 지도자 양성연수(체력 향상 관리 지도자 양성 연수/건강 교육 지도자 양성 연수/식육 지도자 양성 연수/학교 안전 지도자 양성 연수)
- 긴급한 교육과제에 대응하는 지도자 양성 연수(언어 활동 지도자 양성 연수/도덕 교육 지도자 양성 연수(중앙 및 블록별 지도자 양성 연수)/학교교육 정보화 지도자 양성 연수/인권교육 지도자 양성 연수/커리어교육지도자 양성 연수/유아교육 지도자 양성 연수)

ⓒ 위탁연수: 지방 공공단체로부터의 위탁 등에 의해 공익적 사업으로서 실시하는 연수

- 산업·정보기술 등 지도자 양성 연수, 산업교육 실습 조수 연수, 산업·이과 교육 교원 파견 연수

ⓓ 세미나등

- 교육장 등 교육행정 간부 세미나, 액티브러닝에 대하여 생각하는 차세대 교육 추진 세미나, 전국연수담당자세미나·교직대학원 세미나, 교무 업무개선 관리 세미나, OECD 초기 교원 준비조사에 관한 국제심포지엄, 교직대학원·교직원

지원기구 합동세미나, 연수기획담당직원 연구세미나, 교직대학원 교직원 연구세미나, 조사연구프로젝트 성과보고회

다. 교원 인사행정 법제 변화에 대한 종합적 논의[15]

최근 일본에서의 교원 개혁정책의 특징은 양성, 자격, 임용, 연수 등 교직과정 전체를 고려한 개혁이 진행되고 있다는 점이다. ▸교원 개혁정책의 특징

앞서 살펴본 바와 같이 양성측면에서는, 대학에 교직대학원(전문직학위과정)이 개설되어 석사수준 양성체제를 꾀한 변화를 시도하고 있다. 그러나 이는 교원 양성 방식을 다양화 하려는 하나의 시도로서 일부 대학에서 행해지고 있을 뿐, 양성기관 전체에 해당하는 일반적 현상은 아니다.

교원면허장 측면에서는 '중견교사 사질향상 연수'와 '교원면허 갱신제'를 도입한 것이 가장 인상적인 변화이다. 당연히 교원들의 전문성을 유지하고 신장시킨다는 취지이다. 그러나 이 역시 어느 정도 전문성 신장에 기여하고 있는지는 미지수 이다. 학교 현장의 교원들도 제도 도입 당시의 반발과는 달리 그다지 거부감을 갖거나 의식하고 있지는 않는 반응들이다. 이는 명분론적이거나 통과의례적인 연수로서 의미가 반감되고 있음을 보여주는 부분이다.

일본에서 독립행정법인으로 설립된 「교직원지원기구(NITS)」는 교원면허(자격) 자격 및 현직 연수에 대한 기획업무를 총괄하는 중핵기관(Core Center)으로서 역할을 하고 있는 것으로 판단된다. 한국에도 국책연구기관에 관련 부서가 있기는 하나 시사받을 수 있는 부분이 있다.

교원 자격 및 보직에 있어서 가장 큰 변화는 학교조직에도 부교장(副校長)과 주간교사(主幹教諭) 및 지도교사(指導教諭) 직을 신설(2008년)하였다는 점이다. 이른바 학교조직의 위계와 업무분담의 형태에 적지 않은 변화가 예상된다. 과거 냄비 뚜껑형(鍋蓋型) 조직16에서 이들을 중간 관리층화 한 피라미드형 조직으로의

---

15 고전(2016), "일본의 최근 교육개혁 정책의 특징과 평가", 비교교육연구 26(4), 189−193면 참조.
16 관리직이었던 교장과 교두(教頭; 한국의 교감) 이외의 나머지 교사는 모두 평등한 구조와 그런 인식.

전환을 꾀하고 있는 듯하다. 물론, 이에 대하여 학교조직을 더욱 관료조직화 하여 자율적 운영에 부정적으로 작용할 것이라는 우려의 목소리도 높은 것이 사실이다.

저자가 직접 만나본 학교변화 운동을 주도하는 교사는 계속되는 교원개혁에 대하여 우려의 목소리를 내기를 주저하지 않았다. 그 중에도 교직이 다망화(多忘化; 여유없음) 되고 황폐화되고 있는 이유에 대하여, 현직교사들은 정부가 지방재량(교원인사 탄력화)에 의한 '소인수(30인) 학급제'를 실시한 결과, 실제 교원 수는 증가하지 않고 비상근 교원만을 증원(최근의 팀학교제도 같은 맥락)하여 결국 교육여건은 개선되기 힘든 상황이라고 비판한다.[17]

한·일 양국의 공통점

한·일 양국의 공통점은 교사를 주요 교육력 신장을 위한 개혁 대상으로 설정하고 있는 점이다. 그러나 오사카의 교원 모집 미달사태나 현장 교사들의 다망화와 개혁 무감각 상황은 일본 쪽이 좀 더 심각해 보인다.

최근 발표된 교원 양성·임용·연수의 일체적 개혁안(교원육성협의회 및 표준직무수행능력 입안 방침 등)은 새로운 인사평가(능력평가＋업적평가) 시스템을 예고하고 있다. 인사고과제도를 통해 교원 능력을 신작시킨다는 것이 정부와 교육위원회의 기대라면, 오히려 아직은 객관성과 공정성을 담보하지 못한 평가를 통해 경쟁분위기만 격화 시켜 교직사회를 황폐화 시키고 있다고 보는 것이 일본 교원단체 및 현장 교원들의 반응이다.[18]

한편, 초임교사 연수제(1년 간의 학내외 실천적 연수의무, 교육공무원특례법 23조)[19] 부분은 한국이 눈여겨 봐야할 부분이다. 이러한 장기간에 걸친 초임자 연수과정은 한국의 경우 임용직전 약 2주 전후에 걸친 신규교사 연수를 받고 현장에 부임

---

17 '여유있는 교육을 요구하는 전국교육조건조사회' 소속 야마자키(山崎洋介) 소학교 교사는 정부가 내세우는 진정한 의미의 전국통일의 '30인학급' 실현을 위해서는 팀학교제보다는 교육위원회 임의판단이 아닌 학급편제 표준을 규정으로 만들어 준수토록 하여야 하고, 1/3로 축소한 국가의 의무교육비부담을 1/2로 환원하여야 한다고 주장한다(2016.5.28 면담).

18 교원평가 및 교원정책 전문가인 도쿄대학 가츠노 교수와 저자와의 면담(2016.5.24).

19 취지는 실천적 지도력, 사명감, 식견확장에 두며, 교내 연수는 부교장, 교감, 주간교사, 지도교사, 교사 및 강사 등이 주 10시간(연간 300시간) 이상 실시하며, 교외연수는 베테랑 교원이나 지도주사(한국의 교육전문직)가 교과·생활지도 등 직무수행에 필요한 지식과 기술을 전수하는 연수(연간 25일)이다.

하는 절차와는 대조적이기 때문이다. 최초의 교직 경험이 교원의 전문성 신장과 교직자로서 자세 확립에 지대한 영향을 미친다는 점에서 시사하는 점이 적지 않다고 본다.

　　교원 개혁정책의 아젠다 수립에는 중요한 역할을 하는 중앙교육심의회가 있다. 제13장에서도 자세히 살펴보겠지만 문부과학성은 중앙교육심의회 내에 「교원의 자질능력 향상 특별부회」가 구성된 바 있고, 2012년 8월에 「교직 생활 전체를 통한 교원의 자질 능력의 종합적인 향상 방안에 대해」 답신을 발표하였다. 주된 요지는 '반성적 실천가'로서 '연구자'인 교사상을 강조한 것이 특징이다. 다만, 그러한 구호를 실현하는 방책으로 교직대학원제도 신설 이외에는 다른 방책은 없어 보이는 한계도 드러낸 바 있다.

　　끝으로, 교원 관련 법제 현황을 살펴보는 데 있어서 자주 인용되는 일본의 통계조사 결과는 눈여겨 볼 일이다. 즉, 일본은 학교교원 조사보고서(3년 단위)로 작성하고 있는데, 한국에서도 현실 진단을 위해 반드시 요구되는 조사이다. 비록 일본이 이러한 교원 인력구조에 대한 진단을 근거로 교원 개혁정책을 수립하여 왔는지에 대한 의문은 여전히 남지만, 한국에 던지는 메시지는 분명해 보인다. 교육부(한국교육개발원 주관)가 매년 실시하고 있는 교육통계연보 조사 내용 정도로는 교원정책 수립에 의미있는 근거를 제시하기 어렵기 때문이다.

학교교원 조사보고서

고등교육법규론

제10장은 학교교육법규에 포함되어 있는 입법체제를 갖고 있는 고등교육법 규에 대하여 다룬다. 주요 내용은 첫째, 고등교육에 관한 기본 원칙, 둘째, 고등 교육관련 주요 법률 규정, 셋째, 국립대학 법인화와 전개, 넷째, 정부의 대학개 혁의 방향과 학계의 논의로 구성되어 있다.

제1절 고등교육 법률에 관한 기본 원칙에서 제1원칙은 대학교육제도의 법정 주의(헌법 제26조), 제2원칙은 대학의 목적과 사명(교육·연구·사회기여, 교육 기본법 제7조), 제3원칙은 대학의 자주성, 자율성, 교육·연구의 특성 존중(교육 기본법 제7조), 끝으로 제4원칙은 평가와 공개를 통한 대학의 책무성(학교교육 법 제109조)으로 설정하고 살펴본다.

제2절에서는 학교교육법상 대학 관련 규정을 검토한다. 학교교육법 제9장(대 학)에 규정된 내용을 중심으로 대학의 구조와 조직, 입학자격, 교원, 교수회, 자 기점검·평가 및 인증평가, 정보의 공개 등에 관하여 다룬다.

제3절 국립대학 법인 관련 법규에서는 우선 도입 배경과 전개과정을 자세히 다루고, 주요 내용을 소개한다.

제4절 국립대학 법인화 이후의 변화 및 개선 과제에서는 대학 현장 및 학장 (총장)의 반응을 소개하고, 문부과학성 보고서 「국립대학법인 현상과 과제에 대 해」를 중심으로 검토한다.

제5절 정부의 대학개혁의 방향과 학계의 논의에서는 정부의 대학의 문제 상 황에 대한 진단을 살펴보고, 제3기 중기목표기간의 개혁인 국립대학 개혁 플랜 (2013.11.), 법인화에 따른 대학의 자치 및 학문의 자유 위축에 관한 논의, 전문 직 대학원 관리에 관한 개선 논의, 그리고 2040년을 향한 고등교육 그랜드 디 자인(중교심 답신 2018.11.26.)에 대하여 소개한다.

1   고등교육 법률에 관한 기본 원칙

가. 제1원칙: 대학 교육제도의 법정주의(헌법 제26조)

학교교육법규의 제1원칙은 교육제도 법률주의에 있고, 학교교육법 내에 대학교육을 다루고 있다는 점에서 고등교육관련 법률 역시 예외가 아니다. 헌법 제26조 제1항에 의거 "법률이 정하는 바에 의해 그 능력에 따라 동등하게 대학 교육을 받을 권리"를 보장하여야 하는 헌법적 원리가 적용된다는 의미이다.

> **일본국 헌법 제26조**
> 모든 국민은 법률이 정하는 바에 의해 그 능력에 따라 동등하게 교육을 받을 권리를 가진다.[1]

다만, 대학이라는 기관의 특수성으로 인하여 제23조의 학문의 자유에 있어서 진리를 연구하고 발표하며 이를 가르칠 자유가 초중등교육기관의 교원에 비하여 넓게 인정된다. 그리고 교육기관의 자유와 관련하여서는 대학기관의 자율, 즉 대학의 자치가 관습법 적으로 인정되어 왔다는 것이 헌법학자들의 통설적 견해이다.

그러나 일본의 헌법은 한국의 헌법처럼 '대학의 자율성 보장'을 헌법에서 직접 언급한 바 없고, 대학에 관한 별도의 법률을 두고 있지도 않고 학교교육법 안에 이를 규정하고 있는 상황이다. 다시 말해 일본에 있어서 대학의 자율과 자치에 관한 법적 보장은 상대적으로 입법화 되어 있지 못한 상황이다.

결국, 고등교육 관계법의 가장 원천적인 헌법정신은 헌법 제26조 제1항에

---

1 第二十六条　すべて国民は、法律の定めるところにより、その能力に応じて、ひとしく教育を受ける権利を有する。(1 모든 국민은 법률이 정하는 바에 의해 그 능력에 따라 동등하게 교육을 받을 권리를 가진다.) 2 すべて国民は、法律の定めるところにより、その保護する子女に普通教育を受けさせる義務を負ふ。義務教育は、これを無償とする。(2 모든 국민은 법률이 정하는 바에 의해 그 보호하는 자녀에게 보통교육을 받게 할 의무를 진다. 의무교육은 이를 무상으로 한다.)

언급한 '모든 국민은 법률이 정하는 바에 의해 그 능력에 따라 동등하게 교육을 받을 권리'를 갖는 데서 찾아야 할 것이다. 즉, 고등교육 관계법의 헌법 원칙은 '법률이 정하는 바에 의한 고등교육'이라는 '고등교육 법률주의' 내지 '대학제도 법률주의'에 있다.

따라서 대학이 국민들을 위해 고등교육 기회를 제공하는 한, 헌법과 교육관계법이 정한 원칙에 따라서 규율되고 운영되어야 한다. 다만, 대학의 탄생 배경과 오랜 대학자치의 역사가 반영하듯이 대학이 스스로 결정하고 스스로 시행하며, 스스로 책임을 져왔던 자치기구로서의 역사와 위상도 존중받아야 한다.

국립대학법인법 등을 통해서 대학 의사결정 구조와 과정에 있어서 많은 변화가 일어나고 있으나 일본에서도 대학 자주성을 존중하는 가운데 대학교육의 개혁이 진행되고 있다. 이것은 초중등 교육기관의 운영원리와 고등교육기관의 운영원리가 근본적으로 다른 부분이다. 대학의 사지를 법정화된 범위 내에서의 자치라고만 한다면(제도보장론), 대학의 자치와 학문의 자유는 보장한다고 선언한 형식에 불과한 것(형해화; 形骸化; 빈껍데기)에 불과하기 때문이다.

헌법 제26조 제2항은 국민의 보통 의무교육 및 이를 무상으로 한다는 것으로서 선택교육과정에 해당하는 대학에는 해당되지 않은 조항이다. 그러나 한국과 마찬가지로 고등교육 대중화 시대를 맞고 있는 일본에 있어서도 고등교육 제도는 단순한 선택교육 수준을 넘어서 확장된 국민교육 제도의 일환으로서 국민 전체의 이익보호 차원에서의 조성 및 지원과 누구에게나 균등한 공공성의 보장 차원에서의 제한 및 규제의 필요성도 적지 않다.

대학에 대하여 법에 의한 조성과 지원이, 그리고 법에 의한 제한과 규제가 동시에 이루어질 수 있다. 실제로 대학의 자치(自治)에 대한 법화(法化) 현상은 가속화 될 전망이다. 국립대학법인화법 제정(2003.7)은 그 신호탄이었고, 교수회를 학장의 자문기구화한 학교교육법 개정(2014.6)은 대학 거버넌스에 한 획을 그은 사건으로 평가할 수 있다.

국립대학법인화법 제정

교수회를 학장의 자문기구화

나. 제2원칙: 대학의 목적과 사명(교육·연구·사회기여; 교육기본법 제7조)

과거 교육기본법에는 대학에 관한 규정이 없었으나 2006년 신 교육기본법 제7조는 '대학'에 관한 조항을 별도로 두고 그 사명에 관하여 언급하고 있다.

> **신 교육기본법 제7조 (대학)**
> 대학은 학술의 중심으로 높은 교양과 전문적 능력을 기름과 아울러 깊은 진리를 탐구해 새로운 지식과 견해를 창조하고, 이들 성과를 널리 사회에 제공함으로써 사회발전에 기여하도록 한다.
>
> **학교교육법 제83조**
> 대학은 학술의 중심으로서 넓게 지식을 가르치고 깊게 전문 학예를 교수 연구하여 지적, 도덕적 응용하는 능력을 펼치게 하는 것을 목적으로 한다.
> 2 대학은 그 목적을 실현하기 위한 교육 연구를 행하여 그 성과를 널리 사회에 제공함으로서 사회발전에 기여한다.

교육기본법상 '학술의 중심'으로서 '깊은 진리 탐구를 통한 지식과 견해 창조'라는 것은 대학의 연구기능을 말한다. 이어 규정된, '교양과 전문적 능력을 길러냄'은 학생을 위한 인격교육과 직업교육을 수행을 통해 '교육'이라는 사명을 다한다는 뜻이며, 이러한 '연구'와 '교육' 활동이 종국적으로는 이 사회에 제공되어 사회발전에 기여하여야 한다는 '사회봉사'의 사명을 표현한 것이다.

이러한 대학에 대한 교육기본법상의 학문연구·학생교육·사회봉사라는 3대 미션은 대학사명론(大學使命論)의 원조 Clark Kerr(1911~2003)가 말하는 미국대학의 기능[2]을 수용한 것이다.

미국대학의 기능을 수용

---

2 미국대학의 사명을 연구, 교육, 봉사로 특징화한 이는 Clark Kerr(1911~2003, 캘리포니아대학 총장, 버어클리대학 명예총장)이다. 그는 저서 『The Uses of the University』(1963, 1972, 1982, 1994년판, 하버드대학출판부)에서 영국의 연구중심대학(학부 및 기숙사 학생중심의 운영), 독일의 연구중심대학(대학원 중심 및 연구자중심 운영)에 이어서 미국대학이 지향하는 사명을 사회봉사라고 하였다. 한국에는 『대학의 기능』(이철주, 을유문화사 76, 1971), 『대학의 기능』(송미섭, 교학연구사, 1985), 그리고 이형행 교수가 『대학의 효용』(1994년판) 등으로 번역하여 국내에 소개되기도 했다(학지사, 2000).

대한민국헌법은 대학의 자율성을 법률유보 조항으로 보장한데 이어, 고등교육법에서는 대학의 목적을 명시[3]하고 있다. 또한, 대부분의 한국의 대학들은 학칙 제1조(목적)에 위의 3대 대학의 사명을 기술하고 있다.

다. 제3원칙: 대학의 자주성, 자율성, 교육·연구의 특성 존중(교육기본법 제7조)

　　교육기본법 제7조에서 대학의 사명을 규정한 이후, 이어 제2항에서는 이른바 대학의 운영 원칙이면서 대학에 대한 국가와 지방자치단체가 취하여야 할 자세에 대하여 언급한다.

> **신 교육기본법 제7조 (대학)**
> 2 대학에 대해서는, 자주성, 자율성 기타 대학에 있어서 교육 및 연구의 특성이 존중되지 않으면 안된다.

　　대학에 대해서는, 자주성, 자율성 기타 대학에 있어서 교육 및 연구의 특성이 존중되지 않으면 안된다라는 규정은 이른바 학문의 자유에서 비롯되는 대학의 자치를 반영한 것이다. 일본 헌법학계 역시 대학의 자치를 헌법 제23조(학문의 자유)에 근거하여 보장된다고 보는 것이 통설적 견해이고, 판례 역시 인정하고 있다.

　　일본 최고재판소의 뽀뽀로사건(ポポロ事件)[4] 최고재판(1963.5.22.)에서 "대학에 있어서 학문의 자유를 보장하기 위하여 전통적으로 대학의 자치가 인정되고 있다"고 판시하였다. 즉, 대학은 문부성을 포함한 외부로부터 권력적으로 간섭을

뽀뽀로사건
(ポポロ事件)

3　고등교육법 제28조(목적) "대학은 인격을 도야(陶冶)하고, 국가와 인류사회의 발전에 필요한 심오한 학술이론과 그 응용방법을 가르치고 연구하며, 국가와 인류사회에 이바지함을 목적으로 한다."

4　도쿄대학 뽀뽀로사건이란, 도쿄대학의 공인 학생단체 '뽀뽀로극단'이 연극발표회를 할 때, 학생이 이를 감시하기 위해 있던 공연장에 있었던 사복경찰관을 폭행한 사건으로 일본에서 대학의 자치에 관한 대법원 판례로 이어졌다. 여기서 재판부는 대학의 자치를 헌법 제23조에 보장하는 학문의 자유에 포함되는 것이라 판시했다. "대학에 있어서 교수 기타 연구자가 그 전문 연구결과를 가르치는 자유는 보장되며, 이를 보장하기 위한 자치는 인정되지만, 실사회의 정치적 사회적 활동인 공개집회 또는 이에 준하는 것은 대학의 학문의 자유와 자치를 향유하지 않고 당해 집회에 경찰관이 들어선 것은 대학의 학문의 자유와 자치를 침범한 것은 아니다."

받지 않고 독립해서 자유롭게 교육과 연구 활동을 할 수 있다는 것이다.

신 교육기본법 제7조 제2항은 대학에 대하여 입법부가 관련 법률을 제정할 때, 그리고 행정부가 대학에 관하여 교육행정을 통한 지도·감독을 할 때 지켜져야 할 일종의 고등교육 입법과 행정의 준칙이라고 할 수 있다.

유·초중등학교에 관하여는 공교육 시스템을 관리하기 위한 국가 및 지방자치단체의 행정적 규제와 제한이 관련 법규의 주된 흐름이라면, 고등교육기관에 있어서는 원천적으로 자주와 자율을 기반으로 한다는 점을 강조한 것이다. 일본의 대학의 역사는 오래지 않지만 서구의 대학의 자치 역사와 정신에 대한 존중정신을 반영한 규정이다.

한국의 헌법에서 '대학의 자율성은 법률이 정하는 바에 의하여 보장된다'라고 하는 법률유보보다는 포괄적이지만, 자율 이외에 자주를 언급하고, 교육과 연구의 특성이라는 대학의 사명과 연계된 영역을 명확히 한 점은 상대적으로 특징적이다.

대학의 자주성과 자율성

일본 교육기본법은 대학 조항에서 대학의 자주성과 자율성을 구분하여 함께 진술하고 있는데, '자주성'은 대학이 권력기관에 대하여 갖는 대학의 고유권한 즉, '대학의 자치권'을 달리 표현한 것이다. 대학이 역사적으로 정치적, 종교적, 이데올로기적으로 종속됨이 없이 진리를 탐구하는 자치기관이었고, 한 때는 학자들이 학문의 자유를 향유하던 자주적 기관이었음을 보여준다.

자율성을 굳이 자주성과 대비시켜 언급한 의도는, 대학의 고유권한과 관련된 자주성을 재량권한과 관련된 자율성이 함께 존재한다는 것을 명확하게 기술하려는 입법정신이 내포되어 있다 할 것이다. 대학 역시 많은 국민 다수가 이용하는 공적인 시스템이 작동하는 영역이라는 점에서 일정한 규범 범위 내에서 누리는 자율성, 즉 '대학의 자율적 행위, 재량권'을 대비시킬 수 있다.

헌법상 기본권의 주체로서 대학[5]에게 주어지는 대학 고유의 권리(고유권)와 공공의 교육기관으로서 정해진 범위 내에 위임된 권한(재량권)의 측면을 모두 강조한 규정이다.

---

5 한국 헌법재판소는 대학입시요강 관련 헌법소원에서 헌법 제31조 제4항에 근거하여 대학을 자율성 행사의 기본권의 주체로서 인정하였다(1992.10.1. 92헌마68).

과거 학교교육법은 교수회를 대학의 중요한 사항(연구, 교육, 인사, 시설, 재정 등 대학관리 및 운영 전반)에 관하여 심의하는 최고 의사결정기관임을 표명하였다(제93조 제1항). 즉, 대학자치 실현의 주체였다고 할 수 있다. 그러나 2003년 국립대학이 법인화되고 2014년의 법개정으로 인하여 심의기관이던 교수회는 학장(총장)에 대하여 의견을 내는 일종의 자문기구로 전환되면서 대학내 거버넌스에 커다란 변화가 일기도 했다. 여기에 대해서는 절을 달리하여 언급하고자 한다.

한편, 사립대학의 경우에는 교육기본법 제8조(사립학교) 조항을 통하여 그 기본 원칙을 유추해 볼 수 있을 것이다. 즉, 사립학교에 대하여 국가 및 지방공공단체로 하여금 사립학교의 공공성과 자주성간의 균형의 관점에서 사학의 진흥에 노력할 것을 주문하고 있는데, 사립대학 역시 예외가 아니라고 할 수 있다.

> **신 교육기본법 제8조 (사립학교)**
> 사립학교가 갖는 공공의 성질 및 학교교육에서 담당하는 중요한 역할을 감안하여, 국가 및 지방공공단체는 자주성을 존중하면서 조성 기타 적당한 방법에 따라 사립학교 교육의 진흥에 힘쓰지 않으면 안된다.

라. 제4원칙: 평가와 공개를 통한 대학의 책무성(학교교육법 제109조)

학교교육법 가운데 대학의 운영 원리로 삼을 수 있는 것을 추출한다면 '대학 인증평가 및 공개'에 관한 제109조가 그것이다. 단순한 행정적 절차처럼 보이지만, 교수회의 자문기관화와 더불어 대학의 자치기구로서 위상에 변화를 준 또 하나의 새로운 운영 원칙이다.

대학 인증평가 및 공개

즉, 학교교육법 제83조에서 교육기본법과 같은 맥락의 3대 '대학의 사명'과, 제93조에서 대학의사 결정과정에 있어서 필수적 심의기관이었던 교수회를 자문기관화 한데 이어서, 이러한 자율 운영에 대한 댓가로서 대학 스스로의 자기평가 점검과 사회 공개라는 책무성을 요구하고 있다.

심의기관이었던 교수회를 자문기관화

즉, 학교교육법 제109조는 대학평가에 관한 것으로 "대학은 그 교육 연구 수준 향상에 이바지하기 위해 문부과학대신이 정하는 바에 따라 해당 대학의 교육 및 연구, 조직 및 운영 및 시설 및 설비(교육연구등)의 상황에 대해 스스로 점검 및 평가를 실시하고, 그 결과를 공표한다."고 하여 자체평가의 의무와 공표의 의무를 규정했다.

자체평가의 의무와 공표의 의무

객관적인 제3자 평가

이어 제2항은 객관적인 제3자 평가의 일환으로서 "대학은 전항의 조치에 더해 해당 대학의 교육연구등의 종합적인 상황에 대해 정령으로 정하는 기간마다, 문부과학대신의 인증을 받은 자(인증평가기관)에 의한 평가(인증평가)를 받는다. 단, 인증평가기관이 존재하지 않는 경우 기타 특별한 사유가 있는 경우이며, 문부과학대신의 정하는 조치를 강구하고 있을 때는 해당되지 않는다."하였다.

자율성의 부여에 대응한 단순한 선언적인 자기평가라는 책무성의 요구가 아니라, 대학의 전 영역에 걸쳐서 행정기관인 문부성이 절차와 순서에 따라서 행하되, 객관성을 담보하기 위한 제3자 평가인증 및 공개를 요구하고 있는 것이다.

자율성에 관한 조성과 지원은 크게 신장되지 않은 채, 책무성을 담보하기 위한 전에 없던 운영의 원칙들이 속속 요구되고 있는 상황이다. 한국의 대학 역시 대학평가 및 평가인증 사업을 대학교육협의회를 통해 지속적으로 실시하여 오고 있다. 2018년부터 대학내 심의기구로서 대학평의원회 설치를 의무화(특정구성원이 정수 1/2 초과 금지)한 것 역시 같은 맥락에서 이해될 수 있다. 대학에서 교수회가 주도하는 시대는 종언(終焉)을 고한 것이다.

대학에서 교수회가 주도하는 시대는 종언(終焉)

이상의 고등교육 관련 1, 2, 3, 4원칙에 해당하는 신 교육기본법 및 학교교육법상의 규정을 정리하면 〈표 10−1〉과 같다.

표 10−1   고등교육 관련 법규의 원칙에 관한 교육기본법 및 학교교육법상 규정

신 교육기본법	학교교육법
(대학) 제7조 대학은 학술의 중심으로 높은 교양과 전문적 능력을 길음과 아울러 깊은 진리를 탐구해 새로운 지식과 견해를 창조하고, 이들 성과를 널리 사회에 제공함으로써 사회 발전에 기여하도록 한다.	제9장 대학(제 83조~제114조) 제83조 대학은 학술의 중심으로서 넓게 지식을 가르치고 깊게 전문 학예를 교수 연구하여 지적, 도덕적 응용하는 능력을 펼치게 하는 것을 목적으로 한다.

신 교육기본법	학교교육법
2 대학에 대해서는, 자주성, 자율성 기타 대학에 있어서 교육 및 연구의 특성이 존중되지 않으면 안된다. (사립 학교) 제8조 사립학교가 갖는 공공의 성질 및 학교교육에 서 담당하는 중요한 역할을 감안하여, 국가 및 지방공공단체는 자주성을 존중하면서 조성 기타 적당한 방법에 따라 사립학교교육의 진흥에 힘쓰지 않으면 안된다.	2 대학은 그 목적을 실현하기 위한 교육 연구를 행하여 그 성과를 널리 사회에 제공함으로써 사회발전에 기여한다. 제93조 대학에 교수회를 둔다. 교수회는 학장이 다음 사항(학생입학, 졸업, 수료, 학위수여, 학장이 정한 것)을 결정할 때 의견을 진술한다. 제109조 대학은 그 교육 연구 수준 향상에 이바지하기 위해 문부과학대신의 정하는 바에 따라 해당 대학의 교육 및 연구, 조직 및 운영 및 시설 및 설비(교육연구)의 상황에 대해 스스로 점검 및 평가를 실시하고, 그 결과를 공표한다. 2 대학은, 전항의 조치에 더해 해당 대학의 교육 연구 등의 종합적인 상황에 대해 정령으로 정하는 기간마다, 문부과학대신의 인증을 받은 자(인증평가기관)에 의한 평가(인증평가)를 받는다. 단, 인증평가기관이 존재하지 않는 경우 기타 특별한 사유가 있는 경우이며, 문부과학대신이 정하는 조치를 강구하고 있을 때는 해당되지 않는다.

2 학교교육법상 대학 관련 규정 및 현황

가. 학교교육법(제83~114조)

한국과는 달리 일본의 학교교육법은 유·소·중등 학교교육뿐만 아니라 대학에 관한 규정을 두고 있다. 즉, 학교교육법 제9장은 '대학'에 관한 장으로서 제83~114조까지이다. 또 다른 고등교육기관인 고등전문학교는 제10장(제115~123조)에서, 전수학교는 제11장(제124~133조)이다. 대학에 관한 장의 주요 내용을 소개하면 다음과 같다.

(1) 대학 등의 목적(제83, 83조의2)

학술의 중심으로서 넓게 지식을 가르침과 아울러 깊게 전문 학예를 교수 연구하여 지적, 도덕적 응용하는 능력을 펼치게 하는 것을 목적으로 한다. 대학은 그 목적을 실현하기 위한 교육 연구를 행하여 그 성과를 널리 사회에 제공함으로써 사회발전에 기여한다(제83조).

문부과학성 조사발표에 따르면, 2018년 5월 1일 현재, 대학은 총 782개교이고, 이 가운데 국립이 86개교 공립이 93개교, 그리고 사립이 603개로 77.1%로 사립의존형 고등교육 구조를 이루고 있다. 대학 내에는 거의 대부분 대학원이 설치되어 있는데, 대학원내 최근 설치된 전문직학위과정은 119대학 169전공이 설치되어 있다. 대학 학부의 학생수는 전년도 대비 증가하고 있으며, 학부여학생의 비중 역시 과거 최고치를 갱신하여 45.1%를 기록했다.

단기대학은 331개교(공립 17, 사립 314)가 설립되어 있고 94.9%가 사립인 반면, 고등전문학교는 57개교(국립 51, 공립 3, 사립 3)가 설립되어 있고 89.5%가 국립인 특징을 보이고 있다. 단기대학 학생수는 1993년 최고치를 기록한 이후 다음해부터 계속 감소하고 있다. 교원 중 여성의 비율은 24.8%(46,494명으로 전년도보다 2천여명 증가)에 달하여 과거 최고치를 갱신했다.

전문직학위과정

표 10-2 일본 고등교육 기관 현황(학교수, 재학자수, 교원수)

구분	학교수				재학생수(여성비율)	교원수(여성비율)
	계	국립	공립	사립		
대학	782	86	93	603	2,909,159(44%)	187,163(24.8%)
(대학내학부)	756	82	91	583	2,599,684(45.1%)	
(대학원)	636	86	83	467	254,013(32.1%)	
단기대학	331	–	17	314	119,035(88.7%)	7,660(52.3%)
고등전문학교	57	51	3	3	57,467(19%)	4,224(10.7%)

주 : 재학생수에는 학부학생, 본과학생외 전공과·별과학생, 과목 등 이수생을 포함함
출처: 문부과학성 보도발표(2018.12.25.) 平成３０年度学校基本調査(確定値) の公表について
http://www.mext.go.jp/component/b_menu/other/__icsFiles/afieldfile/2018/12/25/1407449_1.pdf

한편, 최근 대학 중 깊은 전문 학예를 교수 연구하여 전문성이 요구되는 직업을 맡을 실천적이고 응용하는 능력을 펼치는 것을 목적으로 하는 것은 전문직대학이다. 전문직대학은 문부과학대신의 정하는 바에 따라 그 전문성이 요구되는 직업에 종사하는 자, 해당 직업에 관련 사업을 하는 자, 기타 관계자의 협력을 얻어 교육과정을 편성하고 실시하고 교원자질 향상을 꾀한다. 전문직대학에는 제87조 제2항에 규정한 과정을 두지 못한다(제83조의2).

이에 따라 2019년 4월 1일부터는 전문직대학·전문직단기대학제도가 시작되었다. 전문직대학은 특정 프로페셔널이 되기 위해 필요한 이론과 실천 양방향에서 공부하는 대학이다. 새로운 타입의 대학제도가 창설된 것은 단기대학제도 창설 이래 55년만이다. 국제패션전문직대학(東京都, 愛知縣, 大阪府) 국제패션학부, 코지(高知)리하비리테션 전문직대학의 리하비리테션학부, 야마자키동물간호전문직 단기대학(東京都)이 동물토탈케이힉과가 실치뇌었다.

(2) 통신교육·학부·야간과정(제84~86조)

대학은 통신에 따른 교육을 할 수 있다(제84조). 대학에는 보통 학부를 둔다. 단, 해당 대학 교육 연구상의 목적 달성을 위해 유익하고 적절한 경우는 학부 이외의 교육 연구상의 기본이 되는 조직을 둘 수 있다(제85조). 대학에는 야간에 수업을 하는 학부 또는 통신교육을 실시하는 학부를 둘 수 있다(제86조).

(3) 수업연한(제87~89조; 4년 혹은 6년, 3년 조기졸업)

대학의 수업연한은 4년으로 한다. 다만, 특별한 전문 사항을 교수 연구하는 학부 및 전조의 야간에서 수업을 실시하는 학부에 대해서는 그 수업 연한은 4년을 넘을 수 있다. 의학·치의학·약학 이수과정 중 임상에 관한 실천능력 배양을 주된 목적으로 하는 경우나 수의학 이수과정에 대해서는 그 수업 연한은 6년으로 한다(제87조).

전문직대학과정은 2년 전기과정 2년 후기과정 또는 3년 전기과정 및 1년 후기과정(수업연한 4년 이상 학부는 2년 전기과정 및 2년 이상 후기과정 또는 3년 전기과정 및 1년 이상 후기과정)으로 구분할 수 있다. 전문직대학의 전기과정에서의 교육은 제83조의2 제1항에 규정하는 목적 중 전문성이 요구되는 직업을 맡기 위한 실천직이고 응용적인 능력을 육성하는 것을 실현하기 위한 것이다. 전문직대학의 후기과정에서의 교육은 전기과정 교육 기초 위에 제83조2 제1항에 규정하는 목적을 실현하기 위한 것이다. 제1항의 규정에 의한 전기과정 및 후기과정으로 구분된 전문직대학 과정에서는 해당 전기과정을 수료하지 않으면 해당 전기과정에서 해당 후기과정에 진학할 수 없다(제87조의2).

대학 학생 이외의 자로서 다른 대학에서 일정 학점을 습득한 자가 해당 대학에 입학하는 경우에 해당 단위의 습득에 의한 해당 대학의 교육과정의 일부를 이수한 것으로 인정할 때는 문부과학대신의 정하는 바에 의해, 습득한 학점수, 기타 사항을 감안하여 대학이 정한 기간을 수업 연한에 통산할 수 있다. 다만 그 기간은 해당 대학의 수업 연한의 2분의 1을 넘어서는 안된다(제88조).

전문성이 요구되는 직업에 관한 실무경험을 통해 해당 직업을 맡을 실천능력을 습득한 자가 전문직대학 등(전문직대학 또는 전문직단기대학)에 입학하는 경우에는 해당 실천능력의 습득에 의한 해당 전문직대학 등의 교육과정의 일부를 이수했다고 인정될 때는 문부과학대신의 정하는 바에 의해 습득한 실천적인 능력 수준, 기타 사항을 감안하여 전문직대학 등이 정하는 기간을 수업연한에 통산할 수 있다. 다만 그 기간은 해당 전문직 대학 등의 수업 연한의 2분의 1 내에서 문부과학대신의 정하는 기간을 넘어서는 안된다(제88조의2).

대학은 문부과학대신의 정하는 바에 따른 해당 대학 학생(제87조2 과정 재학생 제외)에서 해당 대학에 3년(동조 1항 단서의 규정에 의해 수업 연한 4년을 넘을 것으로 하는 학부 학생들에게 있어서는 3년 이상으로 문부과학대신의 정하는 기간) 이상 재학하는 것(이에 준하는 것으로 문부과학대신이 정하는 자 포함)이 졸업요건으로서 해당 대학이 정한 단위를 우수한 성적으로 이수했다고 인정하는 경우에는, 동항의 규정에 불구하고 그 졸업을 인정할 수 있다(제89조).[6]

---

6 학교교육법시행규칙 제147조에 의거하여 학업성적 우수자에 대해 3년을 이수기간으로 하는 경우도 있다.

(4) 입학자격(제90조)

대학에 입학할 수 있는 자는 고등학교 또는 중등교육학교를 졸업한 자 혹은 일반과정에 의한 12년 학교교육을 수료한 자(정규과정 이외의 과정으로써 이에 해당하는 학교교육을 수료한 자 포함) 또는 문부과학대신이 정하는 바에 의한 이와 동등 이상의 학력이 있다고 인정된 자이다(제90조 제1항). 전항의 규정에 관계없이, 다음의 각 호에 해당하는 대학은 문부과학대신이 정하는 바에 따라, 고등학교에 문부과학대신이 정하는 연수이상 재학자(이에 준하는 사람으로서 문부과학대신이 정한 자 포함)로, 해당 대학이 정하는 분야에 있어 특히 뛰어난 자질을 가진다고 인정하는 경우 해당 대학에 입학시킬 수 있다.

1. 해당 분야에 관한 교육 연구를 하고 있는 대학원이 설치되어 있을 것
2. 해당 분야에서의 특히 뛰어난 자질을 가지는 자의 육성을 도모하기에 걸 맞는 교육 연구 상의 실적 및 지도체제를 갖출 것

문부과학성이 실시한 2018년 5월 1일 기준 조사결과에 따르면, 고등학교 졸업자의 진학률은 대학·단대·전문학교를 포함하여(총 고등교육기관) 70.7%, 대학·단대의 경우 54.8%, 그리고 대학의 학부 진학률은 49.7%로 나타났다. 대학(학부) 졸업자의 취업자 비율은 77.1%, 진학자 비율은 11.8%,로 보고되었다(일시적 미취업, 미진학 8.6%).

(5) 전공과 및 별과(제91조)

대학에는 전공과(專攻科) 및 별과(別科)를 둘 수 있다. 대학의 전공과는 대학을 졸업한 자 또는 문부과학대신이 정한 바에 따라 이와 동등 이상의 학력이 있다고 인정된 자에게 세심하게 특별 사항을 교수하고 그 연구를 지도할 목적으로 그 수업 연한은 1년 이상으로 한다. 대학의 별과는 위에 규정하는 입학자격을 가지는 사람에 대해 간단하고 쉬운 정도에서 특별 기능교육을 실시하는 것을 목적으로 그 수업 연한은 1년 이상으로 한다(제91조).

(6) 대학의 조직 및 임무(제92조)

대학에는 학장,[7] 교수, 준교수, 조교, 조수 및 사무직원을 두어야 한다. 단, 교육 연구상의 조직편제로서 적질하다고 인정되는 경우 준교수, 조교 또는 조수를 두지 않을 수 있다. 대학에는 부학장, 학부장, 강사, 기술직원 기타 필요한 직원을 둘 수 있다. 학장은 교무를 관장하고 소속 직원을 통솔한다. 부학장은 학장을 돕고 명을 받아 교무를 처리한다. 학부장은 학부에 관한 교무를 본다.

교수는 전공분야에 대해 교육상 또는 실무상의 특히 뛰어난 지식, 능력 및 실적을 가진 자로, 학생을 교수하고, 그 연구를 지도하거나 연구에 종사한다. 준교수는 전공분야에 대해서 교육상 또는 실무상이 뛰어난 지식, 능력 및 실적을 가진 자로, 학생을 교수하고 그 연구를 지도하거나 연구에 종사한다. 조교는 전공분야에 대하여 교육상 또는 실무상의 지식 및 능력을 가진 자로 구성하여 학생을 교수하고 그 연구를 지도하거나 연구에 종사한다. 조수는 그 소속하는 조직의 교육 연구의 원활한 실시에 필요한 업무에 종사한다. 강사는 교수 또는 준교수에 준하는 직무에 종사한다(제92조).

(7) 문부과학대신의 자문기구(중앙교육심의회 제94조)

문부과학대신은 대학에 관해 제3조에 규정된 설치기준을 정한 경우 및 제4조 제5항에 규정한 기준을 정하는 경우에는 심의회 등에서 정령이 정한 바에 대하여 자문하여야 한다(제94조). 즉, 설비, 편제 기타에 관한 설치기준과 학위의 종류 및 분야의 변경을 정함에는 대신의 자문기구인 중앙교육심의회(학교교육법시행령 제42조)의 자문을 구하도록 되어 있다.

또한, 문부과학대신은 대학설치 인가를 하는 경우 및 대학에 대해 명령(제4조 제3항 혹은 제15조의2 제3항) 또는 권고(동조 제1항)를 할 경우에는 심의회 등에서 정령이 정한 바에 대하여 자문하여야 한다(제95조). 즉, 대학의 설치인가, 학부·연구과·학과의 설치 또는 폐지의 신청관련 시정명령, 설비나 수업 기타 사항이 법령에 위반된 경우 권고와 변경·폐지명령의 경우에는 대학설치·학교법인심의

---

7 일본의 4년제 대학 학장은 한국의 대학총장에 해당한다.

회(학교교육법시행령 제43조)의 자문을 구하도록 되어있다.

(8) 대학원 및 전문직대학원(제97조 등)

대학원은 대학에 둘 수 있도록 하고 있다(제97조). 2003년에는 전문직대학원 설치기준이 마련되어 법과대학원과 교직대학원 등이 개설되었다. 대학원은 학술 이론 및 응용을 교수연구하여 그 궁극을 밝히거나 고도의 전문성이 요구되는 직업을 담당할 심오한 학식 및 탁월한 능력을 기르고 문화의 진전에 기여하는 것을 목적으로 한다. 대학원 중 학술이론 및 응용을 교수 연구하여, 고도의 전문성이 요구되는 직업을 담당하게 하기 위한 학식 및 탁월한 능력을 기를 목적으로 하는 것은 전문직대학원이다(제99조).

문부과학성이 실시한 2018년 5월 1일자 조사결과에 따르면, 대학원에 설치된 진문직 학위과정은 119대학 169전공(법과 39, 교직 54)으로 보고되었다.

(9) 소할청(所轄廳 제98조)

소할청(所轄廳)

'소할'이란 상위기관이 일정 독립성을 갖고서 하위기관에 대해서 구체적인 지휘감독을 하는 것이 아니고, 단지 형식적인 관할 하에 두는 것을 의미한다.

학교공립 또는 사립의 대학은 문부과학대신이 소할(所轄)한다(제98조). 물론, 사립학교법 제4조 역시 사립대학의 소할청을 문부과학대신으로 규정하고 있다. 학교의 관리는 설치자가 하는 것으로 정하여, 이름하여 설치관리주의(학교교육법 제5조)[8]로 되어 있다.

소할청인 문부과학대신은 공립대학과 사립대학의 설치 및 폐지 등의 인가권을 갖고 있다(학교교육법 제4조 제1항, 사립학교법 제30조).[9]

실제에 있어서는 문부과학성이 정한 기준에 의하여 대학의 실태와 성과를 평가하고 이를 국책 지원사업과 연동시킴으로써 대학에 대한 직·간접적인 통제

---

8 학교의 설치자는 그 설치하는 학교를 관리하고, 법령에 특별히 정한 경우를 제외하고는 그 학교의 경비를 부담한다.
9 石川多加子, "第9章 大學", 『教育關係法』, 荒牧重人外編(2015), 東京: 日本評論社, 158頁.

는 한국과 다를 바가 없다. 그러나 소관청을 규정함에 있어서 소학교, 중학교, 고등학교에 관하여는 도도부현 지사의 소관(所管)에 속하는 것으로 한 것[10]과는 대조적으로, 대학에 대하여 소할청이라 함은 나름, 대학의 자치를 어느 정도 인정한 차별화된 입법이라 볼 수 있다. 표현상 그렇다는 뜻이다.

소관(所管)

(10) 대학정보의 공개(교육 연구활동의 공표 제113조)

대학은 교육 연구 성과의 보급 및 활용 촉진에 이바지하도록 그 교육 연구 활동 상황을 공표하도록 한다고 규정하여 공표 의무를 부과하고 있다. 이 규정 역시 대학의 자율성 보장에 대응한 책무성의 요구라고 할 수 있다. 대학은 간행물로 게재하고 인터넷을 이용해 공표하여야 한다(학교교육법시행규칙 제172조의2 제3항). 학교교육법 시행규칙(제172조의2)은 공개하여야 할 정보 10개 항목을 열거하고 있다.

1. 대학의 교육 연구상의 목적
2. 교육 연구상의 기본 조직
3. 교원조직, 교원수 및 교원의 학위 및 업적
4. 입학자에 관한 전형 방침 및 입학자수, 수용정원, 재학생수
5. 수업과목, 수업방법 및 내용 및 연간 수업계획
6. 학업이수 성과에 관한 평가 및 졸업 수료 인정 기준
7. 교지(校地), 교사(校舍) 등의 시설 및 설비 기타 학생의 교육 연구 환경
8. 수업료, 입학금 기타 대학이 징수하는 비용
9. 대학이 행하는 학생의 수학, 진로선택 및 심신건강 지원
10. 기타 교육상 목적으로 학생이 이수해야 할 지식 및 능력에 관한 정보

이러한 일반 대학의 정보공개 원칙에 더하여 국립대학법인과 공립대학법인에게는 재무·경영·업무에 관하여 공표할 의무가 부과되어 있다.

---

10 학교교육법 제44조(소관청) 사립의 소학교는 도도부현 지사의 소관에 속한다(私立の小学校は、都道府県知事の所管に属する)고 하고 있고, 이는 중학교, 고등학교에도 준용하고 있다.

나. 대학 거버넌스의 변화: 교수회의 자문기구화(제93조)

제93조는 대학의 교수회에 관하여 규정하고 있는데, 지금의 규정은 2014년 6월에 개정되어 2015년 4월 1일부터 시행된 규정인데 교수회의 지위에 큰 변화가 있기도 했다.

교수회의 지위

학교교육법 제93조(교수회)
① 대학에 교수회를 둔다.
② 교수회는 학장이 다음에 제시하는 사항을 결정함에 있어 의견을 진술한다.
  1 학생의 입학, 졸업 및 과정의 수료
  2 학위의 수여
  3 위 1,2호 외에 교육 연구에 관한 중요한 사항에서 교수회의 의견을 들을 필요가 있는 것으로 학장이 정한 것
③ 교수회는 전 항에 규정하는 것 외에 학장 및 학부장, 기타 교수회가 설치된 조직의 장(학장 등)이 관장하는 교육 연구에 관한 사항에 대해 심의하거나, 학장 등의 요구에 따라 의견을 진술할 수 있다.
④ 교수회의 조직에는 준교수 기타 직원을 둘 수 있다.

일본에서 교수회의 원형은 1877년 동경대학에 설치된 '대학자순회(大學諮詢會)'[11]로 볼 수 있다. 1893년에는 교수회가 제도화되었고, 학위수여 자격을 심사하였다(帝國大學令.明治 26 勅令 82). 그 후 1919년 제국대학령 제9조는 교수회의 심의 사항으로 '학부의 학과과정에 관한 사항, 학생의 시험에 관한 사항, 기타 문부대신 또는 제국대학 총장이 자순한 사항'으로 규정했다. 이어 1920년 학위령은 '학부교 원회(學部敎員會)'가 학위논문 심사를 하는 것으로 했다. 전후(戰後)에는 본조 아래 대학운영에 관한 중요한 사항 전반을 심의하는 교수회가 전국 공·사립대학의 필수기관으로 되었다. 즉, 구 학교교육법 제93조는 "교수회는 연구·교육육·인사·시설·재정등 대학관리 및 운영 전반에 관해 심의, 재단(裁斷; 결정)하는 대학의 의사결정

대학자순회
(大學諮詢會)

---

11 '자순(諮詢)'의 사전적 의미는 윗사람이 아랫사람에게 의견을 물어 의논한다는 뜻으로 '자문(諮問; 어떤 일과 관련된 전문가나 전문기관에 의견을 묻는 것)'과는 차이가 있다.

기관으로서 지위를 갖고 있었다. 이로부터 교수회의 자치가 대학의 자치를 실현하는 것으로 해석되어 왔다.[12] 그러나 2014년 법 개정으로 교수회는 심의기구가 아닌 자문기구로 그 법적 위상이 달라지게 되었다. 특히 법인화 등으로 인사권과 재정자치권이 회수되었다는 점에서 대학의 자치를 결정적으로 변질되게 하였다.[13]

교수회는 학장이 먼저 제시하는 입학, 졸업, 수료, 학위에 관하여는 필수적으로 의견을 진술하는 것(필수적 자문사항)으로 되어 있고, 각 대학들이 필수적으로 의견을 듣는 것으로 한다면 정할 수 있는 여지를 열어놓았다. 다음으로 제3항은 임의적 자문사항으로 학장이 관장하는 교육 연구사항에 대하여 심의하거나 학장의 요구가 있을 경우 진술할 수가 있다.

한편, 2003년 성립한 국립대학법인법에서는 교수회를 두지 않고 임원회(役員會)아래 경영에 대해서는 경영협의회(經營協議會)를, 교육 연구에 관해서는 교육연구평의회(教育研究評議會)를 두어 각각 중요 사항을 심의하도록 되어 있다(국립대학법인법 제11조, 제20~21조). 이로써 일본 최고재판소가 동경대 뽀뽀로사건에서 '자치는 특히 대학교수 기타 연구자의 인사에 관해서 인정되는 것'으로 해석되어, 학장이나 교수 기타 연구자가 대학의 자주적 판단에 기해 선임하는 대학인사의 자주성은 대학자치의 핵심으로 여겨져 왔는데, 이것이 교수회의 권한으로부터 법인화된 대학에서는 '교육연구평의회'로 넘어갔다는 것이다. 더불어 재정에 대해서는 경영협의회의 심의사항이 되었다. 아직 법인화되지 않은 공립대학의 경우에는 교육공무원특례법을 적용받아 교원의 채용시 교수회의 논의를 거치도록 되어있다(제3조 제3~5항).

이렇듯 국립대학 법인화 이후 2014년 학교교육법을 개정하여 교수회의 기능을 심의기구에서 자문기구로 격하시킨 조치에 일본 교육법학계에서는 국립, 공립, 사립대학을 막론하고 교수회에 의한 대학의 자치를 형해화(形骸化: 빈 껍데기화)하는 것이라 할 수 있고, 대학에 있어서 교육·연구 사항과 운영 면을 구분하는 것이 어려운 가운데, 전자를 교원이 후자를 학장을 비롯한 경영자 측이 분담한

국립대학법인법

---

12 1995년에는 학교교육법시행규칙 개정을 통해, 교수회에 속하는 직원 중 일부로 구성하는 대의원회(代議員會)를 두고, 이 의결을 교수회의 의결로 할 수 있도록 하는 개정이 있기도 했다.

13 石川多加子, 위의 책, 154−155頁.

다는 방식은 타당하지 않고, 학문의 자유가 침해받을 우려가 있다고 우려한다.[14]

다. 대학평가 및 공개를 통한 책무성의 강화(제109~110조)

(1) 자기점검평가 및 인증평가(학교교육법 제109조)

학교교육법에 자기점검 평가와 인증평가를 실시하는 근거는 신 교육기본법의 대학 조항에서 '(교육과 연구의) 이들 성과를 널리 사회에 제공함으로써' 사회발전에 기여하도록 한다는 규정에서도 추출된다. 즉, 교육과 연구의 성과를 사회에 제공한다는 것은 졸업생과 학위를 배출하는 것은 물론이고, 이를 교육시키고 연구하는 과정에 대한 자기 및 외부로부터의 점검 결과를 공표한다는 것 또한 포함된다.

앞서 살펴본 바와 같이 학교교육법 제109조는 대학평가에 관한 것으로 "대학은 그 교육 연구 수준 향상에 이바지하기 위해 문부과학대신의 정하는 바에 따라 해당 대학의 교육 및 연구, 조직 및 운영 및 시설 및 설비(교육연구등)의 상황에 대해 스스로 점검 및 평가를 실시하고, 그 결과를 공표한다."고 하여 자체평가의 의무와 공표의 의무를 규정했다. 이는 초중등 교육기관에 대하여 요구하는 학교관련 정보 제공 의무[15]보다 강한 책무성 요구라고 할 수 있다.

더불어 대학에 대한 인증평가를 규정하고 있는데 객관성을 담보하기 위한 제3자 평가라고 할 수 있다. 교육과 연구 등의 종합적인 상황이라 함은 대학의 여건 전체를 포괄하는 것이며, 평가인증기관 역시 문부과학대신으로부터 인가를 받아야 하고, 평가 주기까지 문부과학대신이 정하는 등 자체평가의 기준부터 인증평가 기관의 인증에 이르기까지 문부과학대신은 이른바 대학교육의 질 유지에 주관자 역할을 하고 있다. 소·중등학교처럼 소관청(所管廳)인 도도부현의 지사와는 달리 문부과학대신이 대학에 대한 소할청(所轄廳)이라 규정한 의미가 대학 자율과 관련되는 것으로 입법정신은 해석되고 있으나 이후 질 관리 정책이 강화하

> 대학에 대한 인증평가

> 소관청(所管廳)

> 소할청(所轄廳)

---

14 앞의 石川多加子(2015)의 글, 156頁.

15 제43조(학교관련 정보제공 의무) 소학교는 당해소학교에 관한 보호자 및 지역주민 기타 관계자의 이해를 반영함과 아울러 이들과의 연대 협력을 추진하기 위하여 당해 소학교의 교육활동 기타 학교 운영 현황에 관한 정보를 적극적으로 제공한다(중학교 및 고등학교에도 준용되는 규정).

기 위한 대학평가를 통한 통제가 본격화 되면서 그 의미가 희석되었다 할 것이다.

제3자 평가의 일환으로서 "대학은 전항의 조치에 더해 해당 대학의 교육 연구 등의 종합적인 상황에 대해 정령으로 정하는 기간마다, 문부과학대신의 인증을 받은 자(인증평가기관)에 의한 평가(인증평가)를 받는다. 단, 인증평가기관이 존재하지 않는 경우 기타 특별한 사유가 있는 경우이며, 문부과학대신의 정하는 조치를 강구하고 있을 때는 해당되지 않는다."하였다.

(2) 인증평가 기관(제110조)

문부과학대신이 인증한 대학평가를 위한 인증평가기구는 대학의 경우엔 대학기준협회, 대학개혁지원·학위수여기구, 일본고등교육평가기구 등이 있다.

문부과학성 백서(2018)에 따르면 2017년도에는 141개 대학, 59개 단기대학, 4개 고등전문학교, 13개 전공 법과대학원, 2개 전공 경영계 전문직대학원, 9개 전공 교직대학원, 1개 전공 정보계 전문직대학원, 1개 전공 뷰티비지니스 전문직대학원, 1개 전공 글로벌·커뮤니케이션 전문직대학원, 1개 전공 사회복지계 전문직대학원, 1개 전공 디지털·콘텐츠계 전문직대학원에 대한 인증평가가 이루어졌고, 그 결과는 해당 인증평가기관 웹사이트에 공표되고 있다.

표 10-3 일본 고등교육 기관 인증평가기구

대학등 평가인증기관		전문직대학원 평가인증기관	
대학	(재)대학기준협회	법과대학원	(재)일변연법무연구재단 (日弁連法務研究財團) 대학개혁지원·학위수여기구 (재)대학기준협회
	대학개혁지원·학위수여기구		
	(재)일본고등교육평가기구	경영	(사)ABEST21 (재) 대학기준협회
단기 대학	(재) 단기대학기준협회	교직대학원	(재)교원양성평가기구
	(재) 대학기준협회	정보, 창조기술	(사)일본기술자교육인정기구
	(재) 일본고등교육평가기구	뷰티비지니스	(사)전문직고등교육질보증기구
고등 전문학교	대학개혁지원·학위수역구	사회복지	(사)일본소셜워크교육학교연맹
		디지털콘텐츠	(재)대학기준협회

주: 대학기준협회(http://www.juaa.or.jp), 대학개혁지원·학위수여기구(http://www.niad.ac.jp), 일본고등교육평가기구(http://www.jihee.or.jp), 교원양성평가기구(http://www.iete.jp)

(3) 대학평가의 문제점 및 한계

대학평가의 문제점에 대하여 이시가와는 국립대학에서는 인증평가에 더해서 국립대학법인평가위원회에 의한 평가를 받아야 한다(국립대학법인법 제9조 2항)는 점을 비판한다. 그 평가결과에 관해서는 총무성의 정책평가·독립행정법인평가위원회에 통지하도록 의무화되어 있고, 동 위원회는 국립대학평가의 2차 평가를 실시하도록 되어 있다(독립행정법인법 통칙 제32조 3항). 현재 국·공·사립대학은 평가 관련 업무에 막대한 시간과 노력과 비용을 지출하고 있는 실정이다. 그러나 특히 외부평가제도에 관해서는 비용과 노력에 견주어서 장점이 있다고 인정하기 어렵다고 지적한다. 이미 국립대학법인평가위원회에 의한 '2기 중기목표기간 국립대학법인 평가 개선 보고서'는 평가를 잠정적으로 폐지하거나 분석항목을 간소화할 것을 제안했다는 것이다. 다른 한편, 2010년에는 운영비교부금의 일부에 대해 제1기 중기 목표기간 평가결과에 따라 증감한다는 경쟁적 배분을 하는 것은 주의하지 않으면 안된다는 지적이다. 평가제도의 운용은 평가의 한계를 전제로 한 위에 학문의 자유와 교육의 기회균등을 침해함이 없도록 신중하게 실시되지 않으면 안된다는 것이다.[16]

3 국립대학 법인 관련 법규

가. 국립대학 법인화 도입의 경과

국립대학의 법인화 도입의 경과를 주요 입법 논의 중심으로 정리하면 다음과 같다.

- 중앙교육심의회의 답신에서 도입에 관한 논의(1971)

---

16 앞의 石川多加子(2015)의 글, 168頁.

- 행정개혁회의에서 국립대학 민영화 논의로 직접적 계기(1997.4~12)
  대학은 민영화 부적절하므로 독립행정법인화를 대학개혁의 선택안으로 장기과제 제시
- 각료회의에서 2003년까지 법인화(자주성존중 개혁안) 결론을 내도록 결정(1999.4)
- 자민당 정무조사회에서 대학 법인화에 대한 제언(2000.5)
- 정부「국립대학등의 독립행정법인화에 관한 조사검토회」발족 (2000.7)
- 조직업무·목표평가·인사제도·재무회계제도위원회로 나눠 검토하였고, 2001년 3월에「새로운 국립대학법인상」에 대해 최종보고(2001.3)
- 문부과학성 심의회 답신「새로운 국립대학법인상에 관하여」(2002.3.26.)[17]
- 각료회의「세계적 대학육성을 위한 국립대학법인화 구조개혁」발표(2002.11).
- 국회에 국립대학법인화 법안 및 관계 6법안 제출(2003.2) 통과(2003.7)
- 「국립대학법인법」시행(2003.10.1) 및 법인 대학 설립(2004.4.1.)

나. 국립대학법인법의 주요 내용 및 제도 개관

(1) 국립대학법인법의 개요[18]

국립대학법인법은 총 7개 장 41개 조항 및 부칙으로 구성되었으며, 7개 장은 다음과 같다.

- 제1장 총칙(1통칙 2국립대학법인평가위원회)
- 제2장 조직 및 업무(1국립대학법인(임원직원, 경영협의회, 업무) 2대학공동이용기관법인)
- 제3장 중기목표등
- 제4장 재무 및 회계
- 제5장 지정국립대학법인
- 제6장 잡칙
- 제7장 벌칙

---

17 주요내용은 방안의 기본사고방식(대학개혁, 국립대학사명, 자주성·자율성), 조직업무 설계방침, 운영조직(평의회, 임원회, 운영협의회), 목적·업무(출자 및 수입수반사업가능, 대학정원은 국가인가), 인사제도(공무원형, 비공무원형 병존), 목표·평가(중기목표계획 평가·공표), 재무·회계제도 등이다. 답신서 원문에 대하여는 고전(2014), 『일본교육개혁론』, 서울: 박영story, 389-392면을 참고할 것.
18 문부과학성 홈페이지 http://www.mext.go.jp/a_menu/koutou/houjin/03052704.htm

이 법이 제시하는 목적은 "대학의 교육 연구에 대한 국민의 요청에 답함과 아울러, 일본의 고등교육 및 학술연구 수준 향상과 균형잡힌 발전을 도모하기 위하여 국립대학을 설치하여 교육 연구를 행하는 국립대학법인의 조직 및 운영과 더불어 대학공동이용기관을 설치하여 대학의 공동이용에 제공하는 대학공동이용기관법인의 조직 및 운영에 관한 것을 정하는 것"으로 규정되어 있다(국립대학법인법 제1조).

이에 따라 과거 국립학교설치법에 근거하여 있었던 99개 대학(단과대학 포함)을 국립대학법인법(國立大學法人法)에 근거한 89개 국립대학법인으로 재설립하였고, 대학공동이용기관 역시 15개 이던 것을 4개로 재편되었다.

(2) 국립대학법인 제도 개요[19]

① 「대학 법인화」를 통한 자율적인 운영 확보

- 과거 국가 행정 조직의 일부였던 것에서 각 대학에 독립된 법인격을 부여한다.
- 예산, 조직 등의 규제는 대폭 축소하여 대학의 책임으로 결정토록 한다.

② 「민간적 발상」의 관리 방법 도입

- '임원회'제를 도입하여 '톱 매니지먼트'를 실현한다.
- '경영협의회'를 두어 대학 전체의 자원을 최대한 활용한 경영을 한다.

③ 「학외자(學外者)의 참가」에 의한 운영시스템 제도화

- '학외 임원 제도(학외 유식자, 전문가를 임원으로 초빙)'를 도입한다.
- 경영에 관한 사항을 심의하는 '경영협의회'에 학외자를 참여시킨다.
- 학장 전형을 실시하는 '학장 전형 회의'에도 학외자를 참여시킨다.

---

19 문부과학성 홈페이지 http://www.mext.go.jp/a_menu/koutou/houjin/03052705.htm

④ 「비 공무원형」에 의한 탄력적인 인사시스템으로의 이행

- 능력·실적에 따른 급여 시스템을 각 대학의 책임 하에 도입한다.
- 겸직 등의 규제를 철폐하고 능력·성과를 산학제휴 등을 통해서 사회에 환원한다.
- 사무직을 비롯한 학장의 임명권 하에서의 전체적인 인사를 실현한다.

⑤ 「제3자 평가」의 도입에 따른 사후 검사 방식의 이행

- 대학의 교육 연구 실적을 제3자 기관에 의해 평가하여 체크한다.
- 정부는 제3자 평가 결과를 대학에 대한 자원 배분시 확실히 반영토록 한다.
- 평가 결과, 재무 내용, 교육 연구 등의 정보는 사회에 널리 공표토록 한다.

독립행정법인통칙법

한편, 국립대학법인이 갖는 「독립행정법인통칙법」에 근거한 여타의 독립 행정법인과 차이나는 부분은 학외 임원제도 등, 학외자의 관리 참여를 제도화하였다는 점, 객관적이고 신뢰성 높은 독자적인 평가시스템을 도입하였다는 점, 끝으로 학장 전형이나 중기 목표 설정에서 대학의 특성과 자율성을 고려하고 있다는 점 등이다.

(3) 국립대학법인법의 골자(현행 2018.5.23. 공포, 2018.7.9. 시행)

국립대학법인법의 주요 골자는 총칙, 조직 및 업무, 중기목표등, 지정국립대학법인, 재무 및 회계, 잡칙, 벌칙으로 되어 있다. 핵심 내용을 소개하면 다음과 같다.

① 총칙

- 국립대학법인은 국립대학을 설치하는 것을 목적으로 이 법의 정하는 바에 의해 설립되는 법인을 말한다(독립행정법인통칙법에 규정하는 독립행정법인은 아님에 유의).

- 국가는 이 법률의 운용에 있어서는 대학 및 대학공동 이용기관에서의 교육연구의 특성을 배려해야 한다.
- 국립대학법인(89개 법인) 및 국립대학 및 대학공동 이용기관 법인(4개 법인)의 명칭을 정한다.
- 정부의 출자에 대해 정한다.

※ 국립대학 평가위원회(제9조)

　문부과학성에 국립대학법의 업무의 실적평가를 위해 국립대학법인평가위원회를 두며, 대학운영 관련(이하 '평가위원회'라 한다.)을 둔다. 문부과학상은 대학의 운영에 관해 높은 식견을 가진 외국인을 위원(20% 이하, 위원장 불가)으로 임명가능하며, 위원회 필요한 사항은 정령으로 정한다.

② 조직 및 업무

(임원)
- 국립대학법인 임원으로 학장(=법인의 장, 학장), 이사(법인마다 수를 정한다) 및 감사(2명)를 둔다.

(임원회)
- 학장은 다음 사항에 대해 결정할 때에는 임원회(학장 및 이사로 구성)의 심의를 거쳐야 한다.
    - 중기목표에 대한 의견(=원안), 연도 계획
    - 문부과학대신의 인가와 승인을 받아야 할 사항(=중기계획 등)
    - 예산 편성·집행, 결산
    - 중요한 조직의 설치·폐지
    - 기타 위원회가 정하는 중요 사항

임원회

(경영협의회)
- 국립대학법인의 경영에 관한 중요 사항을 심의하는 기관으로서 경영협의회를 둔다.
- 경영협의회는 학장, 학장이 지명하는 임원 및 직원, 교육연구평의회의 의견을 듣고 학장이 임명하는 학외 유식자(=학외 위원)로 구성된 학외 위원이 2분의 1 이상이어야 한다.
- 경영협의회는 다음 사항을 심의한다.
    - 중기목표에 대한 의견, 중기계획 및 연도계획 중 경영에 관한 사항

경영협의회

- 학칙(경영부분), 회계 규정, 임원 보수기준, 직원 급여기준 기타 경영에 관한 중요한 규칙 제정 개폐
- 예산 편성·집행, 결산
- 조직 및 운영 상황에 관한 자기점검 및 자기평가
- 기타 국립대학법인의 경영에 관한 중요 사항을 심의한다.
- 경영협의회의 의장은 학장으로 하고 의장은 경영협의회를 주재한다.

(교육연구평의회)

교육연구평의회

- 국립대학의 교육연구에 관한 중요사항을 심의하는 기관으로서 교육연구평의회를 둔다.
- 교육연구평의회는 학장, 학장이 지명하는 이사, 학부장, 연구과장, 부설연구소장 기타 다른 중요한 교육연구조직의 장으로 교육연구평의회가 정하는 자, 기타 교육연구평의회가 정하는 바에 의한 학장이 임명하는 직원으로 구성된다.
- 교육연구평의회는 다음 사항을 심의한다.
  - 중기목표에 대한 의견, 중기계획 및 연도계획 중 교육연구에 관한 사항(경영협의회 사항 제외)
  - 학칙(학교법인 경영사항은 제외) 기타 교육연구에 관한 중요한 규칙의 제정 및 개폐
  - 교원 인사에 관한 사항
  - 교육과정 편성방침
  - 학생의 원활한 수학등을 지원하기 위한 조언·지도 기타 원조
  - 학생의 입학 졸업 과정수료 기타 재적 방침 및 학위수여 방침
  - 교육연구 면에서의 자기점검 및 평가
  - 기타 국립대학의 교육연구에 관한 중요 사항
- 교육연구평의회 의장은 학장으로 하고 의장은 교육연구평의회를 주재한다.

(학장의 임명)

- 학장의 임명은 국립대학법인의 신청에 기초해 문부과학대신이 행한다(제12조).
- 국립대학법인의 학장임명 신청은 경영협의회 경영협의회에서 선출되는 사람과 교육연구평의회에서 선출된 각각 동수로 구성된 '학상선고회의'의 전형에서 행한다. 이때 학장 또는 이사를 위원으로 추가할수 있으나 그 수는 총 위원수의 3분의 1을 넘지 못한다. 위원 호선으로 의장을 정하고 회의를 주재한다.

(이사 및 감사)

- 이사는 학장이, 감사는 문부과학대신이 임명한다. 이때, 해당 국립대의 법인의 임

원 또는 직원이 아닌 사람(학외자)가 포함되도록 해야 한다(=학외 임원).

(임원의 임기)

- 학장의 임기는 2년 이상 6년을 넘지 않는 범위 내에서 학장선고회의의 회의에 따라 국립대학법인이 정한다. 이사의 임기는 6년을 넘지 않는 범위 내에서 학장이 정한다(다만, 학장의 임기를 넘어서는 안된다). 감사의 임기는 2년으로 한다. 임원은 연임될 수 있다(제15조).

(임원의 해임)

- 문부과학대신은 심신의 장애, 직무상의 의무위반, 실적악화 등의 경우에는 학장 선고회의의 신청에 따라 학장을 해임할 수 있다. 학장은 심신의 장애로 인한 직무수행 불가 및 직무상의 의무위반시 이사를 해임할 수 있다.

(국립대학법인의 업무)

- 국립대학법인의 업무는 국립대학 설치·운영, 학생의 수학·진로선택·심신건강 상담 기타 원조, 법인이외에서 위탁·공동 연구·학외연휴 교육연구활동을 행하는 것이다. 그 외 공개강좌개설 기타 학생이외 자에게 학습기회제공, 연구성과보급 및 활용 촉진, 기술연구성과활용 사업을 정령에 따라 실시하는 자에 대해 출자, 산업경쟁력강화법에 근거한 출자 및 인적 기술적 원조, 위의 업무의 부대업무 등이다. 출자시에는 문부과학대신의 인가를 받아야 한다. 대학과 부속학교의 수업료 기타 비용에 관한 사항은 성령으로 정한다.

  ※ 국립대학에 유치원, 소학교, 중학교, 의무교육학교, 고등학교, 중등학교, 특별지원학교, 유보연계형 인정어린이집, 전수학교를 설치할 수 있음(제23조).

※ 대학공동이용기관 법인(제24조~제29조): 생략

③ 중기목표 및 중기계획(제30~31조)

- 문부과학대신은 6년을 기간으로 중기목표를 정하고 국립대학법인에 제시(제30조)
  - 중기 목표는 교육연구의 질 향상에 관한 사항, 업무운영 개선 및 효율화에 관한 사항, 재무 내용 개선에 관한 사항, 교육·연구·조직운영 관련 자기평가 및 정보제공 사항, 기타 업무운영 중요 사항을 정한다.
  - 문부과학대신은 중기목표를 설정·변경시, 미리 국립대학법인의 의견을 청취하고 당해 의견을 배려함과 아울러 평가위원회 의견을 듣지 않으면 안된다.
- 국립대학법인은 중기목표에 근거해, 중기계획을 작성해 문부과학대신의 인가를 받

아 공표(제31조)
- 중기계획에는 교육연구의 질 향상을 위한 조치, 업무운영 개선 및 효율화 조치, 예산(인건비포함)·수입계획 및 자금계획, 단기차입금의 한도액, 중요재산 양도·담보시 계획, 잉여금의 사용, 기타 업무운영 사항
- 문부과학대신은 중기계획 인가시 평가위원회 의견을 듣지 않으면 안된다. 내용 부적절시 변경명령 가능

④ 각 사업연도 관련 업무실적에 관한 평가등(제31조의2, 3, 4)

- 국립대학법인은 매 사업연도의 종료 후 일정 사항에 대하여 평가위원회 평가를 받을 의무
  1. 아래 2호 및 3호에 예시한 사업연도 이외 사업연도: 당해 사업연도 업무실적
  2. 중기목표 기간 최후 사업연도 전전 사업연도: 당해 사업연도 업무실적 및 중기목표기간 종료시 예상되는 중기목표 기간에 있어서 업무실적
  3. 중기목표 기간 최후 사업연도: 당해 사업연도 업무실적 및 중기목표 기간 업무실적
- 국립대학법인은 위의 평가를 받을시 성령으로 정하는 바에 의한 각 사업연도 종료 후 3개월 이내 동항 제1, 2, 3호 사항 및 자기평가 결과를 평가위원회에 제출하고 보고서를 공표해야 한다.
- 평가위원회의 평가는 성령으로 정하는 바에 의한, 1, 2, 3에 정하는 사항에 대해서 종합평정해야 한다. 이 경우 각호에 규정하는 해당 사업연도의 업무실적에 관한 평가시 해당 사업연도의 중기계획의 실시 상황을 조사분석하고 그 결과를 고려해야 하고, 2호에서 규정한 중기목표 기간종료시에 예상되는 중기목표 기간 업무실적 또는 3호에 규정하는 중기목표 기간 업무실적평가시에는, 「독립행정법인 대학개혁 지원·학위수여 기구에 대한 독립행정법인 대학개혁지원·학위수여기구법」(2003) 제16조2항 규정에 의한 평가를 요청하여 당해 평가 결과를 존중하여 행하여야 한다.
- 평가위원회는 평가실시시 해당 국립대법인등(2호 규정 중기목표 기간종료시 예상되는 중기목표 기간 업무실적 평가실시 경우 해당 국립대법인 등과 독립행정법인 평가제도위원회)에 그 평가결과를 통지해야 하고, 그 경우 평가위원회는 필요하면 법인에 대해 업무운영 개선 기타 권고를 할 수 있다.
- 평가위원회는 통지시 지체없이 그 통지관련 사항(권고한 경우 그 내용)을 공표해야

한다.
- 평가제도위원회는 통지받은 평가결과에 대해 필요한 경우 평가위원회에게 의견제시 가능하고, 이 경우 평가 제도위원회는 지체 없이 제시한 의견을 공개해야 한다.

(중기목표기간 종료시 검토 제31조의4)
- 문부과학대신은 평가위원회가 위의 2호 중기목표 기간종료시에 예상되는 중기목표 기간 업무실적 평가를 실시했을 때는 중기목표 기간종료까지 해당 국립대학법인 업무를 계속할 필요성, 조직의 개선점 기타 조직 및 업무전반을 검토하여 그 결과에 근거 법인에 관해 소요 조치를 강구한다.
- 문부과학대신은 위의 검토시 평가위원회의 의견을 들어야 하고, 검토결과 및 강구조치를 평가제도위원회에 통지하는 동시에 공개해야 한다.
- 통지를 받은 평가제도위원회는 법인의 중기목표 기간 종료까지 법인의 주요사무 및 사업개폐에 관해 문부과학성대신에게 권고할 수 있고, 지체없이 권고내용을 공표해야 한다.
- 평가제도위원회는 문부과학대신에게 권고에 기초한 조치에 대해 보고를 요구할 수 있다.

⑤ 재무 및 회계(제32~34조의3)

(적립금 처분: 제32조)
- 법인은 중기목표 기간의 마지막의 사업연도에 관계된 적립금(준용통칙법 제44조상)이 있을 때는 그 금액 중 대신의 승인을 받은 금액을 당해 중기목표 기간 다음 중기목표 기간에 인가받은 중기계획에 의한 당해 다음 중기목표 기간의 업무의 재원에 충당할 수 있다.
- 법인은 적립금의 금액에 상당하는 금액에서 승인받은 금액을 제하고 잔여 금액을 국고에 납부해야 한다.
- 이외에 납부금 납부 절차 기타 적립금의 처분에 관한 필요한 사항은 정령으로 정한다.

(장기차입금 및 채권: 제33조)
- 법인은 정령으로 정하는 토지취득, 시설설치 혹은 정비·설비설치 필요비용에 충당하기 위해 대신의 인가를 받아 장기차입금을 또는 해당 국립대학법인 명의의 채권을 발행할 수 있다.

- 이외에 법인은 장기차입금 또는 채권으로 정령에서 정한 상환에 충당하기 위해 대신의 인가를 받아 장기차입금으로 하거나 채권을 발행할 수 있다. 단, 그 상환기간이 정령으로 정해진 기간에 한한다.
- 채권자는 당해 채권을 발행한 법인의 재산에 대해서 다른 채권자에 앞서서 변제를 받을 권리를 가진다.
- 선취 특권의 순위는 민법의 규정에 의한 일반의 선취 특권 다음으로 한다.
- 법인은 대신의 인가를 받은 채권발행 업무의 전부 또는 일부를 은행 또는 신탁 회사에 위탁할 수 있다.
- 회사법 제705조 1항 및 2항, 제709조 규정은 위탁받은 은행 또는 신탁회사에 대해서 준용한다.
- 각항에 정한 것 외, 장기차입금 또는 채권에 관한 필요한 사항은 정령으로 정한다.

(상환계획: 제34조)

- 장기차입금을 하거나 채권을 발행하는 법인은 매 사업연도, 장기차입금 및 채권 상환계획을 세우고 대신의 인가를 받아야 한다.

(토지등 대부: 제34조의2)

- 법인 등은 업무수행에 지장없는 범위 내에서 그 대가를 해당 법인의 교육연구 수준향상을 위해 필요한 비용에 충당하도록 대신의 인가를 받아, 해당 법인소유 토지나 당해 업무를 위해 실제 사용되지 않고 당분간 업무를 위해 사용될 예정이 없는 것은 대부할 수 있다.

(여유금 운용의 인정: 제34조의3)

- 법인은 성령으로 정하는 바에 따라 다음 각호의 어느 쪽에도 적합함을 대신에게 인정받을 수 있다.
  1. 자금운용을 안전하고 효율적으로 쓰기에 필요한 업무의 실시 방법을 정한 것일 것
  2. 자금운용을 안전하고 효율적으로 쓰기에 충분한 지식과 경험을 가진 것일 것
- 위의 인정을 받은 법인은 준용통칙법(제47조)에도 불구하고 다음 방법으로 업무상의 여유금(당해 법인이 받은 기부금을 재원으로 한 것, 기타 성령으로 정한 요건에 해당하는 것)을 운용할 수 있다.
  1. 금융상품거래법이 규정한 유가증권으로 정령으로 정한 것(주식 제외)의 매매
  2. 예금 또는 저축(대신이 적당하다고 인정하고 지정한 것에 한함)
  3. 신탁회사 또는 신탁업무 금융기관에 대한 금전신탁. 단, 운용방법을 특정하는 것은 다음에 제시하는 방법에 의한 운용에 한한다(위의 2호에 든 방법, 금융상품시 거래업자와 투자 일임계약한 정령사항의 체결).

- 대신은 인정 후에도 인정받은 법인이 각호의 어느 하나 부적합한 경우 인정을 취소해야 한다.

⑥ 지정국립대학법인(제34조의4∼8)

(지정국립대학법인의 지정: 제34조의4)
- 대신은 국립대학법인 중 교육연구상의 실적, 관리운영체제 및 재정기반을 종합적으로 감안해서 세계 최고수준의 교육연구활동의 전개가 상당히 예상되는 경우 신청을 받아 지정 국립대학법인으로 지정할 수 있다.
- 대신은 지정시 미리 평가위원회의 의견을 들어야 하고, 지정시 성령에 따라 이를 공표해야 한다. 지정사유가 없다고 인정된 때 지정을 취소하며, 지정취소시 평가위원회의 의견청취 및 공표 또한 동일하다.
(연구성과를 활용하는 사업자에 대한 출자: 제34조의5)
- 지정국립대학법인은 당해 지정국립대학법인의 연구성과를 활용하는 사업을 정령으로 정하는 대로 실시하는 자에 대한 출자를 할 수 있다. 이때 지정법인은 대신의 인가를 받아야 한다.
- 지정국립대학법인이 위 업무실시시 당해 지정국립대학 법인에 관한 제32조 제1항 및 제34조의2 규정 적용에 있어서 이들 규정 중 '또는 제29조 제1항'은 '및 제34조의5 제1항'으로 한다.
(중기목표에 관한 특례: 제34조의6)
- 대신은 제30조 제1항에 의해 지정국립대학법인의 중기목표를 정하거나 이것을 변경시 세계 최고수준의 교육연구 활동을 실시하는 외국대학의 업무 운영상황을 감안해야 한다.
(여유금의 운용 인정의 특례: 제34조의7)
- 지정국립대학법인은 제34조의3 제2항 규정에 불구하고 동조 제1항의 인정을 받지 않고 동조 제2항에 규정하는 운용을 할 수 있다.
(임직원 보수, 급여 등의 특례등: 제34조의8)
- 지정국립대학법인에 관한 준용통칙법 제50조의2 제3항 및 제50조의10 제3항 규정 적용시, 준용통칙법 제50조의2 제3항 중 '실적'은 "실적 및 임원 중 세계 최고수준의 고도의 전문적인 지식 및 경험을 활용하고 수행할 특히 필요한 업무에 종사함에 있어서 국제적으로 탁월한 능력을 갖춘 인재를 확보할 필요성"과 준용통칙

법 제50조의10 제3항 중 '더불어 직원'이란 것은 '직원'과로, '고용 형태'라는 것은 "고용형태 및 오직 교육연구에 종사하는 직원 중 세계 최고수준의 고도 전문적인 지식 및 경험을 활용하고 수행할 특히 필요한 업무에 종사함에 있어서 국제적으로 탁월한 능력을 갖춘 인재를 확보할 필요성"으로 한다.

- 위에 규정하는 것 외 지정국립대학법인 전일제로 교육연구에 종사하는 직원의 급여 기타의 처우에 대해서는 해당 직원이 실시하는 교육연구의 내용 및 성과에 대한 국제적 평가를 감안한다.

⑦ 잡칙 및 벌칙, 부칙

(위법행위의 시정: 제34조의9)

- 대신은 국립대학법인 또는 그 임원 혹은 직원이 부정행위 혹은 법률위한 행위시, 또는 당해 행위를 하는 할 우려가 인정될 때에는 당해 국립대학법인에 대해서 시정에 필요한 조치를 강구토록 요구할 수 있다.
- 국립대학법인은 대신의 요구가 있을 경우 신속히 당해 행위시정 기타 필요하다고 인정되는 조치를 강구함과 아울러, 당해 조치 내용을 대신에게 보고하지 않으면 안된다.
- 국립대학법인 평가위원회는 2003년 10월 1일에 설치한다. 국립대학법인은 2004년 4월 1일에 설치한다.

4 국립대학 법인화 이후의 변화 및 개선 과제[20]

가. 대학 현장 및 학장의 반응

정부는 법인화를 진행하면서 법인화의 장점으로 ① 단년도주의(單年度主義) 예산제도로 부터의 해방된다는 점 ② 인사원(人事院) 권고에 의하여 좌우되었던 대학 근무자의 근로조건에 대하여 대학 스스로 자주적 결정이 가능하다는 점 ③ 공무원 정원 관리 압박으로 부터 제외된다는 점 등을 들었다.

문부과학대신 역시 문부과학성 소속의 행정기관으로 되어 있는 대학을 법인화를 통하여 탈 행정기관화 함으로써 교육연구시스템이나 조직운영을 자주·자율·자기책임 하에서 할 수 있다는 장점이 있다고 강조했다.

그러나 비판적인 반론 또한 적지 않다. 국립대학 법인화의 실상은 오히려 국립대학의 행정기관화를 강화하고 대신이 승인한 중간목표에 대한 관리나 대학평가 등을 통하여 대학에 대한 관료적 통제가 더 강화되었다고 본다.[21] 법인화 제도에 대하여 대학의 자율성에 기초하여 스스로 진행하여야 할 자발적인 경영 노력을 제도적으로 강제시킨 것이라는 비판이다.

또 다른 지적 중에는, 법인화에 의하여 대학의 중기목표나 실적보고가 국가관리의 대상이 되어 대신이 승인토록 되어 있으나 실제에 있어서는 문부성은 법인의 원안을 존중(대학의 특성과 자주성을 존중)한다는 명분하에 형식적으로 진행되어 긴장감이 결려된 공권력에 의한 관리과정이라는 견해도 있다.

기대되는 성과 측면에 대해서도, 법인화에 의해 대학의 조직 편제의 자율성이 확대된 점은 긍정적이지만, 중기목표·계획에 정한 기본조직이나 학생 수용정원의 틀로서 이를 넘어서기는 어려운 구조라는 비판이 있다. 국립대학의 양질의 교육에 대한 국민의 기대가 있음에도 재정부담을 높이지 않으려는 목표관

> 대학에 대한 관료적 통제

> 공권력에 의한 관리과정

---

20 국립대학 법인화 이후 변화 고전(2014), 『일본교육개혁론』, 서울: 박영story, 398−404면(다. 국립대학법인회 이후의 변화 및 개선과제) 부분을 발췌 인용하고 최근의 변화 정책을 보완하였다.

21 中嶋哲彦(2012), "國立大學法人における大學自治の復興"科學·技術政策と高等教育政策", 『日本の科學者』(2012.11), 12, 13頁.

리 방식에 따라 학생정원을 엄격하게 관리하게 되는 결과를 초래하고 국립대학의 효율성을 높이는데 오히려 이러한 목표관리가 장애가 된다는 지적이다.[22]

비판론의 요지는 국립대학을 행정조직법상「國立大學＝行政機關」방식으로 대학의 위상을 설정한다 하더라도 국립대학이 갖는 기능상 교육연구 기관성은 부정될 수 없으며, 헌법이 보장하고 있는 학문의 자유나 대학의 자치는 국립대학법인법 이전에도 보장되어 왔다고 파악한다. 비판론자들은 국립대학법인 제도가 학문연구나 그에 기반한 고등교육의 자율적 발전을 목적으로 하지 않고, 행정의 슬림화나 효율화를 목적으로 운영비를 삭감하거나 통폐합하는 등 신자유주의적 행정개혁의 일환으로 경도되었다고 지적한다. 국립대학법인법에서 국립대학과 국립대학법인을 구별하여, 국립대학법인을 관리하기 위한 제도를 정하는 한편, 전자에 대하여는 직접적인 규정이 없다는 점도 이를 뒷받침한다는 견해이다.[23]

이처럼 대학의 교육연구 현장에 시장원리를 도입하여, 행정의 사후평가에 의한 자금의 경쟁적 배분을 통해 대학의 교육연구의 질적 개선과 개혁을 요구하는 법인화 정책은 대학 측에 많은 재정적 압박을 가하고 있는 것이 사실이다. 교육 연구의 기반적 경비는 축소되었고, 특히 중소규모 대학에 있어서 교육 연구의 기반적 경비는 학내 배분액이 감소하고 있다. 이처럼 엄격한 재정 감축과 자기노력 요청의 가운데 고등교육에의 공재정지출은 OECD 가맹국 중 최하위라는 지적이다(대 CDP비율로 OECD 평균 1.0에 대해 일본은 0.5).[24]

또한, 법인화 이후, 운영비 교부금과 그 이외의 경쟁적 자금의 공재정 지출은 운영비 교부금 삭감과 경쟁적 자금으로의 이동으로 특징지워지고 있다는 지적이다. 더불어 국립대학에 있어서 법인화 전부터 있어 왔던 대학 간 격차가 고정화 되거나 더욱 심화됨은 물론 이러한 격차를 정당화하는 수단으로 법인화가 작용하고 있다고 비판한다.[25]

---

22 大崎仁(2011),『國立大學法人の形成』, 東京: 東信堂, 164頁.

23 中嶋哲彦(2012), "國立大學法人における大學自治の復興"科學·技術政策と高等敎育政策",『日本の科學者』(2012.11), 15頁.

24 佐藤誠二(2012), "國立大學法人化の財政問題－財政減縮と競爭原理",『日本の科學者』(2012.11), 16, 17頁.

25 長山泰秀(2012), "法人化後の國立大學への公財政支出の變化および財政誘導による機能別分化促進

한편, 법인화된 국립대학에 이어서 법인화된 공립대학의 경우에도, 각 설치단체나 설치자(시장 및 지사)의 의향이 노골적으로 드러내 대학에는 달갑지 않은 성급한 개혁이 진행되고 있다는 보고이다. 사립대학에서도 학생모집과 경영이 어려운 대학이 있는가 하면, 수업장소를 개설하는 것조차 곤란하게 된 대규모 대학도 존재하는 양극분화가 진행되고 있는 가운데 공적인 보조가 불충분하여 이런저런 폐해가 발생하고 현장의 교직원은 악전고투하고 있으며 대학은 위기 상황에 몰려있다는 부정적 보고도 있다.[26]

법인화에 따라 교원의 연간 활동시간 수에도 변화가 있었는데, 전국 대학학부의 교원 1인당 연간 평균 연구시간비율은 2002년 조사에서는 47.5%로 직무시간 전체의 약 절반을 차지하고 있었으나, 법인화 이후 2008년에는 36.1%로 감소하고, 대신 조직운영에 관한 활동 시간이 증가한 것으로 보고되었다. 특히, 사립대학의 증가폭이 가장 두드러졌고, 사회 봉사 시간 비율의 증가가 가장 높았던 경우는 공립대학이었다.[27]

대학의 주요 산출물인 논문에 있어서도, 일본에서 산출되는 논문 수는 증가하고 있으나 국립대학등·연구기관에서는 법인화에 의해 기반적 경비가 삭감되어 연구환경이 악화된 가운데 과학논문 수는 현저히 감소하고 있다는 지적이다. 이는 일본의 학술·과학기술의 심각한 위기를 보여주는 지표이지만, 고학력 워킹푸어(Working Poor)의 증가, 박사과정 수료자의 심각한 취업난 및 대폭 정원 감소, 임기제나 비상근 등 불안정 고용의 급격한 증가, 그리고 기반적 경비 삭감과 경쟁적 자금에의 경도된 재정시스템의 강행에 의해 학술 현장이 붕괴되는 현상이 법인화 이후에 가속화 되고 있다는 보고이다.[28]

한편, 대학법인화가 2년 진행된 2006년 시점에서 84개 국립대학 학장을 상대로 이루어진 의견조사에서 법인화의 효과는 다소 긍정적으로 보고된 바 있다.[29]

と大學間格差の固定化", 『日本の科學者』(2012.11), 22頁.

26 齊藤安史(2012), "科學·技術政策と高等教育政策", 『日本の科學者』(2012.11), 6頁.
27 齊藤安史(2012), 위의 글, 7頁.
28 齊藤安史(2012), 위의 글, 7頁.
29 天野郁夫(2011), 『國立大學·法人化の行方－自立と格差のはざまで』, 東京: 東信堂, 155頁.

표 10-4 대학법인화 효과에 대한 84개 국립대학 학장들의 반응 분석(%)

영역	크게 플러스 되었다	크게플러스 되었다+조금 플러스 되었다
• 대학의 개성화	42.2	91.6
• 대학의 자주성·자율성	38.6	83.2
• 대학의 경쟁력 향상	31.3	79.5
• 관리운영의 합리화·효율화	36.1	95.1
• 조직의 활성화	31.3	90.3
• 재무의 건전성	14.8	53.1
• 전학적인 합의 형성	8.5	58.5
• 대학의 일체감 형성	6.0	62.6
• 교원의 의식개혁	22.0	86.6
• 직원의 의식개혁	17.1	85.4
• 교육활동의 활성화	22.0	74.4
• 연구활동의 활성화	20.7	74.4
• 사회공헌의 확충	34.1	87.8
• 학생지원의 활성화	19.5	76.8
• 학생의 의식개혁	1.2	18.3

출처: 天野郁夫(2011), 『國立大學·法人化の行方-自立と格差のはざまで』, 東京: 東信堂, 155頁, 표 4-1 번역 인용.

학장들은 법인화의 효과에 대하여 전체적으로 매우 높은 평가를 하였다. 대학의 '개성화', '자율화', '경쟁력 향상', '관리운영의 합리화·효율화'에 관한 항목에 40% 전후의 높은 적극적이고 긍정적인 평가를 하였다. 조금 효과가 있었다는 반응을 포함한다면 법인화에 대하여 대다수의 질문에 대하여 긍정적 반응들은 80%를 상회했다.

반면, '재무의 건전성'에 대하여 학장들은 매우 부정적 의견이 상대적으로 많았다. 크게 향상되었다고 반응한 사람은 14.8%, 그런대로 긍정한 사람을 포함하더라도 53.1%로 상대적으로 부정적 의견이 높은 영역이었다. 또한, 예외적으로 낮은 항목은 법인화로 인하여 학생의 의식 개혁(크게 향상 1.2%, 조금 향상 포함 18.3%)이라는 항목이었다. 직원의 의식 개혁(크게 향상 17.1%)과 학생지원의 활성

화(크게 향상 19.5%)로 다른 영역의 효과에 비하여 상대적으로 낮게 평가했다

84명의 학장 중 자유의견을 묻는 문항에는 44명의 학장이 응답하였는데, 대학의 재량이 높아진 것은 환영할 만하나 행정개혁의 일환으로서 행해지고 있고, 운영 교부금이 삭감되고 인건비가 삭감되어 재정적으로 매우 압박을 받고 있다는 반응이 주를 이루었다. 대학의 평가에 있어서도 모든 국립대학을 하나의 척도로 평가하거나 지방국립대학의 존재 의의를 새롭게 해줄 것을 주문하기도 했다. 그런데 자유응답을 하는 사람은 대부분 지방국립대학의 학장들이었고, 대규모 대학이나 연구대학의 학장들은 거의 자유의견을 진술하지 않은 점 또한 이러한 개혁 효과에 대한 학장간의 온도 차이를 감지하게 하는 부분이다.

법인화는 기존에 경쟁력을 갖춘 대학과 그렇지 못한 대학 간에 차이와 무관하지 않음을 보여주고 있다. 한국의 경우 서울대가 특별법의 특혜 아래 유일한 국립대학법인 서울대학교 체제 도입(2011.12.28.) 이후 별다른 외풍없이 교세를 유지하고 있는 모습이나, 두 번째로 공립 인천대학교가 유일하게 국립대학법인 인천대학교(2013)로 출범한 상황 역시 향후 법인화의 전개 바로메터로서 많은 시사점을 주게 될 것이다.

나. 「국립대학법인 현상과 과제」(2010.7.15) 문부과학성 보고서

국립대학 법인화 후 제1 중기목표기간의 평가는 다음 세 가지로 요약하여 보고했다.

- 국립대학법인 제도의 취지와 개혁 이상은 대체로 긍정적이다.
- 법인화 후 관리운영 및 교육·연구·사회공헌 등에서 어느 정도 성과를 거두었다.
- 개선이나 충실이 요구되는 점도 있는 상황이다.

제2 중기목표기간에 있어서 향후 개선 방안은 문부성과 법인으로 나누어 제시했다.

- 국립대학 본래의 사명인 교육연구역량의 강화

문부성	• 사회요구나 학문의 필요에 응한 교육연구소조직 재검토에 대해 운영비 교부금의 배분 • TA·RA용 대학원생 경제적 지원 확충, 수업료 감면조치등 고등교육의 실질 무상화 추진 • 학생의 취업능력 향상을 위한 교육과정 국내외의 대학교육 개선 지원 • 유학생 유치 환경정비나 일본인 학생의 해외유학 지원 등 대학의 유학생 교류지원 확충 • 공사립 대학 간의 적극적인 연계 추진, 대학 중심의 지역성장 플랫폼 구축 도모 • 신진연구자의 연구전념을 위한 세계적 연구교육거점 대학 지원(자연과학 텐뉴어트랙 등) • 대학교육연구 성과를 지역 활성화에 연결하는 대응 지원 • 대학발 벤처 등 국립대학 법인에 의한 출자대상 범위의 확대에 대한 검토
법인	• 법인의 규모, 특성 등에 따라 사회요청과 시대변화에 응한 교육연구 조직 재검토 • 교수 수업내용·방법 개선을 위한 조직적 대응(FD활동)과 사회적·직업적 자립지도 확충 • 교원의 선발 과정의 객관성·투명성의 향상을 위해 선발의 기준·결과의 공개 검토 • 공동학부·공동대학원 설치, 시설의 공동이용, 교육연구활동, 대학운영등 대학간 연계

- 더욱 개혁을 추진해 나가기 위해 요구되는 법인 내부의 통치의 강화

문부성	• 평가사무 부담의 경감 배려, 각 법인 공통 운영 상황 실태 조사 검토 • 평가 다양화와 평가방식 및 평가인재의 육성 등에 대해 검토 • 감사에게 요구되는 역할이나 감사 기능의 강화 등 개선 노력 • 학장, 이사 등의 경영 능력향상 관점에서 정보제공의 충실 • 단과대학 교육연구평의회와 교수회의 관계 효율화 • 각 법인의 판단에 따라 이사 수를 결정할 수 있는 시스템 도입 검토 • 사단법인 국립대학협회의 국립대학 법인과 문부과학성과의 인사교류 검토 • 교육연구의 특성에 따라 재무제표 등의 이익 등의 표시 과목의 재검토와 정보제공 검토
법인	• 다양한 스테이크 홀더와의 협력 및 대학운영 및 교육연구에의 적절한 반영 • 중기목표·중기계획이라도 사회 상황 등 합리적인 이유가 있을 경우 기동적 변경 검토 • 중기목표 원안·중기계획의 책정 및 학내 평가의 효율적인 체제 정비 및 간소화 • 평가결과를 교육연구나 다른 활동의 개선에 도움되도록 학내에서 유효하게 활용 • 필요에 따라 이용자의 입장에 선 알기 쉬운 내용과 방법으로 결과를 적시에 공개 • 학장과 이사의 경영능력 향상과 교직원 등용시 경영 능력의 시점을 보다 중시 • 학내 절차를 정하는 학칙, 법인규칙상 각종 절차에 대해 간소화 • 경영협의회 회의 유명무실화에 응하여 위원 선임이나 협의회 운영 개선 도모 • 사무조직이나 각종위원회 등의 운영 조직에 대해 효율성을 부단히 재검토 • 사무직원의 전문능력의 향상을 도모하도록 직종에 따른 전문능력의 가시화와 체계적 연수 • 학외의 폭넓은 분야에서 전문가의 등용을 검토하고 전략적으로 채택 • 교직원의 급여에 대해 사회 일반의 정세를 토대로 업무와 능력에 따른 급여 체계 구축 • 직원의 잠재적인 능력을 충분히 발휘되도록 적절한 인사 평가 추진, 평가결과의 급여 반영 • 직원 능력향상 및 조직 활성화를 위해 다른 기관과의 인사 교류 추진

- 재무면에서 자율성을 높이기 위한 재무기반의 강화를 시도하기 위해 필요한 방안

문부성	• 국립대학법인 운영비 교부금 소요액의 확보에 노력, 새로운 정책 과제 대응 경비 확충 (배분시 소규모의 법인이나 지방대학에 대해서도 충분히 배려) • 최첨단 의료개발과 지역의료의 최후보루인 국립대학 부속병원 재정 지원 노력 • 시설 정비비 보조금의 소요액의 확보에 노력 • 교육연구 활성화를 위한 경쟁적 자금의 확충노력, 연구환경 개선 간접비등의 적절한 조치 • 총 인건비 억제를 연구개발법인에서 유연하게 자원배분토록하고, 2011년도부터 적용 검토 • 중기목표 기간을 넘어 이월할 수 있는 경우의 기준 명확화 • 각 법인의 여유금과 자산운용의 탄력화, 국민이 각 법인에 대해 기부하기 쉬운 환경정비
법인	• 예산과 인력 배분 룰의 투명성, 객관성 확보, 자금 확보 곤란분야 특수별교육 연구경비 지원 • 교육연구경비 확보를 위한 관리적 경비 억제노력, 소액 수의계약 상한액의 적절한 설정 • 보유 토지, 건물 등의 자산의 필요성 검토후 처분도모, 채권발행, PFI(민간자금사업) 활성화 • 경쟁적 자금이나 기부금 등의 외부 자금에 의해 자기 수입 증가를 위한 대응 계속 추진 (외부자금의 적절한 관리·감사를 행하는 내부 통제 구조 정비를 통한 실효적인 감사 노력) • 목적 적립금에 대해 용도를 가능한 한 구체화하는 동시에 그 계획적인 집행에 노력 • 다른 대학과의 사업 공동실시와 아웃소싱, 농장, 선박 등의 다른 대학과 공동 이용 촉진

보고서는 향후 검증시 과제로 다음을 제안하고 있다.

- 중기목표·중기계획의 방향성을 재검토(책정 방법이나 기재 사항 등)
- 국립대학법인 평가방식의 재검토(절차 등)
- 적립금 제도의 재검토
- 시설·설비의 수선·갱신 재원확보를 위한 재검토
- 교육연구 등의 특성에 따른 조달 및 계약 방식의 개선

다. 2017년 국립대학법인 업무실적에 관한 평가 보고서(2018.11.20.)

국립대학법인평가위원회는 2018년 11월 20일 「국립대학법인·대학공동이용 기관법인의 2017년도 업무실적에 관한 평가에 대해」(소견서)를 발표하였다.

국립대학법인 등에 대해서는 확실한 코스트(비용) 의식과 전략적인 자원 배분을 전제로 한 경영적 관점을 갖고 각 학장 등이 리더십을 발휘해 구축한 장래 비전에 근거하여 법인으로서의 경영력을 강화해 나가는 것이 강하게 요구되고

있어 각 법인도 대책을 전개하고 있다.

2017년도에는 국립대학법인 등 전체로서 대응이 요구되고 있는 정보나 보안사고 대응에 대해서는 보안대책의 강화나 체제의 정비, 구성원에 대한 정보보안 교육 철저 등 전체적으로는 충실한 개선이 있었지만, 복수의 법인에서는 입학자 선발시 출제, 채점 등 업무상 문제도 발견되었다.

이 중에는 여러 차례에 걸친 외부 지적에 조직적으로 적절히 대응하지 못하고 수험생 등에 부담을 강요하게 되는 등, 국립대학법인에 대한 국민의 신뢰를 해치는 사례도 포함되어 있다. 위원회는 법인들이 평가결과를 통해 당해 법인의 강점과 사회적 요청을 감안하여 특색 있는 조직을 설치하는 등 자치단체·기업 등과의 연계를 강화하고 교육 연구의 질적 향상과 재무기반 강화 도모하는 사례를 지적했다. 또한, 지역사회의 핵으로서 받아들인 기부효과를 대학에만 그치지 않고, 지역사회 활성화나 과제 해결에 활용하는 사례 등을 소개하면서 대학의 사회적 역할을 인식하면서 경영능력 강화에 임하는 새로운 자세를 지적했다.

국립대학법인법의 일부 개정에 의해 새롭게 규제완화된 '토지의 유효 활용'이나 '기부금등을 원자본으로 하는 여유금의 운용'을 적극적으로 활용하여 재무기반을 강화하는 사례도 소개하고 있다.

5 정부의 대학개혁의 방향과 학계의 논의

가. 정부의 대학의 문제 상황에 대한 진단[30]

일본의 대학·단기대학에 대한 전후의 진학률은 50%대이나 총고등교육기관으로 확대해 보면 70%대를 유지하는 고등교육 대중화 국가라고 할 수 있다. 앞서 소개한 대로, 문부과학성의 2018년 5월 1일 기준 조사결과에 따르면, 고등학교 졸

고등교육 대중화 국가

---

30 정부의 대학의 문제 상황에 대한 진단은 고전(2014), 『일본교육개혁론』, 서울: 박영story, 405-406 (대학개혁의 양대 방향면) 부분을 발췌 인용하고 최근의 변화 정책을 보완하였다.

업자의 진학률은 대학·단대·전문학교를 포함하여(총고등교육기관) 70.7%(2012년 79.3%), 대학·단대의 경우 54.8%(2012년 56.2%), 그리고 대학의 학부 진학률은 49.7%로 나타났다. 대학(학부) 졸업자의 취업자 비율은 77.1%, 진학자 비율은 11.8%로 보고되어 높은 취업률을 보였다.

그러나 일본의 대학 입학 적령기인 18세 인구는 2012년의 205만명을 정점으로 한 후 2017년엔 120명으로 감소했다. 대입진학자는 63만명이었다. 그러나 향후 2040년엔 다시 인구수는 88만명으로 감소하고, 진학자는 51만명이 될 것으로 전망되고 있다. 문부과학성이 진단하고 보고한 대학의 문제 상황 및 미래상은 〈표 10-5〉와 같다.

표 10-5 문부과학성이 진단한 대학의 문제 상황과 미래상

일본이 직면한 과제 및 예견되는 상황 10가지	요구되는 인재상 및 새로운 대학상
① 급격한 자녀수 감소와 고령화 진행, 인구감소	① 생애학습하고 주체적으로 생각하고 행동하는 인재
② 생산 연령 인구의 감소, 경제규모의 축소	② 글로벌사회에 활약하는 인재
③ 재정 상황의 악화	③ 이노베이션을 창출하는 인재
④ 글로벌화에 의한 무국경화(ボーダレス化)	④ 다른 언어, 세대, 입장을 넘어 소통가능한 인재
⑤ 신흥국의 대두에 의한 국제경쟁의 격화	⑤ 인생과 미래를 개척하는 능력을 기르는 대학
⑥ 지구규모로 해결을 요하는 문제의 증가	⑥ 글로벌화 중에 세계적 존재감을 발휘하는 대학
⑦ 지방의 과속화·도시의 과밀화의 진행	⑦ 세계적 연구성과와 이노베이션을 창출하는 대학
⑧ 사회적·경제적 격차의 확대 우려	⑧ 지역 재생의 핵이 되는 대학
⑨ 산업구조, 취업구조의 변화	⑨ 생애학습의 거점이 되는 대학
⑩ 지역 캐어서비스(의료·간병·보육)의 확대	⑩ 사회의 지적기반으로서 역할을 다하는 대학

이러한 상황 인식하에 문부과학성은 「대학개혁 실행 플랜」(2012.6)을 수립·발표했다.

대학개혁 실행 플랜

대학개혁의 방향성은 2가지로 제시되었는데 대학기능의 재구축과 재구축을 위한 대학 거버넌스의 충실·강화이다.

표 10-6 대학개혁 실행 플랜의 양대 방향	
격변하는 사회에 있어서 대학의 기능의 재구축	재구축을 위한 거버넌스 충실·강화
① 대학교육의 질적 전환과 대학입시 개혁 ② 글로벌화에 대응한 인재육성 ③ 지역재생의 핵이되는 대학만들기(COC 구상) ④ 연구력 강화: 세계적인 연구성과와 이노베 　이션	⑤ 국립대학 개혁 ⑥ 대학개혁을 촉진하는 시스템·기반정비 ⑦ 재정기반의 확립과 탄력적 자금배분의 실시 ⑧ 대학 질 보증의 철저 추진

2012년 8월에는 중앙교육심의회 답신 「새로운 미래를 구축하기 위한 대학교육의 질적 전환을 위해서」는 질(質)을 강조하는 수학(修學)시간의 증가·확보를 출발점으로 대학교육의 질적 전환을 제언했다.

나. 국립대학 개혁 플랜(2013.11): 제3기 중기목표기간의 개혁(2015~)

문부과학성은 2013년 11월 국립대학 개혁 플랜[31]을 발표하였다. 이 개혁 플랜은 2004년 대학법인화로부터 시작된 국립대학 개혁의 시기(제1기 중기목표기간; 2004~2009)가 지나고 제2기 중기 목표기간(2010~2014)에 접어들면서 법인화의 장점을 살리는 개혁이 본격화된 시점에서 발표된 것이다.

이보다 앞서 「이후 국립대학의 기능강화를 향한 사고방식」이 발표(2013.6)되었고, 개혁 가속기간의 미션을 재정의 하는 차원에서 「국립대학 개혁 플랜」을 발표하게 된 것이다. 제2기 중기 목표기간의 상황이 국립대학을 둘러싼 환경의 변화(글로벌화, 소자녀 고령화 진전, 신흥국의 대두에 의한 경쟁 격화 등)[32]에 따라 개혁이 가속화되어 가고 있어서 자주적이며 자율적인 개선과 더불어 대학발전을 촉진하

국립대학을 둘러싼 환경의 변화

---

31 문부과학성 홈페이지(정책소개, 고등교육정책, 국립대학개혁플랜)
　　http://www.mext.go.jp/component/a_menu/education/detail/__icsFiles/afieldfile/2013/12/18/1341974_01.pdf
32 글로벌화라 함은 고등교육의 국제적인 질보증 제도가 공통화 되어가고 있다는 것(유럽단위호환시스템, 유네스코 질보증가이드라인 등), 少子高齡化는 18세 인구의 급격한 감소로 진학률 영향을 받는다는 것, 신흥국의 대두에 따른 경재격화는 세계시장(GDP) 규모에 있어서 2009년에는 아시아 25%(일본 9%, 중국 8%, 인도 2% 등)이었으나 2030년엔 아시아가 40%(중국 24%, 일본 6%, 인도 4%)로 확대되지만 일본은 축소될 것이라는 경제전망을 말한다.

는 구조를 구축하자는 것이 이 플랜의 골자이다. 특히, 2015년부터 시작되는 제3기 중기목표 기간의 미션을 담고 있다는 의미를 지닌다. 플랜이 제시하는 미션은 "지속적인 경쟁력을 지닌 높은 부가가치를 산출하는 국립대학"에 두고 있다.

부가가치를
산출하는 국립대학

정부가 개혁을 추진하는 국립대학에 대하여 지원금 및 운영비 교부금을 지원하는 방식이므로 정부 주도의 대학개혁 문제를 노정할 수 있고, 대학의 자율운영 정신과도 배치될 우려 또한 상존한다는 것이 비판적인 학자들의 견해이기도 한다.

(1) 기본 방향: 각 대학의 기능 강화

각 대학의 강점과 특색을 최대한 살려서 스스로 개선하고 발전하는 구조를 구축함으로써, 지속적인 경쟁력을 갖고 높은 부가가치를 올리는 국립대학으로 만드는 것이 기본 방향이다.

① 세계 최고의 교육연구의 전개 거점

우수한 교원이 서로 경합하여 인재를 육성하는 세계 톱 수준의 교육연구 거점을 형성하는 것이 기본 방향이다. 대학을 거점으로 한 최첨단 연구성과를 실용화하여 기술혁신(이노베이션)을 창출토록 한다.

쿄토대학의 계획은 이공계, 의학생명계, 인문사회계, 정보환경계 각 분야 톱수준의 연구자를 하버드대학, 하이델베르그대학, 싱가포르국립대학에서 초빙하여 슈퍼글로벌 코스(가칭)를 구축하고 대학원생에 대한 연구지도를 통해 세계와 경쟁할 인재를 육성한다는 것이다.

② 전국적인 교육 연구 거점

대학이나 학부의 틀을 뛰어넘는 연계를 통해서 일본 톱의 연구거점을 형성하는 것과 세계에 열린 교육거점을 형성하는 것, 그리고 아시아를 리드하는 기술자를 양성하는 것이다.

히도쯔바시대학(一橋大學)의 경우, 학사과정 프로그램 개혁을 추진하여 신입생 전원을 대상으로 한 단기어학 유학을 필수화하면서, 튜닝에 의한 교육과정 조정등에 의해 대학교육의 국제적인 호환 기반을 정비해가고 있다.

③ 지역활성화의 중핵 거점

지역의 필요에 대응한 인재를 육성하는 거점을 형성하는 것과 지역사회의 씽크탱크로서 여러 가지 과제를 해결하는 지역 활성화 기관이 되는 것이다.

후쿠이대학(福井大學)의 경우, 교직대학원을 부속학교에 두어, 대학이 아닌 부속학교를 포함한 거점교에 있어서 교사교육을 전개하는데, 거점교에 교직대학원 교원이 출강하여 교육실천을 행하여 후쿠이현 전체 8천명 교원의 자질향상에 기여하고 있다.

(2) 기능강화 실현을 위한 방안: 자주적·자율적 개선·발전을 촉진하는 구조

각 대학의 기능강화의 관점은 첫째, 강점과 특색을 중점화하는 것이고, 둘째, 글로벌화 하는 것, 셋째, 기술혁신(이노베이션)을 창출하는 것, 그리고 끝으로 인재양성 기능을 강화하는 것 등이다. 이를 실현하기 위한 구조 구축에 필요한 다섯 가지 방책은 다음과 같다.

① 사회의 변화에 대응할 수 있는 교육 연구조직 만들기

각 대학과 문부과학성이 의견을 교환하여 연구수준, 교육수준, 산학연계 등 객관적인 데이터에 기반하여 각 대학의 강점·특색·사회적 역할(미션)을 정리하여 공표토록 한다. 미션을 고려하여 학부·연구과 등을 뛰어넘는 학내 자원배분(예산, 인재나 시설·공간 등)의 최적화, 대학의 틀을 넘어선 연계, 인재양성 기능 강화 등의 개혁을 개혁 가속기간 중에 실시하는 대학에 대하여는 국립대학법인 운영비 교부금 등에 의해 중점 지원한다. 제3기 중기목표·중기계획 검토에 있어서는 각 대학의 미션을 고려하여 계획적으로 교육연구 조직을 재편성하고 학내 자원 재배분을 최적화 할 것을 요구한다.

② 국제수준의 교육연구의 전개, 적극적인 유학생 지원

해외대학 유치에 의한 영역 횡단적 공동교육과정을 구축하여 '국제공동대학원'을 창설하고 외국인 교원을 적극채용하며 영어수업을 확대하고 다양한 국가와 지역에서 유학생을 적극 받아들인 동시에 일본인 학생의 해외파견을 촉진토록 한다. 문부과학성은 위와 같은 국제화를 단행하는 대학을 중점적으로 지원하여 '슈퍼글로벌대학'을 창설하는 등 국제적 존재감을 높인다. 2023년(향후 10년)까지 세계 100대 대학에 10개교를 만드는 걸 목표로 한다. 2020년까지 일본인 해외 유학자수를 6만명(2010년)에서 12만명으로, 외국인 유학생 유입수를 14만명(2012년)에서 30만명으로 증배한다는 계획이다.

`국제공동대학원`

`슈퍼글로벌대학`

③ 대학원 벤처지원, 이공계 인재의 전략적 육성

국립대학으로부터 대학발 벤처 지원 회사 등에 출자가 가능하도록 법안을 국회에 제출할 계획이다. 그리고 미션의 재정의 등을 검토하여 '이공계 인재육성전략'을 책정한다. 이 전략을 검토하여 국립대학 대학원을 중심으로 교육 연구조직의 재편, 정비나 기능 강화를 도모한다는 계획이다. 구체적으로 2023년까지 20개의 대학발 신산업을 창출한다는 계획이다.

④ 인사·급여 시스템의 탄력화

운영비교부금에 있어서 필요액을 확보한 후 퇴직수당에 드는 배분방법을 조기에 개선하고, 경쟁적 자금제도에 있어서 간접경비 30%를 확보·활용하여 인사·급여시스템 탄력화를 더욱 가속화 한다. 또한, 각 대학 개혁 추진 중점 지원시 연봉제 도입 등을 조건화 한다. 특히, 교원의 유동성이 요구되는 분야에서는 개혁 가속기간 중에 1만인 규모로 연봉제·혼합급여를 도입토록 한다. 연봉제 취지에 맞추어 적절한 업적평가체제를 정비한다는 계획이다.

`업적평가체제를 정비`

오사카대학에서는 세계적으로 우수한 교원에 대해서 '오사카대학 특별교수'로 칭호를 부여하고, 특별교수수당(연간 최고 600만엔)을 지급하는 외에 업적변동형 연봉제나 글로스·어포인트먼트 제도 등의 유연한 인사·급여시스템을 시도하고 있다.

⑤ 거버넌스 기능의 강화

각 대학으로 하여금 교육·연구·사회공헌 기능의 최대화를 위해, 본부·부국 전체의 기버넌스 체제를 총점검·개선하고, 책임 소재를 재확인하여 권한 중복을 배제하고, 심의절차를 간소화하며, 학장(총장)에 이르는 의사결정 과정을 확립하도록 한다는 계획이다. 학장의 리더십 확립을 위하여 보좌체제를 강화하고(총괄부학장 설치, 고도전문직 창설 등), 학장 후보자의 비젼을 확인하고 결정할 수 있는 선고·업적평가 제도를 확립하며, 교수회의 역할을 교육과정편성, 학생의 신분조치 및 학위수여, 교원연구업적 심사 등에 관한 심의 사항 등으로 명료화 하여 한정한다는 취지이다. 감사 역할 또한 강화토록 한다는 계획이다. 대학의 의사결정 구조와 과정을 학장 중심의 강력한 리더십으로 바꾸겠다는 전략이다.

> 학장 중심의
> 강력한 리더십

다. 법인화에 따른 대학의 자치 및 학문의 자유 위축에 관한 논의

> 대학의 자치에
> 미치는 영향

고등교육 법규와 관련된 학계의 논점은 국립대학법인법이 학문의 자유 보장 및 대학의 자치에 미치는 영향에 집중되어 있다.[33] 우선, 법인화에 따라 대학의 연구조직은 법인에 할당 되는 재정기준에 따라 그 조직의 존폐가 결정될 수 있도록 했다는 점에서 정부 자본이 대학 구조를 결정하는 시스템이 되었다는 비판이다. 즉, 법인법은 국립대학의 학부·연구과등을 명문의 규정없이 중기목표의 기재사항으로 하면서도 조직 유지에 필요한 공공재정의 지출을 보장하지는 않았다. 즉, 국립대학의 법인 운영경비 교부금은 총액으로 재량적 경비이므로 매년 재무성이 심사하여 결정하게 된다.

이미 제1기 중기목표기간(2004~2009)에는 재무성과 문부과학성이 협의한 계수대로 감축이 시도되었다. 더욱이 국립대학법인의 인건비를 정부 부문 일반과 같은 삭감대상으로 하여 5년간 5% 이상 하기로 했다. 제2기 중기목표기간(2010~2015)에는 기간을 통한 계수마져 폐지되어 교부금 삭감률은 단지 재무성과 문부

성이 협의하면 가능하게 되었다. 2011년도 이후에는 운영비교부금의 삭감분이 개혁추진 경비가 되어 조직의 통폐합 추진조건으로 각 법인에 조치되는 상황이 되었다. 국립대학의 생사여탈과 변화행로가 소수 관료들의 손에 들어간 것이다.

대학법인법에 따르면, 국립대학 조직의 존폐는 문부과학대신이 중기목표 기간의 종료시 행하는 '검토'와 '조치'에 위임되어 있다(제30조). 더욱이 이 검토와 조치는 총무성의 권고권(勸告權) 대상으로 되어 있어서 외부 관료의 입김마저 법적으로 허용하고 있다. 물론 이전부터 국립대학의 조직 방향이 타율적·개별적으로 결정되어져 왔지만 법인화는 그 외부 관여의 범위를 넓히고 공식화 하였다는 데 국립대학이 위기의 위상 국면을 맞고 있다. 법인이기 이전에 대학이어야 함에도, 대학이기 이전에 '법인'일 것이 더 전제되고 우선되는 상황이다.

문부과학대신은 「조직 및 업무 전반의 개선 방침」(2009.6.15. 결정문)을 통해서 대학원 박사과정, 법과대학원 등의 조직 존속 필요성을 검토할 것을 각 법인에 지시했고, 존속할 경우에는 정원 충족이나 전문분야의 취직자 수치 목표 등을 중기목표에 넣도록 요구했다. 이어 국립대학법인평가회는 대학이 작성한 이 중기목표안이 위의 문부과학대신의 결정에 반할 경우 대신에 의한 변경을 인정하는 심사내규로 개정한 바 있다. 가일층 정부 지원을 받는 대학의 존속이 문부대신의 손에 달린 상황이 된 것이다.

대학평가의 경우 역시, 법제화 이후 국립대학 평가는 중기목표기간 및 매년도로 정기화되었다. 연도 평가시 국립대학법인평가위원회는 법인에 대해서 업무운영 개선 기타 권고권을 갖는다. 평가위원회의 평가결과는 총무성위원회의 2차 평가 대상으로 되어 있다. 여기에 대학평가기구에 의한 연구교육평가는 국립대학법인평가위원회의 요청을 받아 행하는 것으로 자리매김되어 있는 구조이다.

결국 대학법인법에 기반하여 행해지는 평가는 대학에 개혁을 강요하고, 운영비교부금에 대한 격차배분에서 근거로 되어 있는 상황이다. 이것이 정부와 대학 간에서 정부 우위의 역학관계를 만들어 내고 있으며, 대학 내부에 있어서 Top-down 강화를 불러오고 있다는 지적이다.

다음으로 대학 관리운영 조직의 성격과 권한 측면에서도 살펴볼 필요가 있다. 신설된 대학관리운영조직인 역원회(役員會; 임원회), 경영협의회, 교육연구평의회

국립대학 조직의 존폐

조직 및 업무 전반의 개선 방침

대학평가

역원회(役員會; 임원회), 경영협의회, 교육연구평의회

등 간의 권한관계나 혹은 교수회와의 관계가 불명확하게 되었다.

학칙의 법률상 의미는 '수업연한, 교육과정, 교육연구조직 기타 학생 수학상 필요한 사항을 정한 것'으로 한정되어, 그 가운데 경영협의회의 심의사항으로 된 경영사항을 제외한 것만이 교육연구평의회의 심의사항으로 되었다. 경영협의회의 위원의 과반수 이상을 학외자(學外者)로 할 것과, 학장 선고(選考)회의는 경영협의회와 교육연구평의회로부터 각각 동수의 선출위원으로 구성하도록 함으로써 전통적 관리운영체제에 커다란 변화를 가져왔다. 또한, 학장후보자 선고과정에서 대학구성원에 의한 투표가 폐지되거나 투표결과가 존중되지 않는 경우도 발생하여 법적 분쟁이 일기도 했다.[34]

미쯔모토 시계루(光本 滋)는 대학의 교육연구에 관한 조건정비법으로서 타당성 관점에서 국립대학법인법 및 관계법의 개정이 검토될 필요가 있다고 지적한다. 효율적인 업무운영, 연도별 계획과 실무실적의 평가, 중기목표의 업무실적 평가 및 중기목표 기간 종료시의 검토, 운영비교부금의 조치를 포함한 재무회계 등 통칙법(通則法)의 제 규정의 준용이나 중기목표 중기계획을 재무성과의 협의사항으로 하고 있는 국립대학법인법의 규정은 개정되어야 한다는 것이다. 그 바탕위에 '학문의 자유'를 원리로 하는 대학법제의 구축이 되어야 하며, 그것은 법인제에 의해 상실된 교원의 신분보장, 대학관리운영조직·연구교육조직 자치의 회복, 나아가 대학설치자의 책임과 재정지출 기준의 확립, 학술·고등교육행정에의 과학자·교직원의 집단적 참가라는 문제 등을 포함하여 논의되어야 한다는 것이다.

학문의 자유를
원리로 하는
대학법제의 구축

라. 전문직 대학원 관리에 관한 개선 논의

문부과학성 백서(2018)에 따르면, 2003년 신설된 전문직대학원(전문직 학위과정)은 고도 전문직업인 양성을 위한 이론과 실무를 겸비한 실천적 과정이다. 이

고도 전문직업인 양성

---

34 미쯔모토 시계루(光本 滋) 홋카이도 대학 교수는 "판례는 학장선고가 학장선고회의의 고유권한이라는 취지만을 진술하는 것에 머물고, 교직원이 학장선고 과정에 유일하게 관여할 수 있는 절차인 의향투표 결과가 존중되지 않은 것이 대학자치에 미치는 부정적 영향에 대해서는 고찰하지 못했다고 비판한다. 光本 滋(2014), 앞의 책, 282頁.

를 위해 교원 중 일정비율 이상은 실무가(實務家)인 교원을 채용하고, 교육내용은 사례연구와 현지조사를 중심으로 구성하며, 수업 방식은 쌍방향·다방향 토론과 질의·응답을 기본으로 한다.

> 실무가(實務家)인 교원을 채용

> 사례연구와 현지조사를 중심

이들 대학원은 교육연구 활동상황에 대한 인증평가를 5년마다 받도록 되어 있고, 2017년 5월에는 법조인 양성(로스쿨), 교원양성(교직대학원), MBA(비즈니스), MOT(기술경영), 회계, 공공정책, 공중위생, 임상심리와 같은 다양한 분야에서 총 173개 전공으로 늘었다. 특히 사회인 학생 비율이 약 50%로서 사회인 대상 교육 추진 성과로서 보고되고 있다.

그러나, 전문직대학원과 사회(출구; 취업)와의 제휴가 불충분하다는 과제가 표면화하는 등, 전문직대학원에 있어서의 고도 전문직 직업인 양성의 필요성에 대해 이견도 나타났다. 이에 중앙교육심의회 대학분과회 대학원부회(大學院部會)에서 특임팀을 구성하여 전문직대학원에 대한 교육과정과 교원조직, 인증평가 등에 관하여 심의한 후 2016년 8월에「전문직대학원을 중심으로 한 고도 전문직업인 양성기능의 충실·강화 방안에 대해서」보고하기도 했다.

2018년 5월 기준 통계에 따르면, 전문직대학원 수는 다소 감소하여 119개 대학에 169개 전공[35]에 걸쳐 개설되어 있다. 이 중 법과대학원은 39개(국립 16, 공립 2, 사립 21)에, 교직대학원은 54개 대학(국립 47, 사립 7)에 설치되어 있다. 그 외 비즈니스·MOT는 29개 대학(국립 11, 공립 3, 사립 14, 주식회사립 1), 회계는 12개 대학(국립 2, 공립 1, 사립 8, 주식회사립 1), 공공정책 7개 대학(국립 5, 사립 2), 공중위생 등은 5개 대학(국립 3, 사립 2), 임상심리는 6개 대학(국립 2, 사립 4), 기타 15개 대학 17개 전공(국립 1, 공립 3 전공 4, 사립 10 전공 11, 주식회사립 1) 등으로 구성되어 있다.

> 119개 대학에 169개 전공

> 법과대학원은 39개

> 교직대학원은 54개

이후 사회와의 연계 강화 관점에서 '교육과정연계협의회'를 설치토록 하고 (2019.4.1. 시행), 전문직대학원과 학부 등과의 제휴의 강화 등을 추진하기 위해 전문직대학원의 전임교원에 관한 요건에 관한 제도 개정을 시행(2018.4.1.)한 바 있다. 법과대학원과 교직대학원 관련하여 소개하면 다음과 같다.

> 교육과정연계협의회

---

35 2018년 4월부터 모집 정지를 표명한 대학은 제외한다.

(1) 법과대학원

법과대학원(로스쿨)은 사법시험 및 사법연수와 유기적으로 연계된 전문직대학원으로서 2004년에 신설되었다. '프로세스(과정)'로서의 법조 양성제도의 핵심적인 기관으로서 질과 양이 모두 우수한 법조인을 양성할 것으로 기대되었다.

그런데 법과대학원 전체적으로 볼 때, 사법시험 합격률이나, 법조 유자격자의 활동 장소의 확대 등이 제도 신설 당초 기대에 못미치게 되어, 법조지망자가 감소하게 되었다. 이에 대응하기 위해 「법조인 양성제도 개혁 추진 강화에 대해서」(2015.6.30. 법조인 양성제도 개혁추진 회의 결정)에서 제시된 구체적 방안을 토대로, 법과대학원 개혁을 진행하고 있다.

「법과대학원 공적 지원 재검토 강화·가산 프로그램」을 통해서 신축성이 있는 예산배분을 실시하고, 톱·로스쿨의 제휴에 의한 법과대학원의 유인가 향상, 법과대학원 간의 제휴에 의한 교육력의 향상, 법학 미수자(학부전공이 법학이 아닌 진학자) 교육의 충실, 편입이나 조기 졸업제도의 활용에 의한 시간적 부담의 경감, 글로벌화·지역 공헌에의 대응이나 ICT를 활용한 교육에 의한 다양한 요구에의 대응 등, 우수한 대책을 적극 지원한다는 것이다.

법과대학원이 공통적으로 객관적이고 엄격하게 진급을 판정하는 체제인 '공통성취도확인시험(가칭)'에 대해서 2014년부터 준비한 바 있다.

중앙교육심의회 대학분과회 법과대학원 등 특별위원회는 법과대학원과 법학부와의 연계 강화와 법학 미수자 교육의 질 개선 등을 논의했고, 2018년 3월에 「법과대학원 등의 근본적인 교육의 개선·충실을 위한 기본적 방향성」 보고서를 낸 바 있다.

(2) 교직대학원

교직대학원은 '새로운 학교 만들기'의 유력한 일원이 될 수 있는 신인 교원의 양성과 지역이나 학교에 있어서의 지도적 역할을 완수할 수 있는 교원 양성을 목표로 한다. 특히 교원은 확실한 지도 이론과 뛰어난 실천력·응용력을 갖춘 스쿨리더를 만드는 것이 목표이다. 2017년 4월 현재, 45곳 도도부현에 53개 교직대

실천력·응용력을 갖춘 스쿨리더

학원(2018년에는 고지대학대학원 추가 54개)이 설치되어 운영 중이다.

교직대학원은, 학교나 교육위원회와의 제휴·협동을 통해 교직경험이 있는 실무가(實務家) 교원을 배치하고 학교현장에 있어서의 장기실습 등, 학교나 교육위원회의 요구에 대응한 체계적인 교육과정을 운영하는 것을 특색으로 하고 있는 만큼 새로운 학습을 전개할 수 있는 실천적인 지도력을 갖춘 교원양성이 기대되고 있다.

교육위원회를 통하여 현직 교원을 교직대학원에 파견하는 교원 수가 증가하고 있고, 현직교원 학생을 제외한 2017년 3월 수료자의 교원취업률이 약 92%로 높은 성과를 올리고 있다는 보고이다.

현직 교원을
교직대학원에 파견

문부과학성은 모든 도도부현에서 교직대학원이 설치된 사실을 고려하여, 「교원 수요의 감소기에 교원 양성연수 기능 강화를 위하여−국립사범대학·학부, 대학원, 부속학교의 개혁에 관한 전문가 회의보고서−」(2017.8.29.)를 바탕으로, 교직대학원이 학교교육 전체의 지식의 거점이 되도록 교육내용 상의 질을 향상시키고 다양화·특색화한다는 전략으로 제시했다.

마. 2040년을 향한 고등교육 그랜드 디자인(중교심 답신 2018.11.26.)

중앙교육심의회는 2018년 11월 26일에 「2040년을 향한 고등교육 그랜드 디자인」 답신서를 문부과학대신에게 제출했다. 본시 문부과학대신이 기본 방향을 설정하여 자문을 요청하고 이에 대한 전문가 집단의 방안이라는 점에서 이 보고서는 단순한 자문의견이 아닌 일본 정부가 계획하는 가장 최근의 고등교육 개혁 정책안으로서 의미를 지닌다.

이 보고서는 2040년의 사회변화상을 UN이 말하는 '지속가능한 개발목표(SDGs; Sustainable Development Goals)', 모든 사람이 평화와 풍요로움을 향유할 수 있는 사회, Society5.0, 4차 산업혁명의 시대, 인생 100세 시대, 글로벌화, 지방창생(地方蒼生)의 사회로 설정하고 고등교육이 이에 대응하기 위하여 새롭고 커다란 밑그림을 그려야 한다는 취지이다.

문부과학성에서 소개하고 있는 주요 개요를 중심으로 소개하면 다음과 같다.

Ⅰ. 2040년의 전망과 고등교육이 지향할 자세: 수학자 본위의 교육으로 전환
Ⅱ. 교육연구체제: 다양성과 유연성의 확보
Ⅲ. 교육의 질 보증과 정보 공개: 「배움」의 질 보증 재구축
Ⅳ. 18세 인구감소를 고려한 고등교육기관 규모와 지역배치: 전세대가 배우는 지식기반
Ⅴ. 각 고등교육기관의 역할 등: 다양한 기관에 의한 다양한 교육의 제공
Ⅵ. 고등교육을 지원하는 투자: 비용 가시화와 전 영역으로의 지원 확대

(1) 2040년 전망과 고등교육 지향 자세: 수학자 본위의 교육으로 전환

① 필요한 인재상과 고등교육이 지향해야 할 자세

첫째, 예측 불가능한 시대를 살아가는 인간상으로서, 보편적 지식·이해와 범용적 기능을 문리횡단적(文理横斷的; 문과와 이과를 넘나드는)으로 몸에 익힌 사람이며, 그리고 시대의 변화에 맞추어 적극적으로 사회를 지원하고 논리적 사고력을 지녀 사회를 개선해 갈 자질을 갖춘 인재를 의미한다.

> 문리횡단적
> (文理横斷的; 문과와
> 이과를 넘나드는)으로
> 몸에 익힌 사람

둘째, 수학자(學修者) 본위의 교육[36]으로의 전환으로서, 무엇을 배우고 익히는 것에 더하여 개개인의 수학 성과를 가시화한다. 개개인 교원의 교육기법이나 연구를 중심으로 시스템을 구축하는 교육에서 탈피한다. 수학자가 생애학습을 계속할 수 있도록 유연한 구조와 유동성을 갖춘다는 의미이다.

> 수학자(學修者)
> 본위의 교육

② 고등교육과 사회의 관계

첫째, 고등교육은 지식의 공통기반이 되는 것으로 교육과 연구를 통해서 새로운 사회·경제시스템을 제안하고 성과를 환원할 수 있다.

둘째, 연구력의 강화로서 다양하고 탁월한 지식은 기술혁신의 창출이나 과

---

36 향후 대학설치기준을 바꾸어 과거에 경영적 관점에서 학생정원 설정에서 시작하여 학부 신설을 구상하던 방식에서 향후에는 수학자 본위의 발상으로 전환한다는 뜻이다. 학생정원은 대학의 주체적이고 설득력 있게 유연하게 설정·관리할 수 있도록 단계적으로 제도를 재검토하고 장래에는 정원 철폐도 고려하고 있다. 향후에는 단순한 정원관리만으로는 대학의 질을 보증할 없다는 관점이다. 이러한 관점의 변화는 1956년 대학설치기준의 제정이후 커다란 관점의 변화라고 소개되고 있다.

학기술의 발전에도 기여할 것이다.

셋째, 산업계와의 협력·연계로서 고용 방식이나 일하는 방식을 개혁하고 고등교육이 제공하는 배움과의 일치(マッチング; matching)를 꾀한다.

넷째, 지역에의 공헌으로서 개인의 가치관을 존중하는 생활환경을 제공할 수 있는 사회에 공헌하는 것이다.

(2) 교육연구체제: 다양성과 유연성의 확보

① 다양한 학생

18세에 입학하는 일본인을 주된 대상으로 하여 상정한 종래 모델에서 탈피하여 사회인이나 유학생을 적극적으로 받아들이는 체질 전환이 요구된다는 관점이다. 재취업교육(リカレント教育; recurrent education), 유학생 교류추진, 고등교육의 국제 전개를 계획하고 있다.

② 다양한 교원

실무가, 젊은이, 여성, 외국인 등 다양한 인재를 등용할 수 있는 체제개선 방안을 검토한다. 교원이 부단히 다양한 교육 및 연구활동을 할 수 있는 구조와 환경을 정비하는데 연수 및 업적평가 등이 고려 대상이다.

③ 다양하고 유연한 교육 프로그램

문리횡단(文理橫斷; 문과와 이과간 교차)·수학(學修)의 폭을 넓힌 교육, 시대 변화에 대응한 신속하고 유연한 프로그램을 편성한다. 예를 들어 학위프로그램을 중심으로 한 대학제도, 복수 대학 등 인적·물적 자원을 공유하고 ICT를 활용한 교육을 촉진한다.

④ 다양성을 수용한 유연한 거버넌스

각 대학의 관리기능이나 경영력을 강화하여 대학 등의 연계 및 통합을 원활이 진척시키는 체제를 검토한다. 국립대학의 일법인(一法人) 복수 대학제를 도입하고, 경영개선을 향한 지도강화·조기 경영판단을 촉진하는 지도, 국공사립대학의 틀을 넘어서 각 대학의 강점을 살려 연계를 가능하게 할 「대학등연계추진법인」(가칭) 제도 도입과 학외 이사의 등용 등을 검토한다.

⑤ 대학의 다양한 「강점」의 강화

인재양성의 관점에서 각 기관의 강점이나 특색을 보다 명확하게 하여 더 신장토록 한다.

(3) 교육의 질 보증과 정보 공개: 「배움」의 질 보증 재구축

① 대학 전체의 교학(教學) 매니지먼트 확립

각 대학의 교수 학습활동 면에서 개선과 개혁에 이바지할 대책에 관한 지침을 작성한다.

② 수학 성과의 가시화와 정보공개의 촉진

단위나 학위 취득상황, 학생의 성장실감(成長實感)·만족도, 수학에 대한 의욕등의 정보, 그리고 교육성과나 대학교육 질에 관한 정보를 파악하고 공표할 의무를 부과한다. 나아가 전국적인 학생조사나 대학조사를 통해 정리하고 비교하며 일람화가 필요하다고 보았다.

③ 설치기준의 개선

정원관리, 교육수법, 시설설비에 관해서 시대변화나 정보기술, 교육연구의 진전등을 고려하여 발본적인 개선을 할 필요가 있다.

④ 인증평가제도의 충실

법령 위반 등에 대하여는 엄격하게 대응하는 등 교육의 질 보증 시스템을 확립한다.

(4) 18세 인구감소 고려한 고등교육기관 규모와 지역배치: 전세대가 배우는 지식기반

① 고등교육기관에의 진학자 수와 이를 고려한 규모

2040년도 추계할 때, 18세 인구는 120만명(2017년)에서 88만명으로 현재의 74%로 감소할 예정이다. 따라서 대학 진학자 수 역시 63만명(2017년)에서 51만명으로 현재의 80% 규모로 감소할 예정이다. 대학 또한 이에 맞추어 대비를 하여야 한다는 의미이다. 또한, 장래의 사회변화를 고려하여 사회인 유학생을 포함한 「다양한 가치관이 모이는 캠퍼스」를 실현한다는 계획이다. 학생의 가능성을 신장시키는 교육개혁을 위하여 적정한 규모를 검토하여 교육의 질을 보증할 수 없는 기관에 대해 엄격하게 평가한다는 방침이다.

> 다양한 가치관이
> 모이는 캠퍼스

② 지역에 있어서 고등교육

복수의 고등교육기관과 지방공공단체, 산업계가 각 지역에 있어서 장래 상(像)을 논의하고 구제적인 연계 및 교류 방안에 논의하는 체제로서 「지역연계 플랫폼」(가칭)을 구축한다는 계획이다.

> 지역연계 플랫폼

③ 국·공·사립의 역할

역사적 경위와 재정리되어야 할 역할을 고려하여 지역에 있어서 고등교육의 이상적 방향을 재구축하고 고등교육의 발전에 국립, 공립, 사립 전체가 기여토록 한다는 것이다. 국립대학이 해야 할 역할과 필요한 분야에 관한 일정 방향성 있는 검토가 필요하다고 지적한다.

(5) 각 고등교육기관의 역할 등: 다양한 기관에 의한 다양한 교육의 제공

이는 고등교육기관별 설립 목적에 맞는 특유한 과제를 재검토 한다는 것이다. 대학, 전문직대학, 전문직단기대학, 단기대학, 고등전문학교, 전문학교, 대학원 간의 역할 분담을 말하는 것이다. 또한 전입학이나 편입학 등 각 고등교육기관 간의 연계를 포함한 유동성을 더욱 높여 보다 다양한 Career Path(キャリアパス; 능력·지위를 높게 하는 직무, 경험의 이력)를 실현한다는 것이다.

(6) 고등교육을 지원하는 투자: 비용 가시화와 전 영역으로의 지원 확대

국력의 원천인 고등교육에는 지속적으로 충실한 공적 지원(公的支援)이 필요하다고 강조한다. 사회의 일체의 영역이 경제적 효과를 포함한 결과를 향유하는 것을 감안한 민간에서의 투자나 사회로부터의 기부 등 지원도 중요하므로 재원을 다양화 할 필요가 있다는 것이다. 이를 위해 교육·연구의 코스트(비용)을 가시화하고, 고등교육 전체의 사회적 경제적 효과를 사회에 제시할 필요가 있다. 공적 지원을 포함한 사회의 부담에 대한 이해를 촉진하여 필요한 투자를 얻을 수 있는 분위기를 만드는 것이 중요하다는 요지이다.

사학법규 및 사회교육법규론

　제11장에서는 사립학교에 관한 법규와 사회교육법규에 대하여 논한다. 사립학교법은 학교교육법규의 범주에 들어 있으면서도 설립취지 등 나름의 자주성을 보장받는 학교로서 일본에서의 교육의 자유 보장 수준을 가늠하는 지표로서 의미를 지닌다. 세계대전 당시 강력한 국가 통제 하에 놓여있던 사학 법제사를 지녔다는 점에서 논의의 의의가 크다.

　제1절에서는 사학법규를 학교교육법규 내의 사립학교 관련 규정을 검토하고, 이어서 사립학교법의 주요 내용 및 특징을 다룬다. 사립학교진흥조성법을 필두로 한 사학진흥 법제의 현황과 학계의 사학 법률에 대한 논의 또한 소개하기로 한다.

　다음으로 사회교육법규는 과거 학교 외 교육법규로 불리울 만큼 학교교육법규와 대별되면서 동시에 기본교육법규와 더불어 이른바 교육 3법 체제를 이루는 중추적인 교육법규이다.

　제2절에서는 사회교육 법규에 관한 기본 원칙을 다룬다. 제1원칙으로 헌법 제26조로부터 도출되는 '사회교육제도 법률주의'를 살펴보고, 제2원칙으로는 교육기본법 제12조에 언급된 사회교육 조항을 통해서 '국가 및 지방공공단체의 사회교육 장려의 의무'를 검토한다. 물론, 2006년 신 교육기본법 제정으로 추가된 생애학습의 교육이념(제3조) 역시 가정교육, 학교교육과 더불어 사회교육에도 적용되는 대 원칙이다.

　제3절은 사회교육 관련 법규의 내용을 '사회교육법'과 '생애학습진흥법(생애학습 진흥을 위한 시책의 추진체제등의 정비에 관한 법률)', 그리고 신 교육기본법 이후의 사회교육법, 도서관법, 박물관법 등의 개정을 중심으로 소개한다.

　제4절 사회교육 법규의 입법과제에 대하여 다룬다. 최근 중앙교육심의회가 보고한 「인구 감소시대의 새로운 지역 만들기를 향한 사회교육 진흥방안」 답신서(2018.12.21.)를 기초로 향후 정부의 사회교육 정책의 방향을 소개한다. 나아가 2017년도 문부과학백서(2018)에서 밝히고 있는 향후 사회교육 행정 및 사회교육 시설의 개선 방향에 대하여 논의한다. 여기에는 공민관, 박물관, 도서관 등 사회교육 시설에 대한 새로운 역할이 전망되어 있다.

1   사학 관련 법제와 특징

가. 교육기본법 및 학교교육법상의 가이드라인

'사립학교를 설립하고 운영할 자유와 권리'에 대하여는 과거로부터 헌법적 기본권성을 놓고 논란이 많았다. 교육에 관한 기본권을 헌법상 권리로 인정하는 한, 그리고 교육이 국가가 독점하는 공공사업 측면만으로 존재하지 않는 한, 국민이 교육 시설 혹은 기관을 설립하고 운영하는 것은 국민의 교육을 받을 권리를 실효성 있게 보장하는 중요한 방법으로서 당연히 인정되어야 할 것이기 때문이다.

또한 공교육 체제 도입 이전에는 오히려 많은 교육시설이 이른바 사학(私學)에 의존하였다는 교육제도사적 사실만으로도 사립학교의 존재는 부정할 수 없는 것이다. 특히 의무교육제도의 실시에 따라 초중등교육에서 국·공립의 비중이 많은 것은 사실이지만, 대학의 경우엔 절대적으로 사학에 의존하고 있고, 중세로부터 이어져온 대학자치의 역사는 초중등 교육기관과는 또 다른 운영 원칙이 적용된다 하겠다.

일본에서는 고등학교의 경우 전체 재적 생도 수의 4분의 1이, 대학의 경우 70% 학생 가까이가 사학에 재적하고 있어서, 수업료 부담을 경감시키고 교육의 질적 보장을 위해 사학조성은 하나의 국민적 요구가 되어 있다는 분석이다. 이를 위해 국민의 교육권 보장 관점에서 사립학교법과 이를 보완하는 사업재단 및 조성법이 만들어 졌다는 것이다. 그러나 이러한 사학법제는 조성에 수반하는 국가의 규제 강화와 사학의 자주성간에 긴장관계를 낳게 되었다.[1]

비록 일본국헌법은 사학 혹은 사립학교나 대학[2]에 대하여 직접적으로 언급하지는 않았지만 개인이 인격을 완성하고 행복을 추구하며 자아를 실현할 수 있

> 대학의 경우 70% 학생 가까이가 사학에 재적

---

[1] 木幡洋子(2014), "私學法制と私學助成", 『教育法の現代的爭點』, 일본교육법학회편, 동경: 法律文化社, 108頁.

[2] 이에 비하여 대한민국 헌법에서는 대학의 자율성을 헌법상의 제도보장으로 명시하고 있고(제31조 4항), 헌법재판소 역시 대학입시요강 판결(1992.10.1. 92헌마68,76병합)에서 이를 대학의 기본권으로 인정한 바 있다.

는 근대 복지국가를 상정한다면 사학의 자유와 권리는 당연히 인정될 수 있다고 보는 것이 학계의 통설적 견해이다.

사학의 자유와 권리

사학 설립의 자유에 대하여 학계의 다수설은 그 헌법적 근거를 '결사의 자유(제21조)' 혹은 '직업선택의 자유(제22조)'에 포섭될 수 있는 권리로 보고 있다. 일본에서의 판례(학력테스트 재판, 1976.5.21.) 역시 구체적으로 헌법의 근거 조문을 제시하지는 않았지만 '사학교육에 있어서 자유'를 국민의 자유권으로서 언급한 바 있다.

이러한 헌법 상황을 고려한 듯 2006년에 개정된 신 교육기본법은 사립학교에 관한 조항을 신설하였는데, 이것이 지금의 사학법규의 가이드라인이 되고 있다고 할 수 있다.

교육기본법 제8조(사립학교)
사립학교가 갖는 공공의 성질 및 학교교육에서 담당하는 중요한 역할을 감안하여, 국가 및 지방공공단체는 자주성을 존중하면서 조성 기타 적당한 방법에 따라 사립학교 교육의 진흥에 힘쓰지 않으면 안된다.

그 첫째는 사립학교의 공공성과 자주성 존중의 보장 원칙이며, 둘째는 그 존중의 주체는 국가 및 지방자치단체이고, 동시에 이들에게는 사립학교 교육의 진흥에 노력할 의무까지 부과하고 있다.

사립학교의 공공성과 자주성

이러한 교육기본법의 취지를 통해서 볼 때 사학관계법은 공공성 담보를 위한 규제법으로서의 성격도 갖지만 동시에 사학 진흥을 위한 조성법으로서 성격도 갖추어야 하는 입법 방향이 제시된 것으로 판단된다.

물론, 교육기본법 개정 이전에는 아래와 같은 사립학교법(1949년 제정) 목적 조항을 통해서 그동안 사학법규 입법정책의 가이드라인 역할을 해왔다고 볼 수 있다.

사립학교법 제1조(목적)
이 법률은 사립학교의 특성에 비추어 그 자주성을 존중하고 공공성을 높임으로써 사립학교의 건전한 발달을 목적으로 한다.

사실, 일본에 있어서 근대적 학교제도는 에도시대의 테라코야(寺子屋)나 시쥬쿠(私塾)과 함께 발달했다. 그러나 전전(戰前) 사립학교는 국가의 전속사업으로 학교교육의 대체 보조기관으로 위치 지워졌고(이른바 보충학교로서 법적 위상), 천황의 명령인 칙령으로서 사립학교령(1899)에 의해 국가의 엄격한 규제 하에 놓여 있었다. 근대 서구 제국에 있어서 사학교육의 자유 개념은 일본에서는 결핍되었다는 것이다. 전후, 새로운 사법제의 구축을 목표로 교육개혁추진을 위해 설치되었던 교육쇄신위원회는 사학의 경영주체로 공공적·민주적 성격을 부여하기 위해 민법상 법인 혹은 개별 특별 법인으로 할 것과 사학에 관한 행정조직으로서 도도부현에 사학위원회를 설치할 것을 건의하기도 했다. 이 건의를 바탕으로 사립학교법이 제정된 것이다.[3]

이후 일본사학진흥재단법(1970, 1997년 일본사립학교진흥·공제사업단법으로 승계), 사립학교진흥조성법(1975) 등이 제정된 바 있다. 2004년 사립학교법 개정을 통해서는 학교법인에 있어서 관리운영제도에 관한 개선, 재무 정보의 공개 원칙, 사립학교심의회 구성 개선 등 변화가 있었다.

나. 사립학교법의 주요 내용 및 특징

(1) 사립학교법(1949)의 구성과 개정

앞서 살펴본 바와 같이 사립학교법 제정의 주요 관점은 사립학교에 대한 문부대신의 포괄적 감독권(包括的監督權)을 배제하고 사학의 자주성을 보장하는 것이었다. 동시에 사립학교 설치자를 학교법인으로 설정함으로써 사학의 공공성을 담보하는 방식이었다.

이러한 자주성과 공공성을 담보하는 사립학교법규의 입법 방향은 1949년 제정된 사립학교법 제1조 목적 조항에 그대로 반영되었고, 2006년 개정된 신 교육기본법의 신설 조항(제8조 사립학교 조항)에도 기술되고 있음은 앞서 살펴본 바와 같다.

---

3 姉崎 洋一 外(2015), 『ガイドブック教育法』, 新訂版, 동경: 三省堂, 90頁.

사립학교법의 구성은 제1장(총칙), 제2장(사립학교에 관한 교육행정), 제3장(학교법인), 제4장(잡칙), 제5장(벌칙)으로 구성되어 있는데, 제3장 학교법인의 조직과 운영에 관한 부분이 중심이라고 할 수 있다.

2006년 개정에서는 민법의 공익법인제도의 개정에 따른 개정이 있었다. 일반 사단법인 및 일반 재단법인에 관한 법률 제78조는 학교법인에도 준용한다(제29조)는 것인데, 제78조란 일반 사단법인은 대표이사 기타 대표자가 그 직무를 행함에 있어 제3자에게 가한 손해를 배상할 책임을 진다라는 규정이다. 학교법인의 책무성을 강화한 조치였다.

한편, 2014년 개정에서는 학교법인의 이례적인 사태(불상사; 不祥事)에 대비하기 위하여 관할청이 적절한 조치명령을 할 수 있도록 하는 개정이 있었다. 주요 요지는 다음 세 가지 점이었다.

학교법인의
이례적인 사태

첫째, 관할청에 의하여 필요한 조치 명령 등의 규정을 정비하는 것으로 ⓐ 학교법인이 법령의 규정을 위반했을 때 관할청이 필요한 조치를 취하도록 명할 수 있고, ⓑ 학교법인이 조치 명령을 따르지 않을 때는 임원의 해임을 권고할 수 있으며, ⓒ 조치명령이나 임원해임 권고를 실시하는 경우에는 관할청은 미리 사립학교심의회 등의 의견을 물어야 한다는 것이었다(제60조).

둘째, 보고 및 검사 규정을 정비하는 것으로 관할청은 이 법의 시행에 필요한 한도 내에서 학교법인에 대한 업무·재산의 상황에 대해서 보고를 받을 수 있고, 학교법인사무소 등에 입회하여 검사할 수 있다(제63조)는 것이다.

셋째, 충실 의무 규정을 명확하게 한 것으로 학교법인 이사는 법령 및 기부행위를 준수하여야 하고 학교법인을 위하여 충실히 직무를 수행하여야 함을 규정(제40조의2)했다.

(2) 사립학교법의 주요 내용

① 사립학교법의 목적(제1조)

사립학교법의 목적

이 법 목적 조항은 앞서 살펴본 바와 같이 사립학교의 특성을 감안하여 자주성을 존중하고 공공성을 고양함으로써 사립학교의 건전한 발달을 도모하는 것이다.

사립학교의 정의

② 이 법상 학교 및 사립학교의 정의(제2조)

제2조에서는 이 법이 적용되는 학교를 학교교육법 제1조에 규정하는 학교 및 유보연계형인정어린이원(2006년 신설)을 말한다고 규정한다. 전수학교는 학교교육법 제124조 상의 학교를, 각종학교 역시 같은 법 제134조 상의 학교를 말한다. 이 법에서 사립학교란 학교법인이 설치하는 학교를 말한다.

학교법인의 의미

③ 이 법상 학교법인의 의미(제3조)

이 법에서의 학교법인이란, 사립학교 설치를 목적으로 이 법에 정한 바에 따라 설립된 법인을 말한다. 다만, 이러한 학교법인 요건에는 두 가지의 예외가 인정되고 있다. 제정 당시 학교교육법 부칙 제6조를 통하여, 사립유치원은 당분간 학교법인 이외의 민법 법인, 종교 법인, 개인에 의한 설치도 인정한 바 있다.

또한 2003년 구조개혁특별구역법 개정을 통하여는 주식회사(제12조), NPO법인(제13조)의 학교설치가 인정되고, 2005년 개정에서는 협력학교법인(제20조)의 설치가 가능해 지기도 했으나 그 성과는 장단점이 있다.

④ 관할청(제4조)

이 법에서의 관할청은 문부과학대신(사립대학 및 사립고등전문학교, 그 학교법인, 사립대학등과 전수·각종학교를 함께 설치하는 학교법인), 도도부현 지사(사립유초중등학교 및 전수·각종학교, 그 학교법인), 지정도시등의 장(지정도시·핵심시의 유보연계형인정어린이원)으로 되어 있다. 전체적으로 설명하면 고등교육기관(대학)과 그 학교법인에 대한 관할청(이른바 지도·감독청)은 문부대신이고, 그 이하 각급 학교와 그 학교법인에 대하여는 도도부현 지사가 담당하는 방식이다.

학교법인에 대한
관할청

⑤ 사립학교에 관한 행정(제5~24조)

사립학교에 관한 행정의 장은 사학 교육기관에 대하여 관할청이 어디까지 관여하는가에 대한 문제로서 교육의 공공성 확보 차원에서 중요한 의미를 갖는다.

제5조는 공립학교와의 관할청 차이를 규정하고 있다. 규정위반시 시정명령을 내리는 공립학교의 규정은 적용하지 않고 있다. 즉, 학교교육법 제14조는 시

정촌이 설치하는 학교에 대하여 도도부현 교육위원회가, 그리고 대학 및 고등전문학교 이외 사립학교에 대해서는 지사가 규정위반시 시정명령을 할 수 있도록 하고 있는데, 사립학교(유보연계형이전어린이원 제외, 제8조 1항에서도 동일)에 대해서는 이 학교교육법 제14조⁴ 규정은 적용하지 않는다.

제6조는 보고서의 제출에 관하여 언급한다. 즉, 관할청은 사립학교에 대해서 교육조사나 통계 기타에 관한 필요한 보고서 제출을 요구할 수 있다.

한편, 사립학교에 관한 행정의 장에서 가장 많은 비중을 차지하고 있는 것이 사립학교심의회이다. 제8조에서 제17조(제7조, 제11조, 제18~24조 삭제)를 두고 있다.

지사가 장관이 학교의 설치인가 및 설치자 변경, 또는 법령위반에 따른 폐쇄명령을 내리기 전에 사립학교심의회의 의견을 듣도록 하는 절차를 마련하고 있다. 동 위원회는 지사에게 중요사항에 대하여 건의하는 것도 가능하다. 자치단체장 및 장관의 사학 관련 자문기구라고 할 수 있다.

사립학교심의회

도도부현 지사는 사립대학 및 사립고등전문학교 이외의 사립학교에 대해서 학교교육법 제4조 1항⁵, 제13조 1항⁶에 규정하는 사항을 정함에 있어서는, 미리 사립학교심의회의 의견을 물어야 한다. 문부과학대신은 사립대 또는 사립고등전문학교에 대해서 학교교육법 제4조 1항, 제13조 1항에 규정하는 사항(동법 제95조 규정에 의한 자문해야할 사항 제외)에 대해서는 미리 동법 제95조에 규정하는 심의회 등의 의견을 들어야 한다(제8조).

이 법률의 규정에 의하여 그 권한에 속하게 된 사항을 심의하기 위한 도도부현에 사립학교심의회를 둔다. 사립학교심의회는 사립대학 및 사립고등전문학

---

4 학교교육법 제14조 대학 및 고등전문학교 이외의 시정촌이 설치하는 학교에 대해서는 도도부현 교육위원회가, 대학 및 고등전문학교 이외의 사립학교에 대해서는 도도부현 지사가 해당 학교가 설비, 수업, 기타 사항에 대해서 법령의 규정 또는 도도부현 교육위원회 또는 도도부현 지사가 정하는 규정을 위반했을 때는 그 변경을 명할 수 있다.

5 학교의 설치폐지, 설치자의 변경, 기타 정령에서 정하는 사항은 각각 해당 각호에 정하는 자의 인가를 받아야 한다. 이들 학교 중 고등학교 전일제 과정, 정시제 과정 및 통신제 과정, 대학의 학부 대학원 및 대학원 연구과 및 대학 학과에 대해서도 마찬가지이다. 1. 공·사립대학 및 고등전문학교는 문부과학대신, 2. 시정촌이 설치하는 고교, 중등교육학교, 특별지원학교는 도도부현 교육위원회, 3. 사립유치원, 소학교, 중학교, 의무교육학교, 고등학교, 중등교육학교 및 특별지원학교는 도도부현 지사

6 제4조 1항에 제시하는 학교가 다음 각 호 중 하나에 해당하는 경우에는 각각 동항 각호에 정하는 자는 해당 학교 폐쇄를 명할 수 있다. 1. 법령의 규정에 고의로 위반했을 때, 2. 법령의 규정에 의한 명령을 위반했을 때, 3. 6개월 이상 수업을 하지 않았을 때

교 이외의 사립학교 및 사립전문학교 및 사립각종학교에 관한 중요 사항에 대해서 도도부현 지사에 건의할 수 있다(제9조).

사립학교심의회는 도도부현 지사가 정하는 위원 수의 위원으로 조직한다. 위원은 교육에 관한 학식과 경험자 중에서 도도부현 지사가 임명한다(제10조).

사립학교심의회의 위원의 임기는 4년으로 한다. 다만, 결원이 생길 경우 보궐위원의 임기는 전임자의 잔임 기간으로 한다. 위원은 연임될 수 있다(제12조).

사립학교심의회에 회장을 둔다. 회장은 위원이 호선된 자에 대해서 도도부현 지사가 임명한다. 회장은 사립학교심의회의 회무를 총리(總理)한다(제13조).

도도부현 지사는 사립학교심의회의 위원이 심신의 문제로 직무 집행이 어렵다고 인정될 때 기타 위원으로서 필요한 적격성이 결여되었다고 인정할 때는 사립학교심의회의 심의를 거쳐 해임할 수 있다(제14조).

사립학교심의회의 위원은 자기 배우자 혹은 삼촌 이내의 친족의 일신상에 관한 사건 또는 자기와 관계된 학교, 전문학교, 각종학교, 학교법인 혹은 제64조 제4항의 법인에 관한 사건에 대해서는 그 의사의 의결에 참여할 수 없다. 다만, 회의에 참석하고 발언하는 것은 무방하다(제15조).

사립학교심의회 위원은 직무를 수행하기 위한 비용 변상을 받을 수 있다. 전항의 비용은 도도부현의 부담으로 한다. 비용변상의 액수 및 그 지급방법은 도도부현의 조례로 정하야 한다(제16조).

이 법률에 규정하는 것을 제외하고 사립학교심의회의 의사절차 기타 운영에 관한 필요한 사항은 도도부현지사의 승인을 받아 사립학교심의회가 정한다(제17조).

학교법인

⑥ 학교법인(제25~63조)

사립학교법의 대중을 이루는 것이 학교법인 장이다. 제1절은 통칙, 제2절은 설립, 제3절은 관리, 제4절은 해산, 제5절은 조성 및 감독 등으로 구성되어 있다.

기부행위(寄附行爲)

관리 측면에서 학교법인에는 역원으로서 이사 5인 이상 및 감사 2인 이상을 두어야 한다. 이사 중 한 사람은 기부행위(寄附行爲; 학교법인 설립을 목적으로 하는 행위−한국의 경우 정관)에 정한 바에 따라 이사장이 된다(제15조). 또한 학교법인에 이사로 조직하는 이사회를 두는 것도 의무이다. 이사회 학교법인의 업무를 정하고 이사의 직무집행을 감독한다. 이사장은 이사회를 소집하며 학교법인을 대표하고 업무를 총리(總理; 전체를 모두 관리)한다.

사립학교법 제38조는 이사의 요건으로서 다음의 각호를 예시하고 있다.

1. 해당 학교법인이 설치하는 사립학교의 교장(총장 및 원장을 포함)
2. 해당 학교법인 평의원 중 기부행위가 정하는 바에 따라 선임된 자
3. 위에 규정된 자 외에 기부행위가 정하는 바에 따라 선임된 사람

학교법인이 사립학교를 두 개 이상 설치할 경우에는 위의 1호에도 불구하고 기부행위가 정한 바에 의한 교장 중 한 사람 또는 몇 명을 이사로 할 수 있다.

사립학교법 개정을 통하여 이사의 '충실의무'가 추가되기도 하였는데, 이사는 법령 및 기부행위를 준수하여 학교법인을 위해 충실히 그 직무를 행하지 않으면 안된다(제40조의2).

이사의 충실의무

사학의 공공성을 담보하기 위한 규정으로 학교법인과 이사 간에 이익이 상충되는 사항에 있어서 이사는 대리권을 갖지 않으며, 이 경우 관할청은 이해 관계인의 청구 혹은 직권으로 특별대리인을 선임하여야 한다(제40조의5 이익상반행위).

한편, 학교법인에 이사 정수의 2배를 넘는 수의 평의원으로 조직하는 평의원회를 두도록 하고 있다. 평의원회는 이사장이 소집하며 의장을 둔다(제41조). 이사장은 예산, 차입금, 사업계획, 기부행위의 변경, 합병, 해산, 수익목적사업의 경우 평의원회의 의견을 들어야 한다.

평의원회

학교법인을 해산하는 경우에는 이사 3분의 2 이상 동의 및 기부행위에서 다시 평의원회의 의결을 요하는 것으로 정한 경우에는 그 의결, 기부행위에서 정한 해산 사유 발생시, 목적 사업 성공 불가능시, 학교법인 또는 법인(제64조 4항)과의 합병, 파산수속 개시의 결정, 관할청의 해산명령이 있는 때이다.

제5절의 조성 및 감독에서 조성에 관한 사항은 사립학교법의 지원에 관한 조항이다. 즉, 국가 또는 지방공공단체는 교육의 진흥상 필요가 인정될 경우에는, 별도 법률이 정한 바에 따라 학교법인에 대하여 사립학교 교육에 관하여 필요한 조성을 할 수 있다. 이와 관련하여 제정된 법률이 바로 일본사학진흥재단법

(1970, 1997년 일본사립학교진흥·공제사업단법으로 승계)과 사립학교진흥조성법(1975)이다.

이어서 감독차원에 조치명령(措置命令)권을 관할청에 부여하고 있다(제60조). 즉, 학교법인이 법령규정이나 규정에 의거한 관할청의 처분 또는 기부행위를 위반하거나 그 운영이 현저하게 부적절하다고 인정할 때에는 해당 학교법인에 대하여 기한을 정하여 위반에 대한 정지, 운영의 개선, 기타 필요한 조치를 취하도록 명할 수 있다.

이 조치명령에 대하여는 심사를 청구할 수 없다. 다만 관할청은 조치명령 전에 사립학교심의회 등의 의견을 들어야 한다. 사립학교심의회 등은 당해 학교법인이 사립학교심의회 등에 의한 변명의 기회 부여를 요구했을 때에는 관할청을 대신하여 변명의 기회를 부여하여야 한다.

(3) 사립학교법의 특징

일본 사립학교법의 특징은 앞서 진술한 바와 같이 자주성과 공공성간의 균형을 목표로 규제와 조성 양 측면에서 균형있게 규율될 것으로 기대되고 있으나 사립학교법에는 기본적으로 사학의 공공성을 담보하기 위한 규정이 주를 이루고 있다. 그것은 설립 및 운영 주체인 학교법인에 관한 사항이 주를 이루고 있음에서도 나타나고 있다.

실제로 구체적인 조성에 대하여는 제59조를 통하여 국가 또는 지방공공단체로 하여금 사립학교 교육에 관하여 필요한 조성을 할 수 있다는 여지를 두고 있을 뿐이다. 그것도 '사립학교 교육'이라는 영역을 특정하였다는 점에서 학교법인의 운영이나 부실 자체를 지원한다는 의미는 아닌 것으로 판단할 수 있다. 게다가 이 조성의 실효성은 별도의 법률로 정해진 바에 따른다는 점에서 직접 보장이 아니라 일종의 입법 위임 형태를 취하고 있다.

또한, 현행 사립학교법은 그 제정과정을 살펴볼 때, 사학을 국가의 감독 하에 둘려는 당시 정부원안7에 대하여 사학측의 반대운동이 거세었던 탓에 많은

---

7 법무청에 의한 사학법 원안에서는 국가의 지도·감독에 대해서 상세한 감독규정이 많았는데, 문부성

상당 부분이 수정되었고, 그 결과 사학의 자주성이 중시되었다고 보는 평가 또한 존재한다.[8]

공공의 영역 이외에 공금 지출을 금지한 헌법 제89조와의 부조화 문제도, 사립학교법 제59조(사학조성)에서 '교육의 진흥상 필요하다고 인정되는 경우'라는 단서, 그리고 별도로 법률로 정한 바에 따른다는 단서, 그리고 개인이 아니라 학교법인에 대하여 사립학교 교육에 관해 필요한 조성이 가능하다라는 규정으로 헌법과의 조화를 꾀하기도 했다.

따라서 인건비 등 경상비 보조를 행하는 경우에도 '공(公)의 지배' 수준이 종전의 학교교육법과 사학법의 규정에 의한 제약만으로 좋을 것인지에 대한 문제가 여전히 남아있고, 법 개정을 통해 사학에 대한 통제를 강화하려는 움직임도 없지 않았다.

그러나 한국의 사립학교법과 비교하여 보았을 때, 일본의 사립학교법은 법의 구성면에서 볼 때, 확실히 규제의 영역이 '학교법인에 집중'되어 있음을 알 수 있다. 즉, 한국의 경우 사립학교 '교원'에 관한 조항을 상당부분 두어서 이들의 복무등에 관하여 국·공립학교 교원에 관한 규정을 적용하게 한다든가, 혹은 학교장의 임기를 최대 8년으로 제한한다든가 하는 구체적 제한 규정을 두고 있지는 않는다는 것이다.

그렇다고 일본의 사학에 대한 규제가 약하다는 것은 아니다. 학교교육법상 학교의 공공성 선언에 따른 교원의 자격제도 및 교육활동 중의 중립성 유지 의무는 학교설립 형태와 상관없이 적용되기 때문이다.

사립학교법이 사학의 자주성 확보를 위하여 어떤 구체적 입법정책을 펴고 있는지는 조항에 구체적으로 드러나 있지는 않다. 다만, 사학의 진흥과 조성을 위하여 별도의 법률인 사립학교진흥조성법(1970)과 일본사학진흥재단법(1975, 1997년 일본사립학교진흥·공제사업단법으로 승계)이 일찍이 제정되었다는 점도 특징

과 일본사학단체총연합회가 반대하였고, 종전의 관료독선적 감독에 놓이지 않아야 한다고 의견을 제출하였고 수정되었다.

8 木幡洋子(2014), "私學法制と私學助成", 『教育法の現代的爭點』, 일본교육법학회편, 동경: 法律文化社, 108頁.

으로 꼽을 수 있다.

물론, 지원에 대한 공공성을 담보한다는 미명하에 가해지는 성과주의 및 경쟁원리에 대하여는 사학 및 대학의 자율성을 침해할 수 있다는 우려도 끊임없이 제기되어 왔다.

다. 사학 진흥을 위한 법률 및 논의

사립학교진흥조성법

(1) 사립학교진흥조성법(1975)등

이 법률은 학교교육에서 사립학교가 수행하는 핵심 역할을 감안하여 국가 및 지방공공단체가 실시하는 사립학교에 대한 지원 조치에 대해서 규정함으로써 사립학교 교육조건의 유지 및 향상과 사립학교에 재학하는 유아, 아동, 생도 또는 학생에 관한 수학 상의 경제적 부담 경감을 도모하는 동시에 사립학교 경영의 건전성을 높임으로써 사립학교의 건전한 발달에 기여하는 것을 목적으로 제정되었다(제1조 목적).

반면, 학교법인의 책무도 규정하고 있다. 학교법인은 이 법률의 목적에 비추어 자주적으로 그 재정기반의 강화를 도모하고 설치하는 학교에 재학하는 유아, 아동, 생도 또는 학생에 관한 수학 상의 경제적 부담을 적정화하는 동시에 해당 학교의 교육수준 향상에 힘써야 한다는 것이다(제3조).

구체적 지원은 먼저 사립대학 및 사립고등전문학교의 경상적 경비에 대한 보조(제4조)로 규정되어 있다. 즉, 국가는 대학 또는 고등전문학교를 설치하는 학교법인에 대해서 해당 학교에서의 교육 또는 연구에 관련된 경상적 경비에 대해서 그 2분의 1 이내에서 보조할 수 있도록 규정하고 있다. 보조할 수 있는 경상적 경비의 범위, 산정방법 기타 필요한 사항은 정령(政令)으로 정하도록 되어 있다.

이 법은 학교법인에 대한 도도부현의 보조에 대한 국가의 보조 또한 규정(제9조)하고 있다. 즉, 도도부현이 그 구역 안에 유치원, 소학교, 중학교, 의무교육학교, 고등학교, 중등교육학교, 특별지원학교 또는 유보연계형 인정어린이원을 설치하는 학교법인에 대해서, 해당 학교에서의 교육에 관련된 경상적 경비에 대해서 보조하는 경우에는 국가는 도도부현에 대하여 정령으로 정하는 바에 따라 그 일부를 보조할 수 있다.

위의 경상적 경비보조 이외에 보조금의 지출 지원에 관한 규정(제10조)도 포함하고 있다. 국가 또는 지방공공단체는 학교법인에 대해서 제4조, 제8조 및 제9조에 정한 것 외에 보조금을 지출하거나 통상적인 조건보다 유리한 조건으로 대출금을 지출하거나, 기타의 재산을 양도하거나 혹은 대부할 수 있다. 다만, 국유재산법(1948년 법률 제73호) 및 지방자치법(1947년 법률 제67호) 제96조 및 제237조에서 제238조의5까지의 규정을 적용할 수 있다.

한편, 1970년 일본사학진흥재단법이 제정되었는데, 사학이 정비가 늦어지고 있던 국공립학교를 보완하는 상황이 계속되자, 사학진흥을 도모하기 위한 것이었다. 이 법은 1997년에는 일본사립학교진흥·공제사업단법으로 승계되었다.

일본사학진흥재단법

(2) 사학 법규에 관한 학계의 논의

교육쇄신위원회에 조언을 받아들여 1949년 사립학교법을 제정할 당시 논란이 되었던 것은 사학의 조성에 관한 사항과 헌법 제89조와의 충돌 부분이었다. 즉, 헌법은 "공금 기타 공공의 재산은 종교상의 조직 내지는 단체에의 사용, 편익 내지는 유지를 위해 또는 공(公)의 지배에 속하지 않는 자선, 교육 내지는 박애사업에 대해 이를 지출하거나 그 이용에 제공해서는 안된다"라고 규정[9]하고 있다.

이에 사립학교에 대한 금전적 조성 및 지원에 공금에 해당하는 국민과 주민의 세금을 지출해도 되는가가 문제시 되었다. 특히, 종교계 사학에 대한 조성에 있어서는 국가와 종교의 관계 정도에 따라서는 정교분리(政敎分離)의 원칙 위반이 되는 경우도 있다는 지적이었다.[10]

정교분리(政敎分離)의 원칙 위반

사학에 대한 일본교육법학계의 논의는 사립학교법의 제정 취지인 사학의 자

---

9 日本國憲法 第八十九条 公金その他の公の財産は、宗教上の組織若しくは団体の使用、便益若しくは維持のため、又は公の支配に属しない慈善、教育若しくは博愛の事業に対し、これを支出し、又はその利用に供してはならない。

10 姉崎 洋一 外(2015), 『ガイドブック教育法』 新訂版, 동경: 三省堂, 97頁.

주성과 공공성에 대한 해석을 둘러싼 것들이 대부분이다.[11]

앞서 살펴본 대로 사학의 자주성 보장에 대한 헌법적 논거는 결사의 자유와 직업선택의 자유로 보는 것이 헌법학자들의 통설적 견해이다. 사학의 자유가 인정되는 것에 대한 첫째 이유로서 자녀와 부모의 학교선택의 자유를 실질적으로 보장할 필요가 있고, 다양한 건학이념을 지닌 사학은 유익한 선택지가 된다는 논리이다. 국제인권규약 사회권 규약 제13조 제3항 역시 부모의 사학 선택의 자유를 존중하고 있다는 것 또한 논거로 제시된다. 다음으로 국가의 학교 독점을 부정하여 다원주의적 사회를 유지할 필요 역시 사학의 자유가 필요한 이유로 제시된다. 공립학교로 인하여 초래될 수 있는 동질화·표준화를 완화시켜 가치 다원화를 유지하는 역할을 한다는 것이다. 사학의 존재가 민주주의 존부를 측정하는 하나의 척도가 될 수 있다고 일컬어지기도 한다.[12]

문부과학성을 위시해서 사학의 자주성에 대한 국가 측의 해석은 사학의 경영형태에 중점을 두는 이해 방식이었다. 즉, "사인(私人)의 기부재산 등에 의해서 설립·운영되는 것을 원칙으로 하며, 그 운영을 자율적으로 행하는 것"이라는 성격을 지적했다. 그러나 제정 당시 교육쇄신위원회의 전신이었던 '일본교육가위원회'는 사학법의 목적으로서 "사학의 관료지배에서 해방과 사학에의 재정적 보조" 두 가지를 들어 지금의 사립학교법이 만들어 지게 되었다.

이후 학력테스트 판결(1976.5.21.)에서 국민의 교육권으로서 '사학 교육의 자유'가 일정 범위에서 인정되면서, 학설은 사학의 자주성을 '국민의 교육의 자유'를 보장하여 건전한 발전을 완수하기 위한 것으로서 사학의 자주성을 헌법상의 교육권으로 요구되어지는 것으로 보게 되었다. 이에 반하여 오늘날 국공립을 모델로 한 사학은 사학으로서의 독자성이나 자주성을 상실했고 자주성 존중 전에 사회로부터 평가받을 필요가 있다는 점에서 사학이 자주성을 되돌려 받기 위해서는 자조노력(自助努力)할 필요가 있다는 지적도 있다.[13]

일본교육가위원회

---

11 木幡洋子(2014), "私學法制と私學助成", 『教育法の現代的爭點』, 일본교육법학회편, 동경: 法律文化社, 110-111頁.

12 姉崎 洋一 外(2015), 『ガイドブック教育法』 新訂版, 동경: 三省堂, 91頁.

13 木幡洋子(2014), "私學法制と私學助成", 『教育法の現代的爭點』, 일본교육법학회편, 동경: 法律文化社, 110頁.

더불어서 오늘날 사학의 존재 의의를 재음미하는 관점에서 볼 때, 사학에 대한 국가의 불간섭주의나 단순한 무통제 지원 논거로서 '자주성'이 아니라, 국민의 교육에 관한 요구를 충족시키는 관점에서 사학의 건학 정신과 교풍 및 교육 방침에 있어서 독자성과 교육성과를 드높이는 노력이 요구되며 이것이 이 시대에 요구되는 '사학의 자주성'이라는 관점 역시 눈여겨 볼 부분이다. 문제 사학도 있을 수 있다는 이야기이다.

사학의 자주성

다음으로 사학의 공공성에 대한 논의는 구 교육기본법 제6조에서 '법률에 정한 학교는 공(公)의 성질을 갖는 것'으로 진술된 바 있고, 신 교육기본법 제8조에도 승계되었음은 앞서 살펴본 바와 같다. 그 공공성의 논거에 대해서도 '국공립학교를 보완하는 교육기관'이기 때문이라는 해석이 있는가 하면, 국민의 교육권 행사로서 교육기관인 사학이 공공성을 갖는다고 보는 견해도 있다.

사립학교가 계통적 학교제도의 일환으로서 국공립학교가 갖는 동종성을 보완할 수 있다는 견지이다. 다시 말해 사학의 존재 의의의 핵심은 다원주의적 사회 유지에 있다는 점에서, 사학 교육에 대한 제약 역시 생도가 상호 전교 진학할 수 있고, 공립학교와 등가 가치성을 확보하기 위한 '필요한 최소한의 조치'에 한정할 필요가 있다는 것이다. 국제인권규약 사회권규약 제13조 제4항도 사학에 대한 국가의 기준이 최저 한도일 것을 요청하고 있다는 것이다.

학교교육법에서 설치 기준(제3조), 설치·폐지 등의 인가(제4조), 교장 및 교원의 자격(제8조) 등을 공립학교와의 동질성을 담보하기 위하여 일정 인적·물적 교육수준을 확보한다는 차원에서 용인되는 사학에 대한 공공성의 요구이다. 그러나 교육과정 기준으로서 학습지도요령(제33조)을 사립학교에 적용하거나 검정교과서의 사용의무를 규정(제34조)한 것은 사학의 자유에 대하여 과도하게 강한 제약이 가해진 것으로 해석될 수 있고 위헌적이라는 주장도 있다.[14]

공립학교와의 동질성

계통적 학교제도의 일환이라는 논거 이외에 사립학교의 공공성의 또 다른 논거로는 '사학 설치자가 학교법인이어야 한다는 공익성에 근거하기도 한다. 전전(戰前)의 사학은 민법의 재단법에 의해 설치되었는데, 교육적 운영에 결함이 많았

---

14 姉崎 洋一 外(2015), 『ガイドブック教育法』 新訂版, 동경: 三省堂, 93頁.

으므로 전후, 학교법인 이외의 사인(私人)이나 민법법인에 의한 설치가 금지되었
다. 사학이 사익이 아닌 공익을 실현해야 하는 목적을 갖기 때문이라는 것이다.

단, 학교법인이어야 하는 요건성에는 두 가지 예외가 있다. 학교교육법 부칙
제6조를 통하여, 사립유치원은 당분간 학교법인 이외의 민법 법인, 종교 법인,
개인에 의한 설치도 인정하고 있다. 법 제정 당시 질적 충실보다도 양적 보급이
필요했기 때문이었다. 또 다른 예외는 2003년 구조개혁특별구역법 개정에 의해
주식회사(제12조), NPO법인(제13조)의 학교설치가 인정되고, 2005년 개정에서는
협력학교법인(제20조)의 설치가 가능해졌다. 주식회사 설립 학교에 대해서는 경영
전략이 교육에 우선되어 이익이 교육으로 환원되지 않는 등 학교의 공공성이나
계속성 및 안정성에서 문제가 있는 것으로 지적된다. 그러나 부등교 아동을 대상
으로 한 NPO법인이 설립한 학교는 학교의 개념을 확장하여 부등교 아동의 권리
보장에 이바지 한 것으로 평가받기도 한다.[15]

오늘날 국립대학이 법인화되고 공립대학의 절반이 법인화 되어서 국공립학
교와 사학의 차이가 정도의 차이일 뿐인 현 상황 하에서 '사학의 공공성'은 국민
의 다양한 교육요구에 대응하는 관점에서 요구되는 것으로 보는 것이 타당하다
는 주장도 있다.[16]

한편, 사학조성법에 기반하여 대학등에 실시되고 있는 경상비 보조의 경우,
2002년 이래 실시되는 사립대학 교육연구 고도화 추진 보조 등은 경쟁적 관점에
서 교육연구 내용에 대한 심사·평가에 기반한 경사배분(傾斜配分) 방식을 취하고
있다. 이에 따라 재정 유도를 통해서 학문의 자유가 침해될 우려가 있다는 지적
도 제기된 바 있다.[17]

🔍 사립유치원

🔍 NPO법인(제13조)의
학교설치

🔍 협력학교법인(제20조)의
설치

---

15 姉崎 洋一 外(2015),『ガイドブック教育法』新訂版, 동경: 三省堂, 94頁.

16 木幡洋子(2014), "私學法制と私學助成",『教育法の現代的爭點』, 일본교육법학회편, 동경: 法律文化
社, 111頁.

17 姉崎 洋一 外(2015),『ガイドブック教育法』新訂版, 동경: 三省堂, 96頁.

2 사회교육 관련 법규의 기본 원칙

가. 제1원칙: 사회교육제도 법률주의(헌법 제26조)

사회교육제도
법률주의

학교교육 및 교육행정의 원칙과 마찬가지로 사회교육법의 제1원칙은 교육제도 법률주의에 있다 할 수 있다. 즉, 사회교육에 있어서 능력에 따른 균등한 교육기회의 보장 원칙이 적용되고 있다. 이때의 교육은 학교교육 뿐만 아니라 사회교육을 포함한다. 다만, 사회교육은 의무교육이 아니기 때문에 헌법 제26조의 후단[18]이 적용될 여지는 없다.

> **일본국 헌법 제 26조**
> 모든 국민은 법률이 정하는 바에 의해 그 능력에 따라 동등하게 교육을 받을 권리를 가진다.

나. 제2원칙: 사회교육 장려의 의무(교육기본법 제12조)

교육기본법상 사회교육의 원칙은 국가와 지방공공단체에 의하여 장려되어야 할 영역으로 규정되어 있고, 이는 신 구 교육기본법 모두에 포함되어 왔던 규정이라고 할 수 있다.

특히, 신 교육기본법 제12조는 사회교육의 개념에 관하여 '개인의 요망이나 사회의 요청에 응답하여, 사회에 있어서 행해지는 교육'으로 규정되고 있다.

신구 교육기본법상 사회교육 조항을 비교하였을 때, 특징적인 점은 우선 국가나 지방공공단체가 제공하고 주관하는 사회교육이라는 관점에서 국민 개인이 바라거나 사회의 요청에 응답하여 사회에서 이루어지는 사회교육이라는 관점으

---

18 2 모든 국민은 법률이 정하는 바에 의해 그 보호하는 자녀에게 보통교육을 받게 할 의무를 진다. 의무교육은 이를 무상으로 한다.

로 전환하였다는 점이다. 즉, 사회교육의 발의를 개인의 희망과 사회의 필요에 두고 있다는 점이 수요자 중심의 사회교육의 관점이라고 평가할 만하다.

사회교육 장려의 의무는 국가와 지방공공단체의 책무로 된 점은 신구 교육기본법에서 동일하나, 구체적 방법에 있어서 '학습기회 및 정보의 제공'이 추가되었고, 궁극의 목적 역시 '사회교육의 진흥'으로 보다 구체적으로 기술되었다.

그리고 구 교육기본법이 가정교육과 직장에서의 교육, 즉 학교 외 교육으로서 사회교육 개념을 상정한 규정이었다면, 신 교육기본법에서의 사회교육은 개인과 사회의 요청에 의한 사회교육으로 그 범주는 넓히되 교육이 이루어지는 장소는 사회로 한정하고 있다. 동시에 교육기본법은 가정교육 조항(제10조)을 별도로 신설하고 있다.

표 11-1   신구 교육기본법의 사회교육 관련 조항의 비교

구 교육기본법	신 교육기본법
(사회교육) 제7조 **가정교육 및 근로장소** 기타 사회에 있어서 행해지는 교육은 국가 및 지방공공단체에 의해 장려되지 않으면 안된다. 2. 국가 및 지방공공단체는, 도서관, 박물관, 공민관 등의 시설의 설치, 학교 시설의 이용 기타 적당한 방법에 의해 **교육목적 실현에** 노력하지 않으면 안된다.[19]	(사회교육)[20] 제12조 **개인의 요망이나 사회의 요청에 응답하여**, 사회에 있어서 행해지는 교육은 국가 및 지방공공단체에 의해 장려되지 않으면 안된다. 2. 국가 및 지방공공단체는, 도서관 ,박물관, 공민관 기타 사회교육시설의 설치, 학교시설의 이용, **학습기회 및 정보의 제공**, 기타 적당한 방법에 의해 **사회교육을 진흥**하도록 노력하지 않으면 안된다. (학교, 가정 및 지역주민 등의 상호연대협력) 제13조 학교, 가정 및 지역주민, 기타 관계자는 교육에서의 각각의 역할과 책임을 자각함과 함께 상호의 제휴 및 협력에 힘써야 한다.

---

19 구 교육기본법 第七条(社会教育)　家庭教育及び勤労の場所その他社会において行われる教育は、国及び地方公共団体によつて奨励されなければならない。 2　国及び地方公共団体は、図書館、博物館、公民館等の施設の設置、学校の施設の利用その他適当な方法によつて教育の目的の実現に努めなければならない。

20 신 교육기본법 第十二条(社会教育) 個人の要望や社会の要請にこたえ、社会において行われる教育は、国及び地方公共団体によって奨励されなければならない。 2　国及び地方公共団体は、図書館、博物館、公民館その他の社会教育施設の設置、学校の施設の利用、学習の機会及び情報の提供その他の適当な方法によって社会教育の振興に努めなければならない。

더불어 사회교육에 이어서 제13조에서 '학교, 가정 및 지역주민 등의 상호
연대협력'에 관한 조항을 신설하여 이들 간의 협력을 강조한 점도 신 교육기본법
상의 변화이다. 물론 제3조에서 생애학습 이념과 가정교육 조항을 신설한데 이은
당연한 조항이라고도 할 수 있다. 이른바 생애학습 사회 완성을 위해 학교와 사
회와 가정에 있어서 교육에 관한 역할분담론이라고 할 수 있다.

다. 제3원칙: 생애학습 이념실현을 위한 사회교육(교육기본법 제3조)

2006년 신 교육기본법은 새로운 교육이념으로서 생애학습의 이념 조항(제3조)
을 신설하였다.

> **(생애학습의 이념) 제3조**
> 국민 개개인이 자기의 인격을 연마하고, 풍요로운 삶을 보낼 수 있도록 그 생애에 걸
> 쳐 모든 기회와 모든 장소에서 학습할 수 있고, 그 성과를 적절하게 살릴 수 있는 사
> 회의 실현을 도모하지 않으면 안 된다.

생애학습의 이념

생애학습의 이념 조항은 사회교육이 궁극적으로 지향하는 것은 단순한 학교
외 교육으로서 학교교육을 보충하거나 교육기회를 다양하게 하는 것을 넘어서
생애학습 사회를 실현하는 데 기여하여야 한다는 것이다. 다른 말로하면 사회교
육법규는 '생애학습 이념으로의 기속성(羈束性)'을 갖는다고 표현할 수 있다.

이는 학교교육은 물론, 학교 외 교육으로부터 출발한 사회교육이 함께 노력
해야 한다는 입법정신이기도 하다. 당연히 이러한 생애학습의 이념이 강조되면서
과거에 사회교육에 포함되어서 기술되던 가정교육 조항[21]을 분리하여 별도로 신
설한 이유가 여기에 있다. 부모교육을 위해 학교교육과 사회교육이 오늘날 역할

---

21 (가정교육) 교육기본법 제10조 부모 그 외 보호자는 자녀교육에 대해 일차적 책임을 가지는 것이며, 생
　활을 위해 필요한 습관을 몸에 익히도록 함과 동시에 자립심을 육성하고 심신의 조화로운 발달을 도모
　하도록 노력한다. 2 국가 및 지방공공단체는 가정교육의 자주성을 존중하면서 보호자에 대한 학습의
　기회 및 정보의 제공 기타 가정교육을 지원하기 위해 필요한 시책을 강구하도록 힘쓰지 않으면 안된다.

을 분담하고 있는 것도 같은 맥락이다.

표 11-2 생애학습의 이념과 사회교육의 진흥 조항의 비교

구분	생애학습 이념	사회교육
교육기본법 관련 조항	생애학습의 이념 신설(2006.12) 제3조 생애학습사회의 실현 도모 이념	제정 교육기본법(1947.3) 사회교육 규정 신 교육기본법 제12조(사회교육 규정) 보완
관련 법률	생애학습진흥법(1990.7)	사회교육법(1949.6), 박물관법, 도서관법
개념 정의	개인의 인격연마와 풍요로운 삶을 위하여 생애에 걸쳐 제공되는 모든 기회와 모든 장소에서 학습(교육기본법 §3), 가정·학교·사회에서 학습 및 문화활동 전부	학교교육법에 근거한 학교의 교육과정으로서 행해지는 교육활동을 제외한, 주로 청소년 및 성인에 대하여 행해지는 조직적인 교육활동(체육 및 레크레이션 활동 포함)—사회교육법 §2(정의)
국가 및 지방공동 단체의 책무	• 생애학습 진흥 추진체제의 정비 • 학습에 관한 국민의 자발적의사 존중, 직업능력 개발 및 향상, 사회복지 등에 관한 생애학습에 이바지하기 위한 시책강구 • 시정촌의 연계 협력 체제의 정비	• 사회교육에 필요한 시설의 설치·운영 • 국민 실생활에 필요한 문화적 교양을 높일 수 있는 환경의 조성 • 사회교육·학교교육·가정교육과의 연계 확보
주요 시설	가정(부모에 의한 자녀교육, 가정교육) + 학교교육시설(학교교육 및 사회교육) + 공공단체 및 민간단체(위탁학습·문화활동) + 우측의 사회교육시설(공민관,박물관,도서관)	〈공민관〉(사회교육법) • 정기강좌, 토론, 강습, 강연 전시회 개최 • 관장, 주사, 필요직원등을 교육위원회가 임명 〈박물관〉(박물관법) • 역사, 예술, 민속, 산업, 자연과학관련 자료, 전시 • 학예원 학예원보 〈도서관〉(도서관법) • 도서, 잡지, 시청각자료, 점자자료, 녹음자료제공 • 사서, 사서보

3 사회교육 관련 법규의 내용

가. 사회교육법

(1) 사회교육법 제정의 배경

1949년 6월부터 시행에 들어간 사회교육법은 전후 교육개혁기의 주요 교육 법률의 마지막 법률로서 정비되었다. 게다가 전후 개혁기 정점을 지나 개혁의 뒤틀림(ねじれ; 불협화음)을 안고 탄생했다고 해석되곤 한다. 즉, 한쪽으로는 헌법과 교육기본법의 민주주의적 이념 실현의 과제를 짊어졌고, 다른 한편으로는 전전(戰前)의 관료적 공민교육사상이나 농촌중심주의 혹은 비시설(非施設)·단체중심주의, 그리고 청년교육 중심주의를 반영한 것이 이 법이라는 비판이 있기 때문이다.

이렇듯 사회교육법에 대한 평가는 두 가지로 갈리고 있다. 적극적으로는 헌법 제26조를 수용한 교육기본법과 연계성이 강하고 민주적 교육 원칙을 지닌 법률로 평가된다. 반면 소극적으로는 1948년부터 1949년에 걸쳐 전후개혁에 있어서 뒤틀림이 표면화되어 '개혁＝민주화'보다도 구체제의 부활의 움직임으로 일컬어지는 단체주의나 내무행정적 공민사상을 구현시킨 법이라는 비평이다.[22]

사회교육법에 대한 평가

(2) 1949년 사회교육법 이념과 구조

성립과정이 다소 모순적이었던 1949년의 사회교육법은 이렇듯 적극·소극적 양면이 있었다. 먼저, 법의 이념에 있어서는 시대적 요구를 수용했다. 단 1947년 교육기본법 제정과정에서는 교육쇄신위원회의 당초 원안에 '사회교육' 조항이 빠졌다가 그 후 교육쇄신위원회의 지적을 받아들여서야 국민의 사회교육의 권리와 국가 및 지방공공단체의 책무를 명기하는 과정을 거쳤다. '사회교육의 자유'를 보장하는 것이 사회교육 법제화의 기본 취지였다.

사회교육의 자유

둘째로 법 내용에서도 사회교육법은 민주적인 조항과 그것과 모순된 조항

---

22 姉崎 洋一 外(2015), 『ガイドブック教育法』 新訂版, 동경: 三省堂, 99頁.

양면을 가진 법이었다. 예를 들면, 사회교육법은 '국민의 교육을 받을 권리'에 있어서 모든 국민을 대상으로 한 적극적 측면이 있었다. 반면, '주로 청소년 및 성인을 대상으로 행해지는 조직적 교육활동(사회교육법 제2조)으로서 사회교육을 협의로서 정의하여 1947년 교육기본법과는 다소 모순되었다.

구 교육기본법은 교육의 목적을 '모든 기회를 모든 장소에서 실현시켜야 할 것(제2조)'으로 규정한 반면, 사회교육은 '가정교육 및 근로 장소 기타 사회에서 행해지는 교육(제7조)'으로 한정했는데, 그 결과 사회교육행정에 제약을 초래했다. 더불어 사회교육은 국민 스스로 실제 생활에 접하는 문화적 교양을 높이는 활동임과 더불어 국가나 지방공공단체가 그 환경을 조성할 책무를 명확히 한 것이었다.

법형식과 구조면에서의 특징은 개별법인 도서관법, 박물관법 등의 법원(法源)이자 상위법으로서 종합법의 의미를 지녔다. 동시에 공민관이나 사회교육 관계단체에 관한 내용이 많아 '공민관법', '사회교육관계 단체법' 등으로 협소하게 불리우기도 했다. 또한 사회교육법은 학교교육법이나 교육위원회법과 관련이 깊었고, 시정촌주의를 기반으로 하는 법이었다.

국가 법률의 법규범성에 있어서는 '예산의 범위 내'라는 재정집행의 한계를, 시설·직원 측면에서는 '임의 설치성'을 갖는 등, 당초부터 법적 제약을 갖고 출발했다. 또한 지방공공단체의 조례, 규칙이나 지역적·관습법적 정착에 많이 위임하는 법구조를 가졌다. 반면, 사회교육법 전문직원의 법적 위상이 약했고, 후에 법 개정에 의해서 사회교육주사 규정을 갖추게되었지만, 공민관 주사의 규정이 없는 약점도 있었다. 이런 것들은 학교교육법이 국가적 법적 규범성이 강했던 것에 비교하면 사회교육법이 갖는 특징적인 약점이기도 했다.[23]

(3) 사회교육법의 주요 내용

사회교육법은 1949년 6월부터 시행된 법률로서 7개 장 57개 조문으로 된 법이다. 교육기본법에 따르면, 개인의 희망이나 사회의 요청에 대응하여, 사회에

---

23 姉崎 洋一 外(2015), 『ガイドブック教育法』新訂版, 동경: 三省堂, 100頁.

있어서 행해지는 교육으로 정의되며, 국가와 지방공공단체가 장려하여야 할 의무를 지게 된다. 사회교육법의 주요 구성 및 내용은 다음과 같다.

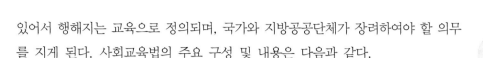
사회교육법의
주요 구성

> 제1장 총칙(제1조~제9조)
> 제2장 사회교육교사 및 사회교육주사보(제9조의2~제9조6)
> 제3장 사회교육 관계단체(제10조~제14조)
> 제4장 사회교육위원(제15조~제19조)
> 제5장 공민관(제20조~제42조)
> 제6장 학교시설의 이용(제43조~제48조)
> 제7장 통신교육(제49조~제57조)
> 부칙

사회교육법 제2조에 따르면 사회교육이란 "사회교육은 학교교육법에 기반한 학교교육과정으로서 행해지는 교육활동을 제외한, 주로 청소년 및 성인을 대상으로 행해지는 조직적인 교육활동(체육 및 레크레이션 활동 포함)을 말한다."라고 규정되어 있다. 이 법은 교육기본법의 정신(능력에 따른 균등한 교육기회의 보장 정신)에 따라 사회교육에 관한 국가 및 지방공공단체의 임무를 밝히는 것을 목적으로 제정되었다.

이 법 제3조는 이들의 임무에 대하여 "국가 및 지방공공단체는 이 법 및 다른 법령이 정하는 바에 따라 사회교육의 장려에 필요한 시설 설치 및 운영, 집회의 개최, 자료제작, 배포 기타 방법으로 모든 국민이 언제 어디서나 이용해 스스로 실제 생활적 문화적 교양을 높일 수 있는 환경을 조성토록 해야 한다"고 규정하였다. 이어 위의 임무를 수행하기 위해서 "국민의 학습에 대한 다양한 수요를 감안해 이에 적절히 대응하기 위해서 필요한 학습 기회의 제공 및 그 장려로 평생학습의 진흥에 기여하게 되도록 노력하여야 한다"고 하였다. 끝으로 사회교육, 학교교육, 가정교육과의 연계 확보 및 상호협력 임무를 부과했다.

이처럼 사회교육법은 임무의 주체를 국가와 지방공공단체로 규정하고 있지만 사회교육기관은 민간이 운영하는 시설도 포함하게 된다. 국가 및 지방공공단

공민관, 박물관, 도서관

체가 설치·운영해 온 주요 시설로는 공민관, 박물관, 도서관이 있다.

박물관과 도서관에 대해서는 별도의 박물관법과 도서관법이 있다. 동시에 대학에 있어서 공개 강좌나 교실 개방 사업 등도 사회교육의 한 역할을 담당하고 있다.

박물관과 도서관은 국가, 도도부현, 시정촌, 민간 등이 다양하게 설치하지만, 공민관은 시정촌이 설치하는 것이 원칙이고, 그 외의 경우는 공민관 설치의 목적을 지닌 민법 제34조의 규정에 의해 설립하는 법인(학술, 기예, 자선, 제사, 종교 기타 공익에 관한 사단이나 재단으로, 영리를 목적으로 하지 않으며 주무 관청의 허가를 얻은 법인)이어야 한다.

사회교육주사 (社会教育主事)

사회교육주사(社会教育主事)는 사회교육법 제9조의2에 근거하여 "도도부현(都道府県) 및 시정촌(市町村) 교육위원회 사무국에 사회교육주사를 둔다"라는 규정에 근거하여 반드시 두어야 하는 직책이다. 그 직무에 관해서는 동법 제9조의3에 "사회교육주사는 사회교육을 실시하는 사람으로서 전문적, 기술적 조언과 지도를 한다. 단, 명령 및 감독을 해서는 안된다."다고 하여 조언자 및 지도자로서 역할에 한정하고 있다.

'사회교육을 실시하는 사람'이라 함은 사회교육시설 직원, 사회교육 관계 단체나 민간의 지도자 등이다. 또한, '전문적 기술적'이라 함은 지역사회 교육계획, 학습계획의 작성과 필요한 교육방법·교육기술에 관한 지식 등 교육에 관한 식견을 갖고 있음을 의미한다.

따라서 사회교육주사는 학교가 사회교육 관계단체, 지역주민, 기타 관계자의 협력을 얻어 교육활동을 실시하는 경우에는 그 요구에 따라 필요한 조언을 할 수 있다. 그리고 사회교육주사보는 사회 교육교사의 직무를 돕는다.

또한, 사회교육주사는 교육공무원특례법(教育公務員特例法, 제2조)상의 지도주사(指導主事)와 함께 '전문적 교육직원'으로서 '교육공무원(教育公務員)'으로 되어 있다. 즉, 지도 주사가 학교교육에서의 전문직원이라면, 사회교육주사는 사회교육 영역의 전문직원이다.

사회교육법 제9조의4에 따르면, 사회교육주사의 자격은 대학에 2년 이상 재학하고 62학점 이상을 습득하거나 고등전문학교를 졸업하고 3년 이상의 경력자

(사회교육주사보 경력등)로서 사회교육주사 강습을 수료할 것을 요구하고 있다. 그 밖에 공민관에는 주사, 도서관에는 사서, 박물관에는 학예원 등의 사회교육 전문 인력이 배치되어 있다.

사회교육 사업은 주로 청소년, 성인, 여성 등 각층에 걸쳐 현대사회의 과제에 대한 학습기회를 제공하고 지역주민의 연대를 심화시키는 지역활동이나 자원봉사활동을 촉진토록 조성하면서 교육미디어를 활용한 학습 및 인권교육 등을 추진하고 있다.

또한 가정교육에 관한 상담체제를 정비하여 학습기회나 정보를 제공하고 지역에 있어서 자녀 육성을 지원하는 네트워크를 충실히 하는 등, 가정교육을 지원하면서 남녀 공동참가 사회의 형성을 위한 교육·학습 활동을 전개하고 있다.

일본에서 생애학습(生涯學習)이라는 용어는
한국의 평생교육(平生教育)과 어떤 차이?

☞ 생애학습이라는 용어는 1971년 중앙교육심의회 답신 「이후의 학교교육의 종합적 확충 정비를 위한 기본적 시책에 관하여」 보고서에서 그 중요성을 강조하면서 부터였다. 물론 직전 사회교육심의회 답신 「급격한 사회구조의 변화에 대처하는 사회교육의 바람직한 방향에 관하여」에서 처음으로 생애교육(生涯教育)이라는 용어를 언급한 바 있다.[24] 이후 교육개혁이 본격화된 나까소네 내각에서 자문기구였던 임시교육심의회에서 본격적으로 생애학습의 개념으로 정착하였고, 1988년에는 문부성내에 생애학습국이 만들어졌다.

---

24 大桃敏行·背戸博史 編(2010), 生涯學習, 東京: 東洋館出版社, 4−5頁. 세계적으로는 유네스코 제3회 성인교육추진국제위원회에 성인과장이던 Paul Lengrand가 éducation permanente(永久教育)으로서 보고한 것이 계기가되었고, 1972년 유네스코 교육국제개발위원회 에드가 포오르(전 프랑스수상)가 발표(Faure Report)한 생애교육·학습사회 제창 보고(『Learning To Be』; 未来の学習)로부터 lifelong learning(생애학습)이나 lifelong education(생애교육) 개념이 일반화되었다. 한국에서는 일본과 같이 생애교육과 평생교육이 혼용되어오다가 1998년 헌법에 '국가의 평생교육 진흥의무'가 규정되면서 평생교육이라는 용어가 일반화되었고, 사회교육법(1982.12.31.)을 평생교육법(1999.8.31.)으로 개정하면서 오늘에 이르고 있다. 일본의 생애교육은 학교교육과 사회교육을 포괄하는 반면, 한국은 평생교육에서 학교의 정규교육과정을 제외한 교육활동을 총칭하는 것으로 과거 사회교육과 같은 의미로 사용하고 있다.

문부과학성 백서는 생애학습에 대하여 "사람들이 생애에 행하는 이른바 학습, 즉 학교교육, 가정교육, 사회교육, 문화활동, 스포츠활동, 레크레이션활동, 자원봉사활동, 기업내교육, 취미 등 다양한 장소나 기회에 행하는 학습"으로 정의한다. 슬로건으로서 일컬어지는 "누구라도 언제라도 학습할 수 있는 생애학습사회의 실현"은 한국에도 익숙한 구호이다. 일본이 학습자 중심의 생애학습이라면 한국은 교육중심의 용어이다.

제도적으로 학교교육과 사회교육으로 양분되지만, 이들을 아우르는 교육이념으로 생애교육이 설정되었다고 할 수 있다. 즉, 신 교육기본법(2006)에 생애학습이 교육의 이념으로서 새로 규정(제3조)되었다. 이보다 앞서 1990년 '생애학습의 진흥을 위한 시책 추진 체제 등의 정비에 관한 법률', 이른바 생애학습진흥법이 제정된 바 있다. 그러나 이로 인해 생애교육은 지방공공단체 및 민간 위탁사업화가 진행되고 있고, 반면 사회교육법은 공민관, 도서관, 박물관 등 사회교육시설에 한정되어 그 취지가 공동화(空洞化)되었다는 비판도 있다.

나. 생애학습 진흥을 위한 시책의 추진체제등 정비에 관한 법률

생애학습진흥법

(1) 생애학습진흥법의 제정 배경

생애학습 진흥을 위한 시책의 추진체제등 정비에 관한 법률(生涯学習の振興のための施策の推進体制等の整備に関する法律, 법률 제71호)은 1990년 7월 2일 제정된 법률이다. 이 법의 제정 목적은 "국민의 생애학습 기회가 요구되고 있는 상황에서 생애학습 진흥에 이바지하기 위한 도도부현의 사업에 관해 그 추진체제를 정비하고 필요한 사항을 정하며, 특정지구에서 생애학습과 관련된 기회를 종합적으로 제공 촉진하기 위한 조치에 대해 정하며, 도도부현 생애학습심의회의 사무를 정하는 등, 생애학습의 진흥을 위한 시책 추진체제 및 지역에서의 생애학습에 관한 기회를 정비하여 생애학습의 종합적 실시를 모색한다"는 것이다.

구체적으로는 민간사업자의 능력을 활용하고(제5조), 참가와 가입을 용이하게 하는 손금산입(損金算入; 기업회계에서는 비용으로 처리되지 않았으나 세법에 따른 세무회계에서는 손금으로 인정되는 회계방법)의 특례를 설정하며(제9조), 공공적인 기반투자를 전제로 도도부현이 지역 생애학습 기본 구성을 책정하는 것으로(제5조),

문부성과 통산성의 승인이라는 국가 관여는 있지만 민간사업자를 우대하고 관련 산업 진흥을 도모하는 '생애학습 관련 산업입지 정비법'이라 할 수 있다.

사회 서비스산업 육성이라는 측면에서 생애학습 산업에 착목한 움직임은 임시교육심의회(1984) 이래로 강했다. 그러나 거기엔 많은 제약이 있었다. 첫번째는 '생애학습 산업'은 규제 완화의 예외로서 개인이나 사기업에 맡길 수 없는 공적 규제를 필요로 하는 '유치산업(幼稚産業; 현재는 경쟁력을 갖지 못하나 일정기간 정부가 보호하여 경쟁력을 갖추어 자립하게 할 산업)'의 성격을 가진 신규 사회서비스 산업이었다. 동법의 부담금의 손금산입 특례나 공공적 기반투자 등의 배려에도 불구하고, 민간사업자는 투자에는 소극적이고 오늘날에 이르러서도 지역 생애학습 기본구상을 책정하는 현(縣)은 히로시마현 뿐이라는 보고이다. 둘째는 이 법을 축으로 한 정책은 사회교육의 공적 규제에 관해서 많은 규제완화를 압박하는 것이었다.[25]

생애학습 산업

(2) 생애학습진흥법의 주요 내용

생애학습진흥법은 11개 조로 되어 있다.

제1조 목적
제2조 시책에 있어서 배려등
제3조 생애학습 진흥에 이바지 하기 위한 도도부현(都道府県)의 사업
제4조 도도부현의 사업 추진체제의 정비에 관한 기준
제5조 지역 생애학습 진흥 기본구상
제6조 판단 기준
제8조 기본구상의 실시등(9조 삭제)
제10조 도도부현 생애학습심의회
제11조 시정촌(市町村)의 연계 협력 체제(連携協力体制)

---

25 姉崎 洋一 (2014), "社會敎育法と平生學習振興法", 『敎育法の現代的爭點』, 일본교육법학회편, 동경: 法律文化社, 294頁.

시책에 있어서 배려(제2조)에 대하여 이 법은 "국가 및 지방공공단체는 이 법에 규정하는 생애학습 진흥을 위한 시책을 실시할 때는 학습에 관한 국민의 자발적 의사를 존중하도록 배려하는 동시에, 직업능력개발 및 향상, 사회복지 등에 관한 생애학습에 이바지하기 위한 별도로 강구되는 시책과 맞물려서 효과적으로 이를 행하도록 노력한다"고 규정하고 있다.

생애학습 진흥에 이바지하기 위한 도도부현의 사업(제3조)에 대하여는 "도도부현 교육위원회는 생애학습 진흥에 이바지하고자 대체로 다음의 각호에 제시하는 사업에 대해서 이들을 서로 연계시키고 추진하기 위해서 필요한 체제의 정비를 도모하면서 이들을 일체적이고 효과적으로 실시하도록 노력한다."고 규정한다.

1. 학교교육 및 사회교육과 관련된 학습(체육 포함)과 문화활동의 기회에 관한 정보를 수집하고 정리하여 제공하는 것.
2. 주민의 학습에 대한 수요 및 학습의 성과평가에 관한 조사연구 하는 것.
3. 지역의 실정에 맞는 학습방법을 개발 실시하는 것.
4. 주민의 학습에 관한 지도자와 조언자에 대한 연수를 실시하는 것.
5. 지역에서의 학교교육, 사회교육 및 문화에 관한 기관 및 단체에 대한 이들 기관 및 단체 상호 연계에 관한 조회 및 상담에 응하고 조언 및 기타 원조하는 것.
6. 전 각호에 든 것 외에 사회교육을 위한 강좌 개설 기타 주민들의 학습기회 제공에 관한 필요한 사업을 수행하는 것.

다음으로 이 법은 도도부현 사업추진체제 정비에 관한 기준(제4조)을 제시하였는데 "문부과학대신은 생애학습 진흥에 이바지하기 위한 도도부현 교육위원회가 실시하는 제3조에 규정하는 체제의 정비에 관한 바람직한 기준을 정한다."고 하여 문부과학대신의 권한으로 하였다.

동시에 문부과학대신은 그 기준을 정할 때 사전에 심의회 등(국가행정조직법 8조에 규정한 기관)에서 정령으로 정하는 것에 대한 의견을 들어야 하고 변경시에도 마찬가지이다.

이 법은 지역 생애학습 진흥 기본구상(제5조)에 대해서는 "도도부현은 해당 도도부현 내의 특정 지구에서 해당 지구 및 그 주변의 상당히 광범위한 지역의

생애학습 진흥
기본구상

주민의 생애학습 진흥에 이바지하고자 사회교육에 관한 학습(체육 포함)및 문화활동 기타의 생애학습에 이바지하는 여러 활동의 다양한 기회를 종합적으로 제공함에 있어서 민간사업자의 능력을 활용하면서 실시하는 것에 관한 기본적인 구상을 작성할 수 있다.

기본구상에서는 다음에 제시하는 사항에 대해 정한다.

1. 다양한 기회(생애학습에 관련된 기회)의 종합적인 제공의 방침에 관한 사항
2. 지구의 구역에 관한 사항
3. 종합적인 제공을 실시해야 할 생애학습에 관련된 기회(민간사업자 제공 포함)의 종류 및 내용에 관한 기본적인 사항
4. 민간사업자에 대한 자금 융통의 원활화 외의 전항에 규정하는 지역에서 이루어지는 생애학습에 관련된 기회의 종합적인 제공에 필요한 업무인 정령으로 정하는 것을 행하는 자 및 해당 업무의 운영에 관한 사항
5. 생애학습과 관련된 기회의 종합적인 제공에 관한 중요 사항

그리고 도도부현은 기본구상을 작성하려고 할 때 미리 시정촌과 협의토록 하고 있다. 또한 도도부현은 기본구상 작성시, 협의를 거친 후 문부과학대신 및 경제산업 대신과 협의할 수 있다. 두 대신은 협의를 요청받았을 때 도도부현이 작성하려는 기본구상이 다음 각 호에 해당하는 것인지에 대해서 판단한다.

1. 해당 기본구상과 관련된 지구가 생애학습에 관련된 기회의 제공 정도가 현저히 높은 지역인 정령으로 정하는 것 이외의 지역 중 교통조건 및 사회적 자연적 조건으로 보아 생애학습에 관련된 기회를 종합적으로 제공할 것이라고 인정되는 지구인지 여부
2. 해당 기본구상과 관련된 생애학습에 관련된 기회의 종합적인 제공이 해당 기본구상과 관련된 지구 및 그 주변의 상당히 광범위한 지역의 주민의 생애 학습과 관련된 기회에 대한 요청에 적절히 부응는 것인지 여부
3. 기타 문부과학대신 및 경제산업대신이 판단하는 기준으로 다음 조의 규정으로 정하는 사항(판단기준)에 적합한 것인지 여부

이어서 판단기준에 있어서는 다음에 든 사항을 정한 것으로 한다(제6조).

1. 생애학습과 관련된 기회의 종합적 제공에 관한 기본적인 사항
2. 전조 첫째 항에 규정하는 지구 설정에 관한 기본적인 사항
3. 종합적인 제공을 실시해야 할 생애학습에 관련된 기회(민간사업자 제공 포함)의 종류 및 내용에 관한 기본적인 사항
4. 생애학습과 관련된 기회의 종합적 제공에 필요한 사업에 관한 기본적인 사항
5. 생애학습과 관련된 기회의 종합적 제공에 유의해야 할 중요 사항

문부과학대신 및 경제산업대신은 판단기준을 정할 때, 미리 총무대신 기타 관계 행정 기관의 장과 협의함과 동시에, 문부과학대신에 있어서는 제4조 2항의 정령으로 정한 심의회등의 의견을, 경제산업대신은 산업구조심의회의 의견을 청취토록 하고 있다.

(3) 생애학습진흥법의 문제점

생애학습진흥법의 문제점에 대하여 아네자키 요이치(姉崎 洋一)[26]는 다음과 같이 지적한다. 첫째는 '공적사업에 의한 민간 문화사업의 압박' 혹은 '민간 교육사업자와의 연계나 지원의 부족' 문제이다. 민간사업자 활용의 생애학습 정책에 공적 사회교육이 장벽으로 된 것을 개혁해야 한다는 권고가 늘어가고 있다는 것이다.

둘째는 사회교육행정의 수장부국(首長部局)화라는 생애학습 행정으로의 통합 압력이 강해져 많은 지방공공단체에서 사회교육행정이 해체되는 사태가 생겼다. 생애학습부(과)나 생애학습심의회가 설치되어 사회교육부(과)나 사회교육위원회가 불필요하다는 논의를 확산하고 있다는 것이다. 즉, 사회교육행정은 신 교육기본법(2006)과 개정된 사회교육법(2008)에 의해서 사회교육행정의 잔재로서 학교교육지원형 행정으로 전환해 가고 있다.

생애학습진흥법의
문제점

---

26 홋카이도대학 교육학연구과 교수로서 姉崎 洋一 外(2015), 『ガイドブック教育法』(三省堂)의 대표 저자이기도 하다. 같은 내용이 이 책 100－104頁에 소개되어 있다.

셋째는 이미 사회교육의 내셔널·미니멈(국가관여 최소화)은 달성되어 국가적인 진흥은 불필요하고, '지방분권', '지역주권' 혹은 민간에 위탁해야 한다는 논의가 퍼져 있다는 것이다. 공립 공민관·도서관·박물관 등의 사회교육시설 및 체육관·수영장등 사회체육시설에 관해서는 대응하는 개별법이 보조금 근거를 제공하고 있지만 이들 시설이 보급되어온 것이나 지방의 자주성을 존중해야 할 관점에서 '국고보조금의 일반 재원화나 정리 합리화', '대상사업의 개선이나 중점화', '민간위탁이나 민간사업의 활용' 등이 주장되고 있다는 것이다.

넷째는 생애학습사업 진흥, 생애학습 소비시장 확대 입장에서는 국민을 소비적 학습자로서 개별적으로 분해하는 것을 목표로 집단학습이나 불이익층에 중점을 둔 사업보다도 개인학습이나 효율성 있는 이벤트적인 학습·문화사업이 장려되어 그런 학습성과 평가와 활용을 강조하는 정책이 증가해왔다는 것이다. 학습지도자·자원봉사자 인재풀의 활용, 학습성과의 수치화에 의한 평가 행정이 만연되고 있다고 비판한다.

끝으로 사회교육법제는 종래 학습 기회균등과 자유의 보장, 주민의 요구에 대응하는 조언, 사회교육지원의 전문직성, 환경조성의 책임, 비영리성이나 정치적 중립성, 기초자치체에 의한 자치적·자율적 지역사회교육계획·생애학습계획의 책정등을 주로 해왔으나, 생애학습진흥법은 이들을 비경제·불필요한 공적 규제로서 배척하는 법개정 논의를 촉진하여 공공 정책적 자치제 경영 합리화론을 양성해왔다는 것이다.

결국 생애학습진흥법은 '공사혼합 행정협동시스템'으로의 전환에 의해 사회교육의 공공성을 공동화(空洞化)로 이끌어갈 '트로이의 목마'라 이야기해도 좋을 것이라고 비판하고 있다.[27]

> 공사혼합
> 행정협동시스템

---

27 姉崎 洋一 (2014), "社會敎育法と平生學習振興法", 『敎育法の現代的爭點』, 일본교육법학회편, 동경: 法律文化社, 294, 295頁.

다. 생애학습 이념 명시 이후 생애학습 관련 3법의 정비

2006년 교육기본법에 생애학습의 이념이 명시된 것을 계기로, 사회교육에 대한 국가 및 지방공공단체의 임무에 관한 규정이 정비되어 갔다. 2008년에는 사회교육법, 도서관법, 박물관법 등 생애학습 관련 3법이 개정되고 시행(2010.4)되었다.

우선, 지역주민 등에 의한 학습 성과를 활용한 학교등에 있어서 교육활동의 기회 제공이 추가되었다(사회교육법 제5조).[28] 이와 관련하여 사회교육주사의 직무에 관한 규정(사회교육법 제9조의3[29])도 추가되었다.

방과 후 및 휴일에 학교 등을 이용하여 학습 기회를 확대하고 가정교육에 관한 정보를 제공하는 것을 교육위원회의 사무에 추가하였고, 생애학습의 관점에서 학습 성과를 활용하여 행하는 교육활동 기회를 제공하는 사업을 추가하였다. 공민관, 도서관 및 박물관의 운영상황에 관한 평가를 하고 개선하도록 하는 한편, 지역주민 등에 대한 정보제공에 노력하도록 하는 변화도 있었다(사회교육법 제5조,[30] 도서관법 제7조의3, 박물관법 제9조 등[31]).

---

28 사회교육법 제15조(시정촌교육위원회의 사무) 15 사회교육 학습기회를 이용한 학습성과를 활용하여 학교, 사회교육시설 기타 지역에서 행하는 교육활동 기타 활동기회를 제공하는 사업을 실시하고 장려하는 일(十五　社会教育における学習の機会を利用して行つた学習の成果を活用して学校、社会教育施設その他地域において行う教育活動その他の活動の機会を提供する事業の実施及びその奨励に関すること。)

29 사회교육법 제9조 3 사회교육주사는 사회교육을 실시하는 사람으로서 전문적, 기술적 조언과 지도를 한다. 단, 명령 및 감독을 해서는 안된다. 2 사회교육주사는 학교가 사회교육관계단체, 지역주민 기타 관계자의 협력을 얻어 교육활동을 하는 경우에는 그 요구에 응해서 필요한 조언을 할 수 있다. 3 사회교육주사보는 사회교육주사의 직무를 돕는다.(三　社会教育主事は、社会教育を行う者に専門的技術的な助言と指導を与える。ただし、命令及び監督をしてはならない。 2　社会教育主事は、学校が社会教育関係団体、地域住民その他の関係者の協力を得て教育活動を行う場合には、その求めに応じて、必要な助言を行うことができる。 3　社会教育主事補は、社会教育主事の職務を助ける。)

30 사회교육법 제5조 13 주로 학령아동 및 학령생도에 대해 학교 수업 종료 후 또는 휴업일에 있어서 학교, 사회교육시설 기타 적절한 시설을 이용하여 행하는 학습 기타 활동기회를 제공하는 사업실시와 함께 이를 장려하는 일(十三　主として学齢児童及び学齢生徒(それぞれ学校教育法第十八条に規定する学齢児童及び学齢生徒をいう。　に対し、学校の授業の終了後又は休業日において学校、社会教育施設その他適切な施設を利用して行う学習その他の活動の機会を提供する事業の実施並びにその奨励に関すること。)

31 도서관법 제7조의3(운영 상황에 관한 평가등) 도서관은 당해 도서관의 운영상황에 관하여 평가함과 더불어, 그 결과에 터한 도서관 운영 개선을 도모하기 위해 필요한 조치를 강구토록 노력하지 않으

이러한 각종 시설에 학습기회 및 정보를 제공하도록 한 개정은 교육기본법 제12조 2항을 통해 학습기회 및 정보의 제공 의무가 구법에는 없었던 것으로 새로이 추가되어 국가와 지방공공단체의 의무로서 부과된 것에 따른 후속 조치였다.[32]

4 사회교육 관련 법규의 입법과제

가. 제9기 중앙교육심의회 생애학습분과회에서의 논의 배경

중앙교육심의회
생애학습분과

　　중앙교육심의회 생애학습분과는 일본이 저출산에 의한 인구 감소 국면에 들어가는 것과 동시에, 고령화가 급속하게 진행되어가고 있음에 주목했다. 인구 이동의 면에서는, 도쿄로의 집중이 계속 되고 있어 지역에 따라서는 젊은이가 크게 감소하여 상황이 심각한 경우도 있어 지역 소멸을 걱정했다.

　　분과회는 이런 가운데 발생하고 있는 지역사회 문제로, 지역경제의 축소와 상가의 쇠퇴, 의료·간병의 수급비 부족, 한 부모 세대의 증가에 따른 빈곤, 지역 전통행사 담당자의 감소와 재정 악화, 사람간의 연계 희박화, 고령자나 젊은이의 사회적 고립 등을 지적했다.

　　더욱이 인생 100세 시대에 인공지능(AI) 등 급속한 기술혁신으로 Society 5.0이 도래하는 가운데 변화에 대응하는 힘을 기르는데 지역 학습활동의 중요성이 부각되고 있다고 진단했다.

　　최근 공민관, 도서관, 박물관등의 사회교육시설 역시 종래의 역할에 더하여 지역 활성화·거리 만들기의 거점, 지역 방재 거점으로서의 보다 폭넓은 역할도

　　면 안된다.
　　박물관법 제9조(운영상황에 관한 평가등) 당해 박물관의 운영상황에 관하여 평가함과 더불어, 그 결과에 터한 박물관 운영 개선을 도모하기 위해 필요한 조치를 강구토록 노력하지 않으면 안된다.
32 제12조 개인의 요망이나 사회의 요청에 응답하여, 사회에 있어서 행해지는 교육은 국가 및 지방공공단체에 의해 장려되지 않으면 안된다. 2. 국가 및 지방공공단체는, 도서관 ,박물관, 공민관 기타 사회교육시설의 설치, 학교시설의 이용, **학습기회 및 정보의 제공**, 기타 적당한 방법에 의해 사회교육을 진흥하도록 노력하지 않으면 안된다.

기대되고 있다는 것이다. 이러한 과제 검토를 위해 2018년 3월 2일 문부과학대신은 중앙교육심의회 「인구 감소시대의 새로운 지역 만들기를 향한 사회교육 진흥방안에 대해서」에 자문을 요청했다.

이에 중앙교육심의회는 생애학습분과회를 중심으로 논의를 거쳐 2018년 12월 21일 답신서를 보고하게 되었다(중교심 제212호).

나. 인구감소시대의 새로운 지역만들기를 향한 사회교육 진흥방안(2018.12.21)

사회교육 진흥방안
답신서

중앙교육심의회의 「인구감소시대의 새로운 지역만들기를 향한 사회교육 진흥방안」 답신서(2018.12.21.)는 일본 정부의 향후 사회교육정책의 방향을 가늠할 수 있는 중요한 문건이다. 답신은 제1부 '이후 지역에 있어서 사회교육의 방향'과 제2부 '이후 사회교육 시설의 방향'에 대하여 보고하고 있다.

먼저 지역에 있어서 사회교육이 목표로 하는 것에 대하여 두 가지를 지적한다. 첫째, 지역에 있어서 사회교육의 의의와 해야 할 역할은 사회교육을 기반으로 한 사람 만들기·유대 만들기·지역 만들기 등 세 가지이며, 둘째로 새로운 사회교육의 방향성은 열리고 연계되는 사회교육을 실현하는 것이라고 한다.

답신서에 따르면 사회교육은 개인의 성장과 지역사회의 발전이라는 쌍방향에서 중요한 의미를 갖는다고 한다. 즉, 사람 만들기(人づくり), 유대 만들기(つながりづくり), 지역 만들기(地域づくり)가 사회의 배움 활동을 통하여 선순환 될 수 있다는 것이다.

사람 만들기는 자주적·자발적 배움에 의한 지적 욕구를 충족시키고 자기실현·성장을 가져오며, 유대 만들기는 주민 상호학습을 통하여 유대의식이나 주민끼리의 정(住民同士の絆)을 강화시키며, 끝으로 지역 만들기는 지역에 대한 애착이나 귀속의식, 지역의 장래상을 생각하는 의욕을 환기시킴으로써 주민이 주체적으로 참가하여 지역과제를 해결하게 할 수 있다는 것이다.

답신이 보고한 지역에 있어서 사회교육이 지향하여야 할 '열리고 연계된 사회교육상'은 다음과 같이 제시되었다.

1. **지역 사회교육의 의의와 역할: 사회교육을 기반으로 사람·유대·지역 만들기**
   - 다양화되고 복잡화된 과제와 사회 변화에 대응 요청
     - 인구감소, 고령화, 글로벌화, 빈곤, 유대 희박화, 사회적 고립, 지방재정 악화, SDGs(UN이 2015.9 책정한 지속가능한 개발목표)를 향한 대응 등 → 지속가능한 사회 만들기를 지속하려면 주민 스스로 담당자로서 지역운영에 주체적으로 관여하는 것이 중요
     - 100세 인생 시대의 도래, Society 5.0 실현의 제창 등 → 누구라도 생애에 걸쳐 필요한 학습을 하고, 그 성과를 살릴 수 있는 생애학습사회 실현을 위한 대응책이 필요
   - 사회교육 학습활동을 통해 사람 만들기, 유대 만들기, 지역 만들기 간의 선순환
2. **새로운 사회교육의 방향성: 개방되고 연계되는 사회교육 실현으로**
   - 주민이 주체적으로 참가하는 계기 만들기
     - 사회적으로 고립되기 쉬운 사람을 포함, 많은 주민이 주체적 참가방안 강화
   - 네트워크형 행정의 실질화
     - 사회교육 행정담당 부국(部局)이 수장, NPO, 대학, 기업등과 폭넓게 연계·협동
   - 지역 배움과 활동을 활성화하는 인재의 활약
     - 다양한 인재의 활약에 힘입어 배움이나 활동간 참가자 연결과 활성화

다음으로 답신서는 사회교육을 기반으로 한 사람·유대·지역 만들기를 향한 구체적인 방책으로 다음 4가지를 제시했다. 배움 참가 계기 만들기, 다양한 주체와 연계·협동, 다양한 인재의 폭넓은 활약 촉진, 그리고 사회교육 기반 정비와 다양한 자금조달 방법의 활용이 그것이다.

1. **배움에의 참가 계기 만들기 추진**
   - 즐거움을 토대로 한 배움이나 지역방재, 건강장수 등, 관심이 높은 배움, 배움이나 활동의 계기 만들기를 강구
   - 어린이·젊은이의 참가 촉진으로 지역관계에 동기부여 되도록 성공 체험 만들기
   - 고립되기 쉬운 사람에게 복지부국과 제휴하여 손내밀기(아웃리치) 조직 강화
   - 전국 구체적인 대처를 수집·공유, 지역에 있어서의 활동의 사례 분석과 확산

2. 다양한 주체와 연계·협동의 추진
- 수장부국과 연계를 위한 종합교육회의의 활용 및 부국 간 인사교류 추진
- NPO, 기업, 대학 등과 행정관계자와의 적극적인 의견교환과 협의
- 지역학교 협동활동을 핵심으로 한 사회교육과 학교교육의 가일층 연계·협동

3. 다양한 인재의 폭넓은 활약의 촉진
- 지역의 과제 해결에 열의를 지닌 다양한 인재를 사회교육 활동에 투입, 연계
- 교육위원회에 사회교육주사의 확실한 배치, '사회교육사' 취득 추진 장려

4. 사회교육의 기반 정비와 다양한 자금 조달 방법의 활용 등
- 각 지방공공단체의 충분한 사회교육비 확보를 포함한 기반 정비
- 클라우딩 펀드등 다양한 자금조달 방법의 활용

　　답신서 제2부는 향후 사회교육시설의 방향에 대해서 언급했다. 우선 사회교육시설에 요구되는 역할과 사회교육시설 소관의 방향에 대하여 언급하고 있다. 사회교육시설에는 지역 학습 거점으로서 역할에 더하여 다음과 같은 역할을 기대하고 있다.

- 공민관: 지역 공동체 유지와 지속적 발전 추진 센터로서 역할, 지역의 방재 거점
- 도서관: 타부국과 연계한 개인 기술개발, 취업지원, 주민필요에 대응 가능한 정보 거점
- 박물관: 학교 학습내용에 입각한 전시·교육사업 실시, 관광진흥이나 국제교류 거점

　　이후 사회교육시설 소관 방향에 대하여는 지방공공단체로부터 지방공공단체의 판단에 따라 지방공공단체의 장이 공립 사회교육 기관 설치를 관장할 수 있는 구조(이하 '특례')를 도입해야 한다는 의견이 제출되어 있어서, 이에 대해 검토하여 필요한 조치를 강구할 필요가 있다고 보고하고 있다(「2017년 지방으로부터 제안 등에 관한 대응 방침」(2017.12.26. 각료회의 결정사항).

　　"생애학습사회의 실현을 위한 횡단적·종합적인 교육행정의 전개를 지향하여 사회교육에 관한 사무에 대해서는 앞으로도 교육위원회의 소관을 기본으로 해야 한다. 한편, 지방의 실정등을 근거로 하여 보다 효과적이라고 판단되는 경우에는, 지방공공단체의 판단에 의

해 지방공공단체 장이 공립 사회교육시설을 소관할 수 있는 특례가 사회교육의 적절한 실시의 확보에 관한 제도적 담보가 이루어지는 것을 조건으로 가능해져야 한다."

답신서가 보고한 특례와 사회교육의 적절한 실시 확보 방향, 그리고 지방공공단체의 특별조치를 활용할 경우 유의할 점은 다음과 같다.

1. 특례를 두는 것에 대하여
- 타행정 분야와의 일체적 운영에 의한 질 높은 행정의 실현 가능성
  - 사회교육시설 사업과 거리조성, 관광 등의 다른 행정분야의 사회교육에 관련하는 사업 등과 일체적으로 추진함으로써 보다 충실한 서비스를 실현할 가능성.
  - 복지·노동·산업·관광·거리조성·청소년 건전육성 등의 다른 행정분야의 인적·물적자원이나 전문지식·노하우·네트워크 등 활용으로 사회교육행정 전체를 활성화할 가능성.
  - 사회교육 새로운 담당자로서 거리조성이나 과제해결에 열의를 가지고 임하고 있지만 지금까지 사회교육과 관련 없었던 인재를 육성·발굴할 수 있는 가능성.
- 시설의 효과적·효율적인 정비·운영의 가능성
  - 수장부국이 중심이 되어 행하는 사회자본 정비계획 등을 통한 시설의 전략적 정비나, 여러 분야가 복합된 시설소관을 일원화하여 시설의 효율적 운영 가능성.

2. 사회교육의 절절한 실시 확보 방향에 대하여
- 동시에 사회교육의 적절한 실시 확보(정치적 중립성의 확보, 주민 의향 반영, 사회교육시설로서 전문성 확보, 사회교육과 학교교육 연계)를 위해서는 보건 특례를 두는 것과 함께, 교육위원회에 의한 관여 등 일정 담보조치를 강구할 필요가 있음(담보조치란, 예를 들어 지방공공단체에 있어서 소관 특례 조례를 정할 경우, 교육위원회의 의견을 청취하는 것을 조건으로 한다는 방식 등이 논의된 바 있음)

3. 지방공공단체에 있어서 특례조치를 활용할 경우에 유의점
- 특례가 활용되는 경우에도 당해 시설은 계속 사회교육시설이며, 법령규정을 감안한 전문적 지원 배치·연수, 운영심의회등을 활용한 평가·정보 발신 등이 중요
- 교육위원회는 사회교육진흥의 견인 역으로서 계속하여 적극적인 역할을 해 나가는 것이 중요(종합교육회의 등의 활용, 수장부국이나 NPO 등과의 제휴·조정 등)
- 지방행정 전체 중 사회교육을 기반으로 한 배움을 통한 사람 만들기·유대 만들기·지역 만들기의 관점을 명확하게 유지해 가는 것이 중요

종합하면, 오늘날 일본에서의 사회교육제도는 사회교육법이 규정하는 학교교육 이외의 교육활동이라는 막연한 범위를 넘어서서 그 사업의 범위와 주체가 다양해지고 있는 특징을 보이고 있다. 그 배경에는 '배우기 위한 배움'에서 실질적으로 도움을 받기 위한 학습에 대한 욕구가 분출되어가고 있고, 다양한 교육활동에 대한 요구가 있었다고 할 수 있다. 동시에 지방분권과 행정개혁이 진행되어가면서 사회교육의 예산과 인력은 축소되었고, 교육위원회에서 담당하던 문화와 스포츠, 나아가 사회교육에 관한 사항이 교육위원회를 벗어나 수장부국(도도부현청)에서 집행하는 지방공공단체가 증가하고 있는 상황이다. 국가와 지방공공단체 외에도 주민조직 및 시민협회, NPO, 재단, 네트워크 등에 의하여 생애학습이 추진되고 있는 것이다. 주민의 생애학습에 대한 다양한 요구를 다양한 방식으로 충족시킬 수 있는 조건을 만들 수 있다는 기대와 함께, 지방공공단체 및 지역의 사정에 따라서 생애학습 여건의 차이가 발생할 경우 능력에 따른 균등한 사회교육 기회나 생애학습 사회의 건설이 어렵게 될 우려 또한 발생할 수 있으리라 짐작된다.[33]

다. 향후 사회교육 행정 및 사회교육 시설의 개선 방향

2017년 문부과학백서(2018)는 사회교육 진흥의 방향 및 전문적 직원 확보에 대하여 다음과 같이 보고하고 있다.

(1) 향후 사회교육 행정의 방향

2013년 1월에 발표된 「제6기 중앙교육심의회 생애학습분과회에서의 논의 정리」 보고서는 향후의 사회교육행정의 방향으로 기존의 '지마에슈기(自前主義; self-sufficiency; 자사의 자원·기술만을 이용해서 제품을 만든다는 자급자족주의)'에서 벗어나 수장부국·대학·민간단체·기업 등의 다양한 주체와 적극적으로 연계·협력하여 현대적·사회적 과제에 대응한 방책을 추진하는 '네트워크형 행정'의 추진을 통해서 '사회교육행정의 재구축'을 목표로 했다.

사회교육행정의
재구축

---

33 고전(2014), 『일본교육개혁론』, 서울: 박영story, 25면.

이를 바탕으로 「제2기 교육진흥기본계획」에서는 사회교육추진의 기본적 사고방식으로 지역에서의 학습을 활력 있는 공동체 형성·기즈나(絆; 情) 만들기에 적극적으로 기여할 것과 사회교육행정이 지역의 다양한 주체와 더 적극적으로 연계·협력하여 대응을 해나가는 사회교육행정 재구축을 실시하기 위한 환경 정비를 도모하는 것을 명확히 했다.

또한 중앙교육심의회 「제3기 교육추진기본계획에 대해서」 답신서에서는 2018년부터 5년 계획 기간 동안 개개인의 인생을 풍요롭게 하는 학습, 저출산 고령화, 인구 감소 등 지역이 직면한 과제 해결이나, 지역 활성화를 위한 학습 등을 추진하고 새로운 지역 만들기 등의 활동에 이어 가기 위해 사회교육행정의 바람직한 방향을 검토할 것을 제언한 바 있다.

이어 2018년 12월에는 문부과학대신의 자문을 받은 중교심이 「인구감소시대의 새로운 지역 만들기를 위한 사회교육의 진흥방안에 대해서」 답신서를 제출하기도 했는데 그 내용은 앞서 살펴본 바와 같다.

(2) 사회교육 전문적 직원의 확충

교육위원회에 배치되는 사회교육 전문적 직원인 사회교육주사(社会教育主事)는 지역의 학습 과제를 파악하여 관계 각 기관과의 효과적인 네트워크를 활용하면서, 사회교육사업의 기획·실시나 관계자에의 전문적 기술적인 지도·조언으로 지역 주민의 학습활동과 지역 만들기를 지원하고 있다. 또한 도서관 및 박물관에 배치되는 전문적 직원인 사서 및 학예원 역시 지역주민의 학습활동을 지원한다.

사회교육주사
(社会教育主事)

문부과학성은 현직의 사회교육주사, 사서, 학예원에 대해 지역 현안과 학습요구에 대응하기 위한 실천적 연수를 실시하고 자질 향상을 도모하고 있다. 또한 사회변화나 지역주민의 고도화·다양화하는 학습요구에 대응하는 사회교육주사나 사서를 양성하기 위해 대학등에 위촉해 사회교육주사 강습이나 사서강습을 실시하는 것 외에 학예원 자격인정 시험에 의해 자격을 부여하기도 한다.

사회교육주사의 양성은 지역의 실제 과제를 해결하는 실천적인 능력의 육성이 필요한 것으로 지적되어 왔다. 2017년 8월에는 「사회교육 교사양성의 재검토에 관한 기본적인 생각에 대해서」검토회를 가졌고, 이를 바탕으로 사회교육 교사강습 및 사회교육 교사양성과정의 과목을 개선하는 성령 개정(2018.2.28. 개정, 2020.4.1. 시행)이 있었다.

이 개정에서는 학습자의 다양한 특성에 응한 학습지원에 관한 지식 및 기능의 습득을 도모하기 위해 「생애학습 지원론」 과목과, 지역과제 해결과 연계된 「사회교육 경영론」 과목을 신설했다. 이들을 포함한 모든 과목을 습득한 사람은 '사회교육사(社会敎育士)'로 호칭된다.

사회교육주사의 강습이나 양성과정에서 습득한 지식이나 능력은 사회교육행정은 물론 관련 행정분야나 민간활동 등에 대해도 폭넓게 살릴 수 있는 것이며, 수료자에게는, 예를 들면, 지역과 학교와의 연락 조정이나 정보 공유, 활동 기획, 조정, 운영 등 코디네이터의 역할을 담당하는 지역학교 협동 활동 추진원(推進員)으로서 기대된다.

> 지역학교 협동 활동 추진원(推進員)

(3) 사회교육시설의 새로운 역할 모색

문부과학성은 「제2기 교육진흥기본계획」을 바탕으로 공민관등 사회교육시설을 거점으로 지역과제 해결을 위한 강좌 학습이나 지역활동 등이 지역공동체 형성으로 이어지도록 대응하고 있다. 2017년에는 '배움에 따른 지역력 활성화(地域力活性化) 프로그램 보급·계발 사업'에서, 각 지역이 공유하는 과제의 해결을 위한 협상을 벌여 '배움을 통한 지방생성 컨퍼런스'를 전국 7곳에서 실시했다.

> 배움을 통한 지방생성 컨퍼런스

이러한 대응을 통해 관계 부국이나 관계 기관의 연계·협동에 의해, 공민관 등 지역의 '배움의 장'을 거점으로 실시되는 지역 과제 해결 활동이 촉진되어 지역력 활성화에 이바지하게 되도록 지원한다는 방침이다.

> 공민관(公民館)

① 공민관(公民館)

공민관은 지역주민에게 있어서 가장 가까운 학습거점일 뿐만 아니라 교류의 장, 지역사회 형성의 장으로서 중요하다. 2015년 10월 현재 전국에 약 14,200개소가 설치되어 있다. 이들은 주로 주민의 학습요구나 지역실정에 맞는 학급·강좌개설 등 다양한 학습기회를 제공하고 있다.

문부과학성은 공민관 직원 전문성 강좌나 사회교육주사 강습을 통해 지역과제 해결을 위한 활동 사례를 제공하기도 한다. 2017년에는 76개 공민관이 지역주민의 학습활동에 공헌한 우수공민관으로 표창을 받기도 했다.

② 도서관

도서관

2015년 10월 현재 도서관 수는 공립도서관이 3,308관, 사립도서관이 23관이다. 문부과학성은 2012년에 '도서관법시행규칙' 일부를 개정하여 사서가 지역사회의 과제나 사람들의 정보 요구에 정확하게 대응할 수 있도록 대학의 사서양성과정을 개선하거나 연수 과정을 충실화하고 있다.

도서관은 「지역 지(知)의 거점」으로서, 자녀나 고령자 등 다양한 이용자나 주민의 학습활동을 지지하여 지역이 안고 있는 여러 가지 과제 해결 지원이나 지역의 실정에 응한 정보서비스의 제공 등 폭넓은 관점으로부터 기여할 것으로 기대된다.

③ 박물관

박물관

박물관은 자료수집, 보존, 조사연구, 전시, 교육보급 등의 활동을 일체적으로 실시하고, 교육, 학술 및 문화 발전 및 지역 활성화에 기여하는 시설이다. 2015년 10월 현재, 등록박물관은 895관, 박물관에 상당하는 시설은 361관, 박물관과 유사사업을 하는 시설은 4,434관이 설치되어 있다.

문부과학성은 지역의 교육력 향상이나 박물관 직원들의 자질 향상을 목적으로 박물관장이나 중견 학예사(學藝士)를 대상으로 전문적인 연수를 실시하고 있다. 학예원(學藝員)을 외국박물관에 파견하여 그 성과를 전국에 보급함으로써 박물관 진흥시책에 힘쓰고 있다는 보고이다.

또한 박물관을 지탱하는 학예원에게는 국제적 전문성과 실천력을 갖춘 인재로서 육성되도록 대학에 있어서 학예원 양성과정에 대한 충실을 도모하고 있다. 2019년 9월에는 ICOM(국제박물관회의) '교토대회 2019'가 개최할 예정이어서 일본 문화의 홍보와 국내외의 박물관 네트워크가 활성화 될 것으로 기대된다는 보고이다.

교육복지와 안전 입법정책

제12장은 일본의 교육입법 전책 가운데 학생과 관련된 부분으로서 교육복지와 안전 입법정책을 다루었다. 주요 내용은 첫째, 교육복지 및 학생안전 관련 입법체계를 개관하고, 둘째, 교육복지 및 학생안전 관련 법령을 살펴본 후, 셋째, 학교 구성원의 교육복지·학생안전에 관한 권한과 책임에 대하여 논하며, 끝으로, 입법정책적 시사점 등을 다룬다.

제1절 교육복지 및 학생안전 관련 입법체계 및 개관은 입법체계와 교육복지 및 학생안전 관련 정책 개관 및 사례를 소개한다.

제2절 교육복지 및 학생안전 관련 법령으로는 헌법과 교육복지 및 학생안전과의 관련을 필두로 교육기본법상 교육복지 및 학생안전, 그리고 학교교육법, 지방교육행정법, 아동복지법, 학교보건안전법, 취학곤란 아동장려법, 청소년안전인터넷법, 어린이 빈곤대책 추진에 관한 법률 등과의 관련을 살펴본다.

제3절 학교 구성원의 교육복지·학생안전에 관한 권한과 책임에서는 교육위원회의 직무권한으로서 학생안전, 후생 및 복리, 상급 교육행정 기관의 학교 보건·안전·급식에 관한 지도·조언권, 학교 내 안전에 대한 책임 조항을 검토했고, 아동복지에 있어서 비용부담의 원칙을 소개한다.

제4절에서는 일본의 사례에서 얻을 수 있는 입법정책적 시사점을 아동 복지 및 안전 관련 법령상의 법적 시사점을 살펴본 후 최근의 문부과학성이 보고한 「어린이 빈곤 대책에 관한 대강」과 어린이 안전에 관한 문부과학백서 내용을 중심으로 정책 동향을 살펴본다.

1 교육복지 및 학생안전 관련 입법체계 및 개관[1]

가. 입법체계

교육복지

교육법 체계에 있어서 교육복지에 관한 사항은 별도의 법률로 제정되어 있는 것은 아니다. 비록 교육기본법 전문에 '인류 복지'라는 표현이 등장하지만 오늘날 강조되는 '교육복지' 관련 법률의 법적 근거로 삼기에는 부족한 포괄적 복지를 의미한다.

사실, 복지에 관한 법률은 일본국헌법 제25조[2]에서 보장한 생존권에 기반한 것으로서 사회복지에 관한 법제에서 일반화된 개념이다. 사회복지법, 생활보호법, 장애자기본법, 아동복지법 등이 같은 계통의 복지법이라고 할 수 있다. 아동복지법의 대상이 동시에 유소중등 학교 아동 및 생도라는 점에서 교육법과의 연관성을 찾을 수 있다.

인간다운 삶을 보장하는 복지법의 관점에서 보면, 일본국 헌법이 보장한 '능력에 따른 균등한 교육을 받을 권리'는 복지이념을 실현하기 위한 기초 중의 기초 권리이자 제도 중의 제도 보장책이라 할 수 있다. 특히 '능력 이외에는 교육기회의 차이를 두어서는 안된다'는 교육기본권 실현에 있어서 평등의 원칙은 무상교육의 이념이나 교육에 있어서 경제적 차별, 신체적 차별의 금지와 직결된다. 이 점에서 「의무교육 제학교의 교과용도서의 무상에 관한 법률」「취학곤란 아동 및 생도에 관계된 취학장려에 관한 국가원조에 관한 법률」「독립행정법인 일본학생지원기구법」「특별지원학교에의 취학장려에 관한 법률」등은 교육관계법이면

---

1 제12장 교육복지와 안전 입법정책은 저자가 공동연구자로 참여하여 수행한 장형심 외(2014), 『해외 선진국의 교육복지 및 학생안전 입법사례 조사 연구』 보고서(교육복지정책중점연구소) 중 저자가 집필한 Ⅳ. 일본(47~83면) 및 Ⅵ. 입법정책적 시사점(3. 일본 입법례의 시사점; 99~107면)의 내용을 기초로 최근의 법률 및 정책을 보완하여 집필하였음을 밝힌다.

2 일본국헌법 제25조(생존권) 모든 국민은 건강하게 문화적인 최저한도의 생활을 누릴 권리를 갖는다. 2 국가는 모든 생활부분에서 사회복지, 사회보장 및 공중위생의 향상 및 증진에 노력하지 않으면 안된다. (第二十五条 すべて国民は、健康で文化的な最低限度の生活を営む権利を有する。2 国は、すべての生活部面について、社会福祉、社会保障及び公衆衛生の向上及び増進に努めなければならない。)

서 복지법이라 할 수 있다.

다른 한편으로 인간다운 생존권의 한축으로 강조되는 '국민의 안전 보장'은 '공공의 복지'만큼이나 중요하다. 「학교보건안전법」 및 「학교급식법」등은 아동의 안전과 생명에 직결된다는 점에서 학교에 있어서 복지법으로서 의미를 갖는다. 「교육＝복지」로 보는 관점에서 본다면 대부분의 교육법은 복지법으로서 의미를 지닌다고도 할 수 있다.

복지법

일본에서도 '교육복지'라는 용어는 법률적 용어라기보다는 정책용어 내지 학자들 사이에서 복지로서 교육정책으로서 논의되었던 것이 사실이다. 특히 경제적 약자인 학생에 대한 지원 차원에서의 법률이 교육분야의 중심적 복지사업으로 인식되어온 것도 사실이다.

이렇듯 일본에서 교육복지 및 학교안전에 관한 법률은 총괄 입법으로 제정되어 있지 않고 사안에 따라 개별 법률에서 규정되어 있다. 헌법 전문에는 '국민의 안전 보장'이 규정되어 있고, '공공의 복지'가 기본권 보장의 범위와 한계로서 언급되어 있는 바, 이러한 헌법정신은 교육분야의 복지와 학생들의 안전에도 동일하게 적용된다.

학교안전에 관한 법률

교육기본법 전문은 '인류 복지'를 교육목표의 하나로서 책정하면서 장애자 지원과 경제적 곤란자에 대한 조치(§4)를 강조하고, 교육개혁의 청사진이라 할 수 있는 교육진흥기본계획(§17)에 근거 교육복지 및 학생안전 또한 국가수준에서 다루어지고 있다.

학교교육법은 의무 보통교육 및 유치원의 교육목표로서 '안전'을 강조하고 있으나, 별도의 교육복지 및 학생안전을 규정하지는 않는다.

지방교육행정법은 학생의 안전 관리와 집행의 직무권한이 교육위원회에 있음을 밝히고 있으며(§23), 분권화 가운데에서도 상급 교육행정기관에 의한 학생안전에 대한 지도권(§48)은 유지하고 있다.

아동복지법

아동복지법은 개별 입법 가운데 교육복지에 관한 사항을 가장 포괄적으로 다루었다는 점에서 교육복지 관련 핵심 법률이라 할 수 있고, 복지사업이나 아동복지심의회, 실시기관, 아동복지사, 아동위원 제도, 육아지원사업, 비용의 부담 원칙 등을 통해 교육복지에 연관된 행정 및 사업의 근거를 규정한 법령이라 할 수 있다. 기타 학생 연령층이 포함된 특수교육 및 사회복지와 관련된 법령 역시 직·간접적으로 교육복지에 영향을 미치고 있다 할 것이다.

경제적 취약 및 특수교육 관련 법률

경제적 취약 및 특수교육 관련 법률로는 다음과 같은 법령이 있다.

• 생활보호법 / • 취학곤란아동장려법(취학곤란 아동 및 생도에 관계된 취학장려에 관한 국가원조에 관한 법률) / • 노동청소년복지법 / • 고령사회대책기본법 / • 장애자기본법 / • 맹학교, 농학교 및 양호학교 취학 장려에 관한 법률 / • 발달장애자지원법 / • 신체장애자복지법 / • 인권교육계발추진법(인권교육 및 인권계발추진에 관한법률, 2000 제정) / • 고교수업료무상화·취학지원금법(공립고등학교의 수업료의 불징수 및 고등학교등 취학지원금의 지급에 관한 법률, 2010) / • 지역균형을 위한 벽지교육진흥법 / • 과소지역 자립촉진 특별조치법

아동·청소년 보호 관련 법률

아동·청소년 보호 관련 법률로는 다음과 같은 법령이 있다.

• 아동복지법 / • 아동복지 시설의 설비 및 운영에 관한 기준 / • 자녀·양육지원법 / • 취학전 자녀에 관한 교육, 보육등의 종합적인 제공 추진에 관한 법률 / • 아동학대 방지등에 관한 법률 / • 아동매춘, 아동포르노에 연계된 행위처벌 및 아동의 보호등에 관한 법률 / • 청소년안전인터넷법(청소년이 안전하고 안심하고 인터넷을 이용할 수 있는 환경의 정비등에 관한 법률 / • 인터넷 이성소개사업을 이용해서 아동을 유인하는 행위의 규제등에 관한 법률 / • 아동수당법 / • 아동부양수당법 / • 어린이·젊은이육성지원추진법(2009) / • 미성년자 흡연금지법 / • 미성년자 음주금지법 / • 모자 및 과부복지법 / • 이지메방지대책추진법 / • 어린이 빈곤대책추진에 관한 법률(2013)

학교보건안전법

학교보건안전법은 개별 법률가운데 학생안전에 관한 사항을 가장 포괄적으로 다루었다는 점에서 학생안전 관련 핵심 법률이라 할 수 있고, 학교안전에 관한 국가, 지방공공단체, 학교설치자 등의 책무, 학교안전계획의 책정 및 학교환경 안전의 확보, 위험발생시 대처 요령 및 지역기관과의 연계 등을 다루고 있다.

학교보건안전법상의 학교안전계획의 책정 의무에 기반하여 정부는 학교안전

계획을 수립하고 있으며, 2011년 3월 11일 동일본대지진(東日本大地震) 피해 이후 문부성의 각종 학교안전관련 사업이 활발히 시행되고 있다.

일본 교육복지는 관련된 내용들이 아동복지법, 소년법, 장애인복지법 등의 사회복지 관계법령 내에 산재해 있고, 이들 규정들은 교육적 관점보다는 사회복지적 관점에서 구성되어 있다는 평가이다.[3]

표 12-1 일본의 교육복지 및 학생안전 관련 입법체계

관련 조항	주요 내용	비고
헌법 전문	• 국민의 안전보장, 공공의 복지보호	간접규정
교육기본법 전문 제4,16,17조	• 교육목표로서 인류 복지의 향상 • 장애자 지원 및 경제곤란자 조치 • 국가 지자체간 역할분담, 상호협력 • 교육진흥기본계획 수립과 국회보고	간접규정
학교교육법 제21, 23조	• 의무 보통교육, 유치원의 교육목표로서 '안전하고 행복한 생활'	간접규정
지방교육행정법23 제48조	• 학생안전관리,집행 – 교육위 직무권한 • 상급교육행정기관의 학교안전지도	주무기관
아동복지법	• 아동등 용어의 정의, 복지사업 정의 • 아동복지심의회, 실시기관 • 아동복지사, 아동위원 제도 • 육아지원사업, 비용(§49의2–§51) 부담	핵심 복지법
학교보건안전법	• 국가, 지방공공단체의 책무(§3) • 학교안전에 관한 학교설치자 책무 • 학교안전계획책정, 학교환경안전확보 • 위험발생 대처요령, 지역기관 연계	핵심 안전법
취학곤란 아동장려법	• 교육기본법에 근거한 법률 • 국가의 보조, 보조기준 및 범위	교육복지
청소년 안전인터넷법	• 국가, 지자체, 관계사업자, 보호자책무 • 대책 및 추진회의, 기본계획 등	학생안전
기타 법령	• 경제적 취약 및 특수교육 법령 • 아동 및 청소년 보호관련 법령	

---

3 박주호·오승은(2013). "교육복지 관련 기존 법령안 분석 및 향후 법령 제정 방향 제언". 한양대학교 교육복지정책중점연구소. 8면 참조.

나. 교육복지 및 학생안전 관련 정책 개관

(1) 교육복지 정책의 전개

박주호·오승은(2013)은 일본의 교육복지 정책의 전개를 다음과 같이 보고한다.[4]

첫째, 1960년대까지 구빈(救貧)제도에 기초한 자유주의적 복지개념의 논조에서 1970년대 이후 기존의 복지개념을 대폭 수정하여 아동복지법을 개정하고, 정부차원의 보육조치제도를 폐지하는 대신 보호자의 보육소 선택권을 강화하는 등 수요자 중심의 복지체제로 전환했다.

둘째, 1990년 정부에서 제출한 보고서에 기초하여 학교와 가정생활 간 조화, 아동양육 부담 경감, 적절한 양육환경 조성, 그리고 교육제도 개선이 추진되었다.

셋째, 1997년 사회복지구조 기초개혁이 제시되었고, 인구학적, 사회경제학적 요인 분석을 통해 공공부조 성격의 복지를 계약서비스 차원으로 전환되었다.

이후 학교폭력, 집단따돌림 학교이탈 현상에 대한 해소 대책이 전개되었는데, 1995년부터는 교육복지 차원에서의 교육상담체제를 구축하기 위해 임상심리사 등 아동과 학생 심리치료 전문가를 스쿨카운셀러로서 학교에 배치하기 시작했다.

(2) 학교안전 추진계획에 대한 중앙교육심의회 답신서(2012.3.21.)

중앙교육심의회가 문부과학성대신의 자문(2011.9.22.)에 대응하여 2012년 3월 21일에 보고한 「학교 안전 추진에 관한 계획의 책정에 대해서」 답신은 학교보건안전법이 정한 국가의 의무("국가는 각 학교에서의 안전에 관한 대책을 종합적이고 효과적으로 추진하기 위해, 학교 안전 추진에 관한 계획을 책정하여야 한다")에 근거한 것이다.

대신의 자문 요청문의 취지는 2011년 3월 11일의 일본 대지진·해일을 비롯하여 각종 자연재해(풍수해, 화산 활동 등)와 원자력 재해등에 의해 학생의 안전이 우려되는 상황에서 학생들의 위험 예측·위험 회피 능력을 높이기 위한 안전교육

---

4 박주호·오승은(2013). "교육복지 관련 기존 법령안 분석 및 향후 법령 제정 방향 제언". 한양대학교 교육복지정책중점연구소. 9면 인용.

방안, 둘째, 외부인 침입, 통학로에서의 위해(危害)사건 및 교통사고 등 생활안전, 교통안전 교육 방안, 셋째 사건·사고재해 발생시 안전 확보체제(교직원연수, 지역 연계 등, 과학기술 활용, 안전관리 조직활동 대처) 등이다.

자문문은 학교 안전을 추진하기 위한 방책으로 네 가지를 제안하였는 바, 1. 안전에 관한 교육의 내실화 방안,[5] 2. 학교시설 및 설비의 정비,[6] 3. 학교에서의 안전에 관한 조직적 대응의 추진,[7] 4. 지역사회, 가정과의 연계를 도모한 학교 안전 추진[8] 등이다. 이 가운데 학교에서의 안전에 관한 조직적 대응의 추진 방안을 소개한다.

① 학교안전계획의 책정과 내용의 충실

국가는 조속히 모든 학교에서 학교안전계획을 책정하고, 필요한 정보를 수집함과 동시에 적극적으로 정보를 제공한다. 일본스포츠진흥센터(독립행정법인)는 재해공제급부사업에 따른 사고 데이터를 학교사고 방지 대책에 활용할 수 있도록 정리·분석한 후, 학교 현장에 알기 쉽게 제공하고 시스템 이용을 홍보한다. 국가는 학교가 작성하는 학교안전계획을 PDCA사이클에 의하여 재검토하도록 학교를 독려하고 외부 전문가 조언체제를 갖추도록 한다. 국가는 국제안전학교(International safe school) 등 우수한 대처시스템이 각 설치자의 판단에 따라 진행될 수 있도록 정보를 제공한다.

② 학교에서의 인적 체제의 정비

국가는 교장, 담당 교직원 연수가 지자체에서 실시되도록 체제를 정비하고 관련 정보를 제공하는 등 지원토록 한다. 지자체는 지역학교 안전지도원(School

---

5 (1) 안전교육에서의 주체적으로 행동하는 태도 및 공조(共助)·공조(公助)의 시점 (2) 교육 방법의 개선 (3) 안전교육 관련 시간 확보 (4) 피난 훈련 방식 (5) 아동, 생도 등의 상황에 맞춘 안전교육 (6) 정보 사회에의 대응 (7) 원자력 재해에의 대응

6 (1) 학교시설의 안전성 확보를 위한 정비 (2) 학교에서의 비상시 안전 관련 설비 정비 충실

7 (1) 학교 안전계획의 책정과 내용 충실 (2) 학교에서의 인적체제의 정비 (3) 학교에서의 안전점검 (4) 학교안전에 관한 교직원 연수 등의 추진 ① 교직원 연수를 추진 ② 교직을 목표로 하는 학생에 대한 학교 안전교육 (5) 위험등 발생시 대처요령의 작성과 사건·사고 재해가 발생했을 경우의 대응

8 (1) 지역사회와의 연계 추진 (2) 가정과의 연계 강화

guard leader), 학교방재 어드바이저, 학교안전 외부전문가 협력체제를 조성할 필요가 있다.

③ 학교에서의 안전 점검

학교와 학교설치자는 학교나 통학로에서 안전을 확보하기 위해 보호자나 지역 자원봉사자의 협력을 바탕으로 안전환경 구축에 노력한다. 도로관리자나 경찰과 협동하여 교통안전, 방범, 방재 등의 관점에서 통학로를 정기적으로 점검하고 그 결과에 따라 적절한 조치 강구한다. 학교시설, 설비, 비품에 대해 매학기 1회 이상 정기적으로 안전 점검을 실시하고 중장기적인 안전 점검 실시 등을 규정화할 필요가 있다. 정기 안전 점검 경우 학생, 보호자, 전문가 등도 참가함이 바람직하다.

④ 학교안전에 관한 교직원 연수 등의 추진

국가는 교직원 연수를 지방공공단체에서 실시하는 체제를 갖추어야 한다. 교직원지원기구(독립행정법인)는 관련 교직원 대상 연수회를 실시한다. 교원 면허 갱신의 경우 필수 강습 영역인 "학교에서의 위기 관리상의 과제"에서, 충실하게 학교안전교육이 되도록 정보제공 등 시스템을 검토한다. 국가는 교원양성단계에 있는 학생을 대상으로 한 학교 안전교육에 대해 각 대학의 자율성을 감안하여 교원양성과정에서 배워야 할 내용을 정리하고 학교안전과 관련된 강의개설 및 교육실습시 학교안전에 관한 업무 실시 등 적극적인 대응이 이루어지도록 촉진한다. 대학의 교원양성과정에서 학교위기에 대한 예방프로그램을 개발하거나 연구수업 등에 활용하는 방안 등을 국가가 지원하도록 한다.

⑤ 위험발생시 대처요령의 작성과 사건·사고 불행이 생겼을 경우의 대응

국가는 국가수준 매뉴얼을 작성하여 학교나 학교설치자가 위험 등이 발생할 경우 신속하게 대처(위기관리 매뉴얼 작성)토록 촉구한다. 국가는 학교가 위기관리 매뉴얼을 재검토하도록 하고 외부전문가나 퇴직교장 등으로부터 적절한 조언을 받는 체제를 갖추도록 한다. 한편, 효과적인 방안 추진체제 정비에 필요한 사항은 국가와 지방공공단체 추진체제로 나뉘어 제시되었다.

⑥ 국가에서의 학교안전 추진체제 정비

국가는 학교설치자 등의 이해를 얻어 학교 현장이 부담이 되지 않도록 기존의 조사나 내용을 활용하는 등 배려하고, 학교안전 주요 영역의 실태를 파악하며, 일본 스포츠진흥센터와 연구기관, 학회 등과도 연계해 국내외 대응을 포함하여 조사·분석을 강화한다. 학교안전 대책 상황을 파악하는 데 중요한 지표를 국가에서 적절하게 파악하며, 본 추진 계획에 나타난 구체적 시책을 착실히 실시하여 개선 상황을 정기적으로 진행 관리하고 결과를 공표한다. 국가는 관계자의 학교안전에 관한 활동의 원활화를 위해, 학교안전을 추진하기 위한 관련 정보를 폭넓게 수집·제공한다. 국가는 학교안전 담당자 회의 등을 활용하여 국가와 지방의 역할에 유의하면서 국가시책에 대해 충분한 이해를 얻을 수 있도록 한다. 국가는 안전교육을 담당하는 부서의 체제를 내실화하고 학교에서의 충실한 지도를 도모할 수 있도록 필요한 조건을 정비한다.

⑦ 지방공공단체의 학교안전 추진체제 정비

지방공공단체는 공립학교에 대해 설치자로서 책임을 지며 사립학교, 국립학교 설치자 간에서도 연계를 추진하며 지역의 학교 안전 대책의 내실화를 도모하며, 각 학교는 사립학교간의 네트워크나 지자체와 공립학교 등과의 연계가 바람직하다. 지방공공단체는 학교안전을 추진하는 교육위원회 등과 지역의 생활 안전이나 방재를 담당하는 부서 간 상호 밀접한 연계를 도모하는 동시에 관계기관, 민간단체 등과의 연계를 한층 더 심화해야 한다.

(3) 학교안전 관련 문부과학성 사업 일람

학교 및 학교 설치자의 대처를 촉구하는 사항 및 법령 등을 바탕으로 조치하도록 되어 있는 사항은 〈표 12-2〉와 같다.

| 표 12-2 | 법령에 근거한 학교 안전조치 및 설치자에 대한 촉구 현황 |

항목	현황(2010년 점검당시)
학교안전 계획 책정(법령)	92.3%
위험 발생 시 대처요령 작성 (교육, 재해안전, 교통안전, 생활안전을 포함)	97.8%(방범 대처요령만을 포함한 수)
학교안전 점검 실시(법령)	91.0%
학교안전 설비정비(설치자에 대한 촉구사항) • 심장제세동기(AED) • 방범감시시스템 • 통보시스템 • 안전을 지키기 위한 기구 등	 82.2% 76.2% 94.2% 88.2%

주: 2010년 문부과학성 자료로서 기타 설치자에 대한 촉구 사항으로는 학교안전에 관하여 지도적인 역
할을 하는 교직원 대상 연수를 실시, 지역학교 안전지도원(School guard leader)의 배치, 인터내셔널
세이프 스쿨(International safe school) 인증교 등이 있음

(4) 아동복지법 개정을 통한 교육복지의 추진 통지문

2010년 12월 10일에 공포된 「장애자 제도개혁추진본부등의 검토를 바탕으
로 장애복지시책을 검토하기까지의 기간 동안 장애자 등 지역생활을 지원하기
위한 관련 법률 정비에 관한 법률」(2010, 법률71호)에 의해 「아동복지법」 및 「장
애인 자립지원법」의 일부가 개정되어 2012년 4월부터 상담 지원의 내실화 및 장
애아 지원이 강화되었다.

① 상담 지원의 충실

개정법에 따라 아동복지법에 근거한 장애아 통소지원 또는 장애인 자립지원
법에 근거한 거택서비스 등의 장애 복지 서비스를 이용하는 모든 장애아에 대해
원칙으로서 「장애아 지원이용계획」 등을 작성하게 되었다.

② 장애아 지원 강화

종전의 '신체에 장애가 있는 아동 및 지적 장애 아동'에, '정신에 장애가 있
는 아동'을 추가하였다(아동복지법 개정).

③ 장애아 시설의 일원화

종전의 장애아 시설은 지적장애아 시설, 지적장애아 통원 시설, 시각·청각 장애아 시설, 지체부자유아 시설, 중증심신장애아 시설 등 장애 종류로 나뉘었으나, 통소에 의한 지원을 '장애아 통소지원'[9]으로, 입소에 의한 지원을 '장애아 입소지원'[10]으로 일원화한다.

장애아 통소지원

장애아 입소지원

④ 방과후 등 데이서비스(Day Service)의 신설

학령기 장애아의 방과후 등 대책을 강화하기 위해 장애아 통소지원의 하나로서 2012년 4월부터 방과후 등 데이서비스[11]가 신설되었다. 대상은 아동복지법상 학교(유치원 및 대학 제외)에 취학 중인 장애아이고, 수업 종료 후 또는 휴무일에 생활 능력 향상을 위해 필요한 훈련, 사회와의 교류를 촉진한다는 것이다. 종전의 「장애인 자립지원법」에 근거한 아동 데이서비스에서는 특별지원학교 등과 아동 데이서비스 사업소 간 교환은 가산대상이 아니었으나, 본 서비스의 개설에 따라 특수학교 등과 방과후 등 데이서비스 사업소 간의 교류가 새롭게 가산의 대상이 되었다.

⑤ 보육소 등 방문 지원의 신설

개정법에 의해 탁아소 등에서의 집단생활 적응지원을 위해 장애아 통소지원의 하나로서, 2012년 4월부터 '보육소 등 방문지원'이 신설되었다. 이 서비스는 방문지원요원(장애아 지원에 상당한 지식·기술과 경험이 있는 아동 지도원, 보육사, 기능훈련 담당 직원 등)이 보육소 등을 정기적으로 방문해, 집단생활 적응을 위한 전문적인 지원을 실시하는 것이다. 방문지로서 보육소, 유치원 등 취학 전 아이가 다니는 시설 외에, 취학 후에도 취학 전의 지원 방법을 계승하는 등 원활한 이행을

---

9 아동발달지원, 의료형 아동발달지원, 방과후 등 데이서비스(Day Service) 및 보육원 등 방문지원 지칭.

10 장애아 입소시설에 입소하거나, 또는 지정의료기관에 입원하는 장애아에 대해 실시되는 보호, 일상생활지도 및 지식기능부여와 중증심신장애아에게 실시되는 치료를 말한다.

11 데이서비스(Day Service)란 학교(유치원 및 대학 제외)에 취학 중인 장애아에 대하여 수업 종료후 또는 휴무일에 아동발달 지원센터 그 외의 후생노동성령에서 정하는 시설에 보내, 생활능력의 향상을 위해서 필요한 훈련 및 사회와의 교류촉진 기타 편의를 공여하는 것을 말한다.

데이서비스
(Day Service)

도모할 필요가 있는 등의 경우에는, 초등학교 등을 방문하는 것도 고려한다. 지원 내용은, 수업의 보조나 간호 업무가 아니라 장애아 본인에 대한 지원(집단 적응을 위해 필요한 훈련 등), 방문지 시설의 직원에 대한 지원(지원 방법 등에 관한 정보 공유나 지도 등) 등이다.

**장애아
통소지원사업소**

⑥ 개별 지원계획의 작성

장애아 통소지원사업소 등에 있어서 계획적인 지원과 질의 향상을 위해 장애아 통소지원사업소 등에 아동 발달 지원 관리 책임자를 배치하는 것이 의무화되었다. 이로써 장애아 통소지원사업소 등을 이용하는 모든 장애아를 대상으로 이용자 및 그 가족의 요구 등을 반영하여 장애아 입소 지원 및 장애아 통소 지원에 관한 개별 지원계획을 작성하고, 효과적으로 그리고 적절히 장애아 지원을 실시함과 동시에 지원에 관해 객관적으로 평가하게 되었다. 학령기의 장애아가 장애아 통소지원사업소 등을 병행하여 이용하는 경우도 예상되므로, 장애아 통소지원사업소 등의 아동 발달 지원 관리 책임자와 교사 등이 연계하고, 보호자의 양해를 얻어 장애아 통소지원 등에서의 개별 지원 계획과 학교에서의 개별 교육 지원 계획 등과의 연계를 확보하여 상승효과를 겨냥한다.

2 교육복지 및 학생안전 관련 법령

가. 헌법상 교육복지 및 학생안전

국민의 안전보장

헌법에 '교육복지 및 학생안전'을 직접적으로 규정하고 있지 않으나 '국민의 안전보장'과 '공공의 복지보호' 규정을 통해 간접적인 보장 근거를 살펴볼 수 있다. 이른바 맥아더 미군정이 정초하여 제정된 평화주의 일본국헌법 정신에 반영된 국민의 안전과 생존유지에 대한 결의는 다음과 같다.

"일본 국민은 영구적 평화를 염원하고 인간 상호관계를 지배하는 숭고한 이상을 깊이 자각하여, 평화를 사랑하는 모든 국민의 공정과 신의를 신뢰하여 우리들의 안전과 생존을 지키고자 결의한다."[12]

일본국 헌법은 인권 및 사회권 보장 조항(제25~28조)을 두고 있고, 국민 개인의 자유와 국가가 충돌하는 경우 자유를 우선시하는 원칙을 규정했다(위헌심사권에 의한 기본적인 인권 보호 등). 또한 자유와 권리의 남용 금지와 공공복지를 위해 이용할 책임을 부과하고 있다. "제12조는 국민은(헌법이 보장하는) 자유와 권리를 남용해서는 안되고 늘 공공의 복지를 위하여 이를 이용할 책임을 진다."[13]

'공공복지'의 의미는 과거에는 인권 밖에 있는 사회 전체의 이익을 지칭했으나(일원적 외재 제약설), 현재는 '공공복지'에 국가적 이익과 사회적 이익을 포함하여 해석하는 것이 다수설이다.

개인의 행복추구권의 제한 논거로서 공공복지 규정은 헌법 제13조 "모든 국민은 개인으로서 존중된다. 생명, 자유 및 행복추구에 대한 국민의 권리에 관하여 공공의 복지에 반하지 않는 한 입법 기타 국정상 최대한 존중할 필요가 있다."는 데서 찾을 수 있다.

거주·이전·직업선택의 자유 제한 논거로서 공공복지 규정은 헌법 제22조이며 "누구라도, 공공의 복지에 반하지 않는 한 거주·이전 및 직업선택의 자유를 갖는다."고 규정한다. 국가의 사회복지 증진 노력 의무규정인 제25조 역시 "국가는 모든 생활국면에서 사회복지, 사회보장 및 공중위생의 향상 및 증진에 노력하지 않으면 안된다."고 국가의 의무로 하고 있다. 공공의 복지에 적합한 재산권 내용 규정은 제29조로서 "재산권은 이를 침범해서는 안된다. 재산권의 내용은 공공의 복지에 적합하도록 법률로 이를 정한다."

결론적으로, 일본의 헌법상 '국민의 안전보장'에 '학생의 안전보장' 역시 내

공공복지

학생의 안전보장

---

12 일본국 헌법 전문(발췌) 日本国民は、恒久の平和を念願し、人間相互の関係を支配する崇高な理想を深く自覚するのであつて、平和を愛する諸国民の公正と信義に信頼して、われらの<u>安全</u>と生存を保持しようと決意した。

13 일본국 헌법 제12조 国民は、これを濫用してはならないのであつて、常に公共の福祉のためにこれを利用する責任を負ふ。

포되어 보장되고 있으며, 집단으로 행해지는 공교육 체제의 특성상 학생 개인과 학교 집단의 안전을 동시에 보장하는 것이 헌법 정신이라 할 것이다.

동시에 교육과 학습에 관한 국민의 기본권 역시 공공의 복지 보호에 반하지 않는 한 보호된다 할 것이며, 반대로 공공의 복지의 일환으로 해석될 수 있는 공교육 자체는 개인의 학습권 보장이라는 복지보장의 내용이면서 국민 전체의 교육권이라는 점에서는 공공의 복지에 해당한다. 그리고, 경우에 따라서는 국민 전체의 균등한 교육여건을 조성하는 공공복지의 증진 차원에서 개인의 학습의 자유가 어느 정도 제한 될 수밖에 없는 것이다. 이른바 국가표준화에 의하여 제약받은 학습 및 교육의 자유 제한이나 의무교육에 따른 학교선택의 자유 제한은 그 대표적인 예라 할 것이다.

나. 교육기본법상 교육복지 및 학생안전

교육기본법에서 교육복지 및 학생인권을 직접 언급하지는 않고 있다. 다만, 전문에서 "세계 평화와 인류의 복지 향상에 공헌하는 것"[14]을 목표로 규정한다.

교육복지 실현의 방법적 기초로서 기회균등을 규정하고 있고, 수학능력 이외의 능력을 통해서 차별받지 않도록 규정한다. 또한, 국가와 지방공공단체로 하여금 장애자에 대해 충분히 교육상 지원할 것을 의무로 부과하고 있으며 특별히 국가와 지방공공단체로 하여금 능력이 있음에도 불구하고 경제적 곤란자에 대하여는 장학조치 의무를 부여하고 있다.[15]

---

14 我々日本国民は、たゆまぬ努力によって築いてきた民主的で文化的な国家を更に発展させるとともに、世界の平和と人類の福祉の向上に貢献することを願うものである。

15 (教育の機会均等) 第4条 すべて国民は、ひとしく、その能力に応じた教育を受ける機会を与えられなければならず、人種、信条、性別、社会的身分、経済的地位又は門地によって、教育上差別されない。 2 国及び地方公共団体は、障害のある者が、その障害の状態に応じ、十分な教育を受けられるよう、教育上必要な支援を講じなければならない。 3 国及び地方公共団体は、能力があるにもかかわらず、経済的理由によって修学が困難な者に対して、奨学の措置を講じなければならない。

> **(전문)**
> 우리 일본국민은 꾸준한 노력으로 쌓아 온 민주적이고 문화적인 국가를 더욱 발전
> 시키는 동시에 세계의 평화와 인류의 복지향상에 공헌하는 것을 희망한다.
> **(교육의 기회균등)**
> 제4조 모든 국민은 동등하게 그 능력에 따른 교육을 받을 기회를 부여받지 않으면
> 안되며, 인종, 신조, 성별, 사회적 신분, 경제적 지위 또는 가문에 따라 교육상 차별
> 되어서는 안된다.
> 2 국가 및 지방공공단체는 장애가 있는 사람이 그 장애 상태에 따라 충분한 교육을
>   받을 수 있도록 교육상 필요한 지원을 강구하지 않으면 안된다.
> 3 국가 및 지방공공단체는 능력이 있는데도 불구하고 경제적 이유로 인해 수학이
>   곤란한 자에게 장학의 조치를 강구하지 않으면 안된다.

이러한 지원을 함에 있어서 교육행정의 기본 원칙으로 제시된 '부당한 지배 금지, 법치행정의 원리, 국가와 지방공공단체와의 역할분담 및 상호협력(제16조)'[16] 등은 교육복지행정 및 학생안전 지원행정에 있어서 지켜져야 하는 행정의 원리이자 정책추진시 하나의 가이드라인으로 작용한다.

2006년 개정된 신 교육기본법은 정부 및 지방공공단체로 하여금 「교육진흥기본계획」을 수립하고 국회에 보고할 의무를 부여하고 있는 바, 이는 정부가 추진하는 교육개혁의 추진과정에 대한 절차적 정당성을 강조함과 아울러 입법 및 재정지원을 강화[17]함으로써 그 실효성을 강화하였다는 점에서 진일보한 조치라 할 수 있다.

---

16 (教育行政) 第16条 教育は、不当な支配に服することなく、この法律及び他の法律の定めるところにより行われるべきものであり、教育行政は、国と地方公共団体との適切な役割分担及び相互の協力の下、公正かつ適正に行われなければならない。 2 国は、全国的な教育の機会均等と教育水準の維持向上を図るため、教育に関する施策を総合的に策定し、実施しなければならない。 3 地方公共団体は、その地域における教育の振興を図るため、その実情に応じた教育に関する施策を策定し、実施しなければならない。 4 国及び地方公共団体は、教育が円滑かつ継続的に実施されるよう、必要な財政上の措置を講じなければならない。

17 (教育振興基本計画) 第17条 政府は、教育の振興に関する施策の総合的かつ計画的な推進を図るため、教育の振興に関する施策についての基本的な方針及び講ずべき施策その他必要な事項について、基本的な計画を定め、これを国会に報告するとともに、公表しなければならない。 2 地方公共団体は、前項の計画を参酌し、その地域の実情に応じ、当該地方公共団体における教育の振興のための施策に関する基本的な計画を定めるよう努めなければならない。

다. 학교교육법상 교육복지 및 학생안전

학교교육법에서 교육복지 및 학생안전을 구체적으로 규정하고 있지 않다. 다만, 각급학교의 교육 목표로서 '학교의 안전'이 강조되고 있다.

의무교육으로서 이루어지는 보통교육의 목표로서 '안전하고 행복한 생활'이 언급되고 있다. 즉, 학교교육법 제21조에서 "건강, 안전하고 행복한 생활을 위해 필요한 습관을 기르는 동시에 운동을 통해 체력을 기르고 심신의 조화 발달을 도모 한다(제8호)."이다.[18]

학교교육법 제23조는 유치원 교육의 목표로서 다시 "건강, 안전하고 행복한 생활을 위해 필요한 기본적인 습관을 기르고 신체 여러 기능의 조화 발전을 꾀한다(제1호)."고 규정하고 있다. 특히 제1호의 안전하고 행복한 생활을 강조한 규정은 2007년 법 개정으로 추가되기도 했다.[19]

라. 지방교육행정법상 교육복지 및 학생안전

지방교육행정법은 학생 안전관리 및 집행의 주무기관으로서 교육위원회의 직무권한으로 열거하고 있다. 교육위원회 직무권한으로서 학생의 안전관리 및 집행에 관하여, 지방교육행정의 조직 및 운영에 관한 법률 제23조 "교육위원회는 당해 지방공공단체가 처리하는 교육에 관한 사무로 다음에 든 사항을 관리 집행한다. (1~8호에 이어), 9호(교장, 교원 기타 교육관계 직원과 함께 학생의 보건, 안전, 후생 및 복리에 관한 것)[20]"에 규정되어 있다.

---

18 第21条　義務教育として行われる普通教育は、教育基本法（2006,法律120号）第5条第2項に規定する目的を実現するため、次に掲げる目標を達成するよう行われるものとする。8．健康、安全で幸福な生活のために必要な習慣を養うとともに、運動を通じて体力を養い、心身の調和的発達を図ること。

19 第23条　幼稚園における教育は、前条に規定する目的を実現するため、次に掲げる目標を達成するよう行われるものとする。1．健康、安全で幸福な生活のために必要な基本的な習慣を養い、身体諸機能の調和的発達を図ること。

20 第23条(教育委員会の職務権限)教育委員会は、当該地方公共団体が処理する教育に関する事務で、次に掲げるものを管理し、及び執行する。9．校長、教員その他の教育関係職員並びに生徒、児童及び幼児の保健、安全、厚生及び福利に関すること。

지방공공단체의 복리후생시설 설치권 역시 이 법 제30조에 규정되어 있다. 즉, "지방공공단체는 법률로 정한 바에 따라 학교, 도서관, … 설치하는 외에, 조례로 … 복리후생에 관한 시설 기타 필요한 교육기관을 설치할 수 있다."[21]로 되어 있다.

상급 교육행정기관의 하급기관에 대한 학교안전에 관한 지도권은 제48조(문부과학대신 또는 도도부현 교육위원회의 지도, 조언 및 원조)에 나타나 있다. 즉, "문부과학대신은 도도부현 또는 시정촌에 대해, 도도부현교육위원회는 시정촌에 대해, 도도부현 또는 시정촌의 교육에 관한 사무의 적정한 처리를 도모하기 위해 (다음 사항에 관해) 필요한 지도, 조언 또는 원조를 행할 수 있다."라고 규정하면서 그 다음 사항 중 제3호에 "학교에 있어서 보건 및 안전, 학교급식에 관해 지도 및 조언을 하는 것"을 예시하고 있다.[22]

마. 아동복지법

아동복지법

(1) 입법 목적

이 법은 1947년에 제정되어 1999년에 개정된 법으로 만 18세까지의 아동[23] 및 장애아[24]의 전반적인 복지에 관하여 규정하고 있다.

---

21 第30条　地方公共団体は、法律で定めるところにより、学校、図書館、博物館、公民館その他の教育機関を設置するほか、条例で、教育に関する専門的、技術的事項の研究又は教育関係職員の研修、保健若しくは福利厚生に関する施設その他の必要な教育機関を設置することができる。

22 第48条　文部科学大臣は都道府県又は市町村に対し、都道府県委員会は市町村に対し、都道府県又は市町村の教育に関する事務の適正な処理を図るため、必要な指導、助言又は援助を行うことができる。前項の指導、助言又は援助を例示すると、おおむね次のとおりである。1．学校その他の教育機関の設置及び管理並びに整備に関し、指導及び助言を与えること。2．学校の組織編制、教育課程、学習指導、生徒指導、職業指導、教科書その他の教材の取扱いその他学校運営に関し、指導及び助言を与えること。3．学校における保健及び安全並びに学校給食に関し、指導及び助言を与えること。

23 아동은 1 유아(乳児)－만 한살 미만인 자, 2 유아(幼児)－만 한살부터 초등학교 취학 시기까지 이른 자, 3 소년－초등학교 취학 시작부터 만 18세 미만까지인 자를 말한다(§4).

24 장애란 신체에 장애가 있는 아동, 지적 장애가 있는 아동, 정신에 장애가 있는 아동(발달장애자지원법((2004) §2②의 발달장애아 포함) 또는 치료 방법이 확립되어 있지 않은 질병 그 외의 특수한 질병을 가진 장애자의 일상 생활 및 사회 생활을 종합적으로 지원하기 위한 법률(2005) §4①의 정령에서 정하는 것에 의한 장애의 정도가 동항의 후생노동대신이 정하는 정도인 아동을 말한다.

제1조는 "모든 국민은 아동의 심신이 모두 건강하게 태어나고, 자라나도록 힘써야 하며, 모든 아동은 동등하게 그러한 생활을 보장받고 애호(愛護)받아야 한다."고 규정한다. 국가 및 지방공공단체에게는 아동의 보호자와 함께 아동이 심신이 모두 건강하게 키울 책임을 지며(§2), 이는 아동의 복지를 보장하기 위한 원리이며 이 원리는 모든 아동에 관한 법령의 시행에 있어서 항상 존중되어야 한다(§3).

결국 건강한 심신과 사랑받고 보호받는 생활을 보장 받는 것은 모든 아동의 권리이며, 동시에 모든 보호자와 국가 및 지방공공단체의 공동책임이라는 것을 천명하고 있으며, 아동복지의 기본 원칙임까지도 선언하고 있다.

(2) 주요 내용

법의 내용은 제1장 총칙(정의, 아동복지심의회, 실시기관, 아동복지사, 아동위원, 보육사), 제2장 복지의 보장, 제3장 사업, 양육 수양 부모 및 시설, 제4장 비용, 제5장 국민건강보험단체연합회의 아동복지법 관계 업무, 제6장 심사청구, 제7장 잡칙, 제8장 벌칙 등 총 8개 장에 걸쳐 62개 조항으로 구성되었다. 장애아동의 요양과 보호를 위한 지자체의 조치의무, 아동의 보호자가 적절한 보육을 할 수 없는 경우 보육소 입소 등을 규정한다.

장애아 통소지원

① 장애아 통소지원 및 사업: 아동발달 지원, 의료형 아동발달 지원, 방과후 등 데이서비스 및 보육원 등 방문지원 및 사업을 말한다.
② 아동발달지원: 장애아에 대해 아동발달 지원센터 그 외 후생노동성령에서 정하는 시설에 다니게 하여, 일상생활에서의 기본적인 동작 지도, 지식기능 부여, 집단생활 적응 훈련, 기타 후생 노동성령에서 정하는 편의를 공여하는 것을 말한다.
③ 의료형 아동발달 지원: 상지(上肢), 하지(下肢) 또는 체간(体幹)의 기능장애(지체 부자유)를 가진 아동에 대해 의료형 아동발달 지원센터 또는 독립행정법인 국립병원기구 또는 독립행정법인 국립정신신경의료연구센터에 설치하는 의료기관으로 후생노동대신이 지정하는 곳에 다니게 하여 아

동발달지원 및 치료를 실시하는 것을 말한다.

④ 방과후 등 데이서비스: 학교(유치원 및 대학 제외)에 취학 중인 장애아에 대하여, 수업 종료 후 또는 휴무일에 아동 발달 지원센터, 그 외의 후생노동성령에서 정하는 시설에 보내, 생활능력의 향상을 위해서 필요한 훈련, 사회와의 교류촉진 기타 편의를 공여하는 것을 말한다.

데이서비스

⑤ 보육소 등 방문지원: 보육소 기타 아동이 집단생활을 영위하는 시설로서 후생노동성령에서 정하는 시설에 다니는 장애아에 대해 해당 시설을 방문해 해당 시설의 장애아 이외의 아동과의 집단생활 적응을 위한 전문적인 지원 기타 편의를 공여하는 것을 말한다.

⑥ 아동 자립생활 원조사업: 아동 자립생활 원조 실시에 관련된 의무 교육 종료 이동 등에 대하여 주거에서 일상생활상의 원조, 생활지도 및 취업 지원을 실시하고, 아울러 아동 자립생활 원조 실시에서 제외된 자에 대하여 상담 기타 원조를 실시하는 사업을 말한다.

⑦ 방과후 아동 건전육성 사업: 초등학교에 취학 중인 대략 10세 미만의 아동에 있어서, 해당 보호자가 노동 등으로 인해 낮 시간 동안 가정에 있지 않은 자에게 정령으로 정하는 기준에 따라 수업 종료 후 아동 후생시설 등의 시설을 이용하여 적절한 놀이 및 생활의 장소를 제공하여, 아동의 건전한 육성을 도모하는 사업을 말한다.

⑧ 육아 단기 지원사업: 보호자의 질병 및 기타 사유로 인하여 가정에서 양육을 받는 것이 일시적으로 곤란하게 된 아동에 대해서 후생노동성령으로 정하는 바에 따라 아동 양호 시설 등에 입소시켜 해당 아동에게 필요한 보호를 실시하는 사업을 말한다.

⑨ 유아가정 전호 방문사업(乳児家庭全戸訪問事業): 하나의 시정촌(특별구 포함) 구역 내에서의 원칙으로, 모든 유아가 있는 가정을 방문함으로써, 후생노동성령으로 정하는 바에 따라 육아에 관한 정보를 제공하고 유아 및 보호자의 심신상황 및 양육환경을 파악, 양육에 대한 상담에 응하며 조언 및 그 외의 원조를 실시하는 사업을 말한다.

유아가정 전호 방문사업

⑩ 지역 육아지원 거점사업: 후생노동성령에 따라 유아(乳児) 또는 유아(幼

兒) 및 그 보호자가 상호 교류하는 곳을 개설하고 육아 상담, 정보제공, 조언 및 그 외의 원조를 실시하는 사업을 말한다.

일시 수탁사업

⑪ 일시 수닥사업: 가성에서 보육을 받는 것이 일시적으로 어렵게 된 유아(乳児) 또는 유아(幼児)에 대해서 후생노동성령으로 정하는 바에 따라 주로 낮에 보육소 및 기타 장소에서 일시적으로 아동을 맡아 필요한 보호를 실시하는 사업을 말한다.

⑫ 소규모 주거형 어린이 양육사업: 아동에 대해서 후생노동성령으로 정하는 바에 따라 보호자 없는 아동 또는 보호자가 감호하는 것이 부적당하다고 인정되는 아동(요보호 아동)의 양육에 관하여 상당한 경험을 가진 자 및 기타 후생노동성령으로 정하는 자의 주택에서 양육하는 사업을 말한다.

가정적 보육사업

⑬ 가정적 보육사업: 유아(乳児) 또는 유아(幼児)이면서 시정촌이 제24조 제1항에 규정된 아동에 해당한다고 인정하는 자에 대해, 가정적 보육자(시정촌장)가 실시하는 연수를 수료한 보육사 및 기타 후생노동성령으로 정하는 자로 유아(乳児) 또는 유아(幼児) 보육을 하는 자로서 시정촌장이 적당하다고 인정한 자의 주택 및 기타의 장소에서 가정적 보육자에 의한 보육을 실시하는 사업을 말한다.

⑭ 아동복지시설: 조산시설, 유아원, 모자생활 지원시설, 보육소, 아동 후생시설, 아동양호시설, 장애아 입소시설, 아동발달지원센터, 정서 장애아단기치료시설, 아동자립지원시설 및 아동가정지원센터 등을 말한다.

아동복지심의회

⑮ 아동복지심의회: 도도부현에 아동복지심의회 및 기타 합의제기관을 설치하며, 이외 아동, 임산부 및 지적장애자 복지에 관한 사항을 조사·심의할 수 있다. 시정촌에도 조사·심의하기 위해 아동복지심의회 및 기타 합의제기관을 둘 수 있다. 심의회(20인 이내)는 도도부현 지사 및 시정촌장의 관리에 속하며 각각의 자문에 응하거나 관계 행정기관에 의견을 개진할 수 있으며, 필요할 경우 관계 행정기관 직원의 출석 설명 및 자료 제출을 요구할 수 있다(제8조).

아동상담소

⑯ 아동상담소: 도도부현은 아동상담소를 설치해야 하며 아동의 복지업무 및 장애자의 일상생활 및 사회생활을 종합적으로 지원하기 위한 업무를 수

행한다. 아동상담소에는 소장 및 소원(所員)을 두는데, 소장은 일정 자격자 중[25]에서 임명하며, 소원은 아동 복지사 자격을 가진 자[26]이어야 한다.

⑰ 아동위원(兒童委員): 시정촌의 구역에 아동위원을 두는데, 민생위원법에 의한 민생위원은 아동위원으로 임명되고 아동위원은 여섯 가지 직무[27]를 실시한다(제16~17조).

아동위원(兒童委員)

⑱ 보육사: 전문적 지식과 기술을 가지고, 아동 보육 및 아동의 보호자를 대상으로 보육에 관한 지도를 실시하는 것을 업무로 하는 자[28]를 말한다 (제18조의4, 6).

보육사

⑲ 비용: 도도부현이 제27조 제1항 제3호에 규정된 조치에 따라, 국가가 설치하는 아동 복지 시설에 입소시키는 자에 대하여 입소 후 필요한 비용을 국고에서 지불한다(제49조의2).

⑳ 도도부현 지불 비용(§50)[29]과 시정촌 지불 비용으로 나눠 규정하고 있다

---

25 다음 각 호 중 하나에 해당하는 사람이어야 한다. 1 의사로서, 정신 보건에 관하여 학식 경험을 가진 자 2 대학에서, 심리학을 배우는 학과 또는 이에 상당하는 과정을 밟고 졸업한 자 3 사회복지사 4 아동의 복지에 관한 사무를 관장하는 직원(아동복지사)으로서 2년 이상 근무한 자 또는 어린이 상담원인 자격을 얻은 뒤 2년 이상 직원으로 근무한 자 5 전 각 호에 해당하는 자와 동등하거나 이상의 능력을 가진다고 인정되는 자

26 1 후생노동대신이 지정하는 아동 복지사 혹은 아동 복지 시설의 직원을 양성하는 학교 및 기타 시설을 졸업하거나 후생노동대신 지정 강습회 과정을 수료한 자 2 학교교육법에 의거하여 대학 또는 구 대학령에 의거한 대학에서, 심리학, 교육학 혹은 사회학을 전공하는 학과 또는 이에 상당하는 과정을 밟고 졸업한 자로, 후생노동성령으로 정하는 시설에서 1년 이상 아동 및 그 외의 자의 복지에 관한 상담에 대응, 조언, 지도 및 기타 원조를 실시하는 업무에 종사한 자 3 의사 3의 2 사회복지사 4 사회복지주사로서, 2년 이상 아동 복지 사업에 종사한 자 5 전 각호에 해당하는 자와 동등 이상의 능력을 가진다고 인정되는 사람으로, 후생노동성령으로 정한 자

27 1 아동 및 임산부를 대상으로, 생활 및 둘러싼 환경 상황을 적절히 파악해 둘 것. 2 아동 및 임산부를 대상으로, 보호, 보건 기타 복지와 관련하여, 서비스를 적절히 이용하는 데 필요한 정보를 제공하고 기타 원조 및 지도를 실시할 것. 3 아동 및 임산부와 관련하여, 사회 복지를 목적으로 하는 사업을 경영하는 자 또는 건강한 아동의 육성에 관한 활동을 실시하는 자와 밀접히 연계하여, 그 사업이나 활동을 지원할 것. 4 아동 복지사 또는 복지 사무소의 사회 복지 주사가 실시하는 직무에 협력할 것. 5 건강한 아동의 육성에 관한 기운 양성에 힘쓸 것. 6 전 각 호에 제시하는 것 외, 필요에 따라, 아동 및 임산부의 복지 증진을 도모하기 위한 활동을 수행할 것.

28 1 후생노동대신이 지정하는 보육사 양성 학교 기타 시설(지정 보육사 양성시설)을 졸업한 자 2 보육사 시험에 합격한 자

29 1 도도부현 아동 복지 심의회에 필요한 비용 2 아동 복지사 및 아동 위원에 필요한 비용 3 아동 상담소에 필요한 비용(제9호의 비용 제외) 4 삭제 5의1 제20조의 조치에 필요한 비용 5의2 제21조 5의 사업 실시에 필요한 비용
6의1 도도부현이 설치하는 조산(助産) 시설 또는 모자 생활 지원 시설에 대해 시정촌이 행하는 조산

(제51조).[30]

바. 학교보건안전법

(1) 입법 목적

이 법률은, 학교[31]에서의 아동, 생도[32] 등 및 직원의 건강의 유지·증진을 위

(助産)의 실시 또는 모자 보호의 실시에 필요한 비용(조산의 실시 또는 모자 보호의 실시에 관하여 제45조 제1항의 기준을 유지하기 위한 비용을 말한다. 제6호의3 및 다음 조 제3호에서 동일함)

6의2 도도부현이 설치하는 보육소에서 보육을 하는데 필요한 보육 비용(보육소에서 보육을 하는 것에 대해 제45조 제1항의 기준을 유지하기 위한 비용을 말한다. 다음 조 제4호 및 제5호 및 제56조 제3항에서 동일함)

6의3 도도부현이 행하는 조산(助産)의 실시 또는 모자 보호의 실시에 필요한 비용

6의4 장애아 입소 급부비, 고액 장애아 입소 급부비 혹은 특정 입소 장애아 식비 등 급부비 또는 장애아 입소 의료비(이하 "장애아 입소 급부비 등"이라 함)의 지급에 필요한 비용

7의1 도도부현이, 제27조 제1항 제3호에 규정하는 조치를 취한 경우에, 입소 또는 위탁에 필요한 비용 및 입소 후의 보호 또는 위탁 후의 양육에 대해, 제45조 제1항 또는 제45조의2 제1항의 기준을 유지하기 위하여 필요한 비용(국가가 설치하는 유아원, 아동 양호 시설, 장애아 입소 시설, 정서 장애아 단기 치료 시설이나 아동 자립 지원 시설에 입소시킨 아동에 대해, 그 입소 후에 필요한 비용 제외)

7의2 도도부현이, 제27조 제2항에 규정된 조치를 취한 경우, 위탁 및 위탁 후의 치료 등에 필요한 비용

7의3 도도부현이 실시하는 아동 자립 생활 원조의 실시에 필요한 비용

8 일시 보호에 필요한 비용

9 아동 상담소의 설비 및 도도부현이 설치하는 아동 복지 시설의 설비 및 직원 훈련 시설에 필요한 비용

30 1 장애아 통소 급부비, 특례 장애아 통소 급부비 혹은 고액 장애아 통소 급부비 또는 지체부자유아 통소 의료비 지급에 필요한 비용 2 제21조6의 조치에 필요한 비용 3 시정촌이 하는 조산(助産)의 실시 또는 모자 보호 실시에 필요한 비용(도도부현이 설치하는 조산 시설 또는 모자 생활 지원 시설에 관련된 것은 제외) 4 시정촌이 설치하는 보육소에서 보육을 하는데 필요한 육아 비용 5 도도부현 및 시정촌 이외의 자가 설치하는 보육소에서 보육에 필요한 육아 비용 6 장애아 상담 지원 급부비 또는 특례 장애아 상담 지원 급부비 지급에 필요한 비용 7 육아 단기 지원 사업의 실시에 필요한 비용 8 전 유아 가정 방문 사업 실시에 필요한 비용 9 양육 지원 방문 사업의 실시에 필요한 비용 10 가정적 보육 사업의 실시에 필요한 비용 11 시정촌이 설치하는 아동 복지 시설의 설비 및 직원 양성 시설에 필요한 비용 12 시정촌 아동 복지 심의회에 필요한 비용

31 학교란 학교교육법(1947, 법률 제26호) 제1조에 규정된 학교를 말한다. 즉, 유치원, 소학교, 중학교, 의무교육학교, 고등학교, 중등교육학교, 특별지원학교, 대학 및 고등전문학교를 말한다. 第一条　この法律で、学校とは、幼稚園、小学校、中学校、義務教育学校、高等学校、中等教育学校、特別支援学校、大学及び高等専門学校とする。

32 본 법률에서 '아동 생도 등'이란, 학교에 재학하는 유아, 아동, 생도 또는 학생을 말한다. 일본에서 초등학생은 아동, 중·고등학생은 생도, 대학생은 학생으로 호칭한다.

해 학교에서의 보건관리에 관한 필요한 사항을 정하고, 학교에서의 교육활동이 안전한 환경에서 실시되어 아동과 생도 등의 안전이 확보될 수 있도록 학교에서의 안전관리에 관한 필요한 사항을 정하여 학교교육의 원활한 실시와 그 성과의 확보에 기여하는 것을 목적으로 한다(제1조). 다시 말해 이법은 학교안전에 관한 기본법이라고 할 수 있다.

　학교안전에 관한
기본법

　　이 법은 원리 학교보건법으로 출발하였으나 2009년 4월에 개정하여 학교보건안전법이 되었다. 그 이유는 당시 교육법학의 연구나 학교안전에 대한 사회적 요청을 받아들인 중앙교육심의회가 2008년 1월에 「어린이의 심신의 건강을 지키고 안전·안심을 확보하기 위한 학교전체로서의 대비 방책에 대해서」 답신을 낸 것이 계기가 되었다.

(2) 주요 내용

① 법의 구성

　　4개 장 32개 조항으로 구성되어 있는바, 제1장 총칙, 제2장 학교보건(학교의 관리운영등, 건강상담등, 건강진단, 감염증의 예방, 학교보건기사 및 교의, 학교치과의사, 학교약사, 지방공공단체의 원조 및 국가보조), 제3장 학교안전, 제4장 잡칙이다.

② 국가 및 지방공공단체의 책무

　　국가 및 지방공공단체는, 서로 연계를 도모하고 각 학교에서 보건 및 안전에 관한 대응이 확실하고 효과적으로 실시되도록 학교에서의 보건 및 안전에 관한 최신 정보 및 사례를 바탕으로, 재정상의 조치 및 기타 필요한 시책을 강구한다. 국가는 각 학교에서의 안전에 관한 대응을 종합적이고 효과적으로 추진하기 위해, '학교안전 추진에 관한 계획'의 책정 기타 필요한 조치를 강구한다. 지방공공단체는 국가가 강구하는 앞의 조치에 준한 조치를 강구하도록 힘써야 한다(제3조).

③ 학교안전에 관한 학교 설치자의 책무

　　학교 설치자는, 아동, 생도 등의 안전을 도모하기 위해 설치학교에서 사고,

가해행위, 재해 등(사고등)에 의하여 아동, 생도 등에게 발생하는 위험을 방지하고, 사고 등에 의해 아동, 생도 등에게 위험 또는 위해가 실제로 생긴 경우, 적절히 대처할 수 있도록, 해당 학교의 시설 및 설비 및 관리 운영 체제 정비의 내실화 및 기타 필요한 조치를 강구하여야 한다(제26조).

학교안전계획의 책정

④ 학교안전계획의 책정 등

학교에서는, 아동, 생도 등의 안전확보를 위해 해당 학교의 시설 및 설비의 안전점검, 아동, 생도 등에 대한 통학을 포함한 학교생활 및 기타 일상생활에 있어서의 안전에 관한 지도, 직원 연수 기타 학교에서의 안전에 관한 사항에 대해 계획을 책정하고 이를 실시해야 한다(제27조).

⑤ 학교 환경 안전 확보

교장은 해당 학교의 시설이나 설비에 대해서 아동, 생도 등의 안전을 도모하는데 지장이 되는 사항이 있다고 인정된 경우에는, 지체 없이 개선을 도모하기 위해서 필요한 조치를 강구하거나 해당 조치를 강구할 수 없을 때는 해당 학교 설치자에게 그 취지를 알린다(신고함)(제28조).

⑥ 위험 등 발생시 대처 요령의 작성 등

학교에서는 아동, 생도 등의 안전을 위해 해당 학교의 실정에 따라 위험 발생시 해당 학교의 직원이 취해야 하는 조치의 구체적 내용 및 절차를 정한 대처 요령을 작성한다. 교장은 직원을 대상으로 위험 등 발생시 대처요령의 주지, 훈련의 실시 및 기타 위험 등 발생시 직원이 적절히 대처하는 데 필요한 조치를 강구한다. 학교에서는 사고 등에 의해 아동, 생도 등에게 위해가 발생한 경우, 심리적 외상, 기타 심신의 건강에 영향을 받은 경우, 기타 관계자의 심신의 건강을 회복시키기 위해서 필요한 지원을 실시한다(이 경우 제10조 준용)(제29조).

⑦ 지역 관계 기관 등과의 연계

학교에서는 아동, 생도 등의 안전 확보를 위해, 아동, 생도 등의 보호자와의 연계를 도모함과 함께, 해당 학교 소재 지역의 실정에 따라, 해당 지역 관할 경찰서 및 기타 관계 기관, 지역의 안전을 확보하기 위하여 활동하는 단체 및 기타 관계 단체, 해당 지역 주민, 기타 관계자와의 연계를 도모하도록 노력한다(제30조).

⑧ 학교 설치자의 사무 위임

학교설치자는 다른 법률에 특별 규정이 있는 경우를 제외하고 이 법률에 근거해 처리해야 할 사무를 교장에게 위임할 수 있다(제31조).

⑨ 정부의 검토 의무 부과

정부는 본 법률 시행 후 5년을 경과한 경우에, 이 법률에 의한 개정 후의 규정 시행 상황에 대해 검토를 하고, 필요하다고 인정될 때는 그 결과에 근거하여 필요한 조치를 강구한다(부칙 제2조).

사. 취학곤란아동장려법

취학곤란 아동장려법

(1) 입법 목적

이 법은 교육기본법에서 정한 국가 및 지방자치단체의 의무로서 규정[33]한 '경제적 곤란자에 대한 장학 조치'에 근거한 것이다. 1956년 3월 30일(법률 제4호)에 '취학 곤란 아동 및 생도에 관련된 취학 장려에 대한 국가원조에 관한 법률'(약칭 취학곤란아동장려법)이 제정되었다.

이 법률은 경제적 이유로 인해 취학이 곤란한 아동 및 생도에게 학용품을 급여하는 등 취학을 장려하는 지방공공단체에 대해서 국가가 필요한 원조를 제공하는 것으로서, 특히 소학교 및 중학교, 중등교육학교의 전기과정에서의 의무교육의 원활한 실시에 기여하는 것을 목적으로 한다(제1조).

---

[33] 일본 교육기본법 제4조 제3항 국가 및 지방공공단체는 능력이 있음에도 불구하고 경제적 이유에 의해 수학이 곤란한 자에 대하여 장학 조치를 강구하지 않으면 안된다. 3 国及び地方公共団体は、能力があるにもかかわらず、経済的理由によって修学が困難な者に対して、奨学の措置を講じなければならない。

한편, 같은 취지로 1956년에는 '취학 곤란 아동을 위한 교과용 도서의 급여에 대한 국가 보조에 관한 법률(법률 제40호)'이 제정되었다.

(2) 주요 내용

① 국가의 보조

국가는, 시(특별구 포함), 정, 촌이 해당 구역 내에 주소를 갖고 있으며, 학령 아동 또는 학령학생의 보호자로서 생활보호법에 규정된 요보호자에 대해서 아동, 생도와 관련된 다음의 비용 등(제13조상 교육부조가 이루어지는 경우, 해당 교육부조에 관한 제1호 또는 제2호는 제외)을 지급하는 경우에는, 예산 범위 내에서 이에 필요한 경비를 보조한다(제2조). — 1. 학용품 또는 구입비, 2. 통학에 필요한 교통비, 3. 수학 여행비

② 보조 기준 및 범위 근거

국가가 보조를 실시하는 경우의 보조 기준 및 범위에 대해서는 정령으로 정한다(제3조)고 하여, 정령이 제정되었는 바, 「취학 곤란 아동 및 생도에 관련된 취학 장려에 대한 국가 원조에 관한 법률 시행령」(1956.4.5. 정령 제87호)이 그것이다.

③ 학용품에 관련된 보조의 기준 및 범위

이에 따르면 국가보조는 시정촌이 보호자에게 그 보호자가 아동 또는 생도를 위해 구입할 필요가 있는 학용품의 전부 또는 일부와 관련하여 현물 또는 구입비를 지급할 경우, 지급한 학용품 가격 또는 구입비 총액의 2분의 1에 대하여 실시하는 것으로 한다. 단, 해당 총액은 아동이 사용하는 학용품 또는 학생이 사용하는 학용품에 대해 각각 문부과학대신이 매년 정하는 액수에 해당 아동 또는 학생 수를 각각 곱해서 얻은 액수의 합계액의 범위 내에서 문부과학대신이 정하는 금액을 한도로 한다. 보조의 범위는 아동 또는 학생이 일반적으로 필요로 하는 학용품 가격 또는 구입비의 금액으로 한다(제1조).

④ 통학에 필요한 교통비와 관련되는 보조의 기준 및 범위

국가보조는 시정촌이 보호자에게 그 보호자가 아동 또는 학생을 위해 부담할 필요가 있는 통학에 필요한 교통비 중 규정된 보조의 범위의 것 전부 또는 일부를 지급할 경우에 지급한 통학에 필요한 교통비 총액의 2분의 1에 대하여 행하는 것으로 한다. 보조범위는 아동 또는 학생이 가장 경제적인 통상 경로 및 방법에 의해 통학하는 경우의 교통비로 문부과학대신이 정하는 금액으로 한다(제2조).

⑤ 수학여행비와 관련된 보조의 기준 및 범위

국가보조는 보호자에게 그 보호자가 아동 또는 학생을 위해 부담할 필요가 있는 수학여행비 중 다음 항에 규정된 보조 범위의 것 전부 또는 일부를 지급할 경우, 그 지급한 수학 여행비 총액의 2분의 1에 대하여 행하는 것으로 한다. 해당 총액은 아동에 관한 수학 여행비 또는 생도에 관한 수학 여행비에 대해 각각 문부과학대신이 매년 정하는 액수에, 해당 아동 또는 생도 수를 각각 곱해서 얻은 액수의 합계액의 범위 내에서 문부과학대신이 정하는 액을 한도로 한다. 보조의 범위는 아동 또는 생도가 소학교 또는 중학교(중등교육학교의 전기과정을 포함)를 통해 각각 한 번 참가한 수학여행 필요 경비 중 수학여행에 직접 필요한 교통비, 숙박비 및 관람료의 금액으로 한다(제3조).

아. 청소년안전인터넷법

청소년안전인터넷법

(1) 입법 목적

이 법률은 인터넷에서 청소년 유해 정보가 많이 유통되는 상황을 비추어 볼 때, 청소년이 인터넷을 적절히 활용하는 능력을 습득하는 데 필요한 조치를 강구하고, 청소년 유해 정보 필터링 소프트웨어의 성능 향상 및 이용의 보급 및 그 외 청소년이 인터넷을 이용해 청소년 유해 정보를 열람할 기회를 최소화하기 위한 조치 등을 강구함으로써, 청소년이 안심하고 안전하게 인터넷을 이용할 수 있도록 하여 청소년의 권리 옹호에 기여하는 것을 목적으로 한다(제1조).

이 법이 제정된 배경은 문부과학성 중앙교육심의회가 「학교안전 추진에 관한 계획의 책정에 대해서」 답신서(2012.3.21.)를 보고하면서 학교안전을 추진하기 위한 방안으로 7개 빙안을 제시하였다. 여기에는 '정보사회에의 대처' 내용을 포함하고 있고, 중앙교육심의회는 '청소년을 둘러싼 유해환경대책 추진'을 제안한 것이 계기가 되었다.[34]

「청소년이 안전하게 안심하여 인터넷을 이용할 수 있는 환경 정비 등에 관한 법률」(약칭 청소년안전인터넷법, 2008.6.18, 법률 제79호)은 정보사회의 대처라는 입법취지의 법률이다. 청소년은 18살 미만인 자이며, 청소년 유해 정보란 인터넷을 이용하여 대중이 열람할 수 있도록 제공되고 있는 정보로서, 청소년의 건전한 성장을 현저히 저해하는 것[35]을 말한다.

(2) 주요 내용

① 국가·지방공공단체의 책무

청소년이 안심하고 안전하게 인터넷을 이용할 수 있도록 하기 위한 시책을 책정·실시할 책무를 진다.

② 관계 사업자의 책무

사업의 특성에 따라, 청소년이 인터넷을 이용해 청소년 유해 정보를 열람할 기회를 최소화하기 위한 조치를 강구함과 아울러, 청소년이 인터넷을 적절히 활용하는 능력을 습득하는 것에 이바지하기 위한 조치를 강구하도록 힘쓴다.

---

34 인터넷 상의 유해정보 등으로부터 청소년을 지키기 위해, 보호자와 청소년이 직접 실천할 수 있는 계발 및 교육활동을 종합적으로 추진함을 말한다. 그 외 각 지방공공단체의 학교의 ICT환경의 정비 상황 등에 대하여 매년 정리하고, ICT환경의 정비, 활용이 착실히 추진되도록, 지방공공단체의 정보 교육담당자 등에게 그 결과를 알리는 방안, 그리고 조사연구협력자회의에 따른 학교 인터넷 지킴이(net patrol) 관련 보고서 작성방안을 제안한 바 있다(교육위원회 등이 더욱 적극적으로, 인터넷상 트러블 발견 대처에 도움이 되는 보고서를 작성하고, 전국의 교육위원회 등에 배부하여 활용하도록 촉진).

35 1 범죄 혹은 형벌 법령에 저촉되는 행위를 직접적이고 명시적으로 맡아 중개하거나, 유인하는 것, 또는 자살을 직접적이고 명시적으로 유인하는 정보 2 사람의 성 행위 또는 성기 등 음란 묘사 및 그 외 현저하게 성욕을 흥분시키거나 자극하는 정보 3 살인, 처형, 학대 등의 장면의 처참한 묘사 및 그 외 현저하게 잔학한 내용의 정보

③ 보호자의 책무

청소년의 인터넷 이용 상황을 적절히 파악하고, 그 인터넷 이용을 적절히 관리할 뿐만 아니라, 인터넷을 적절히 활용하는 능력을 습득하도록 촉진한다.

④ 연계 협력체제의 정비

국가 및 지방공공단체는 관련기관, 청소년의 인터넷 이용에 관계하는 사업을 하는 자 및 관련 활동을 실시하는 민간단체 상호 간의 연계 협력 체제의 정비에 노력한다.

⑤ 인터넷 청소년 유해 정보대책·환경정비 추진회의

내각부에 이 추진회의를 설치하며, 기본계획을 작성·실시·추진한다. 시책과 관련된 중요 사항에 대해 심의하고 회장은 내각총리대신이 임명하며, 위원은 내각관방장관, 관계행정기관의 장 및 내각부 특명 담당 대신 및 기타 국무대신 중에서 내각총리대신이 지정하는 자로 임명한다.

⑥ 휴대 ISP(휴대전화 인터넷 접속 서비스 제공 사업자)의 의무

계약의 상대방 또는 휴대전화 단말기 사용자가 청소년인 경우, 청소년 유해 정보 필터링 서비스의 이용을 조건으로 서비스를 제공해야 한다.

⑦ 보호자의 의무

청소년이 사용하기 위하여 계약을 체결하려는 경우에는 휴대폰 ISP에 그 취지를 신청해야 한다.

⑧ PC메이커 등의 의무

사전 설치 및 기타 청소년 유해 정보 필터링 소프트웨어 또는 청소년 유해 정보 필터링 서비스의 이용을 용이하게 하는 조치를 강구한 후, PC 등을 판매해야 한다.

⑨ 기타 청소년 유해 정보 필터링 소프트웨어 개발 사업자 및 청소년 유해 정보 필터링 서비스 제공 사업자의 노력 의무가 있다.

⑩ **청소년에 의한 유해 정보 열람 방지 조치 등**

특정서버 관리자는 청소년 유해 정보가 발신되고 있는 것을 알았을 때, 청소년에 의한 열람을 불가능하게 하기 위한 조치를 취하도록 노력해야 한다. 또한 해당 조치에 관한 기록을 작성하여 이를 보존하도록 힘써야 하며, 청소년 유해 정보의 연락 접수 체제를 정비하도록 노력해야 한다.

⑪ **인터넷의 적절한 이용에 관한 활동을 실시하는 민간단체 등에 대한 지원**

이들 민간단체(필터링 추진기관등)는 총무대신 및 경제산업대신의 등록을 받을 수 있게 하고, 필요한 지원을 하도록 힘써야 한다.

⑫ **시행일과 검토**

이 법률은 공포일로부터 기산하여 1년을 넘지 않는 범위 내에서 정령으로 정한 날부터 시행하도록 하고, 정부는 이 법률의 시행 후 3년 이내에, 이 법의 시행 상황에 대해 검토를 더해 그 결과를 바탕으로 필요한 조치를 강구하도록 한다. 인터넷을 이용하여 대중에게 열람하게 하는 것이 범죄 또는 형벌 법령에 저촉되는 행위에 대해, 서버 관리자가 해당 정보에 대하여 공중열람 금지조치를 강구한 경우, 해당 서버관리자의 해당 정보발신자에 대한 손해배상 제한상태에 대해서는, 본 법률의 시행 후 신속하게 검토하고, 그 결과를 바탕으로 필요한 조치를 취하게 한다.

자. 어린이 빈곤 대책 추진에 관한 법률

(1) 입법 목적

이 법은 2013년 6월 19일에 제정된 「어린이 빈곤 대책 추진에 관한 법률」

은 비교적 최근에 제정된 법률로서 일본의 어린이에 대한 교육복지 정책을 살펴볼 수 있다. 이 법은 제1장 총칙, 제2장 기본시책, 제3장 어린이 빈곤 대책회의 등 16개 조항으로 구성되었다. 제1조 목적 조항에 따르면 "어린이의 장래가 그 태어나고 자란 환경에 의해서 좌우되지 않도록 빈곤의 상황에 한 아이가 건전하게 육성될 수 있는 환경을 정비하는 동시에 교육의 기회균등을 도모하기 위해, 어린이의 빈곤 대책에 관한 기본이념을 정하고 국가등의 책무를 밝히고 어린이의 빈곤 대책의 기본이 되는 사항을 정함으로써 어린이의 빈곤 대책을 종합적으로 추진하는 것을 목적으로 한다."

(2) 주요 내용

① 기본이념

어린이의 빈곤 대책은 어린이에 대한 교육지원, 생활지원, 취업지원, 경제적 지원 등의 시책을, 그가 낳고 자란 환경에 의해서 어린이의 장래가 좌우되지 않는 사회를 실현하는 것을 내용으로 하여 강구함으로써 추진되어야 한다. 어린이의 빈곤 대책은 국가 및 지방공공단체의 관계 기관 상호 밀접한 연계 하에 관련 분야에서 종합적인 대응으로서 이루어져야 한다(제2조).

② 국가의 책무

국가는 위의 기본이념에 따라 어린이의 빈곤 대책을 종합적으로 책정하고 실시하는 책무를 진다(제3조).

③ 지방공공단체의 책무

지방공공단체는 기본이념에 따라 어린이의 빈곤 대책에 관하여 국가와 협력하면서 해당 지역의 상황에 따른 시책을 책정하고 실시하는 책무를 진다(제4조).

④ 국민의 책무

국민은 국가 또는 지방공공단체가 실시하는 어린이의 빈곤 대책에 협력하도록 힘써야 한다.

⑤ 법제상의 조치등

정부는 이 법의 목적을 달성하도록 필요한 법제상 또는 재정상의 조치 및 기타 조치를 강구해야 한다.

⑥ 어린이 빈곤상황 및 어린이 빈곤 대책 실시 상황 공표

정부는 매년 1회 어린이의 빈곤 상황 및 어린이의 빈곤 대책 실시 상황을 공표해야 한다.

⑦ 어린이 빈곤 대책에 관한 대강

정부는 어린이의 빈곤 대책을 종합적으로 추진하기 위해 어린이의 빈곤 대책에 관한 대강(大綱)을 정해야 한다. 대강은 다음 사항에 대해서 정한다.

1. 어린이의 빈곤 대책에 관한 기본적인 방침
2. 어린이의 빈곤율, 생활보호 세대에 속하는 어린이의 고등학교 진학률 등 어린이 빈곤에 관한 지표 및 해당 지표의 개선을 향한 시책
3. 교육지원, 생활지원, 보호자에 대한 취업지원, 경제적 지원 기타 어린이의 빈곤 대책에 관한 사항
4. 빈곤에 관한 조사 및 연구에 관한 사항

내각 총리대신은 대강(안)에 대해 각료회의의 결정을 요구해야 한다. 결정이 있을 경우 지체없이 대강을 공표해야 한다. 대강의 변경의 경우에도 마찬가지이다(제8조).

⑧ 도도부현 어린이의 빈곤 대책 계획

도도부현은 대강을 감안하여 해당 도도부현에서 어린이의 빈곤 대책에 대한 계획을 정하도록 노력한다. 도도부현은 계획을 정하거나 변경했을 때에는 지체

없이 이를 공표해야 한다(제9조).

⑨ 교육지원

국가 및 지방공공단체는 취학지원, 학자금지원, 학습지원 기타 빈곤 상태에 있는 어린이 교육에 관한 지원을 위하여 필요한 시책을 강구한다(제10조).

⑩ 생활지원

국가 및 지방공공단체는 빈곤 상황에 있는 어린이 및 그 보호자 생활에 관한 상담, 빈곤 상황에 있는 어린이에 대한 사회교류 기회의 제공 및 기타 빈곤 상황에 있는 어린이 생활에 관한 지원을 위하여 필요한 시책을 강구한다(제11조).

⑪ 보호자에 대한 취업지원

국가 및 지방공공단체는 빈곤 상황에 있는 어린이 보호자에 대한 직업훈련의 실시 및 취직 알선, 기타 빈곤 상황에 있는 어린이 보호자의 자립을 위한 취업지원에 관한 필요한 시책을 강구한다(제12조).

⑫ 경제적 지원

국가 및 지방공공단체는 각종 수당 등의 지급, 대출금의 대출, 기타 빈곤의 상황에 있는 어린이에 대한 경제적 지원을 위해서 필요한 시책을 강구한다(제13조).

⑬ 조사연구

국가 및 지방공공단체는 어린이의 빈곤 대책을 적정하게 책정하고 실시하기 위하여 어린이의 빈곤에 관한 조사 및 연구 기타 필요한 시책을 강구한다(제14조).

⑭ 어린이 빈곤대책회의의 설치 및 소장사무등

내각부에 특별기관으로서 어린이 빈곤대책회의를 둔다. 회의는 다음 사무를 관장한다.

어린이빈곤
대책회의

1. 대강의 안 작성
2. 빈곤 대책에 관한 중요사항 심의 및 빈곤 대책의 실시 추진
3. 문부과학대신은 회의에서 대강(안) 작성시 제8조 제2항 각호에 게재한 사항 중 문부과학성 소관에 속하는 것에 관한 부분의 초안을 작성하고 회의에 제출해야 한다.
4. 후생노동대신은 회의에서 대강(안) 마련시 후생노동성 소장사항부분은 초안을 작성하여 제출해야 한다.
5. 내각총리대신은 위의 부분 이외에 관한 부분의 원안을 작성하여 회의에 제출해야 한다.

⑮ 어린이 빈곤대책회의 조직등

회의는 회장 및 위원으로 조직한다. 회장은 내각총리대신이 한다. 위원은 회장 이외 국무대신 중 내각총리대신이 지정하는 자로 한다. 서무는 내각부에서 문부과학성 및 후생노동성 기타 관계 행정기관의 협조를 받아 처리한다.

---

3 학교 구성원의 교육복지·학생안전에 관한 권한과 책임

가. 교육위원회의 직무권한으로서 학생안전, 후생 및 복리

「지방교육행정의 조직 및 운영에 관한 법률」(제21조)상 교육위원회 직무권한의 하나로서 "교장, 교원 기타 교육관계 직원과 함께 생도, 아동 및 유아의 보건, 안전, 후생 및 복리에 관한 일(제9호)[36]"을 관리 집행한다. 교장, 교원 기타 교육관계 직원과 함께 관리 집행한다는 점에서 공동 권한 측면도 없지 않으나 기본적으로 교육위원회의 직무권한이다.

---

[36] 第21条(教育委員会の職務権限)教育委員会は、当該地方公共団体が処理する教育に関する事務で、次に掲げるものを管理し、及び執行する。9. 校長、教員その他の教育関係職員並びに生徒、児童及び幼児の保健、安全、厚生及び福利に関すること。

나. 상급 교육행정 기관의 학교 보건·안전·급식에 관한 지도·조언권

학교 보건·안전·급식에 관한 사항에 대하여는 상급 교육행정 기관의 지도·조언권을 규정하고 있다(동법 제48조).[37] 일본은 과거 상급교육행정기관의 포괄적 장학지도권을 포기하여 학교 자율화 정책을 펴 왔으나, 학교 보건·안전·급식에 대하여는 지도·조언을 통하여 행정적 책임을 유지하고 있는 특징이다.

한국의 교육기본법은 학생의 복지증진시책과 안전주거환경을 위한 학생복지 주택건설 시책의 추진의무를 국가와 지방자치단체에 부과한다. 한국은 학생안전 대책에 있어서도, 국립학교는 학교장이, 공립과 사립학교는 교육감이 학생안전대책을 수립할 책임이 있고, 학교장은 시행책임이 있다(학교구성원 의견수렴 및 학교운영위원회 심의 및 자문 사항).[38]

---

[37] 第48条　　地方自治法第245条の4第1項の規定によるほか、文部科学大臣は都道府県又は市町村に対し、都道府県委員会は市町村に対し、都道府県又は市町村の教育に関する事務の適正な処理を図るため、必要な指導、助言又は援助を行うことができる。2　前項の指導、助言又は援助を例示すると、おおむね次のとおりである。
　一　学校その他の教育機関の設置及び管理並びに整備に関し、指導及び助言を与えること。
　二　学校の組織編制、教育課程、学習指導、生徒指導、職業指導、教科書その他の教材の取扱いその他学校運営に関し、指導及び助言を与えること。
　三　学校における保健及び安全並びに学校給食に関し、指導及び助言を与えること。
　第48条　　文部科学大臣は都道府県又は市町村に対し、都道府県委員会は市町村に対し、都道府県又は市町村の教育に関する事務の適正な処理を図るため、必要な指導、助言又は援助を行うことができる。前項の指導、助言又は援助を例示すると、おおむね次のとおりである。1.　学校その他の教育機関の設置及び管理並びに整備に関し、指導及び助言を与えること。2.　学校の組織編制、教育課程、学習指導、生徒指導、職業指導、教科書その他の教材の取扱いその他学校運営に関し、指導及び助言を与えること。3.　学校における保健及び安全並びに学校給食に関し、指導及び助言を与えること。

[38] 한국의 교육기본법 제27조(보건 및 복지의 증진) ① 국가와 지방자치단체는 학생과 교직원의 건강 및 복지를 증진하기 위하여 필요한 시책을 수립·실시하여야 한다. ② 국가 및 지방자치단체는 학생의 안전한 주거환경을 위하여 학생복지주택의 건설에 필요한 시책을 수립·실시하여야 한다.
　한국의 초중등교육법 제30조의8(학생의 안전대책 등) ① 국립학교의 경우에는 학교의 장이, 공립 및 사립 학교의 경우에는 교육감이 시·도의 교육규칙으로 정하는 바에 따라 학교시설(학교담장 포함)을 설치·변경하는 경우에는 외부인의 무단출입이나 학교폭력 및 범죄의 예방을 위하여 학생 안전대책을 수립하여 시행하여야 한다. ② 학교의 장은 학생의 안전을 위하여 다음 각 호의 사항을 시행하여야 한다. 1. 학교 내 출입자의 신분확인절차 등의 세부기준수립에 관한 사항 2. 영상정보처리기기의 설치에 관한 사항 3. 학교 주변에 대한 순찰·감시 활동계획에 관한 사항 ③ 제1항 및 제2항에 따른 학생의 안전대책 등에 필요한 사항은 대통령령으로 정한다.
　한국의 초중등교육법시행령 제57조의2(학생의 안전대책 등) 학교의 장이 법 제30조의8 제1항 및 제2항에 따른 학생의 안전대책 등을 수립할 때에는 학생, 학부모 및 교직원의 의견을 듣고 학교운영위

다. 학교내 안전에 대한 책임

학교보건안전법

학교안전 사고와 관련된 법으로는 2008년에 학교보건법을 개정한 학교보건 안전법(2009.4.1. 시행)이 있다. 이 법에 따르면 학교설치자, 학교, 교장의 책임은 다음과 같다.

- 학교설치자: 당해학교의 시설 및 설비에 대한 관리운영체제의 정비 충실 및 기타 필요한 조치를 할 노력 의무
- 학교: 학교안전계획의 책정, 실시 의무, 관계기관과의 연대를 도모할 의무
- 교장: 당해학교의 시설, 설비에 지장이 있는 경우 지체없이 개선을 위해 필요한 조치를 취할 의무

공립학교의 경우 학교안전사고 발생에 대한 책임은 형사·민사·행정상의 책임이 있다.

- 형사상의 책임: 업무상과실치사죄등 형사벌의 적용
- 민사상의 책임: 국가배상법에 근거한 손해배상 책임[39](민법 보충적용)
- 행정상의 책임: 지방공무원법 제29조 제1항에 의한 징계처분

표 12-3	국가배상법 제1, 2조에 근거한 학교사고에 대한 배상			
주체	대상	주관적 요소	배상책임자	사고원인
국가공무원 지방공무원	직무상의 행위	고의 또는 과실에 근거한 행위	국가 또는 지방공공단체(대위책임) 학교설치자	공공영조물의 설치 또는 관리 하자 (공립학교 해당)

주: 교원개인은 배상책임 없으나 고의 또는 중과실의 경우에 교원에 대한 구상권 행사함

원회의 심의 또는 자문을 거쳐야 한다.

39 헌법 제17조 누구라도, 공무원의 불법행위에 의하여 손해를 입었을 때는, 법률이 정한 바에 따라 국가 또는 공공단체에 그 배상을 요청할 수 있다. ☞ 공립학교 학교사고의 경우 국가배상법이 그 법률이 되었다.

사립학교의 경우는 학교안전사고 발생시 형사상, 민사상, 징계상의 책임을 지게 된다. 교원 개인이 배상책임을 지는 경우가 있는데 공립학교 교원과 가장 차이가 큰 부분은 민사상 책임이라고 할 수 있다.

- 형사상의 책임 – 공립학교 교원의 경우와 동일
- 민사상의 책임 – 민법에 근거한 손해배상 책임
- 학교법인 등의 취업규칙 등에 근거한 징계처분

민법에 있어서 손해배상은 일반적인 불법행위 책임(제709조), 사용자등의 책임(제715조),[40] 토지 공작물등의 점유자 및 소유자의 책임(제717조) 등이 있다.

한편, 문부과학성은 학교 및 학생안전의 확보와 관련하여 다양한 통지문을 발령하기도 한다. 열사병 사고등 방지에 관하여(2011.6.15.), 학교에 있어서 추락사고등의 방지에 관하여(2010.4.15., 2008.6.20.), 도로교통법 일부개정에 수반한 교통안전지도 철저에 관하여(2008.6.9.), 등하교시 유아·아동·생도의 안전확보에 관하여(2008.5.7.), 학교의 위기관리 매뉴얼 – 어린이를 범죄로부터 지키기 위함과 관하여(2007.11), 유아·아동·생도의 안전확보 및 학교의 안전관리에 관하여(2005.11.25.), 학교안전 긴급 호소 – 어린이 안전을 지키기 위함과 관하여(2004.1) 등이 있다.

라. 아동복지에 있어서 비용부담의 원칙

국고(國庫)는 도도부현이 아동복지법 제27조 제1항 제3호[41]에 규정된 조치에 따라, 국가가 설치하는 아동 복지시설에 입소시키는 자에 대하여 입소 후 필

---

40 사용자(감독자)가 피용자의 선임 및 그 사업의 감독에 과실이 없는 경우 사용자(감독자)는 면책.

41 제27조 도도부현은 전조 첫째항 제일호의 규정에 의한 보고 또는 소년법 제18조 제2항 규정에 의하여 송치된 아동을 다음 각호의 몇 가지 조치를 취하여야 한다 3 아동을 소규모 주거형 아동양육사업을 하는 자 혹은 양부모에게 위탁하거나, 유아원, 아동양호시설, 장해아 입소시설, 아동심리치료시설 혹은 아동자립지원시설에 입소시키는 것

요비용을 지불한다(제49조의2). 도도부현 지불비용(제50조)[42]과 시정촌 지불비용
나누어 규정한다(제51조).[43]

---

42 1 도도부현 아동 복지 심의회에 필요한 비용 2 아동 복지사 및 아동 위원에 필요한 비용 3 아동 상
담소에 필요한 비용(제9호의 비용 제외) 4 삭제 5의1 제20조의 조치에 필요한 비용 5의2 제21조5의
사업 실시에 필요한 비용

　6의1 도도부현이 설치하는 조산(助産) 시설 또는 모자 생활 지원 시설에 대해 시정촌이 행하는 조산
　(助産)의 실시 또는 모자 보호의 실시에 필요한 비용(조산의 실시 또는 모자 보호의 실시에 관하
　여 제45조 제1항의 기준을 유지하기 위한 비용을 말한다. 제六호의三 및 다음 조 제三호에서 동
　일함)

　6의2 도도부현이 설치하는 보육소에서 보육을 하는데 필요한 보육 비용(보육소에서 보육을 하는 것
　에 대해 제45조 제1항의 기준을 유지하기 위한 비용을 말한다. 다음 조 제四호 및 제五호 및 제
　56조 제3항에서 동일함)

　6의3 도도부현이 행하는 조산(助産)의 실시 또는 모자 보호의 실시에 필요한 비용

　6의4 장애아 입소 급부비, 고액 장애아 입소 급부비 혹은 특정 입소 장애아 식비 등 급부비 또는 장
　애아 입소 의료비(이하 "장애아 입소 급부비 등"이라 함)의 지급에 필요한 비용

　7의1 도도부현이 제27조 제1항 제3호에 규정하는 조치를 취한 경우에, 입소 또는 위탁에 필요한 비
　용 및 입소 후의 보호 또는 위탁 후의 양육에 대해, 제45조 제1항 또는 제45조의2 제1항의 기준
　을 유지하기 위하여 필요한 비용(국가가 설치하는 유아원, 아동 양호 시설, 장애아 입소 시설, 정
　서 장애아 단기 치료 시설이나 아동 자립 지원 시설에 입소시킨 아동에 대해, 그 입소 후에 필요
　한 비용 제외)

　7의2 도도부현이 제27조 제2항에 규정된 조치를 취한 경우, 위탁 및 위탁 후의 치료 등에 필요한 비용

　7의3 도도부현이 실시하는 아동 자립 생활 원조의 실시에 필요한 비용

　8 일시 보호에 필요한 비용

　9 아동 상담소의 설비 및 도도부현이 설치하는 아동 복지 시설의 설비 및 직원 훈련 시설에 필요한
　비용

43 1 장애아 통소 급부비, 특례 장애아 통소 급부비 혹은 고액 장애아 통소 급부비 또는 지체부자유아
통소 의료비 지급에 필요한 비용 2 제21조6의 조치에 필요한 비용 3 시정촌이 하는 조산(助産)의
실시 또는 모자 보호 실시에 필요한 비용(도도부현이 설치하는 조산 시설 또는 모자 생활 지원 시설
에 관련된 것은 제외) 4 시정촌이 설치하는 보육소에서 보육을 하는데 필요한 육아 비용 5 도도부
현 및 시정촌 이외의 자가 설치하는 보육소에서 보육을 하기에 필요한 육아 비용 6 장애아 상담 지
원 급부비 또는 특례 장애아 상담 지원 급부비 지급에 필요한 비용 7 육아 단기 지원 사업의 실시에
필요한 비용 8 유아 가정 전호 방문 사업 실시에 필요한 비용 9 양육 지원 방문 사업의 실시에 필요
한 비용 10 가정적 보육 사업의 실시에 필요한 비용 11 시정촌이 설치하는 아동 복지 시설의 설비
및 직원 양성 시설에 필요한 비용 12 시정촌 아동 복지 심의회에 필요한 비용

4 입법정책적 시사점

가. 관계 법률상의 입법적 시사점

(1) 헌법상 국민의 안전과 공공의 복지의 개념 강조

일본은 헌법 전문(前文)에 '국민의 안전보장'을 천명하고 있으며, 기본권 보장의 제한 논거로서 '공공의 복지 보호'를 규정하고 있다. 대한민국헌법 역시 전문을 통해 '국민의 안전보장에 대한 다짐'[44]을 선언하고 있다. 반면, 한국의 경우 국민의 안전 규정보다는 국가의 안전 보장이라는 용어를 사용하고 있고, 국가권력이 행사되는 근거와 혹은 국민의 자유와 권리를 제한하는 목적적인 근거로 국가안전보장 및 공공복리를 강조[45]하고 있는 측면이 있다. 국민적 관점에서의 관련 규정의 재검토가 필요할 것으로 판단된다.

'복지(福祉)' 역시 일본은 '공공의 복지'라는 개념을 한국은 '사회 복지, 여자의 복지, 청소년의 복지'[46]라는 개념으로 규정하거나 '공공복리, 국민의 복리, 주

---

[44] 대한민국 헌법 전문 "(중략) … 안으로는 국민생활의 균등한 향상을 기하고 밖으로는 항구적인 세계평화와 인류공영에 이바지함으로써 우리들과 우리들의 자손의 안전과 자유와 행복을 영원히 확보할 것을 다짐하면서…"

[45] 대한민국헌법 제5조 ② 국군은 **국가의 안전보장**과 국토방위의 신성한 의무를 수행함을 사명으로 하며, 그 정치적 중립성은 준수된다. 제37조 ② 국민의 모든 자유와 권리는 **국가안전보장**·질서유지 또는 **공공복리**를 위하여 필요한 경우에 한하여 법률로써 제한할 수 있으며, 제한하는 경우에도 자유와 권리의 본질적인 내용을 침해할 수 없다. 제50조 ① 국회의 회의는 공개한다. 다만, 출석의원 과반수의 찬성이 있거나 의장이 **국가의 안전보장**을 위하여 필요하다고 인정할 때에는 공개하지 아니할 수 있다. 제76조 ① 대통령은 내우·외환·천재·지변 또는 중대한 재정·경제상의 위기에 있어서 **국가의 안전보장** 또는 공공의 안녕질서를 유지하기 위하여 긴급한 조치가 필요하고 국회의 집회를 기다릴 여유가 없을 때에 한하여 최소한으로 필요한 재정·경제상의 처분을 하거나 이에 관하여 법률의 효력을 가지는 명령을 발할 수 있다. 제91조 ① **국가안전보장**에 관련되는 대외정책·군사정책과 국내정책의 수립에 관하여 국무회의의 심의에 앞서 대통령의 자문에 응하기 위하여 **국가안전보장회의**를 둔다. 제109조 재판의 심리와 판결은 공개한다. 다만, 심리는 **국가의 안전보장** 또는 안녕질서를 방해하거나 선량한 풍속을 해할 염려가 있을 때에는 법원의 결정으로 공개하지 아니할 수 있다.

[46] 대한민국헌법 제34조 ① 모든 국민은 인간다운 생활을 할 권리를 가진다. ② 국가는 사회보장·**사회복지**의 증진에 노력할 의무를 진다. ③ 국가는 **여자의 복지**와 권익의 향상을 위하여 노력하여야 한다. ④ 국가는 **노인과 청소년의 복지**향상을 위한 정책을 실시할 의무를 진다.

민의 복리'[47] 등의 개념을 사용하여 차이가 있다.

　　오늘날 집단으로 행해지는 공교육 체제의 특성과 교육(敎育)을 복지(福祉)의 일환으로서 파악하는 시대 흐름에 맞추어 공교육에 관한 규정을 보완하고, 동시에 공공의 복지로서 교육정책이 개인의 학습권 보장과 제한이라는 관점에서 어느 쪽을 우선할 것인지에 대한 국가 교육정책적인 이념에 관한 논의와 이의 반영이 필요함을 시사받을 수 있다.

(2) 교육기본법상 장애자 및 경제적 곤란자에 대한 조치 규정

　　한국은 일본과는 달리 2008년 교육기본법 개정을 통하여 학생 안전 및 학생 복지를 강조하는 규정(보건 및 복지의 증진)[48]을 두었다. 수차례에 걸친 교육복지와 관련된 입법 추진에도 불구하고 특별법은 제정되어 있지 않은 바, 일본과 같이 교육기본법에 국가 및 지방자치단체의 의무로서 '장애자에 대한 충분한 교육상 지원'과 '경제적 곤란자에 대한 장학조치'를 규정한 사례를 보다 적극적으로 검토할 필요가 있다.

> **일본교육기본법 제4조(교육의 기회균등; 장애인 지원조치 및 경제곤란자 장학조치)**
> 제2항 "국가 및 지방공공단체는 장애가 있는 자가 그 장애 상태에 따라 충분한 교육을 받도록 교육상 필요한 지원을 강구하지 않으면 안된다."
> 제3항 "국가 및 지방공공단체는 능력이 있음에도 불구하고 경제적 이유에 의해 수학이 곤란한 자에 대하여 장학 조치를 강구하지 않으면 안된다."[49]

---

47 대한민국헌법 제37조 ② 국민의 모든 자유와 권리는 국가안전보장·질서유지 또는 **공공복리**를 위하여 필요한 경우에 한하여 법률로써 제한할 수 있으며, 제한하는 경우에도 자유와 권리의 본질적인 내용을 침해할 수 없다. 제69조 대통령은 취임에 즈음하여 다음의 선서를 한다. "나는 헌법을 준수하고 국가를 보위하며 조국의 평화적 통일과 **국민의 자유와 복리**의 증진 및 민족문화의 창달에 노력하여 대통령으로서의 직책을 성실히 수행할 것을 국민 앞에 엄숙히 선서합니다." 제117조 ① 지방자치단체는 **주민의 복리**에 관한 사무를 처리하고 재산을 관리하며, 법령의 범위 안에서 자치에 관한 규정을 제정할 수 있다.

48 한국의 교육기본법 제27조 (보건 및 복지의 증진) ① 국가와 지방자치단체는 **학생과 교직원의 건강 및 복지**를 증진하기 위하여 필요한 시책을 수립·실시하여야 한다. 〈개정 2008.3.21〉 ② 국가 및 지방자치단체는 학생의 **안전한 주거환경**을 위하여 **학생복지주택**의 건설에 필요한 시책을 수립·실시하여야 한다. 〈신설 2008.3.21〉

49 (教育の機会均等) 第四条 すべて国民は、ひとしく、その能力に応じた教育を受ける機会を与えら

교육행정의 기본 원칙으로 '부당한 지배금지, 법치행정의 원리, 국가와 지방 공공단체와의 역할분담 및 상호협력'(제16조)⁵⁰ 등을 강조한 일본의 교육기본법 입법 사례는 교육복지와 학생안전과 관련한 국가 및 지방자치단체의 정책 추진 시 하나의 가이드라인으로 작용하고 있다 할 것이다. 이를 통해 볼 때, 한국의 경우 장관과 주민직선된 교육감 간에 다양한 교육복지 예산 부담(무상급식 및 무상교육등)을 놓고 갈등이 나타나고 있는 상황에서 시사하는 바가 있다.

한편, 2006년 개정된 일본의 신 교육기본법은 정부 및 지방공공단체로 하여금 「교육진흥기본계획」을 수립하고 국회에 보고할 의무를 부여하고 있다(통상 5년 단위로 수립보고 중). 이것은 정부가 추진하는 교육개혁의 추진과정에 대한 절차적 정당성을 강조함과 아울러 입법 및 재정지원을 강화⁵¹함으로써 그 실효성을 강화한 것이다. 이 점에서 한국의 경우 대통령자문기구 중심에서 다소 총괄적이고 경우에 따라서 월권적인 교육개혁 절차와 과정이 이루어지고 있다는 점에서 입법 정책적으로 시사하는 바가 적지 않다.

れなければならず、人種、信条、性別、社会的身分、経済的地位又は門地によって、教育上差別されない。 2 国及び地方公共団体は、障害のある者が、その障害の状態に応じ、十分な教育を受けられるよう、教育上必要な支援を講じなければならない。 3 国及び地方公共団体は、能力があるにもかかわらず、経済的理由によって修学が困難な者に対して、奨学の措置を講じなければならない。

50 (教育行政) 第十六条 教育は、不当な支配に服することなく、この法律及び他の法律の定めるところにより行われるべきものであり、教育行政は、国と地方公共団体との適切な役割分担及び相互の協力の下、公正かつ適正に行われなければならない。 2 国は、全国的な教育の機会均等と教育水準の維持向上を図るため、教育に関する施策を総合的に策定し、実施しなければならない。 3 地方公共団体は、その地域における教育の振興を図るため、その実情に応じた教育に関する施策を策定し、実施しなければならない。 4 国及び地方公共団体は、教育が円滑かつ継続的に実施されるよう、必要な財政上の措置を講じなければならない。

51 (教育振興基本計画) 第十七条 政府は、教育の振興に関する施策の総合的かつ計画的な推進を図るため、教育の振興に関する施策についての基本的な方針及び講ずべき施策その他必要な事項について、基本的な計画を定め、これを国会に報告するとともに、公表しなければならない。 2地方公共団体は、前項の計画を参酌し、その地域の実情に応じ、当該地方公共団体における教育の振興のための施策に関する基本的な計画を定めるよう努めなければならない。

> **일본교육기본법 제17조(교육진흥기본계획)**
>
> 제1항 "정부는 교육의 진흥에 관한 시책의 종합적이고 계획적인 추진을 위해 교육진
> 흥에 관한 시책의 기본적인 빙침 및 시책과 기타 필요한 사항에 관해 기본적인 계
> 획을 정해, 이를 국회에 보고함과 더불어 공표하지 않으면 안된다."
>
> 제2항 "지방공공단체는 전항의 계획을 참작하여 그 지역의 실정에 맞는 당해 지방공
> 공단체에 있어서 교육진흥을 위한 시책에 관한 기본적인 계획을 정하도록 노력하
> 지 않으면 안된다."
>
> **일본교육기본법 제16조(교육행정)**
>
> 제4항 "국가 및 지방공공단체는 교육이 원활하고도 교육적으로 실시되도록 필요한
> 재정상의 조치를 강구하여야 한다."
>
> **일본교육기본법 제4장(법령의 제정)**
>
> 제18조 "이 법률에서 규정하는 제 조항을 실시하기 위해 필요한 법령이 제정되어야
> 한다."

(3) 상급 교육행정 기관의 학교 보건·안전·급식에 관한 지도·조언권

일본은 학교 보건·안전·급식에 관한 사항에 대하여는 상급 교육행정 기관
의 지도·조언권을 규정하고 있다(지방교육행정법 제48조).[52] 이것은 일본이 과거에
상급 교육행정기관이던 문부과학성이 포괄적 장학지도권을 포기하여 학교 자율
화 정책을 펴왔음에도, 학교 보건·안전·급식에 대하여는 지도·조언을 통하여
행정적 책임을 유지하고자 함을 엿볼 수 있다.

한국의 경우에도 2012년 장관의 포괄적 장학지도권이 폐지되었으나 국가수
준의 관리가 필요한 영역에 대하여는 지도·조언 형태의 책임체제가 요구되는 만
큼, 학교안전에 대하여는 검토할 필요가 있다.

---

[52] 第48条　文部科学大臣は都道府県又は市町村に対し、都道府県委員会は市町村に対し、都道府県又
は市町村の教育に関する事務の適正な処理を図るため、必要な指導、助言又は援助を行うことがで
きる。前項の指導、助言又は援助を例示すると、おおむね次のとおりである。1. 学校その他の教
育機関の設置及び管理並びに整備に関し、指導及び助言を与えること。2. 学校の組織編制、教育
課程、学習指導、生徒指導、職業指導、教科書その他の教材の取扱いその他学校運営に関し、指導
及び助言を与えること。3. 学校における保健及び安全並びに学校給食に関し、指導及び助言を与
えること。

(4) 국가의 '학교안전 추진에 관한 계획' 책정의 의무 명료화

학교보건안전법이 정한 국가의 의무("국가는 각 학교에서의 안전에 관한 대책을 종합적이고 효과적으로 추진하기 위해, 학교안전 추진에 관한 계획을 책정하여야 한다")에 근거하여 학교안전 문제를 국가 교육정책으로 추진하고 있다. 이를 위해 문부과학대신은 자문문(2011.9.2.)을 중앙교육심의회에 보냈고, 답신(2012.3.21.)을 보고 받은 바 있다. 국가수준의 교육정책 차원에서 학교안전 문제가 비중있게 다루어지고 있는 점은 한국에 시사하는 바가 있다.

(5) 학교안전 추진에 있어서 국가·지자체·법인 간의 역할 분담화

국가는 교장, 담당 교직원의 연수에 대하여 지방공공단체에서 실시되도록 체제를 정비하고 관련 정보를 제공하는 등 지원토록 할 의무가 있다. 국가는 국제안전학교(International safe school) 등 우수한 대처시스템이 각 설치자의 판단에 따라 진행될 수 있도록 정보를 제공하기도 한다. 지방공공단체는 지역학교 안전지도원(School guard leader), 학교방재 어드바이저, 학교안전 외부전문가 협력체제를 조성한다. 일본스포츠진흥센터(독립행정법인)는 재해공제급부사업에 따른 사고 데이터를 학교사고 방지 대책에 활용할 수 있도록 정리·분석한 후, 학교 현장에 알기 쉽게 제공하고 시스템 이용을 홍보하기도 한다.

> 지역학교 안전지도원

(6) 아동복지법 개정을 통한 장애아의 교육복지 강화

최근 법개정을 통해서 신체장애 외에 정신장애를 추가하고 충실한 상담지원이 되도록 하였다. 또한, 장애아 시설을 일원화 했으며, 방과후 데이서비스(Day Service)와 보육소 방문지원제를 신설하였고 개별 지원계획을 작성하기도 한다.

(7) 학생복지의 기본법으로서 아동복지법

아동복지법을 통해 학생 및 장애아의 복지를 총괄적으로 규정하고 국가, 지방공공단체, 보호자를 아동복지 보장의 공동책무자로 설정하고 있다. 각 행정단

위에 20인 이내의 '아동복지심의회'를 두어 참여적 의사결정 구조와 과정을 마련
하고 있다. 도도부현에는 아동상담소를, 시정촌에는 아동위원을 두도록 하고 있
고, 아동복지사 및 보육사 자격제도를 두어 아동복지 및 보육과 보호에 있어서
인적 인프라를 충원하는 체제를 갖춘 점에 주목할 만하다. 아동복지에 소요되는
비용에 있어서 국고 및 도도부현 부담비용과 시정촌 부담비용을 구분하여 규정
하고 있는데(아동복지법 제49조의2, 제50조, 제51조), 예산 분담과 관련하여 국가와
지자체간 갈등이 빈발하는 한국의 경우에 시사하는 바가 있다.

(8) 학교안전 기본법으로서 학교보건안전법

이 법률은 학교보건에 관한 사항을 포함하고 있으나 제3장에서 학교안전을
집중적으로 규정하여 학생의 학교생활에 있어서 안전에 관하여 규정한 기본법으
로서 의미를 지닌다. 국가 및 지방공공단체, 그리고 학교 설치자에게 역할분담[53]
을 규정하여 책임행정 체제를 마련하고 있는 점은 시사적이다.

학교장에게는 학교 환경 안전을 확보하고 조치 불가시 설치자에게 신고해야
하며, 위험대처요령을 만들고 교육시키며, 사고 후에는 외상회복 지원 의무 등을
부과하는 등 학교안전 책임 체제를 갖추고 있다.[54] 정부로 하여금 법률 시행 후

---

[53] 국가는 학교안전 추진에 관한 계획의 책정 기타 필요한 조치를 강구하고, 지방공공단체는 국가가 강
구하는 조치에 준한 조치를 강구할 의무를 부과하고 있으며, 학교설치자는 사고, 가해행위, 재해 등
에 의하여 아동, 생도 등에게 발생하는 위험을 방지하고, 사고 등에 의해 아동, 생도 등에게 위험 또
는 위해가 실제로 생긴 경우, 적절히 대처할 수 있도록, 해당 학교의 시설 및 설비 및 관리 운영 체
제의 정비의 내실화 및 기타 필요한 조치를 강구할 책무를 부과한다. 또한 학교는 아동, 생도 등의
안전확보를 위해 해당 학교의 시설 및 설비의 안전점검, 아동, 생도 등에 대한 통학을 포함한 학교
생활 및 기타 일상생활에 있어서의 안전에 관한 지도, 직원 연수 기타 학교에서의 안전에 관한 사항
에 대해 계획을 책정하고 이를 실시할 의무를 짐. 학교설치자의 사무는 교장에게 위임 가능하다.

[54] 교장은 해당 학교의 시설이나 설비에 대해서 아동, 생도 등의 안전을 도모하는데 지장이 되는 사항
이 있다고 인정된 경우에는, 지체 없이 개선을 도모하기 위해서 필요한 조치를 강구하거나 해당 조
치를 강구할 수 없을 때는 해당 학교 설치자에게 그 취지를 알린다(신고함). 학교에서는 아동, 생도
등의 안전을 위해 해당 학교의 실정에 따라 위험등 발생시 해당 학교의 직원이 취해야 하는 조치의
구체적 내용 및 절차를 정한 대처요령을 작성해야 하고, 교장은 직원을 대상으로 위험 등 발생시 대
처요령의 주지, 훈련의 실시 및 기타 위험 등 발생시 직원이 적절히 대처하는 데 필요한 조치를 강
구한다. 학교에서는 사고 등에 의해 아동, 생도 등에게 위해가 발생한 경우, 해당 아동, 생도 등 아
울러 해당 사고 등에 의한 심리적 외상 기타 심신의 건강에 영향을 받은 아동, 생도 등 및 기타 관
계자의 심신의 건강을 회복시키기 위해 필요한 지원을 실시해야 한다.

5년 경과시점에서 시행 상황을 검토하고 필요한 조치를 강구할 의무를 부칙에 규정한 것은 복지법률의 사실적 실효성을 담보하기 위한 유용한 조치로 판단된다.

(9) 경제적 곤란자에 대한 배려 입법으로서 취학곤란아동장려법

일본은 교육기본법에서 장애자에 대한 충분한 교육상 지원 강구 의무와 함께 '경제적 곤란자에 대한 장학 조치'를 국가 및 지방공공단체의 의무로서 규정[55]하고 취학곤란아동장려법 및 시행령 등을 제정하고 있는 점은 소수자 보호를 위한 적극적인 평등 정책의 일환으로서 한국의 관련 입법정책에 시사하는 바가 있다. 보조의 대상을 생활보호 대상자의 아동 및 생도로 하고 그 영역은 1. 학용품 또는 구입비, 2. 통학에 필요한 교통비, 3. 수학 여행비 등으로 하고 있는 바, 이 또한 한국의 입법에 시사적이다. 국가보조의 기준은 시정촌이 보호자에게 그 보호자가 아동 또는 생도를 위해 구입할 필요가 있는 상기 세 영역의 구입 및 지출 총금액의 2분의 1로 하고 있는 가이드라인 역시 참고할 만한 부분이다.

(10) 정보사회 대처 법률로서 청소년안전인터넷법과 학생안전

「청소년이 안전하게 안심하여 인터넷을 이용할 수 있는 환경 정비 등에 관한 법률」(약칭 청소년안전인터넷법, 2008.6.18, 법률 제79호)은 정보사회의 대처 방안의 일환으로 추진되었고, 정보사회에 있어서 학생의 정신건강과 안전 보호 차원에서 의미있는 법률이다.

법의 적용대상 청소년은 18세 미만자로 하고 있고, 청소년 유해정보의 개념 정의[56] 역시 한국과의 비교를 통해 시사받을 수 있다. 인터넷 활용을 억제하기

---

55 일본 교육기본법 제4조 제3항 국가 및 지방공공단체는 능력이 있음에도 불구하고 경제적 이유에 의해 수학이 곤란한 자에 대하여 장학 조치를 강구하지 않으면 안된다. 3 国及び地方公共団体は、能力があるにもかかわらず、経済的理由によって修学が困難な者に対して、奨学の措置を講じなければならない。

56 1 범죄 혹은 형벌 법령에 저촉되는 행위를 직접적이고 명시적으로 맡아, 중개하거나, 유인하는 것, 또는 자살을 직접적이고 명시적으로 유인하는 정보 2 사람의 성 행위 또는 성기 등 음란 묘사 및 그 외 현저하게 성욕을 흥분시키거나 자극하는 정보 3 살인, 처형, 학대 등의 장면의 처참한 묘사 및 그 외 현저하게 잔학한 내용의 정보

보다는 청소년 자신이 인터넷을 적절히 활용하는 능력을 습득하는 것을 취지로 하는 것을 법의 이념으로 한다는 점은 참고할 만하며, 유해 정보를 열람할 기회를 최대한 줄이는 것을 내용으로 하고, 단속과 처벌위주의 정보통제법보다는 민간의 자주적이고 주체적 대응에 보다 비중을 두어, 국가 및 지방공공단체가 이를 존중하고 지원하는 방향의 설정은 시사적이다.

건전한 정보문화 형성을 위하여 국가 및 지방공공단체의 책무, 관계 사업자(필터링 추진기관, 휴대 ISP, PC 메이커)의 책무, 보호자의 책무 등 역할분담을 강조하고 있으며, 무엇보다 이들 기관간의 연계 협력체제의 정비를 강조한 부분은 주목할 필요가 있다.

보다 실효성 있는 정책추진을 위하여 내각부에 추진회의(인터넷 청소년 유해정보대책·환경정비 추진회의)를 두도록 규정하였고, 이 법률 공포일로부터 1년 내 정령으로 정한 날부터 시행하도록 하면서, 정부로 하여금 시행 후 3년 이내 시행상황에 대해 검토를 더해 그 결과를 바탕으로 필요한 조치를 강구하도록 하는 입법조치는 법률의 사실적 실효성을 담보하기 위한 유효한 조치로 판단된다.

(11) 아동복지 차원의 어린이 빈곤대책 추진에 관한 법률

2013년 6월에 제정된 법률로 '어린이의 장래가 태어나고 자란 환경에 의해서 좌우되지 않도록' 그 기본 이념을 명확히 하고, 교육기회균등 차원에서 국가와 지방공공단체의 책임을 정했다는 점에서 의의가 적지 않다. 또한 그 지원 영역이 교육·생활·취업·경제적 측면 등 다양하다는 점 또한 시사적이다.

특히 국가의 책무, 지방공공단체, 국민의 책무를 역할 분담시키고 있는데, 국가에게는 종합적 빈곤대책을 책정하고 실시할 책무를, 지방공공단체에게는 지역실정에 맞는 시책을 책정하고 실시할 책무를, 그리고 국민에게는 협조할 책무를 지우고 있다. 정부로 하여금 법제상 및 제정상 조치를 강구할 의무를 지우고, 빈곤대책 실시상황을 매년 공표토록 한 것은 법률의 사실적 실효성을 담보하기 위한 조치이다.

이 법에서도 정부종합대책(어린이 빈곤대책에 관한 대강) 마련을 위한 가이드라인을 제시하고 있는데, 빈곤에 관한 조사 및 연구에 관한 사항을 포함하고 있는 것이 인상적이다(제8조). 빈곤 대책에 관한 대강의 안 작성 및 정부부처 간 협조체제를 위하여 내각부에 '어린이 빈곤대책회의'를 둔 점 또한 인상적이다. 문부과학대신과 후생노동대신은 물론, 내각 총리대신(회장)이 주도적으로 역할분담 되어 있다.

나. 최근 어린이 빈곤 및 안전관련 정책 동향 및 시사점

(1) 어린이 빈곤대책에 관한 대강(각료회의 의결, 2014.8.29.)

앞서 설명한 '어린이 빈곤대책 추진법(2013)'에 근거하여 내각의 주도로 정책의 가이드라인이라고 할 수 있는 「어린이 빈곤대책 대강(子供の貧困対策に関する大綱)」은 각료회의 의결로 결정(2014.8.29.)되었다. 부제를 "모든 어린이들이 꿈과 희망을 갖고 성장할 수 있는 사회 실현을 지향하여"로 달고 있다.

이 대강은 안의 작성경위, 빈곤대책에 관한 기본 방침, 빈곤에 관한 지표, 지표개선을 위한 당면 중점 시책(교육지원, 생활지원, 보호자 취업지원, 경제적 지원, 기타 국제화 사회에의 대응 등), 어린이 빈곤에 관한 조사연구 시책의 추진체제(국가 및 지방공공단체) 등을 담고 있다.

일본의 경우 각료회의가 주도하는 빈곤한 가정에 대한 보완 조치는 매우 광범위한 정부 복지정책의 하나로서, 매우 다양한 지원사업을 행하고 있음을 알 수 있다. 저소득층에 대한 지원에 있어서 어린이 중심이면서 교육지원이 중핵적 지원을 이루는 것도 특징적이다. 다만, 이러한 사업을 지속적으로 총괄하고 관리할 수 있는 중앙센터적 기능이 요구되지만 회의체로서는 다소 한계가 있어 보인다. 그렇다고 또 다른 센터를 설립하는 것은 정부 각 부처를 두고 옥상옥의 행정구조가 되거나 이중 사업 및 지원의 문제점도 우려될 수 있다. 각료회의에서 의결된 2014년의 '대강'의 주요 내용을 정리하면 다음과 같다.

① 어린이 빈곤대책에 관한 기본 방침
대강은 10개의 기본적인 방침을 제시하고 있다.

어린이 빈곤대책 대강

1. 빈곤의 세대 간 연쇄 해소와 적극적인 인재육성을 목표로 한다.
2. 최우선으로 어린이에게 시점을 두고, 끊임없는 시책 실시등에 배려한다.
3. 어린이 빈곤 실태를 고려한 대책을 추진한다.
4. 어린이 빈곤에 관한 지표를 설정하여 그 개선을 위해 대응한다.
5. 교육지원은 학교를 어린이빈곤대책 플렛폼으로 종합적 대책을 추진함과 아울러 교육부담 경감을 도모한다.
6. 생활지원은 빈곤 상황이 사회적 고립을 심각하게 않도록 배려하여 대책을 추진한다.
7. 보호자 취업지원은 가정에서 가족이 접하는 시간을 확보하는 것이나 보호자가 일하는 자세를 자녀에게 보여주는 등 교육적 의의에도 배려한다.
8. 경제적 지원에 관한 시책은 세대 생활을 뒷받침하는 것으로서 위상지워 확보한다.
9. 관공민(官公民) 연계등에 의해 어린이 빈곤대책을 국민운동으로서 전개한다.
10. 당면 이후 5년간 중점시책을 만들고, 중장기 과제도 포함하여 계속적으로 대응한다.

② 빈곤에 관한 25개 지표(2013.3.1.기준)

빈곤에 관한 지표는 25개로 각급학교 진학률 및 중퇴율, 취업률, 빈곤율 등이다.

1. 생활보호세대에 속한 어린이의 고등학교등 진학률: 90.8%
2. 생활보호세대에 속한 어린이의 고등학교등 중퇴율: 5.3%
3. 생활보호세대에 속한 어린이의 대학등 진학률: 32.9%(대학등 19.2, 전수학교등 13.7)
4. 생활보호세대에 속한 어린이의 중학교 졸업 후 진로(취업률: 2.5%)
5. 생활보호세대에 속한 어린이의 고등학교 졸업 후 진로(취업률: 46.1%)
6. 아동양호시설 어린이의 중학교 졸업 후 진학률(96.6%; 고교 94.8, 전수학교등 1.8)
7. 아동양호시설 어린이의 중학교 졸업 후 취업률(2.1%)
8. 아동양호시설 어린이의 고등학교 졸업 후 진학률(22.6%; 대학등 12.3, 전수학교등 10.3)
9. 아동양호시설 어린이의 고등학교 졸업 후 취업률(69.8%)
10. 한부모가정 어린이의 취원율(보육소·유치원; 72.3%)
11. 한부모가정 어린이의 중학교 졸업 후 진학률(93.9%; 고교 92.8, 고등전문학교 1.1)
12. 한부모가정 어린이의 중학교 졸업 후 취업률(0.8%)
13. 한부모가정 어린이의 고등학교 졸업 후 진학률(41.6; 대학등 23.9, 전수학교등 17.8)
14. 한부모가정 어린이의 고등학교 졸업 후 취업률(33.0%)

15. 스쿨 소셜워커(학교복지사) 배치인원: 1,008인

16. 스쿨 카운슬러(학교상담사)를 배치하고 있는 초등학교의 비율: 37.6%(2012년)

17. 스쿨 카운슬러(학교상담사)를 배치하고 있는 중학교의 비율: 82.4%(2012년)

18. 매년도 진급시에 학교에서 취학원조제도 서류배포 시정촌 비율: 61.9%

19. 입학시에 학교에서 취학원조제도 서류배포 시정촌의 비율: 61.0%

20. 일본학생지원기구의 장학급 대여기준을 만족하는 희망자 중 장학금 대여를 인정받은 자 비율(무이자형 예약채용[57]단계: 40.0%, 무이자형 재학채용[58]단계: 100%)

21. 그 대여를 인정받는 비율(이자형 예약채용단계: 100%, 이자형 재학채용단계: 100%)

22. 모자가정 부모(보호자)의 취업률: 80.6%(정규직 39.4, 시간·아르바이트 47.4)

23. 부자가정 부모(보호자)의 취업률: 91.3%(정규직 67.2, 시간·아르바이트 8.0)

24. 어린이 빈곤율[59]: 16.3%

25. 어린이가 있는 현역세대 중 어른이 한 명인 빈곤세대의 비율[60]: 54.6%

③ 지표 개선을 향한 당면 중점 시책

1. 교육지원

- 학교를 플랫폼으로 하는 종합적인 어린이 빈곤대책의 전개: 학교교육에 의한 학력보장(소인수수업, 수준별지도, 방과후 학습 충실화), 학교를 창구로 한 복지 관련 기관 등과의 연계(스쿨소셜워커 배치 추진등), 지역에 의한 학습지원(방과후 어린이교실, 학교지원지역본부, 토요 교육지원활동, 커뮤니티스쿨 설치등), 고교 취학지속을 위한 지원(진로지원 인력을 배치, 중퇴자 재입학 경우 최대 2년간 수업료지원등)

- 빈곤의 연쇄를 막기 위한 유아교육 무상화 추진 및 유아교육 질 향상: 재원확보, 유·소학교 연계강화, 가정교육지원팀에 의한 학습기회 제공, 정보 제공, 상담 대응, 방문교육지원

- 취학지원의 충실: 의무교육단계의 취학지원의 충실(시정촌 취학원조 정기조사

---

57 예약채용이란 진학 전에 재적하는 고교등을 통해서 장학금대여를 신청 접수받아 진학 후에 장학금을 예약한다.

58 재학채용이란 진학 후에 진학한 대학을 통해 장학급대여를 신청 접수받아 장학금을 대여하는 제도이다.

59 17세 이하 어린가 전체에 점하는 빈곤선(등가가처분소득의 중앙치의 반분액)에 차지 않은 17세 이하 비율이다.

60 현역세대(18~65세)에서 어른(18세 이상)이 한 사람인 세대의 비율로서 빈곤선에는 차지 않은 세대원 비율이다.

공개, 취학원조 포털사이트 정비등), 고교생 장학급부금 제도에 의한 경제적 부담의 경감(사립고교 수업료보조 도도부현 지원지속), 특별지원교육에 관한 지원 충실(특별지원교육취학장려비)

- 대학 등 진학에 대한 교육기회의 제공: 고등교육 기회를 보장할 장학금제도 등의 경제적 지원 충실(무이자 및 소득연동반환형 장학금제도 도입 검토), 국공사립대생, 전문학교 학생 등에 대한 경제적 지원(수업료 감면등)
- 생활곤궁 세대 등에의 학습지원: 생활곤궁자 자립지원법에 근거 학습지원사업 실시, 아동양호시설 학생 학습지원, 한부모 가정 학생대상 방문원조인력 확보, 학습지원 자원봉사사업, 방과후 학습, 방과후 어린이교실, 학교지원지역본부, 토요일 교육활동 등
- 그 외 교육지원: 학생 네트워크 구축, 야간중학교 설치 촉진, 어린이 식사·영양상태의 확보, 다양한 체험활동의 기회 제공(국립청소년교육시설, 어린이꿈기금사업 등)

2. 생활지원

- 보호자의 생활지원: 보호자의 자립지원(자립상담 지원사업, 가계상담지원사업 등), 보육 등의 확보(대기아동해소 가속화플랜, 방과후 어린이 종합플랜등), 보호자의 건강확보(상담지원, 정보교환 지원, 복지사무소와 보건센터 연계등), 모자(母子)생활 지원시설 등의 활용
- 어린이 생활지원: 아동양호시설 등의 퇴소아동 등 지원, 식육(식습관교육) 관한 지원(아동복지시설·보육소 식사제공 가이드 활용등), 한부모가정 및 생활곤궁세대 어린이의 생활공간 만들기에 관한 지원
- 관계기관이 연계한 포괄적인 지원체제 정비: 관계기관의 연계(아동복지·모자보건·노동관계자와 교육위원회등과 연계)
- 어린이 취업지원: 한부모가정의 어린이나 아동양호시설 등의 퇴소아동 등에 대한 취업지원, 부모의 지원이 없는 어린에 대한 취업지원, 정시제 고교통학 어린이의 취업지원(잡(Job)서포터등), 고교 중퇴자에 대한 취업지원
- 지원하는 인원의 확보 등: 사회적 양호시설의 체제정비 및 아동상담소의 상담기능 강화, 상담직원의 자질향상(사춘기 정신보건대책연수등)
- 그 외 생활지원: 임신기부터 끊임없는 지원체제, 주택지원(공영주택 우선입주, 다자녀세대 지원, 주택·이사자금 대출, 주거확보 급부금 지급등)

3. 보호자에 대한 취업지원
- 부모의 취업지원: 경력향상 및 전직지원, 고등직업훈련촉진급부금 사업 등
- 부모의 재배움 지원: 자립지원교육훈련급부금사업 활용, 고교취학비용 지급 등
- 취업기회의 확보: 재택취업 지원, 각 부처 예산의 적절한 사용, 모자복지단체 우선 조달

4. 경제적 지원
- 아동부양수당의 공적연금과의 병급조정에 관한 개선: 아동부양수당액 미달 차액 지급
- 한부모 가정의 지원시책에 대한 조사·연구실시를 위한 검토: 지원효과에 대한 분석
- 모자 복지자금 대여금 등의 부자(父子) 가정으로의 확대
- 교육부조의 지급방법: 의무교육에 따른 필요한 비용의 학교장에게 직접 지불 가능
- 생활보호세대 어린이 진학 경우 지원: 교교입학금, 입학고사료, 본인 진학비의 수입면세
- 양육비 확보 지원: 모자가정 등 취업·자립지원센터나 양육비상담지원센터의 상담지원

5. 기타(국제화사회에의 대응)
- 다양한 교육·연수기회를 가질 수 있도록 의욕있는 청년에 대한 참가 지원에 노력

(2) 어린이의 학교안전에 관한 정책 동향(2018 문부과학백서)

어린이의 학교안전에 관한 정책동향을 2018년도 문부과학백서의 내용을 중심으로 소개하면 문부과학성은 학교에서의 식육(식습관)교육 추진, 마음과 몸의 건강 문제에의 대응, 학교에서의 아이의 안전 확보를 위해 여러 시책을 추진했다. 2017년 공시 신 학습지도요령(총칙)에 따르면, 식육교육, 안전지도 심신건강 유지증진에 관한 지도는 체육과(보건체육과), 가정과(기술·가정) 및 특별활동 시간은 원래대로 행하고, 그 외의 각 교과나 종합학습시간 등에서도 적절하게 실시할 것을 지시했다. 교육과정 편성·실시 경우에도 학교보건계획, 학교안전 계획, 음식에 관한 지도의 전체 계획 등, 각 분야에 있어서의 학교의 전체 계획등과 관련

지어 효과적으로 지도토록 했다. 학교안전 추진에 관하여 소개하면 다음과 같다.

① 어린이 안전에 관한 종합적인 대응

2009년 4월에 시행된 학교보건안전법에 근거하여, 문부과학성은 2017년 3월 「제2차 학교안전 추진에 관한 계획」[61]을 책정한 바 있다. 이 계획에는 학교안전 추진의 방향성으로서 목표나 시책 목표를 명시하고 새로운 학습지도요령 개정 등에 따른 안전교육의 내실화 방안과 제1차 계획 책정 후의 새로운 안전상의 과제에서의 대응 등을 담고 있다.

② 학교에서의 어린이 안전 확보의 충실

안전대책으로서 실시하는 감시카메라나 비상 통보장치, 자동 체외식 제세동기(体外式除細動器; AED)의 설치 등에 관한 경비에 대해서 지방재정 조치가 강구되었다. 또한, 문부과학성에서는 학교 안전교육과 안전관리를 위해 교직원을 위한 학교 안전자료를 작성했다. 2018년 2월에는 최근 다양한 안전상의 과제를 고려하여 학교가 위기관리 메뉴얼을 작성할 때 참고가 될 「학교 위기관리 매뉴얼 작성 지침」을 개정했다. 이 외 학교, 교육위원회, 도로관리자, 경찰 등의 관계 기관이 제휴해 실시하는 통학로의 교통안전대책을 촉구하면서 각 지역의 정기적 합동 점검 실시나 대책의 개선·충실등 계속적인 대처를 촉구하는 등 통학로에 있어서의 교통안전 확보를 위한 대응을 추진했다.

또한, 학교의 관리 하에서 발생한 다양한 사고의 교훈을 고려하여, 2013년부터 2014년 사이에 개최된 「학교사고 대응에 관한 조사 연구」 유식자 회의에서 논의에 근거하여 사고 후의 대응방식이나 재발방지에 관한 「학교사고 대응에 관한 지침」[62]을 2016년 3월에 발표했다. 또한 현재의 국제정세를 감안하여 미사일·테러 등 돌발적으로 대규모 재해를 가져올 수 있는 위험 상황에 대해서는 각 지방 공공단체의 국민보호계획의 방향성에 따라 학교 안전관리의 일환으로서 추진하도록 교육위원회 등에 대해 위기관리 매뉴얼의 재검토나 지방공공단체의 위기관

학교 위기관리 매뉴얼 작성 지침

학교사고 대응에 관한 지침

---

61 http://www.mext.go.jp/a_menu/kenko/anzen/1383652.htm

62 http://www.mext.go.jp/a_menu/kenko/anzen/1369565.htm

리부서와의 연계 강화, 훈련 실시 등의 대응을 촉구했다.

③ 지역 전체에서 어린이 안전을 지키는 환경정비

학교 내 뿐만 아니라 등하교시를 포함한 어린이의 안전을 확보하기 위해서는, 지역사회 전체에서 어린이의 안전을 지켜보는 체제정비가 필요하다는 인식이다. 문부과학성은 선진적 사례로서 세이프티 프로모션 스쿨[63]의 대책을 들기도 한다. 또한 문부과학성에서는 2005년부터 학교안전 자원봉사를 활용하여 지역적으로 학교 안팎의 어린이의 안전을 살피며 체제 정비에 노력했다. 예를 들면 전직 경찰관 등이 스쿨 가드·리더[64]로서 학교를 순회하거나 학교 안전 자원 봉사자에게 경비 포인트 등을 지도하는 등의 각 지역에서의 어린이 보호 활동에 관한 대응을 지원했다.

세이프티 프로모션 스쿨

스쿨 가드·리더

④ 실천적인 안전교육의 충실

문부과학성은 학교 안전교육에 있어서 아동 생도가 자신과 타인의 생명을 존중하고 일상생활 전반의 안전을 위해 필요한 사항을 실천적으로 이해하고 평생 안전하게 생활할 수 있는 태도나 능력을 키우는 안전교육을 생활안전, 교통안전, 재해안전 각각의 분야에서 실시하는 것이 중요하다고 강조한다. 특히 어린이 안전을 확보하기 위해서는 어린이 스스로 위험을 예측하고 위험을 피하는 능력을 기를 수 있도록 실천적인 안전교육을 추진해야 한다는 것이다. 이 때문에 문부과학성은 학습지도요령을 고려하여, 학교에서의 안전교육 교직원용 참고 자료인 「살아가는 힘(生きる力)을 기르는 학교 안전교육」(2010.3. 개정), 「살아가는 힘을 키우는 방재교육의 전개」(2013.3. 개정) 외에 각종 교직원용 자료와 교재를 만들어 활용을 독려했다. 또한 「방재교육을 중심으로 한 실천적 안전교육 종합지원사업」에서는 각 학교에 있어서 교통안전이나 방범을 포함한 실천적인 안전교육을 지원하고

---

63 '안전 인증 학교'로서, 학교가 지역 학교안전 관계자 및 관계기관 등과 연계·협력하고 PDCA사이클에 근거한 학교안전 계획의 평가와 다음 연도 계획에의 반영 등, 안전 추진의 대응을 계속적으로 실천하는 학교를 인증하는 것으로 오사카 교육대학이 대응책으로 선택했다.

64 학교 등을 순회하고 학교안전 체제 및 학교안전 자원봉사 활동에 대해서 전문적인 지도를 행하는 자.

있다. 더욱이, 각 지방공공단체나 학교에서 학교안전을 추진하는 데 필요한 정보나 우수한 대응 사례를 참고할 수 있도록 문부과학성이나 각 지방공공단체가 작성한 자료 등을 게재한 「학교안전 포털사이트」(https://anzenkyouiku.mext.go.jp)를 개설하고 2014년 4월부터 운영해오고 있다.

학교안전 포털사이트

교원의 질 관리 입법정책

제13장에서는 교원의 질 관리에 관한 입법정책을 다룬다. 주요 내용은 첫째, 질 관리 전제로서 개혁정책 흐름과 정원 관리 시스템, 둘째, 주요 교원 질 관리 정책의 특징, 셋째, 교원 질 관리 입법정책의 시사점으로 구성한다.

제1절 질 관리 전제로서 개혁정책 흐름과 정원 관리 시스템은 2012년 답신서 전후로 나누어 살펴본다. 2012년 답신서 이후의 교원정책은 교원생애 자질 능력 향상 종합방안(2012.8), 팀학교 답신서(2015.12), 교원제도의 일체 개혁 시스템 구축 답신서(2015.12)를 검토하고, 교원 정원 관리 시스템의 기본 구조와 최근 동향을 논한다.

제2절 주요 교원 질 관리 정책의 특징으로는 첫째, 교원 선발 및 채용 제도(정원산출 법정주의, 학교장 내신기초, 전형방법 다양화 및 가산점제), 둘째, 능력주의 인사관리(우수교원 표창, 민간인 교장, 주간교사·지도교사·부교장제등 신관리직 도입), 셋째, 지도력 부족 교원에 대한 대응(지도 개선 연수 법제화), 넷째, 연수를 통한 질 관리(초임자 연수제, 중견교사 자질향상 연수), 끝으로 교원면허 관리를 통한 질 관리(교원면허 10년 갱신제) 상의 특징을 다룬다.

제3절 교원 개혁 입법정책의 평가는 석사수준 교원 양성체제 변화 시도 측면, 교원면허장 관리 개선 측면, 중간관리층의 제도화 측면, 인사고과 제도의 의의와 한계, 초임단계에서의 교직소양의 강화 측면, 지도력 부족 교원 인사조치 측면으로 나누어 살펴본다.

제4절에서는 최근의 학교 교원정책 동향으로서 「학교 일방식 개혁 종합대책」(2019)의 주요 내용 및 시사점을 살핀 후, 일본의 교원 질 관리 정책 전반을 통하여 한국의 교원정책에 시사받을 수 있는 점을 제언한다.

1 질 관리 전제로서 개혁정책 흐름과 정원 관리 시스템[1]

가. 2012년 답신서 이전 교원정책의 흐름

1984년 수상의 교육개혁 자문기구로 설치된 임시교육심의회(임교심)는 1980~90년대 일본의 교육개혁의 방향을 주도 했다. 이어 문부성이 1997년 1월 24일 발표한 「교육개혁프로그램」은 교원의 자질 향상 일환으로 학교 종별 간 교직원 겸직제도, 부적격 교원에의 대응, 그리고 퇴직 교원의 활용 등을 제안했다.

「새로운 시대를 향한 교원양성의 개선 방책」 답신서(1997.7.28)는 교원의 양성 방향을 "사명감, 능숙한 분야, 개성을 겸비하고 현장의 과제에 적절히 대응할 수 있는 역량 있는 교원 양성"으로 설정하고, 교원양성교육과정에 탄력적 선택이수 방식을 도입할 것을 제언했다. 그 외 전문적 학문이나 지식보다 학생과의 접촉을 중시하고, 교직 수행에 직접 관련된 교직과목과 체험 및 실습에 주안점을 두도록 했다.

「석사과정을 적극적으로 활용한 교원양성의 방향」(1998.10.29) 답신은 석사과정 현직교원 재교육 강화를 위해 수업 연한 탄력화, 재학 기회의 확대, 수료 후의 연계 강화, 대학과 임면권자 간의 연계협력, 수학휴직 및 근무상 배려 등을 제안했다.

「양성과 채용·연수와의 연계 원활화」(1999.12.10) 답신은 선발 방법의 다양화, 채용선발의 내용과 기준 공표, 양질의 학력시험 문제 연구·개발, 조건부 채용의 운용 개선, 장애자의 임용시험상의 배려, 그리고 중·장기 채용계획 책정 등을 제안했다.

교육개혁국민회의는 「교육을 바꿀 17개 제안」(2000.12)에서 교사의 의욕과 노력이 인정받고 평가되는 체제를 포함했다. 교원평가 결과를 대우에 반영시키는 것이었다.[2] 「21세기 교육신생플랜」(2001.6.29.)은 가르치는 「프로」로서 교사의 육

---

1 교원의 질 관리 입법정책에 대해서는 고전(2017), "일본의 교원생애 질 관리 정책의 특징과 시사", 비교육연구, 27(1), 29–49면의 내용을 기반으로 최근 입법정책 변화를 반영하여 작성되었다.

2 주요 요지는 노력에 대한 보답 책 강구(특별수당, 표창, 준 관리직 취급 등 우대 및 인사조치) / 적성에 따른 교무분장 및 (비(非)적성의 경우) 학교교육 이외의 직종 전환 권장 / 전문 지식 획득 연수 및

성을 내걸었는데, 우수 교원에 대한 표창 및 특별승급, 교원의 사회체험 연수의
제도화(민간기업 등에서 사회성 연마), 부적격 교원의 엄격한 대응(교단으로부터 격리)
등이었다.

중앙교육심의회는 「이후 교원면허제도 개선 방향에 관해」(2002.2.21) 답신을
보고하였는데, 교원면허제도를 종합화·탄력화하고, 면허갱신제 가능성을 논했으
며, 특별면허장 활용 촉진 등에 관한 개혁안을 담고 있었다.

2006년 7월 11일에는 「이후 교원양성·면허제도의 개선 방향에 관해」 답신
서가 보고되었는데, 교직과정의 질적 수준 향상을 위한 제반 조치와 교직대학원
제도 창설 방안을 제안했다. 특히, 이 답신을 통하여 10년 단위 교원면허갱신제
의 도입이 확정되었다.

2007년 3월 29일에는 「이후 교원급여의 개선 방향에 관해」 답신서가 보고
되었다. 신축성있는 교원급여 개선방안으로 우수한 인재확보, 교원급료·교직조
정액·제수당등의 개선·교원평가와 처우에의 반영을 강조하는 한편, 교원 근무시
간을 적정화 탄력화 할 것을 주문했다.

나. 2012년 답신서 이후 교원정책의 전개

(1) 교원생애 자질능력 향상 종합방안(2012.8): 계속 배우는 교원상의 확립

문부과학대신(大臣)의 자문을 요청(2010.6.3)받은 중앙교육심의회는 '교원의
자질향상 특별부회'를 설치했고, 교원이 대응해야 할 과제가 다양하고, 급격한
교원 퇴직으로 인한 질 관리 문제, 낮은 교원자격자 임용률 문제, 짧은 교육실습
시간 문제, 신임교원의 지도·소통능력 미흡 등을 지적하기도 했다.[3]

기업에서의 장기 사회 체험 연수의 기회를 확충／개선의 여지가 없는 낮은 평가의 교원에 대한 직종
전환 배치 및 면직조치 강구／교원임용의 다양화(비상근, 임기제, 사회인 교사 등) 및 교원면허 갱신
제 검토 등이었다. 고전(2014), 『일본교육개혁론』 서울: 박영Story, 302면 참조.

[3] 교원이 대응해야 할 과제의 다양화(학력향상 및 학생지도문제, 특수학교교육의 충실, 외국인 자녀에
의 대응, ICT의 활용 등), 가정·지역사회와의 보다 긴밀한 연대의 필요성, 향후 10년간에 교원 전체
의 3분의 1이 퇴직하여 경험이 일천한 교사가 대량 유입될 상황(선배교원이 신인교원에게 지식·기능
을 전승하기 곤란한 구조), 교원면허장 취득자수와 교원채용자수간의 큰 괴리(2005년 중학교 1/25),

답신서(2012.8.28)는 고도의 전문성과 사회성, 실천적 지도력, 의사소통능력, 팀으로 대응하는 능력을 지적하였고, 일제 지도뿐만 아니라 창조적·협동적 배우기, 의사소통형 배우기에 대응 가능한 능력을 꼽았다. 교원이 익혀야 할 자질 능력을 교직생활 단계를 고려한 전문성·사회성 향상을 위한 전문직 기준으로 명확히 제시할 것을 제안했다. 각 단계에 있어서 개혁 과제의 주요 내용은 다음과 같다.

[교원면허제도 개혁]
- '기초면허장'(가칭) '일반면허장'(가칭) 창설의 검토: 학사과정 수료자에 대하여 기초적인 자격인 기초면허장을 부여하고, 교원채용 후에 필요한 과정 등을 수료할 경우 석사수준의 자격인 일반면허장을 부여하는 대학원 수준의 교원양성제를 검토
- 전문면허장(가칭) 창설의 검토: 교직생활을 통해서 보다 높은 전문성과 사회성을 몸에 익히도록 일정 전문성(학교경영, 학생지도, 교과지도, 특별지원교육 등)을 공적으로 증명하는 '전문면허장'의 창설을 검토
- 교원면허갱신제 개선: 자발적으로 부단히 전문성을 높일 수 있도록 교원면허갱신제를 개선하고, 10년 경험자 연수와의 관계를 정리
- 의무교육면허장(소학교＋중학교) 혹은 중등교육면허장(중학교＋고등학교) 등 복수의 학교종별 면허장제 창설을 검토
[교원양성제도 개혁]
- 학부 4년 후, 1～2년간의 석사수준 과정에서 이수 의무화(석사 수준화) 검토
- 과정인정심의 엄격화 등을 통해 교원양성의 질을 보증
- 석사수준화는 양성규모나 대학조직체제, 학생의 경제적 부담 경감 병행검토
[교원 채용개혁]
- 여러 분야 사회인등이 그 전문성을 활용하여 교직에 지원할 수 있도록 학사과정에서 교직과정을 수료하지 않은 자를 대상으로 석사수준 과정 개설 검토
- 교원 연령 구성상의 왜곡(30～40대가 적은 것)의 개선
- 임시적 임용 교원이나 비상근 강사의 채용·배치의 개선 방향을 검토

교육실습 기간이 주요 외국에 비하여 짧음(일본 2～4주, 미국(22개주 이상) 12주 이상, 영국 4년제 양성기관은 32주 이상, 교직전문과정(1년)은 18～24주 등), 신임교원의 실천적 지도력이나 커뮤니케이션능력 등이 충분히 몸에 배지 못한 상황(교장의 40% 이상은 신인교원이 위의 능력이 부족하다고 평가) 등을 말한다.

[교원 연수 개혁]
- 초임자 연수시 시기 조정 및 교직대학원 출신자의 연수면제 등을 함께 검토
- 임명권자·대학이 연대한 연수의 개선 방향이나 연수의 수강성과를 '전문면허장' (가칭) 취득단위의 하나로 인정하는 방안의 검토
- 국가와 지방자치단체가 적절한 역할을 분담하는 방향
- 교내연수나 자율연수를 활성화 하는 방향

[교장의 리더십·관리능력 개혁]
- 교직대학원등의 학교경영을 중심으로 한 전공·코스 충실화
- 국가나 도도부현등의 교원연수을 위한 센타등에 '관리형' 관리직양성과정 설치

[교육위원회등의 관계기관 간의 연대·협력]
- 대학의 교직과정의 인정 및 평가
- 전문면허장(가칭) 수여시 이수이력의 평가
- 대학과 교육위원회가 연대한 연수의 실시

(2) 팀학교 답신서(2015.12): 효율적 팀체제를 위한 교원의 전문역량[4]

중앙교육심의회는 2015년 12월 21일 「팀으로서 학교 개선 방향과 이후 개선방안에 관한」 답신서를 발표했다. 답신은 ① 전문성에 기반한 팀체제 구축 ② 학교 관리기능의 강화 ③ 교직원 한 사람 한 사람이 역량을 발휘할 수 있는 환경의 정비라는 세 측면을 강조했다. 먼저 전문팀체제를 갖추도록 하기 위한 기본방향은 ① 교직원 지도체제를 충실히 할 것(활동학습실시와 이지메 특별지원교육에 필요한 교직원 정수의 확보) ② 교원 이외의 전문 스태프의 학교참가(심리·복지전문 스태프,[5] 학교사서배치, 부활동지도원, 의료지원간호사, 특수교육전문가 등) ③ 지역과 연계체제의 정비(지역연계담당교직원을 법령상 규정) 등이다.

둘째로 학교 관리기능 강화를 위해서는 ① 관리직의 적재확보 ② 주간교사 제도의 충실화 ③ 사무체제의 강화 등을 예시했다.

끝으로 교직원 역량 발휘 측면에서는 ① 인재육성의 추진(인사평가결과 활용)

팀으로서 학교

---

4 고전(2016), "일본의 최근 교육개혁 정책의 특징과 평가", 비교교육연구 26(4), 182면을 참조할 것.
5 통상 스쿨 카운슬러(학교상담사)와 스쿨 소셜워커(학교복지사)로 불리우기도 한다.

② 업무환경의 개선(개선 가이드라인, 스트레스 체크제도, 정신건강 대책 등) ③ 교육위원회의 학교지원 충실(소규모 시정촌의 지도주사 배치, 변호사 등으로 문제해결 지원팀의 교육위원회 내 설치) 등이다. 학교를 도와주는 측면도 물론 포함하고 있는 개혁이지만, 다른 한편에서는 지역사회에 대하여 학교가 책무성을 다해야 한다는 요구이다.

(3) 교원제도의 일체 개혁 시스템 구축 답신서(2015.12)[6]

문부과학성의 2015년 12월 31일「향후 학교교육을 담당하는 교원자질능력의 향상에 관해−서로 배우고 서로 고도화시키는 교원육성 커뮤니티 구축을 향해」답신의 핵심은 ① '계속 배우는 교원'으로서 교원이 자율적으로 배우는 교직생애에 걸친 자질능력을 향상시키는 일 ② '교원은 학교에서 길러진다'는 관점에서 경험 연수가 다른 동료교원과의 조직적, 계속적인 연수의 추진 ③ '경력관리(커리어)시스템의 구축'을 위해 교원육성협의회를 설치하고 교원육성 지표를 책정하며 독립행정법인인 교직원지원기구의 기능을 강화하는 것 등을 포함하고 있다.

더불어 세계 각국의 교원개혁에서 논의되고 있는 '교원 스탠다드'라 할 수 있는 양성·채용·연수간의 연계를 강화하고, 교직과정 재학중인 학생이나 현직교원이 스스로 몸에 익혀야할 자질이나 능력의 구체적인 목표가 될 '교원육성지표'를 정할 것을 제안하고 있다.

다. 교원 정원 관리 시스템의 기본 구조와 최근 동향

정원 책정은 표준법(의무교육표준법, 고교표준법)[7]에 의한다. 법정 학급당 학생수에 근거하여 산출되나 현(縣)별 학생 수 변동 추이를 감안하여 도도부현 교육위원회(68곳) 별로 책정되는데, 과잉원(過剩員) 발생 방지를 위해 법정 정원보다는

---

6 이에 대하여는 고전(2016), 앞의 논문, 182면을 참조할 것.

7 소·중학교의 경우는「공립 의무교육 제 학교의 학급편제 및 교직원 정수의 표준에 관한 법률」(의무교육표준법)에 따라, 고등학교의 경우는「공립고등학교의 적정배치 및 교직원 정수의 표준 등에 관한 법률」(고교표준법)에 따른다. 학급당 40명(초등학교 35명) 표준에 따라 각급 학교 교원 수를 시정촌, 도도부현을 거쳐 집계하여 전체의 교원 수를 산출한다.

적게 공고하는 것이 관례이다.[8] 결국, 정원이라는 규모에 있어서는 국가관리시스템(정원 산출 법정주의)에 근거하지만, 실제 충원하는 선발 규모는 지방관리시스템(필요 인원 현실주의)으로 운영하는 특징이 있다. 일본의 교원수요추계 모델은 〈그림 13-1〉과 같다.

교원수요추계 모델

이른바 의무교육기관의 현비부담(縣費負擔) 교직원[9] 봉급에 대하여 국가가 과거에는 2분 1을 부담하던 것을 3분의 1로 줄임에 따라 지방공공단체의 재정부담은 더욱 늘게 되었다. 지방공공단체로서도 재정부담이 되는 만큼, 교원의 수를 국가표준을 넘어서지 않는 방식을 선호할 듯하지만, 국가 표준(1학급 40명 원칙)을 밑도는 표준을 적용한 도도부현이 상당수에 이르고 있는 것으로 보고되고 있다. 그만큼 각 도도부현이 교원 정원을 확보하는데 적극적이라는 이야기이다. 문부과학성 역시 학급편성 표준 및 교직원 상수를 지속적으로 개선해 오고 있다.

한편, 중교심은 정치권의 교원수에 대한 기계적인 감축 주장에 반대하여 「교직원 정수에 관한 긴급제언」(2015.10.28)을 발표하기도 했다. 요지는 "교직원 정원의 기계적인 감축이 아니라 다양한 교육 과제나 지역의 요구에 따른 확고한 교육 활동을 실시하기 위해서 필요한 교직원 수를 전략적으로 충실하게 확보해

그림 13-1 교원 수요 추계 모델(山崎博敏, 2014:12)

출처: 山崎博敏(2014). 2025年までの公立小中学校教員需要推計. 広島大学大学院教育学研究科紀要 第63号. 12頁.

8 가와가미 야스히고(川上泰彦, 효고대학) 교수와의 면담(2016.11.12)에서 진술된 내용이다.
9 현비부담 교직원이란 시정촌립 초등학교, 중학교 등의 교직원의 급여를 학교설치자인 시정촌이 아닌 도도부현이 부담하여 지급하는 교직원이란 의미이다. 이 제도는 시정촌의 재정능력의 차이를 감안하여 교육의 일정 수준을 담보하기 위하여 1940년부터 채택된 바 있다.

야 한다."는 것이다. 답신은 학생지도의 어려움은 학생의 빈곤과 교육격차 확대, 특별지도를 요하는 장애 학생의 현저한 증가, 외국인 학생의 증가, 이지메·부등 교·폭력행위 등 학생지도상의 심각성을 지적한다. 상황이 이러함에도 저출산에 따른 학생 수 감소만을 이유로 정치권에서 교직원 정수를 감축하려는 시도는 매우 부적절하다는 것이다. OECD 국제조사를 인용하여 일본의 교원이 현재에도 세계에서 가장 장시간 근무하고 있음을 지적하면서, 효율적 학교운영 정책인 '팀학교' 운영을 위한 전문 인력확보나 교사의 학습지도력(수업력) 혁신을 위한 연수지원이 필요한 시점이라고 역설한다. 특히 교육정책의 결정시 정치적 슬로건 보다는 과학적 근거에 기초한 교육의 성과 검증(전국 학력·학습상황조사 등)에 기초하여야 한다는 점을 정치권에 요구했다.

　　문부성의 이러한 소인수 학급추진에도 불구하고 학교 현장은 더욱 여유없이 바빠지고 있고 황폐화되어가고 있다는 지적이다. 현직교사들은 정부가 지방재량 (교원인사 탄력화)에 의한 '소인수(30인) 학급제'를 실시한 결과, 실제 교원 수는 중

표 13-1　2015년도 국가 표준이하 학급편제 중인 도도부현의 상황

구분		30인	30~34인	35인	36~39인	실태대응	합계
초등학교1년		14	3	0	0	6	20
	2년	12	3	35	0	7	47
	3년	2	3	23	2	6	34
	4년	2	3	21	2	6	32
	5년	2	2	15	3	6	26
	6년	1	2	15	3	6	25
중학교	1년	5	3	32	0	7	43
	2년	1	3	16	1	6	26
	3년	1	3	15	1	6	25
합계		15	6	43	3	8	47

주: 학급편제시 초등학교 1학년은 35인 미만, 2년~중3까지는 40인 미만으로 실시하는 것을 계상함/전 국 현단위 조치가 아닌, 지역이나 학교실태에 대응한 현은 '실태대응'란에 계상함/동일학년에도 학급 수 등에 의해 편제인원의 취급이 다른 경우는 중복 계상함
출처: 일본문부과학성(2016), 2015年 文部科學白書.

가하지 않고 비상근 교원만을 증원(최근의 팀학교제도 같은 맥락)하여 결국 교육여
건은 개선되기 힘든 상황이라고 비판한다(고전, 2016:192).[10]

2 주요 교원 질 관리 정책의 특징

가. 교원 선발 및 채용 제도

교원의 채용은 학력, 경험, 인물 등 일정 기준에 기반한 '선고(選考)'에 의해
이루어진다. 선고는 임명권자인 교육위원회의 교육장이 행한다. 시정촌립학교의
교직원(＝현비부담교직원)은 비록 시정촌 직원이지만 임명권자는 도도부현 교육위
원회이다(지방교육행정법 §37).[11] 각 교육위원회의 교원 임면 권한은 교육장에게
위임 불가한 위원회의 필수 업무이다(§26②4). 대신 교원의 신규채용 임용 및 승
진임용을 위한 실제 '선고(選考)' 업무는 도도부현 교육장이 행하며, 일반 지방공
무원의 '경쟁시험' 방식과는 달리 '선고'라 칭한다(교육공무원특례법 §11).

현재 단카이 세대(団塊の世代)[12]의 대량 퇴직 시대를 맞이하여 많은 지자체
에서 신규로 교원을 대량으로 채용하고 있는 상황이고, 이들의 질적 관리가 문제
로 대두되고 있다. 각 지자체는 나름의 교원상(敎員像)[13] 기치아래, 교원채용시

---

10 '여유있는 교육을 요구하는 전국교육조건조사회' 소속 야마자키(山崎洋介) 초등학교 교사는 정부가
내세우는 진정한 의미의 전국통일의 '30인 학급' 실현을 위해서는 팀학교제보다는 교육위원회 임의
판단이 아닌 학급편제 표준을 규정으로 만들어 준수토록 하여야 하고, 1/3로 축소한 국가의 의무교
육비부담을 1/2로 환원하여야 한다고 주장한다(2016.5.28 면담).

11 정령지정도시(인구 70만 이상, 20개, 한국의 광역시와 유사)가 설치하는 학교의 현비부담교직원의
임명권은 정령지정도시 교육위원회에 위임되어 있다(지방교육행정법 §58①). 2007년부터, 교육상의
필요한 경우 '구조개혁 특별구(特別區)'를 활용하여 시정촌이 급여를 부담하고 시정촌교육위원회가
임용하는 시비부담(市費負擔) 교직원제도도 실시하고 있다.

12 전후 일본에서 1948년을 전후해 태어나 연령별 인구구성상 두드러지게 팽창한 세대를 말하며, 한국
에서는 한국전쟁후 산아제한 전의 베이비붐 세대(1953~1963)와 비교된다.

13 오사카부의 경우 풍부한 인간성, 실전적인 전문성, 열린 사회성을 내세운다. 동경도의 경우 교육에
대한 열의와 사명감, 풍부한 인간성과 생각하는 교사, 학생의 장점과 가능성을 계발시킬 수 있는 교
사, 조직인으로서 책임감과 협조성을 갖고 서로 성장하는 교사 등이다.

다면적인 평가방법을 도입하고 있고, 대학도 이에 조직적으로 대응하고 있다(日 野純一, 2014:1).

문부과학성 역시 각 도도부현 교육위원회가 전형방법을 개선토록 요구하기도 한다. 도도부현 교육위원회는 학력 시험의 성적 뿐 아니라, 면접시험과 실기시험, 응시연령 제한 완화, 다양한 사회경험을 적절하게 평가하는 특별전형(교직경험자, 민간기업 경험자, 영어자격자, 스포츠·예술의 기능자 및 실습자) 등 대책을 강구하고 있다.

문부성은 2014년부터 '종합적인 교사력 향상을 위한 조사 연구 사업'을 진행하고 있고, 특별 면허장 등을 활용한 사회인 등용의 방식을 지원하는 동시에, 도도부현 교육위원회는 교원 지망자를 대상으로, 신규 채용 교원의 원활한 입직과 학교의 최소한의 실천적 지도력을 구비토록 이른바 "교사숙(教師塾:東京都教師塾, 大阪教志セミナ―등)"[14]을 설치하고 대학과의 연계 프로그램을 지원하고 있다.

문부과학성은 각 도도부현(都道府県) 성령 지정도시(指定都市) 교육위원회가 실시한 공립학교 교원채용 선발시험의 시행방법에 관해 매년 조사하고 공표하는데, 2016년 1월 29일에 공표한 「2016년도 공립학교 교원채용선발시험 실시방법 관련」[15] 사항은 다음과 같다. 이 조사는 전 68개 도도부현 지정도시(오사카부의 豊能地区 포함) 교육위원회[16]에서 2016년도 채용선발 결과를 조사한 것으로 주요 특징은 다음과 같다.

첫째, 교육과정 개정에 대응하여 선발한다. 초등학교 외국어 활동에 관한 필기시험을 52개 현시(県市)에서 실시했고, 실기시험은 23개 현시에서 실시했다. 둘째, 영어 자격에 의한 일부시험 면제 및 가산점제, 특별선발은 46개 현시에서 실

---

14 오사카부의 경우 '大阪教志세미나'를 교육청 교육센터 주관으로 하는 집중연수를 하며, 2016년 8월에 제9기(176명)에는 대학추천으로 연수생을 모집했다. 이 세미나는 이듬해 3월까지 강좌 12회, 현장실습, 연구협의회 등으로 진행된다. 대학의 추천을 통해 연수교육을 실시하고 자격과 관련한 수료증을 발급하는데, 임용시험의 1차를 면제하는 혜택이 주어진다. 이는 전후 베이붐세대의 일괄 퇴직에 따른 교원 부족사태를 맞이하여 다른 지역에 우수 인력을 누수를 막으려는 일종의 입도선매(立稻先賣)형 우수 교원확보 전략이라고 할 수 있다. 동경도의 경우에는 '東京教師養成塾'을 두고 있고 150여명을 모집한다(2015년의 경우 초등 및 특수학교교사 연수자 147명 전원 합격). 동경교사양성숙 이수자는 면접시험만 보면된다.

15 http://www.mext.go.jp/a_menu/shotou/senkou/1366686.htm

16 채용시험을 공동으로 실시하는 경우는 1개 현시로 집계한다.

시했는데, 가산점제도는 2015년 8개 현시에서 16개 현시로 2배 증가했다. 셋째, 소학교 교과(산수, 이과, 음악, 외국어활동 등) 지도를 충실히 하기 위한 특별한 선발고사는 6개 현시에서 실시했다. 넷째, 특정 자격이나 경력 등을 가진 자를 대상으로 한 특별선발 고사(교직경험자나 민간기업 등의 근무경험자)는 62개 현시에서 실시했다. 다섯째, 일부 시험의 면제는 49개 현시에서 실시했다. 여섯째, 특별면허장을 활용한 선발고사는 37개 현시, 장애자 대상 특별선발은 67개 현시에서 실시했다. 일곱째, 대학원 재학자 및 진학자에 대한 특례, 교직대학원 수료자 대상 특별선발은 4개 현시에서 실시했다. 여덟째, 교직대학원을 포함한 대학원 재학이나 진학을 이유로 채용을 사임한 경우, 57개 현시에서는 채용후보자명부 등재기간 연장이나 다음 연도 일부시험 면제 등의 특례 조치를 취했다. 끝으로, 수험연령 요건을 완화한 현시가 전년도 21개 현시에서 25개 현시로 확대됐다. 특히, 현직 경험자나 민간기업 경력자, 영어 자격자, 스포츠・예술 기능 실적자 등을 대상으로 일부 시험면제(49곳)나 특별선발(62곳), 특별면허장을 활용한 선발(37고) 등으로 나타났다. 수험연령 제한은 아오모리현이 만 50세, 군마현이 만 39세 등으로 지역에 따라 전형에 따라 다양하게 나타났다. 히로시마현과 히라시마시가 연령제한 폐지(과거 만 44세)하는 등 전체적으로 연령제한은 완화하는 추세이다. 25개 현시는 상한 연령을 두지 않았고, 24개 현시는 41~50세 사이의 상한연령을, 18개 현시는 36~40세 사이의 상한연령을 두고 있다.

일본 교육대학(유・소・중학교 교원양성기관) 관계자와의 면담[17]에 따르면, 모의 수업능력이나 학교 현장에 대응능력을 묻는 경우가 많아 교원양성기관의 학생들이 시험 대책을 스스로 세워 실천하기란 쉽지 않은 사정이라고 한다. 이에 비해 교육대학 등에서는 교육과정 이외에 정규 교원이나 채용 시험을 전담하는 직원(퇴직했던 교육위원회 직원 및 교장 등)이 채용 시험 대책을 수립해 1년에 걸쳐 학생을 대상으로 실시하고 있다.

2004년 국립대학이 법인화될 때부터 교육대학은 졸업생의 교직 취업률이 대학의 성과평과 지표로 강조되었기 때문에, 대학 나름대로 교원 채용시험 대책

---

17 오노야스기(大野裕己)와 가와가미 야스히고(川上泰彦)교수와의 면담(2016.11.12) 내용.

을 지원하는 학내 센터를 설치하기도 한다는 전언이다.[18]

표 13-2 오사카부 선고(選考) 구분별 선고테스트

선고구분	대상	1차선고 필답테스트	2차선고 면접테스트	3차선고 필답	3차선고 실기[19]	3차선고 면접
일반선고	일반대상자	○	○	○	○	○
일반선고	교원챌린지테스트대상자	–	○	○	○	○
일반선고	대학등 추천자 오사카교지세미나수료자	–	–	○	○	○
특별선고	신체장애 대상자 선고	–	○	○	○	○
특별선고	교직경험자 대상 선고	–	○	–	–	○
특별선고	대학원진(재)학자 선고	–	–	–	–	○

출처: 2017년도 오사카부 공립학교교원채용 선고 테스트 수험안내서, 4면.
　　　교원챌린지테스트대상자: 과거 2년간 임용시험에 전성적 75% 취득자로 1차 면제됨
　　　① 1차시험(필답테스트): 시험시간 90분, 객관식 30문항 교직 소양시험, 150점[20]
　　　② 2차시험(면접테스트): 1차시험 합격자로서 개인면접 형태 150점[21]
　　　③ 3차시험: 2차시험 합격자를 대상으로 모의수업·개인면접과 필답·실기테스트[22]

---

18 효고교육대학의 경우 교직경력개발센터(대학직원 3인, 퇴직교장 지원요원 3인)는 학부생(160명)과 대학원생 중 교직 희망자(약 100여명)에 서비스를 제공하고 있다. 필기시험 대책 연수, 면접·모의수업지도, 숙박연수프로그램 등이 있다. 정규직 임용합격률은 60% 전후이다.

19 실기시험은 초등학교, 중학교 음악·미술·보건체육·영어, 고교의 음악·미술·서도·보건체육·공업실습·영어·한국조선어·중국어 교과의 경우 실시한다.

20 주요 내용은 교직교양, 교육관련 법규, 교육공무원의 윤리(복부규율), 교육시사, 사고력·판단력을 묻는 문제로 문항은 30문항으로 되어 있고 각 문항별로 2~3개의 소문항이 있다.

21 대기시간 포함 대략 3시간 소요된다. 주요 내용은 사회인으로서 바람직한 태도가 있는지, 바람직한 대인관계를 쌓아 나갈 자질이 준비되어 있는지 등을 본다.

22 1, 2차 시험 면제자로서 바로 3차 시험에 응시하는 자는 일반 선고의 경우, 대학 등 추천자, 대학교지세미나수료자 등이 있고, 대학원진(재)학자대상 선고의 경우가 있다. 대학원진(재)학자의 선고란, 제3차선고합격자로서 이후 대학원에 진학할 자, 현재 대학원 1년에 재학중인자를 대상으로 한 특별선고를 실시하는 것이다. 대학원 수료후 재차 선고를 하여 합격여부를 결정하므로 채용유보는 아니다. 면접테스트는 모의수업 및 개인 면접을 실시한다. 초등학교의 필답은 국어, 산수, 이과, 사회에 관한 전문 테스트(택1식)를 실시한다. 소논문(500자 정도)을 실시하고(100분), 실기로는 수영(25m, 수영법 무관)을 실시한다. 소논문은 사회적인 배경이나 과제를 파악하고 있는지, 구체적인 하나의 객관성 있는 내용을 논리적으로 기술하고 있는지 등이다. 중학교 고등학교의 교원임용 전형의 경우 출원한 학교종별, 교과별 과목에 관한 교과전문테스트(택일식 및 기술식)를 실시한다(90분).

나. 능력주의 인사관리: 우수교원 표창·민간인 교장·신관리직 도입

첫째, 우수교원 표창제도가 있다. 2014년에 67개 도도부현·지정도시 중 59곳의 교육위원회에서 우수교원 표창을 실시했다. 문부과학성 역시 2006년부터 도도부현 교육위원회 추천을 받아 대신(大臣) 우수교원 표창을 실시해 왔다(2015년 803명).

우수교원 표창제도

둘째, 민간인 교장제도를 도입했다. 문부과학성은 지역이나 학교의 실정에 맞고 학교 안팎에서 폭넓은 우수한 관리자를 등용할 수 있도록 2000년부터 이 제도를 도입했다. 교장 자격 요건을 완화하여 교원면허장을 가지고 있지 않거나 교육 경력이 없더라도 교장으로 임용할 수 있도록 했다(부교장에 대해서는 20년 경력자, 교감에 대해서는 18년 경력자 조건). 2015년 4월 현재 전국 공립학교 교원 출신이 아닌 교장의 재직자는 144명, 교원 출신이 아닌 전 교장 및 교감 재직자 수는 88명이다.

민간인 교장제도

셋째, 부교장, 주간교사, 지도교사제를 신설했다. 일반적으로 학교에는 교장, 교감(教頭; 한국의 교감), 주임교사(主任教諭; 한국의 부장교사), 일반교사(教諭), 양호교사 및 사무직원이 근무한다. 이러한 조직으로는 업무의 역할 분담을 위한 계통성이나 위계가 없어 효율적 업무 수행이 곤란하다는 지적이 있어왔다. 이에 일본은 부교장(副校長),[23] 주간교사(主幹教諭), 지도교사(指導教諭) 직을 신설(2008.4.1 실시)했다. 이는 학교조직을 과거의 냄비 뚜껑형(鍋蓋型) 조직[24]에서 이들을 중간 관리층으로 삼아 피라미드형 조직으로의 변환하려는 시도라 할 수 있다. 부교장(副校長)과 교감(教頭)의 차이점은, 교감은 교장을 '돕는 일'에 그치나, 부교장은 교무관장권과 소속직원 감독권을 일정 범위 내에서 스스로 행사한다는 점이다. 또한, 교감은 필요에 따라 학생교육을 담당하나 부교장은 학교경영적인 직무에만 종사한다는 차이가 있다.

부교장, 주간교사, 지도교사제

---

23 학교교육법 §37② 초등학교(중학교)에는 부교장, 주간교사, 지도교사, 영양교사 기타 필요한 직원을 둘 수 있다(부교장을 두거나 특별한 사정이 있는 경우에는 교감을 둘 수 있다). ⑤ 부교장은 교장을 도와 명을 받아 교무를 담당한다. ⑦ 교감은 교장(부교장을 두는 학교에 있어서는 교장 및 부교장)을 도와 교무를 관장하고 필요에 따라 학생 교육을 담당한다.
24 관리직인 교장, 교감(教頭; 한국의 교감) 이외 나머지 교사는 모두 평등하다는 구조를 말한다.

　　주간교사(主幹教諭)는 경영층인 교장·부교장과 실천층인 교사사이의 코디네이터 역할을 한다. 자신의 경험을 살려 교사등을 지도하여 지원하는데, 조직적이고 기동력 있는 학교운영이 가능토록 신설된 지도·감독층(중간관리자)이라 할 수 있다. 주간교사는 교무 일부를 관장할 권한이 있고, 다른 교사에게 지시할 권한이 있다.

　　지도교사(指導教諭)는 교직원 교육지도에 관한 지도·조언과 연수의 기획·실시에 중심적 역할을 한다. 관리직이 아닌 우수한 교육지도 전문가로서 학교 지원 활동 스텝으로서 위치한다(중간 관리자가 아닌 동료적인 관계에 기초함). 우수한 교원 개인에 대한 실적평가나 처우개선을 도모하기 위한 직위로서 의미도 갖는다.

다. 지도력 부족 교원에 대한 대응: 지도 개선 연수 법제화

　　2007년 6월 교육공무원특례법 개정으로 지도가 부적절한 공립학교 교사등에 대한 인사관리가 제도화 되었다(교육공무원특례법 §25의2, 3).[25] 임명권자는 학생에 대한 지도가 부적절하다고 인정된 교원에 대해서 지도개선 연수를 부과할 의무가 있다.

지도개선 연수를 부과

　　한편, 일본은 2014년 4월 지방공무원법 개정(§40)을 통하여 인사평가제도를 본격 도입했다. 능력·실적의 측면에서 평가를 실시하고 평가 기준을 명시하며, 자기 신고, 면담, 평가 결과 공개 등의 구조에 의한 객관성 등을 확보한다는 것이다. 종래에는 교육공무원을 포함한 지방공무원의 근무평정(근평)에 대해서는 지방공무원법 제40조 등에 근거하여 임명권자인 교육위원회가 직원의 집무에 대해

---

25 (지도 개선 연수) 제25조의2 ① 공립 초등학교등의 교사 임명권자는 학생에 대한 지도가 부적절하다고 인정한 교사에 대해 그 능력, 적성 등에 따라 해당 지도의 개선을 도모하기 위해서 필요한 사항에 관한 연수(지도개선연수)를 실시해야 한다. ② 지도개선연수 기간은 1년을 넘어서는 안 된다(필요할 경우 2년이내 연장 가능). 3 임명권자는 지도개선연수를 받는 자의 능력, 적성 등에 따른 '지도개선연수 계획서'를 작성해야 한다. 4 임명권자는 지도개선연수 종료시 지도개선연수 수료자의 학생지도 개선정도에 대한 인정을 해야 한다. 5 임명권자는 제1항 및 전항의 인정시 교육위원회 규칙에서 정하는 바에 따라 교육학, 의학, 심리학 기타 학생지도에 관한 전문적 지식을 가진 자와 해당 임명권자에 속하는 도도부현 또는 시정촌 내에 거주하는 보호자(친권자 및 후견인)의 의견을 물어야 한다.

서 정기적으로 근무성적을 평정하고, 그 평가 결과에 따른 조치를 강구하도록 되어 있었다. 그러나 이 법 개정으로 근무성적평정 대신, 직원이 그 직무를 수행하면서 발휘한 능력 및 업적을 파악한데 기초하여 행해지는 인사평가제도를 도입하게 되었다.

그러나 그 수단인 교원평가제도 등이 객관성과 공정성을 담보하지 못할 경우 부작용을 낳을 것이라는 우려도 적지 않다. 일본의 교원단체와 교원들은 이러한 미흡한 평가가 경쟁분위기를 격화시키고 교직사회를 황폐화 시킨다고 비판하기도 한다.[26]

교원평가제도

라. 연수를 통한 질 관리: 초임자 연수제·중견교사 자질 향상 연수

일본에서의 교원연수는 국가단위와 교육위원회 단위로 2원화 되어 운영되고 있다. 초임자 연수는 처음 조건부로 임용된 교사에 대하여 학교 내외에서 1년간 실시되는 연수다. 1988년 교육공무원특례법 개정(§23)으로 도입되어 1989년부터 실시되고 있다.

일본의 현직 교원의 자질 유지 및 향상을 위한 큰 변화 중의 하나는 교직 경력 10년 된 자에 대한 연수의무를 부여한 '10년 경력자 연수제도'였다. 2002년 교육공무원특례법(§24) 개정으로 도입되어 2003년도부터 본격 실시된 바 있다. 이 경우 재직 기간이 10년 정도(특별한 사정이 있는 경우 10년을 표준으로 임명권자가 정한 연수)에 이른 교원에 대해 학교 내외에서 우수 분야를 심화시키는 등 교원으로서의 자질 능력의 향상을 목적으로서 각각의 능력·적성 등을 평가하는 연수를 받도록 했다. 이것을 2017년부터는 명칭을 바꾸어 '중견교사 자질향상 연수'로 부르고 있다.

중견교사 자질향상
연수

---

26 교원평가 및 교원정책 전문가인 도쿄대학 가츠노교수와 연구와의 면담(2016.5.24) 근거.

마. 교원면허 관리를 통한 질 관리: 교원면허 10년 갱신제

교원면허 갱신제도는 교원의 생애를 통한 질 관리 시스템의 한 특징을 이루고 있다. 이 제도의 취지는 최신의 교육에 관한 지식과 기술을 연수함으로써 교직에 대한 공신력을 높일 목적으로 교육직원면허법 개정을 통하여 2009년 4월부터 시행되었다.

보통면허장 및 특별면허장에 10년의 유효기간 설정한 것인데, 도도부현 교육위원회가 신청을 받아 면허장 유효기간을 갱신하는 방식이다. 문부과학대신이 인정한 30시간 이상의 면허장 갱신 강습과정을 수료한 경우에 갱신된다. 갱신강습과정 면제자로는 교원지도자, 우수교원 표창자 등이 있다. 제도 도입전 과거 면허장에 대한 조치로서 면허장 갱신 강습을 수료할 의무를 부과하였다. 면허장 갱신 강습을 주관하는 곳은 대학, 지정양성기관, 교육위원회, 독립행정법인, 공익법인 등이다. 강습 내용으로는 교직성찰, 학생변화, 교육정책·학교내외 협력 이해 등에 관하여 12시간 이상, 교과지도, 학생지도, 교육충실 사항에 관하여 18시간 이상 배정하고 있다.

그러나 면허갱신제가 지나치게 엄격하게 적용될 경우 현장 교원들의 반발과 혼란을 가져올 가능성이 있고, 형식적으로 적용될 경우 효용성이 없다는 것이 딜레마이다.

3　교원 개혁 입법정책의 평가

가. 석사수준 교원 양성체제 변화 시도 측면: 교직대학원

2018년 교직대학원(전문직학위과정)은 54개(국립 47, 사립 7) 대학에서 운영되고 있으며 국립이 주를 이루고 있기는 하나 교원양성 체제의 새로운 변화를 예고하고 있다. 교원의 전문성 신장은 물론 다양한 인재의 교직입직 기회의 보장과 더불어 현직 교사 및 관리직 교원의 전문성 신장과도 연계되어 운영되고 있어서 향후 제도의 확산과 성과가 주목되는 부분이다.

　다만, 한국과 마찬가지로 개방적인 양성체제하에서 석사수준으로 교원양성 체제를 전면 개편하였을 경우 학생들의 수학비 부담과 학위취득 후 이에 상응하는 교원에 대한 처우 보장에 있어서 재원 및 현직교원과의 형평성 문제는 여전히 남아있는 과제라 하겠다.

학생들의 수학비 부담

나. 교원면허장 관리 개선 측면: 교원면허 갱신제 및 중견교사 연수제

　교원자격 취득 후 10년 경과된 직원에 대한 교원면허갱신제나 중견교사 자질향상 연수제 등은 교원의 전문성을 보장한다는 명분에서 도입되었다. 교원은 기본적으로 면허장을 갖는 한 교원으로서 자질을 구비한 것으로 인정할 수 있고, 그 자격의 일신 종속성에도 그동안 별다른 문제가 없이 지내온 것도 사실이다. 그러나 한편으로는 여러 가지 사유로 인하여 교사로서 자질에 문제가 발생하는 경우도 있는 것도 사실이다. 이런 관점에서 보면 위의 조치들은 적격성 검증과 전문성 담보에 어느 정도 기여하는 부분이 있다고 할 수 있다.

적격성 검증과
전문성 담보에
어느 정도 기여

　그러나 보다 근본적인 문제는 교원양성 대학의 양성과정에서부터 출발한다 하겠다. 대학의 교육과정 개혁을 통하여 보다 현실 응용력을 높이는 개선책이 강조되어 왔으나, 대학에서 수학한 것이 현장에 실전으로 적용되기까지는 아직도 교육과정상 개선이 요구되는 부분이 많고 대부분 현장에서 선임교사의 도움을 받아가며 새로이 적응해 간다는 것이 초임교사들의 증언이다. 이러한 현상이 여전히 계속되고 있는 것은 교원 양성대학의 교육과정 개선이 미흡한 부분도 있겠고, 교과교육 전문가가 부족한 상황에서 현장 경험이 없는 학문영역 중심으로 교수진이 구성되어 있는 것도 근본적인 원인이라고 하겠다.

　또한 교원면허장의 유효기간 설정에 관하여도 보다 근본적인 개선이 요구된다. 즉, 면허장을 수여하는 단계에서부터 엄정한 검증이 필요하다는 것이다. 현재 일정한 단위만 이수하면 별다른 제약없이 교원면허장을 교부받을 수 있는 자

격검정제도를 좀 더 강화할 필요가 있다. 결국 교원면허장의 발행이 지나치게 개방적으로 운용되어 남발되는 결과를 낳고 있는 현행 제도하에서는 문제 교사의 양산으로 이어지고 이에 대한 대책을 마련해야하는 악순환이 계속될 수밖에 없을 것이다.

보다 중요한 것은 유효기간이 아닌 자격검정 자체라고 할 수 있다. 그렇다고 교원면허장이 바로 교직을 보장하는 것도 아닌 것이 일본의 교원 임용사정이다. 문부과학성은 현재의 고연령 교사의 퇴직으로 수 년 뒤에 젊은 교사들이 충원되어 교직사회가 활성화 될 것으로 기대하고 있지만 교사가 되는 문은 좁기만하다. 일본에서는 도도부현 단위로 교원임용 선발고사를 실시하고 있는데 취업난 등으로 경쟁률이 치열하다. 이 점에서 일본 역시 교원의 임용검정이 자격검정을 대신하는 모순을 낳고 있는 것으로 평가할 수 있다.

오랜 논란 끝에 도입된 교원면허장에 10년의 유효기간을 두고 30시간 이상의 면허갱신 강습을 이수할 경우 면허장을 갱신해주는 면허갱신제는 10년 단위 전문성 유지 및 제고를 위한 기재를 마련하였다는 점에서는 의의가 충분하다. 그러나 현직 교원들에 대한 의식조사에서 나타나듯이 형식적인 것으로 부정적인 인식이 많았다.

이는 교원전체를 대상으로 하는 10년 단위 일괄 경험자 연수와 마찬가지로 각 교사의 전문성 단계를 높이는 것이라기보다는 전체적인 자격 및 인력관리라는 행정과정 이상의 의미를 갖기 어려움을 보여준 사례이다. 강습 내용이 교직에 대한 성찰, 학생의 변화, 교육정책 동향 및 학교내외에 있어서 연대협력에 관한 이해를 포함(12시간 이상), 교과지도, 학생지도 기타 교육충실에 관한 사항(18시간 이상)으로 개별화 보다는 일반화 되어 있기 때문이기도 하다.

국가 표준화된 교육과정의 변화를 비롯하여 교직사회의 변화에 대응하여 일반적으로 요구되는 소양 연수교육으로서 존재가치는 있으나 면허장 관리는 생애단계 혹은 개별 교원의 수요에 대응한 맞춤형 자질 능력 관리 시스템의 보완을 갖추어야 실질적인 역량의 강화를 도모할 수 있다는 점을 시사받을 수 있다.

이러한 관점에서 한국의 지역별 교원연수기관의 역할과 체제에 대한 점검이 요구되고, 국가 수준의 교원 역량강화를 지속적으로 추진하고 교원양성기관의 질 관리를 함께 관리할 수 있는 '국립교원센터'의 설립도 고려할 필요가 있다.

다. 중간관리층의 제도화 측면: 피라미드형 관료조직 체제화

2008년부터 도입된 부교장(副校長)과 주간교사(主幹敎諭) 및 지도교사(指導敎諭) 직은 제도는 학교장 중심의 학교경영 체제를 공고히 하는데 있어서 중요한 의미를 갖는다. 이는 학교 내 권력구조에서 중간관리층을 확립함으로써 명령의 계통과 업무 통솔관계가 확실한 이른바 피라미드형의 관료조직 체제로 전환되고 있음을 의미한다.

즉, 지금까지 학교조직은 관리직이자 일정 인사권한을 지닌 교장과 교감을 제외하면 모두 평등하다고 인식하는 이른바 나베후타(냄비뚜껑)형 조직 구조를 가지고 있었다. 명령의 상하관계와 역할분담이 세분화 됨으로써 업무의 계통과 명령체계가 강화될 수 있는 가능성을 열어두게 되었다.

지나치게 평등의식 넘치는 냄비뚜껑형 조직으로는 학교장을 중심으로 업무 계통이 확립되지 못하고, 명령계통 및 소속감이 약하여 조직응집력이 낮다고 평가한다. 기업체 간부로 일하다 공모교장으로서 일한 바 있었던 민간인 교장들도 일반 회사와 비교할 때 학교가 갖는 최대의 단점으로 중간관리층이 없어서 업무의 계통과 직무 명령 체계가 흔들릴 수 있다는 점을 들기도 한다.

반면, 이러한 관료주의적 체제가 강화됨에 따라 자율과 창의성을 필요로 하는 학교조직에 있어서 교사의 능동적 참여는 이끌어내기 어렵고, 교사를 주체적 역할 수행자로서 보다는 관리의 대상으로 여긴다는 점에서 자율적 학교운영에는 부정적으로 작용할 우려가 있다.

주간교사와 지도교사의 경우 업무구분이 다소 애매한 단점도 보인다. 기존의 주임제도와의 혼돈도 예상된다. 주간교사와 지도교사의 기능 측면에서 볼 때, 일반 교사에 대한 지도조언을 담당하는 것으로 규정에 제시된 지도교사 쪽이 한국의 수석교사에 좀 더 가까운 기능을 수행하고 있는 교사라 볼 수 있다. 그러나 주간교사 역시 일반적으로 교장 보좌기능, 교장과 교사간 조정기능, 학생상담 및

피라미드형의
관료조직 체제

자율적 학교운영에는
부정적

지원기능, 섭외 홍보기능, 교내연수 추진자로서 인재육성기능 등을 담당한다는 점에서 주요 역할이 유사한 점도 적지 않다.

라. 인사고과 제도 측면: 교직사회 활성화 기대와 황폐화 우려

교원 개혁 정책에 앞장선 도쿄도 교육위원회의 정책 추진에 대하여 학부모나 언론들은 일본의 교육현안을 해결하기 위해 교원 역시 변화되어야 한다는 총론에 높은 공감을 표시하였다. 즉, 일본 학교의 오랜 병폐인 이지메, 학교폭력, 부등교 등에 효과적으로 대처하기 위해서는 교원들의 능력과 자질이 관건이라는 인식에 공감하며, 교육계도 마찬가지이다.

그러나 이러한 교육현안에 대한 처방책이 자칫 교육병폐의 주된 원인이 교원들의 무성의와 무능에 있는 것처럼 비춰지거나 언론에 회자되는 것에 대해서 학교 현장교사들은 우려를 나타내고 있다. 일교조를 비롯한 교원단체들은 문제의 원인이 교원 개인의 문제에 있기 보다는 전체 학교와 조직 풍토와 관련된 보다 구조적인 것임을 지적한다. 이런 우려와 문제인식은 한국의 경우와 다르지 않다.

실제로 오랫동안 지속되어온 교원을 대상으로 한 개혁정책의 기본 논조에 대하여 교원들의 심리적 반발이 적지 않았던 것은 그간의 정책들이 학교교육의 현안이 교원의 전적인 책임인양 전제하고 교원개혁의 기치를 올리는 논법에 경도된 측면이 없지 않기 때문이다.

언론 역시 인사고과 제도에 대하여 "미온적인 환경에 안주해 있는 교직사회에 활력을 불어넣을 수 있을 것으로 기대한다."는 보도가 있는가 하면, "교직사회에 신뢰관계를 무너뜨릴 위험이 있고, 연출에 능한 교사만이 득을 볼 수 있는 우려가 있다."는 의견을 밝혔다.

교원평가에 근거한 인사고과 제도는 그간 1960년대 근무평정 투쟁이후 터부시 되어온 문제로서 도쿄도 교육위원회가 이를 2000년대 들어 정면으로 들고 나온 데에 대하여 직원단체 및 노동조합과 시민단체 등은 반대 입장을 표명하기도 했다. 평가자인 교장·교감을 통해서 제도의 공평성을 확보하기 어렵다는 것

교원의 전적인
책임인양 전제

교직사회에
신뢰관계를
무너뜨릴 위험

과 지나치게 서둔다는 비판도 있었다. 교원단체들은 도쿄도 교육위원회 측에 단체교섭에 응할 것을 요구했으나, 교육위원회는 관리운영사항을 내세워 거절하여 대치국면이 전개되기도 했다.

　도쿄도 교직원조합은 관련 규칙의 의결이 예정된 1999년 12월 16일에 소·중학교 교원의 의견조사를 분석(43,000명 대상조사 31,000명 분석)하여 발표하였는데 약 85%의 교원이 인사고과에 대하여 졸속이고 교육조리에도 맞지 않는다는 이유 등으로 반대하고 있음을 발표하였다. 그러나 교육위원회는 전원 일치로 관련 규칙을 의결하였다.

　이후에도 교직원단체의 반대는 계속되었는데 그 주된 논조는 인사고과는 근무조건이고 따라서 직원단체와 교섭사항이라는 점, ILO·유네스코의 교원지위에 관한 권고에 위배된다는 점, 교직원의 협력관계가 무너진다는 점, 일률평가는 아동에 대한 일률교육으로 이어진다는 점, 반대에도 불구하고 2000년 4월부터 도입한다는 것은 졸속이라는 점 등이 주장[27]되기도 했다.

　이후 도쿄도 고등학교교직원조합이 인사고과제 도입 2년째인 2001년 8월에 전 조합원 3,532명을 대상으로 의견 조사한 결과를 정리하여 『인사고과 흑서(人事考課黑書)』를 발간하였다. 이 보고에 따르면 제도 도입 후 학교운영, 교육활동에 부정적 영향이 있다는 회답이 75.5%, 특별한 변화가 없다는 경우는 22.2%에 이르러 전체적으로 부정적 인식을 드러냈다. 부정적 영향 가운데에서 가장 많이 든 사항은 교육관리직(교장·교감)과 교직원과의 관계가 악화된 것과 활기없는 학교 분위기로 변했고, 교직원의 사기가 떨어진 점등을 지적하였다.[28]

　교원평가 결과의 활용 면에 있어서도 무엇보다도 교원평가로부터 취득한 정보는 교원 자신의 것임을 자각해야 한다는 것이다. 이것은, 교원자신에게서의 활용이 최우선의 결과활용이 되어야 한다는 것을 의미한다. 이런 점에서 도쿄도 교육위원회의 경우 현행 제도상, 자기신고서와 평가서는 교육장이 보관하며, 교육장은 교원이 평가서의 공개를 요구할 경우 인사관리상 지장이 없다고 인정되는

ILO·유네스코의
교원지위에 관한
권고에 위배

---

27 東京都教育職員人事研究会 編(2000), 『東京都の教育職員人事考課制度』, ぎょうせい, 178頁.

28 東京都高等学校教職員組合(2001) 『人事考課黑書』를 인용한 柿沼昌芳·永野恒雄(2001), 『東京都の教育委員会』, 批評社, 64면에서 재인용.

부분에 대해서 본인에게 공개할 수 있는 상황은 분명 주객이 전도된 부분이라 하겠다.

도쿄도의 경우 각 직급별 특성을 충분하게 고려한 평가척도 개발이 부족했고, 결과의 활용에 무리가 있는 상황에서 행정 당국이 밀어부친 인사고과제도는 그들이 내세운 교원의 자기발전을 위한 형성적 평가로서의 의미는 상실되고 합리성을 결한 관리적 평가만이 남게되는 결과를 가져왔다. 그리고 이것이 교직사회를 경쟁중심의 황폐한 분위기를 만들었을 것으로 판단된다.

어느 국가나 교원 인사관리의 공정성 확보차원에서 판단자료로서의 교원평가(이른바 관리적 평가)의 필요성은 당연히 인정된다. 그러나 판단자료의 공정성이 확보되지 않는다면 이것은 오히려 개악의 상황이 될 것이다. 동시에 교원평가가 근본적으로는 교원 자신에 대한 진단과 개선 및 발전의 판단 자료(이른바 형성적 평가)로서의 의미를 벗어나서는 안될 것이다.

동료성을 기반으로 한 전문성이 전제

특히 자기 개선을 위한 컨설턴트적인 교원평가의 경우 교원간의 동료성을 기반으로 한 전문성이 전제되지 않는 다면 실효성은 담보할 수 없을 것이다. 이 점에서 일본의 관리직 일변도의 현행제도가 안고 있는 과제는 적지 않다고 할 수 있다.

마. 초임 교직소양 강화 측면: 도제식 연수 기대와 관례 답습 우려

공립학교 교원으로 임용되는 초임 교사에게 1년간 학교 내외의 초임연수의 의무를 부과하는 방식은 교원양성 대학 졸업직후 현장 적응력에 문제가 되고 있는 한국의 경우에도 적용할 수 있는 시사점이다. 이는 선배교사로부터 교직입문에 필요한 실천적 경험을 쌓는 도제식 연수 과정으로서 개별 교사의 교직생애에 있어서 매우 중요한 계기라고 할 수 있다.

실천적 경험을 쌓는 도제식 연수

잘못된 관례의 학습

그러나 초임자 연수를 담당하는 선배교사의 연수역량이 담보되지 않을 경우 비효율적인 시간낭비가 되거나 최악의 경우 잘못된 관례의 학습으로 그 영향이 일생에 미칠 수 있다는 점이다. 따라서 단순한 근무경력이나 보직 외에 학교별 초임연수 담당자의 자격요건과 이를 위한 초임자연수과정 이수를 의무화하는 방식이 좀 더 정교하게 마련할 필요가 있다.

한국의 경우 수석교사제가 도입 초기단계에 있으므로, 이를 활용하여 단위학교에서 초임자 연수체계를 정비하는 방법을 강구하는 것도 효과적이라 할 수 있다.

바. 지도력 부족 교원 조치 측면: 전문성 확보 기대와 인사권 남용 우려

지도력 부족 교원의 문제는 비단 어제 오늘의 일이 아니며 그 정도를 가늠하기 어렵다는 점에서 다소 방치되어왔던 측면이 없지 않다. 어떠한 검증 척도를 적용하더라도 자질 검증 결과 부적절한 교원이 나오는 것 또한 피할 수 없는 현실이기도 하다. 이런 가운데 내려진 지도력 부족 교원에 대한 전직(轉職) 조치는 그 언어적인 배려(부적격이 아닌 지도력 부족)에도 불구하고 실효성에는 의문을 던지게 된다.

이 조치는 교원으로서의 자질에 결함이 있는 경우에는 그 적용의 기준이 국가 및 지방공무원으로서의 결격사유 중심이었던 것을 교원 중심으로 바꾸어 놓았다는 의미는 부여할 수 있다. 그러나 문부과학성의 관련 통지문이 지도력 부족의 사례로서 들고 있는 질문에 대해 대응능력 부족, 아동과의 의사소통 회피 등은 그 판단이 어려운 사안이며 경우에 따라서는 피평가자에 의한 인사권 남용의 소지도 있다.

인사권 남용의 소지

또한 교직으로부터 격리시킴과 동시에 여타 지방공직에 전직시키는 조치는 일견 최소한의 생활권 보장이라는 측면에서는 긍정적으로 생각할 수 있으나 여타 공직과의 형평성도 문제가 되고, 전직한 지방 공직에서의 적응 가능성도 담보하기 어렵다. 무능자로 낙인되어 전입된 전직 교원에 대한 이지메 가능성도 높다.

이렇듯 지도력 부족에 대한 판단이 어려운 사안에 대하여 무리하여 이 제도를 도입하게 된 배경은 학부모들의 학교교육에 대한 불신이나 불만을 해소하는 효과를 겨냥하는 동시에 무엇보다도 학교평가 및 교원평가 도입을 진척시키기 위하여 도입된 하나의 촉진책으로 보는 것이 현장의 비판적 견해이다. 즉, 교육개혁에 있어서 현장 교원들에게 개혁 드라이브를 더욱 걸기 위해 시행되고 있는 교원개혁의 묶음 정책인 것이다. 현재 일본에서 행해지고 있는 이러한 벌(罰)을 중심으로 한 부정적 측면에서의 강화 정책에 대하여는 자연히 교원의 사기와 관련한 우려의 소리가 높고, 상(賞)과의 균형의 목소리도 자주 나오고 있으나 이미 개혁의 전체 흐름은 전자 일변으로 흐르고 있는 것으로 판단된다.

4　최근 교원 개혁정책과 질 관리 정책의 시사점

가. 지속가능한 학교체제 구축을 위한 학교 일 방식 개혁 종합대책

(1) 「학교 일 방식 개혁 종합대책」 답신서(2019.1.26.)의 제출 배경

일본의 교육개혁 정책 수립의 산실인 중앙교육심의회는 2017년 6월에 문부과학 대신으로부터 「새로운 시대의 교육을 향한 지속 가능한 학교지도·운영체제 구축을 위한 학교 일 방식 개혁에 관한 종합적인 방책에 관하여」 자문서를 받았다.

이에 6월에 초중등교육분과회에 「학교일방식개혁특별부회」를 설치하고 7월부터 논의에 들어갔으며, 2017년 12월에는 중간보고서를, 곧이어 「학교에 있어서 일 방식 개혁에 관한 긴급대책」을 보고하였다. 2018년 2월에는 「학교에 있어서 일 방식 개혁에 관한 긴급대책의 정책 및 학교에 있어서 업무개선 및 근무시간 관리등에 관계된 대응 철저에 관하여」(통지문)를 작성한데 이어서, 각 교육위원회에 대하여 필요한 대응을 촉구했다.

그 후 학교 조직운영 체제의 개선 방향, 학교노동 안전위생 관리, 근무시간 관리의 철처, 시간외 근무 억제를 위한 제도적 장치 등에 대하여 심의를 계속하였고, 2019년 1월 25일 본 답신서를 발표하게 되었다.

답신서 서문은 학교에 있어서 일 방식 개혁은 지방공공단체, 가정, 지역을 포함한 전 관계자가 각각의 과제의식에 기반하여 학교 종별에 의한 근무양태의 차이나 매일 아동 생도를 접하는 교사라는 직업의 특성을 고려해가면서 그 해결에 대처해 가는 것이 필요하다는 점을 강조한다.

"학생을 위해서라면 얼마든지 장시간 근무해도 좋다"라는 일 방식은 교사라는 직업의 숭고한 사명감에서 탄생한 것이지만, 이로 인해 교사가 피폐해져 가고 과로사 한다면 그것은 학생을 위한 것이 아니라는 것이다. 교사는 지금까지의 '일 방식'을 개선하여 교사가 매일 생활의 질이나 교직인생을 풍요롭게 하는 것에, 스스로의 인간성이나 창조성을 높여, 학생들에 대해서 효과적인 교육활동을 할 수 있도록 하는 것이 이번 개혁이 지향하는 이념이라는 것이다.

2016년도 교원근무실태조사에 따르면 소·중학교 교사의 근무시간은 10년 전 조사와 비교해서 증가했다. 증가한 주된 요인은 젊은 교사가 증가했고, 총수업시간수가 증가했으며, 중학교에 있어서 부활동 지도시간이 증가한 것으로 보고되었다.

> 학생을 위해서라면 얼마든지 장시간 근무해도 좋다

표 13-3 교사의 1주간별 학내 총근무시간(시간: 분)

구분	소학교			중학교		
	2016년도	2006년도	증감	2016년도	2006년도	증감
교장	54:59	52:19	+2:40	55:57	53:23	+2:34
부교장·교감	63:34	59:05	+4:29	63:36	61:09	+2:27
교사	57:25	53:16	+4:09	63:18	58:06	+5:12
강사	55:18	52:59	+2:19	61:43	58:10	+3:33
양호교사	51:03	48:24	+2:39	52:42	50:43	+1:59

주 : 교사는 주간교사와 지도교사를 포함, 본조사에의 평균회답 시간(1주간에 소학교 64분, 중학교 66분)을 일률적으로 삭감

출처: 문부과학성 수탁사업 「교원근무실태조사(2016년도)의 집계(속보치)에 관해」(2017.4)를 인용한 일본 문부과학성(2018), 『2029年 文部科學白書』(일본문부과학성 홈페이지에서 재인용

(2) 답신서의 주요 내용

① 근무시간 관리의 철저와 근무시간·건강관리를 의식한 일 방식 개혁의 촉진
• 교사의 근무시간을 ICT나 타임카드로 객관적으로 파악하여 관리할 필요
• 문부과학성이 작성한 상한 가이드라인(월 45시간, 연 360시간 등)의 법제화 추진
• 노동안전위생법에 의무화된 노동안전위생관리 체제를 학교에도 적용 추진
• 실태조사시 교원 스트레스 체크를 의무화하고 시정촌 수준에서 공표
• 교직원의 일 방식에 대한 의식개혁 연수 등(학교평가 및 교육위원회 평가에 활용)

② 학교 및 교사가 지는 업무의 명확화·적정화
• 기본적으로는 학교 이외에서 부담해야 할 업무
  – 등하교에 관한 대응, 방과후부터 야간의 순찰, 아동 생도의 교외선도
    활동, 학교징수금의 징수·관리, 지역 자원봉사와의 연계조정
  – 상기업무의 경우 지방공공단체나 교육위원회, 보호자, 지역학교협동활
    동추진원이나 지역자원봉사자등이 담당토록 함
• 학교의 업무지만 반드시 교사가 부담할 필요가 없는 업무
  – 조사·통계 등의 회답, 아동 생도 휴식시간에의 대응, 교내청소, 부활동
  – 회답은 사무직원 등, 휴식시간 대응 및 청소는 윤번 혹은 지역봉사자
    등을 활용
  – 부활동은 부활동 지도원을 두는 방안(부활동의 설치 운영은 법령상의 위무
    가 아님, 대부분의 중고교에서 운영되고 있어서 교사에게 큰 업무부담)
• 교사의 업무지만, 부담경감이 가능한 업무
  – 급식시의 대응은 학급담임과 영양교사 등과의 연계로 전환
  – 수업준비 및 학습평가나 성적처리는 보조적 업무 서포터 스태프를 참
    가시켜서 조력
  – 진로지도는 사무직원이나 일부 외부위탁을 통해서 해결
  – 지원이 필요한 아동생도·가정에의 대응은 전문스태프와 연계·협력을
    통해서 해결

③ 학교의 조직운영 제체의 개선 방향

• 교장, 교감 외 주간교사, 지도교사, 사무직원 등 중간리더 리더십 발휘가
  능한 조직운영
• 중간 리더가 젊은 교사를 지원·지도하는 환경 정비

④ 교사의 근무 개선방향을 고려한 근무시간제도의 개혁

• 초과근무 4항목[29] 이외 업무를 위한 시간에 대해서도 근무시간 관리대상
  으로 할 것
• 1년단위 변형 노동시간제의 도입: 학기 중 근무가 현재보다 장시간화되지
  않도록 함

⑤ 학교에 있어서 일 방식 개혁의 실현을 위한 환경 정비

• 교직원 및 전문 스태프 등 학교지도·운영체제의 효과적인 강화·충실: 영
  어전담교사 배치, 2019년까지 스쿨카운셀러의 전 공립소·중학교 비치,
  스쿨소셜워커(학교사회복지사)의 전 중학교구 배치 등
• 근무시간 관리의 적정화와 근무개선·효율화로의 지원: 근무실태조사 결
  과에 대응책
• 검토를 요하는 사항: 소학교 교과담임제 충실, 연간 및 표준 수업시간 개
  선 등

(3) 일본 교원의 「학교 일 방식 개혁 종합 대책」의 시사점

한국의 교원들이 1985년 교육개혁심의회(대통령자문기구)부터 시작된 교육개
혁에 심한 피로감을 느껴 교육개혁으로부터 교심이반(敎心離反) 현상이 일상화 된
지도 오래이다.[30] 일본 역시 마찬가지로 1984년 임시교육심의회(수상자문기구)에

---

29 주52시간 최저근로제는 특별교육활동(수학여행, 체육대회 등), 정례적 교무회의, 학생 교외실습 등
   인솔지도, 천재지변에 따른 학교활동 등을 예외로 규정한다(총량대체 휴무제를 적용하는 변형노동
   시간제로서 교사들 불만).
30 한국의 교원정책에 따른 교심이반 현상에 대하여는 고전(2002), 『한국교원과 교원정책 ― 공직관의

서부터 계속되고 있는 교육개혁으로 현장의 학교 교사들이 심리적으로나 실제적으로 모두 바빠져 여유를 잃는 이른바 '교직사회의 다망화(多忙化)'가 널리 지적되어 왔다. 앞서 살펴본 대로, 지도력부족 교원에 대한 대처나 학교평가 및 정보의 공개, 그리고 학교운영에 관한 외부로부터의 직간접적인 참여 및 요구 증가 등은 교사들의 삶을 더욱 힘들게 하였다.

이런 상황 하에서 우선 교사들의 근무시간 관리를 철저히 하는 업무 통제를 전제로, 학교의 업무를 3분하여 학교 이외에서 담당해 주어야 할 업무, 학교의 업무지만 반드시 교사가 학교에서 담당할 필요가 없는 업무, 그리고 교사의 업무지만 부담 경감이 가능한 업무로 나눈 것은 상당히 현장 중심적인 접근이라는 점에서 고무적이다.

특히, 문부과학성의 교원근무실태조사에 기반하여 학교 종별 특성을 반영한 '담당 업무의 명확화·적정화' 전략은 실효성을 높이기 위한 유효한 전략으로 판단된다.

결국, 교원개혁에 있어서도, '가르치는 일에만 몰두 할 수 있는 여건 만들기'='교원의 잡무 경감'='업무강도에 따른 보상체계' 마련이라는 개혁 도식이 일본에서도 등장하였다고 할 수 있다. 이미 법정화된 근무시간을 철저히 준수할 것과 초과 근무에 대한 보상을 철저히 하는 것만으로도 교원의 근무여건은 개선되는 부분이 적지 않을 것으로 판단된다.

다만, 교원의 업무를 표준화하여 비교하는 것은 한계를 가질 수밖에 없다. 우선 학교 종별, 학년별, 교과별로 그 업무부담이 다르고, 이에 더해지는 담임업무(학사지도 및 생활지도)의 과중을 가늠하기 어려우며, 담임 중심의 소학교와 교과 중심의 중고교와의 차이도 무시할 수 없는 것이 현실이다.

다시 말해, 일하는 방식을 개혁하여 보다 교사 본연의 업무에 몰입하게 하여야 하고, 업무부담에 비례한 보상체계를 갖추어야 교직사회의 생산성과 합리성을 높일 수 있다는 근본취지에는 십분 공감할 수 있다. 문제는 객관화 시키는 관점과 척도가 각 교사 집단별로 차이가 날 수밖에 없다는 점에서 해결책의 난맥상

오해와 교심이반의 이해론—』, 도서출판 하우, 참고할 것.

이 예상된다. 지나치게 대강적인 기준에 의하여 근무여건을 통제할 경우 업무의 곤란도에 따른 합리적 관리체제는 요원해 질 수 있을 것이며, 지나치게 상세한 기준에 의하여 근무여건을 분류한다면 유초중등 교사 간 혹은 다른 업무를 수행하는 교사 간 형평성 문제를 극복하는데 한계를 드러낼 것이다.

더구나 유사한 시기에 도도부현 교육위원회가 조사한 교원근무 실태조사 결과를 학교 종별, 직종별, 성별, 연령별로 문부과학성의 조사 결과와 비교해 본 공통된 경향도 발견되지만 차이도 적지 않음이 보고되기도 했다. 첫째 조사시기에도 상대적으로 번망기(繁忙期; 바쁜 시기)가 있는가 하면 한산기(閑散期; 한가한 시기)가 있고, 그것이 지역 및 학교급에 따라 다른 것이 조사결과의 차이 원인일 수 있다는 것이다. 그리고 각기 다른 개혁을 수행하는 도도부현에서 일하는 교원들의 일하는 방식이나 일주일간의 근무부담은 다를 수밖에 없기 때문에 이를 무시할 수 없다는 것이다. 따라서 지금 문부과학성이 내 놓은 전국을 일률적으로 다룬 종합적인 개혁방책은 각 도도부현에서 지역의 실정에 맞도록 각색해야 하는 과제가 남아 있다는 점도 지적[31]되곤 한다.

일본과 달리 한국은 주민직선에 의하여 선출되는 교육감이 선거 때 내건 공약을 실천하는 선출직 공직자인 만큼, 지방교육자치에 있어서 정부 주도의 교원 정책 개혁은 시·도의 지역특수성을 감안한 실천전략으로 재 각색되어야 함을 시사받을 수 있다. 이 점에서 교육부가 시도교육청평가와 연동하여 국책사업의 동력으로 활용하고 특별교부금(교부금의 4%로서 약 1조 5천억원 이상) 지급방식(게다가 교육부특별사업은 교육청 매칭펀드 투자 부담)으로 강행하는 것은 전국적인 균등한 교육여건 조성 목적이라기보다는 지역의 교육특수성을 감안하지 못한 것이어서 '탈 지방교육자치 이념화'라고 할 수 있다. 시도의 변형 적용 유동성을 남겨야 한다는 것이고 이는 곧 중앙과 지방간의 역할분담 상호협력이라는 원칙에도 부응하는 것이다.

다른 한편, 방학 중의 교원 근무가 서서히 수면위로 대두되고 있는 점에 주목할 필요가 있다. 방학은 젊은이들이 교직을 택할 때 여유있는 생활을 보장하는

---

31 神林寿幸, 青木栄一(2018), "日本の教員の働き方の現状", 『季刊 教育法』(제198호), 東京: エイデル 研究所, 47-54頁.

학교라는 근거가 되는 부분이기도 하다. 동시에 일반 공직자들이나 회사원들로 부터는 가장 한가한 직종으로 매도당하는 원인이기도 하여 교원 처우개선의 큰 걸림돌이 되어온 것도 사실이다.

그런데 이번 2019년 개혁 일정에 '하계 휴업일 중의 업무 검증'이나 '장기 휴업기간 중의 업무 압축을 위한 대책(연수개선 및 부활동 대회 개선 등)'이 포함되어 있어서 교사의 방학에 대한 사회의 요구도 새로운 국면으로 전개될 것으로 보인다. 그동안 금기시 되어 왔던 "방학 중 교사는 무엇을 하는가?"에 대한 질문을 공개적이고도 정면으로 던지는 시대에 돌입했다는 것이다.

방학 중에도 자기개발과 교과준비를 한다며 여전히 바쁜 일상을 호소하고 있지만 외부에서는 점점 공감해주지 않는 분위기이다. 즉, '방학＝연수기간'이라는 명분만으로 이해되는 시대가 끝나가고 있다는 것인데, 그렇다고 하여 대처방안이 또 다른 형식적인 문서관리나 연수 학점 따오기 등으로 실제 교수능력 향상과는 상관없는 의무이행을 위한 '번문욕례(繁文縟禮)' 과정만 만든다면 하지 않느니만 못한 일이 될 수도 있을 것이다.

이러한 교사의 질 관리에 대한 외부로부터의 통제 강화 모습은 여전히 교직이 전문성을 유지하는 자율적인 관리가 가능한 '전문직으로서의 위상'을 온전히 갖추지 못한 것임을 드러내 보여주는 단적인 예이기도 하다. 교직의 전문성 형성 과정 및 유지방법에 대한 근본적인 논의가 또다시 필요한 시점임을 시사받을 수 있으며, 그것은 다름 아닌 양성과정, 자격검정, 그리고 교직생애에 걸친 질 관리라는 관점에서의 접근을 요구한다.

나. 교원의 질 관리 정책의 시사점

2010년대의 일본의 교원개혁 정책은 대신(大臣)의 자문(2010.6)에 대응하여 중교심이 2년 넘은 논의 끝에 답신서(2012.8)를 통해 공표되었다. 중교심내 교육 직원양성심의회 및 특별부회도 설치하여 추진되었는데, 전문가들의 참여가 이를 통해 이루어졌다. '교원의 자질 및 능력'이라는 핵심 용어의 개념 규정에 상당한

전문직으로서의 위상

개념 규정에 상당한 논의

논의를 거치기도 했다.

교원 선발 및 채용 면에 있어서, 교직경험자, 영어자격소지자 등에게 가산점을 부여하는 등 개성과 실질적 능력을 겸비한 인력 우선 원칙을 천명하는 등 전형방법을 다양화해가고 있다. 10개 대도시의 경우 교육청 산하에 '교사양성 숙(塾; 연수기관)'을 두고 있고, 대학으로부터 우수 재원을 추천받아 이수하게 하며, 향후 임용과정에서 1, 2차 선고를 면제하는 특례를 인정하는 특징을 보였다. 일종의 입도선매(立稻先賣)전략이라고 할 수 있는 교직실무 연수기관(塾)은 지역마다 이름을 달리하기도 한다(東京教師養成塾, 大阪教志セミナ_). 전년도 및 전전년도 임용시험 우수자(75% 이상 성적)에 대하여는 교원챌린지테스트대상자 전형(오사카부의 경우 1차시험 면제)을 실시하는 등 1, 2, 3차 시험 단계에 대한 합리적 면제제도를 두고 있는 특징을 보인다.

교사양성 숙
(塾; 연수기관)

교원챌린지테스트
대상자 전형

한편, 우수교원 표창제, 민간인 교장제, 신관리직제 등의 도입은 능력주의 인사에 근거한 질 관리 시스템으로 평가할 수 있다. 특히, 주간교사, 지도교사, 부교장제라는 신관리직의 도입으로 계통성이 약한 학교조직(냄비뚜껑형 조직)의 취약점을 보완함과 동시에 교직 생애개발에 대한 동기부여와 단위학교 중심의 실질적 장학지도 활성화를 기도하고 있다. 민간인 교장제는 유능한 사회인력의 활용 측면에서 의미가 있고, 부교장제는 대학의 부설학교에 주로 도입되어 '교장 보직 교수제'와 병행된다.

지도력 부족 교원에 대한 연수 권고 및 인사 조치는 일종의 '채찍'으로서 교직사회에 많은 논란을 불러왔는데 학생 및 학부모로 부터는 공감을 얻기도 했다. 일반 공직으로의 전보조치는 결국 교직 퇴출을 강요하게 되어 지나치다는 비판이 일기도 했다.

다음으로 '초임자 1년 연수제'와 '중견교사 자질향상 연수제' 등은 실질적인 업무능력을 담보하기 위한 능력검증 및 자질 유지를 연수관리를 통해서 이루려는 것이었다.

끝으로 '교원자격 10년 갱신제'는 교원면허(자격) 관리를 통한 교원 질 관리에 대한 대책으로서 여타 공직에 비할 때 지나치게 엄격한 질 관리라는 비판을 받았다. 그러나 탈락자가 거의 없다는 점에서 그 효과성에 대하여는 다소 의문이 제기되기도 했다.

일본의 경우를 선도사례와 반면교사 측면에서 한국의 정책에의 시사점을 살펴본다.

첫째, 교원정책을 종합적이고 장기적 국가아젠다로 추진해야 할 필요가 있다. 한국은 2001년 '교직발전종합방안' 수립한 이후 종합적인 정책을 추진하지 못하고 있다.

둘째, 교육부는 교원정책 수립시 전방위적 교원양성 홍보와 교원 국제표준화에 노력할 필요가 있다. 국민 모두가 교직에 입문하는 절차를 알기 쉽게 알리고(브로셔 등), 세계 수준의 교원자질 표준화에 대한 국제 연구도 지원해야 할 필요가 있다.

셋째, 일본의 학교 필요 정원수 산출의 기준이 되는 학급 학생수(40명) 법제화는 교육규모 결정에 가장 중요한 기준으로 작용하고 있는 바, 한국의 경우에도 이를 재정 규모 및 교육현실을 감안하여 실정에 맞도록 적용해 볼 필요가 있다.

넷째, 지방공무원 신분임에도 불구하고 의무교육비에 해당하는 교원봉급 부담을 교육여건 균등화 차원에서 국가(1/3)와 지방(2/3)이 분담하고 있는 점은 한국이 '교원 지방직화'를 논의할 경우 시사받을 수 있는 의미있는 부분이다.

다섯째, 교직적성 및 인성검증에 대하여는 일회적인 시험으로 검증이 어렵다는 점에서 한국 일본 모두 대학입학과정 및 양성과정에서 검증 절차가 마련되어야 한다.

여섯째, 일본이 장학관리층(주간교사, 지도교사, 부교장제)의 보완을 통해 냄비뚜껑형 학교조직의 한계(교사는 모두 평등하다는 평등의식의 팽배로 업무추진 곤란)를 극복할 필요가 있다. 물론 지나치게 관료주의적 구조가 되는 것은 피할 필요가 있다.

일곱째, 대학과 부설 초·중등학교 간의 상호협력 증진 차원에서 대학교수에 의한 교장보직제를 실시하고, 부설학교에는 부교장제를 도입하여 활용할 필요성이 있다

여덟째, 초임교사의 교육력 향상을 위하여 1년차 초임교사에 대한 1년 현장

국가아젠다로 추진해야 할 필요

교원 국제표준화

냄비뚜껑형 학교조직의 한계

부설학교에는 부교장제

1년차 초임교사에 대한 1년 현장 연수강화

연수강화와 10년 경력자에 대한 중견교사 자질향상 연수 강화를 추진하는 것도 의미있는 조치로 판단된다.

아홉째, 인재확보법에서 교원의 보수에 대하여 '일반직 공무원' 보다 나은 교원보수 우대의 기준을 설정한 것에 비추어,[32] 한국의 교원지위향상법상 규정된 교원 보수 우대 원칙을 실효성 있게 보장하기 위해서 우대의 대상 및 기준을 표기할 필요가 있다.

> 인재확보법

열번째, 일본이 3년 단위로 조사하여 발표하고 있는 '학교교원통계조사' 결과는 일본 교원정책 수립의 근간이 되고 있다는 점에서 한국에도 시사하는 바가 적지 않다.

> 학교교원통계조사

지금까지 일본 연구자들 사이에서는 교원의 생애단계별 중점 역량에 대한 조사나 연구가 어느 정도 이루어지고 있고, 정부 특별 자문기구 역시 '교직생활 전체를 통한 자질 능력의 종합적 향상 방안'이라는 주제를 내걸고 보고를 축적하여오고 있다.

그러나 이는 각 개별 교사의 교직발달 단계에 대응한 관점이라기보다는 교원의 양성, 자격검정, 임용, 연수 등 교원 인사관리 시스템 전반에 대한 검토로서의 의미가 더 큰 것으로 보인다. 즉, 교원의 전문성 및 우수성에 대한 개념은 정부보고서를 통하여 어느 정도 일관되게 축적되고 논의되어오고 있으나 연구자들이 지적하는 동료교원들 간의 교류를 통해서 역량을 강화해가는 '반성적 실천가' 혹은 '연구자로서 교사상'은 정책에 구체적으로 반영되어있지 못한 것도 한계로 지적될 수 있다.

다만, 자율적인 전문성 신장과 직결되는 교직사회의 '동료성'이 상실되어가고 있다는 문제 인식은 매우 중요하고 한국의 경우에도 예외가 아님을 상기

---

32 공립 초중교원 연수입과 일반행정직간 비교시, 인재확보법(1974) 실시 전에는 교원이 5.74% 낮았다가 실시 후에는 7.42% 높게 역전되었다. 그 후 점차 차이가 줄어들어 2.76% 상회(2001~2005 4년간 평균)하는 수준이다가 급기야 2012년엔 0.32%(연간 약 10만엔)의 차이에 불과하게 되었다(중교심 답신서(2015.12.21.)의 부록(최근현황자료)). 그러나 교원에 대한 보수의 우대 기준(일반행정직 대비)을 명확히 했다는 점에서 시사점이 있다.
인재확보법 §3 의무교육 제학교의 교육직원 급여에 관해서는 일반공무원 급여수준에 비해서 필요한 우대조치를 강구하지 않으면 안된다.

할 필요가 있다. 또한 양성, 자격검정, 연수교육의 강화 전략 자체가 교원의 유입과 유지라는 전과정에 걸친 질 관리를 의미하고 이는 곧 교직 생애에 걸친 질 관리로 의미를 부여할 수 있다는 점에서 교원정책의 종합성과 연계성은 평가할 만하다.

Chapter 14

지방교육행정 입법정책

제14장에서는 지방교육행정 입법정책에 관한 쟁점을 다룬다. 주요 내용은 첫째, 일본의 지방교육행정 개관, 둘째, 문부대신·수장·교육위원회간의 역할분담 현황, 셋째, 2014년 지방교육행정 개혁에 관한 논의, 끝으로 일본의 교육위원회 개혁의 시사점 등으로 구성되어 있다.

제1절 일본의 지방교육행정 개관에서는 지방교육행정의 원칙과 교육행정 기관 개황을 살펴보고, 현행 지방교육행정 기관의 구성 및 운영 및 최근의 지방교육행정 개혁에 대한 논의를 소개한다(자세한 논의는 제7장 참고).

제2절 문부대신·수장·교육위원회간의 역할 분담 현황과 관련해서는 교육위원회와 수장의 직무 분담, 교육사무의 역할 분담, 문부과학대신에 의한 지방공공단체의 자치사무에 대한 관여 등을 언급한다.

제3절은 2014년 지방교육행정 개혁에 관한 논의로 교육장의 위상 변화, 교육위원회의 위상 변화, 지방교육행정에 있어서 수평적 수직적 관계 등으로 진술했다.

제4절 일본의 교육위원회제도 개혁의 시사점으로 정치주도 개혁 입법 중에서 교육위원회의 입법정신의 유지, 중앙교육심의회 및 분과위원회를 통한 20년간의 지속적 논의와 축적, 지방교육행정법상 명료한 기본이념과 이해 당사자간 권한 관계 규정, 교육행정에 관한 기본 원칙(중앙과 지방의 역할분담 및 상호협력), 국가 및 지방의 교육개혁 추진 로드맵과의 연계 추진, 제3의 논의의 장(場) 혹은 완충지대로서 종합교육회의, 수장의 관여와 위임의 한계에 대한 구체적 규정의 시사, 그리고 시사점 도출시 유의점 등을 언급한다.

1   일본의 지방교육행정 개관

가. 지방교육행정의 원칙과 교육행정 기관 개황

중앙 정부조직으로서 문부과학성은 학교교육은 물론 생애교육 전반의 행정을 책임진다. 2001년에 들어서 과학기술청을 흡수 통합한데 이어, 스포츠청을 산하에 신설하여 전통적인 문화청과 함께 본성(本省)과 2개 청(廳)으로 구성되었다. 2018년 현재 교육위원회는 도도부현 47개, 지정도시 20개, 시정촌 교육위원회 1,718개(2013년 1,819개에서 감소) 등 총 1,785(2013년 1,866개에서 감소) 곳으로 구성되어 있다. 여기에는 공동설치 1곳, 일부사무조합 79곳, 광역연합 2곳이 포함되어 있다. 시정촌 교육위원회 수를 축소해 가는 추세이다.

제7장에서 살펴본 바와 같이, 교육위원회를 비롯한 교육행정과 관련된 법률로는 '지방교육행정법'이 있다. 그리고 교육행정에 관한 기본원칙은 교육기본법(제17조 및 제18조)를 통해서 규정되어 있다.

지방교육행정의 네 가지 원칙으로는, 제1원칙으로 법치행정의 원리(교육기본법 제16조)를, 제2원칙으로 국가 지방간 역할분담 및 상호협력(교육기본법 제16조)을, 제3원칙으로 재정상의 조치 강구 의무(교육기본법 제16조)를, 그리고 제4원칙으로 교육진흥기본계획의 수립의 원칙(교육기본법 제17조)을 들 수 있다. 2006년 교육기본법 개정을 통하여는 교육진흥 기본계획(제18조) 수립 의무를 정부와 지방공공단체에게 의무지우고 있다.

제1원칙을 통해서는 교육에 대한 교육행정의 부당한 지배를 막는 의의가 있다 하겠고, 제2원칙은 국민의 교육기본권 실현을 위해서 국가와 지방공공단체가 맡아야할 소명을 제시한 것이며, 제3원칙은 공교육의 재원 조달에 있어서 역할 분담을, 그리고 제4원칙은 중앙정부와 지방정부의 교육정책 및 개혁에 대한 책임을 천명한 것이다.

교육위원회의 이런 저런 변화에도 불구하고 일본에 있어서 교육위원회제도는 여전히 전통적으로 교육이 정치적으로 이용되지 않도록 중립성을 지키고, 행

지방교육행정의
네 가지 원칙

정적으로 종속되거나 일반화 되지 않도록 교육 전문성을 보장시키며, 지역적 특수성을 반영한다는 취지를 담고 있다. 나아가, 지방자치에 기반한 교육행정에서 중앙과 지방간 일반행정과 교육행정간 배타적 분리·독립보다는 국민의 교육기본권 실효성 있는 보장을 위하여 양자간의 상호호혜적인 연계·협력이 강조되고 있는 추세이다. 물론, 전통적 지방교육행정제도의 관점에서 보면, 오늘날 통합행정의 흐름 속에서 나타나고 있는 신 중앙집권화 경향과 일반행정 우위의 흐름은 교육계의 우려를 촉발하고 있는 것도 사실이다.

> 신 중앙집권화 경향과 일반행정 우위의 흐름

나. 지방교육행정 기관의 구성 및 성격

교육위원회는 5명을 원칙으로 구성되는데 교육장(임기 3년)과 4명의 위원(임기 4년)으로 되어 있다. 운영은 위원들 간의 합의를 통해 의사 결정을 하는 합의제 기관이다. 교육장을 집행기관이라고 한다면, 교육위원회는 일종의 의결기관의 역할을 수행하고 있다. 물론, 교육위원회에 규칙제정권은 있으나 제한적인 자치입법권이 있을 뿐이고, 재정권 역시 지방공공단체에 종속되어 있는 형태라는 점에서 독립형 자치기관이라고 하기는 어렵다.

교육장은 2014년 법 개정을 통하여, 교육위원회 위원장을 겸직하며 이를 대표하는 동시에 사무국을 총괄하는 지방교육행정의 수장(首長)이라고 할 수 있다. 즉, 교육장은 교육위원회 회의를 총리하고 교육위원회를 대표하며, 사무국을 지휘 감독하는 책임행정의 주체이다. 교육장은 과거에는 교육위원회에서 호선하여 임명하는 방식이었지만 2014년 개정을 통해서 수장이 교육장을 지방의회 동의를 얻어 임명하는 방식으로 바뀌면서 수장으로부터 교육장의 독립성은 상당히 희석되기도 했다. 교육장은 수장의 보조기관이 된 것으로 평가된다.

교육위원회 위원 역시 수장이 지방의회 동의를 거쳐 임명하면서도 평가 등을 통해 파면시킬 수 있다는 점에서 전체적으로 교육위원회가 수장의 부국화(部局化署; 소속 기관화) 되었다고 평가받기도 한다.

> 수장의 부국화

다. 최근 지방교육행정 개혁에 대한 논의

2014년 지방교육행정법 개정의 특징은 교육장 중심의 책임행정 체제가 구축과 교육위원회의 책무성 강화, 그리고 수장에게는 교육행정에 대한 영향력을 이들 임명권과 종합교육계획 수립을 통해 광범위하게 확대해준 점을 들 수 있다. 즉, 개정의 취지는 다음 다섯 가지였다.

- 지방교육행정의 정치적 중립성, 계속성, 안정성의 확보
- 지방교육행정에 있어서 책임의 명료화
- 지방교육행정에 있어서 신속한 위기관리 체제의 구축
- 지방교육행정에 있어서 지방공공단체의 장과 교육위원회와의 연대의 강화
- 지방에 있어서 국가의 관여의 개선

1948년부터 2014년까지의 교육위원회 제도의 변천을 선출방법과 권한 변동을 중심으로 정리하면 〈표 14-1〉과 같다. 권한은 교육위원회의 집행권, 지휘감독권, 교육장 임면권 등 세 가지이다.

교육위원 선출방법은 공선제에서 임명제로, 그리고 교육장이 교육위원을 교육을 겸임하는 구조에서 교육장을 교육위원장이 일체화(겸임)하는 방식을 되었다.

교육위원회의 권한에 대하여는 먼저 사무의 집행권에 있어서는, 지방교육행정법의 제정으로 재정권한을 수장에게 일원화해 주었고, 이어 문화·스포츠에 관한 사무를 수장에게 이관할 수 있게 되었다. 2014년 개정에서는 수장으로 하여금 교육기본계획의 대강을 책정하게 하고, 종합교육회의에서 사무를 협의·조정할 수 있도록 했다.

둘째로 교육위원회가 교육장에 대해서 행사할 수 있었던 지휘감독권이 2014년 법 개정으로 없어지게 되었다. 끝으로 교육장 임면권은 2014년 법 개정으로 교육위원회로부터 수장으로 이관되었다.

결국, 현재에는 교육위원회 조직내부에서는 교육장의 역할이, 교육위원회와 수장의 관계에서는 수장의 역할이 비중있게 되었다. 향후 수장과 교육위원회간의

사무의 협의·조정의 향배나 교육장의 사무집행을 교육위원회로 하여금 어떻게 견제하게 할 것인지, 그리고 광역에서 기초에 이르는 다양한 인적 구성으로 인하여 교육장과 교육위원의 역량이 어디까지 발휘될 것인지 귀추가 주목되고 있는 시점이다.[1]

표 14-1 교육위원회제도의 변천

구분	교육위원선출방법	교육위원회의 권한		
		교육위 사무 집행권	교육장 지휘감독권	교육장 임면권
1948년 교육위원회법	공선제 의회선출위원	집행권 있음 재무권한 일부 있음	권한 있음	권한있음 (면허장→임용자격으로)
1956년 지방교육 행정법	임명제 (수장임명+의회동의) 의회선출위원폐지	집행권 있음 도도부현교육위기준 설정권 재무권한을 수장에 일원화	권한 있음	권한 있음 임용자격의 폐지 임명시 상급기관승인 교육장 교육위원 겸직 으로 실질적임명권수장 =시정촌
1999년, 2001년 개정법	임명제 위원구성 다양화 보호자위원선임노력	집행권 있음 도도부현교육위기준 설정권폐지 상급기관의조치요구 권폐지	권한 있음	권한 있음 임명시상급기관승인폐지 실질적 임명은 수장=전 자치체
2007년 개정법	임명제 인원수 탄력화 보호자위원 의무화	집행권 있음 문부대신 시정요구· 지시권 문화스포츠사무를 수장 에게 이관가능	권한 있음 (점검·평가 에 의한 감독강화)	권한 있음
2014년 개정법	임명제 교육장=교육위원장	집행권 있음 종합교육회의 수장에 의한 교육대강 책정	권한 없음	권한 없음

출처: 大畠菜穂子(2018), "教育委員會制度の變遷—權限配分にきる着目して—", 季刊教育法(제199호), 18頁.

---

1 大畠菜穂子(2014), "教育委員會制度はこれまでどう変わってきたのか", 『教育委員會改革—5つのポイント』, 東京: 學事出版 32−34頁.

2 문부대신·수장·교육위원회간의 역할 분담 현황

가. 교육위원회와 수장의 직무 분담[2]

교육위원회는 학교교육과 사회교육 관련 사항을 처리하고 조례를 통하여 문화재 및 스포츠 관련 사항은 수장에게 이관할 수 있다. 대학 및 사립학교는 지사 및 시정촌장의 업무이다. 최근 교육위원회가 스스로 관리·집행해야할 필요가 있는 사항(교육장에게 위임불가 사무)[3]을 새로이 책정하여 교육위원회의 책임 행정을 더욱 강화시키고 있는 추세이다.

표 14-2 교육위원회와 수장의 직무 분담

교육위원회	• 학교교육사항(공립학교 설치·관리, 교직원의 인사·연수, 학생입학·퇴학, 학교조직편성, 교육과정, 학생지도, 교과서채택, 교사등 시설정비) • 사회교육사항(강좌·집회개설등 사회교육사업실시, 공민관·도서관·박물관등 설치 관리) • 문화재의 보호사항 • 학교체육 사항
수장이관 가능사무	• 문화 사항(문화사업의 실시, 문화시설의 설치관리) • 스포츠사항(스포츠사업의 실시, 스포츠시설의 설치관리)
수장	• 대학사항, 인정 어린이집, 사립학교사항, 교육재산취득·처분, 계약체결, 예산집행

출처: 文部科學省(2013). 地方教育行政の現狀に關する資料. 文部科學省 初等中等教育局(2013.5). 9頁 보완.

그러나 이러한 역할분담은 2014년의 지방교육행정법의 개정에 의하여 수장의 영향력이 대폭적이고 포괄적으로 행사될 수 있도록 변화되었다. 이는 세 가지 측면에서 기도되었다.

첫째, 교육위원회 위원 뿐만 아니라 새롭게 교육장까지 수장이 의회동의를

---

2 고전(2013), "일본 교육위원회 개혁 논의의 쟁점과 시사점", 『비교교육연구』 23(4), 87-89면.
3 교육에 관한 사무의 관리·집행의 기본적 방침, 교육위원회 규칙·규정제정과 개폐, 교육위원회소관 학교나 교육기관의 설치·폐지, 교육위원회나 소관학교 직원이 임면과 기타 인사, 교육에 관한 사무관리·집행상황의 점검·평가, 교육사무예산과 다른 의회의결을 경유해야 할 의안에 대해서 폭넓게 의견청취 등.

거쳐 임명권을 행사하도록 하였다는 점(직접 임명의 효과)에서 원천적으로 교육위
원회 및 교육장은 수장과 같은 정책 및 노선을 같이할 가능성이 높아졌고, 그만
큼 영향을 받는다는 뜻이다.

둘째, 수장은 교육종합회의(수장＋교육위원회)를 주재함으로써 지역 교육의
현안과 기본 방향에 대하여 폭넓은 영향을 미치게 되었다는 점이다.

셋째, 수장이 국가의 교육진흥기본계획을 참작하여 작성하는 지역의 교육진
흥기본계획은 지역 교육위원회의 교육행정의 방향에 적지 않은 영향을 미친다는
것이다. 이른바 「대강(大綱)」은 수장의 정치철학과 선거공약에 직·간접적으로 영
향을 받을 수밖에 없을 것이다.

나. 교육사무의 역할 분담(교육위원회 · 수장 · 학교)

교육위원회는 학교관리규칙을 통하여 학교운영 가이드라인을 제공하며 인사
를 주관하고, 수장은 지도·조언·원조권한이 있으나 주로 교육사업과 재정적 지
원 담당하게 된다.

표 14-3	교육위원회 · 수장 · 학교 간 교육사무의 역할 분담
교육위원회	• 학교제도에 관한 기본적인 제도 틀의 제정(학교교육법에 의한 학교교육제도 제정, 지방교육행정법에 의한 행정제도 제정, 교과서 검정제도, 교직원면허제도(종류, 효력)의 설정) • 전국적인 기준설정(학교설치기준, 학습지도요령등 교육과정기준, 학급편제, 교직원정수) • 지방공공단체에 있어서 교육조건정비에 대한 재정적 지원(시정촌립 소·중학교 교직원급여비, 교사건설비의 국고부담 처리, 교과서 무상급여) • 지도·조언·원조(교육내용이나 학교운영에 관한 지도·조언·원조)
도도부현	• 광역적인 처리를 필요로 하는 교육사업의 실시(시정촌립 소·중학교 교직원의 임명) • 시정촌 교육조건정비에 관한 재정적 지원(시정촌립 소·중학교 교직원 급여비의 부담) • 지도·조언·원조(교육내용이나 학교운영에 관한 지도·조언·원조)
시정촌 학교	• 학교등의 설치 관리(시정촌립의 소·중학교의 설치 관리) • 교육의 실시

출처: 文部科學省(2013). 地方敎育行政の現狀に關する資料. 文部科學省初等中等敎育局(2013.5). 13頁.

다. 문부과학대신에 의한 지방공공단체의 자치사무에 대한 관여

1999년 분권개혁을 기반으로 통제를 완화했으나 2007년에는 문부대신의 교육위원회에 대한 관여(시정요구권과 시정지시권)를 통해 국가의 책임행정을 강화하고 있다.

표 14-4 문부과학대신에 의한 지방공공단체 자치사무에 관한 관여

구분	근거법률	대상	내용	효과
지도 조언 원조	지교행법 §48	수장 교육위	• 일정방향으로 이끌거나(지도), 필요사항 진언(조언), 특정사항의 촉진을 도모하기 위해 조력(원조)하는 것 • 요건은 교육사무의 적정한 처리도모 필요할 때	법적 구속력은 없음
시정의 요구	지자법 §245의5	수장 교육위	• 위반의 시정·개선을 위해 필요한 조치의 강구 요구 • 요건은 사무처리가 법령규정 위반시 혹은 현격히 적정치 않거나 명확히 공익 침해시	필요조치를 강구할 의무, 다만, 시정·개선의 구체적 내용은 지자체 재량사항
	지교행법 §49	교육위	• 구체적 내용을 명시해서 필요한 조치의 강구 요구 • 요건은 사무처리가 법령규정 위반시 혹은 사무관리·집행태만시, 교육권의 명확한 침해시	필요조치를 강구할 의무, 명시된 요구는 교육위원회조치에 강한 영향 미침
지시	지교행법 §50	교육위	• 상대방에게 일정 행위 또는 부작위의 의무를 강구 • 요건은 법령규정위반시, 사무관리·집행태만시, 학생생명·신체보호위해 긴급필요시, 타조치로는 시정곤란시	지시된 내용에 따라, 시정 또는 개선조치를 강구하여야 함

출처: 文部科學省(2013). 敎育委員會制度等の在り方について. 敎育再生會議 資料(2013.4.15). 13頁.

문부과학대신이 교육위원회에 대하여 가장 강력한 「지시」를 할 수 있는 경우는 그들의 교육 사무관리 및 집행이 법령이 위반되거나 집행을 해태한 경우, 그리고 긴급한 필요가 있는 경우이다. 특히, 긴급한 필요 요건의 폭을 과거에 '아동 생도의 생명신체를 보호하기 위하여'로 되어 있던 것을, "생명 또는 신체에

실제 피해가 생기거나 바로 피해가 발생할 우려가 있다고 예상되어 그 피해의 확대 또는 발생을 방지하기 위해 긴급한 필요가 있을 경우"로 적극적으로 규정하고 있다. 이지메나 자살 등 사건 발생 후에 같은 사건의 재발을 막기 위하여 국가의 「지시」가 가능하도록 한 취지이다. 다만, 그 발동 요건을 다만, 다른 조치에 의하여 그 시정을 도모하는 것이 곤란인 경우에 한하도록 최후 수단성을 강조하여 지나친 간섭이나 관여가 되지 않도록 한다는 입법취지이다.[4]

3   최근 지방교육행정 개혁에 관한 해설: 2014년 법개정

가. 교육장의 위상: 위원회 대표자·사무집행 책임자·수장 보조기관

과거 교육장이 교육위원회의의 보조기관(교육위원회의 지휘·감독을 받는)이었다고 한다면, 개정된 법률상의 교육장은 교육위원회를 대표하는 자가 되었다. 교육장의 기관 보조성을 논한다면 교육위원회가 아닌 오히려 수장을 보조하는 기관이라고 할 수 있다.

> 수장을 보조하는 기관

그러나 교육장이 교육위원회의 구성원이자 대표자라는 관점에서 보면, 교육위원회의 교육장에 대한 지휘·감독권은 법률상 규정되지 않았지만 교육위원회는 계속 합의체의 집행기관이므로 교육장은 교육위원회의 의사결정에 근거한 사무를 관장하여야 하는 입장에 있음에는 변함이 없다. 따라서 문부과학성의 통지문(2014.7.17.) 또한 교육장이 교육위원회의 의사결정에 반하는 사무집행을 할 수는 없는 것으로 해석한다.

교육장의 직무에 대해서 제13조 제1항은 "교육위원회의 회무(會務)를 총리(總理)한다"고 규정하고 있다. 개정 전에 교육위원회 위원장의 직무였던 "교육위원

---

4 이러한 국가에 의한 교육위원회에 대한 시정권의 포괄적 허용(피해발생 우려까지 확대)을 두고 국가의 권한 강화라는 비판이 있기도 하나 이로 인해 국가와 지방과의 관계가 크게 달라진 부분은 없다고 평가한다. 村上祐介編(2014), 教育委員會制度改革５つのポイント, 東京: 學事出版, 107頁.

회 회의를 주재"하는 것을 교육장이 대신한다고 본다. 또한, 과거 교육장의 직무였던 "교육위원회의 권한에 속하는 모든 사무를 관장하는 것(구법 제17조 제1항)"과 "사무국 사무를 총괄하고, 소속 직원을 지휘·감독하는 것(구법 제20조 제1항)"은 규정되어 있지 않으나 이들을 모두 포함한 의미라고 통지문은 해석한다.

위와 같은 개정에 대하여 문부과학성 통지문은 "이번 개정은 교육위원회를 계속 집행기관으로 하면서 그 대표자인 위원장과 사무관리자인 교육장을 단일화하여 '교육장'의 지위를 새롭게 했다고 해석한다. 즉, 신속한 위기관리 체제구축을 도모하고 교육행정의 일차적인 책임자를 교육장으로 명확히 했다"고 보고 있다. 이전 교육장이 교육위원회 위원 중의 한 사람에 불과하였지만 새로운 교육장은 교육위원회의 구성원이지만 위원 신분이 아닌 대표자 지위에 있다는 것이다.

또한 이전 교육장은 이미 교육위원회 위원으로서 의회의 동의를 거쳐 위원으로 임명받은 「별정직」인 동시에 위원회에서 위원간 호선을 통해 위원회의 임명을 받은 「일반직」 신분을 동시에 지녔었다. 그러나 신임 교육장은 지방공공단체의 장이 의회의 동의를 얻어 임명하는 직업이어서, 「별정직」 신분에만 해당하여서 법률에 특별한 규정이 있는 경우를 제외하고는 지방공무원법의 적용을 받지 않는다. 개인적인 신분보장에는 다소 불리한 점이 없지 않겠으나 교육장으로서 정책적 결단에는 좀 더 자유로울 수 있다는 의미이다.

개정된 지방교육행정법상 교육장의 자격은 '교육행정에 식견을 가진 자' 중에서 임명하게 되어 있는데, 이는 교육위원회 사무국 직원과 교직원 경력자에 한정하지 않고 일반 행정법규 및 조직관리에 식견이 있는 등 교육행정을 하는데 필요한 자질을 갖추고만 있다면, 그 자격의 적격성 여부를 폭넓게 적용할 수 있다는 의미이다.

교육장 임명시 의회 동의에 있어서는 교육장의 맡는 중요한 직책에 비추어, 교육장의 자질과 능력을 의원들이 충분히 체크할 수 있도록 후보자가 의회에서 소신 표명한 후에 의원들이 질의를 하는 등 적절한 절차가 마련될 것으로 문부과학성 통지문은 해석하고 있다.

개정된 교육장의 임기를 3년으로 한 것에 대하여 통지문은 첫째, 지방공공단체장의 임기(4년)보다 1년 짧게 하여 지방공공단체장의 임기 중 적어도 한 번

교육행정의 일차적인 책임자를 교육장으로

은 스스로 교육장을 임명하도록 한다는 의미와, 둘째, 교육장의 권한이 확대되는 것을 감안하여 위원보다는 임기를 짧게 하여 위원으로 하여금 체크토록 하거나 의회 동의를 통한 체크 기능을 강화할 수 있다는 점, 셋째, 교육장이 계획성을 가지고 일정한 일을 하려면 적어도 3년은 필요하다는 이유에서 임기를 조정한 것으로 의미를 해석한다.

나. 교육위원회의 위상 변화

개정 후에도 교육위원회에는 지방자치단체장이 의회의 동의를 얻어 임명한 위원과 교육장으로 구성되고, 지방공공단체의 교육에 관한 업무를 합의제에 의하여 전문적으로 처리하고 있다는 점에서 여전히 지방공공단체 내에 설치된 「독립된 행정위원회」의 성격을 갖는다고 할 수 있다. 다만, 교육장이 교육장 신분을 유지한 채(위원으로서가 아니라 회의 총리하는 교육장으로서) 교육위원회를 총괄하고 그 결과를 관리·집행하는 기능을 맡고 있다는 점에서 교육위원회는 의결 및 심의기관으로서 역할을 수행하고, 교육장은 집행기관으로서 역할을 분담하는 것으로 다소 변화가 있었다고 해석할 수 있다. 과거에는 교육위원회 역시 합의제 집행기관이었고, 사무국(교육장)을 지휘·감독하는 위치에 있었다.

문부과학성의 통지문(2014.7.17)은 이번 개정에 대해서 교육장이 교육행정에 더 큰 권한과 책임을 가지게 되었는 바, 교육위원회 위원들은 교육장을 체크(견제)하는 기능을 강화하고 주민을 대상으로 열린 교육행정을 추진한다는 관점에서 회의를 투명화 하도록 했다고 평가한다. 금번 개정에 따른 몇 가지 변화를 통지문을 중심으로 소개하면 다음과 같다.

(1) 교육위원회 위원에 의한 교육장에 대한 체크 기능 강화

개정 후에도 교육위원회는 합의제 집행기관이기 때문에 그 의사결정은 교육장 및 위원 연석 회의에서 참석자의 다수결로 결정할 것이며 위원의 역할이 중요하다. 개정 법에 있어서 위원 측에서 교육위원회 회의 소집을 요구할 수 있도록 하

독립된 행정위원회

교육위원회는 의결 및 심의기관

교육장은 집행기관

거나 교육장에게 위임한 사무의 집행 상황을 보고받도록 한 규정은 위원들로 하여금 교육장의 사무집행에 대한 체크 기능을 강화토록 한 것으로 평가할 수 있다.

이 법 제14조 제2항(회의소집)에서 '지체 없이'라는 것은 청구하시면 즉각 소집한다는 의미는 아니지만 일반적으로는 교육장은 다음의 정례회보나는 앞서 합리적 기간 내에 회의를 소집할 필요가 있다고 해석된다.

교육장에 의한 보고의 방법에 대해서는 각 교육위원회의 실정에 알맞은 위원에 의한 체크 기능을 발휘하도록 보고의 시기와 대상이 되는 사항에 대해서 교육위원회 규칙에서 적절하게 정할 필요가 있다고 지적한다.

교육위원회는 필요에 응하고, 교육장에게 위임 사항에 대한 방침을 정하는 것과 위임한 사무에 대해서 교육장으로부터 보고를 요구하며 교육위원회에서 논의하고 필요시 사무의 집행을 시정하거나 위임을 해제할 수 있다.

<aside>교육장의 사무집행에 대한 체크 기능</aside>

(2) 교육위원회 회의의 투명화

<aside>의사록의 작성 및 공개</aside>

개정 법에서 교육위원회 회의 의사록의 작성 및 공개를 노력 의무화한 취지는 직원 수가 적은 소규모 지방공공단체의 사무부담 등을 고려한 것이지만, 원칙으로서 회의 의사록을 작성하고 홈페이지 등을 활용하여 공표하는 것이 요구된다. 또 교육위원회 회의 개최 시간과 장소 등 운영상의 방안을 강구하여 교육위원회 회의를 더 많은 주민이 방청하도록 하는 것이 바람직하다고 통지문은 권고한다.

(3) 교육위원회 위원의 책임과 자질·능력의 향상

개정 후에도 위원은 집행기관의 일원이며, 교육위원회의 중요 사항의 의사결정을 하는 책임자라는 의식을 갖고 교육위원회의 심의를 활성화하는 동시에 교육장 및 교육위원회 사무국의 체크를 한다는 역할을 종래 이상으로 할 것으로 기대되고 있다. 이런 직책을 맡은 위원의 자질 향상을 위해서는 각 위원이 연수를 충실히 할 것이 기대된다는 것이다.

법 제11조 제8항 및 제12조 제1항은 심각한 왕따 체벌문제 등 아동, 생도 등의 교육을 받을 권리에 관한 문제의 발생을 방지하는 중요성을 바탕으로 교육장 및 위원은 교육을 받을 권리 보장에 만전을 기하며 교육행정을 할 필요가 있다고 법률에 명시하기도 했다.

또 이 규정은 직무수행에 있어서 유의 사항에 대해서 훈시적으로 규정한 것이지 직무상의 의무를 부과하는 것은 아니므로, 해당 규정에 어긋났다고 해도 파면 사유나 직무상의 의무 위반이라고는 할 수 없다고 본다.

(4) 교육위원회 위원의 임명시 유의 사항

개정 후에도 위원의 자격 요건은 변경하지 않았지만 위원에는 단순히 일반적인 식견이 있어서만은 아닌 교육에 대한 깊은 관심과 열의가 요구되고 있다. 예를 들면, PTA나 지역 관계자 커뮤니티 스쿨의 학교운영협의회 위원, 스포츠·문화 관계자 등을 선임하거나 교육에 관한 고도의 지식을 가진 사람을 포함시키는 등 교육위원회에 걸맞게 폭넓게 인재를 능용할 필요가 있다는 것이다.

> 폭넓게 인재를 등용

또한 같은 관점에서, 개정 후의 위원 수에 대해서는 시정촌 및 마을만 가입하는 조합에서는 조례로 정하는 바에 따라 2명 이상으로 할 수 있지만 교육장의 사무집행을 체크할 위원의 역할을 고려하여 가능한 한 4명으로 하는 것이 바람직하다고 한다.

또한 각 지방공공단체의 조례로 정하는 바에 의한 위원을 5명 이상으로 할 수도 있고, 위원 수의 상한은 법률상 규정되지 않으면서 교육위원회가 실시하는 시책에 대해서 다양한 민의를 폭넓게 반영하도록 했기 때문에 위원의 수를 5명 이상으로 하는 것도 적극 고려될 필요가 있다는 것이다. 또한 보호자 위원 선임이 2008년도부터 법률상 의무화 되었다는 점에서, 보호자 위원을 임명하지 않고 있는 교육위원회에서는 신속하게 선임할 필요가 있다고 지적한다.

(5) 교육위원회 자기점검·평가의 활용 필요성

교육위원회가 효과적인 교육행정의 추진을 모색하고 지역주민에의 설명책임을 다하기 위해서는, 2008년도부터 교육위원회로 하여금 매년 자신의 활동상황을 점검 및 평가하도록 법적으로 의무화 했다는 점에서(제26조), 실시하고 있지

> 지역주민에의 설명책임

않는 지방공공 단체에서는 신속히 시행할 필요가 있다는 지적이다. 이미 실시하고 있는 지방공공단체에서는, 점검 및 평가의 객관성을 확보하도록 법률에 규정된 대로 학식 경험자로서 학부모와 지역 주민의 의견도 듣기로 하는 등 개선되어야 한다고 지적한다.

다. 지방교육행정의 수평·수직적 관계: 대(對) 수장 및 대신(大臣)

지방교육행정에 있어서 수평적 관계란 교육위원회와 수장과의 관계를 의미하고, 수직적 관계란 기초단위 교육위원회와 광역단위 교육위원회 간의 관계나 문부과학성(대신)과 교육위원회(교육장)와의 관계를 말한다. 일본의 지방교육행정법은 이들 간의 관계를 항목을 달리하여 명확히 규정하고 있는 특징을 보이기도 한다. 물론, 교육기본법상 국가와 지방공공단체 간에 교육행정에 있어서 역할분담과 상호협력, 그리고 재정확보를 위한 노력이라는 대원칙 하에 관계 설정이라고 할 수 있다.

(1) 지방공공단체 장의 교육에 관한 포괄적·정책적 관여

지방교육행정법 제1조의3(대강의 책정)과 4(종합교육회의)는 지방공공단체의 장인 수장이 교육에 관여하는 가장 기본적인 사항을 정하고 있다.

① 지방의 교육진흥기본계획 대강의 책정을 통한 관여

대강의 책정 등에 관하여는, 지방공공단체의 장은 교육기본법 제17조 제1항에 규정하는 기본적인 방침(국가수준의 교육진흥기본계획)을 참작하고 그 지역의 실정에서 해당 지방공공단체의 교육, 학술 및 문화 진흥에 관한 종합적인 시책의 대강(이하 대강이라 함)을 정한다고 규정하고 있다(제1조의3, 제1항). 지방공공단체의 장은 대강을 정하거나 이를 변경하려고 할 때는 미리 종합교육회의에서 협의하도록 하고 있다. 지방공공단체의 장은 대강을 정하거나 이를 변경했을 때에는 지체 없이 이를 공개하도록 하고 있다.

다만, 제1항의 규정은 지방공공단체의 장에게 제21조에 규정하는 사무를 관리하거나 집행하는 권한을 부여하는 것으로 해석해서는 안된다고 규정하고 있다.

　　이에 대하여 문부과학성의 통지문은 다음과 같은 유의 의견을 전달했다.

　　지방공공단체장은 민의를 대표하는 입장에서 교육행정에 대해서는 대학 및 사립학교를 직접 관할하고 교육위원회의 소관 사항에 관한 예산 편성·집행이나 조례 제안 등 중요한 권한을 가진다. 또, 근년의 교육행정에 대해서는 복지, 지역 진흥 등의 일반 행정과 밀접한 연계가 필요하다. 이를 바탕으로 2014년 개정에서는 지방공공단체장에 대강 책정을 의무화함으로써 지역주민의 의사를 반영하여 지방공공단체의 교육, 학술 및 문화 진흥에 관한 시책을 종합적인 추진한다는 전략이다.

　　대강(大綱)은 지방공공단체의 교육, 학술 및 문화 진흥에 관한 종합적인 시책에 대해서 그 목표 및 시책의 근본으로서의 방침을 정하는 것이지, 상세한 시책을 책정하는 것을 요구하고 있는 것은 아니라는 점을 강조한다.

　　대강은 교육기본법에 근거한 국가의 교육진흥기본계획의 기본 방침을 '참작'해서 정하게 되는데, 이때의 '참작'은 참고한다는 의미로서 교육문제가 지역마다 다르므로 수장은 지역 실정에 맞추어 대강을 책정하라는 것이다. 국가의 제2기 교육진흥기본계획(2013.6.14 각료회의 결정)에서는 주로 제1부 및 제2부 중 성과목표 부분이 대강 책정시에 참작해야 할 부분이라고 통지문은 지적한다. 지방의 계획 기간은 법률에 정해지지 않았지만, 수장의 임기가 4년이고, 국가수준의 교육진흥기본계획의 기간이 5년임을 감안하여 4~5년이 적당할 것으로 예상된다.

지역 실정에 맞추어
대강을 책정

　　지방교육행정법 제1조의3 제4항은 대강의 책정 권한이 교육위원회 직무까지 관리하고 집행하는 것은 아님을 분명히 밝히고 있는데, 이는 교육위원회가 법 개정 후에도 주된 집행기관임을 확인하여 규정한 것이다.

교육위원회
직무까지 관리하고
집행하는 것은 아님

　　대강의 주된 기재 사항은 각 지방공공단체의 판단에 맡겨지지만, 통지문은 주로 학교의 내진화(耐震化) 학교통폐합, 소인수 교육의 추진, 종합적인 방과후 대책, 유치원·탁아소, 인정어린이집을 통한 영유아 교육·보육의 내실화 등 예산이나 조례 등 지방공공단체장이 가진 권한에 관련된 사항에 있어서 목표와 방침으로 예시하고 있다.

　　대강은 교육행정의 지역주민의 뜻을 더 반영하는 관점에서 지방공공단체의

장이 책정하는 것으로 하고 있지만 교육행정에 혼란을 생기지 않도록 종합교육회의에서 지방공공단체장과 교육위원회가 충분히 협의, 조정할 것을 요구하고 있다. 종합교육회의의 협의 조정한 사항은 수장과 교육위원회 양측에 존중할 의무를 지게 된다.

수장이 교육위원회와 조정없이 기재한 대강의 사항의 경우라면 교육위원회는 해당 사항을 존중할 의무를 지는 것은 아니고, 교육위원회의 교육에 관한 사무 집행권(법 제21조)에 관한 것은 위원회의 권한이므로 조정에 부의할지 여부는 위원회가 판단한다.

도도부현 교육위원회는 시정촌립학교에 설치되는 현(縣)이 비용을 부담하는 (현비부담) 교직원의 인사와 연수를 실시하는 권한(제48조)에 근거하여 시정촌에 필요한 지도, 조언, 원조를 실시할 수 있으므로 그 범위 내에서 도도부현의 대강에서 시정촌립학교 등에 관련된 시책에 대해서 기재할 수 있다.

새로운 지방공공단체장이 취임하면서 새로운 대강을 정한 경우, 그 내용이 기존의 교육 진흥기본계획 등과 크게 다를 때는 새로운 대강에 입각하여 해당 계획을 변경하는 것이 바람직하다고 권고한다.

② 종합교육회의 주재를 통한 교육에의 관여

종합교육회의에 관하여 지방교육행정법은 다음과 같이 규정하고 있다(제1조의4). 지방공공단체의 장은 대강의 책정에 관한 협의 및 다음 각 호의 사항에 대해서 협의하고 구성원 간 사무조정을 위해 종합교육회의를 설치한다.

1. 교육을 위한 조건의 정비 그 다른 지역의 실정에 맞는 교육, 학술 및 문화의 진흥을 도모하기 위해 중점적으로 강구해야 할 시책
2. 아동, 생도 등의 생명 또는 신체에 실제 피해가 생기거나 바로 피해가 발생할 우려가 있다고 예상되는 경우 등의 긴급 경우에 마련해야 할 조치

다음으로 동 규정은 종합교육회의의 구성은 지방공공단체의 장과 교육위원회로 구성하고 회의는 지방공공단체의 장이 소집한다. 교육위원회는 그 권한에

속하는 사무에 관하여 협의할 필요가 있다고 생각될 때에는 지방공공단체의 장에게 협의해야 할 구체적 사항을 들어 종합교육회의의 소집을 요구할 수 있다. 종합교육회의는 협의할 때 필요하다고 인정될 때는 관계자 또는 학식 경험자에게 해당 협의해야 할 사항에 관해서 의견을 들을 수 있다.

한편, 종합교육회의는 공개한다. 단, 개인의 비밀을 유지할 필요가 있다고 인정될 때, 또는 회의의 공정을 해칠 우려가 있다고 인정될 때, 기타 공익상 필요가 있다고 인정될 때는 그러하지 아니하다. 지방공공단체장은 종합교육회의의 종료 후 지체 없이 종합교육회의의 정하는 바로 그 회의록을 작성하고 이를 공개하도록 한다.

종합교육회의에서 그 구성원의 사무의 조정이 진행된 사항에 대해서는 해당 구성원은 그 조정의 결과를 존중해야 한다. 전 각항에 정하는 것 외, 종합교육회의의 운영에 관한 필요한 사항은 종합교육회의가 정한다.

이에 대하여 문부과학성의 통지문은 다음과 같은 유의사항을 교육위원회에 전달했다.

대등한 집행기관 간
협의조정의 장

종합교육회의는 지방공공단체장과 교육위원회라는 대등한 집행기관 간 협의조정의 장이므로 지방자치법상의 부속기관에 해당하지는 않는다고 본다. 지방공공단체의 장 및 교육위원회는 종합교육회의에서 협의·조정하고 합의한 방침 아래에 각각 관할 업무를 집행한다.

종합교육회의의 구성원은 지방공공단체의 장, 교육위원회의 교육장 및 모든 위원이 참석하는 것이 기본이나, 긴급한 경우 수장과 교육장간 개최도 가능하다. 긴급하게 교육위원회에서 교육장만 참석할 경우, 사전에 대응의 방향성에 대해서 교육위원회의 의사결정이 이루어진 경우나 교육장에게 대응을 일임한 경우 그 범위 내에서 교육장은 조정과 결정을 할 수 있다. 그렇지 않은 경우에는 종합교육회의에서는 일단 태도를 보류하고 교육위원회에서 다시 검토한 뒤 다시 지방공공단체의 장과 협의·조정을 실시하는 것이 필요하다고 통지문은 권고한다.

종합교육회의에서 '조정'이란 교육위원회의 권한에 속하는 사무에 대해서 예산 편성·집행이나 조례 제안, 대학, 사립학교 아동복지, 청소년 건전육성 등 지방공공단체장의 권한에 속하는 사무와 조화를 이루는 것을 의미한다. '협의'는 조정을 필요로 하지 않는 경우도 포함한 자유로운 의견 교환이 폭넓게 이뤄질 것을 의미한다.

종합교육회의는 지방공공단체의 장이나 교육위원회가 특히 협의·조정이 필요한 사항이 있다고 판단한 사항만을 협의 또는 조정하는 것이지, 교육위원회가 관할 업무의 중요 사항의 전부를 종합교육회의에서 협의하고 조정한다는 취지로 설치된 것은 아니다. 종합교육회의에서는 교육위원회 제도를 마련한 취지에 비추어, 교과서 채택, 개별의 교직원 인사 등 특히 정치적 중립이 요구되는 사항에 대해서는 회담 문제로 할 것은 아니다.

한편, 교과서 채택의 방침, 교직원의 인사 기준에 대해서는 예산 등 지방공공단체장의 권한과 관련이 없는 사항으로 조정의 대상은 아니지만 협의하는 것은 가능하다.

종합교육회의에서 협의·조정하는 대상으로 해야 할지 여부는 해당 예산조치가 정책 판단한 사항인지 아닌지에 의해서 판단해야 하며, 경상비 지출 등 일상의 학교 운영에 관한 사소한 일까지 종합교육회의에서 협의·조정할 수 있다는 취지는 아니다. 협의사항의 사례로는 다음과 같다.

• 학교 등의 시설정비, 교직원의 상수 등의 교육여건정비에 관한 시책 등 예산편성·집행 권한이나 조례의 제청권을 가진 지방공공단체장과 교육위원회의 조정이 필요한 사항
• 유치원·탁아소, 인정어린이집을 통한 영유아교육보육의 방식이나 그 연계제휴, 청소년 건전 육성과 학생지도의 연계, 거소불명의 학생대응, 복지부서와 연계한 종합적인 방과 후 대책, 육아지원처럼 지방공공단체장과 교육위원회의 사무와 연계가 필요한 사항

아동, 생도 등의 생명 또는 신체에 실제 피해가 생기거나 바로 피해가 발생할 우려가 있다고 예상되는 경우에 해당하는 사항으로서 상정되는 예는 다음과 같다.

• 왕따 문제의 학생, 학생 등의 자살이 발생한 경우
• 통학로에서 교통사고 사망이 발생한 후 재발방지 필요가 있는 경우

조항에서 "등의 긴급 경우"에 해당하는 사항으로는 "아동, 생도 등의 생명

또는 신체의 보호와 비슷한 긴급 사태"로서 다음과 같은 것을 예시할 수 있다.

- 재해 발생으로 생명 또는 신체의 피해는 발생하지 않았지만 학교건물 붕괴 등의 피해가 발생하여 방재 담당부서와 연계하는 경우
- 재해 발생시의 피난처에서 아동, 학생 등의 수업을 받는 체제나 생활지원체제를 시급히 구축할 필요가 있어 복지 담당부서와 연계하는 경우
- 범죄의 빈발로 공립도서관 등의 사회교육시설에서도 직원과 일반 이용자의 생명 또는 신체에 피해가 생길 수 있는 경우
- 왕따 학생, 학생등의 자살이 발생한 경우 외, 집단따돌림 방지대책 추진 법(2013년) 제28조의 중대 사태의 경우

종합교육회의에서 조정된 경우는 지방공공단체의 장 및 교육위원회가 합의한 경우이며, 양측이 합의한 사항에 대해서는 서로 그 결과를 존중해야 한다. 또한 조정 없는 사항의 집행에 대해서는 법 제21조 및 법 제22조에 규정된 집행권한에 의거하여 교육위원회 및 지방공공단체의 장이 각자 판단한다.

종합교육회의에서의 논의를 공개하고 주민에의 설명책임을 지는 동시에 그 이해와 협력 하에서 교육행정을 펴는 취지를 철저히 하자는 취지로 회의는 원칙적으로 공개한다. 2014년 개정에서 종합교육회의의 회의록의 작성 및 공개 노력 의무화한 취지는 직원 수가 적은 소규모 지방공공단체의 사무부담 등을 고려한 것이지만, 원칙으로서 회의의사록을 작성하고 홈페이지 등을 활용하여 공표하는 것이 요구된다.

종합교육회의는 지방공공단체장이 소집하지만, 교육위원회 측에서 종합교육회의를 소집을 요구할 수 있으며 교직원 상수의 확보, 교재비, 학교 도서비 내실화, ICT환경 정비, 취학 지원의 충실, 학교에 전문 인력과 지원 요원 배치 등 정책의 실현에 예산 등의 권한을 가진 지방공공단체의 장으로 조정이 특히 필요한 경우에는 교육위원회 측에서도 적극적으로 종합 교육회의의 소집을 요구할 수 있다.

종합교육회의의 운영에 때 필요한 개최 날짜와 장소의 결정 협의 문제의 조정, 의견 청취자와 연락 조정 회의록의 작성 및 공개 등의 사무는 지방공공단체의 장이 종합교육회의를 소집하는 것을 감안하여 지방공공단체장의 부서로 하는 것이 원칙이다. 그러나 각 지방공공단체의 실정에 맞추어 종합교육회의에 관한

사무를 교육위원회 사무국에 위임 또는 보조집행시킬 수 있다.

종합교육회의에서 청취할 의견 청취자로는 대학교원이나 커뮤니티 스쿨에서 학교운영협의회 위원, PTA관계자, 현지 기업 관계자 등을 들 수 있다. 종합교육회의의 운영에 관한 필요한 사항은 종합교육회의의 구성원인 지방공공단체장과 교육위원회의 협의 결과 양측이 합의하여 결정한다. 종합교육회의의 협의결과와 대강에 대해서 민의를 대표하는 의회에 대한 설명을 통해서 주민에의 설명책임과 의회의 확인기능을 다하는 것은 중요하다.

주민에의 설명책임

(2) 지방공공단체 장의 교육에 관한 직무권한 및 특례

지방공공단체의 장인 수장의 직무권한에 대하여 지방교육행정법 제22조는 위의 강령 책정에 관한 사무 외에 〈표 14-5〉의 여섯 가지 교육에 관한 사무를 관리 및 집행한다고 규정하고 있다. 유보연계형 인정어린이원에 관한 사항은 2014년 개정에서 추가되었다. 또한, 조례로 정한다면 스포츠(학교체육 제외)에 관한 것과 문화에 관한 것(문화재 보호 제외) 또한 수장이 관리 및 집행할 수 있도록 했다. 그리고

표 14-5 지방공공단체 장의 교육에 관한 직무권한 및 특례

지방공공단체 장의 교육에 관한 직무권한(제22조)
1. 대학에 관한 것.
2. 유보연계형 인정어린이원에 관한 것(2014년 법개정시 추가).
3. 사립학교에 관한 것.
4. 교육재산을 취득 및 처분하기.
5. 교육위원회가 관장하는 사항에 관한 계약 체결.
6. 전호에 제시하는 것 외에 교육위원회 소관 사항에 관한 예산 집행.
직무 권한의 특례(제23조)
앞의 제21조(교육위원회의 직무권한)과 제22조(수장의 직무권한) 규정도 불구하고 지방공공단체는 전조 각호에 예시된 것 외에, 조례로 정하는 바에 의해 해당 지방공공단체의 수장이 다음의 각호에 해당하는 교육에 관한 업무 중 하나 또는 모두를 관리 및 집행할 수 있다.
1. 스포츠에 관한 것(학교의 체육에 관한 것 제외).
2. 문화에 관한 것(문화재 보호에 관한 것 제외).
지방공공단체의 의회는 전항의 조례 제정 또는 개폐 의결을 하기 전에 해당 지방공공단체의 교육위원회의 의견을 물어야 한다.

관련 조례를 제정 및 개정할 때 교육위원회의 의견을 듣도록 하고 있다.

이어 동 법률은 제24조(사무처리의 법령준수)를 통해, 교육위원회 및 지방공공단체의 장은 각각 앞의 3개 조(제21, 22, 23조)의 사무를 관리 및 집행할 때는 법령, 조례, 지방공공단체의 규칙 및 지방공공단체의 기관이 정하는 규칙 및 규정에 근거해야 한다고 규정한다.

(3) 교육위원회의 교육장에게의 사무의 위임과 위임 금지 사항

지방교육행정법 제25조(사무의 위임 등)에 따르면, 교육위원회는 교육위원회 규칙에서 정하는 바에 따라 기본적으로는 그 권한에 속하는 사무의 일부를 교육장에게 위임하거나 교육장으로 하여금 임시로 대리하게 할 수 있다.

그러나 〈표 14-6〉에서 제시하는 사무는 교육장에게 위임할 수 없다고 하여 교육위원회의 기본적인 임무를 위임함이 없이 책임을 다하도록 강조하고 있다.

표 14-6 교육위원회로부터 교육장에게 위임이 금지된 사항(제25조)

1. 교육에 관한 사무관리 및 집행의 기본방침에 관한 것.
2. 교육위원회 규칙 기타 교육위원회가 정하는 규정 제정 또는 개정·폐지에 관한 것.
3. 교육위원회의 소관에 속하는 학교 기타 교육기관의 설치 및 폐지에 관한 것.
4. 교육위원회 및 교육위원회의 소관에 속하는 학교 기타 교육기관 직원의 임면 기타 인사에 관한 것.
5. 다음 조(제26조)의 규정에 의한 점검 및 평가에 관한 것.[5]
6. 제27조[6] 제29조[7] 규정하는 의견의 신청에 관한 것.

---

[5] 교육위원회는 전항의 점검 및 평가함에 있어서 교육에 관해 학식경험을 지닌 자의 식견을 활용토록 한다.

[6] 제27조의2 교육위원회는 당해 지방공공단체가 설치하는 유보연계형 인정어린이원에 관한 사무관리 및 집행시 그 직무에 관해 필요하다고 인정할 경우 당해 지방공공단체의 장에게 의견을 진술할 수 있다.
제27조의4 지방공공단체의 장은 제22조2호에 예시한 유보연계형 인정어린이원에 관한 사무를 관리하거나 집행함에 있어서 필요하다고 인정될 때, 당해 지방공공단체의 교육위원회에 대해서 학교교육에 관한 전문적 사항에 관해 조언 또는 원조를 구할 수 있다.
제27조의5 도도부현 지사는 제22조2호에 예시한 사립학교에 관한 사무를 관리하거나 집행함에 있어서 필요하다고 인정될 때, 당해 도도부현교육위원회에 대해서 학교교육에 관한 전문적 사항에 관해 조언 또는 원조를 구할 수 있다.

[7] 제29조(교육위원회의 의견 청취) 지방공공단체의 장은 세입세출 예산중 교육에 관한 사무 기타 교육

제25조 제3항에 따르면, 교육장은 교육위원회 규칙으로 정하는 바에 의한 첫째항의 규정에 의한 위임된 사무 또는 임시로 대리한 사무 관리 및 집행 상황을 교육위원회에 보고해야 한다. 또한, 제25조 제4항은 교육장은 첫 항의 규정에 의한 위임된 사무 기타 그 권한에 속하는 사무의 일부를 사무국직원 혹은 교육위원회의 소관에 속하는 학교 기타 교육기관의 직원(이하 이 항 및 다음 조 제1항에서 '사무국 직원등'이라 한다)에 위임하거나 사무국 직원 등으로 하여 임시로 대리하게 할 수 있다.

(4) 문부과학대신의 교육위원회에 대한 관여

문부과학대신에 의한 지방공공단체의 자치사무에 대한 관여는 1999년 분권개혁을 기반으로 중앙의 통제를 완화하면서 시작되었다. 그러나 2007년에는 문부대신의 교육위원회에 대한 관여(시정요구권과 시정지시권)를 통해 다시 국가의 책임행정을 강화하기도 했다.

지방교육행정법 제5장은 문부과학 대신 및 교육위원회 상호 간의 관계 등에 관하여 규정하고 있다. 지도 조언 원조, 시정의 요구, 지시 등으로 구분할 수도 있다.

① 지도·조언·원조

제48조(문부과학 대신 또는 도도부현 위원회의 지도 조언 및 원조)에 따르면, 지방자치법 제245조의4 제1항에 의하는 것 외에 문부과학대신은 도도부현 또는 시정촌에 대해서, 도도부현위원회는 시정촌에 대해서, 도도부현 또는 시정촌의 교육에 관한 업무의 적정한 처리를 위하여 필요한 지도, 조언 또는 원조를 할 수 있다. 지도, 조언 또는 원조를 예시하면 대체로 다음과 같다.

1. 학교 기타 교육기관의 설치 및 관리 및 정비에 관한 지도 및 조언
2. 학교의 조직편제, 교육과정, 학습지도, 학생지도, 직업지도, 교과서 기타 교재의 취급 기타 학교 운영에 관한 지도 및 조언

에 관한 사무에 대해 특별히 정한 의회의 의결을 거쳐야 할 사건의 의안을 작성하는 경우, 교육위원회의 의견을 듣지 않으면 안된다.

3. 학교에서의 보건 및 안전 및 학교급식에 관한 지도 및 조언
4. 교육위원회 위원 및 교장, 교원 기타 교육 관계직원의 연구집회, 강습회 기타 연수에 관한 지도 및 조언을 주거나 이들을 주최
5. 학생 및 아동의 취학에 관한 사무에 관한 지도 및 조언
6. 청소년교육, 여성교육 및 마을회관 사업 그 외 사회교육의 진흥 및 예술의 보급 및 향상에 관한 지도 및 조언
7. 스포츠의 진흥에 관한 지도 및 조언
8. 지도주사, 사회교육교사 기타 직원 파견
9. 교육 및 교육행정에 관한 자료 안내서 등을 작성하여 이용에 제공하는 것
10. 교육에 관한 조사 및 통계 및 홍보 및 교육행정에 관한 상담에 관한 지도 및 조언
11. 교육위원회의 조직 및 운영에 관한 지도 및 조언

문부과학대신은 도도부현위원회에 제1항의 규정에 의한 시정촌에 지도, 조언 또는 원조에 관하여 필요한 지시를 할 수 있다. 지방자치법 제245조의4 제3항의 규정에 의한 것 외, 도도 부현지사 또는 도도부현위원회는 문부과학대신에 대해, 시장 또는 시정촌 위원회는 문부과학대신 또는 도도부현 위원회에 대한 교육에 관한 사무의 처리에 대해서 필요한 지도, 조언이나 도움을 구할 수 있다.

② 시정의 요구

제49조(시정 요구 방식)에 따르면, 문부과학대신은 도도부현위원회 또는 시정촌위원회의 교육에 관한 사무관리 및 집행이 법령의 규정에 위반될 경우 또는 해당 사무관리 및 집행을 해태할 경우, 아동·생도 등의 교육을 받을 기회를 방해받거나 다른 교육을 받을 권리가 침해되고 있음이 분명할 경우, 지방자치법 제245조의5 제1항 내지 제4항의 규정에 의한 요구 또는 동조 제2항의 지시를 할 때는 해당 교육위원회가 마련해야 할 조치 내용을 제시한다.

③ 지시

제50조(문부과학대신의 지시)에 따르면, 문부과학대신은 도도부현위원회 또는 시정촌위원회의 교육에 관한 사무관리 및 집행이 법령의 규정에 위반한 경우 또

는 해당 사무관리 및 집행을 해태한 경우, 아동·생도 등의 생명 또는 신체에 실제 피해가 생기거나 바로 피해가 발생할 우려가 있다고 예상되어 그 피해의 확대 또는 발생을 방지하기 위해 긴급한 필요가 있을 경우에는 해당 교육위원회에 해당 위반을 시정하거나 해당 해태사무의 관리 및 집행을 고칠 것을 지시할 수 있다. 다만, 다른 조치에 의하여 그 시정을 도모하는 것이 곤란인 경우에 한한다.

④ 통지

제50조의2(문부과학대신의 통지)에 따르면, 문부과학대신은 제49조에 규정하는 요구 혹은 지시 또는 전조의 규정에 의한 지시를 했을 때에는 지체 없이 해당 지방공공단체(제49조 규정하는 지시를 했을 때에는 해당 지시에 관련된 시정촌)의 장 및 의회에게 그 사실을 통지한다.

제51조(문부과학대신 및 교육위원회 상호간의 관계)에 따르면, 문부과학대신은 도도부현위원회 또는 시정촌위원회 상호간에, 도도부현위원회는 시정촌위원회 상호간에 연락조정을 도모하고, 동시에 교육위원회는 상호간의 연락을 긴밀히 하고, 문부과학대신 또는 다른 교육위원회와 협력하여 교직원의 적정배치와 원활한 교류 및 교직원의 근무능률의 증진을 도모하고, 이로써 각각 그 관장하는 교육에 관한 업무의 적정한 집행과 관리에 힘써야 한다.

⑤ 조사

제53조(조사)에 따르면, 문부과학대신 또는 도도부현위원회는 제48조 제1항 및 제51조의 규정에 의한 권한을 행사할 필요가 있을 때는 지방공공단체의 장이나 교육위원회가 관리 및 집행하는 교육에 관한 사무에 대해서 필요한 조사를 할 수 있다. 문부과학대신은 전항의 조사에 관한 도도부현위원회에게 시장 또는 시정촌위원회가 관리 및 집행하는 교육에 관한 사무에 대해서, 그 특별히 지정하는 사항의 조사를 실시하도록 지시를 할 수 있다.

⑥ 자료 및 보고

제54조(자료 및 보고)에 따르면, 교육행정기관은 정확한 조사통계 기타 자료

에 바탕을 두고, 그 관장하는 사무의 적절하고 합리적으로 처리토록 힘써야 한다. 문부과학대신은 지방 공공단체의 장이나 교육위원회에 대해서, 도도부현위원회는 시장 또는 시정촌위원회에 대해서 각각 도도부현 또는 시읍면의 구역 내의 교육에 관한 사무에 관하여 필요한 조사 통계 기타 자료 또는 보고의 제출을 요구할 수 있다.

기타 제54조의2는 유보연계형 인정어린이원에 관계된 사무처리에 관한 지도, 조언 및 지원 등에 대하여, 제54조의3은 직무 권한의 특례에 관한 사무의 처리에 관한 지도, 조언 및 지원 등에 대하여, 제55조는 조례에 의한 사무처리 특례에 대하여, 제55조의2는 시정촌의 교육행정의 체제정비 및 내실화에 대하여 규정하고 있다(부록의 지방교육행정법 참조).

4 일본의 교육위원회제도 개혁의 시사점

가. 정치주도 개혁 입법 중에서 교육위원회의 입법정신의 유지

일본의 교육행정 개혁은 과거 문부과학성이 주도하던 개혁에서 정치권과 내각의 행정개혁 기구가 주도하는 「정치주도 개혁」으로 흐름이 바뀌었다. 그러나 종합행정(總合行政)의 기치아래 지속되어 온 지방분권 개혁의 흐름 속에서도 1948년부터 지속해 온 교육위원회 제도의 의의와 입법정신은 면면히 유지하고 있다는 점이다.

이는 문부과학성 홈페이지에 게재된 교육위원회 제도에 대한 소개문에서도 여실히 드러나 있다. 3대 의의로 소개되는 '정치적 중립성의 확보(교육행정의 무당파성)', '계속성·안정성의 확보(학교운영방침의 점진적 개혁·개선)', '지역주민의 의향의 반영'이 그것이다.

따라서 현행 일본의 교육위원회제도의 특징은 2014년 법 개정 이후에도 기본적으로는 이전과 그대로 유지되고 있다. 즉, '수장으로부터의 독립성(독립행정위원회 형태)', '합의제(복수의 위원)', 그리고 '주민에 의한 의사결정(주변인에 의한 통제; Layman—control)'이라는 특징이 그것이다.

다만, 지금까지 합의제 집행기구로서 책임행정과는 다소 거리가 있는 주변인에 의한 통과의례 수준이던 행정시스템에서 탈바꿈하려는 노력이 결실을 맺을지 주목이 되는 시점이다. 일단, 교육위원회를 대표하는 교육장을 중심으로 한 책임행정의 기치를 내걸었다는 점에서 교육행정 전문가에게 행정의 집행 및 관리는 맡기되, 주민의 통제(교육위원회 의원에 의한 견제와 수장의 관여)와의 균형을 추구한다는 전략은 나름대로 의미가 있다고 판단된다.

나. 중앙교육심의회를 통한 20년간의 지속적 논의와 축적

일본의 지방교육행정 개혁은 문부과학성 개혁 정책가운데에서도 20년 이상 지속적으로 추진되고 있는 주제이다. 중앙교육심의회의 교육개혁안에서 빠트리지 않고 논의되고 있으며, 교육제도분과위원회등 분과위를 만들어 집중 논의를 하기도 했다. 1997년 9월 30일 문부대신에 의하여 「이후 지방교육행정의 방향에 대해(今後の地方教育行政の在り方について)」중앙교육심의회에 자문문이 접수된 이후 1년 뒤에 제출된 1998년 9월 21일의 답신문이 제출되었다. 이 답신은 2000년대 일본의 지방교육행정 개혁의 지표가 되었다. 이 개혁안은 2000년 12월 22일의 교육개혁국민회의 17개 제안에 포함되기도 했다.

이후 2013년 4월 25일에 문부대신은 동일한 제목의 자문문을 중앙교육심의회에 제출하였는데, 교육기본법 개정 정신을 반영한 개혁을 다루게 되었다. 이후 전문가들의 논의를 거쳐 같은 해 12월 13일에 중앙교육심의회는 답신을 내고 이를 반영한 지방교육행정법 개정안이 2014년 6월 국회에서 통과되기에 이르렀다. 교육행정 개혁에 무려 20여년의 논의 시간을 거쳐 논의를 전개해 왔으며, 책임행정의 구현이라는 슬로건에 걸맞도록 변화를 거듭해 왔다. 정권의 변동에 크게 좌우됨이 없이 일관되게 추진되어온 점은 평가받을 만하다.

다. 지방교육행정법상 기본 이념과 이해당사자간 권한 관계 규정

지방교육행정법 제1조의2는 기본이념을 명확히 밝히고 있다. "지방공공단체에 있어서 교육행정은 교육기본법 취지에 따라, 교육의 기회균등, 교육수준의 유지향상 및 지역 실정에 맞는 교육의 진흥이 도모될 수 있도록 국가와의 적절한 역할분담 및 상호협력 하에 공정하고 적정하게 행하지 않으면 안된다"는 것이다. 물론, 국가와 지방간의 역할분담과 상호협력, 그리고 재정조치 분담이라는 대원칙이 교육기본법 제16조에 명시된 것에 연관된다.

한국이 지방분권특별법을 통해서 무리하게 교육자치를 일반자치에 통합하려는 방향을 설정하고 교육감의 선출방법에 지나치게 연연해 한 것과 대조를 이루는 부분이다.

또한 지방교육행정법의 내용에서 단연 시사를 주는 부분은 교육위원회를 둘러싼 수평적 수직적 교육권한 관계의 재정립을 명확하게 설정하고 있다는 것이다. 교육행정에 있어서 국가와 지방의 역할분담은 물론, 교육위원회의 직무권한, 교육장의 권한, 수장의 권한, 문부과학대신의 교육위원회에 대한 권한 등 중요하고도 까다로운 문제를 정면으로 언급하고 있다.

라. 교육행정에 관한 기본 원칙: 중앙과 지방의 역할분담 및 상호협력

교육행정에 관한 기본 원칙은 교육기본법 제16조와 제17조[8]에 걸친 교육행정 장(제3장)에 천명되어 있다. 제16조는 교육활동에 있어서 교육의 자주성에 기반하여(이를 유지하여야 하는 관점에서), 교육행정이 법률에 따라 행하되 국가와 지방공공단체간에 역할을 분담하고 상호간 협력할 것을 기본 원칙으로 천명하고

---

8 교육기본법 제3장 교육 행정 제16조 교육은 부당한 지배에 따르지 않고, 이 법률 및 기타 법률이 정한 바에 따라 행해져야 하며, 교육행정은 국가와 지방공공단체와의 적절한 역할분담 및 상호협력 하에 공정하고 적정하게 행해지지 않으면 안된다. 2. 국가는 전국적인 교육의 기회균등과 교육수준의 유지향상을 도모하기 위해 교육에 관한 시책을 종합적으로 책정하고 실시하지 않으면 안된다. 3. 지방공공단체는 그 지역에서의 교육의 진흥을 도모하기 위해 그 실정에 맞는 교육에 관한 시책을 책정하고 실시하지 않으면 안된다. 4. 국가 및 지방공공단체는 교육이 원활하고 지속적으로 실시되도록 필요한 재정상의 조치를 강구하지 않으면 안된다.

있다.

구체적으로 역할분담에 관하여는 국가는 전국수준의 기회균등 수준유지 시책에 중점을 두고, 지방은 지역의 실정을 반영할 것에 주안점을 두며, 각각 재정상 조치를 강구할 의무도 부과하고 있는 점 또한 공통된 원칙이다.

마. 국가 및 지방의 교육개혁 추진 로드맵과의 연계 추진

2006년 교육기본법의 개정으로 교육개혁은 중앙정부와 지방정부가 공히 추진하여야할 국가적 지방정부적 아젠다가 되었다. 이름하여 국가수준의 「국가교육진흥기본계획」과 지방의 교육진흥기본계획은 교육행정 개혁 정책의 로드맵으로서 작용하고 있다. 정부의 계획은 국회에 보고 의무를 지우고, 지역의 계획은 국가수준의 계획을 참작토록 하고 있다.

5년 단위로 책정되는 교육진흥기본계획에 따라 교육행정 개혁 분야의 아젠다 역시 단계적이며 총괄적으로 추진되고 있다. 도쿄와 오사카와 같이 도지사의 정치개혁 로드맵의 영향으로 지역 교육개혁의 속도가 국가(문부성) 수준의 개혁 강도를 넘어서기도 했다. 그 결과 개혁정책들은 일정부분 학부모로부터 지지를 받기도 했으나 정확한 현실진단이 결여된 정치적 슬로건의 한계로 인하여 현장의 교육문제는 해결되지 않고 교원들의 사기는 저하되고 불만과 갈등이 고조되는 경우도 없지 않았다.

국가 수준의 교육개혁 아젠다를 법제화 한 것은 개혁을 일상화시키고 자칫 국가가 주도하는 전체주의적 개혁으로 치달을 위험성이 있는 것도 사실이지만, 지방과의 역할분담 및 상호협력의 기치아래 효율성과 지역 특수성을 동시에 달성하려는 입법의지도 담고 있다. 교육개혁안이 임의적으로 작성되고 폐기되는 경향이 있는 한국에 시사하는 바가 적지 않다.

바. 제3의 논의의 장(場) 혹은 완충지대로서 종합교육회의

종합교육회의는 지방공공단체의 수장과 교육위원회(교육장＋위원)를 포괄하는 회의체로서 지방자치단체의 고유사무로서 교육사무에 대한 주된 주도권을 교육행정 전문가인 교육장에게 맡기면서도 지역의 민의를 반영하고 이를 견제할 장치로서 수장의 종합교육회의 주재를 구상하고 있다는 점이다. 구체적 결정 권한을 부여 받지 못한 형식적이고 통과의례적인 논의의 장이 될 수도 있다고 지적9되기도 한다.

그러나 긍정적으로 잘 활용된다면, 지역실정에 맞는 현실성 있는 지방교육행정을 구현하는데 매우 중요한 역할을 할 수도 있을 것으로 판단된다. 수장의 종합교육회의를 통한 관여가 교육위원회의 기본 사무집행권을 침해하여 지나친 간섭이 되지 않도록 명확히 제한하고 있는 규정은 매우 시사적인 부분이다.

사. 수장의 관여와 위임의 한계에 대한 구체적 규정의 시사

일각에서는 정치적인 수장이 교육위원회에 대한 관여를 너무 깊이 하여 교육현안이 너무 정치적으로 휘둘릴 수 있다는 우려를 한다. 물론, 정치권이 표피적인 교육문제를 침소봉대(針小棒大)하여 여론을 형성하고 정확한 교육 현실에 대한 진단없이 정치적 슬로건 위주의 개혁만을 외친 결과, 결국 교육의 정치적 수단화로 전락할 것이라는 우려를 낳기도 한다.

그러한 우려가 잠재되어 있는 것이 현실이나 지방교육행정법은 수장의 관여가 과잉되거나 교육장에의 위임이 한계를 이탈하지 않도록 임계치를 법규정을 명확히 하고 있다.

우선 수장에게 부여한 「대강(大綱)의 책정권」이 교육위원회가 갖는 고유한 19가지 직무권한에 대한 관리권 혹은 집행권을 부여한 것으로 해석되어서는 안된다고 못박고 있다(제1조의3의 4호). 수장이 교육, 학술 및 문화 진흥에 관한 종

---

9 佐藤晴雄(2018), "新教育委員會制度の運營實態と課題", 『季刊 教育法』(제199호), 東京: エイデル研究所, 4－15頁.

합적인 시책의 대강을 정할 권리가 남용되지 않도록 규정한 것이다. 다만, 준수는 수장의 의지에 달린 문제이기도 하다.

다음으로, 교육위원회의 직무를 교육장에게 사무위임 할 경우에도 필수적인 사항에 대하여는 위임하지 못하도록 위임의 불가 범위[10]를 명확히 한 것도 책임행정을 실현하기 위한 실질적인 조치라고 할 수 있다.

아. 일본 사례의 한국에의 시사점 도출시 유의점

지금까지 살펴본 일본의 교육행정체제의 변화는 교육현안에 무책임했던 교육위원회에 대한 개선책을 특징으로 하며, 그 주된 전략은 수장이 갖는 교육장의 임명권과 종합교육회의를 통한 정책 조율을 통해 드러나고 있다. 분명, 지방공공단체의 장이 교육에 대한 관여권을 확대함으로써 지방교육행정의 책무성을 담보하고자 한 측면이 있다. 그러나 또 다른 측면에서는 교육위원회의 대표자로서 교육장을 내세우고 이를 중심으로 책임행정을 구현하려는 움직임 또한 눈여겨 볼부분이다.

한국의 통합론자들의 시각에서 보면 일본의 수장에 의한 임명권 강화는 시대적 조류로 보이고 주민직선제를 폐지하고 교육감 임명제나 러닝메이트제로 전환하는 논거로 활용할 법 하다. 그러나 이는 일본 교육위원회의 형식만을 보고 실질 내용을 간과한 결과이다.

한국은 의결기관이 이미 지방의회내 책임 하에 있고, 교육감은 주민직선제로서 주민에 직접 책임을 지는 보다 민주적이고 선진적인 방법을 채택하고 있음을 간과해서는 안된다. 겉으로 보기에 일본이 보다 중앙집권적이고 일반자치 예속적일 것으로 보여지나 일본은 이미 '교육사무'을 지자체의 고유사무화 했고,

---

10 1. 교육에 관한 사무 관리 및 집행의 기본방침에 관한 것. 2. 교육위원회 규칙 기타 교육위원회가 정하는 규정 제정 또는 개정/폐지에 관한 것. 3. 교육위원회의 소관에 속하는 학교 기타 교육기관의 설치 및 폐지에 관한 것. 4. 교육위원회 및 교육위원회의 소관에 속하는 학교 기타 교육기관 직원의 임면 기타 인사에 관한 것. 5. 다음 조(제26조)의 규정에 의한 점검 및 평가에 관한 것. 6. 제27조 제29조 규정하는 의견 신청에 관한 것.

점차 지방공공단체의 교육예산 분담을 넓혀가고 있다. 더구나 수장에 의한 교육장 임명제로 바뀌었다는 주장은 제도의 운용을 모르는 주장이다. 수장의 교육장 임명권은 2014년 법 개정으로 주어진 것이 아니다. 법 개정 이전에도 수장은 위원 전원을 의회 동의를 받아 임명하였고, 다만 위원장과 교육장을 호선하여 위원회가 임명하는 절차를 밟았는데 통상 수장이 위원을 위촉할 당시 수장이 염두에 둔 교육장 후보를 이미 알고 관례적이고 형식적인 선출 절차를 밟았기 때문에 법 개정 전에도 교육장은 수장에 의하여 좌우되었다. 이번 법 개정은 그러한 관례를 현실화 한 것에 불과하다.

따라서 일본에서 수장의 임명권이 교육위원회 자체에서 수장으로 새롭게 옮겨온 것으로 평가하면서 이를 근거로 한국의 교육감 임명제 도입 필요성 및 세계적 추세등과 연계하여 논의하는 것은 견강부회(牽强附會)식 해석이 아닐 수 없다. 외형적인 형태만을 보고 시사점을 도출할 것이 아니라 실질적으로 지방교육행정을 움직이는 역학관계나 관례 등 다양한 영향 요인에 대한 검토를 기초로 논의되어야 한다.

지금 일본의 지방교육행정의 개혁은 현실 대응능력이 떨어진 교육위원회에 대하여 이를 구원할 구원투수로서 교육장을 선정하고 권한을 강화하는 쪽에 무게를 둔 개혁이다. 지방공공단체의 수장들의 교육위원회에 대한 관여 역시 임명권의 행사에 집중된 것이라기보다는 '역할분담'과 '상호협력'의 원칙하에 일정한 책임과 재정부담을 공유하겠다는 것이다.

수장(首長)들의 입장에서 보면, 지역 교육에 대한 「종합적인 시책의 대강」을 수립해야 함은 물론, 수장은 「종합교육회의」를 통해서 교육위원회와 대강의 수립과 교육진흥 도모를 위한 중점시책, 그리고 아동·생도의 피해에 대비한 긴급한 조치 등에 대하여 협의·조정하지 않으면 안되는 의무(추가 미션)를 부과받은 측면이 더 크다고 할 수 있다.

이러한 수장의 교육위원회에 대한 관여가 교육위원회의 사무관리권이나 집행권한을 부여한 것으로 해석되지 않도록 확정적인 규정(제1조의3 제4호)[11]을 둔

---

11 제1항(지방공공단체장에게 지방교육·학술·문화진흥 종합시책의 대강 제정권 부여)의 규정은 지방

점은 한국에 시사하는 바가 적지 않다고 본다.

자. 일본의 법에서 언급되지 않는 '교육자치' 입법정신에 대한 해석법

앞의 제7장 "교육행정·재정법규론"의 Q&A를 통하여 일본에서 '지방교육자치'라든가 '교육자치'라는 표현은 교육법이나 공식문건에서는 찾아보기 어렵다는 것을 밝혔다. 즉, 문부과학성 홈페이지, 위키피디아 일본백과사전, 야후재팬 등을 통하여 이를 검색하면 거의 한국의 지방교육자치제도에 대한 설명이 등장할 뿐 일본 관련 법 조문이나 문건은 없다. 다시 말해 '지방교육자치'라는 표현은 일본이 아닌 한국의 지방교육행정에 있어서 지방자치라는 뜻으로 1991년 본격적인 지방자치의 출범과 더불어 한국에서 만들어진 용어이다.

굳이 연계시킨다면 일본의 '교육위원회' 및 '교육위원회제도'가 한국의 지방교육자치제에 갈음하는 제도라고 할 수 있다. 제도를 도입하게 된 배경이 양국이 같다는 점도 눈길을 끄는 부분이다. 즉, 같은 미군정하에 있던(맥아더 미군정사령부) 일본과 한국이 제국주의식 교육행정을 청산하고 미국의 민주주의식 교육위원회제도를 도입한 것이 그 계기라는 것이다.

그 결과 전후 역사 교육위원회를 처음으로 정착시킨 법적 근거가 된 일본 법률의 명칭 역시 '교육위원회법(1947.7.15.)'이었고, 공선제(주민직선제 선출방식) 교육위원회 제도를 폐지하고 이를 대신한 법률이 바로 '지방교육행정의 조직 및 운영에 관한 법률(1956.6.30.)'이라는 점은 시사하는 바가 적지 않다. 다시 말해 일본에 있어서 지방교육자치는 법률로 부를 때에는 「지방교육행정법」으로 통칭되고, 제도로서 호칭할 때에는 「교육위원회제도」로 일컬어지고 있다고 보는 것이 적절하다.

사실, 구 교육위원회법에서는 '교육에 대한 부당한 지배금지와 민의에 의한 지방 교육행정'이라는 취지가 좀 더 부각되기도 했으나, 뒤이은 지방교육행정법

공공단체의 장에게 제21조(교육위원회의 직무권한)에 규정하는 사무를 관리하거나 집행하는 권한을 부여하는 것으로 해석해서는 안 된다.

에서는 교육위원회 및 지방교육행정 조직 및 운영을 정한 법으로 기능적으로 진술하고 있음에서도 교육자치의 정신은 다소 후퇴하고 있는 것으로 판단된다.

구 일본 교육위원회법 제1조(이 법률의 목적)
이 법은 교육이 부당한 지배를 받지 않고 국민 전체에 대해 직접 책임을 지고 이뤄져야 한다는 자각 하에 공정한 민의에 의해 지방의 실정에 맞는 교육행정을 행하기 위해 교육위원회를 설치하고 교육본래의 목적을 달성하는 것을 목적으로 한다.
현행 일본 지방교육행정법 제1조(이 법률의 취지)
이 법률은 교육위원회의 설치, 학교 기타 교육기관의 직원의 신분취급, 기타 지방공공단체의 교육행정 조직 및 운영 기본을 정하는 것을 목적으로 한다.

오히려 일본에서의 교육위원회제도는 '교육자치(教育自治)' 입법정신보다는 '지방자치(地方自治)'라는 헌법정신에 내포된 제도로서 근거하고 있다. 이는 일본의 교육위원회제도가 지방자치법에 그 법적 근거를 두고 있음에서 쉽게 알 수 있다. 지방자치의 일환으로서 교육위원회제도를 설정하고 있는 것이다. 우선 지방자치법 제180조의5는 지방공공단체의 집행기관으로서 법률이 정한 바에 의해 보통지방공공단체에 두어야하는 위원회 및 위원으로서 교육위원회를 맨 먼저 진술하고, 이어 선거관리위원회, 인사위원회(공평위원회), 감사위원을 열거하고 있다.[12] 즉, 교육위원회는 모든 지방공공단체에 가장 먼저 두어야하는 필수적 집행기관인 것이다.

뒤이은 교육위원회의 임무조항인 지방자치법 제180조의8은[13] 역시 "교육위원회는 별도로 법률이 정한 바에 의해 학교 기타 교육기관을 관리하고, 학교 조직편제, 교육과정, 교과서 기타 교재의 취급 및 교육직원의 신분취급에 관한 사무를 실시하고, 사회교육 기타 교육, 학술 및 문화에 관한 사무를 관리하며 이를

> 지방공공단체에 가장 먼저 두어야하는 필수적 집행기관

---

12 이외 도도부현에는 공안위원회, 노동위원회, 수용위원회, 해구어업조정위원회, 내수면어장관리위원회 두어야 하고, 시정촌에는 농업위원회, 고정자산평가심사위원회를 두어야 한다.
13 일본 지방자치법 제180조의8(교육위원회) 교육위원회는 따로 법이 정하는 바에 따라 학교, 기타 교육기관을 관리하고 학교의 조직편제, 교육과정, 교과서, 기타 교재의 취급 및 교육직원의 신분취급에 관한 사무를 실시하고 사회교육, 기타 교육, 학술 및 문화에 관한 사무를 관리하고 이를 집행한다.

집행한다."고 하여 교육 학술 문화 사무관리 및 집행기구 성격을 명확히 하고 있다. 교육자치라는 표현은 쓰고 있지 않은 것이다.

교육행정을
전담하는 집행기관

이렇듯 일본에서는 지방자치의 틀 속에서 교육행정을 전담하는 집행기관으로서 출범한 교육위원회였다는 점에서 교육행정 분야에 있어서 지방자치로 녹아 있었을지언정, 결코 '교육자치'라는 교육법 이념 내지 헌법정신에 따라 설정된 제도라고는 보기 어려울 것이다. 자치입법 및 자치행정을 위한 별도의 기구 설정(한국의 경우 미흡하나마 위임·의결형 교육위원회제와 교육감제)이 온전하게 설계되지 않은 것도 집행기구에 머문 교육위원회라 할 수 있다.

물론, 일본교육법학계에서 조차 교육자치의 관점이 전혀 논의되지 않은 것은 아니다. 제7장에서 검토하였듯이 일본교육법학회를 중심으로 '교육의 지방자치'라거나 '학교의 자치', '학교자치'라는 용어에 대한 논의가 적지 않게 있어 왔다.[14] 그럼에도 지방교육자치제도란 용어는 사용된 바 없다.

그러나 일본의 교육행정에 관한 입법에서 교육자치의 정신을 탐색할 수 있는 조항이 전혀 없는 것은 아니다. 구 교육기본법 정신을 계승한 신 교육기본법 제16조는 향후 일본의 교육행정이 '교육자치' 내지 '교육자주성'에 입각한 제도로서 지방자치와의 관계를 분리·독립에서 역할분담과 상호협력으로 발전적으로 승화되는 것이 바람직하다는 선언을 하고 있다.

교육기본법 제16조(교육 행정)
교육은 부당한 지배에 따르지 않고, 이 법률 및 기타 법률이 정한 바에 따라 행해져야 하며, 교육행정은 국가와 지방공공단체와의 적절한 역할분담 및 상호협력 하에 공정하고 적정하게 행해지지 않으면 안된다.
2. 국가는 전국적인 교육의 기회균등과 교육수준의 유지향상을 도모하기 위해 교육에 관한 시책을 종합적으로 책정하고 실시하지 않으면 안된다.
3. 지방공공단체는 그 지역에서의 교육의 진흥을 도모하기 위해 그 실정에 맞는 교육

---

14 일본교육법학회(1980년대초) 강좌 교육법시리즈 『敎育の地方自治』(6권) 『學校の自治』(5권), 교육법학회연보(제29호) 『敎育立法と學校自治·參加』(2000) 간행, 일본법학회 30주년기념 강좌현대교육법(3권) 『自治·分權と敎育法』(2001) 간행.

에 관한 시책을 책정하고 실시하지 않으면 안된다.
4. 국가 및 지방공공단체는 교육이 원활하고 지속적으로 실시되도록 필요한 재정상의 조치를 강구하지 않으면 안된다.

그러나 일본의 교육행정에 관한 입법에서 교육자치의 정신을 탐색할 수 있는 조항은 거의 발견되지 않는다. 이러한 관점에서 본다면, 한국의 헌법과 관련 법률은 일본에 하나의 모범사례로서 시사해주는 바가 적지 않다.

한국은 지방교육자치제도를 헌법 제31조 제4항의 교육의 자주성, 전문성, 중립성의 보장 정신과, 헌법 제117조 및 제118조의 지방자치의 보장 정신에 동시에 근거하여 채택된 제도라고 할 수 있다(교육법학계의 통설적 견해). 나아가 1997년에 제정된 법이기는 하지만, 교육기본법 제5조(교육의 자주성) 제1항을 통하여 다시 "국가와 지방자치단체는 교육의 자주성과 전문성을 보장하여야 하며, 지역 실정에 맞는 교육을 실시하기 위한 시책을 수립·실시하여야 한다"는 지방교육자치제의 법적 근거를 명확히 하기도 했다.

결국 「지방교육자치에 관한 법률」을 제정하였다는 점에서 일본의 교육행정 입법에 비하여 보다 진보된 법체계를 갖추었다고 자부할 수 있고, 일본에 시사를 줄 수 있는 한국의 선진 사례라고 할 수 있다.

동시에 같은 논리로 교육자치 논의에서 빼 놓을 수 없는 학교자치 및 학교 자율성 역시 한국의 경우가 보다 입법 체계적으로 앞서 있다고 할 수 있다. 물론, 법규정과 법현실의 괴리에 관한 진단 및 문제는 별개의 문제라고 할 수 있겠지만, 법체계적 정당성 측면에서 볼 때 그렇게 평가할 수 있다.

결론적으로, 일본의 경우를 두고서, 교육자치라는 용어를 쓰고 있지 않으니, 교육의 자주성과 전문성, 중립성을 보장하기 위한 제도가 아닌, 단순한 지방자치의 일환으로서 교육행정제도일 뿐이라고 보는 것은 단견이라 할 수 있다. 또한 그것이 한국의 교육자치를 지방자치로 통합시키려는 선진 사례로 소개되는 것은 비약이다.

반면, 한국이 헌법상 입법적 근거와 구체적 제도 보장 조항을 가지고 있다고 해서 교육자치 및 지방교육자치가 완성되었다고 보는 것 또한 무리이다. 결과론적으로 어느 체제가 보다 국민과 지역주민의 교육기본권 실현에 유리하며 지역의 교육실정에 부합하여 국민이 체감하는 교육에 있어서 자치를 실현하고 있는가에 달려 있다 할 것이다. 교육 구성원들이 느끼는 체감자치(體感自治)야 말로 지방교육행정 개혁의 단초이자 지방교육자치의 완성 수준을 판단하는 기준점이 될 것이다.

Chapter 15

교육법과 교육법학의 과제

제15장은 일본의 교육법과 교육법학의 과제에 대하여 살펴본다. 일본의 교육법학의 과제는 성과와 한계, 그리고 과제 측면에서 다룬다. 특히 성과는 교육기본법 제정을 분기점으로 커다란 변화가 있었다는 점에서 1947년 교육기본법의 제정을 가장 큰 성과로 설정하고 기술한다. 교육칙령주의에서 교육 법률주의로 전환하는 획기적인 전환을 마련하였고, 일본 교육개혁의 제2기를 열었다.

다음으로 교육법의 한계는 2006년에 단행된 교육기본법 개정에 따른 문제점을 지적할 수 있다. 일본의 전통을 중시하고 공(公)의 개념을 강조한 변화를 시도했으나 국가주의 및 교육행정 중심의 교육법 체제 개편으로의 길을 걷게 되었다.

제1절 일본의 교육법의 과제는 교육자치의 관점에서 논의가 부족한 지방교육 행정관련 법률의 문제를 다룬다.

제2절에서는 교육법학의 연구과제를 연구 성과 면에서는 일본교육법학의 아이덴티티(identity; 正體性) 형성 측면을 일본교육법학회의 활동과 관련하여 살펴본다.

다음으로 연구의 한계 측면에서는 다소 침체 일로에 있는 일본교육법학의 매너리즘(mannerism; 停滯性)에 대하여 언급한다. 그리고 일본 교육법학 연구의 과제로 일본교육법학의 세방화(Glocalization; 世方化)를 다룬다. 일본만의 교육법 논의의 특성을 바탕으로 세계 교육법 연구자 및 학회들과 학술교류의 폭을 넓힐 필요성을 지적한다.

제3절에서는 일본의 교육법과 교육법학이 한국에 주는 시사점을 오늘날의 교육상황에 접하여 양국의 교육법학계가 짊어진 사명에 대하여 재조명하는 것으로 일본교육법학에 대한 대장정의 논의를 마무리한다.

1 일본의 교육법의 과제

가. 일본 교육법의 성과: 준헌법적 교육기본법의 제정과 1회 개정

1947년 교육법의 지도법으로서 교육기본법이 성립한 것은, 헌법 제26조에 천명된 단 두 개의 원칙(능력에 따른 균등한 교육을 받을 권리, 무상 의무 보통교육)으로는 교육법의 제정 및 제도 보장을 이끄는 지도원리로는 충분하지 않다는 데 기초하고 있다. 일제 식민주의를 청산하고 미국식 민주주의를 이식하는 데 있어서 과거의 교육법을 새 이념에 부합토록하기 위해서는 보다 구체적인 가이드라인이 필요했던 것이다.

이러한 시대적 요청은 다른 법률과는 달리 전문을 통하여 그 제정 취지를 선언한 것에서도 드러나는 바, 전후 일본 사회가 나아가고자 하는 지향점(민주적 문화국가, 세계평화와 인류복지, 개인존엄과 진리평화, 문화창조 등)과 이를 교육을 통하여 달성한다고 하는 시대적 사명을 담고 있는 법이라 할 수 있다.

이 법의 주요 내용이 취지문인 전문을 비롯하여, 교육의 목적, 교육의 방침, 교육의 기회균등, 의무교육, 남녀공학, 학교교육, 사회교육, 정치교육, 교육행정, 보칙 등을 포함하고 있다는 점에서 교육과 교육제도 운영의 기본 원칙을 정한 기본법임을 알 수 있다.

일본 교육법학계에서는 이러한 교육법의 위상에 대하여 준헌법적(準憲法的) 성격을 명명하기도 하며,[1] 일본 최고재판소 역시 법 형식상으로는 법률 이상을 인정하기 어렵다하더라도 교육법의 해석과 적용에 있어서는 기준이 될 수 있다고 인정하기도 했다.[2]

특히 법의 집행 행위인 교육행정에 대하여 기본 원칙을 교육의 자주성을 수

> 준헌법적(準憲法的) 성격

---

[1] 일본교육법학계의 원로 아리쿠라(有倉遼吉)는 "교육기본법은 전체로서 헌법의 구체화 규범, 즉 헌법의 부속법의 성격을 가지며, 내용적으로 준헌법적 성격을 갖는다"고 하여 준헌법설을 이끌었다.

[2] 일반적으로 교육관계 법령의 해석 및 적용에 있어서는 법률 자체에 별도의 규정이 없는 한, 가능한 한 교육기본법의 규정 및 이 법의 취지, 목적에 따르려는 고려가 행해지지 않으면 안된다(학력테스트 아사히가와 사건(学テ旭川事件, 최고재판소 대법정 1976.5.21. 판결)).

호하는 교육행정으로서 자리매김하여 과거 관료주의적이며 제국주의적 행정으로 부터 결별을 선언했다는 점은 역사적으로 큰 의의를 갖는다.

> **구 교육기본법 제10조(교육행정)**
> 교육은 부당한 지배에 따르지 않고 국민 전체에 대한 직접 책임을 지고 행해져야 한다.
> 2. 교육행정은 이 자각아래, 교육의 목적을 수행하는데 필요한 제 조건의 정비 확립 을 목표로 행해지지 않으면 안된다.

1947년의 교육기본법은 2006년 처음으로 개정되기까지 60여년 동안 지속되 었는데, 거기에는 일본의 자유민주주의적인 교육이념을 수호하고 국가 이데올로 기적 개정에 반대하는 양심적인 일본 학자와 그 단체들의 노력이 있었음을 기억 해야 한다. 당시 일본교육법학회 회장이던 호리오 교수를 비롯한 교육법학자의 법이론적 비판과 이론적 뒷받침이 있었다.

제6장에서 살펴본 바와 같이 50년 전후하여서는 문부대신이 애국심을 강조 하여 교육기본법 개정 논의에 불을 붙였고, 1955년 체제하에서는 자유민주당 등 정치권에서 국민도의론이, 1960년대와 1970년대를 거치면서는 보수 정치인들의 민족공동체론의 공격을 받기도 했다. 교육기본법 개정 논의는 교육개혁기구인 임 시교육심의회가 수상자문기구로 1984년 설치되면서 좀 더 구체화되기도 했다. 그러나 이것이 성사되지 못한 데에는 보수 우익이 의도하는 재무장을 위한 평화 헌법을 파괴하는 지렛대로서 교육기본법 개정을 기도한다는 시각이 공명을 일으 키기도 했기 때문이다. 정치권이 주도하는 순수하지 못한 개정 의도에 대한 교육 계의 곱지 않은 시선도 있었지만 교육기본법 개정에 나름대로의 의의가 전혀 없 었던 것은 아니다.

2006년의 교육기본법 개정에 대한 가장 긍정적인 평가는 1947년 법 제정 당시로부터 2세대가 경과한 60년 이후의 시대 변화를 담아내어 상황에 적응하는 성과가 있었다. 즉, 교육기본법 개정론자(특히 미래지향정 개정론)들이 강조하는 '시 대변화에 적응하고 국제 경쟁사회에 대응하는 명분과 교육당사자의 요구에 반응한 시대적 선택'이라는 점에서 어느 정도 긍정적으로 평가할 수 있다.

구 교육기본법에서는 규정되지 않은 다수의 규정들은 그 예라 할 수 있고, 교육의 이념으로서 '생애학습의 이념'이 추가되어 교육을 보는 관점의 변화가 법과 정책 제도에 스며들도록 한 점은 가장 눈에 띄는 부분이다. 교육의 진흥 부분에서의 성과는 가정교육과 유아교육, 장애자 교육에 대한 지원이 강조되었다는 점, 가정·학교·지역 간의 연계 협력이 강조되었다는 점 등이 이전과는 다른 프레임에서 교육의 영역과 주체를 확산하여 인식하고 있음을 엿볼 수 있다.

학교와 학교 외 교육(사회교육)에서 가정과 학교와 지역을 하나로 묶고, 개인의 삶 전체에 걸친 생애교육 관점을 수용하여 교육과 교육행정의 제반 법제화에 변화를 가져온 것이다. 교육법이 담고 있었던 '제도중심의 교육' 이해 방식에서 '폭과 깊이에 있어서 보다 넓고 깊어진 다양한 형태의 교육 다양한 시기의 교육' 이해로 확산되었다고 평가할 수 있다.

무엇보다 교육행정 영역에 있어서는, 교육과 교육행정을 의도적으로 구분 진술하여 교육행정에 대한 부당한 지배 금지(분리·독립의 근거)가 약화된 측면이 없지 않으나, 교육행정이 국가와 지방공공단체와의 적절한 역할분담과 상호협력 하에 공정하고 적정하게 이루어 져야 한다는 새로운 원칙(제16조 1항)은 교육계에 제시된 새로운 원리라고 할 수 있다.

다분히 일반 행정계 쪽에서 진행되고 있는 효율적 통합행정 시대 흐름을 반영한 결과였고, 일반 행정의 관여를 강화시키는 방향이 되었다. 동시에 지방공공단체의 책임있는 지원이 담보될 수 있는 가능성과 함께, 지나친 간섭의 통로도 열리게 되었다. 뒤이은 제16조 2항 및 3항에서의 국가와 지방공공단체의 역할 분담은 이를 뒷받침하고 있고, 재정상의 조치 강구 의무를 두 집단에게 부여한 4항은 권한부여 있는 곳에 재정지원 의무를 지우는 책임 행정의 일단을 보여주기도 한다. 지원 있는 곳에 통제가 따른다는 '유지원－유통제'의 일단도 보여주고 있는 것이다.

교육기본법의 개정에 60년이 소요되었다는 점에서 기본법으로서 법적 안정성 면에서는 평가할 만한 부분이다. 특히, 한국의 교육기본법이 1997년에 제정되어 2019년 현재 17차례 개정되고 있는 상황과 비교할 때 더욱 그렇다.

또한 2006년의 교육기본법 개정은 일본의 교육개혁기 구분에 한 획을 긋기도 했다. 즉, 메이지 유신(근대교육 개혁 1주기), 교육기본법 제정(2주기 교육개혁)에 이은 제3주기 교육개혁기의 시작으로서 의미를 부여하기도 한다.

'개인의 인격완성'이라는 사적 영역(私的領域) 목적에 '국가 사회의 공익의 증진이라는 공적 영역(公的領域) 목적을 다소 강조한 교육기본법으로 평가되고 있으며, 이와 관련한 후속 법들의 개정도 이어지고 있다. 학교교육법 및 학습지도 요령, 그리고 책임행정을 강조한 지방교육행정법의 개정은 교육기본법 개정에 따른 개혁 입법이라 할 수 있다.

끝으로, 교육기본법의 개정의 최대 성과는 역시 국가와 지방공공단체로 하여금 교육진흥에 대한 기본적인 계획을 수립하고 동시에 입법기관에 보고토록 하며 필요한 재원을 확보하도록 하는 이른바 '교육개혁 및 교육정책의 법제화 로드맵'을 선언하고 있다는 점이다. 물론, 국가수준의 '교육진흥기본계획'의 의회보고 의무에 한정되어 있고, 예산 담보가 여전히 입법기관의 의지에 달려있기는 하지만, 주기적인 교육개혁과 정책 플랜을 통치기관별 수장이 총괄하여 수립하고 이를 정책과 행정의 가이드라인으로서 삼도록 한 것은 적지 않은 의미를 내포한다.

나. 일본 교육기본법 개정을 통해서 본 한계

교육기본법이 가져올 수 있는 한계는 장점이 지나칠 경우 초래될 위험에서부터 찾을 수 있다. 즉, 국가교육진흥기본계획은 국가수준의 교육개혁 정책에 대한 법적기반을 공고히 한 장점을 지녔지만, 의회에 보고하고 정치권의 논의를 거치는 동안 철저히 정치적 아젠다로 변모하거나 좌우될 가능성이 높다는 것이다.

이미 국가교육진흥기본계획은 2008년의 제1기 플랜, 2013년의 제2기 플랜에 이어 제3기 교육진흥기본계획이 2018에 시작되었다. 이와 같이 교육계획을 국가 아젠다로서 만들 경우 행정력이 동원되어 강력하고 실효성 있는 교육 개혁이 가능해지기도 하는 장점이 있을 수 있다. 그러나 교육 외부인 정치권의 개입이나 간섭을 통하여 전국 획일의 개혁이 강요될 가능성이 높다는 것이다. 또한,

지방공공단체의 장 역시 정치적 기반을 가진 정치가라는 점에서 교육정책의 정
치적 중립성 혹은 일관성을 유지하는 일은 향후 과제가 될 전망이다.

일본 교육기본법의 개정에 대한 우려는 전 일본교육학회장을 지낸 오타 다
까시(大田 堯: 동경대 명예교수)가 일본의 교육기본법이 국회(참의원) 통과 직전 한
국의 언론에 기고한 글을 통해서 잘 살펴볼 수 있다. 그는 국내 신문에 기고한
"걱정스러운 일본의 교육법 개정(2006.12.5.)"이란 글에서 교육기본법 제정이 가졌
던 의미와 금번 개정으로 발생할 위험에 대한 경고를 전하고 있다. 그 전문을 인
용하면 다음과 같다.

"1945년 패전 뒤 60여 년이 지난 오늘날, 일본에서는 보수·우익세력이 오랜 세월 추진
해 온 헌법 개정에 대한 논의가 한창 진행 중이다. 이와 함께 전후 일본 교육을 이끌어
온 교육기본법도 4월 개정안이 국회에 제출됐으며, 지난 달(2006년 11월 – 저자주) 15
일 중의원에서 가결돼 현재 참의원에서 심의하고 있다.
패전으로 군주제만 남았을 뿐 군대는 해체됐고, 군국주의의 정신적 기반이던 메이지
(明治) 일왕의 '교육칙어(敎育勅語)'도 사라졌다. 군국주의를 지탱해온 강력한 두 개의
'호송선단(護送船團)', 즉 군대와 교육이 배제된 것이다. 곧이어 전쟁 포기를 서약하는
평화헌법과 그 정신을 실현하고 '개인의 존엄'이라는 민주의식을 전면 반영한 교육시책
원칙인 교육기본법이 공포됐다.
그 뒤 일본의 보수정권은 인류 평화에 대한 염원은 외면한 채 기사회생의 기회만을 노
리고 있었다. 드디어 찾아온 기회가 50년 한국전쟁이다. '전력 없는 군대(지금의 자위
대)'가 하루아침에 되살아났다. 동시에 "실정에 맞지 않는다"는 이유로 교육기본법 개정
이 추진됐다.
전후 결성된 일본의 노동조합과 진보언론·시민단체들은 정부의 교육개정안에 강하게
반발하고 있다. 한국과 중국 등 주변국들이 우려하고 있음은 물론이다. 개정안대로 가
결될 경우 학교현장에서 '국가주의 교육'이 심화할 수밖에 없다. 교육기본법 개정안은
교육위원 공선제 폐지, 교사의 근무평가, 전국 동시 학력조사 외에 문제가 되는 '애국
심 조항' 등이 포함돼 법적 시비가 끊이지 않는다. 일본 정부가 추진 중인 교육기본법
개정은 전후 보수정권이 추진해온 헌법 개정을 위한 돌파구의 성격을 갖는다. 교육기
본법 개정은 평화헌법의 혼을 빼내는 작업이다. 그러나 정부는 "교육법은 지금 현실에
맞지 않는다"는 이유를 들어 개정에 박차를 가하고 있다. 문제는 국회의원 과반수가 이

를 지지한다는 점이다.

개정안의 내용을 보면 두 가지 점에서 현행 교육기본법의 발상을 뿌리째 흔들고 있다. 첫째, 개정안은 '국가와 향토를 사랑하는 태도'와 '공공의 정신', '도덕심 배양'과 같은 국민교육 조항들을 추가하고 있다. 이는 단순히 이념을 뛰어넘어 법의 변질로 이어진다. 이 조항에 맞춰 관련 법규나 학습지도 요령이 개정될 경우 학교 교육에서 민주의식 함양과 인권, 개인의 존엄에 대한 가치는 뒷전으로 밀려나고 국가주의 및 배타주의를 심는 쪽으로 경도될 수 있다. 이는 교육기본법의 성격을 왜곡시킬 수 있으며, 여기에 추가되는 새로운 이념들은 위헌 논란에 휘말릴 가능성이 크다.

둘째는 현행 교육기본법의 핵심인 제10조를 전면 개정하게 된다는 점이다. 이 조항은 '교육을 받을 국민의 권리＝모든 사람의 학습권'이란 점을 보장하기 위해 교육 행정은 '필요한 조건들을 정비·확립한다'고 명시하고 있다. 그러나 개정안은 "교육은 부당한 지배에 복종하지 않고, 국민 전체에게 직접 책임을 지고 시행돼야 한다"는 현행 조문을 삭제하며, 따라서 교육기관은 국가가 정하는 법률에 따라 교육하게 된다. 학생과 교사의 자율권이 줄어들고 상의하달, 즉 법에 의한 획일적인 통제를 받게 된다는 뜻이다. 여기에 이번 개정안은 85년 유네스코가 기본적 인권으로 규정한 '학습권'도 보장하지 않고 있다. 한 가지 위안이라면 여러 논란 속에 일본 국민은 학습권을 기축으로 하는 교육방식을 자각하게 됐고, 이런 의식이 서서히 일본 사회 전역으로 확산되고 있다는 것이다. 이처럼 기본적 인권과 개인의 존엄을 존중하는 가치는 인근 국가들과의 끈끈한 유대관계로 발전할 수 있다. 이는 곧 일본이 과거 아시아 이웃들에게 자행한 과오에 대한 반성이자 보상이라고 생각한다."[3]

오타교수의 우려는 일본에서 국가주의가 창궐됨으로서 헌법이 보장한 개인 존중 및 평화 존중의 흐림이 후퇴하고, 교육행정에 대한 부당한 지배가 재출현할 수 있다는 데 있다.

과거 교육기본법 개정 반대론의 취지는, 교육의 근본 원칙을 정하는 교육기본법은 그 근본원칙의 변화가 일어나고 법적으로 수용하여야 할 중요한 상황이 발생하였을 경우인데 지금은 아니라는 논거였다. 반면 개정하자는 측은 지금이 그러한 긴박한 위기의 상황이라는 관점이었다. 전자인 교육기본법 개정론자들이 교육기본법을 향후 국가나 중앙정부가 주도하는 교육 개혁의 지렛대로 생각한다

---

3 중앙일보 [시론] 걱정스러운 일본의 교육법 개정 2006.12.5.

고 한다면, 후자 유지론자들은 평화헌법의 기조에 따라 과거의 '교육칙령'을 폐지하고 법령주의에 입각한 교육기본법이야 말로 일본의 교육현실을 비추어 교육개혁을 판단할 수 있는 기준점으로 여전히 기능할 수 있다는 취지이다.

교육통제 강화론

결국 교육기본법은 개정되었으므로 교육통제 강화론으로 귀착된 것이다. 오타 교수의 지적처럼 교육본연의 '개인의 인격 완성'이라는 사적(私的) 사명이 '국가 발전 및 경쟁력 강화'라는 공적(公的) 미션을 뛰어 넘을 경우 예상되는 전체주의 폐혜가 우려된다 하겠다.

국가와 지방자치단체 수준에서의 교육개혁인 '교육진흥기본계획'의 5년단위 수립은 책임 정치의 긍정적 슬로건에도 불구하고 정치주도의 교육개혁 내지 교육의 정쟁화, 정치수단화 우려를 낳고 있다. 특히, '부당한 지배금지와 조건정비적 행정'이라는 교육행정의 운영 원칙을 선명하게 제시했던 구 교육기본법과는 달리, 개혁과 정책의 전면에 교육행정에 권력의 통로를 열어주고 의무화 시키고 있는 신 교육기본법의 한계는 이후 전개될 교육개혁 입법에서 이런 저런 갈등을 예고하고 있다.

다. 일본 교육법의 과제: 교육자치 입법의 방향[4]

일본 정부는 교육기본법을 개정함 한 직후에 중앙교육심의회에 교육기본법 개정이후의 입법 과제등에 대해서 자문을 구하게 되었다. 자문을 받은 중앙교육심의회는 2007년 3월 10일 문부대신의 「교육기본법의 개정 이후 긴급히 필요한 교육제도 개정에 대해」 답신을 발표하게 되었다. 이는 정부가 추진하는 교육기본법 개정 이후의 교육정책의 주요 내용을 가늠할 수 있는 문건이라는 점에서 법 개정에 따른 영향으로 해석할 수 있다.

답신서는 약 60년 만의 교육기본법 개정에서 밝히고 있는 교육이념과 새로운 시대에 걸 맞는 교육의 변화를 위한 제도 개선의 필요성을 역설하였다. 특히

---

4 이에 대해서는 고전(2014:238-242)의 "교육기본법 개정 이후의 교육제도 개정: 중앙교육심의회 (2007.3.10. 답신)"에 자세히 소개되어 있다.

2006년 가을에 사회문제화된 이지메와 교과 미이수 문제에 대한 교육위원회와 학교의 느긋한 대응으로 공교육에 대한 신뢰회복이 중심 화두가 되기도 했다.

그리고 우수한 교원의 확보 문제와 관련해서도 교원면허갱신제 도입과 부교장, 주간교사, 지도교사 도입을 통한 학교의 조직 운영 체제 강화도 제언했다. 동시에 교원이 자부심을 갖고 교육을 통해 사회와 학생으로부터 존경받는 존재이기 위해서는 근무 조건의 방식 등에 대해서도 아울러 검토할 필요가 있다고 제언했다.

또한 지방분권의 이념을 존중하면서 정부와 지방공공단체가 적절한 역할분담과 상호협력 아래, 지방에서의 교육행정의 중심적인 담당자인 교육위원회의 체제를 개선하고 국가의 책임을 명료히 할 필요성을 강조했다.

<aside>역할분담과 상호협력</aside>

이에 따라 교원자질 향상을 위한 교원면허법이 개정되고, 학습지도요령이 개정되었으며, 교육위원회에 대한 책임을 강화하는 법개정이 이미 완료되었다.

가장 눈에 띄는 변화는 국가수준의 교육개혁 정책 아젠다인 '교육진흥기본계획'이 5년 단위로 이미 세 차례 발표되어 진행되고 있으며, 각 지방공공단체에서도 수장이 주도하는 송합교육회의를 통히어 지방의 교육진흥기본계획의 대강을 실시해 가고 있다.

결론적으로, 교육기본법 개정을 통해서 일본은 교육개혁을 통해서 일본의 개혁 현실을 통치권력 작용과 더불어 힘있게 추진할 수 있는 입법정책적 기반을 공고히 하였다고 할 수 있다. 반면, 전통적으로 중앙과 지방 교육행정기관에 의하여 교육정책의 향방이 좌우되어오던 일본의 교육정책 시스템의 한 축이 이른바 여당의 정치권으로 넘어갔다는 점에서 일본의 향후 교육은 현실정치에 민감하게 반응을 보일 수 밖에 없을 것이다. 정치적으로 크게 성공을 거둘 수도 있지만, 정치적으로 크게 악용되거나 수단화 될 수도 있다는 것이다.

교육위원회 개혁과 교원자격을 비롯한 각종 교육개혁 의제의 발의나 주도권이 교육계에서 정치권으로 이미 넘어간 상황 하에서 가장 문제스러운 것은 문제의 해소 방안이 아니라 문제의 진단, 그리고 진단의 적합성 자체에 있다는 점이다.

<aside>정당의 정치 슬로건화 된 교육개혁</aside>

교육활동 및 학교교육 현실에 근거하거나 전국적인 조사결과를 바탕으로 의제화된 개혁 과제라기보다는 정치인들과 정당의 정치 슬로건화 된 교육개혁 의

제들이 먼저 수립 확정되고, 행정부가 이를 뒷받침하는 방식의 교육개혁 및 교육입법 개정 로드맵의 출현의 향후 일본 교육법 개정이 풀어가야 할 중요한 과제이기도 하다.

이 점에 교육법에 대한 교육 현장중심의 연구와 교육법학적 접근이 추후에도 절실하게 요구되고 있는 시점이다.

2 일본의 교육법학 연구의 과제

가. 교육법학 연구의 성과: 교육법학의 아이덴티티(identity; 正體性)

1970년에 설립된 일본교육법학회는 이제 반세기가 지나 설립 50주년을 맞고 있다. 일본의 교육법학의 설립과 논의를 살펴보는 것은, 한국의 교육법학계에 주는 긍정적인 교훈과 반면교사(反面敎師)의 측면을 생각해 볼 수 있다. 교육권에 관한 연구는 학회의 주된 관심사이며, 70년대에는 교사의 교육권을, 80년대에는 국민의 학습권을, 90년대에는 어린이의 권리를, 그리고 2000년대에는 교육기본법에 대한 논의를 비롯하여 교육개혁과 관련된 논의를 활발히 전개하였다. 최근에는 지방분권 가운데 국가의 책임 범위를 새롭게 다루기도 한다. 50년 연륜의 학회답게 10년을 주기로 교육법학 연구사를 정리하여 왔고, 1980년대의 7권의 연구총서와 2001년의 3권의 전문서는 교육법학 연구사를 중간 결산하는 것이었다.

제3장에서도 지적한 바와 같이 일본교육법학회 연구 활동을 중심으로 연구 동향을 살펴본 결과 그 특징은 다음 다섯 가지로 요약 할 수 있는데 학회의 정체성을 의미하기도 한다.

(1) 현실 참여적 정체성: 정기총회 이슈 선정과 입법 쟁점에의 참여와 반대

• 학교교육 현장의 쟁점과 법개정 현안에 적극적인 대응(연차대회 주제 경향)
• 1960~70년대 교사들이 제기한 교육재판운동에서 이론적 법적 근거를 제공

- 이론을 위한 이론이 아니라 현실의 시정과 방향 제시를 위한 역할을 중시
- 1980년대 인권 침해적 학교(이지메 위기)에 대해 교육인권 관점 학습권 강조
- 교육기본법 반대운동의 선봉(호리오 일본교육법학회 회장; 2001.5~2005.5)
- 한국에 알려진 일본교육법학회가 좌파 학회라는 평판은 다소 과장된 선입견

(2) 학술 연구역량 지속성: 50주년 정기총회, 10년 단위 연구축적 저서

- 현재 제49회 정기총회(2019): 연 1회 1박 2일, 다음해 연보(학회지) 발행
- 1세대 교육법학자들의 왕성한 학회활동과 학회장의 평균연령은 60대 이상
- 학회 창립기념 학술역량 집결 출판: 『教育法學辭典』(1993) 등 10년 단위

(3) 학설의 역동성: 국가교육권론 → 국민학습권론 → 교육인권론

- 동경대학 교육학부 교수들의 교육권에 대한 이론적 천착으로 학회창립 동인
- 헌법학자들은 국민의 학습권 및 인권을 중심으로 교육권 논의를 확산
- 어린이의 권리조약(국제조약)을 포함한 교육인권론 학설로의 끊임없는 진화

(4) 저술의 활성화: 한 주제에 대한 천착(穿鑿), 관심 영역별 연구 그룹

- 교육법을 연구하는 대부분의 연구자가 저술 출간(가네꼬 마사시 『교육법』)
- 학자들간에 영역별 전문가가 특정 주제에 대한 저술 장기 출간
- 일반인과 교원을 위한 계간지 『教育法』(1971년 창간호~2018.12 제199호)

(5) 교육법 수요에의 대응성: 교원임용 1차 소양시험 및 교장 승진시험등

- 임용 및 연수에 있어서 교육법에 대한 수요에 적극 대응한 수험서들 발간
- 교육법 해설서, 연수참고서, 만화로 보는 해설서, 판례집 등 다양한 저서
- 유용한 교육법 사전 2종: 教育小六法(學陽書房), 解說教育六法(三省堂)

(6) 학술 교류에의 개방성: 학회장의 상호방문 및 개인 자유연구발표 교류

- 한국교육법학회에 나가이 켄이치 학회장 방한(학회창립세미나 1995.2)
- 대한교육법학회에 이지가와 쓰미코 학회장 방한(연차대회 발표 2009.12)
- 일본교육법학회에 고전 학회장 방일(40주년 정기총회 참석 2010.5)
- 일본 정기총회시 국제비교 발표 및 개인 자유연구발표에의 참여
- 안기성 교수의 교육법학 소개, 정태수 박사의 쓰꾸바대학 학위 취득[5]

나. 교육법학 연구의 한계: 교육법학의 매너리즘(mannerism; 停滯性)

그러나 몇 가지 점에서 일본의 교육법학 연구에는 극복하여야 할 한계도 보이며, 이는 한국에 주는 반면교사(反面敎師)이자 동병상련(同病相憐)의 모습이기도 하다.

첫째, 교육법학의 학문적 승계 관점에서 학문 후속 세대의 양성이 활발하지 못한 점은 한국과 일본 양국이 처한 공통된 문제점이다. 한국의 경우 교육법 연구가 일본과 마찬가지로 본업(本業)이 아닌 부업(副業)이나 잔업(殘業) 수준에 머물러 있다.

> 부업(副業)이나
> 잔업(殘業) 수준

그러나 상대적으로 일본의 상황은 좀더 낫다. 제3장에서 지적한 바와 같이 일본의 경우 교원임용 시험 교과에 '교육제도 및 법규'가 포함되어 있고, 법과 대학 및 대학원에서 교육법 강좌가 적지 않게 개설되어 있어서 한국보다는 나은 여건으로 판단된다.

둘째, 관련된 교육법 연구 서적은 많으나 헌법학과 같이 교육법학의 논의를 위한 체계적인 교재가 부족하다. 이는 한국의 경우도 마찬가지이다. 그 근본 이유는 교재 시장이 그다지 넓지 않은 가운데, 교육법에 대한 관심 영역과 연구자의 학문적 배경은 각기 다르다는데 찾을 수 있다.

교육법학이라는 제목을 붙인 저서(아리꾸라 교수 등의 '교육법학' 공저, 나가이 교

---

5 큐슈대학에서 수학한 안기성 교수가 「새교육」(1976.6)에 "교육법학의 가능성: 그 방법론적 서설" 발표, 쓰꾸바대학에서 박사학위 정태수(1985), "한국교육법의 성립과정에 관한 연구" 취득 등 학회창립에 영향.

수의 '교육법학')라도 그 구성은 각기 다르고, 일반적인 법률서와 다른 측면도 있다. 즉, 교육법의 체계 및 교육기본권의 내용에 대한 학설이 명확하게 구분되어 있지 못한 점도 한 원인이다. 강의용 교재 개발이 활발하지 못하여 몇몇 학교관리직 승진 수험서 내지 연수 교재를 제외하고는 대중화 되지 못한 한계를 보인다. 보다 전문적인 영역의 저서들은 일부 연구자들 이외에는 수요가 없어 학문성과를 출판을 통해 대중화하는 데에도 한계로 작용한다.

셋째, 일본교육법학회는 교육학계와 법학계 간의 학문공동체 형성을 위하여 그동안 학회활동을 지속해 왔고, 어느 정도 두 학문 영역간의 교류도 진척되어가고 있다. 그러나 여전히 연구방법론에 대한 논의가 미흡하여, 각자의 학문적 배경에 따라 교육법 현안을 접근하는 한계를 보였다. 이런 경향은 한국의 경우에도 마찬가지이다. 두 학문 영역간의 교류와 융합이 접근 방법에 의하여 이루어질 수 있도록 논의가 좀 더 심화시킬 필요가 있다.[6]

넷째, 일본교육법학회의 총회 주제에서 볼 수 있듯이 그 연구 주제는 교육권 및 교육기본권에 관한 논의와 교육기본법 연구가 대중을 이루고 있다. 이와는 대조적으로 통치구조를 다루면서도 교육행정 권한의 논의에서 필수적인 교육거버넌스나 교육분권에 관한 논의가 최근에야 조금씩 이루어지고 있다. 교육위원회 제도에 대한 논의 역시 정부의 개혁안에 대하여 다소 수동적으로 비판하거나 보다 근본적인 문제에 대한 질문은 던지고 있지 못한 듯 싶다.

즉, 한국에서와 같이 교육장의 선출방법을 주민 직선으로 전환하는 과감한 시도나 지방의원의 일종으로서 교육의원 제도를 도입해 보는 제안이나 시도는 없다.

교육위원회를 담고 있는 법률의 명칭이 한국의 '지방교육자치법'이 아니라 '지방교육행정법'으로 되어 있는 데에는 어디까지는 지방자치의 일환으로 교육위원회 제도를 보고 있다는 반증이기도 하다. 따라서 지방자치의 교육분야의 행정기관으로서 교육위원회에 대한 바람직한 개선 방향 논의는 지속되면서도, 문부과

---

6 한국의 경우에도 공법학자와 교육행정학자가 주축이 되어 학회활동을 이어가고 있는데, 헌법학자의 참여가 미진한 상황이다. 헌법학자 중심의 한국교육법학회와의 교류 관계도 보다 적극적으로 논의될 필요가 있겠다.

학성과의 보다 본질적인 관계 재설정이나, 나아가 지방공공단체나 그 수장과의 관계 재설정에 대한 논의는 부족하다. 지방자치의 일환으로서 교육행정이라는 대전제를 수용한 오랜 교육행정사 전통이 교육자치 관점에서 교육위원회를 살펴보고 있지 못한 것이다. 매너리즘적인 하나의 터널비젼이라고 할 수 있다.

일본 내에서 교육장 주민직선제가 정부의 지방교육행정 관련 심의회에서 심도있게 논의되지 못한 것은 1949년 교육위원회제도 도입과 더불어 경험했던 공선제의 번문욕례에 대한 경험, 그리고 임명제로 급선회 한 역사적 경험을 지나치게 의미있는 교훈("교육자치는 비효율적인 제도이다")으로 오래 갖고 있는 듯하다. 그 경험 자체가 직접민주주의에 대한 회의적인 매너리즘으로 이어지고 있다고 본다.

나아가 교육행정기구에 있어서 지방분권에 관한 논의가 소극적인 가운데, 교육자치의 꽃이라고 할 수 있는 학교 내에서의 교육자치, 즉 단위 학교에서의 민주적 의사 결정 구조와 과정에 대한 논의 역시 과감하게 이루어지지 못하고 있다. 한국과 비슷한 시기인 1990년대중반부터 학교자율성 논의를 시작했지만, 자문기구로서 학교평의회에 머물렀다. 이후 이어 학교운영협의회로 보다 대중화되기는 했으나 여전히 학교는 학교장이 주도하는 교장중심의 운영체제를 고수하고 있다. 교장중심의 운영체제를 벗어나지는 않는 시각, 이것이 학교자율성 인식에 있어서 일종의 매너리즘으로 작용하고 있다고 본다.

또한 제3장의 시사점에서 지적한 바와 같이 한국의 어떤 측면에서는 학부모의 권리 의식에 맞추어 단계적으로 진행되고 있다고도 볼 수 있으나, 학부모의 학교교육에 대한 낮은 참여를 수용한 소극적 논의 결과이기도 하다.

끝으로, 일본교육법학계와 한국의 교육법학계간의 학술교류 역시 정체기를 벗어나지 못하고 있다. 학술교류는 인적·물적 교류가 지속적으로 이루어지고 연례화 되는 것이 중요한데, 관심있는 학자들간의 개인적 방문에 의존하는 단발적 교류에 머물고 있는 인상이다. 2010년 양 학회 회장단이 동경에서 만나 학술성과 및 학술연구에 대한 보다 적극적인 교류를 약속했으나 큰 진전이 없었고, 2016년 국제학술교류에 관한 의견교환 및 홈페이지 관리상의 정보제공 협의도 오고갔으나 일본 측에서의 노력은 다소 미진한 수준이다.

이러한 몇 번의 교류 자극에도 불구하고 양자 간의 교류가 활성화되어 있지 못한 원인은 학회 실무진의 노력 부족도 한 몫 했겠으나, 보다 근본적인 원인은 상대 국가의 교육법 논의에 대한 편견이 매너리즘처럼 자리하여 큰 관심을 불러 일으키고 있지 못한 것과도 무관하지 않다고 본다. 한참 한류(韓流) 바람이나 일본에 대한 호의적인 바람이 불 때와는 달리 양국간 정치적 상황이 악화되면서 학술교류 역시 소강국면으로 접어든 것이 아닌가 생각된다.

다. 교육법학 연구의 과제: 교육법학의 세방화(Glocalization; 世方化)

세방화(世方化; Glocalization)란 세계화(世界化; Globalization)와 현지화(現地化; Localization)의 합성어 또는 Global localization의 줄임말로 다국적 기업이나 외국계 기업의 현지화를 말하는 신조어이다.[7]

현재 일본 교육법학회가 처한 현실은 나름대로 50여 년 동안 축적하여온 일본교육법학회 나름대로의 정체성(正體性)의 성과와 그를 벗어나지 못하는 또 다른 타성적인 측면에서의 정체성(停滯性)의 위기를 함께 지니고 있다.

1970년의 학회 창립에서 반세기에 거쳐 현재까지 유지해오고 있는 교육법학의 연구대상과 연구방법, 그리고 그 성과물이라 할 수 있는 연구성과나 학파의 형성 측면은 세계와의 교류 측면에서는 다소 미진하고, 국가 수준의 법률과 대표 판례에 대하여는 많은 연구 관심을 보이고 있으나 정작 단위학교나 지역의 교육법제 현안에 대하여는 상대적으로 소홀하다. 즉, 관심의 영역이 세계화와 지방화 두 측면 모두 극복 과제를 안고 있는 것이다.

첫째, 연구대상 및 연구내용 측면에서는 일본교육법학회의 연구 영역에 대한 분석에서 앞서 지적한 바와 같이, 교육권 혹은 교육기본권에 관한 논의가 주를 이루고 있다. 개별 교육법 중에서는 단연 '교육기본법'에 관한 연구가 많은 편

세방화(世方化;
Glocalization)

---

7 글로컬(Glocal)은 범세계화 한 생각을 하고 현지 실정에 맞게 행동을 할 수 있고 하기를 원하는 개인, 단체, 부문, 단위, 기관 그리고 공동체에 적용하며, 지역적, 범세계적 범위를 연결하는 사람의 능력을 표현하기 위해 사용되고 있다. 기업활동의 측면에서는 사고와 전략은 전세계를 대상으로 글로벌하게, 행동과 운영은 현지의 실정에 맞게 해야 한다는 의미를 내포하고 있는 원리이다(네이버 지식백과).

이다. 교육헌법이라 불리울 정도의 중요성 때문이기도 하지만, 2006년 교육기본법 개정은 1947년 제정 이후 논의를 일단락 짓는 과정이었기 때문에 가장 주목받는 연구 주제이기도 했다.

실제로 1년에 단 한 차례 치루어지는 정기총회(한국의 연차 학술대회에 해당)의 주요 의제 가운데에서도 자주 출연한 것이 교육기본법이었다. 물론, 교육개혁과 관련된 입법이나 자녀의 인권(子どもの人権; 한국의 학생인권에 해당하는 주제) 문제 또한 꾸준한 관심의 대상이었다. 물론, 교사의 권리나 교육의 자유는 교육법학의 출발점이기도 했으므로 가장 기본적인 연구대상이라는 점 또한 변함이 없었다. 다만, 학생, 교사에 이어서 교육의 한 축을 담당해온, 학부모 혹은 보호자에 대한 관심은 다소 적었다는 것은 연구 대상 면에 있어서 일본의 교육법학계가 재검토해 보아야 할 부분이다. 이는 학교의 의사결정 구조와 과정에서 학부모의 위상을 어느 정도 설정하느냐의 문제와도 직결된다.

한국이 1995년 단위학교 자율 문제를 거론하여 학교운영위원회를 발족시켜 필수화하고 학부모의 학교운영 참여를 법적으로 보장한 것과는 달리, 일본은 명칭 상으로는 '학교평의원제'를 2000년대 초반부터 도입하였지만, 엄격히 표현하면 학교에 자문의견을 내는 정도에 불과하였다. 여기에는 학교장 중심으로 학교를 운영해온 전통적인 풍토와도 무관하지 않다.

이러한 경향은 교육분권 및 교육행정 민주화를 교육위원회 중심으로만 논의하고 단위학교에서의 학교자치 측면에서는 다루지 못하는 아쉬움으로 이어지고 있다.

게다가 최근의 지방교육행정에 있어서 교육위원회를 둘러싼 논쟁이 지방공공단체의 장과의 관련성 내지 관여 확대 일변으로 흐르고 있는 것은 교육행정의 주도적 역할을 주문해 온 교육기본법 개정의 흐름을 반영한 것이기도 하다.

한국에서 지방교육행정이나 단위학교 행정이 교육자치 및 학교자치의 관점에서 논의를 확장하고 있는 것과는 달리, 일본에서는 교육조리를 훨씬 먼저 발전시키고 논의해 왔음에도 불구하고, 행정은 여전히 중앙집권 내지 중앙위주의 방식으로 논의를 지속하고 있다는 인상이다.

교육의 자주성과 정치적 중립, 그리고 전문성 보장 차원에서 지방교육행정

내지 교육위원회 제도를 재검토하는 노력이 필요할 것으로 보인다. 그런 점에서 보면, 맥아더 미군정이 일본에 심으려고 하였던, 미국식 지방교육자치 방식의 교육행정시스템은 여전히 초동단계에 있는 것으로 판단된다. 한국의 주민직선형 교육감 제도가 일본 교육행정학자들 사이에 높은 관심을 끄는 것도 이러한 교육자치 관점에서의 논의 출발점이 되기 때문이라고 할 수 있다.

둘째, 연구방법 측면에서는 여러 차례 지적되거니와 교육법학으로서의 학문적 정체성을 위하여 보다 진화되고, 더 나아가 창의적인 연구방법의 시도나 접목이 요구된다 하겠다. 교육학과 헌법학 전공자들이 주로 관여하고 있는 교육법학 연구는 대체로 각자의 영역에서 접근하는 학문영역 분절적 연구에 머무르고 있는 것이 현실이고 특징이다.

설사 교육학과 법학의 학문적 연계나 통합적 접근에 수긍하고 강조한다 하더라도, 정작 어떤 방법이 교육법학적 접근방법인지에 대한 논의가 밀도 있게 이루어지지 못했다는 생각이다.

당위론적으로는 두 학문 간의 공통적인 접근 방법을 말하는 다학문적 (Multi-disciplinary; 물리적 병행 접근) 수준에 머물고 있다는 인상이다. 가네꼬 마사시 교수가 이야기하는 교육법사회학적, 혹은 교육법해석학적 접근방법을 시도하는 이른바 간학문적(Inter-disciplinary; 교육학과 법학간의 화학적으로 통합 접근) 접근이 아쉬운 상황이다.

특히, 교육학 쪽에서는 어떤 교육법제에 대한 논의를 할 경우 교육제도사적 내용과, 교육행정적 배경, 교육당사자 교육법 현안에 대한 의견조사 등와 관련하여 연구력을 축적하고 교육법학적 접근시 한 쪽 틀을 제공하여야 할 것이다.

동시에 법학 쪽에서도 법해석학적 논의와 판례에 대한 분석, 그리고 관계 당사자의 법인식에 대한 인식 진단을 통해서 보다 교육조리에 충실한 법해석과 입법정책을 논의할 수 있게 되리라 기대해 본다. 설문조사에 있어서 특히 법인식조사에 관한 노하우는 교육학계의 교육법 인식조사 연구와 교류될 필요가 있을 것이다. 40년전 가네꼬 마사시 교수가 다양한 분야의 교육법학의 탄생 가능성에 대하여 논하고 학제적 접근을 역설했으나 교육법철학 등 미완의 단계라고 할 수 있다.

교육법학적 접근방법

셋째, 연구성과 측면에서는 학회의 연구업적은 물론 개인의 교육법 관련 저작을 통해서, 그리고 학파와 학설의 형성 나아가 대학의 학과의 개설에 의하여 그 과제를 가늠해 볼 수 있다. 일본의 학회는 50주년을 바라보는 중견 학회로서 자리를 이미 잡았다고 할 수 있다. 그러나 1970년대와 1980년대 교육재판운동의 중심 축 역할을 하고, 회원수가 1,000여명에 이르렀던 시기에 비하면 상당한 침체기에 놓여있다는 것이 저자의 참관 후기이다.

우선 예전과 같이 집단적인 관심을 끄는 교육재판 사건이나 재판운동이 있는 것이 아니고 개인적인 교육분쟁이 주를 이루는 시대라는 것도 반영된 듯하다. 또한, 교원노조나 교원단체 등의 활동이 미미해진 것도 한 원인을 제공하고 있으며, 교육분쟁이나 현안과 관련하여 운동을 전개하고 있는 시민단체나 NGO의 활동도 교육법 논쟁이나 입법청원과는 다소 거리가 있다.

대학에서 교육법의 수요가 교원자격 취득 과정으로서 교직과정에 개설된 교육법 강좌가 있다는 것은 그나마 대학에서의 관심을 유지시키고 있는 근원이 되고 있다. 즉, 교원임용고사 중 제1차 필답고사 중 교육법 및 제도 영역에 관련된 문제가 여전히 출제되고 있고, 이에 대응하여 교직강좌에 교육법을 개설하는 경우가 유지되고 있는 것이다. 그러나 교육법을 강의할 수 있는 교원의 수가 그리 많지 않은 관계로 교육법학적 관점에서 교육법을 깊이 있게 다루거나 학문적 후속 세대를 양성하는 연결고리로서 작용하지는 못한다 할 수 있다.

법학전문대학원이나 법학부의 전공 기초교과로서 교육법을 개설하는 경우가 있으나 이 또한 주변의 교과라는 점에서 학문적 후속세대 양성과정과는 다소 거리가 있는 상황이다. 결국 교육법을 전공하려는 연구자는 스스로 교육행정 영역이나 헌법 영역에서 독학을 통하여 연구하거나 지도교수의 지도를 받아 교육법학회에 입문하여 학문적 깊이를 넓혀가는 경우가 대부분이라고 할 수 있다.

일본교육법학회의 회장단을 이끌고 있는 교육법연구자의 인력풀도 매우 제한적인데 비하여 교육법을 새롭게 연구하려는 신진 연구자나 지속적인 연구 동향은 드물다는 점에서 학회의 노령화를 재촉하고 있는 형국이다.

실제로 일본교육법학회 회장단은 60대내지 때로는 70대에서 꾸려지는 것이 일상화 된지 오래이다. 연 1회에 그치는 정기 총회를 통한 학술활동 역시 교육법학의 학문적 사회화 과정을 활발하게 제공하고 있지 못한 형국이다. 결국 일본의 교육법연구는 개인적인 학위논문의 관심으로부터 시작하여 선배 연구자들의 논문과 저작 교류를 통하여 그 맥을 전수하여가고 있다고 할 수 있다.

다만, 이러한 어려운 가운데에서도, 일본교육법학회가 10년을 단위로 하여 연구력을 총 집대성한 저작 출간물을 발간하고 있다는 점은 매우 고무적이며, 한국에 시사하는 바가 적지 않다.

1980년대 전반에 발간된 교육법 강좌 시리즈는 교육법학 전성기의 논의를 집대성한 저작으로 평가받을 수 있고, 20주년을 맞이하여 3년여 간의 준비 끝에 간행된 『교육법학사전』(1993)은 교육법학 연구의 토대로서 적지 않은 역할을 했다. 2000년대 발행된 3권의 핵심 이슈에 관한 저작 역시 학회 창립 30주년에 걸맞는 1세대 교육법학의 성과를 집대성하였다. 최근 2014년에 간행된 『교육법의 현대적 쟁점』은 현재 교육법을 연구하는 논객을 총출동시켜 집대성한 현안 학술서로서 손색이 없다 할 것이다.

교육법전 역시 단순하게 법을 모아놓은 것이 아니라 판례와 학설을 붙인 것으로서 두 출판사(삼성당과 학양서방)에서 꾸준히 발간하고 있는데, 인터넷 검색기능이 강화됨에 따라 그 활용도가 다소 낮아진 측면이 없지 않으나 여전히 대학 강의시 부교재로서 역할을 충분히 다하고 있다. 한국의 경우 번변한 교육법전이나 해설서가 없다는 점은 아쉽다.

다만, 일본의 경우에도 아쉬운 점이 있다면, 대학원 및 학부에서 쓸 수 있는 학회차원의 '교육법' 교재의 개발이 시도되지 않고 있다는 점이다. 즉, 교육법의 각론에 해당하는 저서나 논문은 적지 않게 발행되고 있으나, 총론적인 저작이나 해설서가 많지 않다는 것이다. 동경대학에 개설된 교육법 강좌 역시 문부성 관료에 의하여 이루어지고 있으며, 여기서 사용되는 『교육법강의』 역시 강의자가 강의노트로서 제작한 해설서 위주의 책이다. 여타의 대학의 사정 또한 다르지 않다. 아무래도 대학에 개설된 강좌 수가 많지 않은 것이 출판의 채산성과 직결되고 있다 할 것이다.

3　일본의 교육법학으로부터의 시사점

가. 국가주의 교육의 목탁으로서 교육법학의 역사적 사명: 反面教材

　　신문이 사회의 목탁이듯이 교육법학의 사명은 교육법과 관련하여 구성원이 정의롭지 못하다고 느끼는 비교육조리적(非教育條理的) 현상에 대하여 사회에 있어서 교육정의(教育正義)를 지키는 목탁(木鐸)으로서 역할을 다하는 것이다. 다시 말해 정치와 정권에 의하여 좌지우지 되기도 하는 교육영역과 학교현장에 있어서 교육법은 무엇이 교육정의인지 밝히고 이를 이끌어 가야 할 미션을 부여받고 있는 것이며 교육법학의 존재 의의라고 할 수 있다. 이것은 교육법 현실을 시정하는 데에서 그 존재 의의를 찾았던 '1970년대 일본의 교육재판 운동기' 속에서 일본교육법학이 보여주고 자리매김하여 온 역사적 교훈이기도 하다.

　　이러한 목탁으로서의 역할은 종결되었다기보다 지금도 계속되고 있다고도 할 수 있다. 나루시마 다까시(成嶋　隆) 일본교육법학회 학회장은 2016년 일본교육법학회 연차학술대회에서 교육법 현안을 제기하면서 교육칙어(教育勅語) 역사적 교훈을 상기시킨 바 있다. 그 하나는 모리모토 학원(森友學園)에서 유치원생들에게 교육칙어(教育勅語)를 암송하게 한 사건을 통해서 볼 때, 교육칙어가 아무리 1948년 국회에서 배재(排除; 중의원) 내지 실효확인(失效確認; 참의원)으로 마무리되었다 하더라도 이렇게 현실 교육에 다시 나타나는 것은 이들 역사적 교훈의 문서

를 반면교재(反面教材)[8]로서 주권자 교육에 활용되지 못하고 있음을 반증하는 것이고 이를 개선하는 것이 교육법리를 연구하는 학회의 역할이라는 것이다. 이러한 교육칙어 부활의 우려와 함께 진행되고 있는 '도덕의 시간(1958)'의 「특별교과(特別教科)화(2018년 학습지도요령 적용)에 대하여 회장은 히노마루·기미가요(日の丸·君が代)에 대한 태도함양 포함하여 시대착오적인 국민의식 개조를 하려는 의도가

---

8 반면교사(反面教師)를 활용한 학회장의 조어 화법으로 보이며, 아무리 나쁜 교재라 하더라도 그렇게 하면 안된다고 하는 교훈으로 가르칠 수 있는 소재(교재)로서 의미는 갖는다는 뜻으로 해석된다―저자주.

있음을 비판하며, 이것은 규범을 강요하고 면종복배(面從腹背)하는 인격적 분열을 가져올 것이라 우려한다.[9]

한국에 있어서도 과거 규범적 정당성을 잃어버린 국가 비상사태에서 내려진 과외금지 조치의 위헌 판결이 또다시 실효성 없는 '공교육 정상화를 위한 선행교육 규제에 관한 법률'로 되살아나고, 바람직하지 못한 국정교과서제도(헌재판결)가 박근혜 정권에 의해 시도되고 되고 실패한 사건 등은 과거 비교육조리에 의해 실패한 것들에 대한 '반면교재' 의미를 되살리지 못한 같은 사례라 하겠다.

결국 교육법 연구자와 교육법학의 연구 결과들이 이러한 역사적 교훈을 통해서 현재의 갈등 해소와 미래에 대비한 비전을 제시하는 법리적 근거를 제시해 주지 못한다면, 국가주의 교육의 망령은 언제고 되살아 날수 있음을 가까운 과거는 지금 보여주고 있다는 것이다.

나. 교육당사자간 권리 · 의무 · 책임의 격자로서 교육법학의 현재 역할

오늘날 교육법과 교육행정에 있어서 갈등 및 문제의 근원은 다름 아닌 교육과 관련된 이해 당사자들 간의 권리 · 의무 · 책임에 대한 불만과 재조정의 요구 간 충돌이라고 할 수 있다. 앞서 살펴본 바와 같이 일본교육법학이 교육법 논의에서 일궈놓은 최대의 성과는 국가 주도의 교육의 폐해가 무엇인지, 그리고 그것이 어린이를 비롯한 국민의 교육에 대한 권리를 어떻게 제한하고 때로는 어떻게 통제하여 왔는지를 드러내 보여주었다. 이른바, 국가교육권론으로부터 국민교육권론으로, 나아가 교육인권론으로 발전 전망을 보여준 것은 일본의 교육법학의 최대 성과라고 할 수 있다.

한국은 역사적으로 근 · 현대사를 통해서 일본과 많은 영향을 받고 주어 왔고 교육법제사에 있어서도 마찬가지이다. 일본이 과거 국가가 주도하는 교육과 이에 봉사하였던 교육법의 폐해를 밝혀준 목탁(木鐸)으로서 역할을 잘 해 주었다면, 한국은 지난 교육기본법 제정을 통해서 그것이 주도권 다툼이 아닌 교육당사

---

9 成嶋　隆(2018), "會長挨拶", 日本教育法學會 年報 第47号, 東京: 有斐閣, 1－5頁.

자간 이해충돌이라는 상시적이고 당연한 구조임을 보여주었다.

즉, 교육당사자로서 설정한 학습자, 보호자, 교원 및 교원단체, 학교설립·운영자, 국가, 지방자치단체라는 이해당사자는 교육과 학습 활동의 제 영역에서 주체와 객체로서, 때로는 권리자로서 의무자로서, 그리고 책임주체로서 존재한나는 것을 입법화하였다. 다시 말해 교육법과 교육권 논의에 있어서 주체 객체 논의의 틀을 넘어, 교육당사자라고 하는 새로운 논의의 틀인 격자(格子)를 입법화 하였다는데 큰 의의를 부여할 수 있다.

일본의 교육기본법에서 교육행정의 새로운 원칙으로서 국가와 지방공공단체 간의 '역할분담과 상호협력'의 원칙(제16조 1항 및 제5조 3항)[10]은 교육당사자간의 이해충돌 조정의 원리로서 원용될 만한 가치가 충분하다.

국가교육권론과 국민교육권론이 논의 종결됨과 아울러 이러한 교육당사자론이 지금 교육법 논의의 중심에 서있다고 할 수 있다. 그렇다고 국민교육권론의 승리로 끝나 더 이상 논의할 필요가 없다는 의미는 아니다. 교육의 주체나 객체 논쟁이 아닌 교육에 관한 국민의 기본권 보장을 실현시키기 위한 당사자들 간의 역할분담이자 상호협력 논의로 전환되었음을 의미한다. 그렇다고 논쟁이 종결되고 당사자 간의 역할분담이 황금분할로 완성되었다는 의미는 더더욱 아니다. 오히려 어떤 면에서는 "인간이 교육을 받고 학습을 하는 행위"에 대한 원천적인 관점에서의 재논의가 시작되었다는 의미이기도 하다.

오늘날 각국에서는 교육당사자들 간의 새로운 분쟁과 갈등이 더욱 늘어나고 있는 것이 현실이다. 과거에 추상적인 국가 권력에 대하여 교원과 교원집단들이 반발하고, 그들의 교육전문가로서 자유와 권리가 강조된 시기가 있었으며, 이런 노력에도 어린이의 학습권 신장에는 별다른 진전이 없었다는 반성의 과정과 학부모들이 권리자로서 등장하기도 했으며, 그리고 또 다시 국가와 지방공공단체가 새로운 역할자로서 재등장하고 있는 시대 변화는 한국과 일본의 지난 교육법의

역할분담과 상호협력

---

10 교육기본법 제16조 교육은 부당한 지배에 따르지 않고, 이 법률 및 기타 법률이 정한 바에 따라 행해져야 하며, 교육행정은 국가와 지방공공단체와의 적절한 역할분담 및 상호협력 하에 공정하고 적정하게 행해지지 않으면 안된다. 제5조 3항 국가 및 지방공공단체는 의무교육의 기회를 보장하고, 그 수준을 확보하기 위해 적절한 역할분담 및 상호협력 하에 그 실시에 책임을 진다.

전개와 교육법학 논의에서 공통되게 나타난 역사였다.

이제는 과거에 상상할 수 없었던 국가와 지방자치단체간의 분쟁, 지방자치단체장과 교육수장(교육감) 간의 분쟁, 국가에 의한 대학의 지배, 교수자(교사·교수)와 학습자(학생) 간의 특별할 것 없는 비권력·비권위 관계(사제윤리의 새 국면), 평가받고 공개되는 교사·교수·학교·대학의 실상 등등이 현실이 되고 있다. 이러한 새로운 갈등과 분쟁의 구조 속에서 교육법학이 어떤 판단기준(격자; 가늠자)을 제공할 것인지가 새로운 현재적 역할로 떠오르고 있는 것이다.

현재적 역할

자유주의 교육

미래적 미션

다. 자유주의 교육의 등대(燈臺)로서 교육법학의 미래적 미션

오늘날 사람을 자유롭게 하고 자아를 실현시킨다는 교육은 오히려 학습자의 자유스러운 삶보다는 학습의 부담으로 작용하여 쉴 권리조차 방해하는 지경에 이르렀다. 무한경쟁과 청년실업으로 자아실현은 커녕 사회 진출과 직업 준비를 위해 십수년 동안 준비해온 노력에 비하여 보잘 것 없는 교육보상에 머무른 것이 현실이다.

그리고 누구나 배울 수 있고, 균등하게 기회를 보장받는다고 선언하며 그런 여건을 교육이해 당사자들 간의 권리·의무·책임으로 진술하고 있는 것이 교육법이라고 할 수 있다. 교육법은 국가의 지나친 간섭을 제한하고 개인의 삶을 보다 자유롭게 하는데 기여하여 왔지만, 여전히 교육법을 통한 그 모습은 교육을 규격화하고 통제하며 '자유'보다는 '규제'하는 측면에서 기능하여 온 것이 사실이다.

다시 말해, 사람을 자유롭고 행복하게 살기위해서 공적 제도로 자리매김한 교육에 가장 기여한 것이 교육법이나, 동시에 사람이 이로 인해 구속되고 불행해질 정도로 과잉교육과 교육열을 초래하고 있음에도, 이에 대하여는 또 다른 방어적 기제만을 내 놓은 것이 교육법과 그 연구들이라고 할 수 있다. 공교육정상화를 위한 선행교육규제법이나 인성교육진흥법은 당연하여 존재의의가 의문인 우리 사회의 비정상성을 그대로 드러낸 법들이기도 하다.

과잉교육과 교육열

향후 교육법과 교육법학은 교육이 본래 지향하는 「학습의 자유」를 보장하는 조성법의 측면에서 재설계되고 논의되어야 할 것이다. 이를 지원한다는 지원 행정과 통제 행정, 즉 교육거버넌스 역시 교육 이해당사자간의 권리·의무·책임의 중심축 이동에 맞추는 것에 머물것이 아니라 자유로운 학습과 자유로운 교수활동 보장을 위하여 진정 무엇이 필요한지 보다 근본적인 고민을 하여야 한다는 뜻이다.

지방으로의 교육분권, 나아가 학교자치를 통한 교육자치 실현이 최종적으로 목표로 해야 하는 것은 '국가발전의 동량'이나 '가문의 영광'으로서 교육이 아닌, 한 인간으로서 자유로운 삶을 영위할 수 있게 하는 '인격의 완성'과 '인본주의 사회의 실현'에 교육 목적의 회기목표를 세워야 할 때이다.

이점에서 가네꼬마사시와 그의 제자 이치가와 쓰미코(兼子 仁·市川須美子) 교수가 20여년 전에 저술한『日本の自由教育法学』(1998; 学陽書房)은 그 제목만으로도 일본 교육법학의 성격과 향후 일본의 '교육법규범'이 지향하여야 할 도달점을 잘 보여 주고 있다.[11]

'교육당사자간의 권리·의무·책임' 관점에서의 논의도 지속되어야 하겠지만, 그동안 이들간의 균형과 재조정 몰입으로 상대적으로 소홀히 다루어져 왔던 '학습의 자유'와 '교육의 자유'라는 본연의 모습에 대한 재조명도 교육법학의 몫이며, 그것이 교육법에 반영되도록 하는 것이 교육법학 연구자의 미래적 사명이라고 본다.

그것은 "이 세상에 배워야만 되는 의무 같은 것은 없다"라는 당연한 진술을 학생들도 교사들도 머리가 아닌 가슴으로 느끼도록 해 주는 일이다.

끝으로 저자가 지난 2016년 일본교육법학회 연차학술대회에서 행한 인사말을 끝으로 15개 장에 걸친『일본교육법학론』에 대한 논의를 마무리 하고자 한다.

　　"최근 양국에서 교육개혁이라는 미명 아래 중앙정부나 지자체가 주도하는 교육개혁이 일상화되고 있습니다. 그래서 교육현장이나 학교의 교직원들은 교육개혁에 대한 피로감을 호소하고 있습니다.

---

11 이 책 서문에서 가네꼬 교수는 21세기 일본의 학교교육에서 진정한 '인간교육'을 되돌리는 것을 목표로, 어린이의 인권과 학습권을 보장하는 학교, 지역에 있어서 '인간교육권'의 바람직한 방향, 그리고 이를 방해하는 '국가교육권력'의 배제를 향후「교육법규범」에서는 신중히 생각해야 한다고 강조했다(위의 책, 서문, v頁).

이런 가운데 교육법학계가 해야 할 일은, 국민의 교육기본권 보장의 관점에서 이들의 교육개혁 정책이 규범적 정당성을 확보하고 있는지, 나아가 사실적인 실효성은 있는 것인지를 검증하는 것이라고 생각합니다. 한국의 학교행정에 큰 변화를 주었던 것은 풀뿌리 학교자치의 꽃이라 칭해지는 '학교운영위원회제(부모·교원·지역위원)'와 한국 교육행정 개혁을 상징하는 '교육감 주민 직선제' 도입(2007년~현재, 2014년 선거에서 진보적 교육장 후보가 17지역 중 13곳 당선)이라 할 수 있습니다. 일본에도 많은 시사를 줄 것입니다. …(중략)… 양국의 교육법 학자들에게 교육법에 관한 연구를 '본업(本業)'으로 하는 것(현재는 교육학자에는 '부업(副業)', 헌법학자에는 '잔업(殘業)'이 되는 한계)이 의무이자 과제라고 생각합니다. 양국 학회 사무국과 회원들이 교류에 노력해주길 기대합니다. 서로 '교훈'을 주고 또 '반면교사'가 되는 것도 있을 것입니다. 여러분의 관심과 성원을 부탁합니다."12

---

12 연설문은 일본교육법학회 뉴스레터(2016.7.22.)에 게재된 내용이며 원문은 이 책의 제3장 끝부분 참조.

【부록 1】 일본국헌법상 교육조항(발췌 번역)

日本國憲法	일본국헌법
第二十六条 　すべて国民は、法律の定めるところにより、その能力に応じて、ひとしく教育を受ける権利を有する。 　2　すべて国民は、法律の定めるところにより、その保護する子女に普通教育を受けさせる義務を負ふ。義務教育は、これを無償とする。	제26조 　모든 국민은 법률이 정하는 바에 의해 그 능력에 따라 동등하게 교육을 받을 권리를 가진다. 　2 모든 국민은 법률이 정하는 바에 의해 그 보호하는 자녀에게 보통교육을 받게 할 의무를 진다. 의무교육은 이를 무상으로 한다. 　※ 1946.11.3. 공포 1947.5.3. 시행

【부록 2】 교육기본법(전문과 원문 번역)

教育基本法	교육기본법
教育基本法(平成18年 12月22日 法律第百二十号) 前文 　我々日本国民は、たゆまぬ努力によって築いてきた民主的で文化的な国家を更に発展させるとともに、世界の平和と人類の福祉の向上に貢献することを願うものである。 　我々は、この理想を実現するため、個人の尊厳を重んじ、真理と正義を希求し、公共の精神を尊び、豊かな人間性と創造性を備えた人間の育成を期するとともに、伝統を継承し、新しい文化の創造を目指す教育を推進する。 　ここに、我々は、日本国憲法の精神にのっとり、我が国の未来を切り拓く教育の基本を確立し、その振興を図るため、この法律を制定する。 第一章　教育の目的及び理念 (教育の目的) 第一条　教育は、人格の完成を目指し、平和で民主的な国家及び社会の形成者として必要な資質を備えた心身ともに健康な国民の育成を期して行われ	교육기본법(2006.12.22. 공포·시행 법률 제120호) 전문 　우리 일본국민은 꾸준한 노력으로 쌓아 온 민주적이고 문화적인 국가를 더욱 발전시키는 동시에 세계의 평화와 인류의 복지향상에 공헌하는 것을 희망한다. 　우리는 이 이상을 실현하기 위해, 개인의 존엄을 존중하고 진리와 정의를 희구하고 공공의 정신을 존중하며, 풍부한 인간성과 창조성을 갖춘 인간의 육성을 기함과 더불어 전통을 계승하여 새로운 문화의 창조를 지향하는 교육을 추진한다. 　이에 우리는 일본헌법의 정신에 따라 우리나라의 미래를 개척할 교육의 기본을 확립하고, 그 진흥을 도모하기 위해 이 법률을 제정한다. **제1장 교육의 목적과 이념** (교육의 목적) 제1조 교육은 인격 완성을 목표로 평화롭고 민주적인 국가 및 사회의 형성자로서 필요한 자질을 갖춘 심신이 모두 건강한 국민의 육성을 기해 이루어져야

教育基本法	교육기본법
なければならない。 （教育の目標） 第二条　　教育は、その目的を実現するため、学問の自由を尊重しつつ、次に掲げる目標を達成するよう行われるものとする。 　一　幅広い知識と教養を身に付け、真理を求める態度を養い、豊かな情操と道徳心を培うとともに、健やかな身体を養うこと。 　二　個人の価値を尊重して、その能力を伸ばし、創造性を培い、自主及び自律の精神を養うとともに、職業及び生活との関連を重視し、勤労を重んずる態度を養うこと。 　三　正義と責任、男女の平等、自他の敬愛と協力を重んずるとともに、公共の精神に基づき、主体的に社会の形成に参画し、その発展に寄与する態度を養うこと。 　四　生命を尊び、自然を大切にし、環境の保全に寄与する態度を養うこと。 　五　伝統と文化を尊重し、それらをはぐくんできた我が国と郷土を愛するとともに、他国を尊重し、国際社会の平和と発展に寄与する態度を養うこと。 （生涯学習の理念） 第三条　　国民一人一人が、自己の人格を磨き、豊かな人生を送ることができるよう、その生涯にわたって、あらゆる機会に、あらゆる場所において学習することができ、その成果を適切に生かすことのできる社会の実現が図られなければならない。 （教育の機会均等） 第四条　　すべて国民は、ひとしく、その能力に応じた教育を受ける機会を与えられなければならず、人種、信条、性別、社会的身分、経済的地位又は門地によって、教育上差別されない。 　2　国及び地方公共団体は、障害のある者が、その障害の状態に応じ、十分な教育を受けられるよう、教育上必要な支援を講じなければならない。 　3　国及び地方公共団体は、能力があるにもかかわらず、経済的理由によって修学が困難な者	한다. （교육의 목표） 제2조 교육은 그 목적을 실현하기 위해 학문의 자유를 존중하면서 다음에 열거된 목표를 달성하도록 행해지는 것으로 한다. 　1 폭넓은 지식과 교양을 습득하여 진리를 구하는 태도를 기르고, 풍부한 정조와 도덕심을 키우는 동시에 건전한 신체를 기르는 것. 　2 개인의 가치를 존중하고, 그 능력을 신장시켜 창조성을 기르고, 자주 및 자율정신을 기르는 것과 동시에, 직업 및 생활과의 관련성을 중시하고 근로를 존중하는 태도를 기르는 것. 　3 정의와 책임, 남녀의 평등, 자신과 타인에 대한 경애와 협력을 중시함과 아울러 공공의 정신을 바탕으로 주체적으로 사회의 형성에 참여하여 그 발전에 기여하는 태도를 기르는 것. 　4 생명을 존중하며, 자연을 소중하게 여기며, 환경의 보전에 기여하는 태도를 기르는 것. 　5 전통과 문화를 존중하고 그것들을 길러 온 국가와 향토를 사랑하고 다른 나라를 존중하여 국제사회의 평화와 발전에 기여하는 태도를 기르는 것. （평생학습의 이념） 제3조 국민개개인이 자기의 인격을 연마하고, 풍요로운 삶을 보낼 수 있도록 그 생애에 걸쳐 모든 기회와 모든 장소에서 학습할 수 있고, 그 성과를 적절하게 살릴 수 있는 사회의 실현을 도모하지 않으면 안 된다. （교육의 기회균등） 제4조 모든 국민은 동등하게 그 능력에 따른 교육을 받을 기회를 부여받지 않으면 안되며, 인종, 신조, 성별, 사회적 신분, 경제적 지위 또는 가문에 따라 교육상 차별되어서는 안된다. 　2 국가 및 지방공공단체는 장애가 있는 사람이 그 장애상태에 따라 충분한 교육을 받을 수 있도록 교육상 필요한 지원을 강구하지 않으면 안된다. 　3 국가 및 지방공공단체는 능력이 있는데도 불구하고 경제적 이유로 인해 수학이 곤란한 자에게 장학의 조치를 강구하지 않으면 안된다.

教育基本法	교육기본법

に対して、奨学の措置を講じなければならない。

第二章　教育の実施に関する基本

（義務教育）

第五条　国民は、その保護する子に、別に法律で定めるところにより、普通教育を受けさせる義務を負う。

2　義務教育として行われる普通教育は、各個人の有する能力を伸ばしつつ社会において自立的に生きる基礎を培い、また、国家及び社会の形成者として必要とされる基本的な資質を養うことを目的として行われるものとする。

3　国及び地方公共団体は、義務教育の機会を保障し、その水準を確保するため、適切な役割分担及び相互の協力の下、その実施に責任を負う。

4　国又は地方公共団体の設置する学校における義務教育については、授業料を徴収しない。

（学校教育）

第六条　法律に定める学校は、公の性質を有するものであって、国、地方公共団体及び法律に定める法人のみが、これを設置することができる。

2　前項の学校においては、教育の目標が達成されるよう、教育を受ける者の心身の発達に応じて、体系的な教育が組織的に行われなければならない。この場合において、教育を受ける者が、学校生活を営む上で必要な規律を重んずるとともに、自ら進んで学習に取り組む意欲を高めることを重視して行われなければならない。

（大学）

第七条　大学は、学術の中心として、高い教養と専門的能力を培うとともに、深く真理を探究して新たな知見を創造し、これらの成果を広く社会に提供することにより、社会の発展に寄与するものとする。

2　大学については、自主性、自律性その他の大学における教育及び研究の特性が尊重されなければならない。

제2장 교육의 실시에 관한 기본

（의무 교육）

제5조 국민은 그 보호 하는 자녀에게 따로 법률로 정하는 바에 따라 보통교육을 받게 하는 의무를 진다.

2 의무교육으로 행해지는 보통교육은 각 개인이 가진 능력을 신장시키면서 사회에서 자립적으로 사는 기초를 기르고, 또한 국가 및 사회의 형성자로서 필요한 기본적인 자질을 키우는 것을 목적으로 행해지도록 한다.

3 국가 및 지방공공단체는 의무교육의 기회를 보장하고, 그 수준을 확보하기 위해 적절한 역할분담 및 상호협력 하에 그 실시에 책임을 진다.

4 국가 또는 지방공공단체가 설치하는 학교에서 의무교육에 대해서는 수업료를 징수하지 않는다.

（학교 교육）

제6조 법률에 정하는 학교는 공공의 성질을 가진 것이며 국가, 지방공공단체 및 법률에 정하는 법인만이 이를 설치할 수 있다.

2 전항의 학교에서는 교육의 목표가 달성되도록 교육을 받는 사람의 심신 발달에 따라 체계적인 교육이 조직적으로 행해지지 않으면 안된다. 이 경우 교육을 받는 사람이 학교생활을 영위하는데 있어서 필요한 규율을 존중함과 아울러 스스로 학습에 임하는 의욕을 높이는 것을 중시해 행해지지 않으면 안된다.

（대학）

제7조 대학은 학술의 중심으로 높은 교양과 전문적 능력을 길음과 아울러 깊은 진리를 탐구해 새로운 지식과 견해를 창조하고, 이들 성과를 널리 사회에 제공함으로써 사회 발전에 기여하도록 한다.

2 대학에 대해서는, 자주성, 자율성 기타 대학에 있어서 교육 및 연구의 특성이 존중되지 않으면 안된다.

教育基本法	교육기본법
(私立学校) 第八条　私立学校の有する公の性質及び学校教育において果たす重要な役割にかんがみ、国及び地方公共団体は、その自主性を尊重しつつ、助成その他の適当な方法によって私立学校教育の振興に努めなければならない。	(사립 학교) 제8조 사립학교가 갖는 공공의 성질 및 학교교육에서 담당하는 중요한 역할을 감안하여, 국가 및 지방공공단체는 자주성을 존중하면서 조성 기타 적당한 방법에 따라 사립학교교육의 진흥에 힘쓰지않으면 안된다.
(教員) 第九条　法律に定める学校の教員は、自己の崇高な使命を深く自覚し、絶えず研究と修養に励み、その職責の遂行に努めなければならない。 　2　前項の教員については、その使命と職責の重要性にかんがみ、その身分は尊重され、待遇の適正が期せられるとともに、養成と研修の充実が図られなければならない。	(교원) 제9조 법률에 정하는 학교 교원은 자신의 숭고한 사명을 깊이 자각하고 끊임없이 연구와 수양에 힘쓰며, 그 직책 수행에 힘쓰지 않으면 안된다. 　2 전항의 교원에 대해서는 그 사명과 직책의 중요성에 비추어 그 신분은 존중되고, 대우의 적정을 기하는 것과 동시에, 양성과 연수의 충실화를 도모하지 않으면 안된다.
(家庭教育) 第十条　父母その他の保護者は、子の教育について第一義的責任を有するものであって、生活のために必要な習慣を身に付けさせるとともに、自立心を育成し、心身の調和のとれた発達を図るよう努めるものとする。 　2　国及び地方公共団体は、家庭教育の自主性を尊重しつつ、保護者に対する学習の機会及び情報の提供その他の家庭教育を支援するために必要な施策を講ずるよう努めなければならない。	(가정 교육) 제10조 부모 그 외 보호자는 자녀교육에 대해 일차적 책임을 가지는 것이며, 생활을 위해 필요한 습관을 몸에 익히도록 함과 동시에 자립심을 육성하고 심신의 조화로운 발달을 도모하도록 노력한다. 　2 국가 및 지방공공단체는 가정교육의 자주성을 존중하면서 보호자에 대한 학습의 기회 및 정보의 제공 기타 가정교육을 지원하기 위해 필요한 시책을 강구하도록 힘쓰지 않으면 안된다.
(幼児期の教育) 第十一条　幼児期の教育は、生涯にわたる人格形成の基礎を培う重要なものであることにかんがみ、国及び地方公共団体は、幼児の健やかな成長に資する良好な環境の整備その他適当な方法によって、その振興に努めなければならない。	(유아기 교육) 제11조 유아기의 교육은 생애에 걸친 인격 형성의 기초를 기르는 중요한 것임을 감안하여 국가 및 지방공공단체는 유아의 건강한 성장에 이바지하는 양호한 환경의 정비 기타 적당한 방법에 따라 그 진흥에 힘써야 한다.
(社会教育) 第十二条　個人の要望や社会の要請にこたえ、社会において行われる教育は、国及び地方公共団体によって奨励されなければならない。 　2　国及び地方公共団体は、図書館、博物館、公民館その他の社会教育施設の設置、学校の施設の利用、学習の機会及び情報の提供その他の適当な方法によって社会教育の振興に努めなければならない。	(사회 교육) 제12조 개인의 희망이나 사회의 요청에 부응하여, 사회에서 행해지는 교육은 국가 및 지방공공단체에 의해 장려되지 않으면 안된다. 　2 국가 및 지방공공단체는 도서관, 박물관, 공민관 기타 사회교육시설의 설치, 학교시설의 이용, 학습의 기회 및 정보의 제공 기타 적당한 방법에 따라 사회교육의 진흥에 힘쓰지 않으면 안된다.

教育基本法	교육기본법
(学校、家庭及び地域住民等の相互の連携協力) 第十三条 学校、家庭及び地域住民その他の関係者は、教育におけるそれぞれの役割と責任を自覚するとともに、相互の連携及び協力に努めるものとする。	(학교, 가정 및 지역 주민 등의 상호 연계 협력) 제13조 학교, 가정 및 지역주민, 기타 관계자는 교육에서의 각각의 역할과 책임을 자각함과 함께 상호의 제휴 및 협력에 힘써야 한다.
(政治教育) 第十四条 良識ある公民として必要な政治的教養は、教育上尊重されなければならない。 　2 法律に定める学校は、特定の政党を支持し、又はこれに反対するための政治教育その他政治的活動をしてはならない。	(정치 교육) 제14조 양식 있는 공민으로서 필요한 정치적 교양은 교육상 존중되지 않으면 안된다. 　2 법률에 정한 학교는 특정 정당을 지지하거나 이에 반대하기 위한 정치교육 기타 정치적 활동을 해서는 안 된다.
(宗教教育) 第十五条 宗教に関する寛容の態度、宗教に関する一般的な教養及び宗教の社会生活における地位は、教育上尊重されなければならない。 　2 国及び地方公共団体が設置する学校は、特定の宗教のための宗教教育その他宗教的活動をしてはならない。	(종교 교육) 제15조 종교에 관한 관용의 태도, 종교에 관한 일반적인 교양 및 종교의 사회생활에서의 지위는 교육상 존중되어야 한다. 　2 국가 및 지방공공단체가 설치하는 학교는 특정 종교를 위한 종교교육 기타 종교적 활동을 해서는 안 된다.
第三章　教育行政	제3장 교육 행정
(教育行政) 第十六条 教育は、不当な支配に服することなく、この法律及び他の法律の定めるところにより行われるべきものであり、教育行政は、国と地方公共団体との適切な役割分担及び相互の協力の下、公正かつ適正に行われなければならない。 　2 国は、全国的な教育の機会均等と教育水準の維持向上を図るため、教育に関する施策を総合的に策定し、実施しなければならない。 　3 地方公共団体は、その地域における教育の振興を図るため、その実情に応じた教育に関する施策を策定し、実施しなければならない。 　4 国及び地方公共団体は、教育が円滑かつ継続的に実施されるよう、必要な財政上の措置を講じなければならない。	(교육 행정) 제16조 교육은 부당한 지배에 따르지 않고, 이 법률 및 기타 법률이 정한 바에 따라 행해져야 하며, 교육행정은 국가와 지방공공단체와의 적절한 역할분담 및 상호협력 하에 공정하고 적정하게 행해지지 않으면 안된다. 　2 국가는 전국적인 교육의 기회균등과 교육수준의 유지향상을 도모하기 위해 교육에 관한 시책을 종합적으로 책정하고 실시하지 않으면 안된다. 　3 지방공공단체는 그 지역에서의 교육의 진흥을 도모하기 위해 그 실정에 맞는 교육에 관한 시책을 책정하고 실시하지 않으면 안된다. 　4 국가 및 지방공공단체는 교육이 원활하고 지속적으로 실시되도록 필요한 재정상의 조치를 강구하지 않으면 안된다.
(教育振興基本計画) 第十七条 政府は、教育の振興に関する施策の総合的かつ計画的な推進を図るため、教育の振興に関する施策についての基本的な方針及び講ずべき施策その他必要な事項について、基本的な計画を定	(교육 진흥 기본 계획) 제17조 정부는 교육의 진흥에 관한 시책의 종합적이고 계획적인 추진을 도모하기 위해, 교육의 진흥에 관한 시책에 대한 기본적인 방침 및 강구해야 할 시책 기타 필요한 사항에 대해 기본적인 계획을 정

教育基本法	교육기본법
め、これを国会に報告するとともに、公表しなければならない。 2 地方公共団体は、前項の計画を参酌し、その地域の実情に応じ、当該地方公共団体における教育の振興のための施策に関する基本的な計画を定めるよう努めなければならない。	하고 이를 국회에 보고하는 동시에 공표하지않으면 안된다. 2 지방공공단체는, 전항의 계획을 참작하여 그 지역의 실정에 따라 해당 지방공공단체의 교육의 진흥을 위한 시책에 관한 기본적인 계획을 정하도록 힘쓰지 않으면 안된다.
第四章 法令の制定 第十八条 この法律に規定する諸条項を実施するため、必要な法令が制定されなければならない。	제4장 법령의 제정 제18조 이 법률에 규정하는 여러 조항을 실시하기 위해 필요한 법령이 제정되지않으면 안된다.
附則 （施行期日） 1 この法律は、公布の日から施行する。	부칙 (시행 기일) 1 이 법률은 공포의 날로부터 시행한다.

【부록 3】 학교교육법(발췌 번역)

학교교육법(1947년 3월 31일 법률 제26호)
최종개정: 2018년 6월1일 공포(법률 2018 제39호)
시행일 : 2019년 4월 1일

제1장 총칙

제1조 이 법률에서 학교는 유치원 소학교, 중학교, 고등학교, 중등교육학교, 특별지원학교, 대학 및 고등전문학교를 말한다.

제2조 학교는 국가(국립대학법인법§2①상 국립대학법인,독립행정법인 국립고등전문학교기구 포함), 지방공공단체(지방독립행정법인법§68①상 공립대학법인포함), 사립학교법 제3조에 규정하는 학교법인만이 이를 설치할 수 있다.
○ 2 이 법률로 국립학교는 국가가 설치하는 학교를, 공립학교는 지방공공단체가 설치하는 학교를, 사립학교는 학교법인이 설치하는 학교를 말한다.

제3조 학교를 설치하려는 자는 학교의 종류에 따라 문부과학대신이 정하는 설비, 편제 기타에 관한 설치 기준에 따라 이를 설치해야 한다.

제4조 다음의 각호에 해당하는 학교의 설치폐지, 설치자 변경 기타 정령에서 정하는 사항은 각각 해당 각호에 정하는 자의 인가를 받아야 한다. 이들 학교 중, 고등학교 일반과정(전일제), 야간 기타 특별한 시간 또는 시기에서 수업을 하는 과정(정시제)및 통신에 의한 교육을 실시하는 과정(통신제), 대학의 학부, 대학원 및 대학원연구과 및 §18②의 대학학과에 대해서도 같다.
1 공립·사립대학, 고등전문학교: 문부과학대신
2 시정촌 설치 고교, 중등교육학교, 특별지원학교: 도도부현교육 위원회
3 사립유치원, 소학교, 중학교, 고등학교, 중등교육 학교 및 특별 지원 학교 도도 부현 지사
○ 2 전항의 규정에 불구하고, 동항 제1호에 해당하는 학교를 설치하는 자는 다음에 제시하는 사항을 실시할 때는, 동항의 인가를 받을 필요는 없다 이 경우 해당 학교를 설치하는 자는 문부과학대신의 정하는 바에 따라 미리, 문부과학대신에 신고해야 한다.
1 대학의 학부 혹은 대학원연구과 또는 §18②의 대학 학과의 설치, 해당 대학이 수여하는 학위의 종류 및 분야의 변경을 수반하지 않는 것
2 대학의 학부 혹은 대학원연구과 또는 §18②의 대학 학과의 폐지
3 앞 2호에 게기하는 것 외, 정령으로 정하는 사항
○ 3 문부과학대신은 전항의 신고가 있었을 경우, 그 신고에 관한 사항이 설비, 수업, 기타 사항에 관한 법령의 규정에 적합하지 않다고 인정할 때에는 그 신고자에게 필요한 조치를 취하도록 명할 수 있다.
○ 4 지방자치법 §252의19①의 지정도시가 설치하는 고교,중등교육학교 및 특별지원학교의 경우, 제1항은 적용하지 않는다. 이 경우 당해 학교 설치자는 인가를 받아야하는 사항을 행할 때는 미리 도도부현교육위원회에 신고하여야 한다.
○ 5 제2항2호의 학위의 종류 및 분야의 변경에 관한 기준은 문부과학대신이 정한다.
제4조의2 시정촌은 설치하는 유치원의 설치폐지 할 때 미리, 도도부현교육위원회에 신고해야 한다.

제5조 학교 설치자는 설치하는 학교를 관리하고 법

령에 특별한 정한 경우 외엔 학교의 경비를 부담한다.

제6조 학교에서는 수업료를 징수할 수 있다. 다만, 국립 또는 공립소학교 및 중학교, 중등교육학교의 전기과정 또는 특별지원학교초등부 및 중학부의 의무 교육에 대해서는 이를 징수할 수 없다.

제7조 학교에는 교장 및 상당수의 교원을 두어야 한다.

제8조 교장 및 교원(교육직원면허법의 적용을 받는 자 제외)의 자격에 관한 사항은 따로 법률로 정하는 것 외엔 문부과학대신이 정한다.

제9조 다음의 각호 중 하나에 해당하는 자는 교장 또는 교사와 될 수 없다.
1 성년 피후견인 또는 피 보좌인
2 금고 이상 형을 받았던 자
3 교육직원면허법 §10①2호 또는 3호에 해당하여 면허장효력이 상실되어 3년이 경과하지 않은 자
4 교육직원면허법 §11①항부터 3항에 해당하여 면허장 취소처분을 받고 3년이 경과하지 않은 자
5 일본국헌법 시행일 이후, 일본국헌법 또는 정부를 폭력으로 파괴할 것을 주장하는 정당 기타의 단체를 결성하거나 이에 가입한 자

제10조 사립학교는 교장을 정하고, 대학 및 고등전문 학교는 문부 과학 대신에게, 대학 및 고등전문학교 이외 학교는 도도부현지사에 신고해야 한다.

제11조 교장 및 교원은 교육상 필요하다고 인정될 때는, 문부과학 대신의 정하는 바에 따라 아동 학생 및 학생에게 징계를 가할 수가 있다. 다만, 체벌을 가할 수 없다.

제12조 학교에서는 따로 법률로 정하는 바에 따라 유아, 아동, 생도 및 학생과 함께 직원의 건강유지증진을 위해 건강진단을 하고, 기타 보건에 필요한 조치를 강구해야 한다.

제13조 제4조 제1항 각호에 해당하는 학교가 다음 각호 중 하나에 해당하는 경우는 각각 동항 각호에 정하는 자는 당해 학교 폐쇄를 명할 수 있다.
1 법령의 규정을 고의로 위반했을 때
2 법령의 규정에 의해 그 사람이 한 명령을 위반했을 때
3 6개월 이상 수업을 하지 않았을 때
○ 2 전항의 규정은, 시정촌이 설치하는 유치원에 준용한다. 이 경우에 동항 중 '각각 동항 각호에 정하는 자'는 도도부현교육위원회로 한다.

제14조 대학 및 고등전문학교 이외의 시정촌이 설치하는 학교에 대해서는 도도부현교육위원회, 대학 및 고등전문학교 이외의 사립학교에 대해서는 도도부현지사는 해당 학교가 설비, 수업, 기타 사항에 대해 법령의 규정 또는 도도부현교육위원회 또는 도도부현지사의 정하는 규정을 위반했을 때는 그 변경을 명할 수 있다.

제15조 문부과학대신은 공립 또는 사립대학 및 고등전문학교가 설비, 수업, 기타 사항에 대해 법령의 규정에 위반하다고 인정할 때는 해당 학교에 대해 필요한 조치를 취해야 함을 권고할 수 있다.
○ 2 문부과학대신은, 전항의 규정에 의한 권고에 의해서도 해당 권고에 관련된 사항이 개선되지 않는 경우에는 해당 학교에 대한 그 변경을 명할 수 있다.
○ 3 문부 과학 대신은, 전항의 규정에 의한 명령에 의해서도 아직 권고사항이 개선되지 않는 경우에는 해당 학교에 대해 해당 권고사항에 관련된 조직의 폐지를 명할 수 있다.
○ 4 문부 과학 대신은 제1항의 규정에 의한 권고 또는 제2항 또는 전항의 규정에 의한 명령을 실시하기 위해서 필요하다고 인정될 때는 해당 학교에 대해 보고 또는 자료제출을 요구할 수 있다.

제2장 의무 교육

제16조 보호자(친권자 혹은 후견인)는 다음 조항에 정하는 바에 따라 자녀에게 9년의 보통교육을 받게 하는 의무를 진다.

제17조 보호자는 자녀 만 6세에 이른 익일후 최초 학년초부터 만12세에 이른 날이 속한 학년까지, 소학교 또는 특별지원학교 초등부 취학시킬 의무를 진다. 단, 자녀가 만 12세에 이른 날에 속한 학년 말까지 소학교 또는 특별지원학교 초등부과정을 수료하지 않을 때는 만 15살에 이른 날에 속하는 학년말까지로 한다.

○ 2 보호자는 자녀가 소학교 또는 특별지원학교 초등부의 과정을 수료한 날 익일후 최초 학년초부터 만15살에 이른 날에 속한 학년말까지 중학교, 중등교육 학교 전기과정 또는 특별지원학교 중학부에 취학시킬 의무가 있다.

○ 3 전 2항의 의무이행의 독촉 기타 이들의 의무이행에 관한 필요한 사항은 정령으로 정한다.

제18조 전조 제1항 또는 제2항의 규정에 따라 보호자가 취학시켜야 한다. 자녀가 병약, 발육 불완전 기타 부득이 한 사유 때문에 취학곤란하다고 인정되는 보호자에 대해서, 시정촌교육위원회는 문부과학대신이 정하는 바에 따라 동조 제1항 또는 제2항의 의무를 유예 또는 면제할 수 있다.

제19조 경제적 이유로 취학곤란하다고 인정되는 학령 아농 또는 학령 학생의 보호자에 대해서는, 시정촌은 필요한 원조를 주어야 한다.

제20조 학령아동 또는 학령학생을 사용하는 자는 그 사용에 따라 해당 학령아동 또는 학령학생이 의무교육을 받는 것을 막아서는 안 된다.

제21조 의무교육으로 이루어지는 보통 교육은 교육기본법 §5②에 규정하는 목적을 실현하기 위해 다음에 열거된 목표를 달성하도록 행해져야한다.

1 학교내외의 사회활동을 촉진하고, 자주, 자율 및 협동정신, 규범의식, 공정한 판단력 및 공공정신으로 주체적으로 사회의 형성에 참여하여 그 발전에 기여하는 태도를 기르는 것.

2 학교내외에서 자연체험 활동을 촉진하고 생명과 자연을 존중하고 환경보전에 기여하는 태도를 기르는 것.

3 우리나라와 향토의 현황과 역사에 대해 올바른 이해로 이끌고 전통과 문화를 존중하고 이를 길러 온 우리나라와 향토를 사랑하는 태도를 키우는 것과 동시에 나아가 외국문화의 이해를 통해 남을 존중하고 국제사회의 평화와 발전에 기여하는 태도를 기르는 것.

4 가족과 가정의 역할, 생활에 필요한 옷, 음식, 주거, 정보, 산업 기타 사항에 대해 기초적인 이해와 기능을 기르는 것.

5 독서에 가깝게 하고, 생활에 필요한 국어를 올바르게 사용하는 기초적인 능력을 기르는 것.

6 생활에 필요한 수량적인 관계를 올바르게 처리하는 기초적인 능력을 기르는 것.

7 생활에 관계된 자연현상에 대해 관찰 및 실험을 통해 과학적으로 이해하고 처리하는 기초적인 능력을 기르는 것.

8 건강, 안전하고 행복한 생활을 위해 필요한 습관을 기르고 운동을 통해 체력을 길러, 심신의 조화적 발달을 도모하는 것.

9 생활을 밝고 풍요롭게 음악, 미술, 문예 기타 예술에 대해 기초적인 이해와 기능을 기르는 것.

10 직업에 대한 기초적인 지식과 기능, 근로를 존중 태도 및 개성에 따라 장래의 진로를 선택하는 능력을 기르는 것.

제3장 유치원

제22조 유치원은 의무교육 및 그 후 교육기초를 기르는 것으로, 유아를 돌보는 유아의 건강한 성장을 위해 적당한 환경을 주고, 그 심신의 발달을 조장하는 것을 목적으로 한다.

제23조 유치원의 교육은 전조에 규정하는 목적을 실현하기 위해 다음에 열거된 목표를 달성하도록 한다.

1 건강하고 안전한 행복한 생활을 위해 필요한 기본적인 습관을 기르고 신체 제기능의 조화로운 발달을 꾀한다.

2 집단생활을 통해서 기쁘게 참가하는 태도를 기르며 가족이나 주변 사람에게 깊은 신뢰감을 주고 자주, 자율 및 협동정신 및 규범의식의 싹을 기르는 것.

3 주변 사회생활과 생명이나 자연에 대한 흥미를 길러 이들에 대한 바른 이해와 태도 및 사고력

의 싹을 기르는 것.

4 일상의 대화나 동화에 익숙해져 말을 올바르게 사용하고 상대의 말을 이해하려는 태도를 기르는 것.

5 음악, 신체표현, 조형 등을 가까이하여 풍부한 감성과 표현력의 싹을 기르게 한다.

제25조 유치원 교육 과정 그 다른 보육 내용에 관한 사항은 제22조(교육목적) 및 제23조(교육목표)의 규정에 따라 문부과학대신이 정한다.

제26조 유치원에 입원할 수 있는 자는 만 세살부터 소학교 취학의 시기에 이르기까지의 유아로 한다.

제27조 유치원에는 원장, 교감(教頭) 및 교사(教諭)를 두어야 한다.

○ 4 원장은 원무를 담당하며 소속 직원을 감독한다.

○ 6 교감은 원장을 돕고 원무을 정리하며 필요에 따라 유아를 보육을 보다.

○ 7 주간교사는 원장 및 교감을 도와 명을 받고 원무의 일부를 정리하고 및 유아보육을 담당한다.

○ 8 지도교사는 유아보육을 담당하고, 교사 기타 직원에 대해 보육개선 및 내실화를 위해서 필요한 지도와 조언을 실시한다.

○ 9 교사는 유아보육을 담당한다.

○ 10 특별한 사정이 있을 때는, 제1항의 규정에 불구하고 교사를 대신해서 준교사 또는 강사를 둘 수 있다.

제4장 소학교

제29조 소학교는 심신의 발달에 따라 의무교육으로 행해지는 보통교육 중 기초적인 것을 시행하는 것을 목적으로 한다.

제30조 소학교에 있어서 교육은, 전조 교육목적 실현을 위해 필요한 정도로 제21조 각 호 상의 목표를 달성하는 것으로 한다.

○ 2 전항에 있어서 생애에 걸쳐 학습하는 기반이 길러지도록, 기초적인 지식 및 기능을 습

득하게 함과 더불어, 이를 활용한 과제를 해결하는데 필요한 사고력, 판단력, 표현력 기타 능력을 길러 주체적으로 학습에 임하는 태도를 기르는 것에 특히 유의하여야 한다.

제31조 소학교에서는 전조 제1항의 규정에 의한 목표 달성에 기여할 수 있도록, 교육 지도를 함에 있어서 아동의 체험적 학습활동, 특히 자원봉사 활동 등 사회봉사 체험활동, 자연 체험활동 기타의 체험활동의 충실에 노력한다. 이 경우 사 교육 관계단체 기타 관련단체 및 관계기관과의 연계에 충분히 배려해야 한다.

제32조 소학교의 수업 연한은 6년으로 한다.

제33조 소학교 교육과정에 관한 사항은 제29조 및 제3조의 규정에 따라 문부과학 대신이 정한다.

제34조 소학교에서는 문부과학대신의 검정을 거친 교과용도서 또는 문부과학성이 저작의 명의를 가진 교과용 도서를 사용해야 한다.

○ 2 전항에 규정하는 교과용도서의 내용을 문부과학상이 정하는 바에 따라 기록한 전자적 기록인 교재가 있는 경우에는 동항의 규정에 관계없이 문부과학대신이 정하는 바에 따라 아동교육의 충실을 도모할 필요가 있다고 인정되는 교육과정의 일부에서 교과용도서 대신 당해 교재를 사용할 수 있다.

○ 3 전항에 규정하는 경우 시각장애, 발달장애, 기타 문부과학대신이 정하는 사유로 인해 교과용 도서를 사용해 학습하기 곤란한 아동에 대해 교과용 도서에 사용된 문자, 도형 등의 확대 또는 음성으로의 변환 기타 동항에서 규정하는 교재를 컴퓨터로 지도함으로써 당해 아동의 학습상의 곤란의 정도를 저감시킬 필요가 있다고 인정될 때는 문부과학대신이 정한 바에 따라 교육 과정의 전부 또는 일부에서 교과용 도서용 대신 당해 교재를 사용할 수 있다.

○ 4 교과용 도서 및 제2항이 규정하는 교재 외의 교재로 유익한 적절한 것은 이를 사용할 수 있다.

○ 5 제1항의 검정 신청에 관한 교과용도서에 관

한 조사 심의회등에 대해서는 정령으로 정한다.

제35조 시정촌교육위원회는 다음에 해당하는 행위 또는 둘 이상을 반복하는 등 품행 불량으로 다른 아동의 교육에 방해가 된다고 인정되는 아동이 있을 때는 그 보호자에 대해 아동의 출석정지를 명할 수 있다.
1 다른 아동에 상해, 심신의 고통 또는 재산상의 손실을 주는 행위
2 직원에게 상해 또는 심신의 고통을 주는 행위
3 시설이나 설비를 파손하는 행위
4 수업 기타 교육활동 실시를 방해 행위
○ 2 시정촌교육위원회는 전항의 규정에 의한 출석정지를 명한 경우에는 미리 보호자의 의견을 청취함과 아울러 이유와 기간을 기재한 문서를 교부해야 한다.
○ 3 전항에 규정하는 것 외에 출석정지 명령 절차에 관한 필요한 사항은 교육위원회규칙으로 정한다.
○ 4 시정촌교육위원회는 출석정지 명령에 관계된 아동의 출석정지 기간의 학습지원 기타 교육상 필요한 조치를 강구한다.

제36조 학령 미달 아이는 소학교에 입학시킬 수 없다.

제37조 소학교에는 교장, 교감, 교사, 양호교사 및 사무직원을 두어야 한다.
○ 2 소학교에는 전항에 규정하는 것 외에 부교장, 주간교사 지도교사, 영양교사 기타 필요한 직원을 둘 수 있다.
○ 3 제1항의 규정에 불구하고 부교장을 둘 때나 기타 특별한 사정이 있을 때는 교감을, 양호를 담당하는 주간교사를 둘 때는 양호교사를, 특별한 사정이 있을 때는 사무직원을 각각 두지 아니할 수 있다.
○ 4 교장은 교무를 담당하며 소속 직원을 감독한다.
○ 5 부교장은 교장을 도와 명을 받아 교무를 담당한다.
○ 6 부교장은 교장 사고시 그 직무를 대리하고, 교장 결원시 그 직무를 행한다. 이 경우 부교장인 경우에는 미리 교장이 정한 순서로 직무를 대리하거나 행한다.
○ 7 교감은 교장(부교장을 둔 학교는 교장과 부교장)을 도와 교무를 정리하고 필요에 따라 아동의 교육을 담당한다.
○ 8 교감은 교장(부교장을 둔 학교는 교장과 부교장) 사고시 교장 직무를 대리하고 교장 결원시 교장의 직무를 행한다. 이 경우, 교감이 둘 이상 있을 때는 미리 교장이 정한 순서로 직무를 대리하거나 행한다.
○ 9 주간교사는 교장(부교장을 둔 학교는 교장과 부교장)및 교감을 돕고 명을 받아 교무의 일부를 정리하고 및 아동의 교육을 담당한다.
○ 10 지도교사는 아동의 교육을 담당하고, 더불어 교사 가타 직원에 대해 교육지도의 개선 및 내실화를 위해서 필요한 지도와 조언을 한다.
○ 11 교사는 아동의 교육을 담당한다.
○ 12 양호교사는 아동 양호를 담당한다.
○ 13 영양교사는 아동의 영양지도 및 관리를 남당한다.
○ 14 사무직원은 사무를 담당한다.
○ 15 조교사(助教諭)는 교사의 직무를 돕는다.
○ 16 강사는 교사 또는 조교사에 준하는 직무에 종사하다.
○ 17 양호조교사는 양호교사의 직무를 돕는다.
○ 18 특별한 사정이 있을 때는, 제1항의 규정에 불구하고 교사를 대신해서 조교사 또는 강사를, 양호교사를 대신해서 양호조교사를 둘 수 있다.
○ 19 학교의 실정에 비추어 필요가 있다고 인정될 때는, 제9항의 규정에도 불구하고 교장(부교장을 둔 학교에 있어서는 교장과 부교장)및 교감을 돕고 명을 받아 교무의 일부를 정리하고 아동 양호 또는 영양지도 및 관리를 담당하는 주간교사를 둘 수 있다.

제38조 시정촌은 그 구역 내에 있는 학령아동을 취학시키기 위해서 필요한 소학교를 설치해야 한다. 단, 교육상 유익하고 적절하다고 인정될 때는 의무교육학교의 설치로 이를 대신할 수 있다.

제39조 시정촌은 적당하다고 인정할 때는 전조의 규정에 의하여 사무의 전부 또는 일부를 처리하

기 위해 시정촌조합을 설치할 수 있다.

제40조 시정촌 전 2조의 규정에 의한 것이 불가능하거나 부적당하다고 인정될 때는 소학교나 의무교육학교 설치를 대신해 학령아동의 전부 또는 일부의 교육사무를 다른 시정촌 또는 전조의 시정촌조합에 위탁할 수 있다.

제41조 정촌이 전 2조의 규정에 따른 부담을 할 수 없다고 도도부현교육위원회가 인정할 때는, 도도부현은 그 정촌에 대해 필요한 보조를 주어야 한다.

제42조 소학교는 문부과학대신이 정한 바에 의해 당해 소학교 교육활동 기타의 학교운영 상황에 대해 평가하고 그 결과에 따라 학교운영 개선을 도모하기 위해 필요한 조치를 강구함으로써 그 교육수준 향상에 노력해야 한다.

제43조 소학교는 당해 소학교에 관한 보호자 및 지역주민, 기타 관계자의 이해를 돕고, 이들과의 제휴 및 협력 추진에 이바지하기 위해 당해 소학교 교육 활동 기타 학교운영 상황에 관한 정보를 적극적으로 제공한다.

제44조 사립 소학교는 도도부현지사의 소관(所管)에 속한다.

제5장 중학교

제45조 중학교는 소학교에서의 교육의 기초 위에 심신의 발달에 따라 의무교육으로 이루어지는 보통 교육을 실시하는 것을 목적으로 한다.

제46조 중학교에 있어서 교육은 전조에 규정하는 목적을 실현하기 위해 제21조 각 호 상의 목표를 달성하도록 한다.

제47조 중학교의 수업 연한은 3년으로 한다.

제49조 제30조 제2항, 제31조, 제34조, 제35조 및 제37조부터 제44조의 규정은 중학교에 준용한다.

제5장의2 의무교육학교

제49조의2 의무교육학교는 심신의 발달에 따라 의무 교육으로 행해지는 보통교육을 기초적으로 일관되게 함을 목적으로 한다.

제49조의3 의무교육학교에서의 교육은 전조에 규정하는 목적을 실현하기 위한 제21조 각 호 상의 목표를 달성하도록 한다.

제49조의4 의무교육학교의 수업연한은 9년으로 한다.

제49조의5 의무교육학교 과정은 이를 전기 6년의 전기과정 및 후기 3년의 후기과정으로 구분한다.

제49조의6 의무교육학교 전기과정에서의 교육은 제49조의2에 규정하는 목적 중 심신의 발달에 따르면서 의무교육으로 행해지는 보통교육 중 기초적인 것을 시행하는 것을 실현하는데 필요한 정도에 있어서 21조 각호에 제시하는 목표를 달성하도록 한다.

  ○ 2 의무교육학교 후기과정 교육은 제49조의2에 규정한 목적 중 전기과정에서의 교육의 기초 위에 심신의 발달에 따라 의무교육으로 행해지는 보통교육을 시행하는 것을 실현하기 위한 제 21조 각 호 상의 목표를 달성하도록 한다.

제49조의7 의무교육학교의 전기과정 및 후기과정 교육과정에 관한 사항은 제49조의2, 제49조의3 및 전조 규정 및 다음 조에서 준용하는 제30조 제2항 규정에 따라 문부과학대신이 정한다.

제49조의8 30조 제2항, 제31조, 제34조에서 제37조까지 및 제42조에서 제44조까지의 규정은 의무교육학에 준용한다. 이 경우 제30조 제2항중 '전항'은 제49조의3으로, 제31조 중 전조 제1항이라는 것은 '제49조의3'으로 대체한다.

제6장 고등학교

제50조 고등학교는 중학교 교육의 기초 위에 심신의 발달 및 진로에 따라 고도의 보통교육 및 전문교육을 실시하는 것을 목적으로 한다.

제51조 고등학교에서의 교육은 전조에 규정하는 목적을 실현하기 위해 다음과 같은 목표를 달성하도록 이루어지는 것으로 한다.

1 의무교육으로 행해진 보통교육의 성과를 더욱 발전 확충시켜 풍부한 인간성, 창조성 및 건강한 신체를 길러, 국가 및 사회의 구성원으로서 필요한 자질을 기르는 것.

2 사회에서 해야 할 사명을 자각함에 기초하여 개성에 따라 장래의 진로를 결정하고 일반적인 교양을 높이고 전문적 지식, 기술 및 기능을 습득시키는 것.

3 개성의 확립에 힘쓰는 동시에 사회에 대해 폭넓고 깊은 이해와 건전한 비판력을 길러, 사회의 발전에 기여하는 태도를 기르는 것.

제52조 고등학교의 학과 및 교육과정에 관한 사항은전 2조의 규정 및 제62조에서 대체 준용하는 제30조 제 2항의 규정에 따라 문부과학대신이 정한다.

제53조 고등학교는 전일제과정 외, 정시제 과정을 둘 수 있다.

제54조 고등학교는 전일제과정 또는 정시제과정 외 통신제과정을 둘 수 있다.

제56조 고등학교의 수업 연한은 전일제 과정에 대해서는 3년, 정시제과정 및 통신제과정에 대해서는 3년 이상으로 한다.

제58조 고등학교에는 전공과 및 별과를 둘 수 있다.

○ 2 고등학교 전공과는 고등학교 혹은 이에 준하는 학교 또는 중등교육 학교를 졸업한 자 또는 문부과학 대신이 정하는 바에 따라 이와 동등 이상의 학력이 있다고 인정된 자에게 심화 수준의 특별사항을 교수하고 그 연구를 지도할 목적으로 수업연한은 1년 이상으로 한다.

○ 3 고등학교의 별과는, 전조에 규정하는 입학자격을 가지는 사람에 대해 간단한 정도에서 특별기능교육을 시킬 목적으로 수업연한은 1년 이상으로 한다.

제58조의2 고등학교 전공과 과정(수업연한이 2년 이상으로 기타 문부과학대신이 정한 기준을 채운 경우에 한한다)은 문부과학대신이 정한바에 따라 대학에 편입학할 수 있다.

제59조 고등학교에 관한 입학, 퇴학, 전학 기타 필요한 사항은 문부과학대신이 정한다.

제60조 고등학교에는 교장, 교감 교사 및 사무직원을 두어야 한다.

○ 2 고등학교에는 전항에 규정하는 것 외, 부교장, 주간교사 지도교사, 양호교사, 영양교사, 양호조교사, 실습조수, 기술직원 기타 필요한 직원을 둘 수 있다.

○ 3 제1항의 규정에 불구하고, 부교장을 둘 때는 교감을 두지 아니할 수 있다.

○ 4 실습조수는 실험 또는 실습에 대해 교사의 직무를 돕는다.

○ 5 특별한 사정이 있을 때는, 제1항의 규정에 불구하고 교사를 대신해서 조교사 또는 강사를 둘 수 있다.

○ 6 기술직원은 기술에 종사하다.

제62조 제30조 제2항, 제31조, 제34조, 제37조 제4항부터 제17항까지 및 제19항 및 제42조에서 제44조의 규정은 고등학교에 준용한다. 이 경우 제30조제2항중 '전항'은 제51조로, 제31조중 전조 제1항이라는 것은 '제51조'로 대체한다.

제7장 중등교육학교

제63조 중등교육학교는 소학교 교육의 기초 위에 심신의 발달 및 진로에 따라 의무교육으로 행한 보통교육 및 고도의 보통교육 및 전문교육을 일관되게 함을 목적으로 한다.

제64조 중등교육학교에서의 교육은 전조에 규정하는 목적을 실현하기 위해 다음과 같은 목표를 달성하도록 한다.

1 풍요로운 인간성, 창조성 및 건강한 신체를 길러, 국가 및 사회의 구성원으로서 필요한 자질을 기르는 것.

2 사회에서 해야 할 사명을 자각함에 기초하여 개성에 따라 장래의 진로를 결정하고 일반적인 교양을 높이고 전문적 지식, 기술 및 기능을 습득시키는 것.

3 개성의 확립에 힘쓰는 동시에 사회에 대해 폭

넓고 깊은 이해와 건전한 비판력을 길러, 사회의 발전에 기여하는 태도를 기르는 것.

제65조 중등교육학교의 수업연한은 6년으로 한다.

제66조 중등교육학교 과정은 전기 3년의 전기과정 및 후기 3년의 후기과정으로 구분한다.(각각 소학교 중학교와 같은 교육목표 및 문부대신 규정 동일 적용)

제69조 중등교육학교에는 교장, 교감, 교사, 양호 교사 및 사무직원을 두어야 한다(이하 중고교와 동)

제8장 특별지원교육

제72조 특별지원학교는 시각장애자, 청각장애자, 지적 장애자, 지체부자유자 또는 병약자(신체허약자를 포함)에 대해서 유치원, 소학교, 중학교 또는 고등학교에 준하는 교육을 실시함과 동시에, 장애에 의한 학습상 또는 생활상 어려움을 극복하는 자립을 도모하기 위해서 필요한 지식 기능을 전수함을 목적으로 한다.

제73조 특별지원학교에서는 문부과학대신이 정하는 바에 따라 전조에 규정하는 자에 대한 교육 중 해당 학교가 행하는 것을 명확히 한다.

제74조 특별지원학교에서는 제72조에 규정하는 목적을 실현하기 위한 교육을 하는 외에 유치원, 소학교, 중학교, 고등학교 또는 중등교육 학교의 요청에 따라 제81조 제1항에 규정하는 유아, 아동 또는 생도의 교육에 관한 필요한 조언이나 지원을 하도록 노력한다.

제75조 제72조에 규정하는 시각장애자, 청각장애자, 지적장애자, 지체부자유자 또는 병약자의 장해의 정도는 정령으로 정한다.

제76조 특별지원학교에는 초등부 및 중학부를 두어야 한다. 다만, 특별히 필요한 경우에는 어느 하나만을 둘 수 있다.
　○ 2 특별지원학교에는 초등부 및 중학부 외에

유치부 또는 고등부를 둘 수 있으며, 특별히 필요한 경우에는 전항의 규정에 불구하고, 초등부 및 중학부를 두지 않고 유치부 또는 고등부만을 둘 수 있다.

제77조 특별 지원 학교 교육과정에 관한 사항은 유치원, 소학교, 중학교 또는 고등학교에 준해서라 문부 과학대신이 정한다.

제78조 특별지원학교에는 기숙사를 설치해야 한다. 다만, 특별한 사정이 있을 때는 이를 두지 아니할 수 있다.

제79조 기숙사를 두는 특별지원학교에는 기숙사지도원을 두어야 한다.
　○ 2 기숙사 지도원은 기숙사에서의 유아, 아동 또는 생도의 일상 생활상의 돌봄 및 생활지도에 종사하다.

제80조 도도부현은 그 구역 내에 있는 학령 아동 및 학령 학생 중 시각장애자, 청각장애자, 지적장애자, 지체부자유자 또는 병약자, 그 장애가 제75조의 정령으로 정하는 자의 취학을 위해 필요한 특별지원학교를 설치해야 한다.

제81조 유치원, 소학교, 중학교, 고등학교 및 중등교육학교에서는 다음 항 각 호 중 하나에 해당하는 유아, 아동 및 생도 기타 교육상 특별한 지원을 필요로 하는 유아, 아동 및 생도에 대해 문부과학대신의 정하는 바에 따라 장애에 의한 학습상 또는 생활상 어려움을 극복하기 위한 교육한다.
　○ 2 소학교, 중학교, 고등학교 및 중등교육 학교에는 다음 각 호 중 하나에 해당하는 아동 및 학생을 위해 특별지원학급을 둘 수 있다.
　1 지적장애자 2 지체부자유자 3 신체허약자 4 약시자 5 난청자 6 기타 장애가 있는 사람으로, 특별지원학급에서 교육을 실시하는 것이 적당한 자
　○ 3 전항에 규정하는 학교에서는 질병으로 요양 중인 아동 및 생도에 대해 특별지원학급을 설치, 또는 교원을 파견하여 교육을 실시할 수 있다.

제9장 대학

제83조 대학은 학술의 중심으로 넓은 지식을 전수하고 깊은 전문 학예를 교수 연구하며 지적, 도덕적 응용적 능력을 전개시키는 것을 목적으로 한다.
○ 2 대학은 그 목적을 실현하기 위한 교육 연구를 행하고, 그 성과를 널리 사회에 제공함으로써 사회 발전에 기여한다.

제83조의2 전조의 대학 중 깊게 전문학예를 교수 연구하고 전문성이 요구되는 직업을 맡기 위한 실천적이고 응용적인 능력을 전개시키는 것을 목적으로 하는 것은 전문직대학으로 한다.
○ 2 전문직대학은 문부과학대신이 정하는 바에 따라, 그 전문성이 요구되는 직업에 종사자, 해당 직업 사업 자 기타 관계자의 협력을 얻어 교육과정을 편성 실시하고, 교원 자질향상을 도모한다.
○ 3 전문직대학에는 제87조 제2항에 규정한 과정(의·치·약학과정)을 둘 수 없다.

제84조 대학은 통신에 의한 교육을 실시할 수 있다.

제85조 대학에는 학부를 설치하기를 상례로 한다. 단, 당해 대학의 교육 연구 상의 목적을 달성하기 위해 유익하고 적절할 경우 학부 이외의 교육 연구 상의 기본 조직을 둘 수 있다.

제86조 대학에는 야간에서 수업을 실시하는 학부 또는 통신교육을 실시하는 학부를 둘 수 있다.

제87조 대학의 수업 연한은 4년으로 한다. 다만, 특별한 전문 사항을 교수 연구하는 학부 및 전조의 야간에서 수업을 실시하는 학부에 대해서는 그 수업 연한은 4년을 넘을 수 있다.
○ 2 의학이수과정, 치학이수과정, 약학이수과정 중 임상에 관한 실천능력 배양을 주목적으로 하거나 수의학이수과정에 대해서는 전항 규정에 불구하고 그 수업 연한은 6년으로 한다.

제87조의2 전문직대학과정은 전기 2년의 전기과정 및 후기 2년의 후기과정 또는 전기 3년의 전기과정 및 후기 1년 후기과정(전조 제1항 단서에 의한 수업연한 4년을 넘는 학부는 전기 2년의 전기과정 및 후기 2년 이상의 후기과정 또는 전기 3년의 전기과정 및 후기 1년 이상의 후기과정)로 구분할 수 있다.
○ 2 전문직대학 전기과정에서 교육은 제83조의2 제1항에 규정한 목적 중 전문성이 요구되는 직업을 맡기 위한 실천적 응용적인 능력을 육성하는 것을 실현하기 위한 것이다.
○ 3 전문직대학 후기과정에서의 교육은 전기과정에서의 교육의 기초 위에 제83의2 제1항에 규정한 목적을 실현하기 위한 것이다.
○ 4 제1항 규정에 의한 전기과정 및 후기과정으로 구분된 전문직대학과정은 해당 전기과정을 수료하지 않으면 해당 전기과정에서 해당 후기과정에 진학할 수 없다.

제88조 대학 학생 이외의 자로 하나의 대학에서 일정 단위를 습득한 자가 해당 대학에 입학한 경우에 해당 단위의 습득에 의해 해당 대학의 교육과정의 일부를 이수한 것으로 인정될 때는, 문부과학대신이 정하는 바에 따라 습득한 단위 수, 기타 사항을 감안해 대학이 정하는 기간을 수업연한에 통산할 수 있다. 다만, 그 기간은 해당 대학의 수업 연한의 2분의 1을 넘어서는 안 된다.

제88조의2 전문성이 요구되는 직업에 관한 실무 경험을 통해서 해당 직업을 맡기 위한 실천적 능력을 습득한 자가 전문직대학등(전문직대학 또는 제108조4항에 규정한 목적을 그 목적으로 하는 대학(제104조 제5항 및 6항에 있어서 '전문직단기대학'이라고함)을 말한다. 이하 이조 및 제209 제3항에서 동일)에 입학하는 경우에 해당 실천적인 능력의 습득에 의한 해당 전문직대학 등의 교육과정의 일부를 이수한 것으로 인정될 때는 문부과학대신이 정하는 바에 의해 습득한 실천적인 능력수준 기타 사항을 감안하고 전문직 대학등이 정하는 기간을 수업연한에 통산할 수 있다. 다만 그 기간은 해당 전문직대학 등의 수업연한의 2분의 1을 넘지 않는 범위 내에서 문부과학대신이 정하는 기간을 넘어서는 안 된다.

제89조 대학은 문부과학대신의 정하는 바에 따라 해당 대학의 학생(제87조 제2항에 규정하는 과정에 재학하는 것 제외)에서 해당 대학에 3년(동조

제1항 단서의 규정에 의한 수업연한을 4년을 넘는 것으로 하는 학부의 학생에게 있어서는 3년 이상으로 문부과학 대신의 정하는 기간)이상 재학한 것(이에 준하는 것으로 문부과학대신이 정하는 자를 포함)이 졸업 요건으로서 해당 대학이 정하는 단위를 우수한 성적으로 습득했다고 인정하는 경우, 동항의 규정에 불구하고 그 졸업을 인정할 수 있다.

제90조 대학에 입학할 수 있는 자는 고등학교 또는 중등교육학교를 졸업한 자 혹은 통상과정에 의한 12년 학교교육을 수료한 자(통상과정 이외의 과정으로써 이에 해당하는 학 교육을 이수한 자 포함) 또는 문부과학대신이 정하는 바에 따라 이와 동등 이상의 학력이 있다고 인정된 자로 한다.

○ 2 전항의 규정에 불구하고 다음의 각호에 해당하는 대학은 문부과학대신이 정하는 바에 따라 고등학교에 문부과학대신이 정하는 연수 이상 재학한 사람(이에 준하는 사람으로서 문부과학대신이 정한자 포함)으로 해당 대학이 정하는 분야에서 특히 뛰어난 자질을 갖춘 것으로 인정하는 경우 해당 대학에 입학시킬 수 있다.

1 해당 분야에 관한 교육 연구가 이루어지고 있는 대학원이 설치된 곳.

2 해당 분야에서의 특히 뛰어난 자질을 가지는 사람의 육성을 도모하는데 적격인 교육 연구상의 실적 및 지도 체제를 갖출 것.

제91조 대학에는 전공과 및 별과를 둘 수 있다.

○ 2 대학의 전공과는 대학졸업자 또는 문부과학대신이 정하는 바에 따라 이와 동등 이상의 학력이 있다고 인정된 자에게 심오하게 특별한 사항을 교수하고 그 연구를 지도할 목적으로 하며 수업 연한은 1년 이상이다.

○ 3 대학 별과(別科)는 전조 제1항에 규정하는 입학 자격을 가지는 사람에 대해 간단한 정도에서 특별한 기능 교육을 시킬 목적으로 하며 수업 연한은 1년 이상이다.

제92조 대학에는 학장, 교수, 준교수, 조교, 조수 및 사무직원을 두어야 한다. 다만, 교육 연구 상의 조직 편제로 적절하다고 인정되는 경우에는, 준교수, 조교 또는 조수를 두지 않을 수 있다.

○ 2 대학에는 전항 외, 부학장, 학부장, 강사, 기술직원 기타 필요한 직원을 둘 수 있다.

○ 3 학장은 교무를 담당하고 소속직원을 총괄적으로 감독(統督)한다.

○ 4 부학장은 장을 도와 명을 받아 교무를 담당한다.

○ 5 학부장은 학부에 관한 교무를 담당한다.

○ 6 교수는 전공분야에 대해 교육상 연구상 또는 실무상의 특히 뛰어난 지식, 능력 및 실적을 가진 사람이며, 학생을 가르치고 연구를 지도하거나 연구에 종사한다.

○ 7 준교수는 전공 분야에 대해 교육상 연구상 또는 실무상의 뛰어난 지식, 능력 및 실적을 가진 사람이며, 학생을 가르치고 연구를 지도하거나 연구에 종사한다.

○ 8 조교는 전공 분야에 대해 교육상 연구상 또는 실무상의 지식 및 능력을 가진 자이며, 학생을 교수하고 연구를 지도하거나 연구에 종사하다.

○ 9 조수는 그 소속하는 조직의 교육 연구의 원활한 실시에 필요한 업무에 종사하다.

○ 10 강사는 교수 또는 조교수에 준하는 직무에 종사하다.

제93조 대학에는 교수회를 둔다.

○ 2 교수회는 학장이 다음 사항에 관해 결정할 때 의견을 진술한다.

1 학생의 입학, 졸업 및 과정의 수료

2 학위의 수여

3 전2호에 예시한 것 이외, 교육연구에 관한 중요한 사항으로 교수회 의견을 들을 필요가 있는 것으로 학장이 정한 것

○ **3 교수회는 전항 규정한 것 외에, 학장 및 학부장 기타 교수회가 설치된 조직의 장(학장등)이 담당하는 교육연구에 관한 사항에 대해 심의하거나 학장등의 요구에 응하여 의견을 진술할 수 있다.**

○ 4 교수회 조직에는 준교수 기타 직원을 포함할 수 있다.

제94조 대학에 대해 제3조에 규정하는 설치 기준을 정하는 경우 및 제4조 제5항에 규정하는 기준을 정하는 경우에는 문부과학대신은 심의회 등에서 정령으로 정하는 것에 자문하여야 한다.

제95조 대학을 설치인가 하는 경우 및 대학에 대한 제4조 제3항 또는 제15조 제2항 또는 제3항의 규정에 의한 명령 또는 동조 제1항의 규정에 의한 권고를 실시하는 경우에 문부과학대신은 심의회 등에서 정령에 정한 것에 자문하여야 한다.

제96조 대학에는 연구소 기타 연구시설을 부설할 수 있다.

제97조 대학에는 대학원을 둘 수 있다.

제98조 공립 또는 사립대학은 문부과학대신의 소할 (所轄)로 한다.

제99조 대학원은 학술의 이론 및 응용을 교수 연구하여 그 심오함을 끝까지 밝히거나 고도의 전문성이 요구되는 직업을 맡기 위한 깊은 학식 및 탁월한 능력을 길러, 문화의 진전에 기여하는 것을 목적으로 한다.
○ 2 대학원 중 학술의 이론 및 응용을 교수 연구해 고도의 전문성이 요구되는 직업을 맡기 위한 깊은 학식 및 탁월한 능력을 배양하는 것을 목적으로 하는 것은 전문직대학원이다.
○ 3 전문직대학원은 문부과학대신이 정하는 바에 의해 고도의 전문성이 요구되는 직업에 종사하고 있는 사람, 해당 직업에 관련 사업을 하는 자 기타 관계자의 협력을 얻어 교육과정을 편성 실시함과 아울러 교원의 자질 향상을 꾀한다.

제100조 대학원을 두는 대학에는 연구과를 두는 것을 상례로 한다. 단, 해당 대학의 교육 연구 상의 목적을 달성하기 위해 유익하고 적절할 경우에는, 문부과학 대신이 정하는 바에 따라 연구과 이외의 교육 연구 상의 기본 조직을 둘 수 있다.

제108조 대학은 제83조 제1항에 규정한 목적 대신

깊게 전문 학계를 교수 연구하여 직업 또는 실제 생활에 필요한 능력을 육성하는 것을 주된 목적으로 할 수 있다.
○ 2 전학에 규정한 목적을 그 목적으로 하는 대학은 제87제 제1항 규정에도 불구하고 그 수업연한을 2년 또는 3년으로 한다.
○ 3 전항의 대학은 단기대학이라 칭한다.
○ 4 제2항의 대학 중 깊게 전문 학예를 교수 연구하여 전문성이 요구되는 직업을 담당하게하기 위한 실천적 응용적 능력을 육성할 것을 목적으로 하는 것은 전문직단기대학으로 한다.
○ 5 제83조의2 제2항 규정은 전항의 대학에 준용한다.
○ 6 제2항의 대학에는 제85조 및 제86조의 규정에도 불구하고 학부를 두지 않는다.
○ 7 제2항의 대학에는 학과를 둔다.
○ 8 제2항의 대학에는 야간에 수업하는 학과 도는 통신에 의해 교육하는 학과를 둘 수 있다.
○ 9 제2항의 대학을 졸업한자는 문부과학대신이 정한 바에 의해 제83조의 대학에 편입학 할 수 있다.
○ 10 제97조의 규정은 제2항의 대학에는 적용하지 않는다.

제109조 대학은 그 교육연구 수준 향상에 이바지하기 위해 문부과학대신이 정한 바에 따라, 당해 대학의 교육 및 연구, 조직 및 운영과 함께 시설 및 설비(교육 연구등)의 상황에 대해 스스로 점검 및 평가하여 그 결과를 공표한다.
○ 2 대학은 전항의 조치에 더해, 당해 대학의 교육 연구등의 종합적인 상황에 대해 정령에서 정한 기간에 문부과학대신의 인증을 받은 자(인증평가기관)에 의한 평가(인증평가) 받는다. 단, 인증평가기관이 존재하지 않는 경우나 기타 특별한 사유가 있는 경우에는 문부과학대신이 정한 조치를 강구하고 있을 경우에는 이에 해당되지 않는다.
○ 3 전문직대학등 또는 전문직대학원을 두는 대학의 인증평가(위의 경우와 동일하다)
○ 4 전2항의 인증평가는 대학의 요청에 의해 대학평가기준(전2항의 인증평가를 행하기 위한 인증평가기관이 정한 기준을 말함)에 따라서

행한다.

제110조 인증평가기관이 되려는 자는 문부과학대신
이 정한 바에 따라 신청하여 문부과학대신의 인
증을 받을 수 있다.(제2항 생략)

제111조 문부과학대신은 인증평가의 공정성과 정확
한 실시가 확보되지 않을 우려가 있다고 인정될
때, 인정평가기관에 대해 필요한 보고나 자료의
제출을 요구할 수 있다.

제112조 문부과학대신은 다음에 드는 경우에는 제
94조의 정령에 정한 심의회등에 자문하여야 한다.
1 인증평가기관의 인증을 할 때
2 제110조 제3항 세목을 정할 때
3 인증평가기관의 인증을 취소할 때

제113조 대학은 교육연구 성과의 보급 및 활용을
촉진에 이바지하기 위해, 그 교육 연구 활동 상황
을 공표한다.

제114조 제37조 제14항 및 제60조 제6항의 규정은
대학에 준용한다.

제10장 고등전문학교

제115조 고등전문학교는 깊은 전문 학예를 교수하
고 직업에 필요한 능력을 육성하는 것을 목적으
로 한다.
○ 2 고등전문학교는 그 목적을 실현하기 위한
교육을 실시하고, 그 성과를 널리 사회에 제
공함으로써 사회발전에 기여한다.

제116조 고등전문학교에는 학과를 둔다.
○ 2 전항의 학과에 관한 필요한 사항은 문부과
학대신이 정한다.

제117조 고등전문학교의 수업 연한은 5년으로 한
다. 단, 상선(商船) 관련 학과는 5년 6월로 한다.

제118조 고등전문학교에 입학할 수 있는 자는 제57
조에 규정하는 자로 한다.

제119조 고등전문학교에는 전공과를 둘 수 있다.
○ 2 고등전문학교 전공과는 고등전문학교를 졸
업한 자 또는 문부과학대신의 정하는 바에 따
라 이와 동등 이상의 학력이 있다고 인정된
자에게 세심하고 특별한 사항을 교수하고 그
연구를 지도할 목적으로 수업 연한은 1년 이
상으로 한다.

제121조 고등전문학교를 졸업한 자는 준학사라고
칭할 수 있다.

제122조 고등전문학교를 졸업한 자는 문부과학대신
이 정한 바에 따라 대학에 편입학할 수 있다.

제123조 제37조 제14항, 제59조, 제60조 제6항, 제
94조(설치기준에 관한 부분에 한함) 제95조, 제
98조, 제105조에서 제107조, 제109조(제3항을 제
외)및 제110조에서 제113조의 규정은 고등전문학
교에 준용한다.

제11장 전수학교

제124조 제1조에 기재된 것 이외의 교육시설에서
직업 혹은 실제 생활에 필요한 능력을 육성하거
나 교양 향상을 목적으로 하여 다음 각 호에 해
당하는 조직적인 교육을 실시하는 것(당해 교육
할 경우 다른 법률에 특별 규정이 있는 것이나
일본에 거주하는 외국인만을 대상으로 하는 것은
제외)은 전수학교이다.
1 수업 연한이 1년 이상일 것.
2 수업 시수가 문부과학대신이 정한 수업시간 이
상일 것.
3 교육을 받는 자가 상시 40명 이상인 것.

제125조 전수학교는 고등과정, 전문과정 또는 일반
과정을 둔다.
○ 2 전수학교의 고등과정에서는 중학교 혹은 이
에 준하는 학교를 졸업한 자 혹은 중등교육학
교의 전기과정 수료자 또는 문부과학대신이
정하는 바에 의해 이와 동등 이상의 학력이
있다고 인정된 자에게 중학교의 교육의 기초
위에 심신의 발달에 따라 전조의 교육한다.

○ 3 전수학교 전문과정에서는 고등학교 혹은 이에 준하는 학교 또는 중등교육학교를 졸업자 또는 문부과학대신이 정하는 바에 의해 이에 준하는 학력이 있다고 인정된 자에게 고등학교에서의 교육의 기초 위에 전조의 교육한다.

○ 4 전수학교의 일반과정에서는 고등과정 또는 전문 과정의 교육 이외의 전조의 교육한다.

제126조 고등과정을 두는 전수학교는 고등전수학교라고 칭할 수 있다.

○ 2 전문과정을 두는 전수학교는 전문학교라고 칭할 수 있다.

제130조 국가 또는 도도부현이 설치하는 전수학교를 제외하고 전수학교의 설치 폐지(고등과정, 전문과정 또는 일반과정의 설치폐지를 포함), 설치자의 변경 및 목적의 변경은, 시정촌이 설치하는 전수학교 경우는 도도부현교육위원회, 사립전수학교 경우는 도도부현지사의 인가를 받아야 한다.

제131조 전수학교 설치자는 명칭, 위치, 학칙을 변경시 시정촌 전수학교는 도도부현교육위원회에 사립전수학교는 도도부현지사에 신고해야 한다.

제132조 전수학교 전문과정(수업연한이 2년 이상과 기타 문부과학대신이 정한 기준 충족시)을 수료한 자(제9조 제1항에 규정한자)는 문부과학대신의 정하는 바에 따라 대학에 편입학할 수 있다.

제12장 잡칙

제134조 제1조에 기재된 것 이외의 것으로, 학교교육에 비슷한 교육을 실시하는 것(당해 교육을 할 경우 다른 법률에 특별 규정이 있는 것 및 제124조에 규정한 전수학교의 교육을 실시하는 것을 제외)은 각종학교이다.

○ 2 제4조 제1항 전단 제5조부터 제7조, 제9조부터 제11조, 제13조 제1항, 제14조 및 제42조에서 제44조의 규정은 각종 학교에 준용한다.(이하 대체 생략)

○ 3 전항의 외, 각종학교에 관한 필요한 사항은 문부과학대신이 이것을 정한다.

제135조 전수학교, 각종학교 기타 제1조에 기재된 것 이외의 교육시설에는 동조에 기재된 학교의 명칭 또는 대학원의 명칭을 사용해서는 안 된다.

○ 2 고등과정을 두는 전수학교 이외의 교육시설은 고등전수학교의 명칭을, 전문과정을 두는 전수학교 이외의 교육시설은 전문학교의 명칭을, 전수학교 이외의 교육시설은 전수학교의 명칭을 사용해서는 안 된다.

제136조 도도부현교육위원회(개인 경영에 관련된 것에 있어서는 도도부현지사)는 학교 이외의 것 또는 전수학교 혹은 각종학교 이외의 것이 전수학교 또는 각종학교의 교육을 실시하는 것으로 인정하는 경우에는 관계자에게 일정기간 내에 전수학교 설치 또는 각종학교 설치인가를 신청해야 할 사실을 권고할 수 있다. 다만, 그 기간은 한 달 이상으로 한다.

○ 2 도도부현교육위원회(개인 경영에 관련된 것에 있어서는 도도부현지사)는 전항에 규정하는 관계자가, 동항의 규정에 의한 권고에 따르지 않고 계속 전수학교 혹은 각종학교의 교육을 할 때나 전수학교 설치 혹은 각종학교 설치인가를 신청했지만 그 인가를 얻지 못한 경우 계속 전수학교 혹은 각종학교의 교육을 하고 있을 때는 해당 관계자에게 해당 교육을 그만 두도록 명할 수 있다.

○ 3 도도부현지사는 전항의 규정에 의한 명령을 할 경우 미리 사립학교심의회의 의견을 들어야 한다.

제137조 학교 교육상 지장이 없는 한 학교에는 사회 교육에 관한 시설을 부설하거나 학교시설을 사회교육 기타 공공을 위해 이용할 수 있다.

제138조 제17조 제3항의 정령으로 정한 사항 중 동조 제1항 또는 제2항의 의무이행에 관한 처분에 해당하는 것으로 정령으로 정하는 것에 대해서는 행정절차법 제3장 의 규정은 적용하지 않는다.

제139조 문부과학대신이 대학 또는 고등전문학교의 설치인가에 관한 처분이나 그 부작위에 대해서는 심사청구를 할 수 없다.

제140조 이 법률에서의 시(市)에는, 도쿄도(東京都)의 구(区)를 포함한다.

제141조 이 법률(제85조 및 제1조를 제외)및 다른 법령(교육공무원득례법 및 해당 법령에 특별한 규정이 있는 것을 제외)에서 대학의 학부에는 제85조 단서에 규정하는 조직을 포함한 대학의 대학원 연구과에는 제100조 단서에 규정하는 조직을 포함한다.

제142조 이 법률에 규정하는 것 외, 이 법률 시행을 위해 필요한 사항으로 지방공공단체 기관이 처리해야 하는 것에 대해서는 정령으로, 그 밖의 것에 대해서는 문부과학대신이 정한다.

제13장 벌칙

제143조 제13조 제1항(동조 제2항, 제133조 제1항 및 제134조 제2항에서 준용하는 경우를 포함)의 규정에 따라 폐쇄명령 또는 제136조 제2항의 규정에 의한 명령에 위반한 자는 6월 이하의 징역 또는 금고 또는 20만엔(円) 이하의 벌금에 처한다.

제144조 제17조 제1항 또는 제2항의 의무이행의 독촉을 받고 또한 이행하지 않는 사람은 10만엔(円) 이하의 벌금에 처한다.
  ○ 2 법인의 대표자 대리인, 사용인 기타 종업자가 그 법인의 업무에 관한 전항의 위반행위를 했을 때는 행위자를 처벌하는 것 이외, 해당 법인에 대해서도 동항의 형을 과한다.

제145조 제20조의 규정을 위반한 자는 10만엔(円) 이하의 벌금에 처한다.

제146조 제135조의 규정을 위반한 자는 10만엔(円) 이하의 벌금에 처한다.

부칙

제1조 이 법률은 1947년 4월 1일부터 실시한다. 단 맹아학교, 농아학교, 양호학교의 취학의무 및 설치의무 시행 기일은 정령으로 정한다.

부칙(2018년 6월1일 법률 제39호)

(시행기일)
제1조 이 법률은 2019년 4월1일부터 시행한다.

(벌칙에 관한 경과조치)
제2조 이 법률의 시행 전에 한 행위에 대한 벌칙 적용에 관해서는 계속해서 종전의 예에 따른다.

(정령으로의 위임)
제3조 전조에 규정하는 것 외에 이 법의 시행에 관한 필요한 경과 조치는 정령으로 정한다.

【부록 4】 지방교육행정법(발췌 번역)

지방교육행정조직 및 운영에 관한 법률
(1956년 6월 3일 법률 제162호)
최종개정: 2017년 5월17일 공포(법률 2017 제29호)
시행일 : 2017년 4월 1일

목차

제1장 총칙(이 법률의 취지)

제1조 이 법률은 교육위원회의 설치, 학교 기타 교
　　육기관 직원의 신분취급, 기타 지방공공단체의
　　교육행정 조직 및 운영의 기본을 정하는 것을 목
　　적으로 한다.
(기본이념)
제1조의2 지방공공단체의 교육행정은 교육기본법
　　(2006년 법률 제120호)의 취지에 따라 교육의 기
　　회균등, 교육수준의 유지향상 및 지역실정에 따
　　른 교육의 진흥을 도모할 수 있도록 국가와의 적
　　절한 역할분담 및 상호협력 하에서 공정하고 적
　　정하게 이루어져야 한다.
(대강의 책정 등)
제1조의3 지방공공단체장은 교육기본법 제17조 제1
　　항에 규정하는 기본적인 방침을 참작하여 그 지
　　역의 실정에 따라 해당 지방공공단체의 교육, 학
　　술 및 문화진흥에 관한 종합적인 시책의 대강(이

하 대강)을 정한다.
　2 지방공공단체장은 대강을 정하거나 이를 변경
　　하고자 할 때에는 미리 다음 조 제1항의 종합
　　교육회의에서 협의한다.
　3 지방공공단체장은 대강을 정하거나 이를 변경
　　한 때에는 지체없이 이를 공표하여야 한다.
　4 제1항의 규정은 지방공공단체장에게 제21조에
　　규정하는 사무를 관리하거나 집행하는 권한을
　　주는 것으로 해석해서는 안 된다.
(종합교육회의(総合教育会議))
제1조의4 지방공공단체장은 강령의 책정에 관한 협
　　의 및 다음에 제시하는 사항에 관한 협의 및 이
　　에 관한 다음 항 각호에 제시하는 구성원의 사무
　　를 조정하기 위해 종합교육회의를 설치한다.
　　　1 교육을 실시하기 위한 제반 조건의 정비 그
　　　　외의 지역의 실정에 따른 교육, 학술 및 문
　　　　화의 진흥을 도모하기 위해 중점적으로 강
　　　　구해야 할 시책.
　　　2 아동, 생도등의 생명 또는 신체에 실제로
　　　　피해가 발생하거나 또는 확실히 피해가 발
　　　　생할 우려가 있다고 전망되는 경우 등 긴급
　　　　한 경우에 강구해야 할 조치.
　○ 2 종합교육회의는 다음에 게재한 자로 구성
　　한다.
　　　1 지방공공단체장　2 교육위원회
　○ 3 종합교육회의는 지방공공단체장이 소집한다.
　○ 4 교육위원회는 그 권한에 속하는 사무에 관해
　　협의할 필요가 있다고 인정될 때에는 지방공공
　　단체장에게 협의해야 할 구체적 사항을 제시하
　　고 종합교육회의 소집을 요구할 수 있다.
　○ 5 종합교육회의는 제1항의 협의를 함에 있어
　　서 필요하다고 인정하는 때에는 관계자 또는
　　학식경험자로부터 해당 협의해야 할 사항에
　　관해 의견을 들을 수 있다.
　○ 6 종합교육회의는 공개한다. 단, 개인의 비밀
　　을 유지하기 위해 필요하다고 인정될 때, 또
　　는 회의의 공정이 해칠 우려가 있다고 인정될
　　때 기타 공익상 필요하다고 인정하는 때에는
　　그러하지 아니하다.
　○ 7 지방공공단체장은 종합교육회의가 끝난 뒤
　　지체 없이 종합교육회의가 정하는 바에 따라

회의록을 작성해 이를 공개하도록 해야 한다.
- 8 종합교육회의에서 구성원의 사무조정이 이루어진 사항에 대해 당해 구성원은 그 조정결과를 존중해야 한다.
- 9 전 각 항에 징하는 깃 외에 종합교육회의의 운영에 관해 필요한 사항은 종합교육회의가 정한다.

제2장 교육위원회의 설치 및 조직

제1절 교육위원회의 설치, 교육장 및 위원과 회의

(설치)
제2조 도도부현, 시(특별구 포함)정촌 및 제21조에 규정하는 사무의 전부 또는 일부를 처리하는 지방공공단체의 조합에 교육위원회를 둔다.

(조직)
제3조 교육위원회는 교육장 및 4인의 위원으로 조직한다. 단, 조례로 정하는 바에 따라 도도부현 혹은 시 또는 지방공공단체의 조합 중 도도부현 혹은 시가 가입하는 교육위원회에 있어서는 교육장 및 5명 이상의 위원을, 정촌 또는 지방공공단체의 조합 중 정촌만이 가입하는 교육위원회에서는 교육장 및 2명 이상의 위원을 두고 조직할 수 있다.

(임명)
제4조 교육장은 당해 지방공공단체장이 피선거권을 가진 자로 인격이 고결하고 교육행정에 관한 식견을 가진 자 중 지방공공단체장이 의회의 동의를 얻어 임명한다.
- 2 위원은 해당 지방공공단체장이 피선거권을 가진 자로서 인격이 고결하고, 교육, 학술 및 문화(이하 교육)에 관해 식견을 가진 자 중 지방공공단체장이 의회의 동의를 얻어 임명한다.
- 3 다음 각 호 중 하나에 해당하는 자는 교육장 또는 위원이 될 수 없다.
  1 파산절차 개시결정을 받아 복권을 얻지 못한 자
  2 금고 이상의 형을 받은 자
- 4 교육장 및 위원의 임명에 대해서는 그 중 위원의 정수에 1을 더한 수의 2분의 1이상의

자가 동일한 정당에 소속되어서는 안 된다.
- 5 지방공공단체장은 제2항의 규정에 의한 위원의 임명에 있어서는 위원의 연령, 성별, 직업 등에 현저한 편향이 생기지 않도록 배려하는 동시에 위원 중에 보호자(친권을 행하는 자 및 미성년 후견인을 말함)인 자가 포함되도록 하여야 한다.

(임기)
제5조 교육장의 임기는 3년으로 하고, 위원의 임기는 4년으로 한다. 단 보궐 교육장 또는 위원의 임기는 전임자의 잔임기간으로 한다.
- 2 교육장 및 위원은 재임될 수 있다.

(겸직금지)
제6조 교육장 및 위원은 지방공공단체 의회의 의원이나 장, 지방공공단체에 집행기관으로서 두는 위원회의 위원(교육위원회에 있어서는 교육장 및 위원) 혹은 위원 또는 지방공공단체의 상근직원 또는 지방공무원법 (1950년 법률 제261호) 제28조의 5 제1항에 규정하는 단시간 근무 직원 등을 겸할 수 없다.

(파면)
제7조 지방공공단체장은 교육장 또는 위원이 심신의 장애 때문에 직무수행이 어렵다고 인정하는 경우 또는 직무상의 의무위반 기타 교육장 또는 위원으로서 적합하지 않은 비행이 있다고 인정하는 경우에는 당해 지방공공단체의 의회의 동의를 얻어 그 교육장 또는 위원을 파면할 수 있다.
- 2 지방공공단체장은 교육장 및 위원 중 위원 정수에게 1을 더한 수의 2분의 1에서 1을 감한 수(그 수에 1인 미만의 끝수가 있는 때에는 이것을 절상해서 얻은 수)의 자가 이미 소속되어 있는 정당에 새롭게 소속되는 교육장 또는 위원이 있을 때에는 그 교육장 또는 위원을 즉시 파면하는 것으로 한다.
- 3 지방공공단체장은 교육장 및 위원 중 위원의 정수에 1을 더한 수의 2분의 1이상의 자가 동일한 정당에 소속하게 된 경우(전항의 규정에 해당하는 경우를 제외)에는, 동일한 정당에 소속하는 교육장 및 위원의 수가 위원의

정수에 1을 더한 수의 2분의 1에서 1을 뺀 수 (그 수에 1명 미만의 끝수가 있는 때에는, 이 것을 절상해 얻은 수)가 되도록, 해당 지방공 공단체의 의회의 동의를 얻어, 교육장 또는 위원을 파면하는 것으로 한다. 단, 정당소속 관계에 대해 이동이 없는 교육장 또는 위원을 파면할 수 없다.

○ 4 교육장 및 위원은 전3항의 경우를 제외하고 는 그 의도에 반하여 파면되는 일이 없다.

(해직청구)
제8조 지방공공단체장의 선거권을 가진 자는 정령 으로 정하는 바에 따라 그 총수의 3분의 1 이상 연서로 그 대표자로부터 당해 지방공공단체의 장 애 대해 교육장 또는 위원의 해직을 청구할 수 있다.

(실직)
제9조 교육장 및 위원은 전조 제2항에서 준용하는 지방자치법 제87조의 규정에 의하여 그 직을 잃 는 경우 외에 다음 각 호 중 하나에 해당하는 경 우에는 그 직을 잃는다.
　1 제4조 제3항 각호 어느 하나에 해당하는 경우
　2 전호에 든 경우 외에 당해 지방공공단체장의 피선거권을 가진 자가 아닌 경우

(사직)
제10조 교육장 및 위원은 당해 지방공공단체장과 교육위원회의 동의를 얻어 사직할 수 있다.

(복무등)
제11조 교육장은 직무상 알게 된 비밀을 누설해서는 안 된다.그 직을 물러난 후에도, 또, 같게 한다.
○ 2 교육장 또는 교육장이었던 자가 법령에 의 한 증인, 감정인 등이 되어, 직무상의 비밀에 속하는 사항을 발표하는 경우에는 교육위원회 의 허가를 받아야 한다.
○ 3. 항의 허가는 법률에 특별한 규정이 있는 경우를 제외하고 이를 거부할 수 없다.
○ 4 교육장은 상근으로 한다.
○ 5 교육장은 법률 또는 조례에 특별한 규정이 있는 경우를 제외하는 것 외에 그 근무시간

및 직무상의 주의력 전부를 그 직책수행을 위 하여 기울리고, 당해 지방공공단체가 해야 할 책임을 가진 직무에만 종사해야 한다.
○ 6 교육장은 정당 그 외 정치적 단체의 임원이 되거나 적극적으로 정치운동을 해서는 안 된다.
○ 7 교육장은 교육위원회의 허가를 받지 않으면 영리를 목적으로 하는 사기업을 영위하는 것 을 목적으로 하는 회사 기타 단체의 임원 그 외 인사위원회 규칙(인사위원회를 두지 않는 지방공공단체에서는 지방공공단체의 규칙)에 서 정하는 지위를 겸하고, 혹은 스스로 영리 를 목적으로 하는 사기업을 영위하거나 보수 를 받아 어떠한 사업 혹은 사무에도 종사해서 는 안 된다.
○ 8 교육장은 그 직무수행에 있어서는 스스로가 해당 지방공공단체의 교육행정 운영에 대해 지는 중요한 책임을 자각하는 동시에 제1조의 2에 규정히는 기본이념 및 대깅에 준서하고 또한 아동, 생도등의 교육을 받을 권리 보장 에 만전을 기하여 당해 지방공공단체의 교육 행정 운영이 이루어지도록 유의해야 한다.

제12조 전조 제1항부터 제3항까지, 제6항 및 제8항 의 규정은 위원의 복무에 대해 준용한다.
○ 2 위원은 비상근으로 한다.

(교육장)
제13조 교육장은 교육위원회의 회무를 총리하고 교 육위원회를 대표한다.
○ 2 교육장에게 사고가 있을 때, 또는 교육장이 부족한 때에는 미리 그 지명하는 위원이 그 직무를 행한다.

(회의)
제14조 교육위원회의 회의는 교육장이 소집한다.
○ 2 교육장은 위원 정수의 3분의 1 이상의 위원 으로부터 회의에 부의해야 할 사건을 제시하 고 회의소집이 청구된 경우에는 지체없이 이 를 소집해야 한다.
○ 3 교육위원회는 교육장 및 재임위원의 과반수 가 출석하지 않으면 회의를 열어 의결을 할 수 없다. 단, 제6항의 규정에 의한 제척 때문에

과반수에 달하지 않을 때나 동일 사건에 대해 다시 소집해도 과반수에 미달하는 때에는 그러하지 아니한다.

○ 4 교육위원회의 회의의 의사는 제7항 단서 발의에 관련된 것을 제외하고, 출석자의 과반수로 결정하고 가부 동수일 때는 교육장이 결정하는 바에 의한다.

○ 5 교육장에게 사고가 있거나 교육장이 결원인 경우 전항의 적용에 대해서는 전조 제2항의 규정에 의하여 교육장의 직무를 행하는 자는 교육장으로 본다.

○ 6 교육위원회의 교육장과 위원은 자기, 배우자 혹은 3촌 이내의 친족의 일신상에 관한 사건 또는 자기 혹은 이들이 종사하는 업무에 직접적인 이해관계가 있는 사건에 대해서는 그 의사에 참여할 수 없다. 단 교육위원회의 동의가 있는 때에는 회의에 출석하여 발언할 수 있다.

○ 7 교육위원회의 회의는 공개한다. 단, 인사에 관한 사건 기타 사건에 대하여 교육장 또는 위원의 발의에 의해 출석자의 3분의 2이상의 다수로 의결한 때에는 이를 공개하지 아니할 수 있다.

○ 8 전항 단서의 교육장 또는 위원의 발의는 토론을 하지 않고 그 가부를 결정해야 한다.

○ 9 교육장은 교육위원회 회의가 끝난 뒤 지체 없이 교육위원회 규칙으로 정하는 바에 따라 그 회의록을 작성해 이를 공표하도록 노력해야 한다.

(교육위원회 규칙의 제정 등)
제15조 교육위원회는 법령 또는 조례를 위반하지 않는 한 그 권한에 속하는 사무에 관하여 교육위원회 규칙을 제정할 수 있다.

○ 2 교육위원회 규칙 기타 교육위원회가 정하는 규정으로 공표를 필요로 하되 공포에 관해 필요한 사항은 교육위원회 규칙으로 정한다.

(교육위원회의 의사운영)
제16조 이 법률에 정하는 것 외에 교육위원회의 회의 기타 교육위원회의 의사운영에 관하여 필요한 사항은 교육위원회 규칙으로 정한다.

제2절 사무국
(사무국)
제17조 교육위원회의 권한에 속하는 사무를 처리하도록 교육위원회에 사무국을 둔다.

○ 2 교육위원회의 사무국 내부조직은 교육위원회 규칙으로 정한다.

(지도주사 기타직원)
제18조 도도부현에 설치된 교육위원회(도도부현위원회)의 사무국에 지도주사 사무직원 및 기술직원 외에 필요한 직원을 둔다.

○ 2 시정촌에 설치된 교육위원회(시정촌위원회)의 사무국에, 전항의 규정에 준해 지도주사 외의 직원을 둔다.

○ 3 지도주사는 상사의 명을 받아 학교(학교교육법상 학교 및 유보연계형인정어린이원)에 있어서 교육과정, 학습지도 기타학교교육에 관한 전문적 사항의 지도에 관한 사무 종사한다.

○ 4 지도주사는 교육에 관한 식견을 갖고, 또한 학교에 있어서의 교육과정, 학습지도, 기타 학교교육에 관한 전문적 사항에 대해 교양과 경험이 있는 사람이어야 한다. 지도주사는 대학 이외의 공립학교 교원으로 충원할 수 있다.

○ 5 사무직원은 상사의 명을 받아 사무에 종사한다.

○ 6 기술직원은 상사의 명을 받아 기술에 종사한다.

○ 7 제1항 및 제2항의 직원은 교육위원회가 임명한다.

○ 8 교육위원회는 사무국의 직원 중 소장사무와 관련된 교육행정 상담업무를 수행하는 직원을 지정한다.

○ 9 전 각 항에 정하는 것 외에 교육위원회의 사무국에 배치된 직원에 관해 필요한 사항은 정령으로 정한다.

(사무국 직원의 정수)
제19조 전조 제1항 및 제2항에 규정하는 사무국의 직원의 정수는 당해 지방공공단체의 조례로 정한다. 단 임시 또는 비상근의 직원에 대해서는 그러하지 아니하다.

(사무국 직원의 신분조치)
제20조 제18조 제1항 및 제2항에 규정하는 사무국의 직원의 임면, 인사평가, 급여, 징계, 복무, 퇴직관리, 기타 신분조치사항은 이 법률 및 교육공무원특례법에 특별한 규정이 있는 것을 제외하고, 지방공무원법이 정하는 바에 의한다.

제3장 교육위원회 및 지방공공단체장의 직무권한

(교육위원회의 직무권한)
제21조 교육위원회는 당해 지방공공단체가 처리하는 교육에 관한 사무에서 다음에 해당하는 것을 관리하고 집행한다.
1 교육위원회의 소관에 속하는 제30조에 규정하는 학교, 기타 교육기관 설치, 관리 및 폐지에 관한 것.
2 교육위원회의 소관에 속하는 학교 기타 교육기관용으로 제공하는 재산(교육재산)의 관리에 관한 것.
3 교육위원회 및 교육위원회의 소관에 속하는 학교 기타 교육기관 직원의 임면 기타 인사에 관한 것.
4 학령 생도 및 학령 아동의 취학 및 생도, 아동 및 유아의 입학, 전학 및 퇴학에 관한 것.
5 교육위원회의 소관에 속하는 학교의 조직편제, 교육과정, 학습지도, 생도지도 및 직업지도에 관한 것.
6 교과서 기타 교재 취급에 관한 것.
7 교사(校舍) 기타 시설 및 교구 그 외의 설비의 정비에 관한 것.
8 교장, 교원 기타 교육관계 직원의 연수에 관한 것.
9 교장, 교원 기타 교육관계 직원 및 생도, 아동 및 유아의 보건, 안전, 후생 및 복리에 관한 것.
10 교육위원회의 소관에 속하는 학교, 기타 교육기관의 환경위생에 관한 것.
11 학교급식에 관한 것.
12 청소년교육, 여성교육 및 공민관의 사업, 기타 사회교육에 관한 것.
13 스포츠에 관한 일
14 문화재의 보호에 관한 것.
15 유네스코 활동에 관한 것.
16 교육에 관한 법인에 관한 것.
17 교육과 관련된 조사 및 기간통계 기타 통계에 관한 것.
18 소장사무와 관련한 홍보 및 소장 사무와 관련되는 교육행정에 관한 상담에 관한 것.
19 전 각 호에 든 것 외에 당해 지방공공단체의 구역내 교육에 관한 사무에 관한 것.

(장의 직무권한)
제22조 지방공공단체장은 대강(大綱)의 책정에 관한 사무 외, 다음에 제시하는 교육에 관한 사무를 관리하고 집행한다.
1 대학에 관한 것
2 유보연계형 인정어린이원에 관한 것.
3 사립학교에 관한 것
4 교육재산을 취득 및 처분하는 것.
5 교육위원회의 소장사항에 관한 계약을 맺는 것.
6 전호에 든 것 외 교육위원회의 소장사항에 관한 예산을 집행하는 것.

(직무권한의 특례)
제23조 전 2조의 규정에 관계없이 지방공공단체는 전조 각 호에 든 것 외에 조례가 정하는 바에 따라 당해 지방공공단체장이 다음 각 호에 게재하는 교육에 관한 사무 중 하나 또는 모두를 관리하고 집행할 수 있다.
1 스포츠에 관한 것(학교체육에 관한 것 제외).
2 문화에 관한 것(문화재 보호에 관한 것 제외).
○ 2 지방공공단체의회는 전항의 조례제정 또는 개폐의 의결 전에 당해 지방공공단체의 교육위원회의 의견을 들어야 한다.

(사무처리 법령 준거)
제24조 교육위원회 및 지방공공단체장은 각각 전3조의 사무를 관리하고 집행함에 있어서는 법령, 조례, 지방공공단체의 규칙 및 지방공공단체의 기관이 정하는 규칙 및 규정에 근거해야 한다.

(사무의 위임등)
제25조 교육위원회는 교육위원회 규칙으로 정하는 바에 따라 그 권한에 속하는 사무의 일부를 교육

장에게 위임하거나 또는 교육장을 하여 임시로 대리시킬 수 있다.

○ 2 전항의 규정에 관계없이 다음에 제시하는 사무는 교육장에게 위임할 수 없다.

　1 교육에 관한 사무의 관리 및 집행의 기본적인 방침에 관한 것.

　2 교육위원회 규칙 기타 교육위원회가 정하는 규정의 제정 또는 개폐에 관한 것.

　3 교육위원회의 소관에 속하는 학교, 기타 교육기관의 설치 및 폐지에 관한 것.

　4 교육위원회 및 교육위원회 소관에 속하는 학교, 기타 교육기관의 직원 임면 및 그 외 인사에 관한 것.

　5 다음 조에 의한 점검 및 평가에 관한 것.

　6 제27조와 제29조에 규정하는 의견의 신청에 관한 것.

○ 3 교육장은 교육위원회 규칙으로 정하는 바에 따라 제1항의 규정에 의하여 위임된 사무 또는 임시로 대리한 사무의 관리 및 집행상황을 교육위원회에 보고하여야 한다.

○ 4 교육장은 제1항의 규정에 의하여 위임된 사무 기타 그 권한에 속하는 사무의 일부를 사무국의 직원이나 교육위원회의 소관에 속하는 학교, 기타 교육기관의 직원(사무국직원등)에게 위임하거나 또는 사무국 직원등에게 임시로 대리시킬 수 있다.

(교육 사무관리 및 집행상황의 점검 및 평가 등)

제26조 교육위원회는 매년 그 권한에 속하는 사무(위임사무 포함)의 관리 및 집행의 상황에 대해 점검 및 평가를 실시하고, 그 결과에 관한 보고서를 작성하여 이를 의회에 제출함과 동시에 공표해야 한다.

○ 2 교육위원회는, 전항의 점검 및 평가시 교육에 관해 학식 경험자의 식견 활용을 도모한다.

(유보연계형인정어린이원에 관한 의견 청취)

제27조 지방공공단체장은 당해 지방공공단체가 설치하는 유보연계형인정어린이원 사무 중 교육과정 관련된 기본적 사항의 책정 기타 당해 지방공공단체의 교육위원회의 권한에 속하는 사무와 밀접한 관련이 있는 것으로서 당해 지방공공단체의

규칙으로 정해 실시함에 당해 교육위원회의 의견을 들어야 한다.

○ 2 지방공공단체장은 전항의 규칙을 제정하거나 개폐하고자 할 때에는 미리 당해 지방공공단체의 교육위원회의 의견을 들어야 한다.

(유보연계형인정어린이원에 관한 의견진술)

제27조의2 교육위원회는 당해 지방공공단체가 설치하는 유보연계형인정어린이원에 관한 사무관리 및 집행에 대하여 그 직무에 관하여 필요하다고 인정하는 때에는 당해 지방공공단체장에게 의견을 말할 수 있다.

(유보연계형인정어린이원에 관한 자료제공 등)

제27조의3 교육위원회는 전2조의 규정에 의한 권한을 행하기 위해 필요하면 당해 지방공공단체장에게 필요한 자료제공 기타의 협력을 요구할 수 있다.

(유보연계형인정어린이원 사무 관련 교육위원회의 조언 또는 지원)

제27조의4 지방공공단체장은 제22조 제2호에 해당하는 유보연계형인정어린이원 사무를 관리하고 집행함에 있어서 필요하다고 인정하는 때에는 당해 지방공공단체의 교육위원회에 대해 학교교육에 관한 전문적 사항에 대하여 조언 또는 지원을 요구할 수 있다.

(사립학교 사무 관련 도도부현위원회의 조언 또는 지원)

제27조의5 도도부현지사는 제22조 제3호에 해당하는 사립학교 사무를 관리하고 집행함에 있어서 필요하다고 인정될 때에는 당해 도도부현위원회에 대해 학교교육에 관한 전문적 사항에 대해 조언 또는 원조를 구할 수 있다.

(교육재산관리 등)

제28조 교육재산은 지방공공단체장의 총괄하에 교육위원회가 관리하도록 한다.

○ 2 지방공공단체장은 교육위원회의 신청을 받아 교육재산을 취득하는 것으로 한다.

○ 3 지방공공단체장은 교육재산을 취득했을 때는 신속하게 교육위원회에 인계해야 한다.

(교육위원회의 의견 청취)

제29조 지방공공단체장은 세입세출예산 중 교육에 관한 사무와 관련된 부분 기타 특히 교육에 관한

사무에 관하여 정하는 의회의 의결을 거쳐야 할 사건의 의안을 작성할 경우에는 교육위원회의 의견을 들어야 한다.

제4장 교육 기관

제1절 통칙

(교육기관 설치)

제30조 지방공공단체는 법률로 정하는 바에 따라 학교, 도서관, 박물관, 공민관 기타 교육기관을 설치하되, 조례에서 교육에 관한 전문적, 기술적 사항 연구나 교육 관련 직원의 연수, 보건 혹은 복리후생에 관한 시설 기타 필요한 교육기관을 설치할 수 있다.

(교육기관 직원)

제31조 전조에 규정하는 학교에 법률로 정하는 바에 따라 학장, 교장, 원장, 교원, 사무직원, 기술직원, 기타 소요 직원을 둔다.

○ 2 전조에 규정하는 학교 이외의 교육기관에 법률 또는 조례로 정하는 바에 따라 사무직원, 기술직원, 기타 소요 직원을 둔다.

○ 3 전2항에 규정하는 직원의 정수는 이 법률에 특별한 정한 경우를 제외하고, 당해 지방공공단체의 조례로 정해야 한다. 단 임시 또는 비상근의 직원에 대해서는 그러하지 아니하다.

(교육기관의 소관)

제32조 학교 기타 교육기관 중 대학 및 유보연계형 인정어린이원은 지방공공단체장이, 기타의 것은 교육위원회가 소관한다. 단, 제23조 제1항의 조례가 정하는 바에 따라 지방공공단체장이 관리하고 집행하게 된 사무에만 관련된 교육기관은 지방공공단체장이 관할한다.

(학교등의 관리)

제33조 교육위원회는 법령 또는 조례를 위반하지 않는 한도에서 그 소관에 속하는 학교 기타 교육기관의 시설, 설비, 조직편제, 교육과정, 교재의 취급 기타 학교 기타 교육기관의 관리운영의 기본적 사항에 대하여 필요한 교육위원회 규칙을 정한다. 이 경우에 당해 교육위원회 규칙으로 정하려고 하는 사항 중 그 실시를 위해 새롭게 예산이 수반되는 경우, 교육위원회는 사전에 당해 지방공공단체장에게 협의해야 한다.

○ 2 전항의 경우에 교육위원회는 학교에서 교과서 이외의 교재의 사용에 대해 미리 교육위원회에 신고하도록 하거나 교육위원회의 승인을 받도록 한다.

(교육기관 직원 임명)

제34조 교육위원회의 소관에 속하는 학교 기타 교육기관의 교장, 원장, 교원, 사무직원, 기술직원, 기타 직원은 이 법률에 특별한 규정이 있는 경우를 제외하고 교육위원회가 임명한다.

(직원의 신분조치)

제35조 제31조 제1항 또는 제2항에 규정하는 직원의 임면, 인사평가, 급여, 징계, 복무, 퇴직관리 기타 신분조치에 관한 사항은 이 법률 및 다른 법률에 특별한 규정이 있는 경우를 제외하고 지방공무원법이 정하는 바에 의한다.

(소속직원의 진퇴에 관한 의견의 신청)

제36조 학교 기타 교육기관의 장은 이 법률 및 교육공무원특례법에 특별한 규정이 있는 경우를 제외하고 그 소속직원의 임면 기타 진퇴에 관한 의견을 임명권자에 대하여 제출할 수 있으며, 이 경우에 대학 부설 학교의 교장에 대해서는 학장을 경유한다.

제2절 시정촌립학교 교직원

(임명권자)

제37조 시정촌립학교직원급여부담법 제1조 및 제2조에 규정하는 직원(현비부담교직원)의 임명권은 도도부현위원회에 속한다.

○ 2 전항의 도도부현위원회의 권한에 속하는 사무에 관련되는 제25조 제2항의 적용에 대해서는, 동항 제4호중 '직원' '직원 및 제37조 제1항에 규정한 현비부담교직원'으로 한다.

(시정촌위원회의 내신)

제38조 도도부현위원회는 시정촌위원회의 내신을 받아서 현비부담교직원의 임면 기타 진퇴를 결정

한다.

○ 2 전항의 규정에 관계없이 도도부현위원회는 동항의 내신이 현비부담교직원의 전임(轉任; 지방자치법 제252조의 7제1항상 교육위원회를 공동설치하는 한곳의 시정촌의 현비부담교직원을 면직하고, 이어서 당해 교육위원회를 공동설치 타 시정촌 현비부담교직원으로 채용하는 경우 포함)과 관련되는 것일 때는, 해당 내신에 근거해 전임을 실시한다. 단, 다음 각 호의 하나에 해당할 때는 이에 해당하지 않는다.

1 도도부현내의 교직원의 적정배치와 원활교류의 관점에서 하나의 시정촌(교육위 공동설치 포함)에 있어서의 현비부담교직원의 표준적인 재직기간 그 외의 도도부현위원회가 정하는 현비부담교직원의 임용에 관한 기준에 따라, 한 곳의 현비부담교직원을 면직하여, 이어서 당해 도도부현 교직원으로 채용할 필요가 있는 경우

2 전호에 든 경우 이외에도 어쩔 수 없는 사정으로 인해 당해 내신으로 관련 전임을 행하기 어려운 경우

○ 3 시정촌위원회는 다음 조의 규정에 의한 교장의 의견 제의가 있었던 현비부담교직원에 대해 제1항 또는 전항의 내신을 실시할 때, 당해 교장의 의견을 첨부한다.

(교장의 소속 교직원의 진퇴에 관한 의견의 제안)

제39조 시정촌립학교직원급여부담법 제1조 및 제2조에 규정하는 학교의 교장은 소속의 현비부담교직원의 임면 기타 진퇴에 관한 의견을 시정촌위원회에 신청할 수 있다.

(현비부담교직원의 임용등)

제40조 제37조의 경우, 도도부현위원회(이 조에 제시한 하나의 시정촌과 관련된 현비부담교직원의 면직에 관한 사무를 행하는 자 및 이 조에 제시하는 다른 시정촌과 관련한 현비부담교직원의 채용에 관한 사무를 행하는 자의 일방 또는 쌍방이 제55조 제1항 또는 제61조 제1항의 규정에 의하여 당해 사무를 행하는 것으로 된 시정촌위원회인 경우에는, 당해 하나의 시정촌에 관계된 현비부담교직원의 면직에 관한 사무를 행하는 교육위

원회 및 그 외 시정촌에 관계된 현비부담교직원의 채용에 관한 사무를 행하는 교육위원회)는 지방공무원법 제27조 제2항 및 제28조 제1항에 규정에도 불구하고, 하나의 시정촌의 현비부담교직원(비상근강사(단기시간근무자는 제외)를 제외하며 이하에 이조, 제42조, 제43조제3항, 제44조, 제45조제1항, 제47조, 제59조 및 제61조 제2항에서 같음)을 면직하고, 이어서 당해 도도부현 내의 다른 시정촌의 현비부담교직원으로 채용할 수 있다. 이 경우 당해 현비부담교직원이 당해 면직된 시정촌에서 동법 제22조 제1항(교육공무원특례법 제12조 제1항 적용 포함)의 규정에 의해 정식임용 되는 자인 경우에는 당해 현비부담교직원의 당해 시정촌에 있어서 채용에 대해서는 지방공무원법 제22조 제1항의 규정은 적용하지 않는다.

(현비부담교직원의 정수)

제41조 현비부담교직원의 정수는 도도부현의 조례로 정한다. 단, 임시 또는 비상근의 직원에 대해서는 그러하지 아니하다.

○ 2 현비부담교직원의 시정촌별 학교의 종류별 정수는, 전항의 규정에 의해 정해진 정수 범위 내에서, 도도부현위원회가, 해당 시정촌에 있어서의 아동 또는 생도의 실태, 해당 시정촌이 설치하는 학교의 학급 편제에 관련되는 사정 등을 종합적으로 감안해 정한다.

○ 3 전항의 경우에 있어서, 도도부현위원회는 미리 시정촌위원회의 의견을 듣고 그 의견을 충분히 존중해야 한다.

(현비부담교직원의 급여, 근무시간 기타 근무조건)

제42조 현비부담교직원의 급여, 근무시간 기타의 근무조건에 대하여는 지방공무원법 제24조제5항의 규정에 따라 조례로 정하는 것으로 되어 있는 사항은 도도부현 조례로 정한다.

(복무 감독)

제43조 시정촌위원회는 현비부담교직원의 복무를 감독한다.

○ 2 현비부담교직원은 그 직무를 수행함에 있어서 법령, 해당 시정촌 조례 및 규칙 및 해당 시정촌위원회가 정하는 교육위원회규칙 및 규

정(전조 또는 다음 항의 규정에 의해 도도부현이 제정하는 조례 포함)에 따르고, 동시에, 시정촌위원회 기타 직무상의 상사의 직무상의 명령에 충실히 따라야 한다.

○ 3 현비부담교직원의 임면, 신분제한(分限) 또는 징계에 관해서, 지방공무원법의 규정에 의해 조례로 정하는 사항은 도도부현의 조례로 정한다.

○ 4 도도부현위원회는 현비부담교직원의 임면 그 외의 진퇴를 적절히 행하기 위해 시정촌위원회가 실시하는 현비부담교직원의 복무 감독 또는 전조, 전항 혹은 제47조의3 제1항의 규정에 한 도도부현이 제정하는 조례 혹은 동조 제2항의 도도부현이 정한 실시에 관하여 기술적인 기준을 마련할 수 있다.

(인사평가)
제44조 현비부담교직원의 인사평가는 지방공무원법 제23조의2 제1항의 규정에 관계없이 도도부현위원회의 계획 하에 시정촌위원회가 실시하는 것으로 한다.

(연수)
제45조 현비부담교직원의 연수는 지방공무원법 제39조 제2항의 규정에 관계없이 시정촌위원회도 실시할 수 있다.

○ 2 시정촌위원회는 도도부현위원회가 실시하는 현비부담교직원의 연수에 협력해야 한다.

제46조 삭제

(지방공무원법 적용 특례)
제47조 이 법률에 특별한 규정이 있는 것 외, 현비부담교직원에 대해서 지방공무원법을 적용하는 경우에 있어서는, 동법중 차표의 윗란에 게재하는 규정의 가운데 란에 든 자구는, 각각 동표의 하란에 게재하는 자구로 한다. (대체 적용 자구표 생략)

○ 2 전항에 정하는 것 외에 현비부담교직원에 대해서 지방공무원법의 규정을 적용하는 경우에 있어서의 기술적 대체적용은 정령으로 정한다.

(현비부담교직원의 면직 및 도도부현직 채용)
제47조의2 도도부현위원회는 지방공무원법 제27조 제2항 및 제28조 제1항의 규정에 관계없이, 그 임명에 관계된 시정촌의 현비부담교직원(교사, 양호교사, 영양교사, 조교사 및 양호조교사(동법 제28조의4제1항 또는 제28조의5제1항의 규정에 의하여 채용된 자(재임용직원 제외) 및 강사(재임용직원 및 비상근 강사 제외))로 다음 각 호에 어느 하나라도 해당하는 경우엔 면직하고, 이어서 당해 도도부현 상시 근무를 요하는 직으로 채용 가능하다.

1 아동 또는 생도에 대한 지도가 부적절 한 것.

2 연수등 필요한 조치를 강구해도 아동 생도에 대한 지도를 적절히 실시할 수 없다고 인정되는 것.

○ 2 사실의 확인방법 그 외 전항의 현비부담교직원이 동항 각 호에 해당하는지를 판단하기 위한 절차에 관해 필요한 사항은, 도도부현교육위원회 규칙으로 정하다.

○ 3 도도부현위원회는 제1항의 규정에 의한 채용에 있어서는 공무의 능률적인 운영을 확보하는 견지에서 동항의 현비부담교직원의 적성, 지식 등에 대해 충분히 고려한다.

○ 4 제40조 후단의 규정은 제1항의 경우에 관하여 준용한다. 이 경우 동조 후단 중 '당해 다른 시정촌'은 '당해 도도부현'으로 대체한다.

(현비부담교직원 중 비상근강사 보수 및 신분)
제47조의3 현비부담교직원 중 비상근 강사의 보수 및 직무를 행하기 위해 필요한 비용의 변상의 금액과 그 지급 방법에 대해서는 도도부현 조례로 정한다.

○ 2 이 장에 규정하는 것 외에 현비부담교직원 중 비상근의 강사의 신분에 대해서는, 도도부현이 정한 적용대로 한다.

(초임자 연수 관련 비상근 강사의 파견)
제47조의4 시(지정도시 제외) 정촌교육위원회는 도도부현위원회가 교육공무원특례법 제23조 제1항의 초임자연수를 실시하는 경우, 시정촌이 설치하는 소학교,중학교, 의무교육학교, 고등학교, 중등교육학교 또는 특별지원학교에 비상근 강사를 근무시킬 필요가 있다고 인정될 때, 도도부현위원회에 대해 당해 도도부현위원회의 사무국의 비

상근 직원 파견을 요구할 수 있다.
○ 2 전항의 규정에 의한 요구에 응해 파견된 직
원은 파견받은 시정촌 직원 신분을 함께 보유
하며, 보수 및 직무를 행하기 위해 필요한 비
용의 변상은 당해 직원을 파견한 도도부현의
부담으로 한다.
○ 3 시정촌의 교육위원회는, 제1항의 규정에 근
거해 파견된 비상근 강사의 복무를 감독한다.
○ 4 전항에 규정하는 것 외에 파견 직원의 신분
취급에 관해서는 해당 직원을 파견한 도도부
현의 비상근 강사에 관한 규정을 적용한다.

제3절 공동학교사무실
제47조의5 교육위원회는 교육위원회 규칙으로 정하
는 바에 따라 그 소관에 속하는 학교 중 그 지정
된 둘 이상의 학교에 관련된 사무의 규정을 당해
학교 사무직원이 공동 처리하기 위한 조직으로
당해 지정하는 둘 이상 학교 중 어디에 공동학교
사무실을 둘 수 있다
○ 2 공동학교사무실에 실장 및 소요직원을 둔다.
○ 3 실장은 공동학교 사무실의 실무를 담당한다.
○ 4 공동학교사무실의 실장 및 직원은 제1항의
규정에 의한 지정을 받은 학교로, 당해 공동
학교사무실이 그 사무를 공동처리 하는 학교
의 사무직원으로 충당한다. 단, 당해 사무직원
을 가지고 실장이 충당하기 어려울 때 기타
특별한 사정이 있는 때에는 당해 사무직원 이
외의 사람을 실장으로 충원할 수 있다.
○ 5 전3항에서 정한 것 외에 공동학교사무실의
실장 및 직원에 관해 필요한 사항은 정령으로
정한다.

제4절 학교운영협의회
제47조의6 교육위원회는 교육위원회규칙으로 정함
에 따라 그 소관에 속하는 학교별로 해당 학교의
운영 및 해당 운영에 필요한 지원에 관해 협의하
는 기관으로서 학교운영협의회를 두도록 노력하
여야 한다. 다만, 둘이상의 학교 운영에 관해 서
로 밀접한 연계를 도모할 필요가 있는 경우로서
문부과학성령으로 정하는 경우에는 둘이상의 학
교에 대해 하나의 학교운영 협의회를 둘 수 있다.
○ 2 학교운영협의회의 위원은 다음에 언급하는

자에 대해 교육위원회가 임명한다.
1 대상 학교(해당 학교운영협의회가 그 운영
및 해당 운영에 필요한 지원에 관해 협의하
는 학교)가 있는 지역의 주민
2 대상 학교에 재적하는 생도, 아동 또는 유아
의 보호자.
3 사회교육법에 규정한 지역학교 협동활동 추
진원(推進員) 기타 대상학교 운영에 이바지
하는 활동을 하는 자
4 기타 당해 교육위원회가 필요하다고 인정한 자
○ 3 대상 학교의 교장은 전항의 위원 임명에 관
한 의견을 교육위원회에 제출할 수 있다.
○ 4 대상학교의 교장은 당해 대상학교의 운영에
관해서 교육과정편성 기타 교육위원회 규칙으
로 정하는 사항에 대해 기본적인 방침을 작성
하고, 해당 대상학교의 학교운영협의회의 승
인을 얻어야 한다.
○ 5 학교운영협의회는 전 항에서 규정하는 기본
적인 방침에 근거한 대상학교의 운영 및 해당
운영에 필요한 지원에 관해 대상학교가 소재
한 지역의 주민, 대상학교에 재적하는 생도,
아동 또는 유아의 보호자 기타 관계자의 이해
를 높이는 동시에 대상학교와 이러한 사람과
의 연계 및 협력의 추진에 이바지하기 위해
대상 학교의 운영 및 해당 운영에 필요한 지
원에 관한 협의 결과에 관한 정보를 적극적으
로 제공하도록 노력한다.
○ 6 학교운영협의회는 대상학교의 운영에 관한
사항(다음 항에 규정하는 사항은 제외)에 대
해 교육위원회 또는 교장에 대해 의견을 진술
할 수 있다.
○ 7 학교운영협의회는 대상학교의 직원채용 기
타의 임용에 관해서 교육위원회 규칙으로 정
하는 사항에 대해서 해당 직원의 임명권자에
대해서 의견을 진술 할 수 있다. 이 경우에 해
당 직원이 현비부담교직원(제55조 제1항 또는
제61조 제1항의 규정에 의해 시정촌 위원회가
그 임용에 관한 사무를 실시하는 직원 제외)
인 때에는 시정촌위원회를 경유하는 것으로
한다.
○ 8 대상학교의 직원 임명권자는 당해 직원의
임용에 있어서는 전항의 규정에 의해 기술된

의견을 존중하는 것으로 한다.

○ 9 교육위원회는 학교운영협의회의 운영이 제대로 이루어지지 않아 대상학교의 운영에 현저히 지장이 생기거나 발생할 우려가 있다고 인정되는 경우에 해당 학교운영협의회의 적정한 운영을 확보하기 위해 필요한 조치를 강구해야 한다.

○ 10 학교운영협의회 위원 임면 절차 및 임기, 학교운영협의회 의사절차, 기타 학교운영협의회 운영에 관해 필요한 사항에 대해서는 교육위원회 규칙으로 정한다.

제5장 문부과학대신 및 교육위원회 상호 간의 관계등

(문부과학대신 또는 도도부현위원회의 지도, 조언 및 원조)

제48조 지방자치법 제245조의4 제1항의 규정에 의한 것 외에, 문부과학대신은 도도부현 또는 시정촌에 대하여 도도부현위원회는 시정촌에 대하여, 도도부현 또는 시정촌의 교육에 관한 사무의 적정한 처리를 도모하기 위해 필요한 지도, 조언 또는 원조를 실시할 수 있다.

○ 2 전항의 지도, 조언 또는 원조를 예시하면 대략 다음과 같다.

1 학교, 기타 교육기관의 설치 및 관리 및 정비에 관해 지도 및 조언을 제공하는 것.

2 학교의 조직 편제, 교육과정, 학습지도, 학생지도, 직업지도, 교과서 기타 교재의 취급 기타 학교운영에 관해 지도 및 조언하는 것.

3 학교보건, 안전, 학교급식에 지도 조언하는 것

4 교육위원회의 위원 및 교장, 교원 기타의 교육 관계 직원의 연구집회, 강습회 기타 연수에 관해 지도 및 조언하거나 또는 이를 주최하는 것.

5 생도, 아동의 취학에 관한 사무에 관해 지도 및 조언하는 것.

6 청소년교육, 여성교육 및 공민관 사업 기타 사회교육진흥 및 예술보급 및 향상에 관한 지도 및 조언하는 것.

7 스포츠의 진흥에 관해 지도 및 조언하는 것.

8 지도주사, 사회교육주사, 기타 직원을 파견하는 것.

9 교육 및 교육행정에 관한 자료, 안내서 등을 작성하여 이용에 제공하는 것.

10 교육과 관련된 조사통계, 홍보 및 교육행정에 관한 상담에 관해 지도 및 조언하는 것.

11 교육위원회의 조직 및 운영에 관해 지도 및 조언하는 것.

○ 3 문부과학대신은 도도부현위원회에 대해 제1항의 규정에 의한 시정촌에 대한 지도, 조언 또는 원조에 관해 필요한 지시를 할 수 있다.

○ 4 지방자치법 제245조의4 제3항의 규정에 의한 것 외에 도도부현지사 또는 도도부현위원회는 문부과학대신에게 시정촌장 또는 시정촌위원회는 문부과학대신 또는 도도부현위원회에 대해 교육에 관한 사무의 처리에 대해 필요한 지도, 조언 또는 원조를 요구할 수 있다.

(시정요구 방식)

제49조 문부과학대신은 도도부현위원회 또는 시정촌위원회의 교육에 관한 사무관리 및 집행이 법령의 규정에 위반되는 것이 경우 또는 당해 사무의 관리 및 집행을 게을리 할 가능성이 있는 경우에 있어서 아동, 생도 등의 교육을 받을 기회가 방해되고 있는 것 기타의 교육을 받을 권리가 침해되고 있는 것이 명백하여 지방자치법 제245조의5 제1항 혹은 제4항의 규정에 의한 요구되거나 동조 제2항의 지시를 행할 때에는 당해 교육위원회가 강구해야야 할 조치 내용을 적시한다.

(문부과학대신의 지시)

제50조 문부과학대신은 도도부현위원회 또는 시정촌위원회의 교육에 관한 사무의 관리 및 집행이 법령의 규정에 위반되는 경우가 있거나 당해 사무의 관리 및 집행을 게을리 할 가능성이 있는 경우에, 아동 생도 등의 생명 또는 신체에 실제로 피해가 발생하거나 그 피해가 발생할 우려가 있다고 예견되어 그 피해의 확대 또는 발생을 방지하기 위해 긴급의 필요가 있을 때에는 당해 교육위원회에 대하여 해당 위반을 시정하거나 태만한 사무관리 및 집행을 개선토록 지시할 수 있다. 단, 다른 조치에 의하여 그 시정을 도모하는 것이 곤란한 경우에 한한다.

(문부과학대신의 통지)

제50조의2 문부과학대신은 제49조에 규정하는 요구나 지시 또는 전조의 규정에 의한 지시를 행했을 때에는 지체없이 당해 지방공공단체(제49조에 규정하는 지시를 했을 때에 있어서는 당해 지시에 관한 시정촌)의 장 및 의회에 대하여 그 사실을 통지한다.

(문부과학대신 및 교육위원회 상호간의 관계)

제51조 문부과학대신은 도도부현위원회 또는 시정촌위원회 상호 간에, 도도부현위원회는 시정촌위원회 상호간의 연락조정을 도모하고, 더불어 교육위원회는 상호간의 연락을 긴밀히 하거나 문부과학대신 또는 다른 교육위원회와 협력하여 교직원의 적정한 배치와 원활한 교류 및 교직원의 근무능률 증진을 도모하며, 이로써 각각 그 소장하는 교육에 관한 사무의 적정한 집행과 관리에 노력하지 않으면 안된다.

제52조 삭제

(조사)

제53조 문부과학성대신 또는 도도부현위원회는 제48조 제1항 및 제51조의 규정에 의한 권한을 행하기 위해 필요한 때에는, 지방공공단체장 또는 교육위원회가 관리하고 집행하는 교육에 관한 사무에 대하여 필요한 조사를 실시할 수 있다.

○ 2 문부과학대신은 전항의 조사에 관해서 도도부현위원회에 대해, 시정촌장 또는 시정촌위원회가 관리하고, 집행하는 교육에 관한 사무에 대해서, 그 특별히 지정하는 사항의 조사를 실시하도록 지시 할 수 있다.

(자료 및 보고)

제54조 교육행정기관은 정확한 조사, 통계 기타의 자료에 의거해 그 소장하는 사무의 적절하고 합리적인 처리에 힘써야 한다.

○ 2 문부과학대신은 지방공공단체장 또는 교육위원회에 대해, 도도부현위원회는 시정촌장 또는 시정촌위원회에 대해 각각 도도부현 또는 시정촌의 구역 내의 교육에 관한 사무에 관해 필요한 조사, 통계, 기타의 자료 또는 보

고의 제출을 요구할 수 있다.

(유보연계형인정어린이원의 사무처리 지도, 조언 원조 등)

제54조의2 지방공공단체장이 관리 및 집행하는 당해 지방공공단체가 설치하는 유보연계형인정어린이원에 관한 사무와 관련되는 제48조부터 제50조의2까지, 제53조 및 전조 제2항의 적용에 대해서는, 이러한 규정(제48조 제4항 제외) 중 '도도부현위원회'는 '도도부현지사'로, 제48조 제4항 중 '도도부현위원회에'는 '도도부현지사에'로, 제49조 및 제50조 중 '시정촌위원회'는 '시정촌장'으로, '당해 교육위원회'는 '당해 지방공공단체장'으로, 제50조의2 중 '장 및 의회'는 '의회'로, 제53조 제1항 중 '제48조 제1항 및 제51조'는 '제48조 제1항'으로, '지방공공단체장 또는 교육위원회'는 '지방공공단체장'으로, 동조 제2항 중 '시정촌장 또는 시정촌위원회'는 '시정촌장'으로, 전조 제2항중 '지방공공단체장 또는 교육위원회'는 '지방공공단체장'으로, '시정촌장 또는 시정촌위원회'는 '시정촌장'으로 한다.

(직무권한 특례에 관련된 사무의 처리에 관한 지도, 조언 및 원조 등)

제54조의3 제23조 제1항의 조례에 정하는 바에 의하여 도도부현지사가 관리하고 집행하는 사무에 관한 제48조, 제53조 및 제54조 제2항의 적용에 대해서는 이들 규정(제48조제4항 제외) 중 '도도부현위원회'는 '도도도도부현지사'로, 제48조 4항 중 '도도도도부현위원회에'는 '도도부현지사에'로, 제53조 제1항 중 '제48조 제1항 및 제51조'는 '제48조 제1항'으로 한다.

(조례에 의한 사무처리의 특례)

제55조 도도부현은 도도부현위원회의 권한에 속하는 사무의 일부를 조례가 정하는 바에 따라 시정촌이 처리하도록 할 수 있다. 이 경우에 해당 시정촌이 처리하도록 한 사무는 당해 시정촌교육위원회가 관리하여 집행하는 것으로 한다.

○ 2 전항의 조례를 제정하거나 개폐하는 경우 도도부현지사는 사전에 해당 도도부현위원회의 권한에 속하는 사무의 일부를 처리하거나 처리하게 되는 시정촌의 장에게 협의해야 한다.

○ 3 시정촌장은 전항의 규정에 의한 협의를 받

앉을 때는 해당 시정촌위원회에 통지하는 것과 동시에, 그 의견을 근거해 협의에 응하지 않으면 안 된다. 단, 제23조 제1항의 조례가 정하는 바에 따라 당해 시정촌위원회가 당해 시정촌이 처리하거나 처리하도록 하는 사무의 전부를 관리하거나 집행하지 아니한 경우에는 그러하지 아니한다.

○ 4 도도부현의 의회는 제1항의 조례의 제정 또는 개폐의 의결을 하기 전에, 당해 도도부현위원회의 의견을 들어야 한다.

○ 5 제1항의 규정에 의해 도도부현위원회의 권한에 속하는 사무(도도도부현의 교육위원회규칙에 근거하는 것에 한함)의 일부를 시정촌이 처리하거나 처리하도록 하는 경우에, 동항의 조례가 정하는 바에 따라 교육위원회 규칙에 위임하여 당해 사무의 범위를 정하는 경우에는, 도도부현위원회는 당해 교육위원회 규칙을 제정하거나 또는 개폐하고자 할 때에는 미리 해당 사무를 처리하거나 처리하게 되는 시정촌위원회에 협의해야 한다.이 경우, 당해 사무가 제23조 제1항의 조례가 정하는 바에 따라 당해 시정촌의 장이 처리하거나 처리하게 될 때에는 당해 협의를 받은 시정촌위원회는 당해 시정촌장에게 통지하고, 그 의견을 바탕으로 당해 협의에 응해야 한다.

○ 6 시정촌장은 그 의회의 의결을 거쳐 도도부현지사에 대해 제1항의 규정에 의해 해당 도도부현위원회의 권한에 속하는 사무의 일부를 해당 시정촌이 처리하는 것으로 하도록 요청할 수 있다.

○ 7 전항의 규정에 의한 요청이 있을 때에는, 도도부현지사는 신속하게 당해 도도부현 위원회에 통지하는 것과 동시에, 그 의견을 근거로 당해 시정촌장과 협의하지 않으면 안 된다.

○ 8 시정촌의 의회는 제6항의 의결 전에 당해 시정촌위원회의 의견을 들어야 한다. 단, 제23조 제1항의 조례가 정하는 바에 따라 당해 시정촌위원회가 제6항의 요청에 관련된 사무의 전부를 관리하거나 집행하지 아니하는 경우에는 그러하지 아니한다.

○ 9 지방자치법 제252조의 17의 3 및 제252조의 17의 4 제1항 및 제3항부터 제7항까지의 규정은 제1항의 조례가 정한 바에 따라 도도부현위원회의 권한에 속하는 사무의 일부를 시정촌이 처리하는 경우에 대해 준용한다. 이 경우에 있어서 이러한 규정중 '규칙'은 '교육위원회규칙'으로, '도도도부현지사'는 '도도도부현교육위원회'로 한다.

○ 10 제23조 제1항의 조례에 정하는 바에 따라 도도부현지사가 관리하고 집행하는 사무에 대하여는 당해 사무를 도도부현위원회가 관리하고 집행하는 사무로 간주하고 제1항부터 제3항까지 및 제6항에서 전항까지의 규정을 적용한다. 이 경우에 있어서 제7항중 '신속하게 당해 도도부현위원회에 통지하는 것과 동시에 그 의견을 근거로 하여'는 '신속하게'로, 전 항 중 '이들 규정중 규칙'은 '교육위원회규칙'으로, '도도부현지사'는 '도도부현교육위원회로 한다.

(시정촌 교육행정 체제의 정비 및 충실)

제55조의2 시정촌은 인근 시정촌과 협력하여 지역에 있어서의 교육의 진흥을 도모하기 위해 지방자치법 제252조의7 제1항의 규정에 의한 교육위원회의 공동설치 기타의 연계를 추진하고, 지역에 있어서의 교육행정 체제의 정비 및 충실함에 노력한다.

○ 2 문부과학대신 및 도도부현위원회는 시정촌의 교육행정 체제의 정비 및 충실함에 이바지하기 위해 필요한 조언, 정보제공, 기타 원조를 제공하도록 노력해야 한다.

제6장 잡칙

제56조(항고소송등의 취급)
제57조(보건소와의 관계)
제58조 삭제
제59조(중핵시에 관한 특례)
제60조(조합에 관한 특례)
제61조(중등교육학교를 설치하는 시정촌 특례)
제62조(정령의 위임)
제63조(사무의 구분)

부 칙

| 참고문헌 |

■ 국내 문헌

고　전(2017). “일본의 교원생애 질관리 정책의 특징과 시사”. 『비교교육연구』. 27(1). 29−49.

고　전(2016). “일본의 최근 교육개혁 정책의 특징과 평가−문부과학성과 중앙교육심의회를 중심으로−”. 『비교교육연구』. 26(4). 173−198.

고　전(2014). 『일본교육개혁론』. 서울: 박영Story.

고　전(2013). “일본 교육위원회 개혁 논의의 쟁점과 시사점”. 『비교교육연구』. 23(4). 83−105.

고　전(2012). “일본의 교육법학 연구 동향 분석(Ⅰ)”. 『교육법학연구』. 24(1). 1−24.

고　전(2011). “일본의 교육장 제도의 특징과 시사점”. 『비교교육연구』. 21(5). 83−104.

고　전(2010). “일본의 지방교육행정 개혁의 쟁점과 시사점”. 『한국교육』. 37(4) 187−206.

고　전(2006). “한국의 교육법 연구동향 연구(Ⅱ)”. 『교육법학연구』. 18(2). 1−28.

고　전(2003). 『日本敎育改革黑·白書』. 서울: 학지사.

고　전(2002). 『한국교원과 교원정책』. 서울: 도서출판 하우.

고　전(1997). “한국의 교육법 연구동향 연구”. 『교육법학연구』. 9. 54−78.

노기호(2007a). “일본교육기본법의 개정 내용과 특징”. 『공법학연구』. 8(2). 299−336.

노기호(2007b). “일본교육법학계의 최근 연구동향”. 『교육법학연구동향』. 대한교육법학회편. 한국학술정보. 516−540.

문부과학성 중앙교육심의회(2012). 학교 안전 추진에 관한 계획의 책정에 대해서(2012.3.21). 동심의회 답신서.

문소영(2013). 『조선의 못난 개항』. 서울: 역사의 아침.

박주호·오승은(2013). 교육복지 관련 기존 법령안 분석 및 향후 법령 제정 방향 제언. 한양대학교 교육복지정책중점연구소.

박재윤(1978). “교육법 연구의 주요동향 탐색”. 『교육개발』(1987.2). 한국교육개발원.

백종인(2007). 학교안전사고구제에 관한 법적 고찰−한국과 일본에서의 제도적 내용을 중심으로−. 『한국동북아논총』. 44. 337−357.

손우정 옮김(2001). 『교육개혁을 디자인한다: 교육의 공공성과 민주주의를 위하여』. 佐藤学(2000). 『教育改革をデザインする』. 서울: 공감.

심성보 외 역. 堀尾輝久(1994). 『日本の教育』. 『일본의 교육』. 한림신서 일본학총서 8.

안기성(1976). “教育法學의 可能性;그 方法論的 序說”. 『새교육』(1976.6). 대한교육연합회.

이찌가와 쓰미코(市川 順美子)(2009). “신 교육기본법 이후이 교육법제의 전개”. 대한교육법학회자료집.

한국일본학회 편(1998). 『일본교육의 이해』. 시사일본어사. 일본연구총서 9.

한용진(2010). 『근대이후 일본의 교육』. 도서출판문 일본학총서 9.

허종렬(2005). "한국헌법상 교육기본권에 대한 논의와 일본헌법과의 비교". 『성균관법학』. 17(1). 31-54.

■ 일본 단행본

あ

秋月謙吾(2001). 『行政·地方自治』. 東京: 東京大学出版会.

芦部信喜(2015). 『憲法』(第六版). 高橋和之 補訂. 東京: 岩波書店.

天野郁夫(2011). 『國立大學·法人化の行方－自立と格差のはざまで』. 東京: 東信堂.

天野郁夫(1995). 『教育改革のゆくえ』. 東京: 東京大学出版会.

新井保幸·江口勇治 編(2010). 『教職論』. 東京: 培風館.

有倉遼吉 編(1976). 『教育法學』. 東京: 學陽書房.

荒牧 重人 他編(2015). 『新基本法コンメンタール 教育關係法』. 東京: 日本評論社.

石原慎太郎(2001). 『いま魂の教育』. 東京: 光文社.

姉崎洋一他編(2015). 『ガイドブック 教育法』. 東京: 三省堂.

今野健一(2011). "教育人權論の展開と教育法学の役割". 教育法學40年と政權交代. 日本教育法学会年報(40). 有斐閣.

稲垣忠彦·久富善之 編(1994). 『日本の教師文化』. 東京: 東京大学出版会.

浦野東洋一編(2001). 『学校評議員制度の新たな展開』(月刊 高校教育(2000.10) 増刊号). 東京: 学事出版.

浦野東洋一編(1999). 『学校改革と教師』. 東京: 同時代社.

小川正人·勝野正章. 『教育行政と学校経營』. 東京: 放送大學教育振興會.

小川正人(2010a). 『現代の教育改革と教育行政』. 東京: 日本放送出版協會.

小川正人(2010b). 『教育改革のゆくえ』. 東京: ちくま新書(No.828).

小川正人(2001). 『子どもと歩む市川市の教育改革』. 東京: ぎょうせい.

尾木直樹(1999). 『心罰』. 東京: 学陽書房.

尾崎春樹(2013). 『教育法講義』. 東京: 悠光堂.

大崎仁(2011). 『國立大學法人の形成』. 東京: 東信堂.

大住荘四郎(2002). 『パブリック·マネジメント』. 東京: 日本評論社.

大森不二雄(2000). 『「ゆとり教育」亡国論』. 東京: PHP研究所.

大桃敏行·背戸博史 編(2010). 『生涯學習』. 東京: 東洋館出版社.

大桃敏行 外編(2007). 『教育改革の国際比較』. 東京: ミネルヴァ書房.

か

勝野正章・藤本典裕(2005). 『教育行政学』. 東京: 學文社.

柿沼昌芳・永野恒雄 外編(2001). 『東京都の教育委員会』. 東京: 批評社.

柿沼昌芳・永野恒雄 編(2000). 『沈黙する教師たち』. 東京: 批評社.

兼子 仁 編(1972). 『法と教育』. 東京: 學陽書房.

兼子 仁(1978). 『教育法(新版)』. 東京: 有斐閣.

兼子 仁(1979). "有倉遼吉法學の歷史的意義". 季刊教育法(39). 東京: エイデル研究所.

兼子 仁(1984). "教育法の學際性と獨自性". 『教育法學の課題と方法』. 東京: エイデル研究所.

兼子 仁・永井憲一・平原春好 編(1974). 『教育行政と教育法の理論』. 東京: 東京大出版會.

加藤辛次・高浦勝義 編(2001). 『学力低下論 批判』. 東京: 黎明書房.

刈谷剛彦 外(2009). 『教員評價』. 東京: 岩波ブックレット(No752).

刈谷剛彦(2001). 『階層化日本と教育危機』. 東京: 有信堂.

刈谷剛彦(2002). 『教育改革の幻想』. 東京: ちくま新書.

河上亮一(2000). 『教育改革国民会議で何か論じられたか』. 東京: 草思社.

河上亮一(1999). 『学校崩壊』. 東京: 草思社.

窪田 眞二(2015). 『すぐわかる!教育法規』. 東京: 學陽書房.

黒崎勲(2000). 『教育の政治経済学』. 東京: 東京都立大学出版会.

黒崎勲(1999). 『教育行政学』. 岩波テキストブックス.

九州大學大學院教育法制研究室編(2015). 『教育法規エッセンス』. 福岡: 花書院.

小玉重夫(1999). 『教育改革と公共性』. 東京: 東京大学出版会.

小林直樹(1980). 『憲法講義』(上). 東京: 東京大学出版会.

児美川孝一郎(2000). 『新自由主義と教育改革』. 東京: ふきのとう書房.

近藤康史(2001). 『左派の挑戦』. 木鐸社.

教育科學研究會編(2012). 大阪「教育改革」が問う教育と民主主義. 東京: かもがわ出版.

教育科學研究會編(月刊). 『教育』. 東京: 國土社.

教育開發研究所編(2009). 『教育の最新事情がよくわかる本』. 東京: 教育開發研究所.

教育開發研究所編(2011). 『教育の最新事情がよくわかる本』・2. 東京: 教育開發研究所.

教員採用試驗情報研究會編(2016). 『教育法規 これだけはやっとこう』. 東京: 一ツ橋書店.

教育法令研究會編(2015). 『完全整理圖表でわかる教育法令』. 東京: 學陽書房.

さ

坂田 仰 外(2013). 『圖解・表解 教育法規』. 東京: 教育開發研究所.

佐々木幸寿(2009). 『民主堂の教育改革』. 東京: 第一企劃.

佐竹勝利・岩城孝次. 『新世紀の教職論』. 東京: コレ̄ル社.

佐藤功(1997). 『日本國憲法概說』(全訂制5版). 東京: 學陽書房.

佐藤幸治(1995). 『憲法』(第三版). 東京: 靑林書.

佐藤三郎(1999). 『世界の教育改革』. 東京: 東信堂.

佐藤学(2006). 『学校の挑戦…学びの共同体を創る』. 東京: 小学館.

佐藤学(2000). 『教育改革をデザインする』. 東京: 岩波書店.

佐藤学(1997). 『教師というアポリア―反省的実践へ』. 東京: 世織書房.

佐貫浩(2012). 『危機のなかの教育—新自由主義をこえる』. 東京: 新日本出版社.

佐貫浩(2002). 『イギリスの教育改革と日本』. 東京: 高文研.

下村哲夫 編(2001). 『教育改革と「21世紀・日本の教育」読本』(読本シリーズ144). 東京: 教育開発研究所.

た

高橋 哲(2011). "教育法学における教育学的硏側面の展開と課題". 教育法學40年と政權交代. 日本教育
　　　法学会年報(40). 東京: 有斐閣.

土屋基規 外編(1998). 『学校教育 キーワード』. 東京: 旬報社.

土屋基規(2011). "日本教育法学会の40年—教育法学研究の總括に向けて". 教育法學40年と政權交代.
　　　日本教育法学会年報(40). 東京: 有斐閣.

堤清二・橋爪大三郎 編(1999). 『選択・責任・連帯の教育改革―学校の機能回復をめざして―』. 東京: 勁
　　　草書房.

寺脇研(2001). 『対論. 教育をどう変えるか』. 東京: 学事出版.

東京大學(2012). 入學時期の在り方に關する懇談會「報告書」特輯版. 東京: 學內廣報(2012.4.).

東京都教育職員人事研究会 編(2000). 『東京都の教育職員人事考課制度』. 東京: ぎょうせい.

德永保・神代浩・北風幸一・淵上孝(2012). 『我が国の学校教育制度の歴史について』. 東京: 国立教育政
　　　策研究所.

な

永井憲一(1991). "子どもの權利條約の批准と「教育うける權利」の保障―日本教育法學會二十年と新
　　　世紀の課題への問題提起―". 日本敎育法學會年報(20号).

永井憲一(1997). "戰後50年と教育法學の展開". 日本敎育法學會年報(26). 東京: 有斐閣.

永井憲一(1993). 教育法學. 東京: エイデル研究所.

中内敏夫 外編(1997). 『教育科学の誕生―教育科学研究会史』. 東京: 民間教育史研究会.

中谷 彪(2011). 『ガンバレ!先生・教育委員會!!』. 東京: 晃洋書房.

中村圭介・岡田真理子(2001). 『教育行政と労使関係』. 東京: エイデル研究所.

中野光(2000). 『日本の教師と子ども』. 東京: EXP.

長尾彰夫(2002). 『「学力低下」批判 ― 私は言いたい 6人の主張』. 東京: アドバンテージサーバー.

西尾勝・小川正人(2000).『分権改革と教育行政』. 東京: ぎょうせい.

日本教育行政学会 編(2001).『教育行政とプロフエッショナアリズム』日本教育行政学会年報27. 教育開発研究所.

日本教育行政学会 編(2000).『教育市場化と民営化を問う』日本教育行政学会年報26. 教育開発研究所.

日本教育行政学会 編(1999).『地方教育行政の改革』日本教育行政学会年報25. 教育開発研究所.

日本教育行政学会 編(2008).『教育行政と他行政分野の連携と競合』日本教育行政学会年報 34. 教育開発研究所.

日本教育行政学会 編(2010).『変動期の教育費・教育財政』日本教育行政学会年報 36. 教育開発研究所.

日本教育行政学会 編(2011).『変貌する地方分権改革と教育行政』日本教育行政学会年報 37. 教育開発研究所.

日本教育行政学会 編(2012).『教員人事行政における「質保証」』日本教育行政学会年報 38. 教育開発研究所.

日本教育行政学会 編(2013).『教育政策形成プロセスの変容と教育行政』日本教育行政学会年報 39. 教育開発研究所.

日本教育経営学会 編(2013).『社会変動と教育経営』日本教育経営学会紀要 55. 第一法規.

日本教育経営学会 編(2011).『教育経営と学力』日本教育経営学会紀要 53. 第一法規.

日本教育経営学会 編(2010).『学校の組織力と教育経営』日本教育経営学会紀要 52. 第一法規.

日本教育経営学会 編(2000).『公教育の変容と教育経営システムの再構築』(シリーズ教育の経営1). 玉川大学出版部.

日本教育経営学会 編(2000).『自律的学校経営と教育経営』(シリーズ教育の経営2). 玉川大学出版部.

日本教育経営学会 編(2000).『大学・高等教育の経営戦略』(シリーズ教育の経営3). 玉川大学出版部.

日本教育経営学会 編(2000).『生涯学習社会における教育経営』(シリーズ教育の経営4). 玉川大学出版部.

日本教育経営学会 編(2000).『教育経営研究の理論と軌跡』(シリーズ教育の経営5). 玉川大学出版部.

日本教育経営学会 編(2000).『諸外国の教育改革と教育経営』(シリーズ教育の経営6). 玉川大学出版部.

日本教育法學會年報(1972－2018). 東京: 有斐閣.

　　1. 教育權保障の理論と實態. 1972　　　2. 教育權理論の發展. 1973

　　3. 國民の學習權と教育自治. 1974　　　4. 地域住民と教育法の創造. 1975

　　5. 戰後教育と憲法・教育法. 1976　　　6. 學習權實現の今日的課題. 1977

　　7. 教育基本法30年と教育法學. 1978　　　8. 公教育と條件整備の法制. 1979

　　9. 子どもの權利と教育法. 1980　　　10. 80年代教育法學の展望. 1981

　　11. 現代教育政策と教育法. 1982　　　12. 教育行政の動向と教育法. 1983

　　13. 教育改革の動向と教育法. 1984　　　14. 學校教育の理念と現實. 1985

　　15.「臨教審」教育改革と教育法. 1986　　　16. 教育制度の改革と教育法. 1987

17. 教育基本法40年の現實と課題. 1988
18. 教育への權利と教育法. 1989
19. 子どもの人權と教育法. 1990
20. 新世紀への教育法學の課題. 1991
21. 子どもの權利條約と教育法. 1992
22. 教育の公共性と教育への權利. 1993
23. 學校五日制と教育改革. 1994
24. 國際化時代と教育法. 1995
25. 教育參加と子どもの權利條約. 1996
26. 戰後50年と教育法學. 1997
27. 教育基本法50年. 1998
28. 教育改革と地方分權. 1999
29. 教育立法と學校自治・參加. 2000
30. 教育法制の再編と教育法學の將來. 2001
31. 「教育改革」と教育基本法制. 2002
32. 教育法制の變動と教育法學. 2003
33. 教育における＜國家＞と＜個人＞. 2004
34. 教育における公共性の再構築. 2005
35. 教育基本法改正の動向. 2006
36. 教育基本法体制の危機と教育法. 2007
37. 新教育基本法と教育法學. 2008
38. 新自由主義教育改革と教育三法. 2009
39. 子どもと教師をめぐるもの教育法學の新課題. 2010
40. 教育法學40年と政權交代. 2011
41. 教育の国家責任とナショナル・ミニマム. 2012
42. 「不当な支配」と教育の自由. 2013
43. 教育の政治化と子ども教師の危機. 2014
44. 新教育基本法と教育再生実行戦略. 2015
45. 戦後70年と教育法. 2016
46. 立憲主義の危機と教育法. 2017
47. 憲法施行70年と教育法學の課題. 2018

日本教育法學會 編(1980－1981). 講座教育法. 東京: エイデル研究所.
1. 教育法學の課題と方法. 1980
2. 教育權と學習權. 1981
3. 教育內容と教育法. 1980
4. 教育條件と整備の教育法. 1980
5. 學校の自治. 1981
6. 教育の地方自治. 1981
7. 世界と日本の教育法. 1980

日本教育法學會 編(1993). 教育法學辭典. 東京: 學陽書房.
日本教育法學會 編(2001). 講座 現代教育法. 東京: 三省堂.
1. 教育法學의 展開と21世紀の展望. 講座現代教育法 1.
2. 兒童・學校と教育法. 講座現代教育法 2.
3. 自治・分權と教育法. 講座現代教育法 3.

日本教育法學會編(2014). 教育法の現代的爭點. 東京: 法律文化社.
日本経済新聞社 編(2000). 『教育を問う』. 東京: 日本経済新聞社.
日本子どもを守る会 編(2002). 『子ども白書』(2002 年版). 東京: 草土文化.
西村和雄(2001). 『学力低下と新指導要領』(岩波ブックレット No.538). 東京: 岩波書店.
西村和雄 編(2001). 『学力低下が国を滅ぼす』. 東京: 日本経済新聞社.

は

長谷部 恭男(2014). 『憲法』(第6版). 東京: 新世社.

葉養正明(2000). 『学校評議員読本』(読本シリーズ No.140). 東京: 教育開発研究所.

樋口 修資(2015). 最新 教育法の基礎. 東京: 明星大學出版部.

菱村 幸彦(2015). やさしい教育法規の讀み方. 東京: 教育開發研究所.

菱村 幸彦(2015). はじめて學ぶ教育法規. 東京: 教育開發研究所.

菱村 幸彦編(2015). 教育法規の要点がよくわかる本. 東京: 教育開發研究所.

平原春好(1994). 『学校参加と権利保障』. 東京: 北樹出版.

廣田熙幸(2009). 『教育』. 東京: 岩波書店.

藤田英典・大桃敏行編著(2010). 『学校改革』. 東京: 日本図書センター.

藤田英典(2001). 『新時代の教育をどう構想するか－教育改革国民会議の残した課題』. 岩波ブックレット No.533.

藤田英典(2001). 『新時代の教育をどう構想するか－教育改革国民会議の残した課題』. 岩波ブックレット No.533.

藤田英典・志水広吉 編(2000). 『変動社会のなかの教育・知識・権力』. 東京: 新曜社.

藤田英典(1997). 『教育改革－共生時代の学校つくり－』. 岩波新書(511). 東京: 岩波書店.

堀内孜 編(2000). 『地方分権と教育委員会制度』. 東京: ぎょうせい.

堀内孜 編(2001). 『教育委員会の組織と機能の実際』. 東京: ぎょうせい.

堀内孜 編(2001). 『開かれた教育委員会と学校の自律性』. 東京: ぎょうせい.

堀尾輝久(1994). 『日本の教育』. 東京: 東京大学出版会.

堀尾輝久(1977). 『教育と人権』. 東京: 岩波書店.

北海道高等學校教育經營研究會 編(2012). 『高校教育の未來』. 東京: 學事出版.

ま

宮川公男(2001). 『政策科学の基礎』. 東京: 東洋経済新報社.

民主教育研究所編(2008). 『現代の教育改革と教育委員會』. 東京: 民主教育研究所年報 2007(第8號).

民主教育研究所編(2002). 『いまよむ新制中学校 新制高等学校 望ましい運営の指針』. 東京: 民主教育研究所.

村上祐介(2012). 『教育委員會制度改革論の再檢討－地方政治と教育行財政改革』. 東京: 福村出版.

村上祐介(2011). 『教育行政の政治学―教育委員会制度の改革と実態に関する実証的研究―』. 東京: 木鐸社.

や

八尾坂修(2001). 『現代の教育改革と学校の自己評価』. 東京: ぎょうせい.

八尾坂修(2001) 編. 『指導力不足教員読本』(読本シリーズ146). 東京: 教育開発研究所.

川下晃一(2002). 『学校評議員制度における政策決定』. 東京: 多賀出版.

油布佐和子(1999) 編. 『教師の現在・教職の未来』. 東京: 教育出版.

若月秀夫 編著(2008). 『學校大改革 品川の挑戰』. 東京: 學事出版.

和田秀樹(2012). 『東大秋入學の落とし穴』. 東京: 小學館(101新書).

■ 정부간행물·법전·통계자료

市川順美子 外編(2015). 『教育六法典』. 東京: 学陽書房.

文部科学省 編(2016). 『平成27年 文部科学白書』. 東京: 財務省印刷局.

文部科学省 編(2013). 『文部科学統計要覧』(2013年度). 東京: 財務省印刷局.

文部科学省 編(2010). 『教育指標の国際比較』(2010年度). 東京: 財務省印刷局.

文部科学省 編(2001). 『2000諸外国の教育の動き』. 東京: 財務省印刷局.

文部省 編(2000). 『諸外国の教育行政制度』. 東京: 大蔵省印刷局.

文部法令研究会 監修(2001). 『文部法令要覧』(2001年度). 東京: ぎょうせい.

文部科學省初等中等教育局(2013.5). 現行制度と教育再生實行會議 第2次提言ポイント.

文部科學省初等中等教育局(2013.5). 地方教育行政の現狀に關する資料.

文部科學省(2013.4.15). 教育委員會制度等の在り方について. 教育再生會議 資料.

■ 인터넷 홈페이지 및 주요 자료

문부과학성 http://www.mext.go.jp/

전자정부종합창구(법령검색) https://elaws.e-gov.go.jp/search/elawsSearch/elaws_search/lsg0100/

국립교육정책연구소 http://www.nier.go.jp/

일본교육법학회 http://jela1970.jp/

일본교육행정학회 https://www.jeas.jp/

일본교육정책학회 http://www.jasep.jp/

일본교육제도학회 http://www.gakkai.ac/jseso/

동경도교육위원회 http://www.kyoiku.metro.tokyo.jp/

일본교직원조합 http://www.jtu-net.or.jp/

教育振興基本計画 http://www.mext.go.jp/a_menu/keikaku/index.htm

第3期教育振興基本計画について（答申）（中教審第206号）

　　　http://www.mext.go.jp/b_menu/shingi/chukyo/chukyo0/toushin/1402213.htm

教育委員会の現状に関する調査(2017) http://www.mext.go.jp/a_menu/chihou/1411790.htm

教育委員会制度について http://www.mext.go.jp/a_menu/chihou/05071301.htm

新しい時代の教育に向けた持続可能な学校指導・運営体制の構築のための学校における働き方改革に
　　　関する総合的な方策について（答申）（第213号）2019.1.25.
　　　　http://www.mext.go.jp/b_menu/shingi/chukyo/chukyo3/079/sonota/1412985.htm

2040年に向けた高等教育のグランドデザイン（答申）（中教審第211号）2018.11.26.
　　　　http://www.mext.go.jp/b_menu/shingi/chukyo/chukyo0/toushin/1411360.htm

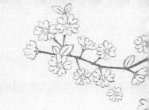

| 찾아보기 |

[사항색인]

☙ 저자 소개 ❧

저자

고 전(高 鐕)

제주대
교육대학교수
(교육법 · 행정전공)
koj@jejunu.ac.kr

- 연세대학교 교육과학대학 교육학과(문학사)
- 연세대학교 대학원 교육학과(교육학석사 · 교육학박사)
- 일본 게이오대학 연구과정(1996.1 – 1997.3)
- 일본 동경대학 교육학연구과 연구조교수
  (2001.2 – 2003.2/일본학술진흥회(JSPS)프로그램)
- 한국교육개발원 부연구위원(1998.3 – 2003.8)
  교육행정연구팀장(교육정책 · 교원 · 일본교육연구)
- 대구교육대학교 교수 역임(2003.9 – 2007.8)
- 제주교육대학교 교수 역임(2007.9 – 2008.2)
- 교육부 정책자문위원회 위원 역임(2013.7 – 2015.7)
- 제주 KBS총국 시사토론 MC 역임(2014.5 – 11)

- 현 제주대학교 교육대학 교수(2008.3 – 현재)
- 현 제주대학교 교수회 수석부회장(2019.4 – 현재)
- 현 제주대학교 대학평의원회 위원(2019.4 – 현재)
- 현 제주대학교 재정위원회 위원(2019.4 – 현재)

- 대한교육법학회 회장 역임(2009.1 – 2010.12)
- 한국교육학회 감사 역임(2013.1 – 2016.12)

- 현 대한교육법학회 고문(2011.1 – 현재)
  국제학술특별위원회 위원장(2013.1 – 현재)
- 현 한국교원교육학회 부회장(2013, 2015 – 현재)
- 현 국회입법지원 위원(2009.2 – 현재)
- 현 한국교육행정학회 이사
- 현 한국비교교육학회 이사
- 현 초등교육학회 이사
- 현 한국일본교육학회 이사
- 현 일본교육법학회 회원

[주요 저서 및 논문]

- 『일본교육개혁론』(박영story, 2014)
- 『일본교육개혁흑 · 백서』(학지사, 2003, 절판)
- 『교육학의 이해』(공저, 아카데미프레스, 2019)
- 『비교교육학과 교육학』(공저, 양성원, 2018)

- 『한국 지방교육자치론』(공저, 학지사, 2018)
- 『한국의 교직과 교사 탐색』(공저, 학지사, 2018)
- 『초등행정의 이론과 실제』(공저, 양성원, 2010)
- 『교육학개론』(공저, 학지사, 2011)
- 『초등교직실무』(공저, 교육과학사, 2011)
- 『초등교육행정론』(공저, 교육과학사, 2010)
- 『학교행정의 이해』(정림사, 2006)
- 『한국교원과 교원정책』(도서출판 하우, 2002)
- 『교육과 법』(공저, 신우사, 2000)
- 『교육행정론』(공저, 양서원, 1998)

- 韓國の社會教育法制の現狀と課題
  (日本學習社會學會 紀要, 2012)
- 韓國における教育政策と研究の動向
  (日本教育政治學會 年報, 2009.7)
- 韓國における教員給與法制及び人事政策の變化(Ⅱ)
  (日本東京大學 教育學研究科 紀要, 2007.3)
- 韓國における教員給與法制及び人事政策の變化
  (日本東京大學 教育學研究科 紀要, 2006.3)
- 韓國における學校運營委員會の法制と運營實態
  (日本教育法學會 年報, 2004.5)

- 일본의 교원생애 질관리 정책의 특징과 시사
  (비교교육연구, 2017.3)
- 일본의 최근 교육개혁 정책의 특징과 평가
  (비교교육연구, 2016.9)
- 일본의 연구윤리 활동 및 관리의 특징과 시사점
  (비교교육연구, 2015.12)
- 일본 교육위원회 개혁 논의의 쟁점과 시사점
  (비교교육연구, 2013.9)
- 일본 동경대학 가을입학제 도입과 시사점
  (비교교육연구, 2012.12)
- 일본의 교육법학 연구 동향 분석(Ⅰ)
  (교육법학연구, 2012.4)
- 일본 교육장 제도의 쟁점과 시사점
  (비교교육연구, 2011.12)
- 일본의 지방교육행정 개혁의 쟁점과 시사점
  (한국교육, 2010.12)
- 일본의 의무교육비 국고부담제 개혁과 시사점
  (교육법학연구, 2006.6)
- 일본 교육개혁 입법의 쟁점과 시사점
  (교육법학연구, 2003.6)
- 일본의 학교교육 분쟁의 특징과 시사점
  (교육법학연구, 2001.12)
- 일본의 학교자율성 신장 정책 연구
  (교육학연구, 2001.9.7)

일본 교육법학

초판발행   2019년 4월 30일

지은이   고   전

펴낸이   노   현
편 집   김효선
기획/마케팅   이선경
표지디자인   박현정
제 작   우인도·고철민

펴낸곳   ㈜ 피와이메이트
             서울특별시 금천구 가산디지털2로 53 한라시그마밸리 210호(가산동)
             등록 2014. 2. 12. 제2018-000080호
전 화   02)733-6771
f a x   02)736-4818
e-mail   pys@pybook.co.kr
homepage   www.pybook.co.kr
ISBN   979-11-89643-97-3   93370

copyright©고   전, 2019, Printed in Korea

정 가   39,000원

박영스토리는 박영사와 함께하는 브랜드입니다.